ein Ullstein Buch

PROPYLÄEN WELT GESCHICHTE

Eine Universalgeschichte
Herausgegeben von
GOLO MANN
unter Mitwirkung von
ALFRED HEUSS
und
AUGUST NITSCHKE

Band I
Vorgeschichte · Frühe Hochkulturen
Band II
Hochkulturen des mittleren und östlichen Asiens
Band III
Griechenland · Die hellenistische Welt
Band IV
Rom · Die römische Welt
Band V
Islam · Die Entstehung Europas
Band VI
Weltkulturen · Renaissance in Europa
Band VII
Von der Reformation zur Revolution
Band VIII
Das neunzehnte Jahrhundert
Band IX
Das zwanzigste Jahrhundert
Band X
Die Welt von heute
Band XI
Summa Historica

Elf Bände in zweiundzwanzig Halbbänden

Achter Band
2. Halbband

Das neunzehnte Jahrhundert

GEOFFREY BARRACLOUGH
PIERRE BERTAUX
THEODOR H. VON LAUE
GOLO MANN
ALFRED VERDROSS
HERSCHEL WEBB

Karten und graphische Darstellungen im Text von Uli Huber.

Die Beiträge von Herschel Webb, Pierre Bertaux und Geoffrey Barraclough wurden von Dr. A. R. L. Gurland, Dr. Alex Goldenberg und Dr. Arno Dohm in die deutsche Sprache übertragen.

CIP-Kurztitelaufnahme der Deutschen Bibliothek

Propyläen-Weltgeschichte:
e. Universalgeschichte; 11 Bd. in 22 Halbbd. / hrsg. von Golo Mann unter Mitw. von Alfred Heuss u. August Nitschke. – Frankfurt/M, Berlin, Wien: Ullstein.
([Ullstein-Bücher] Ullstein-Buch; Nr. 4720)
ISBN 3-548-04720-3

NE: Mann, Golo [Hrsg.]

Bd. 8. → Das neunzehnte Jahrhundert

Das neunzehnte Jahrhundert. – Frankfurt/M, Berlin, Wien: Ullstein.

Halbbd. 2. Geoffrey Barraclough ... – 1976.
(Propyläen-Weltgeschichte; Bd. 8)
([Ullstein-Bücher] Ullstein-Buch; Nr. 4736)
ISBN 3-548-04736-4

NE: Barraclough, Geoffrey [Mitarb.]

Ullstein Buch Nr. 4736
im Verlag Ullstein GmbH,
Frankfurt/M - Berlin - Wien

Der Text der Taschenbuchausgabe
ist identisch mit dem der
Propyläen Weltgeschichte

Umschlag: Hansbernd Lindemann

Printed in Germany 1976
Gesamtherstellung: Ebner, Ulm
ISBN 3 548 14736 4

INHALTSVERZEICHNIS

Golo Mann

367 POLITISCHE ENTWICKLUNG EUROPAS UND AMERIKAS 1815–1871

Europa: die Pentarchie *(372)* Ideen am Werk *(377)* Die Westmächte *(382)* Mitteleuropa: Fürst Metternich *(387)* Griechenland *(393)* Spanien, Lateinamerika und die Monroe-Doktrin *(398)* Die Vereinigten Staaten: inneres Wachstum *(406)* Der Stil der Politik *(413)* England: Krise und Reform *(419)* Amerika: Nationale Demokratie *(423)* Europa: Das Juste-Milieu *(435)* England: Tories und Freihandel *(451)* Amerika: Manifest Destiny *(456)* Neue Theorien *(464)* Europa: Die Wasserscheide der vierziger Jahre *(471)* Achtzehnhundertachtundvierzig *(481)* Die fünfziger und die sechziger Jahre *(504)* Amerika: der Konflikt, „den nichts unterdrücken kann“, und der Krieg zwischen den Staaten *(505)* Das Zweite Kaiserreich *(526)* Die Italienische Revolution *(534)* England: Die Mittelviktorianische Zeit *(546)* Preußen und Deutschland *(554)* Rückblick und Ausblick *(577)*

Theodor H. von Laue

583 RUSSLAND IM 19. JAHRHUNDERT

Rußland und Europa: eine Übersicht *(585)* Herrscherpersönlichkeit und Staatsaufgaben: Die Regierung Alexanders I. *(590)* Der Versuch, ein monolithisches Staatssystem zu schaffen: Die Regierungszeit Nikolaus' I. *(592)* Autokratie und Freiheit: Die Regierung Alexanders II. und Alexanders III. *(602)* Das wirtschaftliche und politische Dilemma der Modernisierung *(610)*

Herschel Webb

615 JAPAN 1850–1890

Zerfall der feudalen Ordnung *(619)* Das Tor wird aufgemacht *(623)* Sturz des Shôgunats *(625)* Staatliche Neuordnung *(630)* Die Meiji-Oligarchie und ihre Gegner *(634)* Wirtschaftliche, soziale und kulturelle Entwicklung *(637)* Liberalismus und Verfassung *(642)* Auswärtige Beziehungen *(646)*

Pierre Bertaux

649 AFRIKA BIS ZUM KOMMEN DER EUROPÄER

Der geschichtslose Kontinent *(651)* Westafrika *(658)* Ostafrika *(664)*

Alfred Verdross

671 DIE ENTWICKLUNG DES VÖLKERRECHTS

Begriff und Entwicklung des Völkerrechts *(673)* Die Grundlagen des Völkerrechts von der Französischen Revolution bis zum Wiener Kongreß *(676)* Das nationale Prinzip als Baugesetz der Staatsgemeinschaft *(677)* Der Übergang vom europäischen zum allgemeinen Völkerrecht *(678)* Die Hauptzweige des klassischen Völkerrechts *(679)* Zusammenfassung *(701)*

Geoffrey Barraclough

703 DAS EUROPÄISCHE GLEICHGEWICHT UND DER NEUE IMPERIALISMUS

Politisches Gleichgewicht und wirtschaftliche Expansion *(705)* Die Ursachen des neuen Imperialismus *(713)* Die Aufteilung Afrikas *(719)* Die Rivalität der Großmächte in Asien und Ozeanien *(722)* Die Rückwirkung des Kolonialismus auf Europa *(726)* Das Ende des Gleichgewichts *(731)* Bilanz des Zeitalters *(737)*

743 UNIVERSALGESCHICHTE IN STICHWORTEN

(Von *Dr. Werner Stein, Heinz* und *Christel Pust*)

767 NAMEN- UND SACHREGISTER

(Von *Bruno Banke*)

802 QUELLENVERZEICHNIS DER ABBILDUNGEN

Golo Mann

POLITISCHE ENTWICKLUNG EUROPAS UND AMERIKAS 1815–1871

Die großen politischen Themen des 19. Jahrhunderts stammen aus dem Zeitalter der Revolutionen; die Kontinuität ist dicht: Freiheit von fremder oder ferner Herrschaft (Lateinamerika, Balkan, Italien, Polen); Sammlung und Einheit an Stelle von wirklicher oder angeblicher Zersplitterung (Deutschland, Panslawismus); im Inneren die Frage der Regierungsform oder »Verfassung«, spielend zwischen dem alten Absolutismus über alle nur denkbaren Kompromisse, Teilungen der Regierungsmacht, Umgrenzung der königlichen und der Volksrechte, bis zur Demokratie; Ringen zwischen »Reaktion«, »Konservativismus«, »Fortschritt«, »Revolution«; Kampf um die Forderungen der Gleichheit und der Menschenrechte (Überreste des Feudalismus in Westeuropa, Sklaverei in den Kolonien und in den Vereinigten Staaten, russische Leibeigenschaft); Drängen der Revolution aus dem nur-politischen Bereich in den sozialen, was in den »Menschenrechten« schon angelegt war, Aufwerfen von Fragen der Eigentumsordnung, sozialer Protest, Kommunismus: mit sehr unterschiedlicher Kraft und Klarheit waren alle diese Konfliktselemente schon vor 1815 da. Die Folgezeit brachte sie zur Reife; den Konservativismus, zumal in der Form des Metternichschen paneuropäischen Interventionismus gleich nach 1815; Nationalismus, Demokratie, Sozialismus um 1848. Vereinfachend möchte man sagen: Die Zeit vor 1848 war die Zeit der Ideen, die Revolution von 1848/49 der letzte große Versuch Westeuropas, politische Ideen zu verwirklichen. Nach dem Scheitern dieses Versuches begann, in den fünfziger Jahren, das Zeitalter der Verwirklichungen. Sie sind immer anders als die Ideen in ihrer Reinheit, verwirren, vermischen, verraten sie. Nun fanden Verbindungen und Trennungen statt, von denen man sich in den dreißiger Jahren nichts hatte träumen lassen; Bündnisse zwischen Nationalismus und Konservativismus, Trennung des nationalen Prinzips von dem demokratischen, Feindschaft zwischen einem Nationalismus und dem anderen (da man sie doch alle für brüderlich verbunden gehalten hatte), soziale Veränderungen, die gemäß der strengen kommunistischen Theorie keine Realität haben konnten und sie dennoch hatten. Überall, in Europa wie in Amerika, siegten die erfolgreichen Hantierer mit Wirklichkeiten, die Praktiker und Gelegenheitsergreifer über die Idealisten. Diese bemühten sich vergebens, Idee und Ereignis zusammenzuzwingen; wofür das Wirken oder Nichtwirken von Karl Marx seit 1849, seine »Randglossen« und bitteren Polemiken, sein Ja oder Nein zu Situationen, die er gar nicht hatte beeinflussen können, das bezeichnendste Beispiel sind. Nicht viel anders erging es Mazzini, dem italienischen Nationaldemokraten; nicht viel anders den Reinsten unter den deutschen Liberalen, den französischen oder preußischen Konservativen, den amerikanischen Humanisten. Aus trüber, gärender, von Naturwissenschaft und Industrie zuletzt stärker als von Ideen bestimmter Wirklichkeit ging das Europa der nationalen und imperialistischen Machtstaaten, ging das Amerika der Plutokratie hervor.

Wenn im folgenden die politische Entwicklung der westlichen Welt, Europas und Amerikas, als ein Ganzes, Einiges dargestellt wird, so wird damit Vergangenheit gewissermaßen von der Gegenwart her gesehen, werden die dichten, von beiden Seiten her so sehr stark wirksamen Beziehungen zwischen beiden Kontinenten, so wie sie heute sind, nach rückwärts übertragen. Sie waren nicht immer so dicht. Aber sie waren immer; andernfalls könnten sie das, was sie heute sind, gar nicht sein. Die proklamierte Trennung zwischen beiden »Welten«, Europa-in-Europa und Europa-in-Amerika, war immer eine Illusion.

Zunächst wurde die Geschütztheit und einsame Sicherheit, die machtmäßige Isolierung der Vereinigten Staaten entscheidend mitbedingt durch europäische Haltungen und Vorgänge. Hatte europäische, zumal französische Politik den Sieg der Kolonien im Unabhängigkeitskrieg ermöglicht, so war es nun die Seemacht Englands, welche zwischen beiden Hemisphären zugleich vermittelte und beide voneinander getrennt hielt. Für die Unabhängigkeit Lateinamerikas hat die britische Entscheidung mehr geleistet, als die junge nordamerikanische Republik leisten konnte. Der Friede, welcher danach bis gegen Ende des Jahrhunderts auf dem Atlantik herrschte, war die Pax Britannica. In ihrem Schutz ist die amerikanische Nation entstanden, hat sie, von außen ungestört, einen Kontinent erforscht, erobert und zivilisiert.

Diese Entwicklung ist, an sich betrachtet, die bei weitem folgenschwerste des 19. Jahrhunderts. Auch die europäischen Nationen haben sich wandeln müssen, sind gewaltig gewachsen an Zahlen und Energien; wenigstens von einer von ihnen, der deutschen, ist man versucht zu sagen, daß sie ihre alte Identität verlor und eine neue erwarb. Tief aber, wie diese Veränderungen waren, so kamen sie doch nicht an jene auf der anderen Seite des Ozeans heran. Dort entstand eine große Nation, wo vorher eigentlich keine war; entstand, man darf nicht sagen aus dem Nichts, aber doch aus den bescheidensten Anfängen; und im Entstehen, im Sie-selber-Werden, getragen von einer Entwicklung, zu der sie ihrerseits machtvoll beitrug, der explosionsartigen Vermehrung menschlicher Energien im 19. und 20. Jahrhundert, wuchs sie mit so reißender Schnelligkeit, daß, keine hundertfünfzig Jahre, nachdem sie sich der Welt in einem berühmten Dokument zuerst vorgestellt hatte, der deutsche Soziologe Max Weber von ihr sagen konnte: nun sei die amerikanische Weltherrschaft so unvermeidlich wie die römische nach dem zweiten Punischen Krieg.

Ihre ungestörte Ausbreitung gab den Amerikanern die Idee ein, daß sie wesentlich anders, neu und glücklich und von der Alten Welt völlig abgetrennt seien. Aber eben diese Ausbreitung war gleichzeitig ein Faktor von ungeheurer Bedeutung für die Alte Welt selbst, die nicht umhin konnte, nach Westen zu schauen, so wie umgekehrt die Amerikaner trotz allem über den Ozean, nach Osten schauen mußten, lange bevor die Freiheitsstatue verheißend und herausfordernd im Hafen von New York stand. Im Wirtschaftlichen ist dies

Herüber und Hinüber schon gezeigt worden. Nun gilt es, die politischen und ideellen Wechselwirkungen darzustellen. Wie hätten nicht auch sie tiefgreifend sein sollen; wie das triumphale Wachstum eines ursprünglich europäischen und christlichen Gemeinwesens auf neuem Lande, unter republikanischen, demnächst unter demokratischen Institutionen, genährt von europäischer Einwanderung, beschwingt von europäischen Ideen, nicht zurückwirken sollen auf den Geist und die Ordnungen Europas? Die Vereinigten Staaten waren nicht nur europäisch, nämlich englisch, holländisch, schwedisch, deutsch, französisch, ihrem Ursprung nach. Es floß ihnen im 19. Jahrhundert ein Strom von europäischen Einwanderern zu, ohne den sie, was sie ihr »Manifest Destiny«, ihre »offenbare Schickung« nannten, nie hätten erfüllen können. Allein in den zehn Jahren zwischen 1847 und 1857 waren es mehr als dreieinhalb Millionen; eine bis dahin beispiellose Völkerwanderung; eine europäische wie amerikanische Grundtatsache und im allgemeinen Bewußtsein stets gegenwärtige Möglichkeit.

Dann ist die große Veränderung der Gesellschaft in Europa und Amerika offenbar die gleiche: die industrielle Revolution, welche eine überwiegend ländliche, landwirtschaftliche Zivilisation zu einer überwiegend städtischen machte. Im Zusammenhang damit standen die politischen Bestrebungen und Forderungen: Nationalstaat, Demokratie, Sozialreform. Der Durchbruch zur nationalen Demokratie in Amerika, unter der Regierung des Präsidenten Jackson, fällt zeitlich zusammen mit der ersten großen Parlamentsreform in England, dem »Bürgerkönigtum« in Frankreich. Amerikas Raubzug gegen Mexiko, 1846, begann nach langem Frieden eine Kriegsepoche, die in Europa sich fortsetzte. Es ist sehr wohl möglich, obgleich nicht beweisbar, daß die Psychologie des großen amerikanischen Bürgerkrieges mitbedingt war durch Ereignisse, die in Europa jüngst stattgefunden hatten, die Einigung Italiens durch Krieg und Revolution; und beinahe sicher, daß Bismarck an eben jenen auf der anderen Seite des Atlantiks tobenden Bürgerkrieg dachte, als er seinen Ausspruch von Blut und Eisen tat, durch die allein die Streitfragen der Zeit gelöst würden. Eine Art von Bürgerkrieg zwischen Nord und Süd, ein innerer Konflikt war ja auch der preußisch-österreichische Konflikt von 1866. Der neue deutsche wie der neue amerikanische Nationalstaat wurden durch Blut und Eisen geschaffen; beide Neugründungen bewährten sich in gewaltiger wirtschaftlicher Expansion.

In Europa und Amerika waren dieselben Ideen am Werk: solche, die ihrer Zeit dienten; solche, die ihr utopisch vorauseilten und sich nie recht verwirklichten; solche, die sich ihr protestierend entgegenstellten, von ihr fortwollten ins Unzeitgemäße oder Zeitlose. Es ist hierbei die Frage, was europäischen, was amerikanischen Ursprungs war, um so weniger sinnvoll, als schließlich das gesamte amerikanische Gemeinwesen aus Europa stammte und aus Europa noch immer frischen Zuzug erhielt. Die Forderung nach der politischen Gleichberechtigung der Frauen; nach Aufhebung der Sklaverei; nach der Abschaffung des Krieges; nach milderer Kriminaljustiz – waren solche und andere Humanisierungsbestrebungen europäisch oder amerikanisch? Offenbar waren sie beides; der stärkere, organisiertere Impetus kam manchmal aus Europa, manchmal aus Amerika. Ihr zusammengedrängtes Leben ließ die Alte Welt führen in gewissen gesellschaftlichen Bildungen, zumal den Arbeitervereinigungen, und auch wieder im Reich der Kunst, der Wissenschaft und Philosophie. Da nahm Amerika mehr als es gab. Von seiner Seite war es beispielgebend in der Herausbildung moderner demokratischer Politik und Selbstverwaltung samt allem Guten und weniger Guten, was dazugehörte: Parteien und Partei-Maschinen, öffentliche Debatte, Propaganda, Demagogie. Voraus war es auch in dem, was zum Thema des 20. Jahrhunderts werden sollte, in der Eliminierung der Klassenunterschiede, der bürgerlichen Gleichheit. Eben dies, das Erscheinen der Demokratie als staatsrechtlicher und sozialer, war es, was, vor allem in den dreißiger und vierziger Jahren, ganze Scharen europäischer Intellektueller nach den Vereinigten Staaten zog. Sie wollten nicht nur etwas an sich Interessantes studieren, sie wollten in Amerika die Zukunft ihrer eigenen, der europäischen Gesellschaft vor Augen sehen.

Mit alledem wollen wir die Gemeinsamkeiten nicht übertreiben. Ideen gehen durch die Luft hin und her, aber sie bleiben nicht in der Luft. Aus der Wirklichkeit aufsteigend, müssen sie zu ihr zurück, und was dort aus ihnen wird, hängt ab vom Unterschied des Wirklichen. Die Ideen des 19. Jahrhunderts, benennen wir sie mit den gleichen Namen, mußten in Amerika anders artikuliert werden als in Europa, und sie brachten dort Konflikte von charakteristischer Eigenheit hervor. Aber finden wir nicht gleich tiefe Unterschiede in Europa selber? Sind England und Spanien, Spanien und Deutschland sich im 19. Jahrhundert nicht fremder als England und Amerika? Wären wir also nicht wenigstens so berechtigt, europäisch-amerikanische Geschichte zu schreiben wie gesamteuropäische?

Europa: die Pentarchie

Die europäische Wiederherstellung hatte schon vor 1814/15 begonnen. Lange vor 1814 wenigstens hatte dasjenige begonnen, ohne das keine Wiederherstellung stattfinden konnte: der Niedergang von Napoleons Herrschaft. Der begann nach dem Frieden von Tilsit, als Talleyrand aus dem französischen Außenministerium schied, und wieder, als nach dem Frieden von Wien (1809) Metternich das österreichische übernahm. Seitdem hatten wenigstens Europas Politiker und politische Schriftsteller über das, was »nachher« kommen sollte, spekulieren müssen. Aber spekulieren war etwas anderes als verwirklichen, was nur durch Zusammenarbeit vieler divergierender Willenszentren in die Wirklichkeit übergeführt werden konnte. Nie wird man, in diesem Sinn, das Werk der Friedensmacher von 1814/15 genügend bewundern können. So mißtrauisch sie sich auch, als Vertreter spröder, gieriger Großmächte, voneinander unterschieden, sie machten doch gemeinsam der großen Unordnung ein Ende, und zwar ohne alles Schöpferische, Wohltätige zu beseitigen, das durch jene, oder zusammen mit ihr, in die Welt getreten war. Das Werk des Wiener Kongresses war Wiederherstellung der Ordnung, nicht Wiederherstellung des Alten. Zu einem guten Teil war es Neuordnung oder Übernahme, Rationalisierung, Modifikation des von Napoleon Geschaffenen. Nur die unnatürlichste Gewalttat hätte Geschehnisse und Leistungen eines Vierteljahrhunderts aus der Welt schaffen können; bei näherem Hinsehen wohl auch diese nicht, denn es gibt in der Geschichte kein Zurück, nie und unter keinen Umständen. Auch lag den erfahrenen und gemäßigten Männern des Kongresses die unnatürliche Gewalttat nicht. Sie paßten sich an, verglichen sich und balancierten.

Die alten Dynastien waren nach Frankreich, nach Spanien und Portugal, nach Piemont und Neapel, nach Holland und nach einigen deutschen Staaten zurückgekehrt. Aber nur in Spanien und Italien gefiel es ihnen, so zu tun, als ob die Französische Revolution nicht stattgefunden hätte. In Frankreich wurde dieser Versuch nicht gemacht und konnte er ernsthaft nicht gemacht werden. Auch in Italien waren die Dinge nicht so wie vor 1796; einmal darum nicht, weil das österreichische Imperium tiefer als im 18. Jahrhundert in die Halbinsel eingedrungen war, welche es durch sein Königreich Lombardo-Venetien, durch allerlei dynastische Niederlassungen, Hilfeleistungen und Pressionen nun ganz beherrschte; und aus anderen Gründen.

Neuartig war die »Pentarchie« selber; der enge, emsig gepflegte Kontakt zwischen den fünf Mächten Rußland, Österreich, Preußen, England und Frankreich. In seinen Kriegen und Friedensschlüssen, seinen Verbindungen und Feindschaften, seinen dauerhaften Gründungen und aufwühlend phantastischen Abenteuern hatte Napoleon eine europäische Einheit aufleuchten lassen, wie sie seit dem Ende des Mittelalters so nicht erlebt worden war. Mit ihr war es nun vorbei. Aber sie wirkte nach und wurde ersetzt durch ein geregeltes System der Großmächte, die gemeinsam sich für die Dauer der neuen Ordnung verbürgten. Nie vorher, vor 1789, hatte auch nur der Schatten eines solchen Zusammenspiels bestanden.

Wer führte in diesem System? – Man hätte darauf keine eindeutige Antwort geben können.

England, das ein gutes Jahrzehnt lang dem von Napoleon eroberten und geeinigten Kontinent die Waage gehalten, das allein sich die sieben Meere offen gehalten hatte, England, die geheime Triebkraft hinter jedem von Bonaparte erfahrenen Widerstand und der Schmied der letzten, siegreichen Koalition, England, erweitert durch neuen Kolonialerwerb und bereichert durch neue Industrien, England, dies glorreiche, im 18. Jahrhundert so sehr verhaßte, nun so sehr bewunderte, war eine erste, führende Macht des Systems. Es hatte entscheidend mitgewirkt bei der politischen Neuordnung von 1815; die Vereinigung Belgiens mit Holland, der Rheinlande mit Preußen war vornehmlich sein Werk. Aber die führende Macht war es doch nicht und wollte es nicht sein nach seinen tiefsten Anlagen, seinen echtesten Interessen. Es wollte führen im Nichtführen, im Hindern, daß eine andere Macht auf dem alten Kontinent sich überwältigend stark machte. Dies war der Kern seiner von Lord Castlereagh mit ruhiger Könnerschaft verwalteten Außenpolitik; und da Gleichgewicht, dauernder Friede, Vermeidung neuer Hegemonial-Abenteuer den Friedensmachern von 1815 insgesamt als das wünschenswerteste Ziel vorgeschwebt hatten, so erschien England wohl zunächst als die Macht des Kongreßsystems par excellence.

Auf dem anderen Flügel Rußland. Das große östliche Kaiserreich, seit gut hundert Jahren in der europäischen Politik anwesend und tätig, war nun ein Faktor, so bedeutend wie der britische, obgleich auf weniger subtile Art. Auch dies hatte mit seinen Großleistungen während des letzten Krieges zu tun, dem Winter von 1812, dem Frühling von 1813. Es hatte dem Eroberer Widerstand geleistet, dann Halbpart mit ihm gemacht, dann ihn aufs neue bekämpft, schließlich ihn in seine eigene Hauptstadt zurückgetrieben und dort ihn heimgesucht. Seinerseits hatte es sich als unbezwingbar erwiesen. Daß England die Nachfolge des französischen Imperialismus antreten würde, fürchtete niemand. Daß Rußland dies Erbe erstrebte, ja, es an sich zu reißen schon im Begriff sei, fürchteten viele; und daß es ganz andere, gefährlichere Gaben dazu mitbrächte. Nur ein Anfang schien die Beute, die es aus der Napoleon-Zeit davongetragen: Polen, Finnland, Bessarabien. Jedoch gab der Charakter dieser neuen, unheimlichen Großmacht sich nicht eindeutig. Sie konnte europafremd, nationalistisch und selbstisch erscheinen, wie in der Figur des alten, 1813 verstorbenen Feldmarschalls Kutusow; dann expansiv, begierig, große Teile Europas zu verschlingen; dann auch wieder gemäßigt, europaverantwortlich, geleitet von sowohl christlichen wie auch »modernen«, fortschrittlichen, nahezu demokratischen Ideen. In Wien und Paris hatte Zar Alexander I. die Sprache dieser letzteren artig und wohl nicht ohne innere Überzeugung zu sprechen gewußt. Die »Heilige Allianz«, der christliche, den Völkern dienende Bund frommer Potentaten, war sein persönlichster Beitrag. Ein »Stück hochtrabenden Mystizismus und Nonsense« hatte Castlereagh dies Dokument genannt, und gestaltende Kraft hatte es nicht haben können. Aber wohlgemeint war es; und der es verfaßte und seine gekrönten Brüder es zu unterzeichnen nötigte, ein Vorkämpfer monarchischer Solidarität, dem wären neue Rechts- und Friedensbrüche übel angestanden.

Dann Österreich. Die Habsburger Monarchie; das alte, bunte, in die Geschicke Deutschlands, Italiens, Südosteuropas tief und sonderbar verflochtene Kaiserreich ohne Namen. Wohl besaß es weder den russischen Raum und die russische Menschenmasse noch Englands Seemacht, Reichtum und weltweiten Aktionsradius. Es besaß nicht einmal Nationalität. Ursprünglich deutsch, noch immer deutsch in seiner Hof- und Amtssprache, noch immer überwiegend deutsch in seinen Kulturzentren, war es doch offenbar kein Nationsstaat, sondern ein Staat aus Nationalitäten oder Nationsfragmenten, ein Staat, dem Dynastie und Herrschaftstradition, nicht das »Volk« seine Identität gaben; und sehr bald nach 1815 ließen sich die ersten kritischen Stimmen vernehmen, die einem solchen Staat im 19. Jahrhundert eine unsichere Zukunft prophezeiten. Eine führende europäische Macht war auch Österreich. In der Revolutions- und Napoleon-Zeit hat es zähe Widerstandskraft bewiesen; zuletzt, unter der Leitung des Ministers Fürst Metternich, eine äußere Politik von klassischer Geschicklichkeit getrieben. In seiner Kapitale, Wien, fand der große Friedenskongreß statt, aus dem es nicht unmäßig gestärkt, aber klug konsolidiert hervorging. Es beherrschte Italien; es übte in Deutschland einen leitenden Einfluß aus; es gab seinen eigenen Deutschen, dann Tschechen, Südslawen und Magyaren, auch Polen und einigen Ukrainern politische Heimat und leidliche Ordnung. England und Rußland grenzten an Europa, handelten mit ihm, handelten gleichzeitig aber auch mit ganz anderen Erdgegenden. Österreich *war* Europa, war sein größtes und mannigfaltigstes Stück; es »lebte von Europa, durch Europa, für Europa«.

Italien bezeichnete Metternich als einen geographischen Begriff, was hieß, daß Nation und Land keine gemeinsame politische Form besaßen noch besitzen sollten. Für Deutschland hatten die Friedensmacher sich eine politische Form ausgedacht. Es war ein Bund souveräner Staaten, ohne Exekutive und Legislative, sich darstellend nur in einem Gesandtenkongreß, dem »Bundestag« in Frankfurt; mit gemeinsamer Heerespolitik, auch, falls seine Mitglieder wünschten, gemeinsamer Handelspolitik. Die deutsche, zentraleuropäische Masse sollte geeignet sein zur Verteidigung – das war der Gedanke –, aber unfähig zum Angriff. Die kleineren deutschen Staaten blieben in ihren Grenzen wie im Stil ihrer Regierung und Verwaltung wesentlich das, wozu Napoleon sie gemacht hatte. Die großen waren Österreich und Preußen; Mitglieder des Bundes auch sie, aber nicht mit allen ihren Territorien; zugleich europäische und deutsche Mächte. Preußen, das von Napoleon so lieblos behandelte, im letzten Krieg neu bewährte, war wieder da, und britische Staatsweisheit hatte ihm am Rhein eine beträchtliche Erweiterung gegönnt, damit es dort dem unruhigen Frankreich gegenüber als Friedenshüter fungieren könnte. Als eine der fünf Großmächte galt es, aber als dessen bescheidenste, als Großmacht höflichkeitshalber. Von seiner alten polnischen Beute hatte es den größeren Teil Rußland zediert, jedoch so viel behalten, daß der gemeinsame Raub, das gemeinsame Unterdrückungsgeschäft Zaren und Preußenkönig zu verläßlichen Bundesgenossen machten. Würde das preußische Herrschaftsprinzip einmal dem innerdeutschen Gleichgewicht gefährlich werden? Nachdenkliche Beobachter glaubten davon in der Ferne die Möglichkeit zu sehen. Eine Bedrohung von Europas Gleichgewicht und Libertät bedeutete der preußische Staat nimmermehr; eben darum die vergleichsweise Freigebigkeit, mit der man ihn in Wien neu equipiert hatte.

Weit eher, glaubte man, kam eine solche Drohung von Frankreich. Was die Franzosen zwischen 1792 und 1814 vor der Welt aufgeführt, was sie zwischen Moskau und Madrid geleistet und andere zu leisten gezwungen hatten, vergaß sich so schnell nicht. Zu einem guten Teil diente so das ganze in Wien beschlossene europäische System dem Zweck, einer Wiederkehr französisch-revolutionärer und imperialer Unruhe vorzubeugen. Nicht, daß Frankreich von den Siegern schwer benachteiligt, ausgebeutet, in seinem inneren Leben behindert worden wäre. Auch nach Waterloo war die europäische Diplomatie gemäßigt im Sieg. Sie legte dem Störenfried gewisse Zahlungen auf, sie ließ, bis diese beglichen waren, eine alliierte Garnison im Lande. Aber sie erlaubte dem Königreich, in seinen alten Grenzen, unter seinem alten König zu existieren; und dieser war in der Wirklichkeit sofort, formal seit 1818, ein Bundesgenosse jener, die den Frieden diktiert hatten. Im gleichen Jahr, 1818, wurde die fremde Besatzung aus dem Lande gezogen. Damit war Frankreich ein Mitglied der Pentarchie, so gewichtig und frei wie die anderen.

Soweit die Großmächte. Es kamen einige Staaten von geringerer Energie hinzu: im Norden die skandinavischen, von denen Schweden sich, nicht ohne Gewaltsamkeit, Norwegen als ein Nebenkönigreich angefügt hatte; im Westen die Niederlande, vergrößert durch Belgien und, ungefähr wie Preußen, als ein Bollwerk gegen Frankreich verstanden; im Süden Spanien und Portugal.

Übrigens die Türkei. Aber diese, obgleich sie die Balkanhalbinsel beherrschte hinauf bis zu den Grenzen Österreichs und Rußlands, war nicht Europa. Sie gebot Millionen von christlichen Untertanen, aber sie gehörte nicht zum System der christlichen Mächte. Vom östlichen Mittelmeer, von Südosteuropa und Nordafrika übte sie bis tief nach Asien eine vielfach nuancierte, manchenorts kaum mehr als nominelle Oberherrschaft aus; noch immer zu beträchtlichen Anstrengungen fähig, im Grunde aber doch dekrepid, mehr Gegenstand als Subjekt europäischer Politik. Daß sie reif sei zur Aufteilung und Vertilgung, war eine Spekulation von Russen und Österreichern schon im 18. Jahrhundert gewesen. Was dann?

Verschwand das türkische Imperium, oder wurde es weiter reduziert, welche Souveränität würde dann auf dem Balkan und in Ägypten, in Syrien und Mesopotamien an seine Stelle treten? Die Friedensmacher von 1815 waren zu erfahrene Diplomaten, als daß sie die Tragweite des türkischen Problems nicht gekannt hätten. Tatsächlich war in Wien davon die Rede, das Gesamtgebiet der Türkei zu garantieren. Aber der Sultan selber lehnte ein so wenig ehrenvolles Geschenk ab; und Castlereaghs Argument: man könnte ein Reich nicht garantieren, dessen Grenzen, zumal Rußland gegenüber, gar nicht klar bestimmt seien, war schwer zu widerlegen.

Europa fühlte sich als Mittelpunkt der Welt, als die Gemeinschaft zivilisierter Staaten, so daß »europäisch«, »christlich« und »zivilisiert« in ihrer Bedeutung ungefähr gleichgesetzt wurden; als ein System von Willenszentren, die, zusammengenommen, ungefähr alle Energie enthielten, welche es auf Erden gab. Zwar, der Kontinent nahm auf dem Globus sich gering genug aus, eine asiatische Halbinsel, groß nur dann, wenn man das ganze Russenreich, das europäische wie das nichteuropäische, dazurechnete. Kaum gab es aber außerhalb Europas Gegenden von vergleichbarer Dichte und Tätigkeit des Lebens. Jedenfalls waren sie europäischen Mächten untertan, Indien, Indonesien; sie waren von Europäern besiedelt wie beide Amerika, von denen das andere, räumlich größere, spanisch und portugiesisch redende zudem noch den iberischen Monarchien gehorchen sollte; sie waren barbarische Ärgernisse, aber im Ernstfall jederzeit zu zähmen wie Marokko oder Algerien; sie waren wohl auf ihre Weise organisiert und zivilisiert, aber sehr weit entfernt, einsam, unaktiv, wie Japan und wie China, von dem Napoleon gemeint hatte, das sei ein schlafender Löwe, und man täte gut, ihn schlafen zu lassen. Wäre es der europäischen Staatengemeinschaft, als ganzer, beigekommen, auf Erden etwas zu wollen und zu befehlen, das hätte sie durchsetzen können.

Zu diesem Bild von der Mächteverteilung in der Welt stand nur die Existenz der Vereinigten Staaten von Nordamerika im Widerspruch. Sie waren zivilisiert, sie waren christlich, und es hatte einen guten Sinn, daß Zar Alexander sie aufforderte, sich seiner »Heiligen Allianz« anzuschließen. Einen guten Sinn hatte aber auch die amerikanische Nichtannahme dieser Ehre; die Vereinigten Staaten, ließ Staatssekretär John Quincey Adams wissen, seien allerdings ein Mitglied der »allgemeinen zivilisierten Staatengemeinschaft«, und sie billigten auch die von dem Zaren proklamierten Grundsätze, aber ihr politisches System sei wesentlich außereuropäisch, und je klarer man beide Machtkreise, den europäischen und den amerikanischen, voneinander getrennt hielte, desto besser wäre es für den Frieden aller. Damit wurde das europäische Machtmonopol, die Gleichsetzung von Europa und Zivilisation verwirrend bestritten. Verwirrend; denn die neue Republik nahm sehr wohl teil am Spiel der europäischen Rechtsgemeinschaft, dem Jus Publicum Europaeum. In der Verteidigung ihrer aus dem allgemeinen Völkerrecht sich ergebenden Rechte übertrafen die Amerikaner jeden europäischen Staat. Vor allem in der Verteidigung ihrer Neutralität. Aber sie taten es mit dem Blick auf das Recht und *ihr* Recht; nicht auf die europäische Politik oder das Gleichgewicht der Kräfte. Daher ihr Krieg gegen England, dieser wunderliche Krieg von 1812, der zeitlich und wirklich mit dem europäischen Krieg zusammenfiel und so die Republik zum Bundesgenossen Napoleons machte, ohne daß diese Ansicht der Sache die Mehrheit der Amerikaner interessiert hätte. Der Vertrag von Gent, Weihnachten 1814, stellte auch in Amerika den Frieden wieder her, und zunächst schien es nun den europäischen Politikern, daß man die neue, unfertige Großmacht im fernen Westen sich selber überlassen könnte, um so mehr, als ihre letzte Kriegsanstrengung keinen ihrer Zwecke, weder die ausgesprochenen noch die unausgesprochenen, erreicht hatte.

War eine lange, von heroischer Außenpolitik beherrschte Epoche jetzt nicht überhaupt zu Ende? Krieg haben die Menschen, wenn sie ihn haben wollen. Und da sie ihn nun dreiundzwanzig Jahre lang gehabt, seine Freuden und Leiden gründlich ausgekostet und schwer dafür bezahlt hatten, so würden sie ihn jetzt auf absehbare Zeit nicht haben wollen. Die europäischen Mächte waren vereinigt in der zu Chaumont 1814 gegründeten Liga, die, ursprünglich ein Kriegsbündnis, nun zur dauerhaften Friedensorganisation werden sollte. Nach dem erfolgreichen Beispiel des Wiener Kongresses würde man sich treffen, wenn immer ein gemeinsames Verhandeln und Handeln im Interesse des Friedens geboten schien. Von den Großen würden die Kleinen das Gesetz annehmen, zumal wenn es ein gerechtes Gesetz war. Was dann die außereuropäische Welt betraf, so hatte im Augenblick keine europäische Macht den Ehrgeiz, in ihr sich auszudehnen. Daß Kolonien sich nicht lohnten, hatte die Geschichte der amerikanischen klar genug gezeigt. Handel lohnte sich. Friede, äußerer wie bürgerlicher, lohnte sich; ihm würde man sich nun ergeben.

Aber dann gab es kein Land, in dem der innere Friede nicht auch innere Bewegung, gesellschaftlichen und geistigen Widerspruch, Hoffnung, Furcht und Streit bedeutet hätte. Nicht lange, so wurde solche innere Dialektik auch wieder zur äußeren.

Ideen am Werk

Eben dies war zu Ende des vorigen Jahrhunderts schon der Französischen Revolution geschehen. Das stärkste, heißeste Andenken, welches sie und Bonaparte hinterließen, war das einer Kette von Kriegen, eines imperialen Abenteuers. Aber nicht das einzige. Die Ideen und Sehnsüchte, die zur Revolution geführt hatten oder von ihr ausgeheckt worden waren, die Einrichtungen, die Napoleon gestiftet, die Versprechen, die er gegeben, die Hoffnungen, die er angereizt, die Proteste und Gegnerschaften, die er provoziert hatte – sie lebten alle nach, indem sie von neuen Wirklichkeiten neue, wechselnde Farben annahmen. Man hat hier von einer »Religion der Freiheit« gesprochen, welche sich erhob gegen ältere freiheitsfeindliche Religionen. (Benedetto Croce hat das getan.) Und müßte man den langsam sich herausbildenden Konflikt dieser Nachkriegszeit auf zwei Namen bringen, so wären zutreffendere als »Freiheit« und »Bindung durch Tradition« wohl nicht zu finden. Nur, daß es klüger wäre, auf solche Benennungen überhaupt zu verzichten. Sie werden der lebendigen Vielfalt der Situationen und Geister nicht gerecht.

Das, was der Französischen Revolution ursprünglich mit der amerikanischen gemeinsam war und was sie in ihren ersten Jahren zu verwirklichen gemeint hatte, war das Ideal eines rational konstituierten, von freien Bürgern frei bestimmten Rechtsstaates. Für diesen

Komplex einander zugeordneter Maßstäbe und Hoffnungen kam nach 1815 ein spanisches Wort auf: Liberalismus. Die Freiheit, die hier in Rede stand, war nicht so sehr die Freiheit des Staates, der war am Ende am freiesten unter der absoluten Monarchie. Es war Freiheit vom Staat, geregelte Sicherheit vor jeder staatlichen Willkür. Nicht der Staat war hier der zentrale Denk-Ort, sondern der einzelne Bürger, die in der Entfaltung ihrer Talente, in der Bewegung ihres Geistes, in der Bewahrung ihrer materiellen Interessen ungehinderte Individualität. Um diese Sicherheit, auf die es hauptsächlich ankam, zu genießen, mußte der Bürger an der Staatsmacht teilhaben, durfte sie nicht unabhängig von ihm, über ihm, gegen ihn, sondern nur durch ihn sein. Daher die Forderung nicht nur nach genauer Begrenzung dessen, was der Staat und was seine einzelnen Organe tun durften, sondern auch nach der Wahl der Behörden, nach Repräsentanz. Die alte Obrigkeit hatte zuviel, nicht zuwenig regiert. Der konstitutionelle Staat würde das zur Erhaltung des Gemeinwohls Notwendige tun, übrigens aber den einzelnen in Freiheit tun lassen.

Die liberale Forderung konnte sich mit der nationalen, mit jener nach dem Nationalstaat, verbinden. Ob sie es tat oder nicht, hing von den Umständen ab. Die Amerikaner hatten ursprünglich für ihre Rechte als britische Bürger gekämpft, dann für ihre Unabhängigkeit; schließlich hatten sie ihr Staatswesen so eingerichtet, daß ihre unter dem britischen König gemachten schlechten Erfahrungen sich nicht wiederholen, gleichzeitig aber ein rechtes Maß von Zusammenhalt, Ordnung und Schlagkraft gesichert werden sollten. Man könnte von der amerikanischen Revolution nicht sagen, daß sie nationalistisch war; eine Nation waren die Völker der dreizehn Kolonien eigentlich nicht, das sollten sie erst noch werden. Die Franzosen waren es längst; so sehr und so lange schon, auch im staatlichen Sinn, daß es keines Umsturzes, keiner gewalttätigen Neuerung bedurft hätte, um ihren Staat zum nationalen zu machen. Trotzdem wurde die neue Einheit des Staates, welche aus der Vernichtung alter, irrationaler, geschichtlich gewordener Gliederungen hervorging, von nationalistischen Kräften bestimmt; die Republik sollte eine einzige, unteilbare sein, weil die Nation es war. Seinen Höhepunkt erreichte dieser Einheitstaumel in dem Augenblick, in dem auch die revolutionäre Demokratie und in dem gleichzeitig die Kriegsanstrengung gegen außen ihren Höhepunkt erreichten, zur Zeit des Wohlfahrtsausschusses. Die Begeisterung von 1793 war so nationalistisch wie demokratisch, das »une et indivisible« eng verbunden mit der égalite et fraternité; beide, Nationalismus und Demokratie, bewährten sich im Krieg, stärkten sich am Krieg. Darüber ging das Ziel des Anfanges, der konstitutionelle Freistaat, zunächst verloren und zeigte sich eine alte, der klassischen wie der neueren Staatsphilosophie wohlvertraute Wahrheit: daß Demokratie die Freiheit des Individuums nicht zuverlässig verbürgte.

Napoleon, Praktiker und Opportunist, hatte für solche Unterscheidungen geringes Interesse. Er gab Ordnung, straffe Verwaltung, Rechtssicherheit für alle, die seinem Regiment keinen politischen Widerstand leisteten. Er ließ die bedeutendsten Errungenschaften der Revolution bestehen: die neue Einheit und Organisation des Staates und die neue bürgerliche Gleichheit, das »La carrière ouverte aux talents«. Er gab Freiheit, nicht des Geistes, viel weniger der Presse oder Rede, aber Freiheit, Geld zu verdienen. Seine Verfassungen, seine gewählten Räte waren Hokuspokus. An die glaubte er nicht, der nur an

Ordnung und Befehl glaubte, gleichgültig, ob sie ihre Legitimation vom Plebiszit oder von geheiligter Überlieferung nahmen. Einer, der ihn kannte, meint, er habe es seinem tiefsten Instinkt nach immer mit den Königen, nicht mit den Völkern gehalten. Erst 1815 versuchte er, notgedrungen, Frankreichs Liberale zu versöhnen. Nun gab es ein Parlament mit zwei Häusern, Pressefreiheit, Ministerverantwortlichkeit. Siegreich, hätte er wohl alldem bald wieder ein Ende gemacht. Da er aber nach hundert Tagen wieder verschwinden mußte, so blieb diese letzte, freiheitliche Erinnerung von ihm zurück, und daraus hat die Legende des »Bonapartismus« als einer Verbindung von Cäsarentum, Volksherrschaft und wohlgeregelter Freiheit ihre Nahrung ziehen können.

Bonapartismus, gepflegt und propagiert von dem gefangenen Kaiser und seinen Getreuen, war aber etwas anderes als die Nachwirkungen der Revolution und des bonapartischen Abenteuers in ihrer Gesamtheit. Die Widersprüche, in denen Napoleon sich gefangen, die er als bloß »ideologische« verachtet hatte und an denen er gescheitert war, lebten fort in der Mannigfaltigkeit nachnapoleonischer Begehrungen. Überall in Europa war das öffentliche Leben intensiver geworden unter den Ärgernissen der Kontinentalsperre, den Sensationen der Grenzziehungen, der Verwaltungsreformen und Eigentumsverschiebungen, im Feuer der Kriege und Befreiungen. Dort, wo es öffentliches, politisches Leben vorher nicht gegeben hatte, war eines entstanden. Was würde es nun mit sich anfangen, und wie würden jene es anstellen, die es wieder abzutöten wünschten?

Nicht »Demokratie« war es, was nachwirkte. Dies Wort hatte um 1816 keinen guten Klang. Frankreich konnte als Demokratie allenfalls unter Robespierre gelten, und diese kurze Epoche, blutig und närrisch, hatte dem demokratischen Ideal keine neuen Anhänger gebracht. Nachwirkten die Ideen vom nationalen Staat und vom innerlich freien, konstitutionellen Staat. Sie taten es manchmal im Sinn der französischen Erfahrung, manchmal in feindlicher Reaktion gegen sie, manchmal wohl auch unter dem bloß mittelbaren, ungefähren Eindruck dessen, was in Europa zwischen 1789 und 1815 geschehen war.

In Norditalien lebte die Erinnerung an die Franzosenzeit als an eine gute fort. Das waren die Gegenden, die Napoleon als Königreich Italien organisiert und denen er eine sympathische, wesentlich italienische Regierung gegeben hatte, wogegen die zurückgekehrte österreichische Herrschaft als landfremd, bald als kleinlich und gehässig abstach. In Spanien hatte das Volk sich gegen die von Napoleon ihm aufgezwungene moderne Verwaltung erhoben, forderte aber nun von der wiederhergestellten Bourbonenmonarchie politische Einrichtungen französischen oder amerikanischen Stils – »liberale« Einrichtungen. In Deutschland war ein neuer Patriotismus am Werk, der sich entschieden auf das Gesamtvaterland, das deutsche Sprachgebiet, bezog und eine würdige Zusammenfassung der in gar zu vielen Staaten und Stätlein kanalisierten deutschen Energien ersehnte. Er ging auf Einheit mehr als auf Freiheit, von der wohl auch die Rede war, ohne daß man jedoch die Aufgabe ihrer begrifflichen Entfaltung sehr genaugenommen hätte. Frei in dem Sinn, in dem die Franzosen es 1791 gewesen waren, wollten die jungen deutschen Patrioten, die »Teutomanen« nicht sein, dies Ideal kam ihnen zu künstlich, zu französisch vor; und Tatsache war ja, daß gerade die von Napoleon geschaffenen deutschen Staaten, und nur sie, jetzt mit »Verfassungen«, mit dem Zweikammersystem prangten. Den Polen hatte

Bonaparte eine staatliche Existenz versprochen, aber sein Versprechen schlecht gehalten. Ob der Zar es besser halten würde, blieb abzuwarten. Modischem Prinzip, auch wohl dem eigenen Gewissen zuliebe, ließ er das vergewaltigte Königreich, von Rußland getrennt, unter »fortschrittlichen« Institutionen verwalten; die aber wohl nur so lange in Kraft bleiben würden, wie man sie auf keine ernste Probe stellte. Polen sollte frei sein, aber nicht frei, anders zu wollen, als der Sankt Petersburger Imperialismus. Im Südosten, unter Griechen und Serben, regte sich unabweisbar stark das Begehren, Herr zu sein im eigenen Land, frei von türkischen Paschas und Janitscharen. Der Aufstand der Serben hat eine Vorgeschichte im 18. Jahrhundert; wie so mancher Konflikt, der nach 1815 wieder erschien, schon vor 1789 da war. Auch hier aber gaben die großen Revolutionen des Westens den entscheidenden Antrieb; die Welle, die von Amerika nach Westeuropa, von Frankreich über den Kontinent schlug und früher oder später seine entferntesten Halbinseln und Gebirge erreichte.

Vielfältig wie das Erbe der Revolution war auch die Gegenbewegung. Manchmal, in Deutschland, in Spanien, ist das, was Erbe und was Gegenbewegung war, gar nicht voneinander zu trennen. Man sagt nicht viel, wenn man sagt, daß der umstürzenden, erneuernden, verändernden Tendenz eine erhaltende sich entgegenstemmte. Nach 1815 kam ein Wort dafür auf: konservativ, Konservativismus. Die Sache war ein paar Jahrzehnte älter. Zu ihren Vertretern wurden nun jene, die im 18. Jahrhundert selber die Agenten der Veränderung, der Rationalisierung und Zentralisierung gewesen waren, jetzt aber sich als Nutznießer der bedrohten Ordnung fühlten: die Monarchien, die Könige.

Im lateinischen Südeuropa war ihr stärkster Bundesgenosse die Römische Kirche und der Papst: zugleich ein weltlicher Souverän und das Oberhaupt der katholischen Christenheit. Unbezweifelte Autorität im Religiösen verband sich natürlich mit einer Herrschafts- und Eigentumsordnung, die, mühselig wiederhergestellt, nun bleiben wollte, was sie war, ungeschmälert von Volksvertretungen oder den Extravaganzen freier Schriftsteller. In den überwiegend protestantischen Ländern spielte die katholische Kirche eine solche konservative Rolle nicht; nicht in Preußen; noch weniger in England. Dort, wo die Katholiken an keiner der Staatsuniversitäten studieren, kein öffentliches Amt bekleiden, nicht einmal wählen durften, war vielmehr die katholische Forderung nach Gleichberechtigung, »Emanzipation«, mit anderen »liberalen« Forderungen verwandt, vor allem mit jener nach einer zeitgemäßen Reform des Parlaments. Überhaupt war das politische Leben Englands tief verschieden von dem des Kontinents. Veränderungen wurden auch hier gefordert oder verneint. Eine »Verfassung« aber gab es weder von Literaten zu erfinden noch von Königen zu dekretieren; sie war da seit Jahrhunderten; die Monarchie eine eng begrenzte Nebenmacht; die Parlamentsherrschaft Tatsache, gleichgültig, wie das Parlament gewählt wurde und wessen Interesse es vornehmlich vertrat. Die unter den Händen Edmund Burkes im letzten Jahrzehnt des 18. Jahrhunderts entstandene konservative Staatsphilosophie war nicht roh und geistlos wie jene, welche dem König von Spanien genügte, nicht starr, paradox und pessimistisch wie jene, welche in Frankreich von Revolutionsfeinden wie dem Grafen Joseph de Maistre verkündet wurde. Sie schloß Reformen nicht aus, wenn sie nur praktisch wären anstatt doktrinär, nur den wirklichen Umständen gemäß, nur im Sinn der Vergangenheit, der Kontinuität – nur englisch anstatt universal, überall gültig. In den Schatz Burkescher Weisheit hat im Laufe des Jahrhunderts manch britischer Staatsmann gegriffen, und es läßt der von dieser Philosophie nicht erfundene, nur unübertrefflich ausgedrückte Geist verstehen, warum, trotz aufwühlender Krisen, die englische Geschichte im 19. Jahrhundert doch friedlicher und regelmäßiger gewesen ist als die kontinentale.

Merkwürdig war der Kompromiß zwischen Altem und Neuem, mit dem das lange Revolutionsdrama in Frankreich abgeschlossen hatte: die konstitutionelle Monarchie. Der wiederhergestellte König datierte seine Regierungszeit vom traurigen Tode Ludwig XVI. oder XVII., bestritt also die staatsrechtliche Wirklichkeit alles dessen, was zwischen 1792 und 1814 geschehen war. Er gab sich als König in der uralten, heiligen Nachfolge. Aber diese Fiktion stand in Widerspruch mit einer Überfülle gesellschaftlicher und rechtlicher Wirklichkeiten. Der Aufbau des Staates von den Munizipalitäten bis zu den Ministerien in Paris, das Werk der Jakobiner und Bonapartes, blieb bestehen. Seine Gültigkeit behielt der Code Napoleon, das Gesetzbuch bürgerlicher Gleichheit. Die in der Revolutionszeit reich geworden waren durch Belieferung der Heere, durch Aufkauf der Kirchen- und Emigrantenbesitzungen, die blieben reich. In der Umgebung des Königs, in der Pairs-Kammer, in den Regierungsämtern, in den Hauptquartieren des Heeres traf eine Minderheit ältlicher Emigranten sich mit der Generation, die am Ruder war und am Ruder blieb: mit den Männern, die in den revolutionären Versammlungen gesessen hatten, Bonapartes Administratoren, Marschällen, Finanzleuten. Die katholische Kirche behielt die Verfassung, welche die Revolution ihr gegeben und nachmals der Papst bestätigt hatte: ein mit Rechten und erzieherischen Verantwortlichkeiten ausgestattetes, aber vom Staat bezahltes, vom Staat kontrolliertes Institut. Niemand rüttelte an der vollen Freiheit nichtkatholischer Religionsgemeinschaften. Die Armee rekrutierte sich durch Freiwillige und durch das Los – eine Form von Napoleons Conscription, deren Namen man vermied, um die Sache zu retten; Seniorität und Verdienst, nicht die Herkunft, bestimmten die Beförderung. Schließlich gab es das, was in der besten Zeit der Revolution versucht worden und der Beginn aller folgenden Wirrsal gewesen war: die Definition und Beschränkung der Monarchie, die Verfassung, die »Charta«. Sie kam, der Theorie nach, von oben, ein Geschenk des Königs; ein solches allerdings, das, einmal gegeben, nicht mehr zurückgenommen noch einseitig modifiziert werden durfte. Hinter dem schönen Schein königlicher Gnade blickte auch hier die nicht wegzuzwingende, nicht wegzuargumentierende Wirklichkeit hervor.

Die konstitutionelle Monarchie ist eines der politischen Themen des 19. wie noch des frühen 20. Jahrhunderts; ein Halbweghaus zwischen Absolutismus und Republik, in dem allerlei geistige Widersprüche nisteten, das aber unter günstigen Umständen der aristokratisch-bürgerlichen Gesellschaft wohl Unterschlupf oder selbst dauerhaftes, bequemes Asyl bot.

In gewissem Sinn, ohne daß es Begriff und Namen gab, waren die Monarchien des Mittelalters konstitutionell gewesen; aus mittelalterlicher Theorie und Praxis war die viel bewunderte, oft mißverstandene, immer noch sich wandelnde englische Konstitution allmählich hervorgegangen. Dazu kam weithin wirkend das modernere amerikanische Beispiel: die Verfassungen der Union und der Gliedstaaten. In Amerika aber war Republik, war alles wohl ausgedacht und rational, war nichts, was vor dem Richtstuhl der Vernunft sich nicht rechtfertigen konnte. In Frankreich verband das Rationale sich mit dem Irrationalen. Die Nation sollte sich Gesetze geben durch erwählte Vertreter. Ihre Ausführung war einem Staatschef anvertraut, der es noch immer war, weil seine Vorfahren es gewesen waren, durch Gottes Gnaden. Seine Agenten, die Minister, bedurften einer Mehrheit in der Deputiertenkammer. Neben dieser, ihr staatsrechtlich gleichgeordnet, dem britischen House of Lords mehr als dem amerikanischen Senat nachgeahmt, gab es eine Kammer teils erblicher, teils ernannter Pairs, welche Familientradition oder persönlichem Verdienst Gewicht geben sollte gegenüber der bloßen Zahl. Diese selber war ängstlich beschränkt durch das Kriterium des Besitzes, so daß die Zahl der Wähler in einem Staat von dreißig Millionen Menschen sich auf kaum fünfzigtausend belief. Über Wesen und Wirklichkeit einer solchen Verfassung, die Ehrlichkeit, mit der sie gepflegt und praktisch wahrgenommen wurde, die Verengung oder Erweiterung des Stimmrechts, das Verhältnis zwischen Exekutive und Legislative, ist in dem folgenden halben Jahrhundert fast immer gestritten worden. Wo es noch keine gab, wo schweigsame Oberbürokraten, Zensoren, Polizisten und Grenzwächter das Machtgeschäft, unkontrolliert von Volksvertretern, besorgten, da wurde die Forderung, daß es eine geben sollte, lauter und lauter. Dabei erschien das logische Ende aller solchen Bestrebungen, die Republik mit der gewählten, zeitlich befristeten Exekutive und dem allgemeinen Stimmrecht, nur selten während besonders stürmischen Wetters am politischen Horizont. Republik und Demokratie waren kompromittiert durch die Schreckenserfahrung von 1793. Das Mitspracherecht, welches das Bürgertum von König und Adel verlangte, wünschte es der großen Masse der Besitzlosen, der Taglöhner und Analphabeten, nicht einzuräumen.

Die Westmächte

Noch immer war Frankreich oder galt es als das energienreichste Land des Kontinents, noch immer kam hier der öffentliche Lebensstil vor allem von der Staats-Spitze und von der Hauptstadt.

Chateaubriand gibt uns das folgende Porträt des konstitutionellen Monarchen: »Egoist und ohne Vorurteile, wollte Ludwig XVIII. um jeden Preis seine Ruhe; er stützte seine Minister, solange sie die Mehrheit hatten, und schickte sie fort, sobald diese Mehrheit erschüttert war und so seine eigene Ruhe bedroht schien; nie zögerte er, zurückzuweichen, wenn um des Sieges willen ein Schritt nach vorwärts notwendig gewesen wäre. Seine Größe lag in seiner Geduld; er ging den Ereignissen nicht entgegen, sondern ließ sie auf sich zukommen. Er war nicht grausam, aber er war nicht menschlich; tragische Katastrophen überraschten ihn nicht und berührten ihn nicht; dem sterbenden Duc de Berry (seinem Neffen), der sich entschuldigte, durch seine Ermordung den Schlaf der Majestät gestört zu haben, erwiderte er nur: ›Meine Nacht war gut‹ ...« Freilich mochte die Abneigung des Schriftsteller-Staatsmannes darauf beruhen, daß er monarchischer gesinnt war als der Monarch selber. Ludwig war ein Freigeist aus dem 18. Jahrhundert und sah in der Religion kaum etwas anderes als ein Instrumentum Regni; zu den angeborenen hochmütigen Instinkten der Majestät fügte er eine kluge, hoffnungsarme Bereitschaft, mit den Kräften des Zeitalters, die er nicht liebte, aber verstand, Kompromisse zu schließen. Den eigentlichen Reaktionären und extremen Monarchisten, den »Ultras«, wie sie genannt wurden, zog er die konstitutionell Gesinnten, die undramatisch Gesinnten vor.

Die Nation, nach langen Abenteuern, war politikmüde, friedwillig, arbeitswillig. Nur geringe Minderheiten agitierten und provozierten einander; auf der einen Seite Fanatiker der Restauration, rachsüchtige Hasser Napoleons und aller seiner Werke; auf der anderen treue Anhänger des großen Verbannten, Offiziere auf Halbsold, unversöhnte Patrioten. Sie waren die Verfolgten während des ersten Jahres nach Waterloo, das ein Jahr der Prozesse und Exekutionen, der rechtlosen, von der Staatsmacht geduldeten Racheakte war. Dann, allmählich, beruhigten sich die Gemüter. Nun spielte sich das politische Leben auf enger hauptstädtischer Bühne ab.

Drei Gesinnungsgruppen agitierten gegeneinander. Die Ultras, adelige Landbesitzer oder solche, die ihren verlorenen Besitz noch wiederzugewinnen hofften, Prinzen des königlichen Hauses, ehemalige Emigranten, wünschten die Revolution ungeschehen zu machen, den Geist des 19., vielmehr des 18. Jahrhunderts zu vernichten, wünschten eine Rückkehr zum Absolutismus. Düster-fromme, scharfe, grimmige Staatsdenker, Bonald, de Maistre, artikulierten ihre Philosophie. Einem praktischer gesinnten Großbürgertum, vertreten auch durch einsichtige Aristokraten wie den Duc de Richelieu, war der gegenwärtige Stand der Dinge lieb, vorausgesetzt, daß er nun blieb, wie er war: die Errungenschaften der Revolution, die persönlichen Freiheiten und Rechtsgleichheiten, die Verbreiterung des Besitzes, geschützt durch die alte Monarchie. Die Liberalen – Advokaten, Journalisten, Professoren, ehemalige Militärs – gingen weiter als die Konstitutionellen, ins Doktrinäre. Sie verteidigten wenn nicht die ganze Revolution – das durfte niemand –, so doch die Revolution in ihrer Frühzeit. Die Monarchie, die ihnen vorschwebte, wäre, um einen späteren Ausdruck zu gebrauchen, der parlamentarischen nahegekommen. Übrigens lag ihnen die äußere Ehre der Nation, Frankreichs Größe und freie, würdige Aktivität unter anderen Nationen mehr am Herzen als der Partei der Mitte, daher denn auch ihre Haltung gegenüber der napoleonischen Vergangenheit eine zwiespältige, wenn nicht, wie im Falle des politischen Dichters Béranger, eine schlechthin bewundernde, verherrlichende war. Der »Held zweier Welten«, La Fayette, gehörte zu den Liberalen; ein alter, vager, von geringem wirklichem Können verwalteter Ruhm. Im Parlamentshause, dem Palais Bourbon, saßen sie auf der linken Seite; daher die Unterscheidung zwischen der Rechten und der Linken, welche in der europäischen Politik des 19. und 20. Jahrhunderts eine verwirrend-vereinfachende Rolle spielen sollte.

Alle Gruppen kamen in Zeitschriften von hohem literarischem Niveau zu Wort, zumal sie sich an wenige tausend Leser richteten; die Debatten in der Kammer waren es wert, daß man ihnen zuhörte. Trotzdem haftete dem ganzen Betriebe etwas Enges, Künstliches an. Die Nation, in ihrer überwältigenden Mehrheit, war nichts als Zuschauer, insofern sie zuzuschauen wünschte. Und da sie vor gar nicht langer Zeit so leidenschaftlich mitgetan, eines großen, gefährlichen öffentlichen Lebens sich sehr wohl fähig gezeigt hatte, so lag der Verdacht nahe, daß ihr Schweigen kein endgültiges, die elegante offizielle Ordnung nur eine dünne Rinde war, unter der niemand wußte, welche Feuer schwelten. Furcht, von dem Erlebnis der Revolution erweckt, verschwand nie aus der französischen, der europäischen Welt. Ludwig XVIII. war beherrscht von dem Willen, auf dem Thron zu sterben. Keinen Augenblick vergaß er, daß die Erfüllung dieses Wunsches ein immer aufs neue zu vollbringendes, nur das Heute, nie das Morgen sicherndes Meisterstück sein würde.

Furcht gab es auch in England, wenngleich dort die herrschende Klasse in ihrem Selbstvertrauen nicht in der Art wie in Frankreich erschüttert worden war. Sie hatte unter der Führung der Tory-Partei den großen Krieg gegen Revolution und Kaiserreich gewonnen, aber die Furcht vor der Revolution nicht verloren. Sie war politisch geteilt in zwei Parteien, Whigs and Tories, und diese Parteien waren hundertfünfzig Jahre alt; sie brauchten sich nicht erst zu erfinden wie die neuen, unerfahrenen Parteien Frankreichs. Das aber hatten sie mit dem französischen Parteisystem gemein, daß sie die gesellschaftliche Wirklichkeit des Landes, welche zur politischen Wirklichkeit zu werden strebte, nicht, in ihrem Falle nicht mehr ergriffen. Sie waren beide aristokratisch, landwirtschaftlich und ländlich; die Welt der wachsenden Städte und wachsenden Industrien vertraten sie nicht. Dort, wo es keine Vertretung gab und geben sollte, das Bewußtsein von deren Gerechtigkeit und Notwendigkeit aber längst erwacht war, da mußte es Unterdrückung geben. Auf den ersten Blick könnte es scheinen, als sei das politische Leben in England nach Waterloo übler eingerichtet gewesen als in Frankreich, die Atmosphäre düsterer, die Konflikte brutaler. England war der Sieger, und äußere Siege hinterlassen im Inneren oft so bösartige Stimmungen wie Niederlagen. Es hatte keinen großen Bürgerkrieg erlebt wie Frankreich und war daher, vielleicht, besser zu ihm aufgelegt und imstande. Übrigens wurde Frankreich von einer Monarchie regiert, wenn auch von einer künstlich eingeführten, künstlich beschränkten; England von einer Oligarchie, über der ein schwaches, verachtetes Königtum stand. Oligarchien können volksfremder sein als Dynastien; meist sind sie selbstischer in der Gebundenheit ihrer Standesinteressen. In Paris bestimmte der Hof den öffentlichen Stil; in London taten es die großen Adelsfamilien, noch immer reich, aber bedroht durch den aktiveren, moderneren Reichtum der Industriellen, verschwenderisch, verklatscht, bequem und hartherzig. Disraeli, der sie kannte und zu bessern wünschte, hat sie etwas später in seinen Romanen beschrieben.

Während des langen Krieges war jede innere Veränderung hintangehalten worden. Unerfüllt blieb die politische Gleichberechtigung der Katholiken und der Dissentierenden. Vereinigungen der Arbeiter, Trade-Unions, waren verboten seit 1799. Das Parlament war und blieb, was es in vier Jahrhunderten geworden; eine Versammlung, die insgesamt wohl etwa vierhunderttausend Wähler repräsentierte, aber so, daß über einhundert Sitze von großen Grundherren zu vergeben oder durch die Gunst von nur ein paar Dutzend Wählern zu gewinnen waren. Auch eine so wunderlich konstituierte Nationalversammlung konnte bedeutenden Talenten zu Wort verhelfen (gerade sie konnte es); auch sie konnte dem Einfluß einer breiteren öffentlichen Meinung zugänglich sein. Daß sie aber bestimmte materielle Interessen vertrat und andere nicht, zeigte sich schon im ersten Friedensjahr, 1815; das Getreidezollgesetz, das jede Einfuhr von Getreide verbot, solange das im Land gewachsene nicht einen bestimmten Preis erreichte, begünstigte in gar zu offener Weise den Landbesitz auf Kosten der Städte, der Arbeitgeber wie der Arbeitnehmer. – Unverändert, wie Ordnung und Recht bleiben sollten, blieb schließlich die Regierung, welche sie verwaltete; das von Lord Liverpool geleitete Tory-Kabinett.

Nicht so unverändert war die Gesellschaft, die man unter einer erstarrten Ordnung zu halten gedachte. Zwischen 1800 und 1830 wuchs die Bevölkerung des Königreichs von elf auf mehr als sechzehn Millionen. Städte wie Manchester, Leeds, Sheffield, Birmingham verdoppelten oder verdreifachten ihre Einwohnerzahl. Vervielfachung der Eisenproduktion, der Einfuhr von Baumwolle; Vervielfachung des Exports und Imports überhaupt; gewaltige Menschenkonzentrationen um die Bergwerke, die Schmelzöfen, die Textilmühlen – solche Entwicklungen mußten auf die Dauer stärker sein als der konservative Herrschaftswille einer dünnen Oberschicht. Und wenn auch die Lebensdauer der Engländer im Durchschnitt länger, nicht kürzer wurde, und wenn auch der Realwert der Löhne im Durchschnitt stieg, nicht sank, so war der ungeplante Aufbau der englischen Industrie doch mit Härten verbunden so furchtbar wie jene, mit denen hundert Jahre später der geplante Aufbau der Industrie in einem anderen Lande verbunden war. Die vierzehn- bis sechzehnstündige Arbeitszeit, die Fron siebenjähriger Kinder, der jammervolle Konkurrenzkampf zwischen Handwebstuhl und Maschine, die Keller- und Höhlenwohnungen, die Infernos der Armenhäuser, sie gehören noch immer zur Geschichte, nicht der Legende von der industriellen Revolution. Zu den Qualen des Entstehungsprozesses auf lange Sicht kamen die dringenderen Nöte, die vorübergehenden Schwankungen des Wirtschaftslebens zuzuschreiben waren. Zwischen 1815 und 1820 lebte England im Zeichen einer Nachkriegs-Deflation, mit sinkenden Preisen, Lohndruck, Arbeitslosigkeit, Sparmaßnahmen der öffentlichen Hand. Konnten an der Spitze eines solchen Gemeinwesens immer dieselben großen Herren stehen, die jetzt noch dort standen und von denen einer leichthin meinte, mit vierzigtausend Pfund im Jahr ließe sich allenfalls auskommen; die einen Palast in der Hauptstadt und mehrere auf dem Land besaßen; die in ihren eigenen schweren Equipagen reisten, begleitet von ihren Sekretären, Kaplanen, Ärzten, Spaßmachern; die, wie die Götter in Goethes Schicksalslied, an goldenen Tischen bei ewigen Festen saßen? So lange vielleicht konnten sie es, wie sie alle zusammenhielten, Whigs und Tories, und wie auch das reiche neue Industriebürgertum zu ihnen hielt, weil die Forderungen der Radikalen zu gefährlich klangen.

So war die Situation während der ersten Jahre nach Waterloo. Damals konnte die uralte, platonische Vorstellung von den zwei Nationen, die in jedem Lande fremd und feindlich nebeneinander lebten, den Reichen und den Armen, wieder auferstehen – Disraeli hat sie zum Thema eines Romans gemacht. Nie im späteren 19. Jahrhundert war der Gegensatz zwischen reich und arm so tief, so gefährlich. Daß aufgeregtes Volk, belehrt von radikalen Schriftstellern wie William Cobbett, das allgemeine gleiche Wahlrecht verlangte, auch wohl die Streichung der gesamten Staatsschuld, die Nationalisierung des Bodens, lähmte den Reformeifer der Opposition, der aristokratischen, im Parlament vertretenen wie der noch unvertretenen, bürgerlichen. Zwischen 1817 und 1820 kam es zu einer eigentlichen Krise: zur Außerkraftsetzung alter englischer Rechte wie Habeas Corpus und der Versammlungsfreiheit; zur Knebelung der Presse durch finanzielle Tricks; zu Hochverratsprozessen; zu Kavallerieattacken und Gewehrsalven gegen friedlich versammelte Arbeiter auf freiem Feld. Angstgeborene Mißverständnisse und Krämpfe, denen auch Europas vernünftigste Nation nicht entging. Die Herrschenden fühlten sich nicht eins mit der Masse der Beherrschten. Nach einem guten Diner am Fenster seines Salons stehend, wandte der Premierminister, Lord Liverpool, sich mit tragischer Geste zum französischen Botschafter: »Was soll man denn mit diesen enormen Städten anfangen? Ein einziger Aufstand hier in London, und alles ist verloren.« Es sollte lange dauern, bis es den Menschen dämmerte, daß sie wohl unter einem Gesetz schneller und schnellerer Veränderung lebten, daß aber die Furcht vor der Anarchie, der alles mit einem Schlag umstürzenden Massen-Gewalttat die Furcht vor einem Gespenst und in den zivilisierten, dicht besiedelten Gegenden des Westens niemals »alles verloren« war.

Am wenigsten in England. Das Massaker auf dem St. Petersfeld in Manchester (August 1819) wurde »Peterloo« genannt in bitterer Anspielung auf den Sieger von Waterloo, den starr konservativen Herzog von Wellington, der es ungeprüft billigte, wie seine Kollegen im Kabinett. Die öffentliche Meinung billigte es nicht. Daß Empörung herrschte über den Mord an zwölf Manifestanten, daß im Parlament die Whigs eine Untersuchung forderten, war eben, was man von dem guten, nicht erloschenen, nur vorübergehend überschatteten Genius der englischen Politik erwarten konnte. Mit Peterloo war der Tiefpunkt der Unterdrückung erreicht.

Verbesserte Wirtschaftsbedingungen taten das Ihre. Diese wieder hingen zusammen mit nutzbringenden Maßnahmen, die das Kabinett ergriff und die nicht möglich gewesen wären, hätten nicht vorurteilsfreiere, praktischere Geister mit den Nichts-als-Konservativen die Regierungsmacht geteilt. Castlereagh, der Außenminister, starb 1822 durch eigene Hand. Sein Nachfolger, George Canning, war aus anderem Stoff gemacht als der kühle wie maskenhaft verhaltene Aristokrat; ein Emporkömmling und Demagoge, mit starkem, modernem Sinn für Publizität, energiegeladen, arrogant, höhnisch und furchtlos. Auch Canning war nichts weniger als ein Demokrat, kaum ein Liberaler; er verachtete alle Ideologien und wünschte sich keine Parlamentsreform. »Das Parlament«, hatte er einmal gesagt, »hat die Aufgabe, praktischen Übeln praktisch zu steuern, nicht einem theoretischen Perfektionismus nachzujagen.« Er meinte aber auch, so recht im Sinne Burkes: »Wer allen Verbesserungen Widerstand leistet, weil sie Neuerungen sind, der wird bald Neuerungen annehmen müssen, welche nichts verbessern.« Canning besaß, was die Wellington, Eldon und Sidmouth und selbst der weisere Castlereagh nicht besaßen: Lust zu den großen Möglichkeiten seines Jahrhunderts, Zukunftsmut. Sein Eintritt in die Regierung, obgleich er Castlereaghs Außenpolitik fortzusetzen beauftragt war und, bei nur verändertem Ton, auch wirklich fortsetzte, war ein Anzeichen dafür, daß die Dinge nun wieder in Bewegung gerieten. Gefiel das den Nur-Konservativen in beiden Parteien nicht, so mußten neue Gegensätze und Verbindungen, schließlich auch neue Namen an die Stelle der alten Parteien treten.

Einstweilen, zögernd und in sich selber gespalten, brachte das Tory-Kabinett seit 1822 Reformen zuwege, die 1816 unmöglich erschienen wären. Der Combination-Act von 1799 fiel 1824; nun war es den Arbeitern gestattet, ihre beruflichen Interessen vereinigt wahrzunehmen, wobei freilich die Grenze zwischen der erlaubten Trade-Union und den Verbrechen der »Verschwörung« eine gefährlich unsichere blieb. Der Innenminister Robert Peel, ein Konservativer auch er, aber ein praktisch und wirtschaftlich denkender Großbürger, ging an die Reform des barbarischen Strafgesetzbuches: für über hundert Delikte wurde die Todesstrafe abgeschafft. Peel organisierte die London Police, die erste moderne Polizei, welche England sah. Im Wirtschaftspolitischen fand, nach innen wie nach außen, eine Liberalisierung statt. Hunderte von Zolltarifen fielen oder wurden reduziert; die aus dem 17. Jahrhundert stammenden, längst veralteten Navigations-Akte praktisch abgeschafft, so daß nun die Handelsschiffe Europas und Amerikas Waren jeden oder beinahe jeden Ursprungs nach England führen durften; es verschwanden die Überreste einer merkantilistischen Gesetzgebung, die festgesetzten Löhne und Preise, die Exportsubventionen. All das war Bewegung in einer Sphäre, die man für sicher getrennt hielt von der politischen, dem großen Streit zwischen alter Ordnung und neuer Unordnug; all das half nur »praktischen Übeln praktisch« ab, ohne einem »theoretischen Perfektionismus nachzujagen«. Eben darum wurde es den tätigeren Ministern von den untätigeren gern oder ungern erlaubt. Wo aber einmal Bewegung war, die 1816 gar nicht hatte sein sollen, wo die Regierung in das Leben der Gesellschaft fördernd und befreiend eingriff, da mußte über kurz oder lang auch das Verhältnis zwischen Volk und Führung, die Konstitution, wieder zur Sprache kommen. Und so werden wir England nach 1825 in einen rascheren historischen Arbeitsprozeß gerissen sehen; einen Prozeß, den es trotz allem hektischen Widerstand meisterte und der für das vielgerühmte Viktorianische Zeitalter die Grundlage schuf.

Mitteleuropa: Fürst Metternich

In England und Frankreich gab es öffentliches politisches Leben rechtens; in England ein uraltes, geformtes, das in seinen Formen sich nicht mehr wohl fühlte; in Frankreich ein von der Obrigkeit künstlich normiertes, eingeschränktes. Was es in Deutschland und Italien, Deutschlands Schicksalsschwester, an politischem, gemeinschaftsbildendem Willen überhaupt gab, mußte sich andere Ausdrucksmittel suchen als die parlamentarischen, die es nicht gab; und meistens verbotene. Wir reden hier vom Bannkreis der Mächte, die in Mitteleuropa wirklich zählten, Preußen und Österreich. Die Napoleon-Staaten Süddeutschlands bildeten eine manchmal gehässige, manchmal liebenswürdige Ausnahme. Sie haben aber im 19. Jahrhundert nicht mehr geschichtsgestaltend wirken können. Das, was geschichtsgestaltend wirkte, waren die Nationen und waren die großen Staaten.

Die Deutschen hatten es besser als die Italiener. Sie wurden regiert von Leuten ihrer Sprache und Tradition, sie waren bei sich zu Hause, und über die Grenzen der einzelnen deutschen Staaten ließ sich mit leidlicher Freiheit reisen. Über Italien herrschte Österreich, eine Macht, nicht von vielen Völkern, sondern über viele Völker, aber entschieden keine italienische Macht. Beide Nationen hatten dies gemein, daß sie eins werden wollten, irgendwie, auf die eine oder andere Weise, so einig, wie die Nationen des Westens es waren. Den Italienern wurde dies Ziel nur um ein geringes später als den Deutschen bewußt. Erreicht haben sie es etwas früher.

Daß die Deutschen sich in einem nationalen Staat, einer Föderation, einem »Reich« einzubürgern wünschten, war deutlich schon zur Zeit des Wiener Kongresses. Fremde Beobachter, offizielle oder solche auf eigene Faust, berichteten während der folgenden Jahre und Jahrzehnte wieder und wieder davon. Die politische Grundfrage war hier nicht, wie in England und Frankreich, die nach dem Verhältnis zwischen Volk und Macht, Legislative und Exekutive; sie war die nach dem Verhältnis zwischen den wirklichen Staaten und einem Zentralstaat, Föderativ- oder Nationalstaat, der nicht war, aber sein sollte. Freilich hätte mit einem solchen Zentralstaat auch das Volk so oder so mehr zu tun gehabt, als es mit seinen bürokratischen Fürstenstaaten zu tun hatte; insofern spielte auch hier die politische Frage des 19. Jahrhunderts überall in Westeuropa, die Frage nach dem Verhältnis zwischen Herrschenden und Beherrschten, mit herein. Nationalismus und Demokratie sind nicht dasselbe, aber Zwillinge sind sie. Übrigens war die Vorstellung von dem, was ein deutscher Staat sein sollte, vielfacher Art, wechselnd mit den Zeiten und Moden.

Nach 1815 wurde sie vor allem von der Jugend gepflegt, Studenten, heimgekehrten jungen Kriegsveteranen. Damals war es eine romantische, von einer ungenau gekannten, idealisierten Vergangenheit mehr als von nüchterner Zukunft gefärbte Vorstellung. Den Mitgliedern der großen deutschen Studentenvereinigung, den »Burschenschaften«, lagen nicht Amerika oder Frankreich, nicht Parlamentsverfassung und Republiken im Sinn; sie empfanden nur Abneigung für die süddeutschen Konstitutionen, eben weil sie sie für landfremd und seelenlos hielten. Ein deutsches Reich wollten sie, so wie es in sagenhafter Zeit gewesen sein sollte, belebt von edler Tugend, christlich und germanisch, fromm und frei. Sie fühlten die Nation um ihre Kraft betrogen durch den Deutschen Bund, der ein ausgeklügeltes, feingegliedertes Klein-Europa war an Stelle eines deutschen Staates. Es erschien hier, was später noch mehrmals erscheinen und den westlichen Beobachter vor ein verwirrendes Rätsel stellen sollte: der Geist der Bewegung, des Protestes gegen die alte Staatsmacht wollte in Deutschland nicht dasselbe, was er in England, in Frankreich, selbst in Spanien wollte. Er war nicht »links«, obgleich in gewissem Sinn umstürzlerisch.

Als umstürzlerisch empfanden ihn jedenfalls die Regierungen. Ihnen war tief unerwünscht, daß deutsche Bürger, junge oder alte, etwas wollten, was es nicht gab, daß sie sich versammelten, marschierten, feurige Lieder sangen, anstatt ihren Pflichten nachzugehen und dem Gesetz zu gehorchen. Als ein politisches Verbrechen pathologischen, in seinem Stil aber doch nicht untypischen Charakters – die Ermordung des Schriftstellers Kotzebue durch den Studenten Sand – ihnen einen Anlaß bot, griffen sie ein. Die »Karlsbader Beschlüsse« (1819) entsprachen, auf deutsche Verhältnisse übertragen, ungefähr dem, was in England im nächsten Jahr (1819) die »sechs Akte« waren, beide Unternehmungen kamen aus demselben Geist, derselben ängstlichen Überzeugung: man lebte in einem hochgefährlichen Zeitalter, schwanger mit Revolutionen, aber man konnte sich retten und die Ordnung retten, wenn man nur beizeiten zuschlug und energischer handelte als der arme König von Frankreich vor dreißig Jahren... Nun begann auch in Deutschland, wie der rheinische Publizist Josef Goerres es ausdrückte, ein »Lärm erbrochener Kisten und Kasten, ein Gehen und Kommen der Gendarmen und Polizeihäscher, ein hastiges Überrennen aller rechtlichen Normen in der vornehmsten Behutsamkeit, eine Beunruhigung ruhiger Männer, die der gewöhnlichste Lebenstakt schon zum voraus freisprechen mußte, ein Verhören und Versiegeln, Verhaften und der Haft Entlassen«. Die Karlsbader Beschlüsse richteten sich vor allem gegen die Universitäten, gegen die akademische und literarische Freiheit. Ihrem Buchstaben oder doch ihrem Sinn gemäß sind später die Schriften eines so hervorragenden Publizisten wie Heinrich Heine verboten und ist so mancher Gelehrte oder Literat in die Verbannung getrieben worden.

Der Inspirator der Karlsbader Beschlüsse ist uns aus dem letzten Teile des Napoleon-Epos wohlbekannt. Staatskanzler Fürst Metternich, der Leiter der österreichischen Politik, war ein Diplomat von hervorragenden Talenten, ein vollendeter Menschenbehandler, Autorität und Elastizität, System und Kompromiß auf hochpersönliche, fast künstlerische Weise verbindend. Er war kein Fanatiker, kein Despot, obgleich er Despoten auf ihren Thronen hielt; nicht grausam, obgleich grausame Taten in der Folge seiner Politik begangen wurden. Gebildet in allen Künsten des Aristokraten aus dem 18. Jahrhundert, schön von Gestalt, heiter und hell, lebensfreudig und vergnügungssüchtig, ein literarischer Feinschmecker, ein Rationalist übrigens und mit den Naturwissenschaften spielend – mit alledem schien Metternich kaum der Mann, einer Art zweiten Gegenreformation zu präsidieren. Wie kam er dennoch dazu? Metternich gehörte einer Klasse und einer Generation dieser Klasse an, die das böse Erlebnis der Französischen Revolution nie überwand. Er war pessimistisch seit 1793. Seitdem war Politik ihm ein Spiel zwischen Ordnungswillen und Chaos, zwischen dem Bändiger und dem wilden Tier; wie er denn auch in Napoleon den Bändiger der Gesellschaft geschätzt und nur den abenteuernden Imperialisten mißbilligt hatte. Den großen Zusammenbruch, der am Ende doch kommen würde, wenigstens zu seinen Lebzeiten hintanzuhalten, seine Auftraggeber, seinen Stand, sich selber obenzuhalten, die große Masse der Beherrschten gegen ihre eigene Verrücktheit zu schützen, sah er als seine Aufgabe an. Er nannte sich den »Arzt im großen Weltspital«, was ungefähr soviel hieß wie »der weise Mann im Narrenhaus« und eine mehr als gewöhnliche Eitelkeit anzeigte. Er war kein Staatsmann im Sinn späterer Zeiten, keiner, der dem Zusammenleben der Menschen im Staat große Zwecke hätte geben können; nur ein Chef-Diplomat. Ein solcher taugte allerdings dazu, dem österreichischen Staatswesen vorzustehen, das wesentlich nach außen blickte, wesentlich ein Unternehmen zu Zwecken der Außenpolitik war und zu seinen eigenen Territorien, den deutschen, italienischen, slawischen, magyarischen sich diplomatisch verhielt. Nach Österreich war der Rheinländer in seiner Jugend verschlagen worden und liebte diese schöne, mannigfaltige Region Europas, ohne sich je ganz in ihr zu Hause zu fühlen. In »Europa« fühlte er sich zu Hause. Europa nannte er sein Vaterland – ein schöner, seltener, in seinem Kosmopolitenmunde berechtigter Ausdruck. Österreich und Europa gehörten zusammen, waren beinahe ein und dasselbe. Unruhe in Deutschland, in Italien, auf der Balkanhalbinsel war Unruhe in Österreich, weil Österreich selber ein Stück Deutschland, ein Stück Italien, ein Stück Balkan war. Und weil es ein Stück Europa war, durch tausend Fäden mit ihm verbunden, so mußte auch Unruhe in Frankreich, in

Spanien, in Griechenland es anrühren und war die Gefährdung jedes gekrönten Hauptes, jeder Ordnung, eine Gefährdung Österreichs. Daher Metternichs demnächst zu betrachtende Theorie von der Intervention.

Allmächtig war er nicht. Rückblickend hat er später gesagt, er habe gelegentlich Europa in der Hand gehabt, aber nie Österreich. Dort diente er einem absoluten Monarchen, Kaiser Franz, der, arbeitsam, beschränkt und hartherzig, sich oft genug das letzte Wort vorbehielt. Er hatte es übrigens mit einer Wirrsal von ständischen und nationalen, bürokratischen und kirchlichen Traditionen zu tun, die keines Menschen Wille zu einem rationalen System gestalten konnte, weder damals noch später. Metternich, der Europäer, vertrat Österreich nach außen, aber er beherrschte es nicht.

Was nun die Ordnung der italienischen Dinge betraf, so war dort 1815 mit mehr gutem als bösem Willen ungefähr getan worden, was getan werden konnte. Es war nicht gegen die Volksstimmung, daß die alten Dynastien nach Neapel, Florenz, Modena und Turin zurückgeführt wurden, daß der Papst nun wieder im Kirchenstaat herrschte. Selbst die österreichische Herrschaft über Norditalien schien 1815 das praktisch Richtige, moralisch und psychologisch wenigstens Erträgliche zu sein. Einen italienischen Staat, die Vereinigung von Poebene, Halbinsel und Inseln, hatte es vordem überhaupt niemals gegeben. Tief waren die natürlichen, geschichtlichen, zivilisatorischen Unterschiede zwischen Norden, Mitte und Süden; gering an Zahl die Bildungsschicht, der die Gestaltung der öffentlichen Sache am Herzen lag. Den meisten Italienern war 1815 ein staatlich zerteiltes, von Fürsten, Bürokraten, Militärs und Priestern gelenktes, ein wesentlich unverändertes, untätiges Gemeinwesen das als natürlich Hingenommene. – Dies ist ja überhaupt der Kern der politischen Geschichte Europas nach 1815 und bis 1871: das Werk des Wiener Kongresses war im Moment nicht unweise. Aber es hörte im Laufe der Zeit, in vielen Gegenden mit überraschender Schnelligkeit, auf, passend zu sein. Und nun war kein Modus vorgesehen, nach dem es hätte reformiert werden können. Nun hielten die, die es gegründet hatten, seine Erben und Nutznießer, mit starrem Willen an ihm fest, und es entstand jener »Kampf des Alten gegen das Neue«, an den man 1815 kaum gedacht hatte.

Die Verwaltung des österreichischen Lombardo-Venetien war gut in dem, was eine Verwaltung leisten kann: in Gesetzgebung und Rechtspflege, im Straßenbau, in Polizierung und Hygiene. In alledem war sie die beste, die Italien besaß, und blieb es bis in die fünfziger Jahre. Die kaiserliche Regierung schickte Fachkönner, auch geistvolle, humane Leute nach Mailand. Nur daß es eine streng obrigkeitliche, patriarchalische, obendrein landfremde Verwaltung war; das allen österreichischen Staatsdienern anerzogene Mißtrauen wurde gesteigert durch den Widerstand, den sie erfuhr. Im benachbarten Piemont, nach der Insel, über welche der gleiche Souverän gebot, auch Königreich Sardinien genannt, herrschte geistlose Reaktion, die aber hier von Österreich unabhängig war, ja einen antiösterreichischen Akzent hatte. Es war diese antiösterreichische Haltung, welche das piemontesische Königshaus zu seiner späteren bedeutsamen Rolle in der italienischen Geschichte prädestinierte. Im tyrrhenischen Italien hob die reiche, gut regierte Toskana sich wohltuend ab von den Staaten des Papstes, die ein Bild von Verwahrlosung und obskurantistischer Willkür boten. Der König von Neapel war faul und indolent. Er ließ die französischen

Neuerungen im wesentlichen bestehen und hätte seine Untertanen in Ruhe gelassen, wenn sie ihn und sein absolutes Herrschertum in Ruhe gelassen hätten. Wozu die allermeisten, die analphabetischen Bauern und Fischer, die Barone auf dem Land, die Bürger in den engen, durch keine brauchbaren Straßen verbundenen Städten, wohl auch bereit waren. – Wer hätte damals voraussehen können, welche Springquellen unruhigen und fruchtbaren, das Land und die Welt bereichernden Geistes bald überall in Italien emporschießen würden?

Dicht gesät waren die bemalten Grenzpfähle, hinter denen die Zöllner und Polizisten lauerten. Nächst dem täglichen Brot kam nichts an Bedeutung dem Reisepaß gleich. Politische Flüchtlinge konnten sich retten, indem sie von einem Staat in den anderen sprangen, durch Flüsse schwammen, in Verkleidung mit gefälschten Pässen die Grenzwächter narrten; Banditen, Spione, Provokateure, Agenten geheimer Orden bewegten sich zwischen den Herzogtümern und Königreichen. Der Orden der Carbonari war ungefähr wie die Freimaurerei des 18. Jahrhunderts organisiert; mit greulichen Initiationen, mystischen Rängen, an deren Spitze Gott selber stand, Schwüren, Geheimzeichen, Geheimschriften. Er war in Neapel zur Zeit des napoleonischen Königs Murat entstanden und gegen die Fremdherrschaft gerichtet; jedenfalls war konstitutionelle Freiheit sein Ziel. Seine Mitglieder, »buoni cugini«, gehörten meist den oberen Ständen an, dem Adel, der Armee, der Beamtenschaft, selbst der Kirche. Was Mode, Spiel, Geheimnistuerei, was echte Leidenschaft, ein der Zeit dienender Drang war, das läßt sich kaum unterscheiden. Es war die Form, welche der Liberalismus annahm, da wo er offen nicht wirken durfte und sich im Geheimen gefiel. Die guten Vettern machten gewaltige Fortschritte nach 1815, breiteten sich nach Norditalien aus, hatten ihre »Venditas« selbst in Frankreich. Ermuntert durch das spanische Beispiel, rebellierten im Juli 1820 Einheiten der neapolitanischen Armee unter Führung von Carbonari-Offizieren mit dem Ruf »Gott, König und Konstitution«. In Ländern, denen es an entwickelten bürgerlichen Einrichtungen fehlt, ist einer Offiziers-Junta, die weiß, was sie will, schwer Widerstand zu leisten. Der erschreckte Bourbonenkönig Ferdinand beeilte sich, eine Verfassung im spanischen Stil zu proklamieren, und beschwor sie feierlich am Altar. – Es war dies der Beginn der in dürren Variationen immer wiederholten Wirren, der erst liberalen, dann republikanischen Schläge und österreichischen Gegenschläge, die Italien in den nächsten dreißig Jahren heimsuchen sollten.

Sizilien wollte nicht wie Neapel, die sizilianischen Städte nicht wie die Hauptstadt Palermo, der Pöbel von Palermo nicht wie die Besitzenden. Sizilianischer Separatismus, Bürgerkrieg in Palermo, Krieg zwischen Sizilien und Neapel, Terror und Gegenterror schienen jenen recht zu geben, welche dafür hielten, daß Italien noch kein geeigneter Platz für Verfassungsexperimente sei. Fürst Metternich war dieser Meinung. Freilich wäre ihm ein Erfolg des neapolitanischen Liberalismus noch unwillkommener gewesen als sein Mißerfolg. Ein Parlament in Neapel mußte über kurz oder lang ein Parlament in Mailand bedeuten – die Verwaltung italienischen Schicksals durch Italiener. Was wurde dann aus dem österreichischen Imperium? Was aus der alten Ordnung überhaupt, wenn die katholischen Monarchien Südeuropas, auf deren absoluten Charakter der festeste Verlaß schien, ins Wanken gerieten? Die neapolitanischen Vorgänge hatten ihre Parallele in

Spanien, vielmehr, sie waren eine Nachahmung spanischer Vorgänge. »Europa« mußte handeln, wollte es das Gesetz des Handelns nicht an ordnungsfeindliche Mächte verlieren.

Unter den Monarchenkongressen der Nachkriegszeit ist der von Troppau (in Österreichisch-Schlesien, Oktober/Dezember 1820) ideell der merkwürdigste, weil hier Metternich den Grundsatz universaler Intervention verkündete. Ein Staat, der seine innere Verfassung durch Revolution veränderte, so hieß es in dem von Österreich, Preußen und Rußland unterzeichneten Protokoll, verlöre alle Rechte eines Mitgliedes der europäischen Allianz. Bedrohte seine Revolution die Sicherheit anderer Staaten, so sei es Pflicht der vereinten europäischen Mächte, ihn mit friedlichen oder kriegerischen Mitteln auf den rechten Weg zurückzuführen ... England und Frankreich, in Troppau nur durch ihre Botschafter vertreten, erkannten dies Prinzip nicht an, wodurch ein längst schwelender Gegensatz zwischen den »konstitutionellen« Westmächten und den »drei Despotien des Nordens« in Erscheinung trat. Schon in Aachen, 1818, hatte Lord Castlereagh erklärt: »Nichts wäre unmoralischer und der Würde der Regierungen abträglicher als ein Prinzip, wonach wir uns jederzeit zur Unterstützung der bestehenden Mächte herzugeben hätten, ohne uns irgend um das Maß zu kümmern, in dem sie Gutes oder Schlechtes tun ...« Nun, in einem Memorandum, das sich auf Spanien wie auf Italien bezog, ließ er wissen: Europas große Allianz sei wohl gegen die Revolution gerichtet gewesen, aber nicht gegen jede Form von Demokratie, sondern gegen die besondere, militärische und aggressive Form, welche Bonaparte ihr gab. Sie war »keine Union zu Zwecken der Weltregierung oder für die Überwachung der inneren Angelegenheiten fremder Staaten«. »Großbritannien hat vielleicht ebensoviel Macht wie jeder andere Staat, um einer praktischen und verständlichen Gefahr zu steuern, welche die Nation zu fühlen vermag. Sollte Europas Gleichgewicht bedroht sein, so kann England wirkungsvoll eingreifen, aber meine Regierung ist die letzte in Europa, von der man erwarten sollte, sich in einer Frage von nur abstraktem Charakter zum Handeln zu verpflichten.« Castlereaghs »State Paper« ist so denkwürdig wie das Troppauer Protokoll; die Formulierung einer rein praktischen Politik des Handelns von Fall zu Fall gegenüber dem universalen und grundsätzlichen Anspruch Metternichs. Soll man diesen als den höheren ansehen? Dann, vielleicht, wäre er es gewesen, wenn die Interventionsmächte großzügige, gerechte, schöpferische Lösungen produziert hätten. Leider taten sie das nicht und konnten sie es nicht, so wie die Probleme lagen, die zu lösen sie sich anmaßten, und so, wie sie selber konstituiert waren.

Der Troppauer Kongreß wurde nach Laibach nahe der Grenze Italiens verlegt und der König von Neapel eingeladen, vor seinen gekrönten Brüdern seine Sache darzulegen. Kaum fand dieser Potentat sich unter dem Schutz der Großmächte, als er auch schon die von ihm beschworene Verfassung widerrief und Europa um Hilfe bat. Von Rußland und Preußen ließ Österreich sich die Pflicht übertragen, in Neapel Ordnung zu schaffen. Ein rascher, leichter Feldzug stellte den Absolutismus wieder her und lieferte die Liberalen der Rache des Königs aus. Es war das Schmähliche dieser Intervention und aller ihr in gleichem Geiste folgenden bis 1849 wie ja auch vergleichbarer Interventionen im 20. Jahrhundert: die stärkere, auch zivilisiertere Macht von außen konnte wohl handeln, um eingeborene Legitimität zu retten. Aber sie konnte dann die gerettete kaum beeinflussen,

Das Massaker auf dem St.-Peters-Feld in Manchester am 16. August 1819
Kupferstich. The Manchester Public Libraries

Einzug Ottos, des ersten griechischen Königs, in Nauplia am 6. Februar 1833. Gemälde von Peter Heß. München, Bayerische Staatsgemäldesammlungen

kaum zur Mäßigung nötigen, eben weil der wiederhergestellte Monarch ungeschmälert sein sollte in seiner Würde; und sah angeekelt zu oder sah weg, während ihr Schützling seine barbarische Rachsucht kühlte. Daß er es aber durfte, daß diese wie alle österreichischen Interventionen in Italien auf so geringen Widerstand stießen, lag auch wieder daran, daß die Volksmassen nicht interessiert waren. Sie waren monarchisch gesinnt oder gleichgültig. Angehörige einer dünnen Oberschicht spielten Liberalismus, eroberten die Macht in bluffenden Staatsstreichen und verloren sie so schnell, wie sie sie gewonnen hatten; ihre »Verfassungen« waren Hirngespinste mehr denn solide Staatsgebäude. Der Kern der italienischen Geschichte der folgenden Jahrzehnte ist dann, daß es nicht immer so blieb, daß, zumal im Norden, Bildung und Besitz sich verbreiterten und eine in ihrem Selbstbewußtsein erstarkte Mittelklasse zur liberalen Aristokratie hinüberschwenkte.

Italien ließ sich isolieren. Daß es Österreich oder unter dem Schutz Österreichs seinen eigenen Despoten gehören sollte, war ein Grundstein der Ordnung von Wien. Selbst England bestritt nicht, daß Österreich ein Recht hätte, in seinem Interesse in Neapel oder demnächst im Piemont zu intervenieren; bestritt nur den universalen Grundsatz, welcher zur Rechtfertigung der Intervention diente. Es sollte lange Jahrzehnte immer wiederholter Wirren und Opfer, schließlich der hohen Kunst eines diplomatischen Meisters bedürfen, um Italien den europäischen Mächten interessant zu machen. Anders Spanien, anders die Balkanhalbinsel. Wer die Türkei, ob überhaupt jemand sie beerben sollte, darüber war in Wien nichts ausgemacht worden. Und anders als Italien war Spanien ein Staat für sich, souveräne Macht, wenn auch eine geringfügige; es hatte noch unlängst seine große strategische, moralische Bedeutung gezeigt; es war übrigens noch immer tief in die amerikanischen Dinge verflochten. Die europäische Allianz hielt schlecht und recht die italienische Frage aus. Über der spanischen und nahöstlichen brach sie auseinander oder nahm sie neue, unvorhergesehene Gestalten an.

Griechenland

Die Griechen waren ein Balkanvolk wie die anderen, ein Volk von Bauern und Fischern und Priestern, von Händlern, Matrosen und Piraten; jedoch durch die Jahrtausende mit dem alten Hellas durch einiges mehr als den Namen verbunden, durch Brauchtum und die noch immer erkennbaren schönen Eigenheiten der Rasse. Ihre Sprache hatte unlängst durch die Arbeit patriotischer Philologie eine zeitgemäße Kodifizierung erfahren. Die türkische Herrschaft war im Laufe der Zeit milder sowohl wie unbeständiger geworden. Die regionalen Stellvertreter des Sultans waren die Herren, und von ihrem Charakter, ihren Launen wurden die Bedingungen bestimmt, unter welchen die Menschen lebten. Der Großteil des Landes gehörte dem Herrschaftsvolk. Seit 1774 (Vertrag von Kütchük-Kainardsche) besaß der russische Zar ein vages Schutzrecht über alle orthodoxen Untertanen der Hohen Pforte.

Dem Aufstand von 1821 gingen Jahre moralischer und zivilisatorischer wie auch praktischer Vorbereitung voraus. Literarische Klubs in Athen und anderwärts suchten das

Selbstbewußtsein der Nation zu stärken; eine 1815 gegründete »freundliche Gesellschaft« mit Zentren in Moskau, Triest und den griechischen Städten Kleinasiens war der bestehenden Ordnung nicht freundlich gesinnt. Die große Bewegung Westeuropas erreichte die Halbinsel von Rußland, von Österreich, von Italien her. Schon hatten die Serben sich ein Maß von Unabhängigkeit erkämpft. Vor den Völkern Serbiens, der Moldau, der Walachei hatten die Griechen zwei Dinge voraus: die Magie ihres Namens und die strategische Mittelmeerposition.

Während des Laibacher Kongresses (März 1821) geschah es, daß Zar Alexander die Nachricht von einem ersten griechischen Revolutionsversuch erhielt. Alexandros Ypsilanti, russischer Offizier, aber Grieche von Geburt, behauptete, als er mit einer Gruppe Gleichgesinnter von der russischen Grenze her in die Moldau einfiel, im Einverständnis mit einer Großmacht zu handeln. Der Zar, unter Metternichs Einfluß und stärker denn je einem mystischen Konservativismus ergeben, wies den Gedanken einer Hilfe für den Rebellen weit von sich. Die Rumänen liebten die Türken nicht, aber die griechischen Aristokraten, die als Beauftragte des Sultans in Bukarest regierten, auch nicht; dem befreienden Abenteurer kam nicht die Volksstimmung entgegen, auf die er gezählt hatte. Nach wenigen Gefechten mit den Türken mußte Ypsilanti nach Österreich fliehen, wo man ihn bis kurz vor seinem Tode, sieben Jahre später, ohne Gnade gefangenhielt. Das von ihm gegebene ruhmlose Vorspiel wurde bald von ernsthafterem Lärm übertönt. Noch während Ypsilanti in Rumänien sein Glück suchte, begann, geführt von dem Erzbischof Germanos, der Aufstand auf dem Peloponnes; von da an, April 1821, datiert der griechische Unabhängigkeitskrieg.

Er spielte sich auf drei Ebenen ab. Einmal in der Wirklichkeit, im kontinentalen Griechenland, auf dem Peloponnes, zur See und auf den Inseln. Hier war es ein Balkankrieg im schlimmen Sinn des Wortes, ein Krieg zwischen Barbaren, die einander in Massen umbrachten, die Gefangenen, die Bewohner eroberter Städte, Frauen und Kinder. Die Griechen oder Christen waren nicht besser als die Türken oder Moslems; sie zuerst hatten die Art bestimmt, in der der Krieg zur wechselseitigen Schlächterei werden sollte. Zur wechselseitigen, nahezu allseitigen; denn die Rebellen stritten unter sich, sobald der Türke ihnen eine Atempause gab, stritten um die Führung, stritten um Geld, welches das gute Europa ihnen schickte, stritten um Beute. Der Europäer, welcher der griechischen Wirklichkeit nahekam, mochte seine Hellenenbegeisterung wohl verlieren, und fast schien der amerikanische Politiker recht zu haben, der seine Regierung beschwor, nichts zugunsten der Griechen zu unternehmen, welche Barbaren und eher noch weniger zivilisiert als die Türken seien.

Trotzdem gab es die zweite Ebene, auf welcher der Krieg sich abspielte: jene der öffentlichen Meinung Europas und Amerikas. Die Amerikaner benannten ihre neuen Städte mit griechischen Namen, und große Rhetoren wie Edward Everett und Daniel Webster feierten den griechischen Befreiungskampf in wohltönenden Reden. In Europa ging man über das Reden hinaus. Freiwillige aus aller Herren Ländern strömten nach Griechenland, Anleihen wurden organisiert, selbst ein gekröntes Haupt, der König von Bayern, der seine Hauptstadt mit griechischen Tempeln schmückte, sandte den Rebellen Offiziere und Geld. Die Griechen, kraft ihres Namens und durch die imponierende, wenn auch wilde Tapferkeit ihres Widerstandes, leisteten den europäischen Intellektuellen das, was die Neapolitaner und Spanier nicht hatten leisten können: sie rissen sie aus der polizeigehüteten, müden Langweile der Nachkriegszeit heraus, sie boten ein großes Schauspiel. Und während man im Machtkreis Metternichs nicht liberal sein durfte: philhellenisch durfte man sein, hier war ein Ventil, das sich nicht schließen ließ. Unter den Freunden der Rebellen war der eindrucksvollste Lord Byron, der auf eigenem Schiff mit Gefolgsleuten, Dienern und Geld nach Griechenland gefahren kam. Der gemäßigte Rebellenführer Mavrocordatos bot ihm die Stelle eines Generalgouverneurs über alle befreiten Gebiete Griechenlands an, die Byron auch wohl akzeptiert hätte. Der leidende Romantiker erwies sich in seinen letzten Tagen als tüchtiger Exerziermeister, Organisator und Diplomat. Er vermittelte zwischen den streitenden Fraktionen, gab sein Vermögen, um die Truppen zu bezahlen, trug bei zur Verbesserung des Sanitätswesens. Vielleicht aber war sein frühes Sterben vor Missolonghi (April 1824) das Beste, was er für die Rebellen leisten konnte. Denn es bewegte Europa, wie seit den Heldentaten des jungen Bonaparte nichts es bewegt hatte; Goethes Faust gibt Zeugnis davon.

Die dritte Ebene war die europäisch-politische. Sie hatte zu tun mit der öffentlichen Meinung, die man allenfalls benutzen konnte und gegen die zu handeln schwieriger und schwieriger wurde. Aber sie war nicht dasselbe. Die öffentliche Meinung war enthusiastisch; die Politiker waren kalt und wußten es besser. Selbst George Canning nannte die Rebellen »a most rascally set«. England sollte »weder für Aristides noch für den heiligen Paulus« kämpfen. Lange geschah auf der politischen Ebene nichts als ein Diskutieren von Möglichkeiten, ein wechselseitiges Sich-Behindern und -Belauern der Mächte.

Von alters her war Österreich Europas Vorkämpfer gegen den Türken; im 18. Jahrhundert hatte die Wiener Politik die Auflösung des türkischen Imperiums gern erwartet und die Stücke, die es sich nehmen würde, ausgewählt. Das war nun anders. Einer von Metternichs Freunden, Friedrich Gentz, prophezeite 1815, die Habsburger Monarchie könnte die ottomanische nicht überleben; triumphierender Nationalismus auf der Balkanhalbinsel würde nicht haltmachen vor den Grenzen Österreichs. Er würde das um so weniger, wenn hinter ihm, ihn treibend und ausnutzend, die große nach Süden und Westen drängende Macht des Ostens stünde. Rußland nicht an die Donau und über die Donau zu lassen, war seit 1815 das defensive Ziel der österreichischen Politik; hier bereitete sich ein Konflikt vor, der so lange währen sollte, wie beide Monarchien, die zu Wien und die zu St. Petersburg, währten. Metternich hätte also die politische Anordnung der Balkanhalbinsel am liebsten so unverändert gesehen, wie sie überall in Europa sein sollte. Das selbstverschuldete Schicksal der Griechen kümmerte ihn nicht; die Zivilisation, dozierte er, hörte an den Grenzen Österreichs auf. Ungefähr war dies zunächst auch der englische Standpunkt. Auch hier galt, daß Rußland nicht zum Mittelmeer durchbrechen, daß es sich nicht in Konstantinopel festsetzen dürfte und daß eine schwache, große, allenfalls für zeitgemäße Reformen zu gewinnende Türkei manche Bequemlichkeit bot. Die Tories der alten Schule, der Herzog von Wellington zum Beispiel, waren Freunde der Türken.

Die Rolle des bloßen Zuschauers ließ sich nur dann aufrechterhalten, wenn sich alle mit ihr begnügten. Das war nicht der Fall. Dezember 1825 starb Zar Alexander, in dessen wirrer

Seele das nur erhaltende Prinzip zuletzt das befreiende, philantropische wie das imperialistische entschieden überwogen hatte. Sein Bruder und Nachfolger, Nikolaus I., war aus anderem Holz geschnitzt; ein Despot auch er, die Inkarnation und klassische Selbstdarstellung des Despotismus, aber klaren, trockenen Geistes und sehr auf die Mehrung seines Reiches bedacht. Rußland, der Hort aller Konservativen, würde handeln zur Rettung der griechischen Revolution. Es würde um so eher handeln, als ohne seine Hilfe die griechische Sache offenbar verloren war. Seit 1825 hatten die Rebellen es nicht mehr nur mit dem Sultan, sondern mit dessen kriegsmächtigstem Vasallen, Mehemed Ali, Pascha von Ägypten, zu tun, dessen wohlgedrillte Truppen den Peloponnes verwüsteten und dessen Adoptivsohn, Ibrahim, drohte, er werde ganz Griechenland entvölkern. Es kam der Moment, da Athen fiel und nur noch die Akropolis Widerstand leistete (1826/27); und wieder ein anderer, als auch sie übergeben wurde (Juni 1827) und die völlige Unterdrükkung des Aufstandes eine Frage kurzer Zeit schien. Den Ausgang entschied nicht die Macht der Rebellen, mit deren Führung es bis zuletzt übel bestellt war, sondern europäische Politik.

In dem Vertrag von London (6. Juli 1827) kamen England, Frankreich und Rußland – nicht Österreich und nicht Preußen – darin überein, daß Griechenland unter dem Schutz der Großmächte autonom sein sollte. Einstweilen würden sie einen Waffenstillstand zwischen den Kriegführenden vermitteln und ihn sichern durch eine friedliche Blockade des noch immer auf dem Peloponnes hausenden Paschas Ibrahim. Was nun geschah, war unvorhergesehen und, wie der Nachfolger Cannings, Wellington, wissen ließ, hoch unerwünscht. Die friedliche Blockade fiel unfriedlich aus. Im Hafen von Navarino wurde die türkisch-ägyptische Flotte durch ein englisch-französisch-russisches Geschwader zerstört. Sultan Mahmud proklamierte den Heiligen Krieg gegen solche Friedensvermittler; Rußland ergriff begierig die Chance, sich dem südlichen Nachbar überlegen zu erweisen und eine eigentlich schon entschiedene Frage auf eigene Faust noch einmal zu entscheiden. Es folgte ein regelrechter Kontinentalkrieg zwischen Türken und Russen; diese hatten härtere Anstrengungen zu machen, als erwartet wurde, um die unfertige, in voller Reorganisation begriffene türkische Militärmacht zu brechen. Im Friedensvertrag von Adrianopel (September 1829) bestätigte der Sultan das, was zwischen den Großmächten, Griechenland betreffend, vereinbart worden war; gab den Donaufürstentümern (Moldau und Walachei: die Gebiete des heutigen Rumänien) einen an Unabhängigkeit grenzenden Status und anerkannte die russische Besitzergreifung der Gebiete zwischen dem Schwarzen und dem Kaspischen Meer, über die er bis dahin noch einen vagen Rechtstitel innegehabt hatte. Im folgenden Jahr erlebten sowohl England wie auch Frankreich tiefe innere Veränderungen. Dies aber hatten das englische Reform-Kabinett und die Regierung des Königs Louis Philippe gemeinsam mit der Diplomatie ihrer Vorgänger: der neue griechische Staat sollte seine Existenz durchaus nicht nur Rußland verdanken. Es fand also etwas wie ein Wettbewerb zugunsten der Griechen statt, die von solcher Konkurrenz den Vorteil hatten: die Einräumung vollständiger Unabhängigkeit an Stelle der ursprünglich vorgesehenen beschränkten Autonomie; dann die Erweiterung ihrer Grenze im Norden, so daß sie nun vom Golf von Volos nach Arta verlief; schließlich die Erhebung zum Königreich. Die drei Großmächte besorgten auch den König, den Prinzen Otto von Bayern, der sich durch den bewährten Philhellenismus seines Vaters empfahl. Ein Heer von bayerischen Zivilisatoren, Offizieren, Beamten, Architekten, Gelehrten und Schulmeistern ergoß sich in das Land. Es begann damit die Mode, den Balkanvölkern, oder doch ihren Hauptstädten, durch deutsche Fürsten politischen Stil zu geben. Wurzeln haben aber wohl diese eingeführten Dynastien in den fremden Boden so wenig schlagen können wie vor ihnen die Kreuzfahrer-Monarchien des Mittelalters.

Viel begann mit dem griechischen Freiheitskampf.

Vor allem die »orientalische Frage«, an der der Kampfsport der europäischen Mächte sich üben sollte durch das ganze 19. Jahrhundert und tief ins zwanzigste. Daß anderen Balkanvölkern, Rumänen, Bulgaren, Südslawen, billig sein würde, was den Griechen recht gewesen war, lag in der Logik der Dinge, aber jede Gründung eines neuen Balkanstaates traf auf Widerstand nicht bloß der Türken, sondern europäischer Mächte, und England fand später die kühne Lösung einer Zusammenarbeit mit dem Zaren nicht mehr, die George Canning erzwungen hatte. Auch die andere Seite der orientalischen Frage, die ägyptisch-syrische, meldete sich schon im Zusammenhang mit dem griechischen Drama an. Damals zeigte sich nicht nur die Schwäche des türkischen Imperiums, sondern auch die vergleichsweise Stärke Ägyptens; noch waren die Grenzen des neuen griechischen Staates ungewiß, als Mehemed Ali von Ägypten seinem Oberherrn den Gehorsam kündigte. Damit wurde auch Ägypten zum Faktor und, im wachsenden Maße, zum Gegenstand der europäischen Politik.

In der griechischen Sache kam das 1815 gegründete System ins Wanken. Auf einem Gebiet zwar, das in die großen Garantien von 1815 nicht einbezogen war; aber im Zusammenspiel mit Hauptagenten des Systems. Was George Canning dem griechischen Problem gegenüber anwandte und gleichzeitig in einem demnächst zu schildernden Konflikt anwenden sollte, war nichts weniger als der Grundsatz, nach welchem die Nationen über ihr Schicksal selbst bestimmen sollten – ein Grundsatz, der 1815 nicht geradezu verneint, aber doch mißachtet worden war. Durch das Protokoll von Troppau wurde er ausdrücklich verneint. Aber eben der Unterzeichner des Protokolls, der Zar, half den Griechen in der Rebellion gegen ihre rechtmäßige Regierung – ein nachdenklicher Präzedenzfall. Kluge, wenn auch schmählich verspätete Zusammenarbeit der Großmächte fand in der griechischen Sache statt. Aber es war nicht mehr die universale, salbungsvolle Zusammenarbeit der großen Kongresse. Einzelne Mächte, vor allem England und Rußland, fanden sich nach dem Diktat dessen, was sie für ihr Interesse hielten. Der Zar führte Krieg, ohne den europäischen Areopag um Erlaubnis zu fragen. Der hörte so praktisch zu existieren auf. Das zwischen 1815 und 1822 erstarrte Mächtespiel war wieder in Bewegung, wie von alters her.

Schließlich könnte man auch von einem Triumph der öffentlichen Meinung sprechen. Das denkende, schreibende Europa war progriechisch, bevor seine Regierungen es wurden, und war nicht ohne Einfluß auf das gute Ende. Freilich, die öffentliche Meinung allein hätte es nicht geleistet. Sie half, wenn ihr Wünschen mit dem der Macht koinzidierte; war diese Bedingung nicht erfüllt, so versprach die öffentliche Meinung mehr, als sie leisten konnte, wie Polen im Laufe des Jahrhunderts nur zu oft erfuhr.

Spanien, Lateinamerika und die Monroe-Doktrin

Der griechische Befreiungskampf eröffnete die orientalische Frage. Spanien war im Niedergang seit Jahrhunderten, aber noch nicht völlig getrennt von Ruhm, Wirkungskreis und Herrschaftsanspruch einer gewaltigen Vergangenheit; ein Schatten des Reiches, in dem die Sonne nicht unterging, der sich für die lebendige Wirklichkeit dieses Reiches nahm. Wir haben die internationale Bedeutung eines spanischen Bürgerkrieges im 20. Jahrhundert erlebt, zu einer Zeit, da Spanien die letzten Reste seines amerikanischen Imperiums längst verloren hatte. Um wieviel schwerer mußte spanisches Schicksal wiegen, als Madrid noch ein amerikanisches Reich beherrschte oder zu beherrschen prätendierte, das an schierem Raum die Vereinigten Staaten zusamt dem britischen Kanada übertraf.

Es war ein unseliges Schicksal; das unseligste, das eine europäische Nation sich damals und später bereitete. Mit sich selber, mit der nachnapoleonischen, modernen Zeit, in der es nun leben sollte und wollte und auch nicht wollte, wußte Spanien nichts Rechtes anzufangen. Der Befreiungskrieg gegen Napoleon ließ es in einem zugleich aufgewühlten und ermatteten, an kriegerischen Gewohnheiten der greulichsten Art gesättigten Zustand zurück. Die Verfassung von 1812, beschlossen zu Cadiz, als der Großteil des Landes in französischer Hand und der Bourbonenkönig ein Gefangener in Frankreich war, hatte eigentlich republikanischen, demokratischen Charakter. Sie machte eine einzige gesetzgebende Versammlung allmächtig, ließ den Monarchen nur als eine Art von erblichem Staatspräsidenten bestehen und suchte der Gefahr eines Parlamentsdespotismus dadurch zu steuern, daß Abgeordnete der alten Cortes nicht wieder wählbar sein sollten. Gleichzeitig wurde freilich der katholische Glaube zur Religion des Staates erhoben, die Freiheit der Presse, unter Ausschluß des Geistlichen und Metaphysischen, auf das Gebiet des eigentlich Politischen reduziert – ein bezeichnender Kompromiß zwischen dem Radikalismus des ausgehenden 18. Jahrhunderts und dem, was Spaniens eigenste, tiefste Tradition war. Leider nur konnte eine Staatsform, die das so ungleich reichere und zivilisiertere Frankreich nicht mit Leben erfüllt hatte, für Spanien nicht geeignet sein. Eine geringe Minderheit von Gebildeten, von Gewerbetreibenden, Gelehrten und Advokaten trug sie und trug sie nicht. Als der König 1814 in sein Land zurückkehrte, widerrief er sie, und nur zu sehr bewies die feurig-wilde Reaktion der Massen, daß er den Geist des Volkes richtig erraten hatte. Es begann ein Regiment, über das wir freilich vorwiegend durch die protestantisch-liberale Geschichtsschreibung der Angelsachsen und Deutschen unterrichtet sind, das aber auch der in die Eigenheiten des spanischen Charakters am freundlichsten Eingeweihte wohl nicht wird loben wollen. Ein aus der Vorzeit überkommener, jeden wirtschaftlichen Fortschritt erstickender Merkantilismus; unvorstellbare Extreme von arm und reich, ein Großteil des Landes im Besitz der toten Hand, der Klöster und geistlichen Ritterorden; Korruption der Regierung und der Provinzverwaltungen; blutige Verfolgungen der Liberalen; der Analphabetismus der Massen eher gefördert denn ernsthaft bekämpft, die Hochschulen auf das Bildungsniveau des Mittelalters künstlich herabgedrückt; dazu das Persönliche, der dumpfe, feige und grausame Charakter Ferdinands VII., über dessen Gebaren selbst die Berater Metternichs die Hände über dem Kopf zusammenschlugen – unter so düsteren, einzigartigen Bedingungen war Spanien kaum ein Mitglied der europäischen Gesellschaft. Dennoch sollte es eines sein; und sollte übrigens ein Weltreich beherrschen. Dieser Aufgabe war es nicht mehr gewachsen.

Der Prozeß der Abtrennung Spanisch-Amerikas begann in der Kaiserzeit. In den Bannkreis des französischen Imperiums gezwungen, konnte Spanien damals nichts tun, um seine Autorität in Amerika geltend zu machen. Längst war es eine unfruchtbare, erstarrte, wesentlich ausbeuterische Autorität. Das Volk von Buenos Aires im Süden, von Bogota und Caracas im Norden – sagen wir besser, die dünne Oberschicht reicher Kreolen, die allein für das Volk sprechen konnte – dachte zunächst nicht an Unabhängigkeit. Die Argentinier erklärten sich gegen Josef Bonaparte, für den in Frankreich gefangenen legitimen König. Aber die 1810 in Caracas und Buenos Aires gebildeten Junten waren doch von Spanien unabhängige Willenszentren; die ersten autonomen Regierungen Lateinamerikas. Französische Bildung des 18. Jahrhunderts, Nordamerikas imponierendes Beispiel und fortwirkende nordamerikanische Einflüsse, Stolz und Interesse der Kreolen, auf deren Kosten Spaniens Handelspolitik betrieben worden war, britische Ratschläge und, demnächst, Hilfeleistungen, all das kam zusammen, um die Möglichkeit einer lateinamerikanischen Revolution oder Kette von Revolutionen zur Wirklichkeit zu verdichten. Es gab etwas wie eine unausweichliche Logik der Dinge, den kreolischen Führern wohl bewußt: wenn England, das so ungleich intaktere, fähigere, seine nordamerikanischen Kolonien nicht hatte bewahren können, wie sollte es Spanien gelingen? – Das Element persönlicher Größe fehlte nicht; Simon Bolivar im Norden, José de San Martin im Süden bewiesen sich als Anführer von unbeugsamer Willensstärke und schöner Integrität. Die Botschaft, welche sie zu geben hatten, war aus zweiter Hand, war europäisch und nordamerikanisch in ihrem Ursprung; ihre wirklichen Leistungen mußten von jenen George Washingtons sich tief unterscheiden. Der riesige, dünn besiedelte Kontinent mit seinen Steppen und Hochgebirgen verlangte Kriegstaten von größerer Weite; seine politische Unreife, das Fehlen eines starken Bürgertums, die gähnende Tiefe der Klassenunterschiede, die Neigung selbst der kreolischen Oberschicht zur Zwietracht zwangen die Revolutionsführer zur stärksten persönlichen Initiative. In Mexiko, dem riesigen, bis an die Nordgrenzen des heutigen Texas und bis nach San Franzisko reichenden Vizekönigtum Neuspanien, blieb die spanische Aristokratie zunächst Meister der Situation. Aber gerade hier hatten sich 1810 die untergrundigsten Möglichkeiten gezeigt. Hier waren es nicht bloß die Kreolen, die aufbegehrten gegen die Spanier, sondern die Armen und Zertretenen, die wahren Eingeborenen, Mestizos und Indianer, die sich erhoben gegen Spanier und Kreolen und nicht so sehr Unabhängigkeit wie soziale Gerechtigkeit auf ihr Banner schrieben. Der Aufstand, geführt von einem Priester und dem Schutz der Heiligen Jungfrau anvertraut, war dennoch inspiriert von den radikalsten Lehren der Französischen Revolution, war eine Art von Bauernkrieg und Aufstand der unterdrückten Rasse. Er wurde furchtbar unterdrückt; die Erinnerung daran blieb.

Und nun war es so, daß die wiederhergestellte Bourbonenmonarchie der amerikanischen Bewegung niemals völlig Herr wurde. Wohl wurden Truppen nach Südamerika geschickt, die meisten Provinzen vorläufig gesichert oder zurückerobert. Aber das Gewonnene wurde auch wieder verloren, und Siege wechselten mit Niederlagen. Von zwei Zentren des Widerstandes, Buenos Aires im Süden, Nueva Granada (Columbia) im Nordwesten, führten die Rebellen den Krieg fort, stets gab die Weite des Landes ihnen die Möglichkeit zu Rückzügen, neuen Sammlungen, neuem Vorprellen. Von großartiger Kühnheit war im Winter 1817 der Zug San Martins mit viertausend Mann von La Plata über die Anden nach Chile, das er der spanischen Kontrolle entriß. Seit 1819 kam dem Anführer des Nordens, Bolivar, eine Fremdenlegion zu Hilfe, die aus Iren und Briten, Veteranen der Napoleon-Zeit, bestand. Wir wissen aus den Erfahrungen unseres Jahrhunderts, welche Qual der Kampf um die Rückeroberung eines Kolonialreiches für das Mutterland bedeuten mag. Man glaubt sich dem gewünschten Ende stets nahe und erreicht es doch nie; man fühlt sich im Recht und hat doch gegen sich eine Haupttendenz der Zeit und Zukunft, und die Rebellen wissen es und nähren damit den Starrsinn ihres Siegesglaubens. Sie wissen auch, daß ein guter Teil der Welt hinter ihnen steht, praktisch sowohl wie moralisch. Die Vereinigten Staaten von Nordamerika verfolgten mit wärmstem Interesse das, was ihnen als noble Nachahmung des von ihnen selbst gegebenen Beispiels erscheinen mußte. Und es war offenes Geheimnis, daß auch England mit den Südamerikanern sympathisierte, wiewohl es, als Mitglied der Heiligen Allianz, seiner Gesinnung zunächst nur geringe praktische Folge geben konnte. Madrid wollte sein Weltreich wiederherstellen, so, wie es vor Napoleon gewesen war, und das hieß: den Ausschluß allen nicht-spanischen Handels von Spanisch-Amerika. Darin konnten die angelsächsischen Mächte ihm nicht wohl Erfolg wünschen.

Die Wirren Südamerikas führten zu neuen Wirren in Spanien. Im Herzen eines zu Cadiz versammelten Expeditionsheeres, das von dem schrecklichen Charakter des amerikanischen Krieges nur zu Genaues gehört hatte, brach Januar 1820 eine wohlgeplante Offiziersrevolte aus. Sie fand Widerhall und Nachahmung im Norden, in den großen Städten, in Saragossa, in Barcelona, schließlich in Madrid. Der erschreckte Monarch konzedierte, »um Weitläufigkeiten zu vermeiden«, was gefordert wurde, die Verfassung von 1812. Drei Jahre lang existierte Spanien als gekrönte Republik. Es wurden die Reformen vollzogen, welche sich radikalem Geist empfahlen: Auflösung der Inquisition, der geistlichen Ritterorden und beinahe aller Klöster, Konfiskation ihres Besitzes, der auf achtzehn Milliarden Pesetas geschätzt wurde und nun in der Form von »Nationalgütern« dem kauflustigen Publikum angeboten wurde, Abschaffung der Majorate, der Binnenzölle und so fort. Inwieweit das »Volk« solche Neuerungen wünschte, ist schwer zu entscheiden, da das Volk wohl kaum wußte, was es wollte; es hatte 1814 die Verfassung verhöhnt und allenthalben verbrannt, verehrte sie 1820 wie eine Reliquie, um, wieder drei Jahre später, ihren abermaligen Untergang zu bejubeln. Es können nicht sehr viele gewesen sein, die wirklich verstanden, was mit der Verfassung gemeint war, die wirklich Träger des modernen Geistes waren; der König Ferdinand stand im Grunde den Massen näher als die Liberalen ihnen standen. Vorläufig beschwor er in süßen Tönen, paßte sich an, manövrierte und bat heimlich seinen königlichen Bruder von Frankreich um Hilfe.

Wie gewöhnlich, setzten bald sich »Exaltados« von »Moderados« ab und wurden die neuen Regenten um so radikaler, je weniger sicher sie sich fühlten. Sicher konnte sich in Spanien allerdings nicht fühlen, wer sich die unversöhnliche Feindschaft der Kirche, des alten spanischen Geistes in seiner Totalität zugezogen hatte. Auch von außen in Frieden gelassen, hätten die Verfechter einer hektischen Modernisierung Spaniens ihrer Sache keine Festigkeit geben können. Aber man ließ sie nicht allein. Die Häupter der Heiligen Allianz beurteilten die spanische Entwicklung als eine das Allgemeinwesen bedrohende, und darin hatten sie insofern recht, als, wie wir gesehen haben, die spanische Revolution bald auf Neapel übersprang. Zwei Jahre lang wurde über Spanien geredet und korrespondiert. Es lag weiter ab als Italien, war schwerer, zu Lande nur durch französisches Gebiet zu erreichen und gehörte niemandem, während Italien ohnehin Österreich gehörte; daher seine Ungeschorenheit während zweier Jahre. Zar Alexander wünschte eine große Armee durch Frankreich nach Spanien zu schicken. (»Die Allianz ist gegen die Revolution gerichtet, wir müssen sie heute da angreifen, wo sie sich am furchtbarsten zeigt.«) Ein solcher neuer Russenbesuch im Westen war weder Metternich noch den Franzosen willkommen.

Erst der Kongreß von Verona (Oktober/November 1822), der letzte und prunkvollste der großen europäischen Kongresse, machte Spanien zu seinem Hauptgegenstand. Hier vertrat England, nach dem plötzlichen Tod Lord Castlereaghs durch Wellington vertreten, die Meinung, daß Spaniens innere Angelegenheiten die europäischen Mächte nichts angingen; und Rußland vertrat die genau entgegengesetzte Ansicht. Das Resultat, ein von den drei Ostmächten und Frankreich gezeichnetes Protokoll, versprach gemeinsame Maßnahmen friedlicher oder nichtfriedlicher Art für den Fall, daß die Lage in Spanien sich verschlimmerte. Ungenau gehalten, gab es doch der Macht Handlungsfreiheit, die Spanien am nächsten lag und aus Spanien gern das gemacht hätte, was Italien für Österreich war, Frankreich. Längst wünschten die französischen Ultras, geführt von dem romantischen Schriftsteller-Staatsmann Chateaubriand, die Intervention in Spanien, um den Revolutionsdrachen zu töten, den Glanz der eigenen Monarchie heller scheinen zu lassen, die französische Macht aufs neue vor der Welt zu beweisen. Im Frühling des nächsten Jahres, 1823, fand diese Intervention statt, der Form nach ein Krieg zwischen den beiden Ländern, nachdem die üblichen Vorwürfe, Grobheiten und Drohungen ausgetauscht worden waren. Nun wiederholte sich das Schauspiel der österreichischen Intervention in Neapel im Größeren, Schlimmeren. Nur zu klar bewies die Haltung der Spanier, wie wenig im Grunde die Liberalen für sie gesprochen hatten, wie künstlich und landfremd ihre Unternehmung gewesen war. Das, was Napoleon in fünf Jahren nicht zuwege gebracht hatte, die Unterwerfung Spaniens, gelang dem Bourbonenprinzen Duc d'Angoulême, welcher die Invasionsarmee führte, in wenigen Monaten mit geringen Kosten. Das Volk, das Napoleon als den Gottseibeiuns gehaßt hatte, weil er Fremdes brachte, haßte den Eindringling nicht, welcher das gute Alte wiederherzustellen versprach. Wen unter diesen Umständen die Cortes eigentlich vertraten, da sie doch immerhin von einem zahlreichen Elektorat gewählt worden waren, bleibt ein dunkles Rätsel. Eilends verließen sie Madrid und schleppten den König mit sich, erst nach Sevilla, dann nach Cadiz, von wo sie ihn zwangen, dem Gegner trutzige Noten zu übersenden. Schließlich mußten sie ihn freigeben und in die französischen Linien hinüberschicken.

Das Ende war Reaktion und Rache; Widerrufung alles dessen, was seit 1820 beschlossen worden war, gebrochene Amnestieversprechen, Prozesse, Hinrichtungen. Leichten Herzens hatten die Franzosen den chirurgischen Eingriff unternommen, ohne zu bedenken, daß sie für die wirkliche Heilung des Kranken kein Rezept besaßen. Umsonst beschwor Angoulême die wiederhergestellte Majestät, Mäßigung walten zu lassen. Umsonst belehrte selbst Ludwig XVIII. seinen königlichen Bruder in Tönen milder Aufklärung: »Eine blinde Willkürherrschaft dient nicht zur Stärkung der Macht des Monarchen, sondern zu ihrer Schwächung. Erkennt diese Macht kein Gesetz an, so erliegt sie bald ihren eigenen Launen.« Franzosen und Österreicher hatten gut reden von der Erneuerung uralter spanischer Repräsentativ-Formen und zeitgemäßen Verbesserungen. Zwischen dem, was die Liberalen versuchten, dem Extrem, dem sie zuletzt mehr und mehr zugeneigt hatten, und dem anderen, das Spanien von Europa düster trennte, fand sich kein Mittelweg.

Damit, daß Spanien wieder in sich selbst zurücksank, der König wieder absolut war, die Kirche das Ihre zurückerhielt, die liberalen Anführer nach England flohen oder der Garrotte verfielen, war Spaniens imperiales Problem nicht gelöst. Die letzte Entscheidung über die Zukunft seines Reiches hatte erst noch zu fallen, eine im buchstäblichen Sinn des Wortes welthistorische Entscheidung. Die Cortes waren so imperialistisch wie die Bourbonen; unter ihrer Ägide war der Kampf in Südamerika schlecht und recht fortgesetzt worden, so, wie er auch unter dem hergestellten Absolutismus weiter andauerte. Aber gerade in der Zeit des triumphierenden Liberalismus, 1821, proklamierte Mexiko seine Unabhängigkeit, und zwar eben, um sich liberalen oder radikalen Reformen zu entziehen. Spanier und Kreolen, weltlicher Reichtum und Kirche hielten hier zusammen gegen die Revolution im Mutterland. Mexiko sollte fortan ein Staat für sich sein, ein Kaiserreich, und die Kirche in ihm alle hergebrachten Vorrechte genießen. Das Kaisertum des Rebellenführers Itúrbide hat dann freilich nur ein Jahr gewährt.

Europa, der guten Vorsätze von 1815 ungeachtet, hatte in keiner der seither auftauchenden großen Fragen eine gemeinsame Politik zuwege gebracht; nicht in der italienischen, nicht in der griechischen, nicht in der lateinamerikanischen. Spanien wollte sich mit nichts Geringerem zufriedengeben als dem Unmöglichen, der Wiederherstellung seines geschlossenen Großreiches, und wurde dabei von den guten Wünschen, wenn auch nur diesen, der Russen und der Österreicher gestärkt. Französische Diplomaten spielten mit der Möglichkeit befreundeter Bourbonenmonarchien auf amerikanischem Boden. Werde Südamerika republikanisch, warnte Chateaubriand, dann sei auch die Republikanisierung Europas nur noch eine Frage kurzer Zeit. Auch dem britischen Tory-Kabinett schien die Anerkennung von Rebellen und Thronstürzern an sich nicht wünschbar. Gegen diese Antipathie stand das Handelsinteresse; überall in Südamerika hatten sich in der Kriegs- und Nachkriegszeit britische Exporteure und Konzessionäre eingenistet, und auch der hartnäckigste Konservative konnte diese neue Quelle des Reichtums dem Grundsatz monarchischer Solidarität nicht opfern wollen. Castlereagh suchte nach einem Kompromiß; konnten die Kolonien nicht autonom sein unter der spanischen Krone, konnte nicht vor allem ihr Handel der Welt offen sein? Aber weder Madrid noch die Rebellenführer wollten von Kompromissen hören, und England wurde auf einen Weg gezwungen, an dessen Ende die Anerkennung der neuen Republiken stand. Eine Reihe von Faktoren beschleunigte das an sich Unvermeidliche: die Tatsache, daß im Jahre 1822 Spanisch-Amerika von Mexiko bis Buenos

Aires, mit der Ausnahme des heutigen Bolivien, praktisch unabhängig war; die Haltung der Vereinigten Staaten; der französische Feldzug in Spanien; schließlich das Verschwinden Castlereaghs. In der Substanz setzte George Canning wohl Castlereaghs Politik fort, aber er gab ihr einen impetuosen, rhetorischen, aggressiven Charakter, der seinem kühlen und schweigsamen Vorgänger ferngelegen hatte.

Die Haltung der Vereinigten Staaten war der britischen vergleichbar. Auch sie unterhielten einen blühenden, schon 1810 durch Konsulate geschützten Handel mit Spanisch-Amerika; auch sie – nämlich der erfahrene John Quincy Adams, der als Staatssekretär im Kabinett Präsident Monroes die amerikanische Politik leitete – zweifelten nicht am Ausgang des ungleichen Kampfes. Zu dem Handelsinteresse kam hier das spezifisch Amerikanische, Republikanische, Antieuropäische oder, um es genauer zu benennen, Nichteuropäische, von Europa Wegstrebende, das in Adams seinen bewußten Vertreter hatte. 1819 erwarben die Vereinigten Staaten die Wälder und Sümpfe Floridas von Spanien durch Kauf. Im Frühjahr 1822 sprach Monroe die Anerkennung der Republiken La Plata (Argentinien), Chile, Peru, Kolumbien und Mexiko aus. Im Herbst desselben Jahres, auf dem Kongreß zu Verona, mußte Wellington seinen Verbündeten, kaum noch Verbündeten, mitteilen, daß England demnächst ein Gleiches tun werde. Im folgenden Sommer, August 1823, während französische Truppen durch Spanien zogen, unterbreitete Canning dem amerikanischen Gesandten einen überraschenden Vorschlag: England und die Vereinigten Staaten sollten gemeinsam Frankreich davor warnen, sein restauratives Kriegsunternehmen von Spanien auf Südamerika auszudehnen. Nicht viel fehlte zur Annahme des Vorschlages. Er wäre von dem Gesandten auf eigene Faust angenommen worden, wenn Canning ihn mit der sofortigen Anerkennung der Republiken hätte verbinden können; was jedoch die Stimmung in England noch verbot. Er wäre zwei Monate später – so langwierig warendie Kommunikationen über den Atlantik – in Washington angenommen worden, hätte die Ansicht Monroes und seiner nobelsten Berater, der greisen Expräsidenten Jefferson und Madison, sich durchgesetzt. Adams vereitelte es. Dieser stärkste und klügste unter den amerikanischen Politikern, der Europa wie kein anderer kannte und wie kein anderer sein Amerika völlig und endgültig von Europa zu trennen wünschte, wußte, daß England an sich die Macht hatte, jede französische Einmischung in Südamerika zu verhindern, wenn es wollte und hierzu eine bündnisähnliche Zusammenarbeit beider angelsächsischer Mächte nicht nötig war; daß aber eine solche, einmal proklamiert, Amerika zum Partner des europäischen Mächtespiels zu machen drohte. An Stelle einer englisch-amerikanischen Willenserklärung riet er zu einer nur-amerikanischen, der Verkündung eines Prinzips. Eine solche erschien in Monroes Jahresbotschaft an den Kongreß, Dezember 1823. Das, was viel später die Monroe-Doktrin genannt wurde, enthielt mehrere Komponenten. Eine nahm Bezug auf den unlängst von Zar Alexander erhobenen Anspruch, die Grenzen des russischen Alaska nach Süden auszudehnen. Eine zweite richtete sich gegen die prätendierte moralische Überlegenheit der Monarchien, der Heiligen Allianz, welche besonders der Zar gegenüber amerikanischen Vertretern geltend zu machen liebte. Eine dritte warnte die Franzosen vor jeder Einmischung in Südamerika. »Kraft der Freiheit und Unabhängigkeit, welche die amerikanischen Kontinente erworben haben und aufrechterhalten, sind sie von jetzt ab nicht mehr als Subjekte zukünftiger Kolonisierung durch europäische Mächte anzusehen.« »Das politische System der Alliierten ist... von dem Amerikas wesentlich unterschieden... Ehrlichkeit und die freundschaftlichen Beziehungen, welche zwischen uns und jenen Mächten bestehen, verpflichten uns daher zu erklären, daß wir jeden Versuch von ihrer Seite, ihr System auf einen Teil dieser Hemisphäre auszudehnen, als eine Gefährdung unseres Friedens und unserer Sicherheit ansehen müßten.« Die Botschaft enthielt die mildernde Einschränkung, daß die Vereinigten Staaten gegen europäische Besitzungen in Amerika, so, wie sie jetzt waren, nie etwas unternehmen würden. Übrigens wurde sie balanciert durch das Versprechen, in Zukunft wie in der Vergangenheit sich von Europas Kriegen fernzuhalten, nie sich in die inneren Angelegenheiten einer europäischen Macht einzumischen, jede De-facto-Regierung als rechtens anzuerkennen, mit jeder sich zu vertragen, solange es ohne Verzicht auf das Recht geschehen konnte. Der geforderten Nicht-Intervention Europas in Amerika entsprach grundsätzlich die Nicht-Intervention Amerikas in Europa.

Es entbehrte nicht der Ironie, daß die gleiche Botschaft eine warme Sympathieerklärung für die Sache der Griechen enthielt, eine Erklärung, die viel energischer formuliert worden wäre, hätte nicht Adams den alten Revolutionsfreund Monroe am Zügel gehalten. Man hatte gut versichern, daß die beiden politischen Systeme, das europäische und das amerikanische, völlig voneinander getrennt seien. Im Geiste waren sie es nicht, und nie ließ Politik sich völlig entgeistigen.

Die »Monroe-Doktrin« ist die erste in einer langen Reihe von Doktrinen, durch welche die Vereinigten Staaten in Krisenzeiten ihre Politik zu definieren suchten, damit das praktisch zu Tuende vom Grundsätzlichen mit Sicherheit sich sollte herleiten lassen. Jedoch wurde der doktrinäre Gehalt von Monroes Weihnachtsbotschaft erst später, in den vierziger und wieder in den sechziger Jahren, identifiziert; jetzt erst wurde sie zu einer ewigen, nahezu heiligen Wahrheit erhoben, an die niemand zu rühren wagen durfte. Es habe eine einzige Welt gegeben, bis Monroe kam und zwei aus ihnen machte; und nun seien es zwei. Wohl entsprach dieser Glaube oder Aberglaube einer vorübergehenden Konstellation; der Epoche nämlich, in welcher die Vereinigten Staaten noch zu gering waren, um als Weltmacht in die Angelegenheiten der Alten Welt mitentscheidend einzugreifen, gleichzeitig aber dank ihrer geographischen Lage, dank eigenen beispiellosen Wachstums und dank der britischen Flotte guten Grund hatten, sich sicher zu fühlen. Der Epoche der Isolierung, mit einem Wort, der wirklichen oder der scheinbaren. Jedoch haben Doktrinen ein zähes Leben. Diese wurde noch immer geglaubt, nachdem die Wirklichkeit über ihren stets eingeschränkten und halben Sinn längst hinweggegangen war; wie denn die Vereinigten Staaten im Jahre 1919, nachdem sie eben den ungeheuersten Eingriff in die Verhältnisse der Alten Welt vorgenommen hatten, zur Bedingung ihres Eintrittes in den Genfer Völkerbund machten, daß dieser die Monroe-Doktrin noch einmal ausdrücklich anerkennen sollte.

Im Augenblick und praktisch bewirkte die Botschaft wenig. Wir wissen, daß es keine ernste Absicht einer französischen Intervention in Südamerika gab. Hätte es sie gegeben, so würde die wirkliche Macht der englischen Flotte, nicht die Rhetorik des Weißen Hauses, sie vereitelt haben. Im Dezember 1823 stand die Unabhängigkeit der spanischen Kolonien in Wahrheit nicht mehr zur Diskussion. Damit wird jedoch die geschichtliche Bedeutung der Monroe-Doktrin, vielmehr der ganzen langen, meisterhaft ausgewogenen Botschaft, nicht verneint. Enthielt sie keine ewigen Wahrheiten, so doch praktisch nützliche, für das Jahr und den größeren Teil des Jahrhunderts gültige, klärende, das Nationalbewußtsein stärkende Formulierungen. Ein Gehilfe und intellektueller Einbläser Metternichs, Friedrich Gentz, hat dies erkannt, als er, sofort nach Lektüre der Botschaft, schrieb: »Die Rede des Präsidenten der Vereinigten Staaten ist ein Aktenstück, welches in der Geschichte unserer Zeit Epoche machen wird. Jede Zeile derselben verdient mit der ernstesten Aufmerksamkeit erwogen zu werden. Nicht bloß die heutige Stellung gegen Europa, jener so mächtig und furchtbar gewordenen Föderation, auch das Verhältnis des gesamten amerikanischen Kontinents zur Alten Welt ist hier mit einer Deutlichkeit und Präzision ausgesprochen, die allen Zweifeln und Zweideutigkeiten ein Ende setzt. Die Trennung zwischen Amerika und Europa ist vollendet und unwiderruflich vollendet...« Im nächsten Jahr nötigte George Canning seine widerstrebenden Auftraggeber, Monarch und Premierminister, sich mit der Anerkennung der Republiken zu versöhnen. Was dem Amerikaner Anlaß zu einer grundsätzlichen Stellungnahme von säkularer Bedeutung gab, war für den Briten Gelegenheit zu allerlei wunderlichen Großsprechereien. Er habe, donnerte er im Parlament, die Neue Welt ins Dasein gerufen, um das Gleichgewicht in der Alten wiederherzustellen. »Ich beschloß, daß, wenn Frankreich Spanien haben würde, es nicht Spanien samt Amerika sein sollte...« Nun, die Neue Welt war wohl damals nicht mehr ins Dasein zu rufen; auch hatte der französische Feldzug in Spanien das europäische Gleichgewicht nicht in dem Maße gefährdet, wie der dramatisierende Canning es anzunehmen liebte. Daß die europäische Macht, welche Einfluß in Spanien besaß, sich zur Hegemonialmacht erheben könnte, war ein altes Vorurteil; es sollte noch ein halbes Jahrhundert später eine verhängnisvolle Rolle spielen. Ernsthafter war ein anderer Gesichtspunkt, der Cannings Politik leitete: durch ein positives Verhältnis Englands zu Südamerika wünschte er eben die Trennung der beiden »Hemisphären« zu verhindern, welche Adams statuierte. »Die große Gefahr der Zeit«, schrieb er rückblickend, »eine Gefahr, welche die Politik des europäischen Systems nährte, war eine Teilung der Welt in Europäisch und Amerikanisch, Republikanisch und Monarchisch; auf der einen Seite eine Liga verbrauchter Regierungen, jugendlich kraftvolle Nationen, geführt von den Vereinigten Staaten, auf der anderen.« *Dieser* Gefahr hat die Politik Cannings in der Tat gesteuert. Er war kein Ideologe, verachtete die sich bekämpfenden »Bigotterien«, wie er sie nannte, die absolutistische wie die liberale. Aber er fürchtete die neue Zeit nicht; wenn schon Bewegung sein mußte, so wußte er sein England zum Mitbeweger und Mitgewinner zu machen, anstatt wie die konservativen Allianzpolitiker – »die Heiligen« nannte er sie – den großen Bestrebungen der Zeit nur ein starres Nein entgegenzuhalten. Zupackend, phantasievoll, mit dem Hochmut der starken freien Intelligenz – so hat Canning während der kurzen fünf Jahre seiner Amtszeit der englischen Politik neue Sprache und neue Stoßkraft gegeben. Es sah anders aus, im Osten wie im fernen Westen, es war vom Kongreßsystem nichts übrig, als er, 1827, starb.

Die Trennung Brasiliens von Portugal ging unter freundlicheren Formen vor sich. Die Dynastie Braganza hatte während des Napoleonkrieges selber in Rio de Janeiro residiert, und ein Prinz dieses Hauses, Dom Pedro, ließ sich 1822 zum Kaiser von Brasilien ausrufen.

Monarchien europäischen Stils, sagt man uns, hätten in Amerika nie Wurzeln fassen können. Immerhin hat diese über sechzig Jahre gedauert, und der politische Stil Brasiliens hat sich während dieser Zeit von dem der hispanischen Republiken nicht zu seinem Nachteil unterschieden. Dort herrschte zunächst ja kein sehr glücklicher Stil. Unter dem Antrieb einiger heroischer, hochfliegender Geister war Spanisch-Amerika dem Beispiel Englisch-Amerikas gefolgt. Aber es besaß die Gesellschaft nicht, welche das republikanische Prinzip von Freiheit und Ordnung hätte erfüllen können. Die politische Abhängigkeit von außen entfiel; es blieben die inneren Abhängigkeiten, die besitzenden, herrschenden Minderheiten, der endlose Wechsel der Diktaturen.

War mit dem griechischen Befreiungskampf eine große Frage erst eigentlich eröffnet, so war mit der Anerkennung der hispanischen Republiken ein Prozeß abgeschlossen, der 1776 begonnen hatte: die politische Trennung Amerikas von Europa. Daß sie damals nicht vollständig war, ja genaugenommen selbst heute noch nicht vollständig ist, besagt nichts gegen das Wesen der Sache. Der Friedensvertrag von Gent, welcher den törichten Krieg von 1812 beendete, hatte zwischen England und Amerika, Europa und Amerika wenig bereinigt. Das Scheiden Spaniens, des Entdeckers der Neuen Welt, bereinigte viel. Der bei weitem reifsten und stärksten Kräftekonzentration der westlichen Hemisphäre, den Vereinigten Staaten, zeigte es an, daß sie nun und nun erst sich ihren eigenen inneramerikanischen Aufgaben ungestört würden zuwenden können, ein Vorhaben, welches Monroes Botschaft der Welt verkündete wie ein Trompetenstoß. Den Europäern bestätigte das Schicksal von Spaniens Imperium das Urteil, zu welchem schon das Schicksal von Englands erstem Imperium Anlaß gegeben hatte: Kolonien machten sich auf die Dauer nicht bezahlt. Das war während der nächsten vier oder fünf Jahrzehnte die öffentliche Ansicht. Weitergegangen ist freilich das Erobern und Kolonisieren nichteuropäischer Gebiete auch in diesem unimperialistischen Zeitalter; aber in vergleichsweise bescheidenen Dimensionen und ohne viel Aufhebens davon zu machen.

Die Vereinigten Staaten: inneres Wachstum

Wir müssen hier einen Blick auf das Leben und Treiben der Vereinigten Staaten werfen, vom Genter Vertrag bis zu Monroes Botschaft oder ein wenig darüber hinaus.

Es ist wachsendes Leben, Expansion; die Besiedlung neuer Territorien, die Schaffung neuer Staaten. Als der erste Präsident sein Amt antrat, bestand die Union aus dreizehn Staaten. Als der sechste Präsident, John Quincy Adams, seinen Einzug ins Weiße Haus hielt – das war nur einige dreißig Jahre später –, bestand sie aus dreiundzwanzig Staaten und hatte ihre Einwohnerzahl sich verdreifacht. Daß die neubesiedelten Gebiete sich zu Staaten bilden durften, ebenbürtig den alten, anstatt ihnen wie Kolonien untertan zu sein, erscheint als eine der weisesten politischen Vorkehrungen, die je getroffen wurden; die »nordwestliche Ordinanz« von 1789, welche dies Prinzip der Staatwerdung zuerst festlegte, verdient in der amerikanischen Geschichte einen Ehrenplatz gleich hinter der Konstitution.

Immerhin, es war nicht eine einzige Identität, ein Organismus, was hier wuchs, sondern eine Gemeinschaft aus Gemeinschaften, die unterschiedliche Stile lebten, unterschiedliche Interessen zu verfechten hatten. Es sollte ein Gleichgewicht zwischen ihnen bestehen. Nicht zwischen den Staaten. Von ihnen gaben wohl einige der älteren und ältesten, Massachusetts, New York, South Carolina, ihren Bürgern ein entschiedenes Bewußtsein. Von einem Gleichgewicht zwischen Staaten ist aber in Amerika weder damals noch später je die Rede gewesen. Die Staaten gehörten zu Gruppen von Staaten, zu Sektionen; nicht etwa, indem sie eine Art willkürlicher Bündnispolitik betrieben, sondern weil ihre wirkliche Natur, ihre Geographie es so haben wollte. Wieviel sprunghaften Wechsel, Willkür und Unfug gab es in der europäischen Staatenpolitik. Nicht so in der amerikanischen Politik der Sektionen. Sie waren längst da zur Zeit der Unionsgründung. Jeder kannte sie und kannte ihre Benennung aus wirtschaftlichem Vokabular: die »kommerziellen« Staaten des Nordens oder Ostens; die »agrikulturellen« Staaten des Südens. Ihre Lebensinteressen wechselten und damit auch die philosophischen oder staatsrechtlichen Argumente, mit denen sie ihre Interessen schützten. Auch kamen allerlei Unehrlichkeiten versteckend und verwirrend dazu; wie denn zum Beispiel der Krieg von 1812, welcher angeblich zur Verteidigung von Amerikas maritimen Interessen und Rechten geführt wurde, gerade dem Nordosten, den Seehandel treibenden Staaten von Neuengland, sehr unerwünscht war und gerade von den Süd- und Weststaaten, welche weder mit England noch mit Frankreich Handel trieben, mit Feuereifer verfolgt wurde. Man wußte es damals schon: die Verteidigung von Amerikas beleidigten Neutralitätsrechten gab nur den Vorwand, nicht den wahren Sinn des Krieges ab. Ihn führten die Sektionen des Südens und Westens in der Hoffnung auf fetten Landgewinn: Florida im Süden, Kanada im Norden ... Wir werden solchen scheinbaren Widersprüchen und ihren Lösungen, welche die Historiker uns gefunden haben, in der amerikanischen Politik noch mehrfach begegnen. Durch sie hindurch zeigt sich ein Bündel brutaler und unerfundener, nämlich wirtschaftlicher, Gegensätze, ein Bild von kühnen, einfachen Linien. Da, wo es keine echten Staaten gab, keine solchen wie in Europa, weder dynastische noch nationale, keine mächtigen, mit dem Staate einigen Kirchen, keine der Staatsräson verschriebenen Aristokratien und Bürokratien, wo das Leben nicht in tiefe, von der Geschichte gezogene Furchen gebannt war, da gruppierte es sich und bildete politische Bereiche nach dem Wirtschaftsinteresse. Nach dem Gesamtinteresse geographischer Regionen mehr als dem von Klassen. Natürlich gab es auch sie, wir werden ihrem Wirken und wachsenden Bewußtsein noch begegnen; es mochte wohl vorkommen, daß der Konflikt der Sektionen durch Klassenkonflikte durchkreuzt wurde. Für die Zeit, von der die Rede ist, und lange über sie hinaus gilt aber, daß die Sektionen trotz ihrer obwaltenden Klassenunterschiede nach »außen«, gegenüber anderen Sektionen wesentlich als Einheit wirkten; sei es auch, daß eine herrschende Klasse die Vertretung dieser Einheit usurpierte. – Wachstum, das nach verschiedenen Richtungen ging, bei weitem am stärksten nach Westen, mußte das Gleichgewicht zwischen den Sektionen gefährden. Die Verteidigung des alten Gleichgewichts zwischen den Sektionen, das Suchen nach einem neuen oder aber nach einem Staats- und Gesellschaftsprinzip, welches ein bloßes Gleichgewicht überflüssig machen würde – dies sind die Hauptthemen der inneramerikanischen Politik.

Parteien kamen hinzu. Nicht vorhergesehen von der Verfassung und dem Pater Patriae, George Washington, sehr unwillkommen, waren sie doch schon im letzten Jahrzehnt des 18. Jahrhunderts in Erscheinung getreten, wobei, den Gründern kaum bewußt, das englische Zweiparteiensystem zweifellos als Beispiel wirkte. Die »Föderalisten« wünschten sich eine starke, in das Wirtschaftsleben der neuen Nation schützend und anregend eingreifende Zentralregierung, gedachten, in diesem Sinn, die Verfassung frei zu interpretieren und haßten die Französische Revolution. Die »Republikaner« billigten sie, wenn auch nicht ihre schlimmsten Ausschreitungen, wollten der Union nicht mehr geben, als der Buchstabe der Verfassung bestimmte, und hielten eifersüchtig an den Rechten der Gliedstaaten fest; diese, nicht die Union, waren ihnen recht eigentlich das »Volk«, das sich selber regieren sollte. Ungefähr, sehr ungefähr, waren die Föderalisten die Partei des Nordens und der kommerziellen Interessen, die Republikaner die Partei des Südens und der Landwirtschaft. Wie es aber überall und immer geht, in Amerika noch mehr als anderswo: beide Parteien hantierten mit ihren Prinzipien und ließen sie fallen je nach Stimmung und Interesse des Augenblicks. Sosehr Thomas Jefferson, der Republikaner, die Rechte der Einzelstaaten hochhielt und eine strikte, buchstäbliche Interpretation der Verfassung befürwortete, so leitete er als Präsident doch eine folgenschwere Transaktion, von der er selber meinte, sie sei wohl nicht eben der Verfassung gemäß: den Kauf Louisianas. Und damit fand er den Beifall seiner Parteifreunde: der »Louisiana Purchase«, verfassungsmäßig oder nicht, bot dem nach neuen Siedlungen gierigen Volk der Pflanzer und Farmer gar zu verlockende Möglichkeiten. Daß andererseits die Kaufleute von Neuengland überwiegend Föderalisten waren, hinderte sie nicht daran, während des Krieges von 1812 eine nahezu separatistische, hochverräterische Haltung einzunehmen; die Union sollte stark sein, aber in ihrem Sinn, sollte nicht mit dem Zweck der Eroberung Kanadas einen Krieg führen, welcher ihnen Lasten ohne Gewinn brachte ... Unter dem letzten Präsidenten der »Republikanischen Dynastie«, James Monroe (1816–1824), war der Unterschied der Parteien bis zur Unkenntlichkeit verwischt, und es wurde damals von einer »Epoche des guten Willens« (Era of good Feeling) gesprochen. In der neuen Friedenszeit, die nun endlich beginnen sollte, nachdem die Wirren der amerikanischen Revolution sich in Europas Wirren ein Vierteljahrhundert lang fortgesetzt hatten, schien eine Stimmung wechselseitiger Toleranz sich auszubreiten. Glücklich ergänzten sich Monroe, liberaler Aristokrat aus Virginia, sentimentaler Freiheitsfreund, der einst vor dem französischen Konvent den Bruderkuß empfangen hatte, und sein frommer, strenger Staatssekretär Adams; das Staatsdokument, das sie miteinander verfaßten, die Botschaft von Anno 23, war allen Bürgern zu Dank geschrieben. Unternehmungen, über die man sich ehedem gestritten hatte und bald wieder streiten sollte, wurden nun von beiden Gruppen, insofern es sie überhaupt noch gab, gemeinsam initiiert. Die regierenden Republikaner beschlossen 1816 ein System gemäßigter Schutzzölle, so als sei der Geist des ersten Föderalisten, Hamilton, in sie gefahren. Ebenso ließen sie die Gründung einer neuen »Bank der Vereinigten Staaten« zu, welche die Währung des Landes zu kontrollieren vermochte. All das hieß nicht, daß Norden, Süden und Westen von jetzt ab immer dieselben Grundinteressen haben würden. Es hieß nur, daß die Dinge im Fluß waren. Gewisse Positionen des Anfangs waren veraltet, die Parteien, aristokratische Parteien, Gründungen von Honoratioren alle beide, waren veraltet.

Henry Clay aus Kentucky, einer der starken, wortgewaltigen, nicht mehr aristokratischen, noch nicht demokratischen oder plutokratischen Parlamentarier, wie es sie in der ersten Hälfte des Jahrhunderts zu Dutzenden gab, sprach von einem »amerikanischen System«. Es sollte Zölle zum Schutz der jungen Industrien verbinden mit sogenannten »inneren Verbesserungen«, den Bauten von Straßen und Kanälen durch die Union, finanziert durch den Verkauf der »Public Lands«. Die öffentlichen Ländereien, das waren jene unermeßlichen Gebiete, die noch in keines einzelnen Bürgers Besitz waren, also der Nation in ihrer Gesamtheit – nicht den Staaten – gehörten und von der Unionsregierung in festgesetzten Größeneinheiten, zu festgesetzten Preisen verkauft wurden. Zölle und Public Lands waren die Einnahmequelle der Union, die Steuern nicht ausschrieb; und Zölle, Public Lands und »innere Verbesserungen« die Hauptgegenstände der Politik durch die Jahrzehnte. Zu welchen Preisen, in welchen Größeneinheiten die öffentlichen Länder anbieten? Was mit dem Erlös machen? Wie die Auswanderer behandeln, die sich, ohne zu zahlen, auf dem besten Land schon festgesetzt und es urbar gemacht hatten? Wie die ärgerliche Bedeutung industrieller Schutzzölle für die Farmer des Westens durch angebotene Vorteile, die Verbilligung der öffentlichen Ländereien oder bessere Überlandverbindungen, kompensieren? Was die Wirkung solcher neuen Verbindungen, Bundesstraßen oder Kanäle für Handel und Arbeitsmarkt der älteren, meerverbundenen Zentren? Hier waren Möglichkeiten für zahlreiche Gegnerschaften, zahlreiche Tauschgeschäfte unter Menschen, die, ungeachtet eines starken und stolzen Nationalbewußtseins – das hatten sie jetzt alle, das verband alle –, entschieden ökonomisch dachten, hart zu arbeiten, gut zu leben, wohlhabend zu werden oder wohlhabend zu bleiben wünschten. – Um 1820 war das »amerikanische System« dem Süden lieber als dem Norden. Das änderte sich später.

Öffentliche Ländereien, und für was eine nahezu funktionslose Zentralregierung den Ertrag aus ihnen verwenden sollte; Zölle; innere Verbesserungen – ein europäischer Politiker hätte Amerika um seine Sorgen beneiden können. Es waren die Sorgen eines von der Vergangenheit unbelasteten, im Raum der Gegenwart nahezu unbeschränkten, potentiell unvorstellbar reichen Gemeinwesens. Den Reichtum zu heben, brauchte es nichts als Arbeit und Frieden.

Die »Mason-Dixon-Linie«, zwischen dem neununddreißigsten und vierzigsten Breitengrad verlaufend, bestimmte ursprünglich die Grenzen des Staates Pennsylvania gegenüber den Staaten Delaware und Maryland, wurde aber schon im späten 18. Jahrhundert zur Grenze zwischen »Norden« und »Süden« schlechthin; das hieß, unter anderem, zwischen Staaten, in denen die Negersklaverei rechtens abgeschafft oder praktisch erloschen war, und Staaten, in welchen sie fortbestand. Kommerzielle und Agrikultur-Staaten – man wandte auf sie auch die ominöse Unterscheidung von »freien« und »sklavenhaltenden« Staaten an. Daß auch zwischen diesen beiden Sphären, und vor allem zwischen ihnen, ein Gleichgewicht sein müßte, war ein ungeschriebenes, aber den Vätern der Verfassung wohl bewußtes Grundgesetz. Da nun Amerika im Zeichen ungeheuren Wachstums stand, so war die schwierige Aufgabe: zu verhindern, daß eine der beiden Regionen schneller wuchs als die andere. Tatsächlich wuchs der Norden schneller an Bevölkerungszahl. Die Zahl der Staaten selbst, und der sie in Washington vertretenden Senatoren, wog man vorsichtig ab. Immer entsprach der Schaffung eines »sklavenhaltenden« Staates die Schaffung eines freien. In den Staaten, die sich im Nordwest-Territorium bildeten, sollte die Sklaverei ausgeschlossen sein. Nicht so in den ehemals französischen oder spanischen Gebieten von Louisiana. Indem nun im Norden dieses riesigen Gebietes ein neuer Staat, Missouri, sich bildete und 1819 als sklavenhaltender Staat Einlaß in die Union begehrte, kam der Gegensatz zwischen den Sektionen zu einem unerwarteten Ausbruch. Der Süden, hieß es im Kongreß, in Versammlungen und Zeitungen, dehnte sich aus in Gebiete, auf die er kein Anrecht hätte, das Gleichgewicht sei gefährdet; auf beiden Seiten wurde das drohende Wort »Sezession« gehört. Im nächsten Jahr fand man einen Ausgleich, den »Missouri-Kompromiß«. Dem neuen Staat Missouri wurde der Eintritt in die Union als ein sklavenhaltender Staat gewährt, gleichzeitig aber im Nordosten ein freier Staat (Maine) zugelassen; im Territorium von Louisiana sollte fortan eine Linie halbwegs zwischen dem sechsunddreißigsten und siebenunddreißigsten Breitengrad Freiheit und Sklaverei voneinander trennen. Eine einfache Lösung, einfach, großzügig und grob, wie damals die amerikanische Politik in den meisten Stücken war, aber praktisch; sie hat den Sektionen während dreißig Jahren einen leidlichen Frieden gewährt.

Die Verfassung hatte das Verbot der Einfuhr afrikanischer Sklaven von dem Jahre 1808 an vorgesehen, nicht aber die Aufhebung der Sklaverei selber oder den inneramerikanischen Sklavenhandel. Dabei trösteten sich die humanistischen und aufgeklärten Unionsgründer mit der Hoffnung, daß eine Institution, die mit dem guten Geist der Zeit so offenbar in Widerspruch stand, auch wirtschaftlich sich nur sehr zweifelhaft bezahlt machte, von selber allmählich erlöschen werde. Das Gegenteil trat ein. Die seit der Jahrhundertwende gewaltig sich ausbreitende Baumwollkultur erhöhte die Bedeutung der Sklaverei zu vorher nie erlebtem Maße. Immer hatte es nahe der atlantischen Küste Tabak- und Reisplantagen gegeben, auf denen Sklaven arbeiteten und deren Besitzer im 18. Jahrhundert einen aristokratischen Lebensstil entwickelt hatten. Im Hinterlande aber herrschte auch im Süden das freie, robuste, anarchische Leben der Pioniere. Das änderte sich jetzt, im Zeichen der Baumwollplantage. Sie machte den Unterschied zwischen Süden und Norden tiefer, als er bisher gewesen, schärfer das erhaltende Interesse an der Sklaverei, bewußter auch die Notwendigkeit eines Gleichgewichts zwischen den Sektionen. Einstweilen fühlten jedoch die denkenden Vertreter des Südens keine Gefahr für sich und ihre besondere Institution (wie sie die Sklaverei nannten); der bedeutendste unter ihnen, John C. Calhoun, eiferte im Bunde mit Henry Clay für das »amerikanische System« eines Sektionen und Staaten verbindenden, tätigen Nationalismus. Daß die Amerikaner noch nicht in jeder Beziehung eine einige Nation seien, daß sie aber eine werden könnten und sollten, im Zeichen eines Wachstums, welches ihre nationale Existenz zugleich erhöhte und gefährdete, Calhoun sah es so gut wie einer: »Unser Wachstum ist stark und schnell, beinahe hätte ich gesagt erschreckend. Das ist unser Stolz und unsere Gefahr; unsere Schwäche und unsere Stärke. Laßt uns also die Republik durch ein vollkommenes System von Straßen und Kanälen zusammenbinden.« (1817.)

Auf eigenartige Weise kam die Tätigkeit des Obersten Bundesgerichts dem jungen Nationalismus zu Hilfe. Die Aufgabe, in einem gegebenen Streitfall über den verfassungsmäßigen Charakter eines Unionsgesetzes zu entscheiden, konnte unter den Händen eines eigenwilligen, geistvollen Obersten Richters sich wohl erweitern zur Interpretation, welche die Verfassung lebendig hielt und in dem ihr eigenen Sinn sie wachsen ließ. John Marshall (Oberster Richter 1801–1835) war ein solcher schöpferischer Hüter des Grundgesetzes. Fragen, die historisch gesehen wohl strittig waren oder keine eindeutige Antwort zuließen, entschied er aus eigenem Ermessen im Sinn der lebendigen Gegenwart und Zukunft: die Bundesregierung sei eine von der Souveränität der Gesamtnation getragene, nicht eine von den Staaten mit ihren Rechten nur beliehene; Amerika sei etwas anderes als ein Bund von Staatsvölkern, sei eine Nation wenn nicht in allen, so doch in den wesentlichsten Bezügen; seinen gesetzgebenden Versammlungen müßten alle Mittel erlaubt sein, welche einem der Nation wohltätigen, von der Verfassung aber wenigstens indirekt vorgesehenen Zweck entsprächen, und so fort. Es war eine nationalistische Rechtsphilosophie, ein politischer Wille, was hier waltete, wie juristisch kühl auch die Formulierungen. Man sagt wohl – Lord Bryce zum Beispiel hat es gesagt –, daß Marshall der Verfassung nichts Fremdes antat oder hinzufügte, nur ihr weise entlockte, was in ihr angelegt war. Immerhin, ein anderer Oberster Richter, etwa von der Jeffersonschen Schule, hätte mit gleich starken Argumenten andere Urteile fällen und mit ihnen dem Wuchs der Verfassung eine andere Richtung geben oder ihr Wachstum hindern können. Auch Bryce gestand das ein, wenn er gegen Ende des 19. Jahrhunderts schrieb: »Es ist kaum eine Übertreibung, zu sagen, daß die amerikanische Verfassung . . . , so, wie sie heute vor uns steht, ein ungleich vollkommeneres, fertigeres Instrument ist, als sie, brandneu aus den Händen der (Philadelphia-) Konvention kommend, gewesen war. Sie ist nicht nur deren Werk, sondern auch das Werk der Richter und vor allem eines Mannes, des großen Obersten Richters Marshall.«

Das Oberste Bundesgericht tat so, auf seine Weise, was Präsident und Kongreß auf die ihrige taten. Die drei großen Regierungsorgane hielten den gewaltig wachsenden Strom des amerikanischen Lebens in seinem Bett. Mehr als in Europa fielen hier zwei Bereiche auseinander: das, was das Volk tat, die Kraft, die Sache, und das, was die Hauptstadt daraus machte, die Form. Nicht die Hauptstadt trieb alljährlich die Hunderttausende, Mann, Weib und Kind, Freie und Sklaven, in das Tal des Mississippi und über den Mississippi hinaus. Sie taten es von alleine, in einzelnen Familien oder in Gruppen, getrieben von der Lust nach reicherem Leben und Abenteuer. Und dies war in jenen Jahren und blieb durch die Jahrzehnte das stärkste Element der amerikanischen Entwicklung. Der Hauptstadt oblag, zu sehen, daß nicht die Identität zerbrach dessen, was sich hier ausbreitete; wofür viel Klugheit und Kompromißbereitschaft nötig waren. Andere Nationen, zum Beispiel die deutsche, sind staatlich zerfallen, indem sie im Raume wuchsen, oder wurden, wie die russische, in ihrem Wachstum durch einen zentralen Despotismus zusammengehalten. Das Wachstum einer föderativen Republik, die Gebiet nach Gebiet, Staat nach Staat sich anfügte und doch sie selber blieb, sich bindende Formen auferlegte und ihnen die Treue hielt trotz allen mitunterlaufenden Unrechts, aller Wildheit und Anarchie – es bleibt die erstaunlichste Leistung von Europas staatenbauendem Genius.

Die Nation wurde bewußter und einiger, je weiter der von ihr eingenommene Raum. Bald auch wirkten die Interessen und Stimmungen des stetig sich erweiternden, auffüllenden Westens auf die Politik des Ostens und der Gesamtnation zurück, führten sie zu neuen Parteibildungen, brachten sie einen neuen Ton in die Hauptstadt und in den Palast des Präsidenten.

Wir haben schon gesehen, wie die äußere Politik jener Jahre dem Geist der inneren entsprach, die Abkehrung von Europa, die bewußte Konzentrierung auf Nur-Amerikanisches. Noch deutlicher als in Monroes Botschaft kam sie in einem Schreiben zum Ausdruck, in welchem, drei Jahre früher, Staatssekretär Adams seinen Gesandten in St. Petersburg instruierte, die Einladung des Zaren zum Anschluß an die Heilige Allianz höflich abzulehnen. »Das politische System der Vereinigten Staaten ist ... essentiell außereuropäisch. Mit Festigkeit und Vorsicht sich freizuhalten von jeder Verwicklung in das europäische System, war das Leitprinzip ihrer Politik unter jeder Regierung seit dem Frieden von 1783 bis zu diesem Tag ... In dem Maße jedoch, in dem die Bedeutung der Vereinigten Staaten als eines Mitgliedes der allgemeinen Gesellschaft zivilisierter Völker in den Augen der anderen wächst, wachsen auch die Schwierigkeiten, diese Praxis aufrechtzuerhalten, vermehren sich die Versuchungen, von ihr abzuweichen ... Im Interesse der Ruhe Europas wie Amerikas sollten die europäischen und amerikanischen politischen Systeme so getrennt und unterschieden voneinander gehalten werden wie möglich ...« Es ist hier abwechselnd von dem »System der Vereinigten Staaten« und von dem »amerikanischen System« die Rede. Was also wurde von Europa getrennt, Europa als ebenbürtig entgegengesetzt: eine einzige Nation, die der Vereinigten Staaten, oder ein Kontinent, »die amerikanischen Kontinente«, von denen drei Jahre später in Monroes Botschaft die Rede war? Die ambivalente Bedeutung des Namens »Amerika«, an sich wohl keine ganz zufällige Ambivalenz, läßt auf diese Frage keine klare Antwort zu. Adams wußte, daß die Vereinigten Staaten das Maximum ihrer Ausdehnung noch längst nicht erreicht hatten. Die Monroe-Doktrin hatte die gesamte westliche Hemisphäre, nicht bloß das Staatswesen, welches sie verkündete, zu ihrem Gegenstand. Andererseits kann man gerade von John Quincy Adams, als er nun, 1824, Präsident der Vereinigten Staaten wurde, nicht sagen, daß er eine panamerikanische Politik betrieben hätte. Der Vater der Monroe-Doktrin, angelsächsischer Protestant und Puritaner, der er war, hatte keine optimistische Ansicht von der Zukunft der lateinamerikanischen Republiken, er traute ihnen wohl äußere Unabhängigkeit, nicht aber innere Freiheit zu. Einem allamerikanischen Kongreß, der 1826 auf Betreiben Bolivars in Panama stattfand, wurde seitens der Vereinigten Staaten nur eine verspätete, dürftige Teilnahme gegönnt; nie, im 19. Jahrhundert, wurden Allianzen mit lateinamerikanischen Staaten geschlossen.

Was dann die andere noch wirkliche Macht auf dem Kontinent, England, betraf, so hinderte ihr stolzer »Amerikanismus« diese zweite Generation nicht daran, sich mit ihr zu vertragen. In aller Diskretion, ohne viel theoretischen Aufhebens davon zu machen, wurde damals der Grund einer späteren britisch-amerikanischen oder kanadisch-amerikanischen Vernunftgemeinschaft in der westlichen Hemisphäre gelegt. Entscheidend war der Vertrag von 1817, der die Gefahr eines Flottenwettrüstens auf den großen Seen durch Begrenzung der Schiffseinheiten auf ein ungefährliches Minimum bannte: der erste moderne Abrüstungsvertrag und nahezu der einzige, dem dauernder Erfolg beschieden war. Er erleichterte die Arbeit einer Reihe von anglo-amerikanischen Kommissionen, welche die Grenzen zwischen Kanada und den Vereinigten Staaten zu bestimmen hatten und deren Aufgabe sich oft als eine der geographischen Forschung herausstellte, ehe sie eine diplomatische sein konnte; die alten Friedensverträge hatten manches in Dunkelheit gelassen. Die vergleichsweise Leichtigkeit, mit der hier riesige Territorien so oder so vergeben wurden, war etwas Neues in der Diplomatie, dem Geist der Neuen Welt wie angelsächsischem Geist zugute zu halten; mit Frankreich oder Spanien als Partner würde England kaum zu so großzügigen Lösungen gelangt sein. Schon 1818 waren im Fernen Westen bis zu den Rocky Mountains die Grenzen dort gezogen, wo sie heute noch sind, und nur die Frage des großen, zwischen dem russischen Alaska und dem spanischen Kalifornien gelegenen Oregon-Territoriums offen. Der Streit über die Nordostgrenze, zwischen dem St.-Laurence-Strom und dem Ozean – der Provinz Quebec auf der einen, den Staaten Vermont, New Hampshire und Maine auf der anderen Seite –, wurde erst 1842 beigelegt.

Der Stil der Politik

König Ludwig XVIII. starb im Jahre 1824. Ihm folgte auf den Thron Frankreichs sein Bruder, Karl X., seit langem die Hoffnung der »Ultras«, ein vornehmer Mann von gradlinigen, einfachen Gesinnungen. In der Kathedrale zu Reims ließ er sich krönen und salben mit dem Öl, das sein Vorfahr Chlodwig vor 1300 Jahren geweiht hatte; zwar war die heilige Ampulle während der Revolution zerbrochen worden, aber, so erfuhr man, den Inhalt hatte ein wunderbarer Zufall gerettet. In purpurner Seidenrobe lag der alte Herr auf den Kissen, indes der Erzbischof aus goldener Nadel ihn mit der kostbaren Flüssigkeit bestrich; worauf vier Marschälle des Reichs, alte Jakobiner, die Marschälle Napoleons, ihm Krone, Szepter, Schwert und Hand der Gerechtigkeit darreichten. Eine geringe Einräumung an die neue Zeit war es, daß der Gesalbte schwor, die Charta zu ehren, anstatt, wie ehedem, die Ungläubigen auszutilgen. Nach vollbrachter Feierlichkeit besuchte der Monarch das Armenspital der Stadt, legte den Bresthaften seine Hand auf und versprach ihnen, daß Gott sie heilen werde.

Vier Jahre später wurde in der Hauptstadt Washington ein neuer Präsident inauguriert, der erste einer langen Reihe, die aus dem Westen kamen, General Andrew Jackson. In einem einfachen schwarzen Anzug und schwarzer Krawatte, mit wehendem weißem Haar – er war nur wenige Jahre jünger als der König von Frankreich – schritt Jackson die unfertige Pennsylvania Avenue hinauf zu dem unfertigen Kapitol und mußte sich seinen Weg durch die jubelnde Menge bahnen. Der Eidesleistung folgte der Zug zum Weißen Haus: der neue Präsident zu Pferde voran, hinter ihm gedeckte Farmwagen, ein Schwall ungeladener Gäste der weißen wie der dunklen Rasse, die sich in die Residenz des Staatsoberhauptes drängten, sich um die Erfrischungen balgten, Porzellan und Gläser zerbrachen, mit kotigen

Stiefeln auf Tischen und Stühlen herumstiegen; schließlich lockte man sie aus dem Palast, indem man Punschbowlen im Park aufstellte. Jackson selber, ein wetterfester Mann, aber doch in Verlegenheit gebracht von so viel republikanischer Freiheit, mußte sich durch ein Fenster aus dem Gedränge retten.

Wir wollen nicht sagen, daß beide eben beschriebenen Feierlichkeiten für die Staatsformen, welche sie unterstrichen, die monarchische und die republikanisch-demokratische, durchaus bezeichnend gewesen seien. Die Gesellschaft von Washington, republikanisch auch sie, war entsetzt über den »Einzug von König Mob« ins Weiße Haus; das intellektuelle Frankreich, auch das nicht geradezu antimonarchische, höhnte über die zu Reims gegebene mittelalterliche Schaustellung. Der republikanische Stil war im Jahrhundert des Bürgertums nicht schwer zu finden, solche Ausschweifungen wie bei der Inaugurierung Jacksons kamen später nicht wieder vor; es war die Monarchie, die es schwer hatte, sich einen Stil zu geben. Trat sie zu einfach, zu bürgerlich auf, so imponierte sie nicht; und was war eine Monarchie, die nicht imponierte? Nahm sie es in ihrer Selbstdarstellung ernst mit ihrem theoretischen Anspruch, ging sie zurück zu den Wurzeln ihrer Herkunft, zu Saul und David, zu Chlodwig und zu Pippin, so gab es Spottgedichte ... Politik hat zu tun mit allen großen Gegenständen der Gesellschaft, den ökonomischen, moralischen, religiösen; im 19. Jahrhundert auch und vor allem mit der Frage, wer bei der Entscheidung über solche Gegenstände mitwirken durfte und auf welche Weise und wer nicht. Politik ist aber auch öffentliche Stilgebung, welche von oben kommt. Und da Stil hier nicht bloß modische, auch ästhetische, auch moralische Wertungen involviert, so ist die Bedeutung dieser Seite der Politik keineswegs zu unterschätzen. Sie war übrigens in Europa viel wichtiger als in Amerika. In den kleinen, gedrängten Ländern Europas waren Staatsspitzen und Hauptstädte eigentlich stilgebend. Die Hauptstadt Washington war es kaum. Ihr Lebensstil wuchs ihr zu aus dem weiten Lande, welches den seinen, vielmehr seine verschiedenen Lebensstile von selber entwickelt hatte und von selber veränderte.

Die britische Monarchie war unter den Engländern verachtet bis zum Regierungsantritt Königin Victorias und war auch in der ersten Zeit der Königin nichts weniger als beliebt. Von dem alten Georg III., keinem unlauteren Charakter, aber kapriziös, störrisch, schließlich geisteskrank, wußte man, daß er, wenn er überhaupt eingriff und tätig war, regelmäßig mehr Schaden als Nutzen gestiftet hatte. Seine Söhne genossen, ohne darunter zu leiden, den Ruf profunder Unzuverlässigkeit und Würdelosigkeit; ausschweifende, gedunsene Roués, hinter denen, wenn ihre Equipagen durch die Straßen von London rasselten, Flüche fielen und Steine flogen. Gerade das, was später eine Funktion der britischen Monarchie wurde: dem Lande ein Beispiel mustergültigen Sittenlebens zu geben, tat der Hof von St. James vor 1837 am wenigsten; nicht zu zählen waren die Mätressen und unehelichen Kinder von Prinzen des Hauses Hannover, und 1821 wurden die Gemüter der Untertanen durch die skandalösen Details eines königlichen Ehescheidungsprozesses in Wallung gebracht. Noch immer verbunden mit seinen deutschen Besitzungen und halbwegs als landfremd empfunden, gab das englische Königtum damals in Wahrheit keinen Stil. Der kam viel eher vom Adel auf dem Lande und in der Stadt, von Tories wie dem feierlichen, sehr selbstbewußten, allverehrten Herzog von Wellington; von den Chefs der großen

Whig-Häuser, die ihr Leben zwischen parlamentarischer Arbeit, Gesellschaft und Literatur teilten. Nach nächtelanger Debatte sah man sie in den frühen Morgenstunden den Weg zwischen Westminster und ihrem Stadthaus zu Pferde zurücklegen. Stil kam auch, in steigendem Maße, von dem neuen Großbürgertum, das in den zwanziger Jahren Robert Peel, Sproß einer geadelten Textilindustriellenfamilie aus Lancashire, im Kabinett vertrat. Es war ein sittenstrenger, frömmerer, sentimentalerer Stil als der des Adels; mit Peel oder, demnächst, dessen jungem Protegé William Ewart Gladstone hätte der Puritaner von Massachusetts, John Quincy Adams, sich gut verstanden.

Das französische Königtum besaß stärkere Ausstrahlungskraft als das englische. Napoleon, der seine Franzosen kannte, hatte es gewußt: Ein Vierteljahrhundert Revolution hatte den uralten Glanz des Hauses Bourbon nicht austilgen können. Nur, daß freilich jeder Nachfolger Napoleons es schwer haben mußte; am schwersten einer, dessen Stellung so offenkundig ein Produkt von Napoleons Niederlage war. König Louis zog sich mit viel Klugheit aus der Affäre; daß dieser impotente, gichtbrüchige Greis, der nur auf einer Tragbahre bewegt werden konnte – »eine Mischung aus altem Weib, Bourbonenfürst und Professor« nannte ihn ein eher freundlich gesinnter Beobachter –, sich und dem Lande leidlichen Frieden gab, galt schon den Zeitgenossen als achtenswerte Leistung. Der Nachfolger, Karl, war der bessere, im Grunde auch der volkstümlichere Mann, aber felsenfest überzeugt von der Güte des Alten und der Untauglichkeit des Neuen, während Louis ein humanistischer Skeptiker gewesen war. Er fing brav an mit Aufheben der Zensur, Amnestieren wegen politischer Abirrungen Verurteilter und leutseligem Sich-unter-das-Volk-der-Hauptstadt-Mengen; entfremdete sich aber die Sympathie der Mehrheit schnell durch die steilen Gesinnungen, welche die Krönung zu Reims symbolisierte. Der französische Adel war wunderlich geteilt in den alten, wahren, nämlich bourbonischen, und den neuen, bonapartischen. Dieser hatte der Wiederherstellung sich angepaßt, so gut er konnte und so weit er durfte – nur die ärgsten Sünder, Königsmörder von Anno 93 und Verräter von Anno 15, durften es nicht. Alte Kriegsmänner des Konvents und des Ersten Konsuls, die ehedem für die »Prêtraille« keine Zeit gehabt hatten, begaben sich nun an der Spitze ihres livrierten Gesindes feierlich zur Heiligen Kommunion, weil das jetzt wieder zum Stil der Großen gehörte; keiner betrieb die Intervention in Spanien so feurig und diente den Ultras so treuherzig wie der ehemalige Marschall Napoleons, Victor, Duc de Belluno. Überwiegend waren jedoch die Erben des Kaiserreiches, Napoleons Militärs, Verwalter und gelehrte Forscher auf der liberalen Seite, und überwiegend waren die zurückgekehrten Emigranten auf der konservativen. Da nun Revolution und Empire in der Kammer der Pairs sehr zahlreich vertreten waren, so ergab sich ein in England völlig undenkbares Paradox: Das Oberhaus, welches Tradition, Reichtum und persönliches Verdienst vertreten und konservativ wirken sollte, zeigte manchmal sich liberaler, »fortschrittlicher«, »vernünftiger« als die gewählte Deputiertenkammer. Aristokratisch war auch in Paris noch der Stil der Macht trotz des bürgerlich industriellen Charakters der Ökonomie; von der monarchischen Spitze her wurde die Hierarchie bestimmt, die in Stadtpalästen und sommerlichen Châteaux in goldenem Prunke residierte. Glücksritter des Geldes, an ihrer Spitze den Baron de Rothschild, ließ sie bei sich ein. Erfolgreiche Großbürger, wie die Bankiers Lafitte und Casimir

Perrier, trieben liberale Opposition – die eine äußerst gemäßigte, nur auf geringfügige Nuancen der Staatsform sich beziehende Opposition war. »Die Welt«, meinte der Herzog von Orléans, »hat sich in den letzten vierzig Jahren geändert. Sie machen sich keine genügende Idee von der Verbreitung kritischen Geistes, welche die Folge dezentrierten Reichtums ist. Die Mittelklassen sind nicht die ganze Gesellschaft; aber sie sind ihr Rückgrat. Ihr dauerndes Interesse ist die Erhaltung der Ordnung, und sie haben Kraft genug, gewisse üble Leidenschaften im Zaum zu halten... Alles, was das Land will, ist ein ehrliches Verfassungsregime...« Orléans selber, der Sohn Egalités, ein sehr reicher Mann, erschien gern als Bürgerfürst, in dessen Palais die Wortführer der Opposition aus und ein gingen.

Mittlerweile trieben die Bonapartes sich heimatlos in beiden Welten umher. Die älteren, Brüder des Kaisers, schonten ihr Geld und ihre Lebenskräfte; die jüngeren erinnerten sich ihrer revolutionären Herkunft und spielten, wenn sich Gelegenheit dazu bot, in Italien Verschwörung und Umsturz. Das, was später Bonapartismus genannt wurde, die Verbindung des großen persönlichen Andenkens mit Liberalismus und Nationalismus, eine angebliche Staatsphilosophie, machte in den zwanziger Jahren allmählich sich Bahn, dank der schlauen Propagandatätigkeit, welcher sich der Verbannte zuletzt noch auf seiner Insel gewidmet hatte, und der seiner Getreuen. In Frankreich wurde das Wiederaufleben eines Ruhmes, um den es nach Waterloo schlecht genug gestanden hatte, dadurch begünstigt, daß die Restaurationsherrschaft stattlich, aber langweilig war. Junge Leute, die das Elend des großen Krieges nicht mehr bewußt erlebt und keinen Grund hatten, die Friedensneigungen der Alten zu teilen, begeisterten nun sich an der großen Legende; ein enorm begabter Verseschmied, seinerseits jung und romantisch, Victor Hugo, gab ihr Klang. So tat Pierre Béranger, herzhafter und verführerischer für das Volk in Stadt und Land, die Bauern, die alten Soldaten:

> Le Peuple encore le revère
> Oui, le revère.
> Parlez-nous de lui, grand' mère,
> Parlez-nous de lui.
> Mes enfants, dans ce village,
> Suivi des rois, il passa.

Der Chef des Hauses, des großen Mannes armer Sohn, der eine melancholisch überwachte Existenz in Österreich lebte, konnte dem aufsteigenden Mythos keinen Rückhalt geben, so daß es zunächst nur ein rückblickender, kein vorblickender Mythos war.

Die deutschen Monarchien waren in ihrer Erscheinung so vielfältig, wie sie zahlreich waren; in Berlin nüchtern, fromm und sparsam, bürokratisch und militärisch; großartiger in Wien, in die Formen eines Zeremoniells aus der Zeit der spanischen Gegenreformation gebannt, dabei nicht ohne Volkstümlichkeit. In den kleinen Staaten bestimmten die Mittel, die Charaktere, die Launen der Dynasten. Man möchte aber sagen, daß gerade die kleinen deutschen Staaten, die deutschen Monarchien überhaupt, stilgebend waren, eben weil es so viele Hauptstädte gab mit ihren Fürsten und Ministern und Hofräten, ihren Galerien und Theatern, ihren Staatsstraßen und Paradegründen. Es waren monarchische Gründungen, diese Städte, ob sie aus dem Mittelalter stammten, wie München, aus dem Barock, wie

Dresden, aus dem 18. Jahrhundert, wie Karlsruhe, und fuhren fort, zeitgemäße Bereicherung, Griechentempel und Renaissancepaläste, von ihren Monarchen zu erhalten. Die Beherrscher Italiens hatten sich in den Städten von glorreicher, oft bürgerlich republikanischer Vergangenheit eingenistet, auf die sie keinen Anspruch hatten, in Mailand, Venedig, Florenz; selbst der Papst in Rom inkarnierte doch nur *eine* der Traditionen, aus denen die Ewige Stadt vielschichtig erbaut war. Die deutschen Hauptstädte gehörten zu den deutschen Dynastien wie das Gehäuse zur Schnecke; Zentren ästhetischer Gesittung, der das Bürgertum bis über die Mitte des Jahrhunderts sich fügte. Danach, wirtschaftlich erstarkt und vom Nationalismus ergriffen, hörte es auf, sich zu fügen; die Zeit der Fürstenstaaten war vorbei.

Wie von alters her spann sich zwischen den Dynastien Europas ein feinmaschiges Netz von Verwandtschaften; zwischen England und Norddeutschland; zwischen Deutschland, Skandinavien und St. Petersburg; zwischen Österreich, Bayern, Italien, Spanien und Portugal. Von Mitgliedern dieses Doppelklubs wurden auch die während der kommenden Jahrzehnte neugeschaffenen Throne besetzt, Belgien, Griechenland, Rumänien, Bulgarien. Politisch entscheidend wie ehedem waren diese Verwandtschaften nicht mehr und konnten es nie wieder sein; aber daß es in Europa im Grunde nur zwei regierende Familien gab, eine katholische und eine protestantische – dazu noch, mit dieser liiert, die russisch-orthodoxe –, war doch ein nicht fortzudenkender Faktor im politischen Bewußtsein des Kontinents. Wenn übrigens im 17. und frühen 18. Jahrhundert das Beispiel königlicher Existenz und Selbstdarstellung vor allem aus Versailles gekommen war, so kam es jetzt nicht mehr daher und kam auch nicht aus Wien, viel weniger aus Potsdam; es kam aus St. Petersburg. Auf den Zaren aller Reußen blickten, von Kopenhagen bis Neapel, Europas Fürsten, er, seit 1825 Nikolaus I., war ihr Hort, ihr Trost, manchmal ihr Schiedsrichter. Rußland war die stärkste Militärmacht auf dem Kontinent und die vom Liberalismus am wenigsten angekränkelte; wenn aber auch hier einmal der neue Geist rumorte, wie in den Tagen von Nikolaus' Regierungsantritt – Dezember 1825 –, so zeigte der schlanke, harte, furchtlose Selbstherrscher seinen gekrönten Vettern, wie man das Übel der Zeit im Keim zu ersticken habe. Die St. Petersburger Monarchie war im Ursprung eine Nachahmung der westeuropäischen. Jetzt blickten die geschwächten Lehrmeister auf den gewaltig erstarkten Schüler und neideten ihm die Autokratenstellung der guten alten Zeit, die unbezweifelte Sicherheit, die ihnen leider abhanden gekommen war.

Neben den Monarchien die gesetzgebenden Versammlungen. In England waren sie uralt, und auch in Amerika, viel älter dort als die Unabhängigkeit selber; in Frankreich und Süddeutschland neu, willkürlich eingeführt, willkürlich beschränkt. Noch waren die europäischen Versammlungen wesentlich aristokratische, ihrem Bildungsniveau nach nur eine dünne Oberschicht wirklich vertretende. Nicht nur war das Wahlrecht an finanzielle Bedingungen geknüpft, der Beruf der Deputierten ein unbezahlter, den nur wohlhabende Honoratioren sich gestatten konnten. So hoch standen Besitz und Bildung überall im Preis, daß es auch den Armen natürlich erschienen wäre, sich von ihnen vertreten zu lassen. Staatsführung und Menschenführung sollte etwas Großartiges an sich haben. In Washington wie in London wurden an Hand von spärlichen Notizen Reden gehalten, die viele Stunden dauerten, wurden warnende Beispiele aus der Geschichte, zumal der antiken, geboten, wurde nicht gespart mit lateinischen Zitaten und Satzperioden voller prachtvoller Rhythmen und Ründungen. Das ging zurück auf Chatham, den noch die Amerikaner studiert hatten, auf Pitt, auf Burke und letzthin auf Cicero. Senator, Parlamentsmitglied, Deputierter wollten nicht sprechen, wie der gemeine Mann sprach; hauptstädtische Politik ging in Sonntags-, nicht in Werktagskleidern. Hauptstädtische Politik – in den Legislativen der amerikanischen Einzelstaaten, zumal der neuen, westlichen, war der Ton ein entschieden derberer, werktäglicherer, und von dort drang er allmählich auch in Washington ein. Der Franzose de Tocqueville war voller Verwunderung über den Unterschied zwischen den beiden Häusern. »Betritt man das Repräsentantenhaus, so ist man befremdet von dem vulgären Wesen dieser großen Versammlung. Oft ist kein einziger Mann von Bildung oder Verdienst im ganzen Saal...« »Ein paar Meter davon ist der Eingang zum Senat, der in engem Raum einen Großteil der berühmtesten Männer Amerikas zusammenfaßt. Da ist kaum jemand zu finden, der nicht eine aktive, ehrenvolle Laufbahn hinter sich hätte; im Senat sitzen beredte Advokaten, verdiente Generale, weise Magistraten, Staatsmänner von Rang, deren Argumente den vornehmsten europäischen Parlamentsdebatten Ehre machen würden.« Ein wesentlicher stilistischer wie verfassungstechnischer Unterschied zwischen den europäischen und den amerikanischen Versammlungen blieb der, daß in Paris und in London die Minister vor den Versammlungen erschienen, in Washington aber Exekutive und Legislative zwei streng voneinander getrennte, nur zu bestimmten Zeiten und Orten sich berührende Aktionskreise waren. Die dramatischen, publizitätshaschenden Rechtfertigungsreden der Canning und Palmerston waren John Quincy Adams versagt.

Vergleicht man die Gegenstände, über die debattiert und entschieden wurde, so fällt auf, daß sie in den angelsächsischen Ländern materiellerer, man möchte sagen, soziologisch echterer Natur waren als in Frankreich. In Amerika ging es um Zolltarife, »innere Verbesserungen«, den Preis der öffentlichen Ländereien, die Aufnahme neuer Staaten. Um Zölle auch in London; in den zwanziger Jahren war es der Getreide-Schutzzoll, welcher den regierenden Tories, den Landbesitzern im Parlament nicht hoch genug sein konnte. In Paris wurde nichts so hitzig diskutiert wie Religion: der angebliche Einfluß der Jesuiten; die Gründung und die Besitzrechte von Frauenklöstern; die gräßlichen für Religionsfrevel angedrohten Strafen. Es fehlte nicht eine finanzielle Frage, welche die Geister schied; aber auch diese hatte stark politischen, historischen, ideologischen Charakter: die Frage der endlichen Entschädigung der Emigranten. 1825 wurde ihnen für ihre während der Revolution enteigneten Güter eine Milliarde Francs zugesprochen; eine Entschädigung, welche den Ultras ungenügend, den Liberalen aber unnötig schien. Immer noch, dreieinhalb Jahrzehnte nach dem Bastillensturm, ging es hier eigentlich darum: ob die Revolution Rechtens gewesen war und dem Lande gutgetan hatte oder nicht. Dieser prinzipielle, eigentlich philosophische Kampf wurde in der Kammer und in Zeitschriften auf hoher intellektueller Ebene ausgetragen, der höchsten, welche französischer Parlamentarismus je erreichte.

England: Krise und Reform

In den späten zwanziger Jahren ging die Periode vergleichsweise politischer Ruhe, an welche England sich seit 1815 gewöhnt hatte, zu Ende. Ein künstlich verlängertes 18. Jahrhundert ging zu Ende, nun auch in der politischen Sphäre, nachdem es in der wirtschaftlichen und gesellschaftlichen längst geschwunden war. Elementare Kräfte waren am Werk, im Reich der Schlote und Räder und im Reich des Geistes. Sie ließen sich durch ein gut hundert Jahre altes Balancespiel, das zwischen zwei Flügeln der Aristokratie gespielt wurde, nicht mehr bändigen. Zur Zeit des jüngeren Pitt hatte England vor der Möglichkeit oder Ratsamkeit milder Reformen gestanden und war ihnen ausgewichen. Jetzt geriet es rasch vor die Wahl zwischen tiefgreifenden Reformen und Revolution.

Da beide Parteien dem Ancien régime angehörten und kein echter Gegensatz mehr zwischen ihnen bestand, so funktionierte das Parteiwesen nicht mehr. 1827 schien eine neue, durchaus persönliche Partei zu entstehen, die Partei George Cannings, der nach dem Tode Liverpools zum ersten Minister aufrückte und sein Kabinett aus Whigs und fortschrittlichen Tories – »Canningites« – bildete. Wie Canning die andrängenden Probleme der nächsten Jahre gelöst hätte, bleibt ein Gegenstand der Spekulation; der Verächter der »beiden Bigotterien«, der große, vorurteilsfreie Opportunist starb nach einer Regierung von drei Monaten. Sein Nachfolger, Wellington, war bekannt für seine konservativen Gesinnungen. Aber gerade der »eiserne Herzog« führte das Land nahe an die Hauptreform heran, die hintanzuhalten er entschlossen war. Unter seinem Präsidium fiel erst der »Test Act«, welcher dissentierende Protestanten von der Bekleidung öffentlicher Ämter ausgeschlossen hatte; dann das alte Gesetz, welches die Katholiken, Briten wie Iren, zur politischen Nicht-Existenz verurteilte. Diese »Emanzipierung« war ein in das politische Leben des Königreiches schon tief eingreifender Schritt. Hier wollte Wellington stehenbleiben. Die Partei, die er führte, die Tories, war über der Emanzipierungsfrage vollends in die Brüche gegangen, ein Großteil der Mitglieder hatte gegen die Vorlage gestimmt, und Wellington war nicht der Mann, sich wie Canning eine eigene verläßliche Gefolgschaft zu bilden. Die parlamentarischen Kämpfe des Jahres 1830 spielten sich ab gegen den Hintergrund einer Welle von Streiks und sozialem Protest, von politischer Agitation, die neben dem Schlagwort »Reform« auch wohl die Forderung nach dem allgemeinen und gleichen Wahlrecht hören ließ, von Maschinenzerstörungen und Brandstiftungen auf dem Lande. Der Tod Georgs IV. machte eine Auflösung des Parlamentes notwendig; die folgenden Wahlen ließen dort, wo sie überhaupt etwas von der öffentlichen Meinung widerspiegelten, in der Vertretung der Grafschaften, eine überwiegend reformfreundliche Stimmung erkennen. Nicht verfehlten ihren Eindruck die Ereignisse des Sommers auf dem Kontinent, von denen noch zu reden sein wird, die Revolutionen in Paris und in Brüssel. Im November trat Wellington zurück, nachdem er sich jüngst noch verschworen hatte, nie an die vollkommene britische Verfassung zu rühren. Dem König William, einem einfältigen alten Seebären, der aber unter den Söhnen Georgs III. wohl noch der beste war, blieb nichts übrig, als nun die Whigs ihr Können zeigen zu lassen.

Auch hier war eine neue Partei im Entstehen, ein Vorbote der späteren »Liberalen«.

In dem von Charles Lord Grey gebildeten Kabinett saßen Ex-Tories oder Anhänger Cannings, Whigs von der alten Art, Schüler von Fox, radikale Freigeister und Utilitaristen. Fast durchweg waren sie Angehörige der Aristokratie, Träger berühmter Namen – Grey, Russell, Lansdowne –, fast durchweg reiche Leute. Lord Palmerston, der neue Chef des Außenamtes, hatte noch vor kurzem sich als einen geschworenen Feind der Parlamentsreform bekannt. Lord Melbourne, der Greys Nachfolger wurde, hielt nichts von den »Mittelklassen«; die Obersten und die Untersten, an denen sei etwas Gutes, aber an den Mittelklassen nichts als Affektation, Dünkel und Heuchelei. Eine Erweiterung der Wählerschaft, urteilte Melbourne jetzt, würde weder den armen Leuten noch sonst jemandem nützen, aber da der Wahnsinn im Lande einmal so weit gediehen sei, sei es besser, ihn zu befriedigen als ihn zu unterdrücken. Ein guter Teil des Kabinetts dachte so. Trotzdem war es von Anfang an ein Reform-Kabinett; die vom Lande gewünschte Verfassungsreform durchzuführen, war seine erste Aufgabe, vielleicht seine einzige – man würde dann weitersehen.

Verfassungsreform: das hieß, den neuen Großstädten und dem neuen Bürgertum eine politische Vertretung geben, welche sie bis dahin nicht hatten, und dem landbesitzenden Adel einen Teil seines politischen Einflusses nehmen, insofern dieser an Parlamentssitzen hing. Niemand anderes konnte die Reform beschließen als der Adel selber, er selber mußte freiwillig eine teilweise Abdankung vollziehen. Gelang dies, so war für die Zukunft der englischen Verfassungsentwicklung ein Beispiel geschaffen. Gelang es nicht, so, meint man, hätte auch England den Weg des Kontinents, den Weg der Umwälzungen und geschichtlichen Abbrüche gehen müssen. Es gelang. Zäh war der Widerstand der Lords, des landbesitzenden Adels, am zähesten der Widerstand des hohen Klerus, der in der Ferne schon die Trennung von Staat und Kirche drohen sah, dann seine Enteignung, zum Schluß die atheistische Republik. Im Lande ging Revolutionsfurcht um wie nie seit Cromwell; Gefängnisse wurden gestürmt, Soldaten schossen auf Bürger; französische Beobachter versicherten, die Stimmung sei wie in Frankreich im Jahre 1789. Zum Schrecken, den die Haltung der Arbeiter einflößte, kam der klare Ausdruck bürgerlichen Willens: würdige Massenversammlungen; die Beschwörungen der Zeitungen, zumal der »Times«. Nach einer abermaligen Parlamentsauflösung, die den Reformwilligen im Unterhaus die Mehrheit brachte, nach der von Grey geforderten, vom König loyal ausgesprochenen Drohung, so viele neue Peers zu ernennen, wie zur Annahme der Reformbill durch die Lords notwendig wäre, gab das Hohe Haus endlich nach. Im Juni 1832 wurde die Reform unter Dach gebracht.

Lord Grey hatte der Reform-Kommission einen Entwurf aufgegeben, »bei dem wir stehenbleiben können«, der also großzügig genug wäre, um zu dauern. Es hieße den Reform-Ministern mehr als menschliche Voraussicht zutrauen, würde man meinen, sie hätten 1831 schon 1867, 1884 und 1918 vorausgesehen. Die Fortsetzung, die Kette weiterer Reformen, das Ende, das gleiche Wahlrecht aller Männer und Frauen, lag, wenn man will, in der Logik der Dinge, nachdem man sich einmal auf eine vernunftgemäße Korrektur des Wahlrechts eingelassen. Die vielhundertjährigen Rechte der »Boroughmonger«, der adeligen Besitzer von »rotten boroughs«, waren nun zerstört; daß die Besitzer von Häusern, die einen jährlichen Mietwert von wenigstens zehn Pfund darstellten, ihr neues nüchternes Vorrecht lange behalten würden, war nicht wahrscheinlich. Aber das war das Problem späterer Generationen. Diese hatte es nur mit ihrem eigenen zu tun und löste es praktisch und maßvoll – für eine Generation. Etwa hundertvierzig Parlamentssitze gingen dem Adel verloren und wurden an die neuen Industriestädte verteilt. Die Zahl der Wähler in England und Wales stieg von vierhundertfünfunddreißigtausend auf ungefähr sechshundertachtzigtausend. Noch waren städtisches Proletariat und Landarbeiterschaft, noch war ein Teil der »Mittelklasse« vom Wahlrecht ausgeschlossen. Die Unterscheidung zwischen Boroughs und Grafschaften wurde beibehalten. Die Bill bedeutete keine revolutionäre Trennung vom Althergebrachten, einer neuen Philosophie zuliebe, vielmehr die Anpassung alter Einrichtungen an neue Tatsachen. Daß wirtschaftlicher Besitz und politische Macht nur durch gewalttätige Künsteleien auseinanderzuhalten seien, hatte angelsächsische Staatsphilosophie längst erkannt. Hier wurde neuem Besitz ein Teil der Macht eingeräumt, verspätet, aber nicht zu spät. Daß er sich damit zufrieden gab, daß auch jene, die gar nichts besaßen, sich leidenschaftlich an der Sache beteiligt und »die Bill, nur die Bill und die ganze Bill« gefordert hatten, gab der Reform den Charakter eines Triumphes der Nation über eine geringe privilegierte Minderheit; wodurch die Klassenkämpfe der Zukunft nicht aufgehoben, aber gemildert wurden. Hier liegt ein tiefer Unterschied zwischen der englischen und der kontinentalen, zumal der französischen Entwicklung.

Die Frage, wie eine industrielle Massengesellschaft, auf gedrängtem Raum, sich ordnen und regieren sollte, war gestellt und hörte fortan nicht auf, sich zu stellen. Kritiklos hingenommene Tradition, Respekt der Unteren für die Oberen, Loyalität, Glaube leisteten es nicht mehr. Schon meldete persönliche Demagogie sich an; nicht nur von unten, dort, wo populäre Schreiber und Redner sich mit aufpeitschender Wirkung an die Massen wandten, auch von oben Politiker: wie Canning und Palmerston wußten die Instrumente der Propaganda wohl zu handhaben. Den neuen Vertretern des Bürgertums, welche nun in das Parlament einziehen durften, lag der kühle, vernünftige Kampf und Ausgleich der Interessen. Aber Tradition, Autorität, Glaube, das, was nach Edmund Burke die Gesellschaft zusammenhielt und ohne das sie nicht bestehen konnte, waren nicht tot. Noch genoß auf dem Lande der Squire den unbezweifelten Respekt seiner Pächter und Bauern. Im hohen Adel selber hatten sich die Führer gefunden, die, mit mehr Klugheit als Enthusiasmus, den Übergang zu einem zwischen Adel und Bürgertum geteilten Herrschaftssystem leiteten und so die ungeschriebenen Rechte und Pflichten der großen Familien Englands noch einmal bekräftigten. Als ein Mißverständnis erwies sich die Furcht des Klerus. Ein halbes Jahrhundert nach der Reform stand die Kirche einflußreicher da als in den zwanziger Jahren. Und nur einer einzigen imposanten Monarchengestalt bedurfte es, um der Krone die Sicherheit, Achtung und Liebe – freilich nicht die Macht – zurückzugeben, welche sie unter dem Haus Hannover verlor und, sieht man genau zu, seit den Tudors nicht besessen hatte.

Reformen folgten auf die Reform. Zwar hielt Lord Melbourne, Premierminister zwischen 1834 und 1841, dafür, daß einer guten Regierung gar nichts anderes obläge, als Verbrechen zu verhüten und über die Einhaltung von Kontrakten zu wachen, daß es im Zweifelsfall immer das Zuverlässigste sei, gar nichts zu tun, und alle Hoffnungen auf ein vermehrtes

Glück des Menschengeschlechts sich als eitel erweisen würden. Aber solche Ansichten des indolenten, verwöhnten, noch immer wie durch einen tiefen Abgrund von den Sorgen und Qualen des kleinen Mannes getrennten Aristokraten hinderten ihn und hinderten seine Kollegen im Whig-Kabinett nicht daran, Neuerungen einzuführen, die auf ihre Art ebenso weittragend, ebenso ein Anfang waren wie die Reformbill selbst, und die sich aus ihr ergaben. 1833 wurde im britischen Weltreich die Sklaverei abgeschafft, den Besitzern von Sklaven aus der Tasche des englischen Steuerzahlers eine Entschädigung von zwanzig Millionen Pfund zugesprochen. Eine schöne Tat der Nation; ein Triumph nicht sosehr der Kirche wie des Christentums in seiner tätigeren, freieren Form und der ihm verbündeten Humanisten. Im gleichen Jahr brach der Jammer der Fabrikkinder in den Bannkreis der Gesetzgebung ein: ein erster Factory Act verbot die Arbeit von Kindern unter neun Jahren in den Spinnereien, beschränkte die Arbeitszeit der Jugendlichen und sah bezahlte Inspektoren vor, welche allein diese wie jede spätere Fabrikgesetzgebung wirksam machen konnten. Ein Anfang, von schierer Menschlichkeit dem Widerstande der Fabrikanten und der Laissez-faire-Theoretiker abgewonnen, ein Anfang, der Vorbote von weiterem. 1835 gab ein Municipal Corporations Act der Selbstverwaltung der Stadtgemeinden eine neue, nahe an eigentliche Demokratie heranreichende Form; an die Stelle unkontrollierter, sich durch Zuwahl perpetuierender Gremien traten Stadträte, die das Recht hatten, Steuern auszuschreiben, und von allen Steuerzahlern gewählt wurden. Ein Anfang auch das; erst in dieser veränderten Form konnten die Munizipalitäten die Verantwortungen übernehmen, die ihnen im Laufe des Jahrhunderts, eine nach der anderen, zuflossen.

Die Tories, oder doch ein Teil von ihnen, verhielten sich unter der Führung Robert Peels nicht mehr rein negativ zu solchen Neuerungen. Sie kritisierten und korrigierten, aber sie machten mit. Peel bestand darauf, daß die Partei einen neuen Namen haben sollte. Nicht mehr die Tories, die »Konservativen« nahmen das jüngst Erworbene an und versprachen den Wählern, es auf ihre Weise fortzuführen. Daß es fortgeführt werden müßte, daß die neue Zeit immer neue schöpferische Anpassungen erheischen würde, nachdem so lange so wenig Schöpferisches geleistet worden war, dafür fehlte es nicht an warnenden Zeichen.

Irland, seit 1801 ein Bestandteil des Vereinigten Königreiches, bedeutete für jede englische Regierung ein Nest von Problemen, die im Zeitalter des Nationalismus immer nur dorniger werden konnten. Eine schnell sich vermehrende, von Hungersnot bedrohte, im Geist kaum dem Mittelalter entwachsene, unterdrückte »einheimische« Bevölkerung; eine rohe englische Herrenklasse, die den Boden besaß; eine landfremde, von der Obrigkeit gestützte Kirche, die der überwältigenden Mehrheit nichts geben konnte, aber ihren Zehnten von Katholiken wie Protestanten einzog; das Land durchsetzt mit geheimen Gesellschaften, geplagt von Verschwörungen und Morden – eine solche Dauersituation paßte schlecht zum Wesen des reformfreudigen Gesamtstaates. Die politische Emanzipation der Katholiken war eine Einräumung vor allem an die Iren gewesen, die nun in Westminster eine Rolle spielen konnten, manchmal die des Züngleins an der Waage. Der Iren-Führer O'Connell ging aber weiter, sobald diese erste Runde gewonnen war, und schrieb nun die Auflösung der Union von 1801 auf seine Fahne. An sie konnte 1835 kein englischer Politiker denken. Den Nachdenklichen unter ihnen schien der Weg der Konzessionen so unsicher und auf die Dauer so hoffnungslos wie jener der bloßen Repressionen. »Die Besitzungen und Provinzen großer Monarchien«, meinte Lord Melbourne mit einem Achselzucken, »sind gewöhnlich zu groß und stark geworden, um dem Mutterland gehorsam zu bleiben; und dies vielleicht eben in dem Maß, in dem das Mutterland ihre Interessen wahrnahm und ihnen Wohlstand erlaubte.« Die Gefahr blühenden Wohlstandes gab es allerdings für die Iren nicht.

Auf der anderen, der herrschenden Insel fanden die politischen Vereinigungen, die für Parlamentsreform erfolgreich agitiert hatten, rastlose Nachfolger. 1838 wurde die »Liga gegen die Kornzölle« gegründet, eine Organisation freihändlerisch gesinnten Mittelstandes. Die Bewegung des Chartismus – so benannt nach einer Charta von sechs Forderungen – schwankte zwischen industrieller und politischer Aktion. Ihre politischen Programmpunkte waren die radikal-demokratischen, die aus dem späten 18. Jahrhundert kamen: allgemeines, gleiches und geheimes Wahlrecht, rationale Einteilung der Wahldistrikte, Bezahlung der Abgeordneten, jährliche Wahlen – die letztere die einzige von ihren Forderungen, welche unerfüllt geblieben ist. Gespalten in Fraktionen, unentschieden in seiner Taktik, welche mittelständische Bundesgenossen suchte und zugleich abstieß, hat der Chartismus wenig erreicht; nichts anderes, als daß er Unruhe stiftete und das Gewissen der Nation stachelte. Daß nicht alles recht war, so wie es war, daß vieles im Ungenüge und im schändlichsten Unrecht war, die Armenfürsorge, die Versorgung der Alten, die Schulen, die Wohnungen des Proletariats, die Arbeitszeiten und Löhne, dies Bewußtsein wurde von den Chartisten geweckt und wachgehalten. Sie leisteten damit in der Masse, was große Romanciers, wie Charles Dickens, durch ihre Kunst leisteten.

William IV., der »Matrosenkönig«, starb 1837. Auf dem Thron folgte ihm, da es keine männlichen Erben gab, seine Nichte Viktoria, Tochter einer deutschen Prinzessin, ein Mädchen von siebzehn. Der Premierminister Lord Melbourne blieb im Amt, zynischer und indolenter als je, und fand seine Freude daran, die junge Königin in die Geheimnisse der Regierungskunst einzuführen.

Amerika: Nationale Demokratie

Auf der Bahn zur Demokratie war Amerika weiter vorgerückt als England. Es war keine Demokratie zur Zeit der Gründung der Vereinigten Staaten; das Wort selber war verpönt damals, und die schreckhafte Bedeutung, welche Robespierre ihm gab, konnte seine Beliebtheit nicht erhöhen. Noch Jahrzehnte nach Napoleons Sturz waren die Erfahrungen der Französischen Revolution ein Gespenst, auf das amerikanische Konservative, Gegner der Demokratie, mit Vorliebe warnend verwiesen. In den Einzelstaaten war das Wahlrecht meist ein durch Besitzklauseln qualifiziertes; auch sorgte eine geschickte Grenzziehung zwischen den Wahldistrikten dafür, daß die älteren, reicheren Gebiete eine gewichtigere Vertretung erhielten als die neubesiedelten. Trotzdem war, wie sich zeigen sollte, in dem amerikanischen Gemeinwesen Demokratie von vornherein mitangelegt; wobei wir den klassischen Streit um die Frage, was stärker wirkte, die Tradition der europäischen Kolonisten, der neue Zeitgeist oder die besonderen Bedingungen des jungfräulichen Kontinents, hier sich selber überlassen müssen. In der Zeit, von der die Rede ist, den späten zwanziger und den dreißiger Jahren, hatte das Wort für die meisten seinen Schrecken verloren, und der Begriff kam seiner Verwirklichung nahe. So hieß denn auch das geistvollste Werk, das je ein Europäer über die Vereinigten Staaten geschrieben hat und das 1835 erschien: »Von der Demokratie in Amerika.«

Zu dieser Entwicklung trugen die neuen agrarischen Staaten des Westens bei, die das allgemeine Wahlrecht von Anfang an vorsahen und in der gesamtamerikanischen Atmosphäre ihren Einfluß geltend machten. Das Wachstum der Städte und der Industrien in den Neuengland- und Mittelstaaten, die schreckhafte Erfahrung von Wirtschaftskrisen (1819, 1829), die von ihnen hervorgerufene Unruhe der Farmer und Arbeiter taten das Ihre. Eine demokratische Welle ging in den zwanziger Jahren durch das Land, unter deren Zwang die älteren Staaten ihre Verfassungen revidierten. Danach gab es nur noch zwei Gliedstaaten, die aristokratisch eher als demokratisch zu nennen gewesen wären, South Carolina und Rhode Island.

An die Stelle der Honoratioren, der philosophischen Grundbesitzer, Financiers und Advokaten, welche die Union gegründet hatten, trat ein neuer Schlag von Berufspolitikern. Da die Träger fast aller öffentlichen Ämter Gehälter empfingen, so entstanden Interessengruppen, für die der politische Sieg ihrer Gruppe die Verteilung von Pfründen bedeutete, und deren Mitglieder sich ihren Einfluß auf mannigfache Weise entgelten lassen konnten. Die regionalen Leiter solcher Gruppen – Parteimaschinen – waren oft von geringer Herkunft, oft korrupt und skrupellos, aber Meister in der Menschenbehandlung; mitunter Politiker von äußerster Geschicklichkeit und erworbener Welterfahrung. Von Martin van Buren, dem »Boß« von New York und späteren Präsidenten, hat die Wiener Tänzerin Fanny Elßler gesagt, er besäße so viel elegante Selbstsicherheit wie Metternich. Es waren regionale Gruppen, deren unmittelbares Interesse auf Stadt und Staat noch nicht auf die Union ging, die aber zu Bündnissen mit entsprechenden Gruppen in anderen Staaten tendierten.

Die beiden Parteien der Frühzeit hatten, wie wir sahen, um 1820 eine höchst unsichere Existenz. Praktisch verschwunden waren die »Föderalisten«, die Partei einer starken, energisch das nationale Wirtschaftsleben fördernden und die Eigentumsordnung schützenden, ein wenig oligarchisch gefärbten Zentralregierung. Von dem aber, was sie wollten, hatte die überlebende siegreiche Partei der Republikaner so vieles übernommen, wurde auch durch die Tätigkeit des Obersten Gerichtshofs in aller Diskretion so viel erfüllt und bestätigt, daß in der ersten Jahren nach dem Krieg etwas wie ein parteiloser Zustand obwaltete. Das »amerikanische System« Calhouns und des jüngeren Adams konnte sich auf föderalistisches Erbe wenigstens so gut berufen wie auf republikanisches – eine Verwischung der Gegensätze, die in dem englischen Parteienwirrwarr der zwanziger Jahre ihre Parallele hat. Daher die »Ära des guten Willens«. Sie war nicht von Dauer. Die Dynamik des amerikanischen Lebens gebar neue Gegensätze oder ließ die alten unter neuen Namen zu neuen, überraschenden Kombinationen wieder erstehen.

Politische Parteien werden von neuen Streitfragen und Interessen und von neuen Menschen gebildet. Besitzen sie durch Tradition und Organisation eine starke Identität, so können sie wohl in veränderte Zeiten hinüberleben und Stellung nehmen zu Problemen, für die sie ursprünglich nie hatten gemeint sein können; es bleiben dann von der alten Partei noch vage Bilder und Ansprüche. Das Programm von Jeffersons Republikanischer Partei, insofern sie je eines gehabt hatte, war die Erhaltung eines agrarischen Idealzustandes; einer Gesellschaft tüchtiger, unabhängiger Farmer und Handwerker. Die Industrien und die großen Städte samt allen ihren Lastern sollte man neidlos dem alten Europa überlassen. Der zweite Programmpunkt, »State-Rights«, starke, ihre Souveränität eifersüchtig wahrende Einzelstaaten gegenüber einer unkräftigen Zentralregierung, hing mit dem ersten, um den es eigentlich ging, zusammen: der einfache Mann und echte Amerikaner – so der Gedanke – war im eigenen, übersehbaren Staatswesen zu Hause, aber fremd einer Zentralregierung, welche, wenn sie zu stark wurde, neue Konzentrationen von Reichtum und Macht, korrupte Förderungen der Industrie, Extreme des Unterschiedes zwischen reich und arm, kurz, alle Despotismen der Alten Welt auszubrüten imstande war. Es wäre billig, dies Programm zu verspotten, wäre überdies falsch, ihm jede Realität abzusprechen. Jefferson hatte einen Mythos geschaffen, der amerikanische Grundstimmungen, Hoffnungen, Möglichkeiten mit zeitloser Gültigkeit ausdrückte; selbst in der tief veränderten Welt von heute würde der Prophet noch die Erfüllung einiger seiner Versprechen – Gleichheit der Bürger, allgemeine Wohlhabenheit, Zwanglosigkeit des Lebens – erkennen. Praktisch aber war das Programm Jeffersons dazu verurteilt, mit reißender Schnelligkeit zu veralten, ein Prozeß, den der Expräsident noch selber erlebte. Das Amerika, das seine Rohstoffe nach Europa schickte und von dort seine Fertigwaren bezog, ein Amerika ohne Fabrikarbeiter, gehörte schon um 1825 für immer der Vergangenheit an. Nur wenige alte Herren suchten damals noch durch ihre Lebensführung und Schriftstellerei – man könnte kaum sagen: durch ihr politisches Wirken – melancholisch eine Sache aufrechtzuerhalten, die sie selber als verloren erkannten.

Nun ist merkwürdig zu sehen, wie die einzelnen Gedankenstücke des Jeffersonschen Programms sich voneinander lösten und gewissermaßen frei durch Amerikas politischen Raum irrten, um da und dort sich niederzulassen. Der Grundsatz der State-Rights fand im alten Süden ein Asyl und in John C. Calhoun seinen geistvollsten Verteidiger. Auch Calhoun gehörte noch der Republikanischen oder, wie sie sich gegen Ende der zwanziger Jahre zu nennen anfing, der Demokratischen Partei an. Aber Gleichheit, unumschränkte Herrschaft der Mehrheit lagen ihm nicht mehr am Herzen; kaum auch nur das bukolische Ideal Jeffersons, wiewohl der wirtschaftliche Niedergang seines eigenen Pflanzerstaates, South Carolina, ihn jetzt gegen die Politik hoher industrieller Schutzzölle eifern ließ. »State-Rights« wurde der Schlachtruf derer, die durch die Dynamik des nationalen Lebens, durch eine numerische Mehrheit ihre eigenen Interessen, Staats- oder Standesinteressen, gefährdet glaubten. Die demokratische Erbschaft Jeffersons fiel auf einen anderen Boden: den des Ostens, den der Städte. Dort erhielt sie einen nicht sozialistischen, aber entschieden antiplutokratischen Charakter; gegen die im Zeichen des »amerikanischen Systems« entstehenden finanziellen Machtkonzentrationen ereiferten sich die Handwerksunternehmer und kleinen Geschäftsleute, die Arbeiter, die Immigranten, kurz, das Volk der

Großstadt, welches durch die neuen Parteimaschinen bearbeitet wurde. Zwischen beiden Gruppen, der neuen Demokratie des Ostens oder Nordens und der State-Rights-Schule des Südens, wurde ein Bündnis geschlossen, wenn man will, nicht geschlossen, sondern erneuert, da es ja im Rahmen von Jeffersons Partei von jeher, wenn auch mit anderen Akzenten, existiert hatte. Eben in diesem Bündnis bestand die Demokratische Partei. Für die Präsidentenwahlen des Jahres 1828 fand sie in einem populären alten Kriegshelden, General Andrew Jackson, dem schon vier Jahre früher zum Erfolg nicht viel gefehlt hatte, den geeigneten Kandidaten.

Wir dürfen aus der ideellen Klarheit der Parteigegensätze nicht zu viel machen. Amerika, berichtete de Tocqueville, »hat ehedem große Parteien gehabt, aber hat sie nicht mehr«; an Stelle von Prinzipien seien materielles Interesse und schierer Opportunismus getreten. Aus Gründen, die mit der Weite und Eigenart des Landes wie auch, vielleicht, mit dem Wesen vollendeter Demokratie selbst zusammenhängen, ist es den Vereinigten Staaten nie wieder gelungen, einen so klärenden Gegensatz hervorzubringen, wie die Parteien des Anfangs, Jeffersons und Hamiltons Parteien, ihn darstellten. Lokale oder regionale Interessengruppen und Verbindungen zwischen ihnen, Maschinerien zum Stimmenfang und zur Verteilung von Pfründen konnten mit der Reinheit von Ideen einen nur losen Kontakt pflegen. Und wenn die großen englischen Parteiführer des 19. Jahrhunderts, die Canning, Grey und Peel, die Russell und Palmerston, die Disraeli und Gladstone, selber sich ihre Parteien erzogen und umschufen, so war es in Amerika eher so, daß die schon entstandene große, bunte, an inneren Widersprüchen überreiche Koalition, »Partei« genannt, sich den Kandidaten erst noch suchen mußte, der den besten Wahlerfolg versprach, sei es, weil er ein echter Menschenführer war – Jackson war das –, sei es, weil er bei übrigens dürftiger Geistesbeschaffenheit alle innerhalb der Partei geborgenen widerstreitenden Interessen halbwegs versöhnte. So war denn auch der Wahlkampf von 1828 der erste in einer langen Reihe seinesgleichen. An die Stelle sachlicher Auseinandersetzungen traten »Investigierungen« wirklicher oder angeblicher Korruptionsfälle und, von beiden Seiten, Beleidigungen der gröbsten Art. Die Partei des »amerikanischen Systems«, geführt von Henry Clay und John Quincy Adams, erlag, um demnächst unter dem Namen der »Whigs« Auferstehung zu feiern, ohne daß zwischen ihr und der Partei der englischen Reformbill eine nahe Verwandtschaft zu erkennen wäre. Jackson gewann. Wir wissen schon, auf welche Weise er im Weißen Haus Einzug hielt; und es begann nun eine Epoche von acht – rechnet man die folgende Präsidentschaft van Burens dazu, von zwölf – Jahren, die unter dem Namen »Jacksonsche Demokratie« in die Geschichte einging. Den verdient sie. Die Persönlichkeit des Präsidenten und der Durchbruch neuer sozialer Kräfte, mit denen er sich identifizierte, haben Epoche gemacht. Vergebens aber würde man in Jacksons Demokratie die Eindeutigkeit des Strebens finden, welche das gleichzeitige englische Reformkabinett bezeichnet. Der Charakter der großen Republik, in der alle Politik auf Kompromissen, auf Bundesgenossenschaften ungleicher Bettgenossen beruhen mußte, ließ sie nicht zu. Will man nach dem greifen, was Jacksons Demokratie eigentlich war, so erfaßt man wohl etwas Atmosphärisches, eine Stimmung; übrigens aber allerlei Transaktionen und Konflikte, die in den verschiedensten Richtungen verliefen.

General Jackson war ein patriarchalischer Grundbesitzer aus dem Staate Tennessee. Die Whig-Geschichtsschreibung des 19. Jahrhunderts hat einen ungehobelten Mann aus ihm gemacht und in »Jacksons Demokratie« den Einbruch und Sieg des Wilden Westens in der amerikanischen Politik sehen wollen. Ein Blick auf die politische Karte lehrt jedoch, daß sein Wahlsieg südlichen und östlich-nördlichen Stimmen so gut wie westlichen zu verdanken war – ein Klassenwahlsieg mehr als ein regionaler. Was den Mann selbst betrifft, so war er allerdings stürmischen, hochfahrenden Charakters und machtwillig; übrigens ein Aristokrat von hoher, imposanter Gestalt, feinen Gesichtszügen unter dem schlohweißen Haar, den würdigsten Manieren. Ein erprobter alter Soldat, der im Jahre 1812 Amerikas militärische Ehre gerettet, später sich mit den Indianern herumgeschlagen hatte, ein Aristokrat, der es gegen die neue Hochfinanz mit dem Volke hielt, aber nicht mit dem »Mob« – das war er, und das wußte man ungefähr von ihm. Seine genaueren politischen Meinungen kannte man nicht, und wahrscheinlich kannte er sie selber nicht. Politiker sind ja nicht die Inkarnation von Ideen, sondern bilden sich ihre Urteile erst durch die Sache, die es zu beurteilen gibt, von Fall zu Fall, und die »Ära des guten Willens« gab zu scharfer Ausprägung theoretischer Ansichten keinen Anlaß.

Das erste, was nach Jacksons Amtsantritt in Washington in Erscheinung trat, war das »Beutesystem«. Ein Anhänger des Präsidenten sprach das bedenkliche Wort: »Den Siegern gebührt die feindliche Beute.« Das hieß: wenn eine Partei den Wahlkampf gewann und die nationale Regierung antrat, durfte sie die politischen, auch die weniger oder gar nicht politischen Regierungsämter, etwa die der Postverwalter, von einem Ende der Union zum anderen, mit ihren Leuten besetzen. Korruption, wenn man will, oder nicht einmal Korruption, weil volle Offenheit herrschte; das materielle Interesse in der Parteipolitik wurde zu einem direkten, zugegebenen gemacht. Aber auch klassische demokratische Tradition war im Spiel: die Gesinnung, die zu Athen jedem Bürger jede Art von Verantwortung, womöglich durch das Los, zuspielte, und die, unter einem ganz anderen Vorzeichen, noch Lenin am Beginn seiner Diktatur glauben ließ, er würde ohne gelernte Administratoren auskommen, jeder Arbeiter oder Bauer könnte das auch; ferner der Glaube, daß es gut sei, Ämter »rotieren« zu lassen, und daß dauerhafte, von professioneller Geheimnistuerei geschützte Amtswaltung Standesdünkel und bürokratische Verknöcherung auszubrüten geeignet sei. »Die Pflichten aller öffentlichen Beamten«, erklärte Jackson, ». . . sind so klar und einfach, daß jeder Mensch von Intelligenz sie ohne weiteres erfüllen kann; und ich kann nicht umhin zu glauben, daß das lange Verbleiben der Leute in ihren Ämtern mehr Schaden tut, als es durch die gesammelte Erfahrung Nutzen bringen mag.« Man hat nachgewiesen, daß die Zahl der von Jackson selber vorgenommenen Ernennungen vergleichsweise bescheiden gewesen ist; das sollte nicht immer so bleiben.

Während seiner ersten Amtsperiode wurde Jackson vor ein Problem gestellt, das damals nur wie ein Wetterleuchten am politischen Horizont erschien und wieder verschwand, aber die Gefahr eines fernen Gewitters anzeigte. Die Ökonomie des »alten Südens« befand sich in einem relativen Niedergang. Die Hoffnung, daß auch hier im Schutz der Zollmauern eine bedeutende Industrie entstehen werde, hatte sich nicht erfüllt, weil der Menschenschlag, der einen Großteil der Arbeitskraft darstellte, die Negersklaven, sich dafür nicht eignete. Eine extensive, unwissenschaftlich betriebene Baumwollkultur erschöpfte den Boden; die Unternehmendsten unter den Pflanzern wanderten aus in die fruchtbareren Länder des neuen »tiefen Südens«. Was nun auch die wahren Ursachen des Elends waren: in der Hauptstadt von South Carolina, Charleston, wollte man glauben, die Schutzzollpolitik der Union, die seit 1816 eine immer entschiedenere geworden war, sei daran schuld, die Südländer müßten für den industriellen Wohlstand des Nordens zahlen. Und auf das, was die Leute glauben oder glauben wollen, kommt es in der Politik ja oft mehr an als auf die wahren, verborgenen oder ignorierten Sachverhalte. John C. Calhoun, einst selber der kräftigste Befürworter von Schutzzöllen, jetzt aber ihr leidenschaftlicher Gegner, entwarf eine staatsrechtliche Theorie, welche die gesetzgebende Versammlung von South Carolina im Jahre 1828 als die ihre verkündete. Die Staaten der Union seien jetzt so souverän wie vor 1787, sie hätten das, was sie ihrem Wesen nach waren, nie preisgeben können. Daher sei die Union nichts anderes als ein Bund souveräner Staaten, bei denen letzthin die Entscheidung über das, was die Bundesverfassung sei oder nicht sei, liegen müsse. Werde von den Organen der Bundesregierung etwas in die Verfassung hineininterpretiert, was ursprünglich nicht in ihr war, in diesem Falle die Errichtung eines Hochschutzzollsystems, geschehe dadurch einem der Bundesstaaten Unrecht und Schade, so sei er berechtigt, innerhalb seiner Staatsgrenzen die Vollziehung solchen Beschlusses zu verhindern ... Calhouns These vom Recht der »Nullifizierung«, wie es genannt wurde, fehlte es nicht an einer feinen Schlüssigkeit des Denkens und an vorsichtigen Einschränkungen. Es war ein politischer Denker von bohrendem Scharfsinn, der hier sprach; er hat es später in gründlicheren Schriften bewiesen. Über ihre »Richtigkeit« ist viel und müßig gestritten worden. Was hieß hier »richtig«? Der Begriff des Bundesstaates, dieses Zwitters aus Staat und Bund, wird immer verschiedene interessendiktierte Auslegungen zulassen, und ihre »Richtigkeit« wird nicht sosehr vom Verfassungstext abhängen wie vom Willen und der Macht der Geschichte. War Calhoun im Unrecht, so darum, weil die geschichtliche Wirklichkeit Amerikas gegen Ende des ersten Jahrhundertdrittels schon überwiegend gegen ihn stand.

Jackson war ein Freund vernünftig interpretierter »State-Rights« in der Tradition Jeffersons, gleichzeitig aber ein Patriot, der, wenn die Union bedroht war, keinen Spaß verstand. Daß Calhoun, selber Vizepräsident der Vereinigten Staaten, der Autor der »Nullifizierungs«-These war, blieb zunächst geheim. Als es bekannt wurde, kam es in der Öffentlichkeit zu verhaltenen Zusammenstößen zwischen den beiden, wie kein Dramatiker sie wirksamer und unheilverkündender hätte erfinden können. Schon war damit die Koalition der Ansichten und Interessen bedroht, auf welcher die neue Demokratische Partei beruhte. Die folgenden Jahre brachten ein Spiel des Tauschens und Seilziehens, des Werbens und Lockens zwischen den Sektionen. Nichts in der europäischen Politik ist ihm zu vergleichen. Der Osten stand für Hochschutzzölle; der Westen für billiges Land; der Süden für State-Rights. Billiges Land: die öffentlichen Ländereien oder doch jene, die zum festgesetzten Preis nicht zu verkaufen waren, sollten von der Union billiger angeboten werden zum Vorteil der Auswanderer und der Spekulanten. Im Osten sprachen industrielle, plutokratische Interessen gegen eine solche Verbilligung, weil, so glaubte man wenigstens, je verlockender das freie Land des Westens sich darbot, desto günstiger die Verhandlungsposition des Arbeiters gegenüber dem Kapitalisten wurde. Der Süden hatte nichts gegen die Verschleuderung der Ländereien, und er warb um die Freundschaft des Westens, indem er sie ihm versprach. Auch der Osten bot etwas in dem Wettbewerb. Es war der unermüdliche Henry Clay, der ein neues Tauschgeschäft zwischen Osten und Westen ausheckte. Nicht verschleudert werden sollte der öffentliche Landbesitz, aber sein Erlös verteilt werden an die einzelnen Staaten, und zwar besonders an jene, in deren Grenzen er lag; wofür dann der Westen sich mit Hochschutzzöllen befreunden mochte. Der Vorschlag gefiel. Der Westen rückte an den Osten heran. Im Sommer 1832 wurde in Washington ein neuer Zolltarif beschlossen, der den Protektionismus der letzten Jahre verstärkte. South Carolina reagierte im Sinne der unlängst verkündeten Philosophie. Eine Nationalversammlung des Staates erklärte den neuen Zolltarif für verfassungswidrig, verbot den Zollbeamten der Union, die Gebühren im Hafen von Charleston zu erheben, und drohte mit Sezession, falls solche Haltung zu weiteren Widrigkeiten führen sollte.

Jackson antwortete, wie seine oberste Pflicht ihm gebot: sein Protest, sein Aufruf an das Volk von South Carolina liest sich schöner als Calhouns noble Spitzfindigkeiten. Auch erriet er mit seinem intuitiven Verstand, daß die Einfuhrzölle im Grunde von so tragischer Bedeutung gar nicht waren. Die Zölle, schrieb er später, »waren nur der Vorwand, Auflösung der Union und eine Konföderation des Südens das wahre Ziel. Der nächste Vorwand wird die Neger- oder Sklavenfrage sein . . .« Ein paar Monate lang wurde von Widerstand und Gegenwiderstand, von Krieg zwischen der Union und den Gliedstaaten gesprochen. Schließlich fand man einen Ausgleich. Der Präsident ließ sich vom Kongreß das Recht bestätigen, wie jedes Gesetz, so auch den Zolltarif exekutieren zu dürfen, notfalls unter Einsatz der Armee und der Flotte (»Force-Act«). Wie zufällig sanktionierte er am gleichen Tag eine beträchtliche, wenn auch allmähliche Herabsetzung der Einfuhrzölle; worauf South Carolina seine »Nullifizierung« des Zollprogramms widerrief und sich mit der Nullifizierung des nun gar nicht mehr zu erprobenden »Force-Acts« begnügte. Es war ein ungeschriebener, irrationaler Kompromiß, wie er in der amerikanischen Politik noch mehrfach vorkommen sollte. Ein solcher Kompromiß mag, obwohl er auf keinem bewußten Grundsatz beruht, eine endgültige, wenn auch grobe Lösung bieten und dauerhaft wirksam sein. Dieser nicht. Er war hilfreich nur im Moment, in dem er sowohl den Präsidenten wie auch den rebellischen Staat aus großer Verlegenheit befreite. Der Streitfall aber ging ambivalent aus; die Frage, welcher Art die Souveränität der Gliedstaaten sei, war, wenigstens in den Augen des Südens, nicht entschieden. Andererseits hatte die Krise zu schönen Kundgebungen eines kämpferischen Nationalismus oder Unionismus Anlaß gegeben. Die schönste kam von dem Senator für Massachusetts, Daniel Webster; ein Denkmal amerikanischer Rhetorik, das antiken und britischen Vorbildern sich würdig an die Seite reiht.

Die Nullifizierungskrise fiel zeitlich zusammen mit einem anderen Konflikt, in dem der Präsident selber die Rolle des großen Verneiners spielte und der zum Symbol und Höhepunkt seiner Regierung wurde. Aber auch der »Bankkrieg«, wie amerikanische Historiker ihn nennen, hatte keinen eindeutigen Sinn und Ausgang.

Die »Bank der Vereinigten Staaten« (B.U.S.) hatte ihre Charta 1816 erhalten. Sie war eine Säule des »amerikanischen Systems«; ein Instrument, durch das nicht sosehr die

Regierung, wie eine mit der Regierung verbündete Hochfinanz die Währung und bis zu einem gewissen Grad auch das Handelsvolumen des Landes zu kontrollieren vermochte. Der Bund bestellte eine Minderheit ihrer Direktoren, besaß einen geringen Anteil ihres Grundkapitals, deponierte bei ihr seine Geldmittel. Daß die Bank diese, ohne Kosten, zu eigenen Profitzwecken gebrauchen, im Gesamtgebiet der Union operieren und von keinem Staat besteuert werden konnte, machte sie zur größten, wesentlich unabhängigen und privaten Geldmacht. Es scheint, daß diese Macht mit Klugheit, zum Vorteil der Aktionäre und zum Schutz der Währung gebraucht wurde. Nicht nur die Bank der Vereinigten Staaten, auch Hunderte von sogenannten Staatsbanken – Privatbanken, die ihre Lizenz von einem Einzelstaat hatten und nur innerhalb seiner Grenzen operieren durften – gaben damals Banknoten aus, welche als legales Zahlungsmittel galten; gedruckte Versprechen, dem Besitzer auf Verlangen den Gegenwert in Gold zu bezahlen. Daß dies Banknotensystem zu Inflation, zu billigem Geld, leichten Gewinnen und hohen Preisen führte, war an sich unvermeidlich; die Banken brachten mehr Noten in Umlauf, als ihrem Besitz an Edelmetall entsprach, im Vertrauen darauf, daß man sie nicht beim Wort nehmen würde. Allein die Bank der Vereinigten Staaten vermochte den unheimlichen Betrieb in Grenzen zu halten. Da sehr viele der Banknoten aus allen Staaten bei ihr zusammenflossen, so besaß sie gegenüber den Staatsbanken ein unfehlbares Druckmittel: sie konnte die »Wildecat Banks«, wie sie genannt wurden, zwingen, genügend Gold in Reserve zu halten und ihre Notenausgabe zu mäßigen. Das war im Interesse einer leidlich gesunden Währung; es war auch im Interesse und entsprach der konservativen Gesinnung der alten Hochfinanz von Boston, New York und Philadelphia, in welch letzterer Stadt die B.U.S. ihr Hauptquartier hatte. Und man versteht, warum den kleinen Bankiers des Westens, den Unternehmern, Spekulanten und Abenteurern die große, strenge Geldmacht von Philadelphia verhaßt war.

Aus anderen Gründen war sie dem Präsidenten Jackson verhaßt. Er gehörte zu den Leuten, die dem ganzen »Papiergeldschwindel« nicht trauten und ihn am liebsten wieder aus der Welt geschafft hätten. Es war, noch einmal, die Tradition Jeffersons. Amerika sollte das Land des freien, arbeitenden Mannes sein, der etwas Ehrliches produzierte und ehrliches, nämlich hartes, Geld dafür nahm. Es sollte nicht das Land mysteriöser Menschen und Mächte sein, die Geld ausgaben und den Umlauf von Geld kontrollierten und die kleinen Leute durch einen Federzug ruinieren konnten und reicher und immer reicher wurden, ohne etwas Nützliches zu leisten. Ungefähr der gleichen Ansicht, des gleichen Gefühls waren die Demokraten von New York und ihre Arbeiterwähler. Konsequenterweise hätte diese Philosophie sich freilich gegen die Staatsbanken noch mehr als gegen die B.U.S. richten müssen. So weit ging aber Jackson nicht. Sein Haß galt dem vornehmen, übermächtigen Institut in Philadelphia und seinem Präsidenten, dem Financier Nicolas Biddle. Als nun eine Erneuerung der Bank-Charta, die nur für zwanzig Jahre inkorporiert worden war, vom Kongreß beschlossen wurde, machte Jackson von seinem Recht Gebrauch und sprach sein Veto aus. Präsidentielle Vetos pflegten mit ausführlichen Erklärungen verbunden zu sein, wie sie noch heute sind. So im Sommer 1832. Die Bank, erklärte Jackson, gehöre wenigen hundert reichen Aktionären, von denen mehr als ein Viertel Europäer seien. Ihre enormen Profite zögen das Geld vom Westen nach den Städten des Ostens und nach Europa. Weder das Volk noch die Regierung der Union habe Einfluß auf ihre Tätigkeit. Ihr Leiter habe selber eingestanden, daß die kleinen Staatsbanken völlig von ihr abhingen. »Bedeutet eine Bank, die ihrer Natur nach so wenig mit unserem Land verbunden ist, keine Gefahr für unsere Freiheit und Unabhängigkeit? ... Wird ihr Einfluß in den Händen eines selbstgewählten Direktoriums konzentriert, dessen Interesse sich mit dem Interesse ausländischer Aktionäre deckt, besteht dann kein Anlaß, im Frieden für die Sauberkeit unserer Wahlen, im Krieg für die Unabhängigkeit unseres Landes zu zittern? ... Es ist zu bedauern, daß die Reichen und Mächtigen die Regierung so oft zu selbstischen Zwecken mißbrauchen. Gesellschaftliche Unterschiede wird es immer, unter jedem gerechten Regierungssystem geben. Keine menschlichen Einrichtungen können Gleichheit der Talente, der Erziehung, des Reichtums hervorbringen. In vollem Genusse der Gaben des Himmels und der Früchte seines überlegenen Fleißes, seiner Sparsamkeit und Tüchtigkeit, hat jeder Mensch gleichen Anspruch auf den Schutz des Gesetzes; unternehmen es aber die Gesetze, solchen natürlichen und gerechten Vorzügen künstliche Unterschiede, Titel, Gratifikationen und ausschließliche Privilegien hinzuzufügen, machen sie die Reichen reicher und die Machtvollen mächtiger, so haben die bescheideneren Mitglieder der Gesellschaft, die Farmer, Handwerker und Arbeiter, denen es an Zeit und Möglichkeit fehlt, sich solche Extravorteile zu gewinnen, guten Grund, sich über die Ungerechtigkeit der Regierung zu beklagen. Regierung bedeutet kein unvermeidliches Übel. Was übel an ihr ist, das stammt von Mißbräuchen ...« Es war, gelegentlich eines speziellen Anlasses, eine jener grundsätzlichen, dröhnenden Erklärungen, wie sie für die amerikanische Politik vom ersten Tage bis zum heutigen so charakteristisch sind; demokratisch, nationalistisch, auch wohl antieuropäisch. Nicht sozialistisch. Als die besten, echtesten Amerikaner galten Jackson die Farmer, Handwerker und Arbeiter (»Farmers, Mechanics and Laborers«); die großen Geldleute als die schlechtesten. Dann, vor allem, waren sie die schlechtesten, wenn sie sich zu Korporationen, Banken, Versicherungsgesellschaften, Kanal- und Straßenbauunternehmungen, Monsterverbindungen mit dem Zweck der Ausplünderung des kleinen Mannes zusammentaten. Wohlhabend zu werden durch seine eigene Arbeit, das war gut, dazu sollte jeder die Freiheit haben, und insofern waren soziale Unterschiede gut. Zu bekämpfen galt es die anonyme Macht des Kapitals, des amerikanischen und des europäischen. Eine Laissez-Faire-Philosophie, gerichtet nicht mehr gegen den Staat, sondern gegen die großen Privatgesellschaften; ein Kleinkapitalismus gegen das Großkapital. Das appellierte an den Arbeiter in New York, der gegen mageren Lohn dreizehn Stunden am Tag arbeitete, so gut wie an den Farmer oder Kaufmann im Westen. Es war spezifisch amerikanisch; nur unter amerikanischen Bedingungen konnte der Arbeiter hoffen, ein kleiner Unternehmer zu werden, konnte man noch alles, was nicht »Plutokratie« war, als »Volk« gegen die Plutokratie zusammenfassen. – Nach hundertdreißig Jahren haben wir es leicht, hinzuzufügen, daß es auch für Amerika nicht zeitlos galt. Die Generation Andrew Jacksons verstand die Dynamik des Kapitalismus noch nicht; daß eben gerade »Laissez-Faire« zu den großen Kapitalkonzentrationen geführt hatte und immer wieder und immer mehr zu ihnen führen würde.

Was Jackson, mit dem Instinkt des Machtmenschen, sehr wohl verstand, waren die Macht und die Unverschämtheit des Leiters der B.U.S. Nicolas Biddle, der große Financier, setzte Himmel und Erde in Bewegung, um im Kongreß die Zweidrittelmehrheit zu sammeln, die zur Aufhebung des präsidentiellen Vetos nötig war. Die Bank kaufte, was Geld kaufen konnte, Zeitungen, Parlamentarier, Kanzeln. Der Präsident, mehr gewohnt anzugreifen, als sich zu verteidigen, antwortete, indem er ihr die Fonds der Union entzog und sie auf einige Staatsbanken verteilen ließ. Das war ein Schlag, von dem die B.U.S. in der kurzen ihr noch gegebenen Frist sich nicht mehr erholen konnte. Wenn aber Jacksons Ziel ein deflationäres, die Wiedergewinnung einer gesunden Goldwährung gewesen war, so hatte das Schwinden der B.U.S. die entgegengesetzte Wirkung. Inflation und Spekulationsfieber erreichten 1836 ihren Höhepunkt. Auf ihn folgte 1837 ein Fall von entsprechender Tiefe. Wie gewöhnlich kamen mehrere Ursachen zusammen: Maßnahmen der Regierung, durch die Geld aus dem Umlauf gezogen wurde, eine Mißernte im Westen, der Zusammenbruch großer englischer Firmen und so fort. Grundsätzlich war der Rhythmus am Werk, der dann den Prozeß der Zivilisierung und Ausplünderung des amerikanischen Kontinents bis ins 20. Jahrhundert begleitet hat: der Wechsel zwischen übermäßiger Ausdehnung und plötzlicher, panischer Zusammenziehung, des »boom and bust«. – Unter Jacksons Nachfolger, Präsident van Buren, wurde die Frage, wer die Geldmittel der Union verwalten und ausnutzen sollte, durch die Errichtung eines »unabhängigen Schatzes« gelöst; die Regierung verwaltete nun ihr Geld selber.

Die Wirtschaftskrise von 1837 führte in den Großstädten des Ostens, zumal in New York, zu einer Radikalisierung der Arbeiterschaft. Es gab damals mehr Klassenbewußtsein, Klassenangst und -leid in Amerika, als jene Historiker uns glauben machen wollen, für die Europa und Amerika auf verschiedenen Sternen liegen. Sogar gab es Arbeiterparteien; und eine von ihnen, die »Locofocos« – eigentlich eine lokale Spielart der Demokraten –, konnte innerhalb des Staates New York zeitweise einen beträchtlichen Einfluß ausüben. Aber ihr Programm war nie sozialistisch, nur radikal-demokratisch: Kampf den großen Korporationen und Monopolen, Abschaffung der Schuldhaft, allgemeine, billige Volkserziehung, Legalisierung der Gewerkschaften, Fabrik- und Arbeitszeitgesetzgebung. Es waren Forderungen, die von der Jacksonschen Demokratie absorbiert werden konnten, wie umgekehrt die Jacksonsche Demokratie sich auch an die Arbeiter der großen Städte wandte. Darum, und weil Amerika für reine Klassen-Parteien immer zu groß und vielfältig war, ist es im gesamtnationalen Rahmen nie zur erfolgreichen Gründung einer Arbeiterpartei gekommen.

Was dann den Sozialismus betraf – nun, der war in den dreißiger Jahren ja auch in Europa »utopistisch«, die Sache nicht der Arbeitermassen, sondern einzelner edler Träumer; und war da nicht sosehr die Rede von der Enteignung des Kapitals und Übernahme der Wirtschaft durch den Staat wie von der Flucht aus der Industrie und der Zivilisation in ideale Gemeinschaften. Dieser Sozialismus war europäisch und amerikanisch, wurde von Europäern in das Land gebracht, das, einst selber Utopie, nun für Utopien den Boden abgeben sollte. Es sind Versuche – New Harmony, Brook Farm –, deren guter, sorgender Wille ihren Gründern Ehre macht, aber Bleibendes oder Fortzeugendes gewirkt haben

Pioniere auf dem Weg in den amerikanischen Westen
Aus einer Folge von Zeichnungen von Joshua Shaw, Anfang 19. Jahrhundert
Chicago, Museum of Science and Industry, Dunbar Collection

Umzug während des Wahlkampfes zwischen van Buren und Harrison um die Präsidentschaft, 1840
Aquarell von Francis Schell
New York, Harry Shaw Newman, The Old Print Shop

sie nicht, und die Ideengeschichte muß größeres Interesse an ihnen nehmen als die Geschichte der Politik.

Mittlerweile war die Gegenpartei, die Partei der »Business Community«, der Jackson Kampf angesagt hatte, nicht müßig. Ihre Gesinnung war im Grunde noch immer die der alten »Föderalisten«, und ihre konservativen Vertreter sahen in der Jacksonschen Demokratie den drohenden Untergang von Staat und Gesellschaft. »Die Annahme des allgemeinen Wahlrechts und eine skrupellose freie Presse sind meiner Ansicht nach mit Ordnung und Sicherheit des Eigentums nicht vereinbar; unser Land, seine Regierung und sein Charakter sind verloren.« (Chancellor Kent, 1835.) Ein passives Verzweifeln hat jedoch der amerikanischen Geschäftswelt nie gelegen. Dazu war sie viel zu dynamisch, viel zu bereit und fähig, das Gemeinwesen auf ihre Weise zu leiten, den Aufbau und die Ausplünderung des Kontinents weiterzutreiben. In diesem Sinn darf man sie eigentlich nicht »konservativ« nennen. Was die südliche Pflanzer-Aristokratie, was selbst Demokraten vom Schlage Jacksons fürchteten, war gerade ihre Expansionskraft. Um es in den einfachsten Worten zu sagen: Konservativismus konnte es in Amerika überhaupt nicht geben oder doch nur unter Leuten, die sich weigerten, am Rhythmus des amerikanischen Lebens zu partizipieren, die folglich nicht zählten. Fortschritt und Ausbreitung wollten alle Bewohner des neuen Kontinents, über den man sich ausbreiten konnte; und der Streit ging wesentlich nur um die Frage, unter welchen Formen der Organisation, unter wessen Leitung, zu wessen Vorteil die Ausbreitung vor sich gehen sollte. Nun hatte das Zeitalter Jacksons dies mit sich gebracht, daß man öffentlich nicht mehr gegen das »Volk«, die Demokratie sein konnte. 1790 war das möglich gewesen, nicht mehr 1840. Alexander Hamilton und seine Freunde hatten als Aristokraten gesprochen, aristokratische Manieren zur Schau getragen und über die Notwendigkeit einer gesellschaftlichen Schichtung und Hierarchie ernsthafte, offene Betrachtungen angestellt. Man konnte politische Philosophie von ihnen lernen, auch wenn man nicht mit ihnen übereinstimmte. Nicht so von ihren Nachfolgern, den »Whigs« von 1840. Daß es gar nicht oder nur sehr mittelbar, bei mannigfachen Reserven und Sicherheitsvorkehrungen, zur Regierung taugte, durfte man jetzt dem Volk nicht mehr sagen, auf dessen Stimmen man angewiesen war. Eine Minderheit, die Interessen und Werte einer Minderheit verteidigte, aber zur Erfüllung ihres Machtwillens nach den Regeln des allgemeinen Wahlrechts auf die Gunst der Mehrheit angewiesen, mußte die andere amerikanische Partei ihre Zuflucht nehmen zu verschwommenen Redensarten, zur Ignorierung der eigentlichen Konflikte, die es gab, und zur Erfindung von falschen, zur Demagogie. Demagogisch sind seither die großen amerikanischen Wahlkämpfe – von beiden Seiten – geführt worden.

Der von 1840 war ein markantes Beispiel dafür. Damals bestimmten die Whigs als Kandidaten für die Präsidentschaft den General Harrison, Helden eines Indianerkrieges, der Politik völlig fremd, aber populär. Als nun eine demokratische Zeitung von dem alten Haudegen spöttisch bemerkte, eine Blockhütte und ein Faß Apfelwein (Hard Cider) seien alles, was er zu seinem Glück benötige, machten die Leiter der Whig-Kampagne dies leichtsinnig gesprochene Wort zu ihrem Hauptschlager. Harrison war nun der biedere Pionier aus dem Westen, der Mann von Blockhütte und Apfelwein; der demokratische Gegenkandidat, van Buren, ein blasierter Prasser, der seine Backenbärte parfümierte und Champagner aus Silberbechern trank. In improvisierten Blockhütten wurden die Wähler mit Apfelwein regaliert, man trug die Blockhütte im Knopfloch; Apfelweinfässer wurden von Ort zu Ort gerollt und als Symbol des Whig-Sieges bejubelt. Hier nachzuweisen, daß Harrison ein wohlhabender Mann war, der mit einer Blockhütte nie etwas zu tun gehabt hatte, war verlorene Mühe. Es war ein Wahlkampf von totaler Unvernunft, obgleich lustig. Mit gewaltiger Mehrheit gewählt, zog Harrison, wie auf einem Fasse rollend, ins Weiße Haus ein, wo er übrigens schon nach einem Monat verstarb... Nachdenkliche Demokraten waren von diesem Schauspiel ebenso befremdet, wie nachdenkliche Föderalisten oder Konservative es zwölf Jahre früher von dem Wahlsieg Jacksons gewesen waren. Die Demokratie war auf demokratischem Wege, mit ihren eigenen Mitteln geschlagen worden; das betrogene Volk hatte gegen sich selbst gestimmt. Wenn das möglich war, wie stand es dann um den demokratischen Kernsatz, wonach die Mehrheit im Recht war und auf die Dauer nicht irren konnte? »Die Arbeiter haben die Wahl gegen sich selbst entschieden!« meinte einer. »Sie haben den ersten Präsidenten im Stich gelassen, der es je wagte, die vereinigte Macht des Geldes herauszufordern und unbeugsam zu solchen Maßnahmen zu stehen, die allein der Arbeiterschaft ihren gerechten Anteil an dem von Kapital und Arbeit gemeinsam produzierten Reichtum zu sichern vermögen.« Ein anderer: »Nie hatte ich in meinem Leben so düstere Vorahnungen als die, welche mich jetzt quälen. Kann dies Volk sich selbst regieren?« In Wahrheit beruhte wohl der Sieg der Whigs nicht so sehr auf Volksbetrug und Volksblindheit wie auf der einfachen Tatsache, daß nach zwölf Jahren Demokratenherrschaft der Nation ein Wechsel willkommen war – die Hauptfunktion des Zweiparteiensystems und ein Rhythmus, der uns aus der späteren amerikanischen Geschichte wohlbekannt ist. Auch war es diesmal kein gründlicher Wechsel. Das Whig-Zwischenspiel erwies sich als kurz und inhaltsleer; nichts von dem, was Jackson oder van Buren getan hatten, wurde rückgängig gemacht; und schon 1845 saß wieder ein Jacksonianer, James K. Polk aus Tennessee, auf dem Präsidentenstuhl.

Die Gegensätze, mit denen Andrew Jackson es zu tun gehabt hatte, verschoben sich, verschwammen, verdampften; andere traten an ihre Stelle, andere Parteiverbindungen, andere Menschen. Übrig blieb, daß in den dreißiger Jahren das amerikanische politische Leben auf eine andere Stufe gehoben worden war, auf der es sich nun, wohl oder übel, halten mußte. Die Vollendung der Demokratie in den meisten Einzelstaaten; die Politisierung der breiten Massen; ein geschärftes Klassenbewußtsein der Armen in den Großstädten des Ostens, Gewerkschaften, selbst Arbeiterparteien; an der Spitze des Gemeinwesens ein Mann, den seine Gegner als »König Andrew«, als Nachahmer Napoleons verhöhnten und der, wenn er auch nicht der Diktator war, als welcher er in Europa galt, doch der Exekutive eine starke, kämpferische, dramatische, wahrhaft populäre Rolle verlieh – solche Neuerungen ließen sich nicht mehr ausstreichen. Übrig blieben auch die großen Parteimaschinen, von denen es im Lande wenigstens zwei geben mußte und nur zwei geben konnte: enorm komplizierte Verbindungen mit dem Zweck des Stimmenfangs. Aus Jacksons Zeit stammt das System der vierjährlichen »nationalen Parteikonventionen«, wie wir es noch heute haben; tolle politische Feste, zu denen die Parteien der Einzelstaaten ihre durch Gemeinden und Bezirke ausgesiebten Vertreter sandten und deren Aufgabe es war, die Kandidaten für Präsidentschaft und Vizepräsidentschaft zu stellen. Beide Parteien waren vor allem Monsterorganisationen zur Eroberung der politischen Macht. Klasseninteresse, Sektions- und Staatsinteressen konnten wohl in sie eingehen, Leidenschaften und Feindschaften aller Art, auch Ideen; aber die letzteren hatten es schwer, nicht überwuchert zu werden von der unsagbaren Vielfalt der Meinungen, dem Gewirr der materiellen Interessen, den korrupten Machenschaften. In beiden Parteien waren Reichtum und Armut und waren die längste Zeit Norden, Westen und Süden vertreten – das Gefährliche ihrer Entwicklung zu reinen Sektionsparteien lag auf der Hand. Beide mußten sich Kandidaten suchen, die allen Sektionen und Parteiflügeln genehm waren; Kompromiß-Kandidaten, populäre alte Kriegshelden, Mediokritäten. Mehr ungewollter Zufall als Absicht war es, wenn ein Präsident sich doch als starke Persönlichkeit herausstellte – Jackson, Lincoln. Ein solcher konnte dann, unter furchtbaren Anstrengungen, der Partei seinen Stempel aufdrücken, etwas ideell Sinnvolles aus ihr machen. Immer hatte das seine Grenzen, nie war es ein einziger, eindeutiger Sinn. Dazu war der Gegenstand, mit dem der Parteiführer es zu tun hatte, ein viel zu riesenhafter, formloser, flüssiger; und schließlich war er selber kein Philosoph, sondern ein Ergreifer von Gelegenheiten und Praktiker, dem es an letzter geistiger Klarheit fehlte. Nie dauerte der ihm zu verdankende ideelle Aufschwung lange. Kaum war er verbraucht und verschwunden, so schwand auch die Idee; so, wie eine Wolke am Himmel herumschwimmt, unversehens ihre Form ändert, sich mit anderen vereinigt und wieder trennt, so daß man nicht sagen kann, ob es nun noch dieselbe Wolke sei. Nur der Name blieb – im Falle der Whigs nicht einmal der.

Nation, Volk, Gleichheit, Freiheit, Kampf gegen die privilegierten Minderheiten; mit solchen Schlagwörtern wurde zu Jacksons Zeit die Grundtendenz der Demokratischen Partei bezeichnet. Es kam die Zeit, die späten vierziger und fünfziger Jahre, da sie auf solchen schönen Titel wenig Recht mehr hatte und die Gegenpartei – die neuen »Republikaner« – das bessere. Noch etwas später, und der Funke der Jefferson-Jackson-Tradition war versteckt unter Bergen von Asche.

Europa: Das Juste-milieu

Das französische Bürgerkönigtum ist gleichzeitig mit der Jacksonschen Demokratie und gleichzeitig mit der Epoche, die in England durch die Reformbill inauguriert wurde. Ein bloßer Zufall ist diese Gleichzeitigkeit nicht; wir haben schon gesehen, welchen direkten Einfluß die Pariser Juli-Revolution auf die Entwicklung in England hatte. Freilich aber bedeutete die Regierung Louis Philippes kein Sich-Bahn-und-Luft-Machen neuer sozialer Kräfte wie die Jacksonsche Demokratie, keinen weittragenden organischen Fortschritt wie Greys Reformbill. Es war ein Auf-dem-Platz-Treten; eine lange Verlegenheit, welche eine andere Verlegenheit ablöste und von einer dritten abgelöst wurde. Die französischen Regierungsformen des 19. Jahrhunderts verneinten einander, sie setzten einander nicht fort, sie führten zu nichts. Aber jede von ihnen hatte eine gewisse Ausstrahlungskraft und Bedeutung für die Welt. Und das Land in seiner Ökonomie gedieh unter ihnen allen. Ein reiches und glückliches Land, das doch der Welt ein Schauspiel hauptstädtischer Nervosität, Unordnung und Wandelsucht bot und dem auch Kriegslüsternheit nicht ganz ohne Grund nachgesagt wurde – so war Frankreich zwischen 1815 und 1870; irren wir uns nicht, sogar ein wenig darüber hinaus.

Wohlhabend war es unter der Restauration gewesen, die Verwaltung sauber, die Finanzen gesund. Hatten auch die Patrioten wirklich Grund, über eine äußere Politik zu klagen, welche die Katastrophe von 1815 so schnell überwand? Sie glaubten Grund dazu zu haben, und auf den Glauben, nicht die Tatsachen, kam es an. Was das Land, die Hauptstadt, die Jugend der wiederhergestellten Monarchie nicht verziehen, war dies, daß sie identisch war mit der Niederlage von 1815, daß sie auf seiten der Sieger von Waterloo hatte stehen müssen. Ludwig XVIII. gelang es leidlich, dies Gefühl zu neutralisieren, wobei ihm die zeitliche Nähe zu Hilfe kam; noch war das Land kriegsmüde, noch hätten auch die Alliierten einen Umsturz in Paris gar nicht hingenommen. 1830 gab es praktisch keine Alliierten mehr; Karl X. war beschränkter, nobler und frömmer als sein Bruder und unwiderstehlich angezogen von dem Gedanken einer Wiederherstellung des Ancien régime; eine neue Generation war groß geworden, die nichts von Blut, Schweiß und Tränen des Kaiserreiches wußte.

So kam es denn zu den »trois glorieuses«, dem Pariser Umsturz der letzten Julitage des Jahres 1830. Die »Juli-Revolution« – der gepriesene Prototyp der europäischen Revolutionen des 19. Jahrhunderts. Delacroix hat sie in einem Gemälde verherrlicht, in dem der Genius der Freiheit seinem Volk die Trikolore in der Schlacht voranträgt; Dostojewskij hat sie mit Vorliebe verhöhnt und noch lieber die Russen, welche sich von solchem westlichen Theater imponieren ließen. In den europäischen Staatskanzleien, auf den Börsen, ja selbst in den Studierstuben so ernster Gelehrter wie Niebuhrs, des Historikers, und Hegels, des Philosophen, rief sie Schrecken und Grauen hervor und Jubel in den Herzen aufsässiger Jugend; was alles mit der Zeit sich als Überschätzung des Ereignisses herausstellte... Unnötig, über das nahezu gegenstandslose Querulieren zwischen König und Kammer zu berichten, welches vorhergegangen war. Es war nur der Ausdruck einer Stimmung, einer Fremdheit zwischen dem starrsinnigen Greise aus dem Rokoko und dem Industriebürgertum, den machtgierigen, redegewaltigen Advokaten und Journalisten der neuen Zeit. Aber nicht die Liberalen der Kammer machten Revolution. Die protestierten nur. Als der König durch eine Reihe von staatsstreichartigen »Ordonnanzen« das Parlament auflöste, das Wahlrecht zugunsten des Großbesitzes modifizierte, die Zeitungen der strengsten Zensur unterwarf, erhob sich, wie im Jahre 89, die Stadt Paris: Arbeiter, Studenten, Kleinbürger. Der Aufstand hatte keine uns bekannte Führung, ein spontaner Akt des Masseninstinktes, des Enthusiasmus, des Trotzes und Hasses. Merkwürdig war die Methode, die dann für die Kämpfe zwischen alter und neuer Ordnung in den nächsten Jahrzehnten bezeichnend werden sollte: die Barrikaden. Niemand – das Volk selber hat sie erfunden. Quer über die Straßen wurden aus Pflastersteinen, gefällten Bäumen und Hausrat Bollwerke improvisiert, welche die Truppen aufhielten und hinter denen die kämpfenden Bürger sich verschanzten, indes andere die Angreifer aus den Häusern beschossen. War eine Barrikade endlich genommen, so entkamen die Aufständischen durch Hinterhöfe und Nebenstraßen, um das Werk an einem anderen Engpaß aufs neue zu beginnen. Nach drei heißen Tagen gab der königliche Befehlshaber, Napoleons Marschall Marmont, die Schlacht um Paris für verloren. Karl X., jammernd, jetzt sei er in der gleichen Lage wie sein unglücklicher Bruder 1792, zog sich von St. Cloud nach Versailles, von Versailles nach Rambouillet, von Rambouillet gegen die Küste zurück und verschwand schließlich nach England.

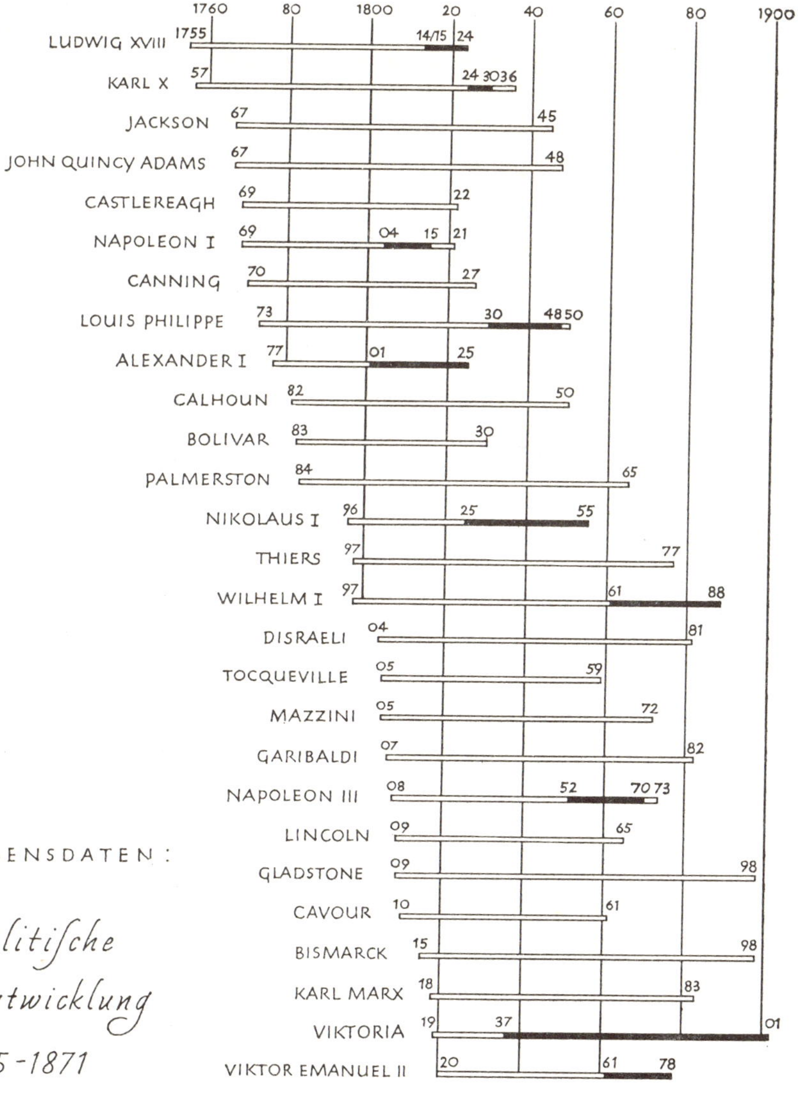

LEBENSDATEN:

Politische Entwicklung 1815–1871

Der Aufstand, unvorbereitet und ohne bewußtes Ziel, mußte dahin führen, wohin seine stärksten und klügsten Teilnehmer ihn führen wollten. Als die Stärksten und Klügsten erwiesen sich zur rechten Zeit die, die eigentlich gar nicht an ihm teilgenommen hatten: die Vertreter eines liberalen Großbürgertums. Sie hatten das restaurierte Königtum nicht leiden können, weil sie in seinem Rahmen den ihre Eitelkeit befriedigenden Platz nicht fanden. Aber ungleich verhaßter als die Bourbonen-Monarchie war ihnen der Gedanke einer Wiederkehr von 1793, einer radikalen, anarchischen, sozialistischen Demokratie. Der Aufstand sollte sich nicht vertiefen zur Revolution, er sollte schnell enden in einem bloßen Regimewechsel, Personenwechsel, Stimmungswechsel. In diesem lobenswerten Wunsch fanden sich die Generationen, der sechsundsiebzigjährige Talleyrand, der fünfunddreißigjährige Adolphe Thiers; in ihm stimmten die großen Geldleute, Rothschild, Perrier, Lafitte, überein mit den Advokaten, den Journalisten und Historikern. Es gelang ihnen, den Mann zu sich herüberzuziehen, der im Wirrwarr des letzten Julitages noch einmal die populärste, mithin die mächtigste Gestalt in Paris war: Marie Joseph Marquis de La Fayette. Der ewig überschätzte, ewig sich überschätzende, mythische alte Mann, mit der dreifarbenen Schärpe auf einem Schimmel durch die Straßen sprengend, hatte zunächst die Erfüllung seines Jugendideales, die Republik, im Kopf; aber da es ein ungründliches Ideal war und mit früheren Republiken er nicht die besten Erfahrungen gemacht hatte, so ließ er von Thiers sich davon überzeugen, daß die Erhaltung der Monarchie das bessere wäre. Wie merkwürdig ist dies Bündnis zwischen Thiers, dem Mann von 1871, und La Fayette, dem Mann von 1778. Der neue Monarch war schnell gefunden, er war im Grunde seit 1815 immer da und wohlbekannt gewesen: Louis Philippe von Orléans, Chef des jüngeren Zweiges des Hauses Bourbon. Ihn überredete Thiers, aus seiner Sommerresidenz nach Paris zu eilen, und jene, die das Spiel ausgeheckt hatten, führten es mit Meisterschaft durch. Verdutzt, mißtrauisch zunächst und ohne viel Freude nahm die Hauptstadt den Bourbonenprinzen an, den die Kammer zum König proklamierte. Am 9. August beschwor er die Charta, umgeben von denselben Marschällen, die fünf Jahre früher das Salbungsfest Karls X. geziert hatten, den Marschällen Napoleons, den Soldaten Robespierres.

Für den Studenten revolutionärer Strategie bleibt der Vorgang lehrreich: wie leicht hier durch das Eingreifen einiger ausgepichter Politiker im rechten Augenblick eine revolutionäre Bewegung abgedrosselt wurde, die sonst der Welt, niemand wußte, was, hätte bescheren können. Wir werden freilich bald sehen, daß in der Glätte des Überganges von der »älteren« zur »jüngeren« Linie auch eine Gefahr für das neue Regime lag. Unruhe und Enttäuschung jener, die man nicht gefragt hatte, brachen aus in allerlei greulichen Attentaten und schwelten weiter achtzehn Jahre lang. Interessant, wie das Juliereignis, ist auch die Staatsform, die auf ihm gründete. Der neue König sollte es nicht mehr von Gottes Gnaden sein, sondern durch eine Art von Kontrakt. Man ließ die Charta in ihren wesentlichen Bestimmungen stehen, aber strich die Anfangsklausel, der zufolge sie ein Geschenk des Königs an seine Untertanen sein sollte. Nicht König von Frankreich, sondern König der Franzosen war fortan der Titel, und um zu zeigen, daß er einen Neubeginn darstellte, nannte der neue Monarch sich »Louis Philippe I.«, nicht »Philippe V.«. Der Thron, hieß es, werde fortan »von republikanischen Institutionen« umgeben sein. Blieb die Frage, warum es dann überhaupt eines Throns bedurfte und warum der Mann auf dem Thron ein naher Verwandter des früheren Königshauses sein mußte, mit dessen Tradition man doch gerade brechen wollte. Unlogisch das alles, aber bezeichnend für den historischen Moment. Noch wollte man die Bequemlichkeit der Monarchie nicht aufgeben, obgleich sich befreien von ihrem Ärgernis; nicht mehr am königlichen Gängelbande gehen, aber doch der goldenen Krücken notfalls nicht entbehren. Über die Funktion des Königs in der gekrönten Republik ist dann in der Folgezeit, nicht mehr mit dem geistvollen Glanz der Restauration sondern ziemlich hohl und albern, gestritten worden. »Le roi reigne et ne gouverne pas«, verkündete Thiers; »der Thron ist kein leerer Fauteuil«, antwortete Guizot. Nicht zuletzt verdankte der Orléans seine Erhebung einer historischen Parallele, trügerisch, wie historische Parallelen sind. Die englische Revolution des 17. Jahrhunderts war gleichsam rückgängig gemacht worden durch die Restauration von 1660, aber die restaurierten Stuarts hatten sich als unbelehrbar erwiesen, und schließlich hatten die »jüngeren Linien«, der Oranier, die Hannoveraner, sie passend ersetzt. War eine entsprechende Lösung nicht geeignet, die Französische Revolution endlich abzuschließen? Auf dem Höhepunkt des Schreckens, im Spätherbst des Jahres 1792, hatte Danton, der Mann der Septembermorde, dem jungen Sohn Philippe Egalités eben dies prophezeit; und »Egalité Fils« sich seine Worte gern eingeprägt. Seitdem war das heimliche Reden von der »jüngeren Linie« im Grunde nie verstummt. Dann würde auch die französische Nation endlich Glück und inneren Frieden finden, würde jeder Bürger König sein unter einem König, der ein Bürger war: »sous un roi citoyen tous les citoyens sont rois...« Es war das Ideal der achtziger Jahre, damals den Deutschen wie den Franzosen vertraut, gar nicht weit entfernt von dem Ideal George Washingtons und der amerikanischen »Föderalisten«. So zogen denn auch die überlebenden Größen der ersten Revolution, alte Herren jetzt, im Kaiserreich baronisierte oder gefürstete Königsmörder, in die Räte Louis Philippes ein, zufrieden, doch noch ergreifen zu dürfen, was ihnen vor vierzig Jahren entwichen war. Daß es auch diesmal nicht das Endgültige war, dies zu erleben ist ihnen erspart geblieben.

Louis Philippe eignete sich für die ihm zugedachte Rolle. Als Patriot und fähiger Offizier hatte er sich in der Führung von Truppen der Republik im Jahre 1792 bewiesen; als lebenstauglich in harten Emigrationsjahren; unter der Restauration als Bürgerprinz, der im grauen Hut und mit Regenschirm herzhaft grüßend durch die Straßen der Hauptstadt eilte; als vorbildlicher Familienvater; als rechnender Verwalter eines Riesenvermögens – übrigens als schlauer politischer Beobachter. Metternich, der an das Bürgerkönigtum nicht glaubte, gestand doch ein, daß Louis Philippe der fähigste Politiker des Landes sei. Aber sein Verstand war nüchtern. Tocqueville, der ihn gut kannte, meint, er sei nur dem Nützlichen zugewandt gewesen, sein Interesse nur der Industrie; hochfliegende Gedanken, Ideen von Gerechtigkeit, Wahrheit, Schönheit seien ihm vollständig fremd gewesen. »Er war ohne Religiosität wie das 18. Jahrhundert und skeptisch in der Politik wie das 19.; selbst ohne Glauben, mißtraute er dem der anderen..., sein Ehrgeiz, dem nur seine Vorsicht Schranken setzte, war unersättlich und zugleich so wenig hochstrebend, daß er immer am Boden haften blieb.« Phantasie und was die Phantasie der anderen anregt, die Würde, die Magie echter Könige besaß Louis Philippe nicht. Aber die sollte er ja wohl, dem Begriff des

Bürgerkönigtums nach, gar nicht besitzen. Ist er also an diesem Mangel gescheitert, so war aus dem Grunde etwas falsch mit der ihm gestellten Aufgabe und der von ihm nur allzu treu repräsentierten Gesellschaft. Dann hatte Metternich recht, der das Bürgerkönigtum für eine Unmöglichkeit erklärte. »Wenn er (Louis Philippe) sich der Rechten nähern will, so findet er dort keinen Platz; nähert er sich der Linken, so ist er verloren. Verurteilt, zwischen zwei Wahrheiten, der Monarchie und der Republik, in der Mitte zu schweben, befindet Louis Philippe sich im Leeren; das Leere ist die Lüge...« Metternich sah kein Drittes zwischen dem Ancien régime und der radikalen Demokratie. Für den Augenblick tat Louis Philippe, was von ihm erwartet wurde. Er erschien auf dem Balkon, wenn das »Volk« ihn rief, stimmte die Marseillaise an und schlug den Takt dazu; ernannte die populärsten Liberalen zu Ministern; empfing alle, die empfangen sein wollten.

Die Sommererschütterung teilte dem Lande sich eigentlich nicht mit, die Provinzen nahmen an, was Hauptstadt, Parlament und wenige politische Köpfe entschieden hatten. Von dem Wahlzensus wurde etwas Geringes abgelassen, so daß die Zahl der Wähler auf etwa hundertneunzigtausend stieg; sonst blieb alles beim alten.

Stärker als Frankreich selber reagierte Europa. Ein Umsturz in Paris war etwas anderes als ein Umsturz in Neapel oder in Madrid; was in diesem Nervenzentrum geschah, das spürte, lustvoll oder angstvoll, der ganze europäische Körper. Im August erhoben sich die Belgier gegen die Bürokratie des Königs der Niederlande; im November die Polen sich gegen die russische Herrschaft; im nächsten Februar sich die Römer gegen ihren veralteten Souverän. Selbst in dem ruhigen, vernünftigen, in seiner gestickten Zwangsjacke sich nicht gar zu unwohl fühlenden Deutschland kam es zu Ausbrüchen; einer seiner fürstlichen Herrscher mußte nächtens aus brennendem Schlosse fliehen. Die Logik von 1830 war die, daß, wenn Frankreich, der Hauptleidtragende von 1815, das damals ihm auferlegte System umwarf, alle anderen, denen 1815 Unrecht geschehen war und die solches Unrecht seither entdeckt hatten, es ihm gleichzutun versucht waren; daß in der neuen französischen Revolution ein Hilfsversprechen an alle Unterdrückten lag; und die Unterdrücker im Sinne ihres eigensten Anspruches von Paris nicht hinnehmen durften, was sie von Neapel, Turin und Madrid nicht hingenommen hatten. Also war Krise ein gutes Jahr lang. Sie führte jedoch zu keiner großen Explosion; darum nicht, weil beide Seiten, die angeblichen Verteidiger der Ordnung von 1815 und die angeblichen Revolutionäre, sie nicht wollten, ohne sich über das, was die andere Seite wollte, so recht klar zu sein.

Die Pariser – die Pariser nämlich, welche Karl X. vertrieben hatten – waren kriegerisch. Der Sturz des Bourbonen war die Revanche für Waterloo oder der Anfang davon, ein Angriff auf die Friedensverträge. Leidenschaftlicher Nationalstolz war im Spiel, und der schien mehr fordern zu müssen als die kümmerliche Ersetzung eines Monarchen durch einen anderen. Aber der neue Monarch war nichts weniger als kriegerisch; noch auch war es die Menschenklasse, die jetzt das Ruder allein in Händen hielt, nachdem sie es unlängst noch mit der alten Aristokratie hatte teilen müssen: die hundertneunzigtausend Wähler, das Besitzbürgertum. Während dreier kurzer Julitage hatte etwas Elementares sich geregt; gar nicht elementar war der Geist, der, von dem Erdbeben an die Spitze gebracht, es so überraschend schnell meisterte. »Der besondere Geist der Mittelklasse«, urteilte de Tocqueville,

Karl X.
Gemälde von François Gérard. Versailles, Museum

Adolphe Thiers
Photographie, 1870

»... ist regsam, fleißig, oft unredlich, bisweilen kühn aus Eitelkeit oder Egoismus, aber von Natur furchtsam, gemäßigt in allen Dingen, außer in der Lust am Wohlleben, mit einem Worte mittelmäßig.« So, trotz seines persönlichen Mutes, war Louis Philippe von Orléans, so seine Berater und Auftraggeber: nicht im mindesten willens, das Ihrige in einem revolutionären Kreuzzug gegen Europa aufs Spiel zu setzen oder Europa zu einem antirevolutionären Kreuzzug zu provozieren. Der Unterschied zwischen dem, was die Julirevolution einen Augenblick lang war, und dem, was ihre Nutznießer daraus machten, hat in Frankreich zu neuen Spannungen geführt. Er führte übrigens zu einer kläglichen Diskrepanz zwischen dem, was die Regierung tat und was sie für den Konsum zu Hause bedrohlich redete. Seine Minister seien Dummköpfe, meinte dann Louis Philippe begütigend zu einem fremden Botschafter; man dürfe ihre Großsprechereien nicht ernst nehmen. Der König hatte das schwierige Kunststück zu vollbringen, den Franzosen als Völkerbefreier, den europäischen Mächten aber als ein Mann zu erscheinen, mit dem man würde auskommen können. Auf der anderen Seite war das konservative Europa längst nicht mehr das Europa von Troppau und Laibach. Dazwischen lagen Griechenland; Südamerika; Canning; der türkisch-russische Krieg. Wie von selbst kam man überein, das Versprechen von 1815 einstweilen ruhen zu lassen und abzuwarten; schnell erkannten die Mächte den neuen König an. England zuerst – »Wir werden euch anerkennen, aber euch beobachten«–, dann Preußen, Österreich, der Zar zuletzt, mit allen Zeichen der Ungnade.

Indem Europa sich der Veränderung in Frankreich anbequemte, empirisch und ungroßzügig, fand es auch Mittel und Wege, die Brände zu ersticken, welche sich an dem Pariser Feuer hier und dort entzündet hatten. Einer, der belgische, wurde durch das »Konzert der Mächte« kunstvoll gelöscht; die anderen, der polnische, der italienische, durch die Gewalt russischer und österreichischer Truppen ausgetreten.

Das Königreich der Niederlande, die Vereinigung Belgiens mit Holland und Luxemburg, zu Wien 1815 ausgeheckt, hatte in den Gemütern der katholischen, französisch sprechenden Belgier wenig Anklang gefunden. Da nun nationale Unabhängigkeit die Mode war, so wollten auch sie das, was Griechen und Argentinier schon hatten. Die Revolution begann im Theater, angeregt durch ein Opernstück, erwies sich aber als stark genug, um die holländische Besatzung aus Brüssel zu vertreiben. Die Frage war nun, was mit Belgien geschehen sollte. Einen belgischen Staat hatte es in der Vergangenheit nie gegeben. Wohl aber hatten Engländer und Franzosen oft, und noch unlängst zwanzig Jahre lang, über Belgien gefochten; was sie jetzt wieder tun würden, wenn etwa der neue König der Franzosen der Stimmung der Pariser nachgab und Belgien annektierte. Daß es dazu nicht kam, statt dessen aber zur Gründung und Neutralisierung des belgischen Königreichs, ist eine der diplomatischen Meisterleistungen des 19. Jahrhunderts. – Louis Philippes Botschafter in London war niemand anderes als Talleyrand, »old Tally«, wie die Engländer ihn nannten. Der Greis hatte die Stellung sich ausgesucht, wohl wissend, daß hier, in dem Verhältnis zwischen England und Frankreich, in den nächsten Jahren das Nützlichste zu tun oder das Schädlichste zu verhindern war. Der Außenminister des Reformkabinetts war der Schüler Cannings, Lord Palmerston. Diese beiden Politiker, der Minister des Directoire und der Minister Königin Viktorias, gründeten den belgischen Staat.

Talleyrand, dem Manne des 18. Jahrhunderts, wäre eine Teilung nach gutem altem Brauch, eine Abrundung der französischen Grenzen in Flandern, lieber gewesen. Palmerston, der Mann des 19., weigerte sich, eine andere Lösung der Krise in Betracht zu ziehen als die, welche das Prinzip nationaler Selbstbestimmung eingab. »Wir hatten kein Recht, wegzugeben, was Belgien und nicht uns gehört, wir konnten nicht, unter dem Vorwand, einen Streit zwischen Belgien und Holland zu schlichten, einen der Streitpartner zugunsten eines der Vermittler ausplündern.« »Im Augenblick, in dem wir Frankreich auch nur einen Gemüsegarten, einen Weinberg abtreten, verlieren wir die Frontlinie des Prinzips . . .« Es war die Sprache, die England im zweiten Drittel des Jahrhunderts noch mehrfach hören lassen sollte und die »old Tally« begriff, wohl nicht so sehr, weil sie schön und recht war, sondern weil Macht hinter ihr stand. Daß Zar Nikolaus mit der Unterdrückung des polnischen Aufstandes voll beschäftigt war, machte ihn in der belgischen Sache weniger aggressiv, als er sonst zu sein Lust gehabt hätte. Die beiden anderen »nordischen Höfe«, Österreich und Preußen, ließen sich widerwillig für Palmerstons Politik gewinnen. Obgleich richtig und noch heute erfolgreich, war es eine mit den zähesten praktischen Schwierigkeiten belastete Politik. Der König von Holland wollte nichts, so wenig wie möglich, weniger als möglich hergeben, die belgischen Nationalisten verlangten mehr, als ihnen zukam, Luxemburg durfte, weil es ein Mitglied des Deutschen Bundes war, gar kein Gegenstand der Verhandlungen sein, die bewaffnete Unterstützung, die Frankreich den Belgiern gegen Holland gewährte, war mehrdeutigen Charakters. Nachdem der neue Staat endlich geschaffen war, galt es, da er eine Republik ja nicht sein durfte, ihm einen König zu finden; und als die erste Wahl der Belgier auf einen Sohn Louis Philippes fiel, drohte Palmerston noch einmal mit einem »allgemeinen Krieg«. Man drohte leicht mit Krieg damals. Schließlich einigten sich die Mächte auf einen anglisierten deutschen Fürsten, Leopold von Coburg. Im November 1831 war das Werk getan, das neue Königreich von den fünf Großmächten anerkannt. »Es ist eine ungeheure Sache«, rühmte sich Palmerston, »Österreich, Rußland und Preußen zur Unterzeichnung eines formellen Freundschafts- und Garantievertrages mit Leopold gebracht zu haben. So ist Belgien außer jeder Gefahr, und das Schweigen und Schmollen des Königs von Holland hat wenig oder gar keine Wichtigkeit mehr, außer für ihn selber.« Es bedurfte noch voller acht Jahre, einer englischen Blockade, eines französischen Bombardements von Antwerpen, bis der Oranier sich endlich bequemte, zu räumen, was ihm nicht mehr gehörte, und den neuen Nachbar im Süden anzuerkennen; worauf endlich – man schrieb 1839 – das Fünfmächteprotokoll unterzeichnet werden konnte, welches Belgien ewige Neutralität zusicherte. Es sollte später noch eine sinistre Bedeutung erlangen.

Schöpfung englisch-französischer Zusammenarbeit, des Liberalismus und Nationalismus, des Bürgertums, konstitutionelle oder parlamentarische Monarchie, fast schon Republik unter einem erblichen Präsidenten, nüchtern, ohne großen Ehrgeiz, aber wohlhabend und zunehmend industrialisiert – kein Staat hätte mehr »neunzehntes Jahrhundert« sein können, als der neue belgische es war.

In Polen siegte die russische Gewalt. Es gehörte in den Machtkreis der »nordischen Höfe«, der »Despotien des Ostens« und vorwiegend in den russischen Machtkreis. Das war im Grunde so, seit Frankreich die erste Teilung Polens widerwillig, aber tatenlos hatte geschehen lassen. Selbst Napoleon hatte die Folgen dieser Transaktion nicht aufheben können, der Wiener Kongreß sie in ihrer ganzen Schwere wiederhergestellt. Daß Polen damals nicht als Provinz, sondern als Königreich mit gesonderter liberaler Konstitution an Rußland gegeben wurde, war eine billige Einräumung an den Zeitgeist; eine vom guten Willen der Russen unabhängige Wirklichkeit hatte es nicht. Es bekam den Polen schlecht, als sie, vom Beispiel Frankreichs angesteckt, im November 1830 ihre Freiheit auf die Probe stellen wollten. Daß ihre Lage anders war und immer bleiben würde als die der Griechen oder der Belgier, anders nicht dem Recht oder der Idee, aber anders der Machtgeographie nach – man konnte den polnischen Patrioten wohl nicht zumuten, es zu sehen.

Europa gab ihnen keine Hilfe. Preußen trug im Gegenteil dafür Sorge, daß der Aufstand nicht in seine eigenen polnischen Gebiete übergriffe; ein Gehilfe und Partner Rußlands in dieser bösen Sache jetzt wie später. In Frankreich, in der Schweiz, auch im liberalen Deutschland war die Polenbegeisterung stark in Comités, Liedern und Empfängen, die man den Flüchtlingen gab. Das änderte nichts daran, daß Polen im russischen Machtkreis lag, abgeschnitten von Westeuropa durch die rußlandfreundlichen, konservativen Staaten Österreich und Preußen. Also tat Westeuropa nichts, während die Armee der Aufständischen vernichtet wurde, tat nichts, als die Russen Warschau bombardierten, in der halbzerstörten Stadt ein greuliches Massaker anrichteten; tat nichts, als fünftausend polnische Landbesitzer nach Sibirien deportiert wurden und ein kaiserlicher Ukas das Land zu einem integralen Teil Rußlands machte. Unter dem Volk von Paris erregten diese Schauernachrichten (September 1831) ohnmächtige Wut, welche die Erklärung des Außenministers, »nach den jüngst eingegangenen Nachrichten herrsche in Warschau Ruhe«, nicht beschwichtigen konnte. (Man hat daraus das kürzere »L'ordre reigne à Warsovie« gemacht.) Geschäfte und Vergnügungsstätten schlossen; auf der Place de la Concorde drängten sich die Massen und riefen nach Rache und Krieg gegen Rußland. Aber in der Kammer fragte der Ministerpräsident Perrier, der es besser wußte, ob Frankreich wirklich um Polens willen zum Krieg gegen Rußland bereit wäre, und erhielt die Antwort, das sei allerdings nicht der Fall.

Seit 1815 war Rußland die stärkste Macht auf dem Kontinent. Es war nicht Hegemonialmacht in dem Sinn, daß es überall in Europa hätte befehlen können. Das konnte es nicht, wie das Beispiel Belgiens eben gezeigt hatte. Ein europäisches Gleichgewicht gab es, das auch Rußland nicht bedrohen konnte, ohne universalen Krieg zu produzieren. In seiner Zone aber war es Meister. Dort, in einer essentiell osteuropäischen Sache es kriegerisch heimzusuchen, hatten die Westmächte weder Willen noch Macht. Der unterdrückte polnische Nationalismus war für Westeuropa eine Peinlichkeit, eine Quelle bösen Gewissens; was jedoch keinen der westlichen Staaten daran hinderte, gelegentlich sich mit dem Zaren zu einer Interessengemeinschaft zu finden. Dabei blieb es, jetzt und später.

Nachdem so die belgische und anders die polnische Frage entschieden war und an der italienischen sich nichts geändert hatte, sank im Jahre 1832 Europa wieder in seine politische Routine zurück.

Es war ein Zustand, von dem Heinrich Heine, der in Paris lebende deutsche Poet und Kulturkritiker, behauptete, daß er der neuen herrschenden Klasse Frankreichs am gemäßesten sei: den Financiers, den Männern der Börse. »Der Kurs der Staatspapiere und des Diskontos«, schrieb Heine 1832, »ist freilich ein politisches Thermometer; aber man würde sich irren, wenn man glaubte, dieses Thermometer zeige den Siegesgrad der einen oder der anderen großen Fragen, die jetzt die Menschheit bewegen. Das Steigen oder Fallen des Kurses beweist nicht das Steigen oder Fallen der liberalen oder servilen Partei, sondern die größere oder geringere Hoffnung, die man hegt für die Pazifikation Europas, für die Erhaltung des Bestehenden oder vielmehr für die Sicherung der Verhältnisse, wovon die Auszahlung der Staatsschuldzinsen abhängt ... Bei dem Falle Warschaus frug man nicht: Wieviel Unheil wird für die Menschheit daraus entstehen?, sondern: Wird der Sieg des Kantschus die Unruhestifter, das heißt die Freunde der Freiheit, entmutigen? Durch die Bejahung dieser Frage stieg der Kurs.« Fünf Jahre später charakterisierte Heine das Getriebe der französischen Innenpolitik als ein »System von Fiktionen, welches die Sache der Freiheit mehr vertagt als befördert und keine großen Persönlichkeiten aufkommen läßt, weder im Volke noch auf dem Throne. Denn dies System, diese Verhöhnung wahrer Vertretung der Nationalinteressen, dieses Gemische von leeren Wahlumtrieben, Mißtrauen, Keifsucht, öffentlicher Insolenz, geheimer Feilheit und offizieller Lüge, demoralisiert die Könige ebensosehr wie die Völker. Hier müssen die Könige Komödie spielen, ein nichtssagendes Geschwätz mit noch weniger sagenden Gemeinplätzen beantworten, ihren Feinden huldreich lächeln, ihre Freunde aufopfern ... Eine solche Verkleinlichung aller Größe und radikale Vernichtung des Heroismus verdankt man aber ganz besonders jener Bourgeoisie, jenem Bürgerstand, der durch den Sturz der Geburtsaristokratie hier in Frankreich zur Herrschaft gelangte und seinen engen, nüchternen Krämergesinnungen in jeder Sphäre des Lebens den Sieg verschafft ...« Man könnte Heines Urteil die Unverantwortlichkeit des Artisten zugute halten. Aber Alexis de Tocqueville, der Soziologe von so ganz anderer Herkunft und Bildung, hat 1850 über die abgeschlossene Epoche des Bürgerkönigtums genauso geurteilt.

Der Ausdruck »Juste-milieu«, mit dem sein System bezeichnet wurde, stammte von dem redseligen König selber. Weder Absolutismus noch Demokratie: der goldene Mittelweg von Fortschritt und Ordnung. Dem langjährigen ersten Minister der vierziger Jahre, Guizot, wurde ein anderes berüchtigtes Wort zugeschrieben: »Enrichissez-vous!« In Wahrheit war es wohl länger und lautete: Bereichert euch durch eure Arbeit, dann werdet auch ihr an der Regierung des Landes teilnehmen. Es war an jene zweiunddreißig Millionen Franzosen gerichtet, die nicht zu den hundertneunzigtausend Wählern gehörten, weil sie nicht genügend besaßen. Der Volksmund hatte aber so unrecht nicht, wenn er die Mahnung kürzte auf die zwei Worte »Bereichert euch!« Die Besitzenden, die hundertneunzigtausend Wähler, nannte Guizot »le pays légal, das Land, rechtlich gesprochen« – eine gefährliche, ungemein charakteristische Unterscheidung.

Besitz und finanzieller Erfolg als Quelle einer neuen ausschließlichen Aristokratie, der einzigen jetzt – das konnte auf die Dauer nicht glücken. Nie hätte der alte Adel sich als Pays légal bezeichnet. Er war ein Teil des Landes gewesen, ein Stand über anderen Ständen und unter der Krone, an die das Land glaubte, wie es in der alten Zeit auch an den Adel glaubte. An die Krone Louis Philippes glaubte das Land im Grunde nicht; an die Vorrechte der Bourgeoisie auch nicht. Ein Stand hatte herrschen können, besser gesagt, einen bevorzugten Platz einnehmen können in einer Hierarchie von Ständen; nun gab es die Herrschaft einer Klasse. Sie war mehr isoliert, als der Adel in seiner guten Zeit gewesen war, sie ließ das, was unter zweiunddreißig Millionen Nichtwählern vorging, nicht ein in ihre Beratungen. Folglich hatte der Parlamentarismus des Bürgerkönigtums mit seinen Parteien, Debatten, Ministerstürzen etwas Irreales. Fast nie ging es um große Gegenstände, nie stießen, wie in den Debatten der Restaurationszeit, echte ideelle Positionen gegeneinander. Man war unter sich, nur allzusehr unter sich, ob man zum »Centre Droite« oder zum »Centre Gauche« gehörte, zur »Partei der Bewegung« oder zur Partei von Friede und Ordnung. Die brillantesten, von theatralischer Leidenschaft durchpulsten Parlamentsreden täuschten nicht darüber hinweg, daß hier viel Lärm um nichts gemacht wurde, um den Gegensatz zwischen persönlichen Klüngeln, Machtbestrebungen und Eitelkeiten. Die großen Redner, erzählt uns de Tocqueville, langweilten einander und langweilten die Nation. In England war es anders. Hier war der Adel nicht besiegt und vom Spiel ausgeschlossen, er war noch da, trug noch das Seine bei, er hatte selber der Parlamentsreform vorgestanden. Hier war auch das »Volk« nicht ausgeschlossen, bestand eine aktivere, positivere Beziehung zwischen jenen, die das Wahlrecht hatten, und jenen, die es noch nicht hatten. England war unterwegs von einer ständischen zu einer demokratischen Gesellschaft, von einem ständischen zu einem demokratischen Repräsentativsystem; im englischen Parlament kamen die Stimmungen des Landes zu Wort, wurden die großen öffentlichen Fragen erfaßt und entschieden. In Frankreich war Klassenherrschaft, beschränkt nur durch die persönliche Macht, die der hart arbeitende Louis Philippe sich aufbaute.

Indem das »legale Land«, eine politisch organisierte Erwerbsgesellschaft, sich isolierte, die unzähligen Amtspfründen und Einkommen der Staatsmaschine, von den Ministersesseln zu den Bureaux de Tabac, unter seine Günstlinge verteilte, die Presse seinen Zwecken dienstbar machte, konnte es nicht anders sein, als daß das »illegale Land« gelegentlich von sich hören ließ in Tönen, welche keine Verfassung vorsah. In den ersten Jahren nach 1830 waren die greulichsten Attentate auf Louis Philippe an der Tagesordnung. Für seine Person bewies der alte König-Bürger dabei die ritterliche Tugend der Furchtlosigkeit; wenn eine Höllenmaschine ganze Hagel von Geschossen auf ihn niedergehen ließ und rings um ihn seine Begleiter getroffen zu Boden sanken, so hob er sich in seinen Steigbügeln, rief: »Ich bin noch da!« und ritt weiter zur Parade; und setzte auch bei der nächsten Gelegenheit der Gefahr sich wieder aus, nicht ohne vorher sein Testament gemacht zu haben. Vertieft man sich in die Geschichte dieses achtzehnjährigen Martyriums, so mag man sich wohl fragen, warum in aller Welt Louis Philippe eigentlich König sein und bleiben wollte. Da er es einmal war, hatte er wohl keine Wahl und Freiheit mehr, wenn er sie je gehabt hatte. Übrigens war in dem grauen Biedermann mehr Machtwille verborgen, als die Königsmacher von 1830 ihm zutrauten, wie sie zu ihrem Ärger erfuhren.

Das, was die Attentäter auf ihre persönliche, verrückte Art versuchten, erschien in breiteren Ausbrüchen: Lyon 1831, Paris 1834 und wieder Lyon 1834. Der Pariser Aufstand war politisch: Mitglieder geheimer Gesellschaften, alte Soldaten, polnische, italienische, spanische Flüchtlinge demonstrierten für die Republik und wurden von königlichen Truppen zusammengeschossen. In Lyon meldete eine Klasse sich an, von der das »legale Land« nichts wußte: die Seidenspinner, die Arbeiterschaft. 1831 ging es um die Herabsetzung der Löhne, die ohnehin jammervoll niedrig waren; 1834 wieder darum, dazu noch um das Recht der Arbeiter, sich zu organisieren, welches ein Gesetz ihnen genommen hatte. Damals kam es zwischen Arbeitern und Truppe zu einer Straßenschlacht, deren Wildheit und Dauer etwas von der Stimmung des Proletariats erkennen ließen. Hunderte von Toten blieben auf dem Platz; Tausende von »Verdächtigen« wurden verhaftet. Ein Fort, welches von nun an die große Fabrikstadt beherrschte, war nur zu deutlich nicht zur Verteidigung Lyons gegen äußere Feinde, sondern zur Bedrohung des inneren bestimmt. Es waren Vorboten der Katastrophe des Juni 1848. Die Bourgeoisie verstand keinen Spaß, wenn die Ordnung, ihre Ordnung, bedroht war. Zur Klassenherrschaft gehörte der Klassenkampf; Napoleons glorreiche Marschälle mußten jetzt Schlachten gegen ihre eigenen Landsleute, gegen ein paar tausend arme Seidenspinner schlagen. Es versteht sich von selbst, daß die vielen Gedankengewebe von dem unvermeidlichen Zusammenstoß zwischen den beiden Klassen, der besitzenden und der besitzlosen, welche damals in der Luft herumschwirrten, aus solchen leider wirklichen Erfahrungen ihre Nahrung zogen. In den vierziger Jahren haben dann zwei anmaßende deutsche Jünglinge alle diese Theorien in einer eisernen, von der deutschen Philosophie gelieferten Form zusammengefaßt, und so ist der »Marxismus« entstanden; eine durchaus an den Augenblick gebundene, schon sehr bald nach ihrem Entstehen hoffnungslos veraltete Gesellschafts- und Geschichtslehre, die nichtsdestoweniger noch im 20. Jahrhundert eine lästige Rolle spielen sollte.

Das »legale Land« war ohne Traum, ohne Ideal; eine nüchterne Identität dessen, was war, mit dem, was sein sollte. Die Bourgeoisie hielt dafür, und so wurde es ihr von ihren Historikern gesagt, daß die Geschichte auf das Repräsentativsystem mit dem Zensus, auf die Herrschaft der hundertneunzigtausend hinausgewollt hatte und nun nichts Neues mehr zu erstreben war. Der Traum war bei dem illegalen Land und den gegnerischen Gruppen; den Legitimisten – aber die träumten, beinahe ohne Hoffnung, von der Vergangenheit –, bei den Republikanern, den Sozialisten. Auch bei den Bonapartisten, die unter Louis Philippe entschieden aufblühten.

Aus der Geschichte des wirklichen Napoleon übernahmen sie den Ruhm, die Energie und Intensität, mit welcher die Nation in den Tagen des Kaisers existiert hatte, in ihre freilich wenig systematische Staatslehre. Sie verbanden es mit Republikanismus, mit einer Art von Demokratismus, Dinge, für welche der große Verstorbene wenig übrig gehabt hatte. Der Cäsar und das Volk, das Volk in allen seinen Schichten, Bauern, Arbeiter, Soldaten, gegen die gekrönte Klassenherrschaft von 1830; ruhmvolle Existenz der Nation unter anderen Nationen, gegen feige Passivität – so lautete jetzt die imperiale Botschaft, zu deren einfallsreichstem Verkünder sich der selbsternannte Chef des Hauses machte: Louis Bonaparte, Sohn von Napoleons Bruder und seiner Stieftochter Hortense. Zweimal versuchte der junge Mann, durch eine Art von Staatsstreich die Macht in Frankreich an sich zu bringen; beide Versuche waren pueril in unglaubwürdigem Maße. Aber was war nicht möglich in dem großen Niemandsland unter der dünnen Schicht des »pays légal«? – Die Polizei nahm die bonapartistische Gefahr ernst.

Der König-Bürger suchte ihr auf homöopathische Weise zu steuern, indem er seinerseits dem Andenken Napoleons jede Ehre angedeihen ließ. Die Kaiserzeit lag zwanzig, fünfundzwanzig, dreißig Jahre zurück; einer nach dem anderen verschwanden die Mitwirkenden des großen Dramas, nicht ohne eine Flut von Memoiren zu hinterlassen. Gierig las man sie. In den Theatern jagten sich die Napoleon-Stücke; Schlachtengemälde füllten die Galerien. Von der Säule auf der Place Vendôme grüßte wieder die Statue des Kaisers; am oberen Ende der Champs-Elysées wurde am Triumphbogen gearbeitet. Es war, als ob Frankreich erst jetzt, da sie weit zurücklag, die imperiale Vergangenheit wirklich sähe und in Büchern, Bildern und Schaustellungen sie noch einmal erleben wollte. Der Höhepunkt dieser Renaissance kam 1840: die prunkvolle Überführung des kaiserlichen Sarges von St. Helena nach Frankreich, nach Paris, nach dem Invalidendom.

Die elysaeischen Felder entlang
Durch des Triumphes Bogen
Wohl durch den Nebel, wohl über den Schnee
Kam langsam der Zug gezogen . . .

Heinrich Heine

Der Schriftsteller, der durch eine monumentale, überaus lebendige Geschichte des Konsulats und Kaiserreiches am meisten für die Napoleon-Legende tat, war zugleich ein führender Politiker des Julikönigtums: Adolphe Thiers. Karl Marx, der ihn haßte, spricht in seiner Geschichte der Pariser Kommune von ihm meist als »das Männlein«; Metternich nannte ihn den »kleinen Thiers«, Louis Philippe mit Vorliebe »mon petit ministre«. Wir dürfen daraus schließen, daß er nicht groß von Körpergestalt war. Was sein geistiges Kaliber betrifft, so erwies Talleyrand ihm die Ehre, bei den Anfängen seiner Karriere zu helfen. Und eine Karriere war es, wie aus einem Roman von Balzac genommen; vielmehr, Balzac nahm so manches aus der Karriere des jungen Thiers und gab es seinem Rastignac. Ein junger, bettelarmer Advokat aus der Provence, der unter Ludwig XVIII. nach Paris kam mit dem blanken Willen, es sich zu erobern; und der es sich wirklich eroberte: die Presse, die Buchhandlungen, die aristokratischen Salons, die Académie Française, schließlich die Macht oder das, was man in Paris so nannte. Der Ehrgeiz so groß wie die Arbeitskraft, die zwanzigbändige, wohldokumentierte Werke über Vergangenes produzierte und gleichzeitig sich die politischen Probleme der Gegenwart unterwarf; die Eitelkeit kontrolliert durch dreiste Selbstsicherheit; die Intelligenz immer gegenwärtig, penetrant, praktisch. Ein Schriftsteller und Redner von beträchtlichem Stil, ein glänzender Causeur über Politik, Geschichte, Philosophie, Literatur, Kunst; ein geriebener Verwalter seiner eigenen Angelegenheiten, der für seine Schriftstellerei Millionen-Honorare herauszuschlagen wußte. Der Minister der Bourgeoisie, der neuen Besitzesaristokratie, wie sie ihn passender nicht wünschen konnte; was Adolphe Thiers auch dadurch bewies, daß er, wenn es unterhalb des Pays légal rumorte, alsbald die schärfsten Maßnahmen befürwortete. Er war es, der 1834 gelegentlich des zweiten Lyoner Aufstandes forderte, man müßte die große, sich über ganz Frankreich erstreckende sozialistische Verschwörung ohne Gnade zerschmettern – und der siebenunddreißig Jahre später, in einer ganz anderen historischen Landschaft, selber entsprechend handelte. Bei alledem hatte der kleine Thiers eine Schwäche, die sich mit dem Geiste Louis Philippes nicht vertrug: er besaß Phantasie, er war nicht völlig ohne Traum; das tiefe Studium der Geschichte Napoleons, welchem er sich ergab, verführte ihn dazu, sich selber ein wenig mit dem Kaiser zu identifizieren und eine Art von zivilem Napoleon in sich zu sehen. Während der außenpolitischen Krise von 1840, welche abermals durch die sogenannte orientalische Frage verursacht wurde, kam diese Schwäche auf bedenkliche Weise zum Vorschein.

Es ist eine der Krisen, die nach viel Lärm zu nichts führten; und da sie sich im Zeichen einer Mächtekonstellation – England und Rußland gegen Frankreich – abspielte, welche so sich nie wiederholte, so dürfen wir uns kurz über sie fassen.

Mehemed Ali, Gründer der letzten ägyptischen Dynastie, der »Moslem-Napoleon«, wie er sich gern benennen hörte, war seiner Herkunft nach ein albanischer Abenteurer, der sich zum Pascha von Ägypten aufgeschwungen hatte. Wir kennen ihn und seinen Sohn Ibrahim schon aus der Geschichte des griechischen Befreiungskrieges. Dieser Despot neigte modernen Ideen zu; zahlreiche Europäer, meist Franzosen, waren in seinem Dienst; auf Kosten der Türkei, deren Tributär er war, wünschte er sich ein großes arabisches Erbreich zu gründen. Schon 1832 hatte er sich zum Meister über Syrien gemacht und Konstantinopel bedroht. Damals hatte Rußland dem bedrängten Sultan Hilfe angeboten und dieser sie gern oder ungern akzeptiert; »ein Ertrinkender«, meinte er, »klammert sich an eine Schlange«. Im Vertrag von Hunkjar Iskelessi (Juli 1833) versprach Sultan Mahmud, die russische Regierung in allen Angelegenheiten seines Reiches, inneren wie äußeren, zu Rate zu ziehen. Nach siebenjährigem unsicherem Waffenstillstand entbrannte der Konflikt zwischen Oberherren und Vasallen aufs neue, indem Mehemed Ali seine Herrschaft über Ägypten-Syrien zu einer erblichen und unabhängigen zu machen, der Sultan aber seinen rebellischen Untertan zu zerschmettern wünschte. Wieder wurden die türkischen Truppen in Syrien geschlagen, wieder stand im Hochsommer 1839 keine Macht mehr zwischen dem ägyptischen Expansionismus und dem Goldenen Horn.

Für die europäischen Großmächte berührte das Schicksal der Türkei verschiedene wirkliche oder eingebildete Interessen. Alt und von der Geographie ernsthaft vorgeschrieben war der russische Wunsch, sich in Konstantinopel festzusetzen, sei es als Eroberer, sei es als Beschützer der Türkei. Für England stand der Landweg nach Indien auf dem Spiel, den Lord Palmerston für wichtiger hielt als den Weg über Suez und der Kontrolle einer möglicherweise unfreundlichen Großmacht vorzuenthalten wünschte. Österreich war protürkisch, von 1814 bis zum bitteren Ende. Frankreich machte gemeinsame Sache mit Ägypten. Noch war Napoleons Expedition nicht vergessen; nicht vergessen, daß Frankreich der Neuentdecker Ägyptens war und während des großen Krieges Ägypten und Syrien zum erstenmal wieder in die europäische Politik gezogen hatte. Ägypten zu einem Daueralliierten, zu einer Art von Protektorat zu machen, da die Eroberung Algeriens Schritt für Schritt weiterging und zwischen Ägypten und Algerien nur die verrotteten Herrschaftsgebilde Tunis und Tripolis lagen, und so das Mittelmeer von seinem westlichen bis zum östlichen Ende zu umklammern – das war ein Ziel, dessen Erreichung für Waterloo endlich entschädigen konnte. »Ce qui manque à tout cela, c'est un peu de conquête«, hatte der unlängst verstorbene Talleyrand gesagt. War nicht in Afrika zu holen, was in Europa ohne das schrecklichste Risiko nun einmal nicht erreicht werden konnte? Die Pariser dankten es dem König Louis Philippe nicht, daß er der König des Friedens war, ganz im Gegenteil; der alte Herr wußte es gut. Also war er jetzt »Ägypter« oder tat doch energisch, als ob er es wäre. Thiers, der Ministerpräsident, war es noch mehr.

Palmerston, nach einigem Zögern, hielt es mit der Türkei. Nicht ein von Frankreich abhängiges Ägypten sollte Syrien kontrollieren, auch nicht Rußland als Protektor der Pforte. Daß die Türkei selber Herr bliebe in ihrem weiten Hause und seine Türen dem englischen Durchgangsverkehr offenhielte, dies, entschied er, war das Wünschenswerte. »...Die Erhaltung des türkischen Reiches muß die Basis unserer Politik sein; seine Erhaltung ist wesentlich für die Unabhängigkeit Osteuropas.« Da nun Rußland im Augenblick die gleiche Politik verfolgte, so auch Österreich; und da Preußen, wie gewöhnlich in Fragen der großen Politik, die es nur sehr mittelbar angingen, sich der Haltung Metternichs anschloß, so entstand in der türkisch-ägyptischen Sache etwas wie ein Verband zu vieren, ja, sah man die Namen der Teilhaber genauer an, etwas wie die große Koalition von 1813. Im Juli 1840 präsentierten die vier Mächte dem Moslem-Napoleon ein Ultimatum: Gebe er sich nicht augenblicks mit der erblichen Herrschaft über Ägypten und einer nur lebenswierigen über das südliche Syrien zufrieden, so werde er sich die Folgen selber zuzuschreiben haben. Eine englische Mittelmeerflotte unternahm es, jeden Schiffsverkehr zwischen Ägypten und Syrien zu unterbinden. Thiers schrieb an seinen Botschafter in Berlin: »Man hat in London einen Hauptschlag getan. Ich weiß in Wahrheit nicht, ob der Friede wird erhalten bleiben können, man sollte sich aber in acht nehmen; betritt Frankreich den Kampfplatz, dann wird es ihn nicht anders als auf schreckliche Weise betreten können, mit höchst ungewöhnlichen und für alle Seiten verderbensschwangeren Mitteln. Sie könnten das Antlitz der Welt ändern.«

Von da ab, bis Ende Oktober, war in Paris Krieg das Thema der von Mehemed Ali generös bedachten Zeitungen, der Salons, auch der Leute auf der Straße. In aller Hast wurden Pläne zur Erweiterung des Heeres, zur Befestigung der Hauptstadt gemacht; Thiers sprengte selber zu Pferde umher, um die Lage der zu erbauenden Forts zu bestimmen. Kam es zum Krieg, so würde man verspätet auch für Polen kämpfen, würde die belgische Frage wieder aufrollen, ja selbst die der französischen Grenzen von 1815. Anspielungen, die in dieser Richtung, nämlich auf das Rheinland zielend, in der Presse gemacht wurden, hatten zur Folge, daß in Deutschland eine Explosion des dort schon lange glimmenden Nationalismus stattfand. Zwei im rechten Augenblick gedichtete Lieder, »Die Wacht am Rhein« und »Sie sollen ihn nicht haben, den freien deutschen Rhein!«, gewannen stürmische Popularität. Preußen setzte seine Truppen im Westen auf Kriegsfuß. Die Nation, eben noch in sechsunddreißig Staaten geteilt, erschien plötzlich als eine, die begeisterten, grimmigen Blicks zum Rhein schaute. Es gehörte zu den Mysterien der europäischen Politik, die der Nachlebende zu verstehen schwierig findet: daß ein deutsch-französischer Krieg drohte, weil ein türkischer Pascha gegen seinen Oberherrn rebellierte. Ferner: daß Frankreich bereit und begierig war, um Mehemed Alis willen einen Krieg gegen sämtliche anderen europäischen Großmächte zu führen.

Aber all das schien nur so. Thiers irrte sich in seiner Beurteilung der kriegerischen Chancen Mehemed Alis und in seiner Einschätzung des Königs Louis Philippe. Palmerston, kein Politik spielender Literat, sondern ein echter Politiker, hatte das bessere Urteil.

Wie zehn Jahre vorher in der belgischen Sache, so hatte der Bürgerkönig auch jetzt bis nahe an die Grenze des Krieges gehen wollen, um vielleicht die Lorbeeren zu ernten, deren er sich so bitter bedürftig fühlte, aber nie über die Grenze hinaus. Schon im Juli hatte er zu seinem Botschafter in Wien gesagt: »Ihre offiziellen Instruktionen sind ausgezeichnet. Zur Bestimmung Ihrer persönlichen Haltung sollen Sie aber wissen, daß ich mich von meinem kleinen Minister nicht zu weit treiben lassen werde. Im Grund will er den Krieg, und ich will ihn nicht; läßt er mir keinen anderen Ausweg, so werde ich eher ihn zerschmettern als mir ganz Europa auf den Hals laden.« So geschah es. Durch die englische Flotte von ihrer Basis abgeschnitten, mußten die Truppen des Paschas ihre syrischen Eroberungen Stück für Stück preisgeben. Schon war des Paschas Stellung in Ägypten bedroht. Als nun Thiers Ernst machen wollte mit den Drohungen der vergangenen Monate, verweigerte Louis Philippe seine Mitwirkung. Die Ehre, die Erniedrigung Frankreichs, das sei die Sprache der Zeitungen; nicht der Verantwortlichen. Dem Minister blieb nichts übrig als zu demissionieren. Zu Beginn des nächsten Jahres unterwarf sich Mehemed Ali und kam, dank des nun zu seinen Gunsten wirkenden Einspruches der Großmächte, mit einem blauen Auge davon; mit Syrien war es nichts, aber die erbliche Herrschaft über Ägypten wurde ihm zugesprochen (Vertrag in London vom 15. Juli 1840).

Kümmerlicher Ausgang eines politischen Unternehmens, das leichtsinnig und ohne genügende Kenntnis begonnen worden war. Guizot, der Nachfolger von Thiers, schreibt in seinen Erinnerungen: »Die Irrtümer, die zu dieser Lage geführt hatten, waren nicht die einer einzelnen Partei noch die eines einzelnen Menschen; es waren politische Irrtümer der Nation, überall verbreitet und verfochten, in den Kammern wie im Lande, von der Opposition wie von der Regierung, im Schoße der verschiedensten Parteien. Alle hatten der ägyptischen Frage mehr Wichtigkeit gegeben, als das französische Interesse rechtfertigte; alle hatten die vorgeschlagenen Kompromisse verworfen; alle hatten die Stärke Mehemed Alis, die Schwierigkeiten der Vier-Mächte-Intervention überschätzt. Die Stunde, da diese falsche Rechnung bezahlt werden mußte, war gekommen...« Schuld war wohl auch der König selber, der das Bramarbasieren zu lange mitgemacht hatte. Er war nun sehr bitter gegen Europa, das ihm so gar nicht half im Kampf um sein Prestige in Frankreich. »Der Kaiser Nikolaus«, so brach er aus gegenüber dem österreichischen Botschafter, »hat von jeher versucht, die englisch-französische Allianz zu zerstören, und das ist ihm jetzt gelungen. Und ihr alle zittert und kriecht vor ihm... Ich gebe es zu, ich bin tief verärgert.

Was! So beiseite gestoßen, wie ein Paria behandelt zu werden, wie es von Euch geschieht, ist das erträglich? Glaubt Ihr denn, ich habe kein Blut in den Adern? Ihr habt die ganze europäische Situation erschüttert, Ihr habt die Stellung ruiniert, die ich mir endlich geschaffen hatte nach zehn Jahren unsagbarer Anstrengungen!« Armer Louis Philippe! Daß ein Potentat Rücksicht nehmen sollte auf die inneren Schwierigkeiten eines anderen, verlangte mehr Weisheit, als dem europäischen Mächtespiel eigen war; Lord Palmerston war ein überlegener Spieler, aber nicht weise, er tat nicht das mindeste, um den Franzosen die bittere Pille zu versüßen. Es wurde denn auch gleich wieder ein Attentat auf den Bürgerkönig gemacht, von einem seiner Mitbürger, der ihn für einen feigen Tyrannen hielt.

Schließlich kam die Orléans-Monarchie auch über diese Krise hinweg. Frankreich, das um eine große Tat in Belgien, in Italien, in Polen betrogen worden war, hatte eine große Tat tun wollen zu einem recht ungeschickt gewählten Zweck und war wieder betrogen worden. Nun war alles beim alten, bei der alten Langweile, bei der Herrschaft der hundertneunzigtausend. Guizot, Ministerpräsident von 1840 bis 1848, war ein hagerer, bleicher Mann im hochgeknöpften schwarzen Rock, mit traurig verschleierten Augen, ganz Integrität, Ernst und Verachtung. Er fand, daß die Zeit der Abenteuer nun vorbei sein sollte. Ordnung nach innen, aufrechtzuerhalten durch starke eindeutige Autorität; Friede nach außen; Wohlstand als das willkommene Produkt beider. Keine Reform des Wahlrechts, kein neues Experimentieren mit der Staatsform; sie war perfekt und sollte so bleiben. Eben dies war auch die Meinung Louis Philippes, der seinen strengen Minister seinen »Mund« nannte und vorzüglich mit ihm auskam.

England: Tories und Freihandel

In England bedurfte es keiner »unsagbaren Anstrengungen«, um die Monarchie zu festigen. Sie war gefestigt dank uralter und akzeptierter Niederlagen, im Laufe der Jahrhunderte ihr auferlegter Verzichte. Sie war längst Nebenfigur auf dem nationalen Theater, obgleich noch immer eine in der Mitte der Bühne sich haltende, keineswegs stumme Nebenfigur. Ohne die loyale Hilfe, die William IV. seinen Ministern Grey und Russell gern oder ungern gegeben hatte, wäre die große Reformbill nicht durchzusetzen gewesen.

Die Individuen, welche im ersten Drittel des 19. Jahrhunderts die Krone trugen, genossen im Volk weder Liebe noch Achtung und verdienten sie nicht. Dann, 1837, kam ein junges Mädchen auf den Thron, bestimmt, einer langen Epoche den Namen zu geben und – blickte man über den Kanal – das Bürgerkönigtum, die zweite Republik, das zweite Kaiserreich und noch drei volle Jahrzehnte der dritten Republik zu überdauern. Königin Viktoria erwarb der Monarchie wenn nicht Liebe, so doch wieder Achtung durch die Würde und Klugheit ihres Gebarens, noch mehr durch die schiere Dauer ihrer Existenz, ohne die ihre großen Eigenschaften nicht hätten zur Geltung kommen können. Als sie zum erstenmal vor ihren Ministern erschien, »ein rundbäckiges, blauäugiges Persönchen, in tiefer Trauer einfach gekleidet, zugleich kindlichen und königlichen Ausdrucks« (Lord David Cecil), wußte man noch nicht, wes Geistes Kind sie sei.

In den ersten Jahren ließ sie sich gern von dem Whig-Premier, dem erfahrenen alten Spottvogel Lord Melbourne, leiten. Das änderte sich nach der Heirat mit ihrem Vetter, Albert von Coburg. Coburg war der strebsamste, gewissenhafteste Mentor, den je eine Königin besaß; mit deutschem Ernst dem Gedanken des Fortschritts ergeben, der Förderung der Wissenschaft und Industrie, des Weltverkehrs, des Weltfriedens. Zusammen studierten die beiden die ihnen zugehenden Staatsgeschäfte und die allgemeineren Fragen, deren Kenntnis zu ihrer Beurteilung notwendig war, wobei sie denn entschiedene Ansichten zugunsten des Freihandelsprinzips entwickelten. Dies wurde zu Viktorias Regierungspraxis: informiert zu sein, ihre Meinung kundzutun, insofern sie von der des Kabinetts abwich, aber nachzugeben, wenn der Premier auf der seinen bestand. Dazu kam das moralische Beispiel, das die Königsfamilie der Nation gab: ein liebevolles, pflichttreues Familienleben, von der lasterhaften Existenz der letzten Hannoveraner wie Tag und Nacht unterschieden.

Ein Onkel des Prinzgemahls wie der Königin war der staatskluge König der Belgier, Leopold, seinerseits mit einer Tochter Louis Philippes verheiratet. Es entstand so etwas wie ein Coburg-Clan, deutsch, englisch und international, liberal und monarchisch, emsig korrespondierend, vermittelnd zwischen England und Frankreich, später seinen Einfluß auch in Preußen fühlbar machend. Ein merkwürdiges Phänomen des mittleren 19. Jahrhunderts, dessen Bedeutung der Historiker im Zeitalter des Parlamentarismus und der Industrie nicht überschätzen, das er aber auch nicht ignorieren darf.

Die Entscheidungen fielen anderswo. Die Coburgsche Verwandtschaft half dem König Louis Philippe nicht gegen die rauhe Behandlung, die Lord Palmerston ihm 1840 zuteil werden ließ. Das von Lord Melbourne geführte, längst verbrauchte Whig-Kabinett mußte 1842 zurücktreten, wie sehr auch die Königin an seinem Leiter hing. Neuwahlen brachten den Konservativen eine ausreichende Mehrheit; an die Spitze der Regierung trat der seitherige Oppositionsführer im Unterhaus, Sir Robert Peel.

Der Übergang Englands von einem überwiegend agrarischen in das industrielle Zeitalter war schwierig; stürmischer, gefährlicher, als er im Rückblick, nachdem das Ziel erreicht worden war, sich wohl ausnehmen mochte. Der aristokratische Leichtsinn der Whigs hatte die Staatsfinanzen in die übelste Verwirrung gebracht. Allerlei Unruhe wühlte im Lande; fanatische Forderungen, an deren Erfüllung für ihre Träger das Heil der Welt hing. Es war eine Tendenz der Zeit, stark in England wie in den Vereinigten Staaten, große Fragen durch Vereine vor das Volk zu bringen und es in Unruhe zu halten; im Parlament, das allein die Gesetze zu machen hatte, sich eine Mehrheit zu erzwingen durch außerparlamentarischen Druck. So gab es die »Anti-Corn-Law-League« unter der Führung Richard Cobdens, die, wohlgeölt durch Beiträge interessierter Fabrikanten, gewaltige Anstrengungen machte, um die öffentliche Meinung von den Vorteilen einer freien Getreideeinfuhr zu überzeugen; so, noch immer, die radikaldemokratische Bewegung des Chartismus und, neuerdings, die Agitation für eine Beschränkung der Arbeitszeit auf zehn Stunden. Solche Forderungen berührten sich, aber deckten sich nicht. Hochfliegend, wie die Ideen der Freihändler vom Schlage Cobdens waren – gehobener Wohlstand aller, Friede, Aufgabe der Machtpolitik –, so konnten sie sich doch mit keinem staatlichen Eingriff in das Wirtschaftsleben versöhnen; das war menschliche Natur, das war Vernunft, die mußte man sich selber überlassen.

Robert Peel glaubte, sehr im Gegensatz zu seinem Vorgänger Melbourne, daß Regierungen da seien, um etwas zu tun; die seine tat viel und er am meisten. Eigentlich stand er dem industriellen Interesse näher als dem agrarischen; dreißig Jahre später hätte er ein Führer der Liberalen sein können, wie denn jetzt der junge William Ewart Gladstone sein vertrautester Mitarbeiter wurde. Ein Whig aber war er nicht, so wenig wie ein altmodischer Tory; ohne Leidenschaft in der religiösen Sphäre, ohne liebenden Sinn für die alten, dahinschwindenden patriarchalischen Verhältnisse. Aber ein Parteiführer von vollkommener Autorität, kühl, verhalten, weniger beliebt als geachtet und gefürchtet – Cobden meinte, weder der Großtürke noch der Zar von Rußland seien mächtiger als Peel; ein Administrator von äußerstem Ernst und Können. Es ist dabei bezeichnend für den Prozeß der Intensivierung des öffentlichen Lebens, daß gerade Peel an seiner Aufgabe fast zerbrach und während der dramatischen Endkrise seiner Regierung nicht mehr ganz wohlbalancierten Geistes gewesen zu sein scheint. »...Er sagte«, so lesen wir in Gladstones Tagebuch, »die Masse der Regierungsgeschäfte vermehrte sich so schnell, daß man nicht mehr wissen könnte, wo es enden würde und auf welche Weise auch nur in wenigen Jahren der Staat verwaltet werden sollte.« Niemand könne sich vorstellen, was das sei, die Arbeit und Qualen eines Premierministers; die Korrespondenz mit der Königin; die sieben oder acht Stunden täglich im Unterhaus; die notwendigen Lektüren und Studien, ohne die man doch über Dinge wie Oregon oder Neuseeland sich kein Urteil bilden könnte! Und als der junge Gladstone ihn trösten wollte: er sei auch ein Premier, wie England seit Mr. Pitt keinen gehabt habe: »Pitt«, rief er, »der konnte noch jeden Tag um elf Uhr aufstehen und jeden Abend zwei Flaschen Portwein trinken...«

Sir Robert Peel setzte eine starke Reduzierung der Zölle durch, und, trotz des Protestes der Freihändler, eine Einkommenssteuer. Es war die verhaßte Steuer Mr. Pitts, die gleich nach Waterloo verabschiedet worden war; diesmal kam sie auf längeren Besuch. Beide Maßnahmen erwiesen sich als wohltätig für den Staatssäckel; das Defizit verwandelte sich in einen Überschuß. Andere Neuerungen folgten: sanitäre Gesetze und Einrichtungen, auf Grund schaudererregender Kommissionsberichte; eine antiinflationäre Bankgesetzgebung; Bergwerks- und Fabrikgesetze, welche die Arbeit von Frauen unter Tage verboten, die Arbeit von Frauen und Kindern über Tag auf zwölf und sechseinhalb Stunden einschränkten. (Endlich, 1847 – aber das geschah nach Peels Sturz und gegen seinen Willen –, wurde eine allgemeine Zehnstundenbill beschlossen.) Gladstone, als Handelsminister, bemühte sich, den Bau und die Praxis der Eisenbahnen staatlichen Normen zu unterwerfen. Nützliche, notwendige Dinge das alles, wenngleich nicht so fesselnd wie Palmerstonsche Außenpolitik und einen romantischen Konservativen wie Benjamin Disraeli nicht ganz befriedigend.

Disraeli, hochbegabter Außenseiter von iberisch-jüdischer Herkunft, egozentrischer Dandy und Phantast, aber nicht ohne ernste gesellschaftliche Einsichten, stand damals an der Spitze einer Gruppe junger Aristokraten, die nach einer modernen, ins Volk gehenden, romantisch demokratischen Spielart des Konservativismus suchten. In seinen Romanen geißelte er die Selbstsucht der Aristokratie wie der neuen Kapitalistenklasse, die Hohlheit des gesellschaftlichen Betriebes und kontrastierte sie mit dem Elend der Arbeiter, das er freilich kaum aus direkter Anschauung kannte. Es sind künstlerisch merkwürdige Gebilde, teils Darstellung, teils eingestreute historisch politische Theorie. Disraeli verdammte den Lauf der englischen Geschichte seit dem 17. Jahrhundert: ein neuer, falscher, durch Plünderung der Kirche reich gewordener Adel habe die Krone entmachtet und dem Volk eine Beteiligung an der Regierung vorgegaukelt, die in Wahrheit nie bestand; hinter der vielgerühmten englischen Verfassung verberge sich die Herrschaft einer »venetianischen« Oligarchie. Wohl habe die Parlamentsreform den Puls des öffentlichen Lebens ein wenig beschleunigt, übrigens aber nichts geleistet, als materielle Interessen noch nackter und ausschließlicher zum Gegenstand des politischen Kampfes zu machen. »War der Geist wütender Habgier, alle humaneren Aspekte des Lebens entheiligend, die Sünde Englands seit anderthalb Jahrhunderten, so strahlte seit der Annahme der Reformbill Mammons Altar in dreifach erhöhtem Glanze. Zu erwerben, Schätze zu häufen, mit Hilfe philosophischer Phrasen einander auszuplündern, einer Utopie, die von nichts wußte als von Reichtum und Arbeit, zu dienen, das allein war des stimmberechtigten England atemloses Geschäft in den letzten zwölf Jahren...« (Aus dem Roman »Sybil oder die zwei Nationen«.) Mit Inbrunst glaubte Disraeli an die Mission der Krone, an die junge Königin; an das betrogene Volk; und, trotz allem, auch an den Adel, »die großen Häuser von England« (soweit es nicht Whig-Häuser waren). Der echte Adel sollte seine Pflichten wieder entdecken, sich mit dem Volk verbünden gegen dessen Ausplünderer. Das Volk brauchte Brot, aber Brot allein genügte nicht für das Leben einer echten Gemeinschaft; es brauchte Liebe, Freude am Dienst, gemeinsamen Stolz, gemeinsame Hoffnungen und Ideale... Kein Wunder, daß nicht nur die kühle Vernünftigkeits- und Nützlichkeitslehre Richard Cobdens und der Benthamschule, daß auch der Geschäftsmanns-Konservativismus Robert Peels den Romancier abstieß. Lange Zeit hatte er es schwer, sich unter den Tories durchzusetzen, denen die Erscheinung eines dunkeläugig feurigen Literaten im Lockenhaar unter ihnen etwas Befremdliches war. Schließlich aber, dank seines Geistes- und Rednertalents, schwang er sich zu einem Wortführer des agrarischen Interesses, einer eigentlichen Opposition innerhalb der Partei auf. Peel hatte sich geweigert, ihn in den Kreis seiner Mitarbeiter einzuladen; nun wurde er zu Peels gefährlichstem Feind. Peel, sagte er, werde die konservative Partei zerstören und jede andere Partei, mit der er irgend in Berührung kommen würde. Es war eine Anspielung darauf, daß Peel schon einmal den Kurs seiner Politik plötzlich gedreht und die alte Torypartei der Auflösung nahegebracht hatte durch die Emanzipation der Katholiken.

Nun ging es um die Kornzölle. Peel war, als er die Regierung übernahm, grundsätzlich schon für die Freihandelslehre gewonnen. Von ihr war seine Zollreform inspiriert, von ihr auch sein erster Versuch, die elastische Skala der Getreidezölle zugunsten der Importeure zu verbessern. Dann kam, im Jahre 1845, die Nachricht von einer bevorstehenden Kartoffelmißernte in Irland, welche drohende Hungersnot bedeutete, während gleichzeitig ein anhaltender Regen die Weizenfelder Englands heimsuchte. Dergleichen war wohl schon früher geschehen, ohne eine Revolution in der britischen Wirtschaftspolitik zu verursachen. Jetzt aber waren die psychologischen Bedingungen so, daß, wie Cobden sagte oder gesagt haben sollte, »drei Wochen Regen, wenn der Weizen reifte, die Kornzölle wegregnen«

würden. Der Premierminister wurde von dieser Stimmung übermannt. Kritiker wenden ein, daß sein von Panik diktierter Entschluß nur rational schien, ohne es zu sein; auch verbilligtes Importgetreide konnte den Irländern nicht helfen, da sie es nicht bezahlen konnten; übrigens stand das früher erprobte Mittel einer vorübergehenden Suspendierung der Zölle zur Verfügung. Aber selbst die nüchternsten Sachfragen können zum Gegenstand irrationaler politischer Leidenschaft werden. Es scheint, daß es Sir Robert Peel Genugtuung bereitete, von seiner Autorität Gebrauch zu machen und seine Partei in einer Richtung zu führen, in der sie durchaus nicht geführt werden wollte; daß er diese Autorität, groß wie sie war, überschätzte; daß er andererseits parteimüde war und der Gedanke einer abermaligen Sprengung der konservativen Partei ihn nicht schreckte. Unbeirrbar ging er während des ersten Halbjahres 1846 seinen Weg; um so unbeirrbarer und eigensinniger, als es eben der Weg war, den nicht zu gehen er anfangs versprochen hatte und den man einer Partei von Agrariern schwer zumuten konnte. Im Juni 1846 wurde Peels Freihandels-Vorschlag endgültig zum Gesetz: Ein geringfügiger Zollschutz für englischen Weizen, samt Hafer und Gerste, noch drei Jahre lang, und dann gar keiner mehr. Dafür stimmten die Whigs und eine Handvoll treuer »Peelites«, das Gros der Partei, zweihunderteinunddreißig Tories, ermutigt und erhitzt durch Disraelis beißende Angriffe, dagegen. Noch wurde das House of Lords vom landbesitzenden Adel beherrscht. Aber, wie Disraeli unlängst geschrieben hatte, es besaß seine Rechte nur noch unter der Bedingung, daß es keinen Gebrauch von ihnen machte. Am Tag, an dem das Oberhaus sich dieser neuen wirtschaftspolitischen Abdankung anbequemte, wurde der große Minister durch eine Koalition von Whigs und Protektionisten gestürzt. Der Whig-Leader, Russell, trat an die Spitze der Geschäfte; Lord Palmerston durfte wieder dafür sorgen, daß die Außenpolitik die Gemüter erregte und fesselte.

Zunächst und während langer Jahre hatte die Abschaffung der Getreidezölle nicht die Folgen, welche die Tories von ihr befürchteten. Disraeli verlor rasch sein Interesse an der Sache – sie hatte in der merkwürdigen Laufbahn seines Lebens ihre nützliche Rolle gespielt und ausgespielt. Es ging der englischen Landwirtschaft gut bis gegen Ende der siebziger Jahre. Dann erst, im Zeichen der transkontinentalen Eisenbahnen, machte die amerikanische und kanadische Einfuhr sich im Ernst geltend, und die Ernährung des Landes geriet in vollständige Abhängigkeit von fremden Ernten.

Trotz diesem gedämpften Charakter seiner Wirkung war der Entschluß von 1846 epochemachend im eigentlichen Sinn; von ihm mag man die »mittelviktorianische«, die wahre victorianische Zeit datieren. Er war ein symbolischer Sieg der Freihändler schlechthin; die Agitation der Anti-Corn-Law-League kam damit zur Ruhe. Die Verwirrung in den Reihen der Tories spielte den Whigs – demnächst »Liberale« genannt – die Macht für nahezu zwanzig Jahre zu. Schon nach zwei Jahren gab es Revolution auf dem Kontinent, gefährlicher und gründlicher diesmal als 1830; aber England blieb unberührt davon und von der langen Kette stürmischer Ereignisse, die nun begann, außer, daß es in stolzer Sicherheit von außen eingriff, um nach seinem Belieben zu hindern oder zu fördern.

Amerika: Manifest Destiny

Im Jahre 1850 begrüßte Daniel Webster, der gewaltige Whig-Politiker, die schwedische Reisende Fredericke Bremer in Washington mit dröhnender Stimme: »Madame, you have toiling millions; we have boundless area.« »Yes, very much«, antwortete die Dame... Very much, in der Tat. Die Zahl der europäischen Einwanderer nach den Vereinigten Staaten war in den dreißiger Jahren etwa eine halbe Million; zwischen 1840 und 1850 stieg sie auf anderthalb Millionen, wovon die Hälfte aus dem hungernden Irland kam; in den folgenden Jahrzehnten auf zweieinhalb, auf fünf, ja schließlich auf acht Millionen oder nahezu eine Million jährlich. Die Möglichkeit der Auswanderung, das immer offene amerikanische Abenteuer, war ein stimmunggebendes Element im Lebensgefühl der Europäer; die Wirklichkeit der Einwanderung eine vitale Tatsache der inneramerikanischen Wirtschaft und Politik. Auch der Politik. Denn die Einwanderer, die sich zunächst in den großen Hafenstädten des Ostens versammelten, gingen, wenn sie nicht dort blieben, überall hin, nach dem Mittleren Westen, dann nach dem neueröffneten Fernen Westen, nach Kalifornien, schließlich wohl auch nach dem neuen Süden, nach Texas; nur die Region des Alten Südens, Virginia, die Carolinas, Georgia, lockte sie nicht. Die europäische Einwanderung trug so zur Intensivierung eines Prozesses bei, der ohnehin stattfand, Tag für Tag, Jahr für Jahr, und den keine Erfindung des politischen Machtkampfes aufhalten konnte: den Prozeß des wirtschaftlichen, moralischen, schließlich politischen Niedergangs der Sklavenstaaten im Vergleich mit den »freien« Gebieten. Geschwellt durch den Strom der Emigranten wie durch inneren Geburtenzuwachs, schob das amerikanische Gemeinwesen sich weiter und weiter vor in unerforschte, unbesiedelte oder dünn besiedelte Regionen des Kontinents, die armen »Indianer« erbarmungslos vor sich her treibend. Aber diese Bewegung war nicht gleichmäßig, nicht symmetrisch, so wenig wie die Dynamik der Industrie. Sie bedeutete eine Verlagerung der wirklichen Machtverhältnisse, die früher oder später ihre politische Form finden mußte.

Das fünfte Jahrzehnt des 19. Jahrhunderts ist in Europa etwas wie eine geistige Wasserscheide. Es geschah äußerlich nicht viel, aber es bereitete viel sich vor, was dann seit 1848 zum Durchbruch kam und zu den revolutionären Veränderungen der fünfziger und sechziger Jahre führte. Es wurde, in aller Stille, von der guten alten Zeit der agrarischen Monarchien ein endgültiger Abschied genommen. Anders in Amerika. Da waren die fünfziger Jahre eine Stille vor dem Sturm; und die vierziger brachten einen gewaltigen äußeren Ruck, eine neue Expansion, die fast mit einem Schlag die Republik auf dem Kontinent zu dem machte, was sie heute noch ist. Die Gebiete, um die es ging, hießen Texas, Oregon, New Mexico, Kalifornien. Das Schlagwort, das den ungeheuren amerikanischen Drang nach Westen benannte, ihn rechtfertigen und, obgleich er oft auf unheilige Weise erfüllt wurde, ihn gewissermaßen heiligen sollte, hieß »Manifest Destiny«. Es sei die offenbare Sendung der Republik, den Kontinent zu beherrschen von einem Ozean zum anderen – wenigstens dies; ein Schicksal, dessen Vollendung allen Menschen zum Vorteil gereichen und Gott selber wohlgefällig sein würde. Wie ein junger Redakteur in Brooklyn, Walter Whitman, es ausdrückte: »Es ist im Interesse der Menschheit, daß Macht und Gebiet der Vereinigten Staaten sich ausdehnen – je weiter, desto besser.«

TERRITORIALE ENTWICKLUNG DER VEREINIGTEN STAATEN VON AMERIKA
Kompromißgrenze von 1846
brit. Vertragsgrenze von 1818
von England 1818 abgetreten
Vertrag mit Großbritannien 1842
KANADA
Vertrag mit Großbritannien 1842
OREGON 1846
spanische Vertragsgrenze von 1819
von MEXICO 1848 abgetreten
LOUISIANA erworben 1803
VEREINIGTE STAATEN 1783
spanische Vertragsgrenze von 1819
durch Gadsden 1853 erworben
TEXAS Annexion 1845
1810-1813 von den Vereinigten Staaten erworben
Vertrag mit Spanien 1819

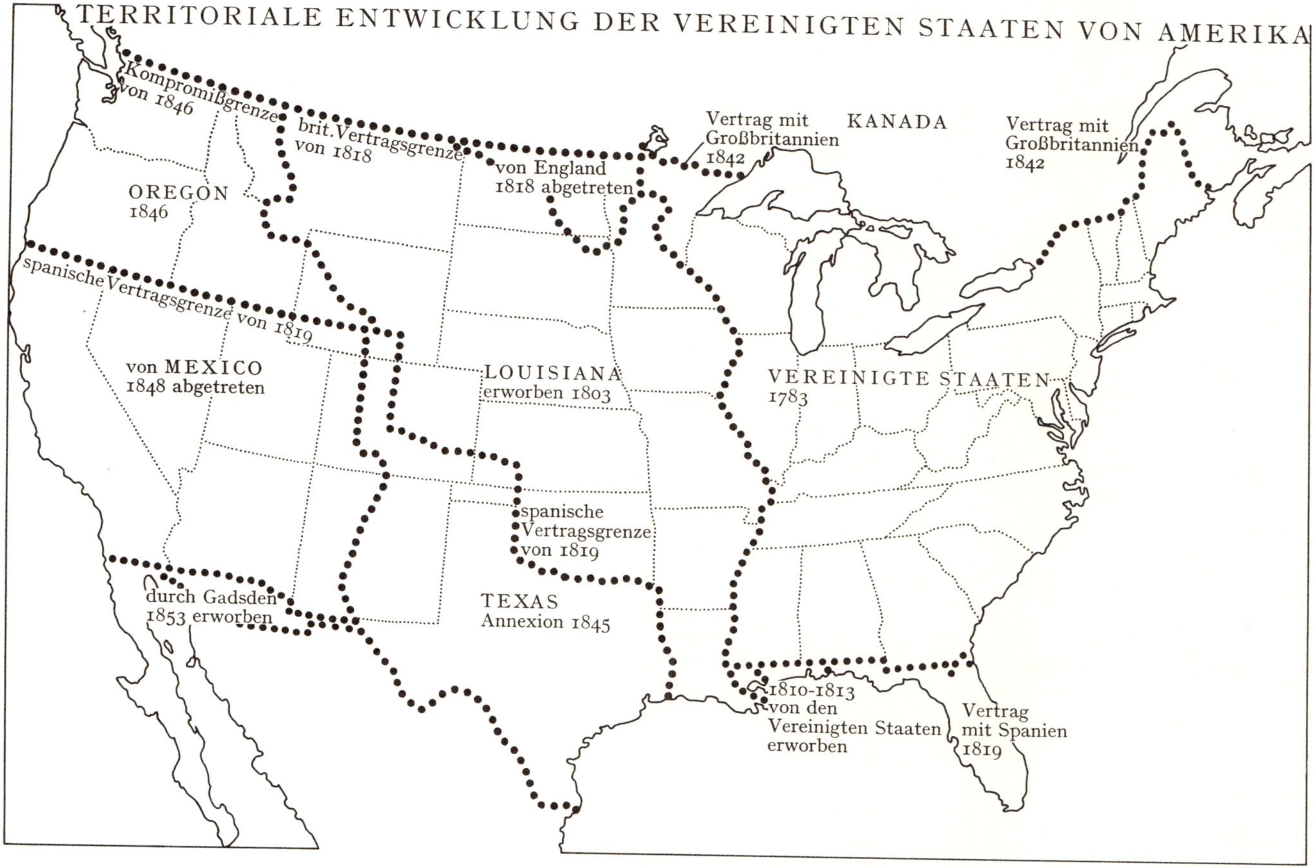

Zum Drang nach Westen fügten die verschiedensten Elemente sich zusammen: die imperialistische Politik der Hauptstadt und die einsamen, entbehrungsreichen, gefährlichen Abenteuer der Auswanderer; der Wunsch der Sklavenstaaten, ihr Gebiet auszudehnen, und der Wunsch der freien Staaten, jeden Gewinn des Südens durch einen eigenen zu balancieren; der Menschheitstraum philosophischer Poeten und die rasende Gier nach dem neu entdeckten Golde Kaliforniens; ein Gefühl der Unsicherheit, das nach Sicherung, nach Komplettierung eines geographisch offenbar noch unfertigen Reiches verlangte und auch die Sehnsucht nach Unsicherheit, nach Abenteuer, Freiheit, Weite und fernem Glück. Es war die gleiche Verbindung der Reinen und Unreinen, der Heiligen und der Sünder, die zweihundert Jahre früher die ursprüngliche englische Landnahme in Nordamerika charakterisiert hatte.

Von den Heiligen waren die wunderlichsten die Mormonen oder Anhänger der Kirche »of Jesus Christ of the Latter-Day Saints«. Sie stehen als ein Beispiel nicht bloß für die alte Wahrheit, daß der Glaube Berge versetzen und die Wüste urbar machen kann, sondern auch dafür, daß es auf den Gehalt des Geglaubten wenig ankommt, solange brave, tüchtige Menschen sich ihm ergeben. Die von Joseph Smith um 1830 zuerst im Staate New York gegründete Sekte sammelte sich um zweifelhafte Offenbarungen; es ist nur zu wahrscheinlich, daß der Prophet seine Jünger anschwindelte und daß er sie bewußt anschwindelte. Welchen Unterschied machte es? Smith besaß das Zeug, das es brauchte, um eine Gemeinde zusammenzuhalten trotz der brutalen Feindschaft der Ungläubigen, die ihn und die Seinen von New York nach Ohio, von Ohio nach Illinois trieb; nach seiner Ermordung fanden die Mormonen in Brigham Young einen ebenso wetterfesten, noch praktischeren Anführer. Im Jahre 1846 brachen sie, zwölftausend an der Zahl, zu ihrem großen Zug nach Westen auf; und die Geschichte ihrer Niederlassung am Großen Salzsee, in der bergumrahmten Wüstenei von Utah, ist eines der heroischsten Abenteuer des 19. Jahrhunderts. Man sagt wohl, das sei ein nüchternes Jahrhundert gewesen. Aber wieviel Phantasie, wieviel uralte utopische Sehnsucht ging nicht in den Bau dieses Gemeinwesens ein, das Theokratie und Demokratie, Vielweiberei und gelebte Frömmigkeit, Kapitalismus und Planwirtschaft verband und das es nach Jahren der Not zu blühendem Wohlstand brachte. Nicht das am wenigsten Merkwürdige am Erfolg der Mormonengemeinde ist ihr enger Kontakt mit der Alten Welt. An die viertausend Anhänger erhielt sie aus England vor 1846, und zahlreiche englische Kirchen trugen zur Finanzierung des Unternehmens bei.

Weiträumiger, historisch folgenschwerer waren die Ereignisse, durch die zwischen 1845 und 1848 der Herrschaftsbereich der Vereinigten Staaten sich noch einmal um rund ein Drittel vermehrte und Manifest Destiny schlecht und recht erfüllt wurde.

Texas, ein Gebiet ungefähr so groß wie der Gesamtbesitz der Habsburger Monarchie, hatte 1835 seine Unabhängigkeit von Mexiko proklamiert. Genauer gesagt, die von der fernen mexikanischen Regierung leichtsinnig nach Texas hereingelassenen amerikanischen Einwanderer hatten es getan; wobei neben den natürlichen Gegensätzen zwischen Angelsachsen und Spaniern auch die Tatsache eine Rolle spielte, daß die Negersklaverei in Mexiko abgeschafft, unter den amerikanischen Texanern aber im Schwange war. Nach einigen Zusammenstößen hatte die amorphe, von einer Unordnung in die andere schwankende hispanische Republik sich dem neuen Zustand, den sie nicht ändern konnte, de facto, wenn auch nicht de jure, anbequemt. Die Texaner, unter ihrem Präsidenten Sam Houston, gaben sich eine Verfassung im amerikanischen Stil und baten um Zulassung in die Union. Das lag in der Logik der Dinge, denn Amerikaner waren sie, aber das Gebiet, in dem sie wohnten, war bloßes Abfallprodukt des alten spanischen Großreiches, war noch kein Staat und konnte ohne amerikanische Hilfe keiner werden.

Fast zehn Jahre lang blieben die Dinge in der Schwebe. Die europäischen Westmächte spielten mit der Idee, die texanische Selbständigkeit festigen zu helfen im Interesse eines »amerikanischen Gleichgewichts«, und zeigten sich nicht abgeneigt, zwischen dem mexikanischen Mutterland und der rebellischen Tochter zu vermitteln, unter der Bedingung zwar, daß Texas die Sklaverei unterdrückte. Eben diese Möglichkeit, ein großer sklavenfreier Staat im Südwesten, war ein Alptraum für die amerikanischen Südpolitiker; während ihnen umgekehrt die Annexion von Texas, als Sklavenstaat, ein geeignetes Mittel erschien, um das Gleichgewicht zwischen den Sektionen auf lange Zeit zu sichern. Aus dem gleichen Grunde machte im Norden unter den Gegnern der Sklaverei eine tätige Opposition gegen den Anschluß von Texas sich geltend, die auch im Rückblick, als alles längst entschieden war, nicht verstummte: südliche Begier, das Dominium der Sklaverei zu erweitern und die nördliche Schutzzollpolitik zu durchkreuzen, habe zur Annexion des »fremden Volkes von Texas« geführt... 1844 begann die Expansionslust zu überwiegen, und zwar, wie das noch mehrfach geschehen sollte, im Zeichen eines Wahlkampfes. Die Demokraten machten die Annexion von Texas zu einem Wahlschlager, in dem sie das Problem der Sklaverei weislich unter den Tisch fallen ließen, statt dessen von Manifest Destiny sprachen und, da schon Expansion an der Tagesordnung war, auch noch den Namen eines Gebietes mit in die Wortschlacht warfen, in dem nun von Sklaverei nicht die Rede sein konnte: Oregon. Diese weite, vage begrenzte Nordwestzone, zwischen dem russischen Alaska und dem spanischen Kalifornien über das, was heute Britisch-Kolumbien, Oregon, Washington, Montana, Idaho heißt, sich ausbreitend, galt seit 1818 als englisch-amerikanisches Kondominium; ein Rechtszustand, den man, im Zeichen des amerikanischen Dranges nach Westen, keine lange Dauer mehr versprechen konnte. Seit den dreißiger, in zunehmender Stärke seit Beginn der vierziger Jahre wagten Auswanderer nach dem Westen den gefährlichen, den besseren Teil eines Jahres dauernden Zug von Missouri nach der Hudsonbay, den »Oregon Trail«; Berichte über die Herrlichkeiten des Landes, seine Gebirge und Wälder, Wasser und Weiden und fette Erde schmeichelten dem unersättlichen Expansionismus des jungen Riesen, der amerikanischen Nation. Die Idee wurde populär, daß das ganze Oregon, alten Abmachungen zum Trotz, amerikanisches Territorium werden müsse; und wann hätten die Parteien sich populäre Ideen zu Wahlkampfzwecken entgehen lassen? Texas und Oregon, dieser Zuwachs wurde den Wählern 1844 von den Demokraten versprochen. Das ganze Oregon; sonst Krieg mit England. (»Fifty four, forty or fight.«) – Im Frühjahr 1845 bot der amerikanische Kongreß durch einen sogenannten »Beschluß der beiden Häuser« den Texanern den Eintritt in die Union an.

James K. Polk, der Demokratenpräsident, der eben damals sein Amt antrat, stand über dem Gegensatz zwischen Sklaven- und freien Staaten.

Was der wenig liebenswürdige, humorlose, mißtrauische, selbstgerechte und engstirnige, der schlaue, harte, fromme, unbeirrbare Patriot sich in aller Stille ausgerechnet hatte, war, daß nicht bloß Texas, sondern noch ganz andere Gebiete auf den Zugriff der Union warteten: Kalifornien und was zwischen Kalifornien und Texas, zwischen den Sierras und den Rocky Mountains lag und vage unter den kalifornischen Namen fiel. Es war seine eigenste Idee, wie er zu Beginn seiner Amtstätigkeit einem seiner Vertrauten trocken mitteilte. Polk gehörte zu den Politikern, die wenig Aufhebens von sich selber, ihren Taten und ihren Zielen machen, die aber genau das erreichen, was sie sich vorgenommen. In diesem Fall war es eine ganze Menge.

Der Krieg zwischen den Vereinigten Staaten und Mexiko (1846–1848) war eine Folge der Polkschen Politik, und man könnte wohl nicht gerade sagen, eine unerwünschte. Er war ein Mittel dieser Politik, vorbereitet für den Fall, daß sich der geplante Kauf des Gebietes, den er vorgezogen hätte, zerschlug. Die ungeschickten Verhandlungen mit den Leitern des schwachen, chaotischen, aber von hispanischem Stolz beseelten Mexiko, das nie auch nur die Selbständigkeit von Texas anerkannt hatte, schlugen fehl. Da bot sich als Kriegsanlaß ein Grenzstreit, die Frage, ob der Nueces Fluß oder der Rio Grande die Grenze von Texas sei. In dem umstrittenen Gebiet stießen Truppen zusammen; die Mexikaner, erklärte nun der Präsident, »vergossen amerikanisches Blut auf amerikanischem Boden«; »durch die Tat Mexikos« war der Kriegszustand zwischen beiden Gemeinwesen erklärt. – Wir wissen, daß Polk auch ohne den willkommenen, übrigens leicht vermeidbaren Zwischenfall den Krieg gegen Mexiko forciert hätte, nachdem die Kaufverhandlungen zu nichts gediehen waren. Der Krieg von 1846 war ein Raubkrieg, wenn es je einen gab.

Ein guter Teil der Nation empfand ihn so; sei es aus echter moralischer Überzeugung – zum Beispiel war dies bei einem jungen Whig-Repräsentanten aus Illinois, Abraham Lincoln, der Fall –, sei es auch nur, weil es eben ein Krieg der regierenden Partei, der Demokraten, und vornehmlich ein Krieg von Sektionen, des Südens und südlichen Mittelwestens war. Dies Mitdabeisein und doch nicht Mitdabeisein einer Volkshälfte, dies heimlich oder laut die Güte der eigenen Sache Bezweifeln hatte schon einen Krieg der Union, den von 1812 bezeichnet; und tat es jetzt nicht zum letztenmal... Im übrigen ging der Krieg, wie Kriege in der guten alten Zeit gingen; Offiziere – Lee, Grant, Jefferson Davis – machten von sich reden, die später noch mehr von sich reden machen sollten; beide Seiten fochten brav, aber die Amerikaner waren die Stärkeren; und im September 1847 zogen sie in der Hauptstadt Mexiko ein. Damals fragte mancher, ob es nicht das beste wäre, die gesamte mexikanische Republik unter die Regeln des »offenbaren Schicksals« zu zwingen, aber Polk nahm, was er sich vorgesetzt hatte, nicht mehr und nicht weniger. Im Vertrag von Guadalupe Hidalgo (Februar 1848) trat Mexiko Kalifornien, New Mexiko und Texas, mit dem Rio Grande als Grenze, an die Vereinigten Staaten ab.

Die Oregon-Frage war schon im Frühsommer 1846 durch einen jener vernünftigen Grenz- und Teilungsverträge, wie sie seit 1815 das amerikanisch-englische Verhältnis mehr und mehr bestimmten, bereinigt worden. Polk, wesentlich, um desto freiere Hand gegen Mexiko zu haben, verzichtete auf »Fiftyfour-fourty«, trotz des propagandistischen Wohlklangs der Forderung; Peel und sein Außenminister, Aberdeen, verzichteten auf den

Columbia-Fluß. Grundsätzlich wurde die weiter östlich geltende Grenze des 49. Breitengrades bis zum Ozean weiter geführt, so jedoch, daß die Insel Vancouver zu Kanada gehören sollte.

Wir sprachen von der Opposition, die während des Krieges im Lande selber nie verstummte. Eine Zeitung im Staate Maine meinte geradezu: »Keiner der Angreifer Europas und Asiens hat je Argumente geboten, so falsch und heuchlerisch wie jene, mit denen wir unseren Angriff gegen Mexiko zu rechtfertigen versuchen.« Die gesetzgebenden Versammlungen von Vermont, Rhode Island, Massachusetts und Maryland verurteilten den Krieg in scharfen Formulierungen; Senator Webster nannte ihn »hassenswert«; noch kurz vor dem Ende beschloß das Repräsentantenhaus in Washington mit knapper Mehrheit, daß er »unnötiger- und verfassungswidrigerweise vom Präsidenten der Vereinigten Staaten begonnen worden« sei. Andererseits waren die Resultate derart erfreulich, daß nur der strengste Moralist auf die Dauer gegen sie sein konnte. Der Historiker Bernard Devoto, der dem Expansionismus der vierziger Jahre ein überaus lebendiges Buch gewidmet hat, gibt uns das folgende Zitat aus einem Leitartikel der Zeitschrift »The Harbinger«: »Kein Zweifel kann bestehen über das Ziel der Führer und Anstifter dieses infamen Unternehmens, das ›Gebiet der Freiheit‹ bis zu den Küsten Kaliforniens auszudehnen durch ungeheure Beraubung Mexikos; das Volk ist bereit, den Plan buchstäblich auszuführen. In vielen und den meisten Beziehungen, in denen dieser räuberische Angriff betrachtet werden kann, ist er unrecht bis zum Monströsen, aber immerhin scheint er der Verwirklichung eines umfassenderen Planes der Vorsehung zu dienen, welcher darauf abzielt, die Macht und Einsicht der zivilisierten Nationen über die ganze Erde zu verbreiten, auch in solche Gebiete, welche zur Bewegungslosigkeit verurteilt schienen, und so dem Fortschritt der Wissenschaft und Künste Bahn zu brechen; und Waffen scheinen das einzige Mittel zu sein, durch welches dies große Streben nach Einheit unter den Nationen erfüllt werden kann...« Wunderlich ist freilich die Ambivalenz der hier zum Ausdruck kommenden Gefühle; noch wunderlicher, daß wir ein gutes Jahrhundert später im Grunde kaum anders urteilen können. Was die Vorsehung wollte, wissen wir allerdings nicht mehr so genau, wie die Patrioten von Manifest Destiny es wußten; aber das erkennen wir immerhin, daß die Resultate des Krieges gegen Mexiko natürlich, auf die Dauer so oder so unvermeidlich waren. Die im Jahre 1848 annektierten Gebiete gehörten Mexiko, weil das spanische Imperium Jahrhunderte früher ein Besitzrecht über sie proklamiert hatte, das damals niemand ihm streitig machen konnte, aber sie *waren* nicht Mexiko. Die spanischen Siedler in Texas und in Kalifornien zählten nach wenigen tausend; noch weniger zwischen den Sierras und den Rocky Mountains. Riesige Außenposten, schwache Bollwerke einer Tausende von Meilen entfernten Festung, die ihrerseits bis vor kurzem der Außenposten einer ganz anderen Festung gewesen war, konnten sie dem unvergleichlich energischeren, dichteren, gewinnsüchtigeren Leben des angelsächsischen Amerika nicht standhalten. Und da Mexiko zu stolz war, um zu verkaufen, was es nicht verteidigen konnte, so ergab sich hier einer der Fälle, in denen, wie es hieß, der Gott der Waffen zu entscheiden hatte; wobei keinen Augenblick im Zweifel stand, wie er entscheiden würde. Gegen schwaches, wie eingeschlafenes historisches Recht stand die Natur der neuen Dinge. Am Ende ist es nicht

Aufgabe des Rechts, die Kräfte der Natur zu unterdrücken, sondern ihnen eine Form zu geben. Dies tat der Vertrag von Guadalupe Hidalgo, auf wie häßliche Art man auch zu ihm gelangt war. Die enormen Veränderungen, welche nun, nach Jahrhunderten geschichtslos-gemütlichen Schlafes, in den neu erworbenen Gebieten begannen, sollten zeigen, welchen Kräften er Form oder freie Bahn gab.

In Kalifornien zuerst. Dort, wo, ungefähr wie in Texas, einige tausend amerikanische Siedler einigen tausend spanischen die Waage hielten, waren die Dinge im Jahre 1846 genau nach Polks Plan verlaufen. Unterstützt von einer im rechten Augenblick nach Zentralkalifornien entsandten, eher militärischen als gelehrten »Forschungsexpedition«, bemächtigten die amerikanischen Siedler sich des Landes und gründeten sich eine Republik völkerrechtlich oder staatsrechtlich unbestimmten Charakters; ein paar Tage später proklamierte ein amerikanischer Offizier in Monterey die Annexion Kaliforniens durch die Vereinigten Staaten, welche der Friedensvertrag bestätigte. Januar 1848 wurde im Tal des Sacramento Gold gefunden. Die Nachricht, mit den üblichen Übertreibungen, verbreitete sich schnell. Und nun begann eine jener von Gier und Hoffnung beflügelten Migrationen zu Pferd und Wagen durch Wüsten und über Gebirge, zu Schiff um das Kap Hoorn, aus dem amerikanischen Osten und Mittelwesten, aus Europa, der pazifischen Küste dem Golde zu. Man schätzt die Einwanderer, die Nutznießer und Opfer des »Gold-rush« auf achtzigtausend; Matrosen, die von ihren Schiffen desertierten, Farmer, die ihre Gehöfte im Stich ließen, Stadtvolk und Landvolk. Die schön gelegene Hafensiedlung, San Franzisko, wurde über Nacht vom Dorf zur großen Stadt. Eine Männer-Republik entstand, gesetzlos oder doch mit eigens gemachten, chaotisch verwalteten Gesetzen existierend, voll wilden Lebens: phantastische Preise für die Bedürfnisse des Tages, Kampf um die verheißungsvollsten Plätze, Spielhöllen, Morde. Schwach war die Autorität, welche der amerikanische Militärgouverneur über dies dämonische Gewimmel auszuüben vermochte, dringend die Notwendigkeit der Normalisierung durch geeignete politische Ordnung. Aber eben die Frage, wie Kalifornien zu ordnen, unter welcher Verfassung es in die Zahl der Vereinigten Staaten aufzunehmen sei, stürzte die Union in die schwerste Krise seit ihrer Gründung.

Sie war nicht neu, ihrem Gegenstande nach, sondern wenigstens so alt wie der Krieg gegen die Mexikaner, dessen Geist und Zielen der Norden von Anfang an mißtraut hatte. Ja selbst der vornehmste, weitsichtigste Sprecher des Südens, John Calhoun, hatte zwar die Annexion von Texas befürwortet, aber den Krieg nicht gewünscht, wohl wissend, daß neue kriegerische Eroberungen im Südwesten zu einem schweren inneren Konflikt führen müßten. So geschah es. Schon im Sommer 1846 beantragte ein Demokrat aus Pennsylvanien, David Wilmot, ein Gesetz, wonach »Sklaverei und jede Art von unfreiwilliger Knechtschaft« in den von Mexiko zu gewinnenden Territorien verboten sein sollte. Dies »Wilmot Proviso« fand keine Mehrheit im Kongreß, weder damals noch später; aber die große Minderheit, die hinter ihm stand, die Leidenschaft, mit der es debattiert wurde, ließen erkennen, daß die alte schlimme Sklavereifrage wieder in den Mittelpunkt der amerikanischen Politik rücken würde. Beide Seiten verleugneten den Grundsatz des »Missouri-Kompromisses«, unter dem die Union ein Vierteljahrhundert lang existiert hatte. Die Anhänger des »Provisos« wollten die Sklaverei in allen neuen Territorien verboten wissen, gleichgültig ob sie nördlich oder südlich des Breitengrades 36,30 lagen; ihnen gegenüber bestanden die Vertreter des Südens auf dem Recht des amerikanischen Bürgers, im freien Gebrauch seines Privateigentums in allen neuen – und warum dann nicht auch den alten – Territorien Toleranz und Schutz des Staates zu genießen. Die Tendenz beider Seiten ging dahin, den Grundsatz, für den sie standen, vom sektional begrenzten zum nationalen, überall gültigen zu erheben. Die Gefahr einer solchen Entwicklung lag am Tage.

Wilmot selber gehörte einer Gruppe von radikalen Demokraten an, die mit den südlichen Führern der alten Partei nichts mehr als den Namen gemein hatten und demnächst, 1848, sich von ihnen trennen sollten. Sie führten unter veränderten Zeitumständen die Jacksonsche Tradition weiter; keine Klassenkampftradition – das war sie nie gewesen –, wohl aber eine, welche die Nation mit der Zahl der meisten, der kleinen Leute, der Farmer und Arbeiter identifizierte. »Die Frage«, schrieb Redakteur Whitman in Brooklyn, »... ist eine Frage zwischen dem großen Ganzen der weißen Arbeitsmänner, der Millionen von Handwerkern, Farmern und Arbeitern unseres Landes mit ihren Interessen auf der einen Seite – und den Interessen einiger weniger tausend reicher, ›wohlerzogener‹ und aristokratischer Sklavenbesitzer des Südens auf der anderen.« Die europäische Krise von 1848 verfehlte nicht, dem Streit neuen Auftrieb zu geben. Die Europäer, hieß es, brächen nun ihre letzten Fesseln und gingen daran, wahre Volksherrschaften zu begründen. Und Amerika, von welchem alles dies ausgegangen, sollte nicht mithalten, sollte statt dessen der Sklaverei neue Reiche erobern? Daß Demokratie und Sklaverei in schreiendem, um hohen Preis zu lösendem Widerspruch zueinander stünden, diese Willensmeinung brach nun unter den Demokraten Jacksonscher Farbe sich Bahn; und auch, aber mit anderen Vorzeichen, unter den Führern des Südens, die sich noch immer den Parteinamen von »Demokraten« gaben, aber sich tief entmutigt fühlten durch den Sturz des Königs Louis Philippe.

Das innere Paradox der Demokratischen Partei wurde während des Wahlkampfes von 1848 insofern behoben, als die New Yorker Radikalen sich von dem Gros der Partei trennten, um unter der Führung des alten Expräsidenten Van Buren eine dritte Partei der »Freien Erde« zu organisieren. Wie es mit dritten Parteien in Amerika noch öfter gehen sollte: die »Freesoilers« gewannen nirgends, nahmen aber den Demokraten genügend Stimmen fort, um den Whigs zum Sieg zu verhelfen. Der Whig-General, der Kriegsheld von 1847, Taylor, hielt Einzug in das Weiße Haus.

Indem Anhänger und Gegner der Sklaverei in der Hauptstadt einander blockierten, geschah nichts zur Organisation der neu erworbenen Gebiete, kaum etwas war geregelt, als der kalifornische »Goldrausch« begann. Amerikas und Europas Goldsucher drangen in ein Land ein, von dem man wußte, daß es den Vereinigten Staaten gehörte, das aber keinerlei politische Existenz hatte. Ja, die politische Existenz der Vereinigten Staaten selber schien auf dem Spiel zu stehen. Man begann im Süden offen davon zu reden, daß Trennung von der Union besser sei als Annahme der neuen, im Wilmot-Proviso festgelegten Lehre.

Die neuen Kalifornier halfen sich zunächst damit, daß sie ihr Gebiet im Herbst 1849 als Staat konstituierten, ohne daß es zuvor den Charakter eines »Territoriums« gehabt hätte – und daß sie die Sklaverei verboten. Dies Vorgehen hatte die Sanktion des General-Präsidenten, nicht aber des Kongresses. Daß es bei den einzelnen Staaten, nicht bei der Union liege, für oder gegen die Sklaverei zu entscheiden, war an sich ein Bestandteil südlicher Staatsphilosophie und war auch noch während des letzten Wahlkampfes von dem Kandidaten der Demokratischen Partei verfochten worden. Wir wählen aber und verwerfen unsere Prinzipien unter dem Drang des Augenblicks, der Interessen und Leidenschaften. In den Augen der südlichen Politiker war es das gute Recht der Kalifornier, sich für die Sklaverei zu entscheiden; nicht dagegen. John Calhoun ließ wissen: die Aufnahme Kaliforniens als eines »freien« Staates in die Union werde die Sezession des Südens zur Folge haben.

Es war der alte Henry Clay, der geistige Vater des »amerikanischen Systems«, der unter diesen bedrohlichen Umständen noch einmal einen Kompromiß zutage förderte. Was er dem Süden bot, war im Grunde nur dies: ein Gesetz, welches die Flucht von Negersklaven in freie Staaten erschweren oder ihre Rückschaffung erleichtern sollte, und dessen strenge Handhabe. Dafür sollte Kalifornien als freier Staat aufgenommen, der Rest der neu erworbenen Gebiete als zwei Territorien – New Mexico und Utah – organisiert werden und hier die Frage der Sklaverei bis zum Moment ihrer Konstituierung als Staaten offenbleiben. Die Debatten, die während der Spätwintermonate des Jahres 1850 im Senat zu Washington über dies En-bloc-Programm stattfanden, entbehrten nicht des tragischen Ernstes. Die Wortführer der zweiten Generation, Calhoun, Clay, Webster, waren damals alt. Calhoun starb wenige Tage nach seinem letzten feierlichen Auftreten im März, dem Auftreten eines Sterbenden; Webster und Clay zwei Jahre später. Keiner von ihnen erlebte das Ende, die furchtbare Lösung des Konflikts. Aber sie alle kannten die Wahrscheinlichkeit des Endes. Calhoun war längst zu der Überzeugung gekommen, daß Demokratie im Sinne einer schieren Mehrheitsregierung zur Entrechtung der Minderheiten – seiner Minderheit – und zur Zerstörung der Union führen würde. Was er in seiner letzten Rede – der Sterbende mußte sie von einem anderen ablesen lassen – vorschlug, war eine tiefgehende Verfassungsänderung: nicht die Mehrheit sollte regieren, sondern Mehrheit und Minderheit, Norden und Süden zusammen, alle großen Interessen und Sektionen in der Exekutive vertreten sein, alle ein Vetorecht besitzen. Es wäre auf zwei Exekutiven, zwei Präsidenten hinausgelaufen, wie in der römischen Republik. »Wenn Sie vom Norden das nicht wollen, dann lassen Sie unsere südlichen Staaten im Frieden sich trennen und ihrer Wege gehen.« Und Webster, drei Tage später, mit seiner Orgelstimme: »Ich spreche heute für die Erhaltung der Union. Hört meine Sache an.« Hinter den Alten stand eine jüngere Generation, die die Generation des Bürgerkrieges werden sollte, schärfer, schriller, härter; ohne die begütigende Liberalität jener, die ihre Bildung in den ersten Jahrzehnten des Jahrhunderts erworben hatten. Jefferson Davis wetterte gegen den Clayschen Kompromiß, weil er dem Süden viel zuwenig bot; William Henry Seward aus dem umgekehrten Grunde.

Für diesmal trug, nach langwierigen Verhandlungen, die kompromißbereite Mitte den Sieg davon. Clays Vorschläge wurden angenommen, nicht en bloc, aber stückweise. Und so war die Union gerettet – für zwölf Jahre, wie Calhoun meinte.

Der südliche Staatsmann war eine der merkwürdigsten Erscheinungen seiner Zeit; eine Verbindung von Politiker und Denker, wie sie in Amerika seit dem Verschwinden der ersten Generation nicht eben häufig vorkam. Ein Historiker unserer Tage (Richard Hofstadter) hat ihn den »Marx der herrschenden Klasse« genannt, und daran ist etwas; denn Calhoun war behext von der Idee des Klassenkampfes, den er, der reiche Pflanzer, freilich nicht auf seiten der Unterdrückten durchzuhalten entschlossen war. Die Negersklaverei, meinte er, sei nur eine Art von Ausbeutung der vielen durch die wenigen, auf der jede höhere Zivilisation beruhe. Sei die Pflanzer-Aristokratie ruiniert, so werde im Norden der Krieg zwischen Unternehmern und Arbeitern erst recht losgehen, »wie in Europa«; je dynamischer der Kapitalismus, desto schneller und tiefer die Verelendung des Proletariats und so fort – Prophezeiungen, die, unter anderem, beweisen, wie wenig originell das zwanzig Jahre später gedruckte berühmte Elaborat von Marx und Engels im Grunde war. Gescheite, momentan richtige, im Grunde und auf die Dauer übrigens falsche Prophezeiungen. Tief durchdacht hatte Calhoun das Problem der Demokratie und der Minderheiten, nämlich der aristokratischen, besitzenden Minderheiten, welche allein ihn interessierten – innerhalb einer Demokratie. Aber die Mittel zur Rettung seiner Minderheit, vielmehr zur Aufrechterhaltung ihrer Macht, die er ausheckte, konnten nicht taugen: weder der in der Verfassung verankerte Herrschafts-Dualismus, den er zum Schluß forderte, noch selbst die Sezession, die er andernfalls für unvermeidlich hielt. Es waren Mittel, welche die wirtschaftliche, moralische, geistige Lage des alten Südens eingab: statische Mittel, um einen dynamischen Prozeß zu behindern; hoffnungsarme Waffen der Verteidigung trotz scheinbarer Aggressivität, scheinbaren Übermutes.

Neue Theorien

Von »Manifest Destiny« war in den vierziger Jahren auch in Europa die Rede, sei es, daß es sich als unvermeidliches Schicksal darstellte, sei es als durch Organisation und Tat zu erringendes Ziel. Aber es waren kleine, verfolgte Gruppen, einzelne hochfliegende Geister, die es zu sehen glaubten: die freie, christlich-republikanische Gemeinschaft der europäischen Nationen; die kommunistische Gesellschaft ohne reich und arm.

Aus verschiedenen Quellen drängte das neue Wort »Sozialismus« sich in den dreißiger Jahren in die englische und französische Sprache. Von Anfang an war es vieldeutig: allerlei Gedanken, Pläne, Proteste, Prophezeiungen, die aufstiegen aus den Leiden und Widersprüchen der Zeit und solche überwinden wollten und zu ihrer Überwindung auch wirklich beitrugen, ohne sie doch je zu beherrschen, und allmählich veralteten ebensowohl dadurch, daß sie von der Wirklichkeit angenommen und bestätigt, wie dadurch, daß sie durch die Wirklichkeit widerlegt wurden.

In einem anderen Kapitel war von der neuen nationalökonomischen Wissenschaft die Rede, auch schon vom Sozialismus, insofern er ein Zweig eben dieser Wissenschaft war. Er war aber nie reine Wissenschaft. Im weiteren Sinn des Wortes war er eine politische Sache auch dort, wo er, im engeren Sinn, gegen die Politik war und die Herrschaft der Politiker durch die Herrschaft der Produzenten zu ersetzen strebte. Vom Sozialismus als einem Agens der Politik muß gehandelt werden, hier, bevor wir, chronologisch gesprochen, die Mitte des Jahrhunderts erreicht haben. Denn in allen seinen Formen, die Marxsche und kommunistische nicht ausgenommen, ist er eine Erscheinung der dreißiger und vierziger Jahre in Westeuropa. Dort gehört er historisch hin.

Aus der großen Französischen Revolution kamen Impulse, die von den Sozialisten, vielen von ihnen, übernommen wurden: der egalitäre, der rationalistische, der internationalistische. Trotz dieser Gemeinsamkeiten war aber die Französische Revolution nicht sozialistisch gewesen. Noch keine »Arbeiterklasse« damals, noch kein »vierter Stand« unterschieden vom »dritten«; noch kein Protest gegen das Privateigentum, nur gegen die Privilegien, die seiner Ausbreitung, seinem freien Genuß im Wege standen. Damals brachen uralte rechtliche und politische Institute im geistigen Feuer des 18. Jahrhunderts zusammen. Dagegen respondierte Sozialismus der neuen Industrie. Und zwar war, bei allen Unterschieden in den Lehren der »Sozialisten«, die Grundüberzeugung die, daß den von der neuen Industrie verursachten neuen Übeln mit neuen Mitteln zu steuern wäre; sei es, indem man ihren Fortschritt hemmte oder rückgängig machte; sei es, indem man sie unter Bedingungen weitertrieb, die jetzt nicht obwalteten. Was hier nach den verschiedensten Richtungen überhaupt gedacht werden konnte, das wurde gedacht. Sozialismus war gegen den Staat, wollte seine Ziele erreichen ohne den Staat, durch Zusammenarbeit freier Gemeinschaften (Owen, Fourier). Er wollte auch seine Ziele erreichen durch den Staat, aber durch einen ganz anders zu organisierenden, von ganz anderen Menschen zu lenkenden Staat (Saint Simon, Comte). Er war gegen die Politik, die nichts lösen konnte, für direkte Aktion derer, die Sachen produzierten (Owen, Proudhon); er war auch für politische Aktion, für seine eigene Vermählung mit der Demokratie, für Eroberung der Staatsmacht durch die Masse der Armen, kraft des Stimmzettels (die Chartisten in England, Blanqui, Louis Blanc, Ledru-Rolin in Frankreich). Er war egalitär, aber er wußte auch von neuen, sachgemäßen Hierarchien. Er war nur kritisch, nur pessimistisch, sah für den Widerspruch von wachsendem Elend der vielen bei wachsendem Reichtum der wenigen nur die eine Lösung, den katastrophalen Abbruch der ganzen Entwicklung; er war auch optimistisch, traute dem Staat zu, den Reichtum der Gesellschaft im Interesse der Gesellschaft zu verwalten und planvoll zu mehren (Pecqueur, Saint Simon, Blanc). Er war gleichgültig oder feindlich gegenüber den Religionen; aber auch von einem christlichen Sozialismus war die Rede, und von jenen, die das Christentum fortan für hinderlich hielten, glaubten doch einige, der bindenden Macht des Religiösen für den Bau des neuen Tempels nicht entraten zu können. Anarchistisch und etatistisch, moralistisch und amoralistisch, fatalistisch und voluntaristisch – alle diese Meinungen, Wertungen, Haltungen deckte dasselbe Wort. Die europäische Menschheit stand vor neuen, großen Dingen, soviel war klar. Neben jenen, welche diese neuen Dinge nur taten, getrieben von der Peitsche der Gewinnsucht und Konkurrenz, und reich und mächtig dabei wurden, neben jenen, die ihnen dienten und leidend nicht wußten, was ihnen geschah, gab es die wenigen, die ergründen wollten, was da geschah und zu welchem wünschbaren Ende es zu steuern wäre. Sozialismus, man kann es nicht stark genug betonen, war eine Sache des Anfanges. Einzelne, erregte, edle Geister grübelten über eine große Krise, einen Neubeginn der Menschheitsgeschichte.

Dem Elend der Fabrikarbeiter abzuhelfen, lag ihnen vor allem am Herzen. Aber sie selber waren keine Arbeiter und konnten keine sein. Einer von ihnen, der schon im ersten Jahrzehnt des Jahrhunderts zu wirken begann, der Engländer Robert Owen, war selber ein großer Industrieller. Seine sozialen Experimente, verkürzte Arbeitszeiten, gute Löhne, Schulen, Kindergärten zuerst, dann eigentlich kommunistische Siedlungen in Amerika, dann wieder in England Genossenschaften und Tauschbörsen, bezahlte er mit seinem Geld. Ein anderer der ersten Generation, Saint Simon, war ein Aristokrat aus berühmtem Hause, zeitweise reich durch Spekulationen, dann bettelarm aus dem gleichen Grunde, zuletzt von der Wohltätigkeit reicher Freunde lebend. Die meisten waren gelehrte Literaten mit oder ohne Ehrgeiz, sich politische Macht zu erobern. Nur einer kam wirklich aus dem Elend und wollte immer mit »seinen Brüdern der Arbeit und des Elends« leben: Proudhon, erst Kuhhirt, dann Schriftsetzer. Als der Sozialismus, viel später, zur Laufbahn ehrgeiziger, begabter Arbeiter wurde, da war es der »Sozialismus« aller dieser frühen Propheten nicht mehr.

Zu Untersuchungen über die widerspruchsvolle Dynamik der neuen Industrie kamen schrille moralische Thesen – Proudhons »Eigentum ist Diebstahl« zum Beispiel – und ausgreifende geschichtliche Spekulationen. Man lebte in einer Übergangszeit. Die Politik war am Ende, nun galt nur noch die soziale, direkt auf das Wirtschaften sich richtende Tat; Könige, Priester, Militärs seien am Ende und würden durch die Gelehrten und Techniker abgelöst werden (Saint Simon). Es gebe drei Epochen der Menschheitsgeschichte: die der Autorität, der erzwungenen Ordnung und Sklaverei; die des entfesselten skeptischen Individualismus; die der sozialen Demokratie und Brüderlichkeit (Louis Blanc). Oder, indem man die drei Epochen nach den Formen des Eigentums bestimmte: die einer primitiven Gütergemeinschaft; die des Privateigentums; die einer neuen, edlen Gemeinschaft, eine Synthese, gewissermaßen, der beiden früheren (Proudhon). Dergleichen lag in der geistigen Luft Westeuropas, bevor noch die neue deutsche Geschichtsphilosophie allgemein bekannt wurde, die sich der Dreizahl, der Grundzahl der Dialektik, zur Ordnung der Menschheitsgeschichte bediente. Zu Beginn der vierziger Jahre wurde die aufsässige Pariser Intelligenz mit der Philosophie Hegels vertraut.

Hegel – man darf diesen merkwürdigen Denker nicht erwähnen, ohne das, was er gedacht hat, dem Leser ins Gedächtnis zu rufen. Es war die Vollendung der deutschen Romantik, der deutschen Philosophie, man könnte wohl sagen, der abendländischen Philosophie überhaupt; denn wo hat nach Hegel noch ein philosophisches System alle Welträtsel zu entschlüsseln gewagt? Das Hegelsche tat es für die Natur – da bot es freilich vorwiegend Unsinn (hierüber in einem anderen Kapitel) – und für die menschliche Geschichte. Es war eine Metaphysik der Geschichte. Immanuel Kant hatte zu diesem Thema gemäß seiner Grundhaltung nur einen spekulativen Vorschlag machen können: Sinn, Ziel, Hoffnung, Einheit waren für Kant Ideen des Glaubens, nicht Gegenstände des Wissens. Hegel machte ein Wissen daraus. Begriff und Wirklichkeit wurden eins; Notwendigkeit und Freiheit, Sein und Sollen, Philosophie und Politik, Erfolg, Macht und Recht, Menschheit und Gottheit wurden eins. Mystik im Grunde; aber die artikulierteste, bewußteste, reichste Mystik, die noch die nüchternsten Gegenstände der Gesellschaft in sich hineinnahm und aus sich heraus zu entwickeln und zu beweisen vorgab. Es war, nach Hegel, immer »vernünftig« in der Geschichte hergegangen. Sie war das Zusichselberkommen des Menschen, sein Aufstieg zur Freiheit, die im alten Orient die Freiheit nur eines einzigen, in der klassischen Antike die Freiheit nur einiger, im Christentum, klarer im protestantischen Christentum, am klarsten im bürgerlich-republikanischen, philosophischen Christentum des 19. Jahrhunderts, die Freiheit aller war. Den Institutionen des Rechts- und Freistaates entsprach die rechte, nämlich die Hegelsche Philosophie.

Hier hing alles zusammen. Man durfte Religion, Kunst, Philosophie nicht getrennt sehen von Staat und Gesellschaft und Arten des Erwerbes. Noch das in völliger Einsamkeit Vollbrachte, wenn es wirklich war, hing zusammen, war seiner Substanz nach identisch mit dem im Lärm der Kriege und Revolutionen Vollbrachten; Revolutionen in Staat und Gesellschaft, in der Wissenschaft, in der Philosophie waren ein und dasselbe. »Was das Individuum betrifft«, schrieb Hegel, »so ist ohnehin jedes ein Kind seiner Zeit; so ist auch die Philosophie ihre Zeit, in Gedanken ausgedrückt.« Oder: »Wer, was seine Zeit will, ausdrückt, ihr sagt und vollbringt, ist der große Mann seiner Zeit.« Napoleon tat das aus Instinkt, wirklichkeitsnah, praktisch, ruchlos, genau wie in der Stille seiner Studierstube Hegel selber. Jener wurde besiegt, verschwand, ging unter, sobald er sein Werk getan hatte, und das schien so recht wie ehedem seine Siege. Die »Geschäftsführer des Weltgeistes« endeten stets auf dem »Schindanger«, dem »Kehrichthaufen der Geschichte«, nachdem sie ihr Werk vollbracht hatten.

Überhaupt war für Hegel die Geschichte des Menschen keine eigentlich glückliche; Epochen des Glücks, meinte er, seien in der Geschichte leere Blätter. Immer war Kampf, Gegensatz, Ringen um Neues; jede erreichte Stufe mußte wieder verlassen werden, sei es von dem Geschichtsagenten selber, der sie erklommen hatte, sei es von einem anderen, Jüngeren, der dem Älteren provozierend gegenübertrat und sein Nachfolger zu werden bestimmt war. »Geist« war alles, war die letzte, die einzige Realität. Aber auf Erden entfaltete er sich in »Volksgeistern«, von denen jeweils nur einer die Fackel vorwärtstrug, die er einem anderen, ermüdeten entrissen hatte: der Grieche dem Perser, der Römer dem Griechen, der Germane dem Römer. Auch den Menschen der »germanischen Welt« – so nannte Hegel, was wir Westeuropa nennen – würde sie einmal entrissen werden, auch Europas Weltstunde und Weltherrschaft würde nicht ewig dauern. Aber darüber, wie sie enden und was ihr nachfolgen würde, verriet Hegels Philosophie nichts. So reich und bildhaft sie von der Vergangenheit, noch der fremdesten, fernsten zu reden wußte und auch von der Gegenwart, soweit sie Produkt und Überwindung aller Vergangenheit war, so kühl und verschwiegen war sie gegenüber der Zukunft. Ex officio kümmerte die Zukunft den Philosophen nicht; eine um so merkwürdigere Selbstbeschränkung, als er selber am Ende und durchaus nicht in der Mitte eines langen Äons zu leben wähnte. Philosophie kam grundsätzlich spät. Sie drückte die Wirklichkeit erst dann im Reiche des Gedankens aus, wenn sie vollendet war; und Philosophie konnte sie bloß erkennen, nicht verjüngen. Dies galt für alle echte Philosophie. Am stärksten aber für die späte, listenreiche, überreife, eben die Hegelsche, die alles, was vor ihr gedacht worden war, in sich hineinnahm, es zugleich widerlegte und bestätigte, die buchstäblich von aller Vergangenheit lebte. Ihr, der Philosophie aller Philosophien, mußte eine Epoche aller Epochen entsprechen. Und danach? Nur eine schwermütige Stimmung, die in Hegels Werk, zumal seinem Spätwerk, mitschwang, beantwortete diese Frage. Danach würde gar nichts mehr kommen; oder etwas ganz, ganz anderes.

Wäre hier vom Staat die Rede und insbesondere vom deutschen Staat, so müßte nun gezeigt werden, wie Hegels Philosophie auf ihn gewirkt hat. Er hatte einen hohen Begriff vom Staat, er vergötterte ihn, und so schön er von Menschheit und Freiheit zu reden wußte, so pries er auch die Macht, die Machtpolitik und den Krieg, und das hat für deutsches Denken und Tun nachmals schwerwiegende Folgen gehabt, denn Hegel war ein einflußreicher Philosoph. Aber hier ist nicht von der Entwicklung des europäischen Machtstaates die Rede, sondern vom Sozialismus; dem durch eine Weiterführung des Hegelschen Werkes auf überraschende Weise mitgespielt wurde.

Die Nachfolger Hegels zerfielen in zwei »Schulen«: eine offizielle, die das Werk des Meisters starr verwaltete, ohne ihm etwas hinzuzufügen; eine inoffizielle, auch wohl illegale, denn ihre Vertreter sahen sich in den deutschen Staaten verfolgt und ihre Schriften unterdrückt. Sie verwirklichten die revolutionären Möglichkeiten, die in Hegels Werk verborgen waren, denen aber der Meister selber, in seiner Spätzeit einem entschiedenen Konservatismus, ja Quietismus huldigend, mit knapper Not ausgewichen war. Hegel, Pantheist im Grunde, hatte noch das Christentum auf kunstvolle Weise bewahrt; die »Jung-Hegelianer« waren Atheisten. Konsequenter Theismus, meinten sie, sei stets Pantheismus, und konsequenter Pantheismus stets Atheismus; Religion hob, konsequent genommen, sich selber auf. Ein nettes Beispiel der Bewegung des Geistes, der »Dialektik«, wie sie nun angewandt wurde. In Bewegung, in vorwärtstreibendem Selbstwiderspruch befanden sich der menschliche Geist und seine Gründungen immer, so hatte Hegel gelehrt. Wenn das für alle Vergangenheit galt, warum sollte es nicht auch für die europäische Gesellschaft der Gegenwart gelten? Woher überhaupt die Unruhe des Geistes, warum seine Religionen, seine Träume, seine Utopien? Stammten sie nicht daher, daß die von ihm selber, aber unbewußt geschaffene Wirklichkeit ihm fremd war und falsch eingerichtet; war nicht alle bisherige Philosophie die ungeschickte Widerspiegelung ungeschickter wirklicher Verhältnisse? Es kam, so beschloß einer dieser Jung-Hegelianer, Dr. Marx, nun nicht mehr darauf an, die Hegelsche Philosophie durch eine noch kunstvollere zu übertrumpfen. Als Philosophie war sie ein Nonplusultra. Es kam jetzt darauf an, zu begreifen, warum es überhaupt je Religion, Metaphysik, Philosophie gegeben hatte, und sie alle als falsch zu erweisen. Dies konnte man nur, indem man die soziale Wirklichkeit verstand, aus der sie aufgestiegen waren. Es genügte nicht, den Himmel zu kritisieren; man mußte sich zur Erde wenden, die den Himmel geboren hatte. Die bloße Betrachtung mußte zur Kritik werden, die Kritik zur Tat, die Tat zur Revolution. Die soziale Revolution war die einzige jetzt noch mögliche Philosophie. »Die Philosophen haben die Welt nur verschieden interpretiert. Es kommt aber darauf an, sie zu verändern.«

So die deutsche, die philosophische Herkunft des »Marxismus«. Dr. Marx, deutscher Rheinländer mit jüdischen Antezedenzien, ein überaus gescheiter und ebenso herrschgieriger, arroganter, verachtungsvoller junger Mann, verneinte wohl die Hegelsche Philosophie; aber sein eigenes Denken war doch von ihr geprägt; so ernst nahm er dies Gedankenspiel, daß er es auf die soziale Wirklichkeit übertrug und die Wirklichkeit allgemeinen

Begriffen – »die Bourgeoisie«, »das Proletariat«, »die Revolution« – gleichsetzte und im Hegelschen Philosophenjargon große Politik machen wollte. Es hatte das Proletariat »zum Bewußtsein seiner selbst zu kommen« – ein Hegelscher Ausdruck –, hatte sein feindliches Gegenüber, den Kapitalismus, und damit auch sich selber »aufzuheben« – ein anderer Hegelscher Ausdruck –, hatte die bestehende Ordnung, die selber eine Negation war, zu negieren, die Spannung zwischen Sein und Bewußtsein aufzuheben, den Sprung von der Notwendigkeit in die Freiheit zu tun und so fort – alles Hegelsche Ausdrücke, Hegelsche Gedanken, Hegelsche Irrtümer. Denn kaum brauchen wir dem Leser zu verraten, daß die geschichtliche Wirklichkeit nicht so ist, daß sie sich in ein paar scharfe Begriffe auflösen ließe. Marx träumte sein Leben lang von Gegensätzen, die sich konsequent forttrieben, bis sie in aller Sauberkeit explodierten und eine neue Synthese an Stelle der alten Antithetik trat. Aber nach Marx, wie vor ihm, ist die wirkliche Geschichte eine von keimenden und nicht zur Reife gelangenden, immer wieder überraschend durchkreuzten, ungelöst veraltenden Gegensätzen gewesen.

Bei solcher angeblichen Überwindung der deutschen Philosophie oder Philosophizierung der Politik blieb es nicht. Sie allein würde Marx seine Herrscherstellung im Reich des Sozialismus nicht erobert haben. Was der junge Deutsche, während der vierziger Jahre sich in Paris und Brüssel aufhaltend, nun tat, war, das sozialistische und ökonomische Denken der Zeit in sich aufzunehmen und für seine Zwecke zurechtzustutzen. Die Schriftsteller kritisierend, angreifend und bitter verhöhnend, die er bestahl, war er von Grund auf Eklektiker. Sein Freund Friedrich Engels führte ihn zu den ökonomischen Theorien der Engländer; dort fand er die Lehre vom Arbeitswert, dort das »eherne Lohngesetz«, dem zufolge die Arbeiter auf die Dauer nie mehr verdienen konnten, als die Reproduktion ihrer Arbeitskraft kostete. Die Franzosen – Sismondi, Proudhon – lieferten die pessimistische Analyse des neuen Industrialismus: Konzentration des Besitzes, Überproduktion, Verelendung der Massen. Marx nahm das an, indem er die empfohlenen Heilmittel höhnisch verwarf, zumal die Proudhonschen, die mit der Initiative kleiner Gruppen und mit menschlicher Hilfsbereitschaft rechneten. Von der Utopie zur Wissenschaft! Nicht der stets sehr zweifelhaften Güte einzelner Menschen war zu vertrauen, nicht moralischen Überzeugungen, nicht wohlgemeinten, angeblich freien sozialen Experimenten innerhalb des Staates und der Gesellschaft, so wie sie jetzt waren. Zu vertrauen war ausschließlich der Dynamik des Kapitalismus selber. Sie würde sein katastrophales Ende, die »Expropriation der Expropriateure«, die Enteignung der immer weniger werdenden immer Reicheren durch die stetig wachsende Zahl der Arbeitssklaven mit absoluter Sicherheit herbeiführen.

Im »Kommunistischen Manifest« findet sich die neue Lehre in demagogischer Einfachheit und Brillanz, gleichzeitig aber auch schon in voller Reife. Was danach noch kam, war wissenschaftliche und pseudowissenschaftliche Vertiefung nach der ökonomischen Seite, war journalistischer Kommentar und praktische Anpassung. Der »Marxismus« war 1848 fertig; ein viel zu doktrinäres Geistesgebilde, um, einmal geschaffen, noch frei entwicklungsfähig zu sein. Es hat viele Generationen überwältigt. Die ersten, die es überwältigte, so daß sie nie wieder etwas anderes denken konnten, waren seine beiden Schöpfer. Die Geschichte, die bisher immer eine Geschichte von Klassenkämpfen war, wobei immer der herrschenden, ausbeutenden Klasse eine ausgebeutete, leidende gegenüberstand, die Revolution, die bisher immer das Mittel war – wenn die Zeit reif –, eine neue herrschende Klasse an Stelle der alten zu setzen; Denken, nämlich falsches abergläubisches Denken, das bisher immer ein Reflex widerspruchsvollen, falsch eingerichteten Seins gewesen war; das radikal Neue, Einzigartige der gegenwärtigen Situation, darauf beruhend, daß die Kapitalisten die letzte herrschende Klasse, die Proletarier, die sie ablösen würden, aber keine Klasse mehr waren oder doch nicht mehr sein würden, sondern die Menschheit waren oder doch sein würden und daher, nach ihrer Revolution, niemanden mehr ausbeuten, niemanden mehr beherrschen würden, außer allerdings in einer kurzen Periode, in der es noch den Widerstand der nicht ganz vertilgten alten Ordnung gab, so daß eine proletarische Diktatur notwendig sein würde – an allen diesen subtilen Grobheiten hat Marx später nichts mehr verändert und konnte er auch gar nichts verändern. Entzog man dem Bau einen einzigen Pfeiler, so brach er zusammen. Einräumungen, Revisionen, welche seine Architekten nachmals versuchten, mußten, kaum waren sie ausgesprochen, »in letzter Instanz« zurückgenommen werden. Innerhalb des Marxismus mochte manche sinnvolle Behauptung stecken, die Marx bei den verachteten Sozialisten der Frühzeit, den »Utopisten«, geplündert hatte. Der Marxismus war in seiner Gesamtheit richtig, oder er war in seiner Gesamtheit falsch.

Die Sozialisten der Frühzeit, Owen und Sismondi, Saint Simon, Fourier und Proudhon, liest man lange nicht mehr. Sie wurden von Marx zur Seite gestoßen. Aber was immer im Marxismus zur Einheit zusammengezwungen wurde: englische Ökonomie, französischer Sozialismus, deutsche Geschichtsphilosophie; Fortschrittsglaube, Revolutionsglaube, die Überzeugung, eine einzigartige Krise des Menschen zu durchleben und sie wissenschaftlich meistern zu können; der Glaube an Wissenschaft überhaupt und an die Erkennbarkeit eines einzigen, die Menschheitsgeschichte beherrschenden Naturgesetzes, Atheismus und Positivismus; Verachtung der Politik, Reduktion des Politischen auf das Gesellschaftliche, die Lehre vom Klassenkampf, vom Arbeitswert, Mehrwert, Verelendung – alles das war vorher da, nichts davon war Marxsche Erfindung; in seiner Gänze gehört der »Marxismus« selber der industriellen Frühzeit an. Das Lächerliche der folgenden Entwicklung ist dann: daß Denkmoden und Modetheoreme der Frühzeit, durch Marx mit dem Kitt einer so geistvollen wie abenteuerlichen, schwindelnden deutschen Philosophie zum starren System zusammengeleimt, durch ein Jahrhundert mitgeschleppt wurden bis zum heutigen Tag, ein Irrblock in der Zeit, ein Irrblock auch im Raum: denn was haben Asien und Afrika in der zweiten Hälfte des zwanzigsten Jahrhunderts mit dem Paris des Königs Louis Philippe gemeinsam?

Womit wir den Ereignissen vorgegriffen haben. Erwarb der junge Marx sich schon in den vierziger Jahren unter Europas Rebellen allmählich den Ruf eines scharfsinnigen, kenntnisreichen Mannes, so war er doch, als das Revolutionsjahr 1848 begann, noch ohne jeden wirklichen Einfluß; der kam später. Die Leute fürchteten sich damals vor dem »Kommunismus«; ein so feinfühliger, intuitiv begabter Beobachter wie der deutsche Dichter Heinrich Heine zeigte sich in seinen Berichten aus Paris wie behext von dieser Drohung. Aber sie meinten nicht die werdende Marxsche Theorie damit und überhaupt keinen der gelehrten, philosophierenden Sozialisten; vielmehr einen vagen Komplex von Protesten und Verbrechen des Elends, von Arbeiterverschwörungen, von Streiks und Straßenschlachten, wie sie in den ersten Jahren des Bürgerkönigtums ja wirklich stattgefunden hatten, von englischem Chartismus und ultrajakobinischer, sozialistischer Demokratie, wie Louis Blanc sie verfocht. Diese letztere ist im Jahre 1848 dann auch für kurze Zeit zum Zuge gekommen.

Europa: Die Wasserscheide der vierziger Jahre

Das offizielle Europa wußte von keinen großen Erfüllungen der Zukunft. Wir denken an zwei alte, nahezu gleich alte Männer, wenn wir an das offizielle Europa der vierziger Jahre denken: an Louis Philippe und an Metternich. Sie kollaborierten selten, aber sie ergänzten einander und etwas wie ein ungeschriebenes Bündnis bestand zwischen ihnen: dem König-Bürger mit dem Profil Ludwigs XIV. unter der braunen Perücke, aber durch Backenbärte und gedunsene Schwere verbürgerlicht, und dem Fürsten-Staatskanzler mit dem feinen, kalten Greisengesicht. Beide waren sie erfahrene Schüler der Geschichte, die sie seit den Anfangsstürmen der Französischen Revolution miterlebt und gelegentlich mitgemacht hatten, beide von Haus aus praktisch und klug. Aber längst erstarrt unter dem isolierenden Banne der Macht; redselig aus seniler Eitelkeit und immer redend, nie hörend auf besseren Rat; ohne Achtung vor dem Menschenbild, ohne Hoffnung; sich an die Bedingungen der Gegenwart klammernd und ihre Unverrückbarkeit beschwörend in falscher Selbstsicherheit oder falscher Verzweiflung.

Seit 1834 war Deutschland, ohne Österreich und ohne einige kleine nach dem Meer und nach England orientierte Staaten – Hannover, Hamburg –, eine wirtschaftliche Einheit, ein einziges Zollgebiet. Der von Preußen gegründete und vornehmlich verwaltete »Zollverein« war bei weitem die positivste deutsche Schöpfung der dreißiger Jahre. Zuerst hatte Preußen sein eigenes Gebiet von allen Binnenzöllen befreit; dann einige von ihm eingeschlossene Zwergstaaten gezwungen, seinem Zollsystem sich anzuschließen; wonach die deutschen Mittelstaaten, zuerst Hessen, dann Bayern und Württemberg, dann Baden, dann Sachsen mehr oder weniger freiwillig beitraten und die Führung ihrer Handelspolitik, trotz formalen Mitspracherechts, den Regenten Preußens überließen. Die Absichten des Zollvereins waren wirtschaftlich, sein Prophet ein so unpreußischer, ideenreicher, zukunfts- und freiheitsfreudiger Schriftsteller wie der württembergische Nationalökonom Friedrich List, der in Amerika gelebt und dort die Vorzüge eines weiten, innerlich freien, nach außen aber geschützten Wirtschaftslebens studiert hatte. Ein solches Gebiet sollte Deutschland werden, und nicht bloß Deutschland, sondern Mittel- und Südosteuropa, bis zum Schwarzen Meer, ein zweites Amerika, belebt und verbunden durch deutsche Energien, deutsche Eisenbahnbauten, Häfen, Industrien. Der preußische Plan war weniger großzügig als der Traum Friedrich Lists und nicht ohne politische Akzente. Die Wichtigkeit des Zollverbandes zwischen Preußen und Süddeutschland, so schrieb ein preußischer Finanzminister, liege unter anderem darin, daß »Einigung dieser Staaten zu einem Zoll- und Handelsverband zugleich auch Einigung zu einem und demselben politischen System mit sich führt«.

Der Österreicher, Metternich, begriff das sehr gut, konnte aber den preußischen Zollverein nicht hindern, noch auch Österreich in ihn hineinzwingen. – Das Wirtschaftliche ist nicht dasselbe wie das Politische, und wir wollen uns hüten zu sagen, daß seit der Gründung des Zollvereins die Eroberung Deutschlands durch Preußen unvermeidlich gewesen sei. Allerdings aber gewaltig erleichtert. In jeder Krise mußte von jetzt an die Tatsache der wirtschaftlichen Einheit und Abhängigkeit ihre heimliche, aber mächtige Wirkung tun, mußte die süddeutschen Staaten nach der preußischen Seite ziehen, ob ihre Potentaten und Diplomaten es begriffen oder nicht.

Verglichen mit dem Zollverein und dem, was während der vierziger Jahre den Raum des Zollvereins langsam zu füllen begann, den Eisenbahnen, mutet der politische Betrieb in Deutschland als geringfügig an. Friedliche, wohlverwaltete Staaten ohne ein gemeinsames Zentrum, ohne gefährliche Konflikte, ein wenig isoliert von der großen, bewegten Welt des Westens, ein wenig barock noch, schläfrig gehorsam der Obrigkeit – dies ungefähr war der Gesamtbegriff, den man sich damals von Deutschland machte und nicht ohne Grund machte. Aber wie es mit solchen Vorstellungen von einer Nation zu gehen pflegt: sie sind richtig und sind es auch nicht, werden der Bewegung, der heimlich verändernden, zerstörenden, schaffenden Zeit nicht gerecht. Von dem System idyllischer Kleinstaaten, kleiner Residenzen, kleiner Universitäten, als welches Deutschland vor der Jahrhundertmitte galt, war es damals schon längst unterwegs zu etwas ganz anderem.

Von einem im Wachsen begriffenen reizbaren Nationalstolz, der entschieden sich auf die ganze Nation, nicht auf den Staat bezog, wußten französische Beobachter zu berichten. Auch dafür, daß Deutschland nicht mehr das harmlose Land der Metaphysik und der Musik war, als welches es in Frankreich in der Napoleonzeit galt, oder doch es nicht mehr lange bleiben werde, fehlte es nicht an Zeichen. Ein preußischer Diplomat notierte vor 1848 in seinem Tagebuch: »In der Hauptstadt merkt man das noch nicht so, aber in den Handels- und Provinzstädten wächst ein Geschlecht heran, das, alle idealen Bestrebungen vergessend oder gar ihnen feindlich, dreist und roh auf das rohe Wirkliche hinstürmt und bald nichts wird gelten lassen, als was die äußeren Bedürfnisse und Genüsse betrifft.« Ein reizbarer Rechtssinn, Freude am Streit und am Protest gegen patriarchalisch-lastende Autorität brachen aus, wo immer Anlaß und Ventil sich boten. So 1837, als der überwiegend protestantische preußische Staat in seiner neu erworbenen Rheinprovinz in Konflikt mit der katholischen Kirche geriet. Merkwürdig war hier nicht so sehr der Gegenstand des Streites wie die tiefe Bewegung, die er in der öffentlichen Meinung Gesamtdeutschlands verursachte. Hier war etwas, worüber man öffentlich reden und schreiben durfte, ein Ersatz für unmittelbar politisches Treiben, das es nicht gab; und es zeigte sich eine Bereitschaft zur Auflehnung, zur aufwühlenden Diskussion, wie der alte König von Preußen sie kaum erwartet hatte, als er den widerspenstigen Erzbischof von Köln in Haft nehmen ließ.

Friedrich Wilhelm III., der letzte Monarch der Napoleonzeit, starb 1840. Ein Monarchenwechsel, eine feierliche Ablösung der Generationen, das mochte im Europa des 19. Jahrhunderts eine mehr als nur symbolische Bedeutung haben. So war noch die Herrschaftsordnung und blieb sie im deutschen Sprachgebiet bis ins 20. Jahrhundert, daß dem individuellen Träger der Krone eine wichtige, manchmal entscheidende Rolle zugemutet war.

Das Bewußtsein gab es, daß mit dem alten König auch die gute alte Zeit entschwunden und daß sie längst nicht mehr gut gewesen sei. Der patriarchalische Obrigkeitsstaat, rechtlich zwar und »aufgeklärt«, aber absolut, nicht durch das Volk, sondern über dem Volk – der neue Monarch würde es sehr schwer haben, ihn aufrechtzuerhalten. »Auf allen Seiten war man einig, daß das alte System überlebt und bankrott sei und aufgegeben werden müsse, und was man unter dem alten König schweigend ertragen, wurde nun laut für unerträglich erklärt... In dilettantischer Weise hatte er (Friedrich Wilhelm IV.) sich mit den Elementen der meisten Wissenschaften bekannt gemacht und hielt sich daher für kenntnisreich genug, sein Urteil in jeder Sache für entscheidend anzusehen. Er war überzeugt, er sei ein Redner ersten Ranges, und es gab sicher keinen Handlungsreisenden in Berlin, der ihn an Fülle vermeintlichen Witzes und an Geläufigkeit im Sprechen übertreffen konnte... Kaum war das Mundwerk des neuen Königs durch den Tod seines Vaters entfesselt, da machte er sich auch schon daran, seine Intentionen in Reden ohne Zahl zu verkündigen...« So beschrieb Karl Marx – richtiger Friedrich Engels – die Lage für eine New Yorker Zeitung. Es ist mit Marxscher Bosheit gesehen. Aber Marxsche Bosheit traf manchmal den Kern der Sache.

Friedrich Wilhelm IV. war ein über Durchschnitt begabter Erbmonarch; wohlmeinend, geistreich, gebildet, liebebedürftig und schönheitsbegeistert. Aber ohne Kraft zu konsequentem Handeln; hochmütig und treulos; in Krisenzeiten verlor er völlig den Kopf. Zum Schluß wurde er geisteskrank, ein Leiden, von dem man treffend sagt, daß es »ausbricht«; was in uns ausbricht, hat immer in uns gelegen. Den Ehrgeiz hatte er, etwas Großes mit Preußen und Deutschland zu tun, und er war feinfühlig genug, um zu ahnen, daß über kurz oder lang etwas würde getan werden müssen. Aber er dachte an der Wirklichkeit der vierziger Jahre vorbei, die ihm mißfiel; seine romantischen Träume trafen sich nicht mit den nüchternen Forderungen des Bürgertums. »Die schnöde Judenclique«, schrieb er an einen Freund, »legt täglich durch Wort, Schrift und Bild die Axt an die Wurzeln des deutschen Wesens; sie will nicht (wie ich) Veredelung und freies Übereinanderstellen der Stände, die allein ein deutsches Volk bilden, sie will: Zusammensudeln aller Stände...« Da lag es. Die Begriffe Friedrich Wilhelms waren die eines stark idealisierten Mittelalters: fröhliche, dienende Bauern, biedere Bürger, frommer Klerus, treuer Adel, im Kreise seiner Vasallen der König, der auch wohl noch als »Reichserzfeldherr« dem Kaiser in wiedererstandener Reichsherrlichkeit Gehorsam schulden sollte. Zu den nüchternen Forderungen einer bürgerlichen Klassengesellschaft paßte dies schöne Bild nicht. Es hat dann auch die Regierung Friedrich Wilhelms IV. trotz der Hoffnungen des Anfangs und der schweren Wirren der mittleren Jahre fast nichts zuwege gebracht; als sie 1858 in bitterem Jammer endete, waren die preußischen Bürger ebenso froh, wie sie 1840 über ihren Beginn gewesen waren.

Einstweilen begann sie gut. Eine Amnestie entließ die politischen Strafgefangenen, die Zeitungen, die Provinzial-Landtage genossen größere Freiheit, der katholischen Kirche wurden beschwichtigende Konzessionen gemacht – zum erstenmal seit 1815 schien Preußen einen von Metternich und dem Zaren unabhängigen Kurs zu steuern. Aber dann blieb alles stecken. Der König temporisierte, bankettierte, redete, er entschloß sich nicht; im

Feld der Verfassung wollte er die Dinge lassen, wie sie waren, während sie anderswo nicht so blieben. Es waren Jahre des Bauens, die vierziger Jahre, des Eisenbahnbaues vor allem, Jahre der industriellen und finanziellen Gründungen; Jahre auch des scharfen, kritischen Denkens. 1843 wurde in Köln die »Rheinische Zeitung« eines Doktor Marx »wegen Zügellosigkeit des Ausdrucks und der Gesinnung« verboten. Im Jahr darauf kam es in Schlesien zu einem verzweifelten Aufstand der armen Leineweber, die die Häuser der Fabrikanten verwüsteten und die Maschinen zerstörten. Untersuchungen deckten die entsetzlichen Bedingungen auf, unter denen sie lebten.

Erst 1847 entschloß sich Friedrich Wilhelm zu einem Schritt in der seit seinem Regierungsantritt schwelenden Verfassungsfrage. Er berief Vertreter der Nation zusammen. Allerdings war es nicht die Art von Volksvertretung, von der die öffentliche Meinung sich jetzt das Heil versprach, die direkt gewählte; in Berlin trafen sich nur die Mitglieder der schon existierenden Ständeversammlungen der preußischen Provinzen, Vertreter des Adels, der Städte, der Bauern. Dieser »Vereinigte Landtag« erregte den nach Neuerungen lüsternen Zeitgeist, ohne ihn zu befriedigen, zumal seine Rechte und Verantwortlichkeiten unklarer Art waren. Er gefiel auch sich selber nicht. Eben dadurch bewiesen die Deputierten, daß sie, obgleich auf barocke Weise gewählt, doch die öffentliche Meinung recht wohl vertraten. Die Mehrheit präzisierte die klassischen Forderungen des Liberalismus: sie seien noch gar nicht die Reichsstände, die der verstorbene König versprochen; solange ihre Rechte, vor allem das der periodischen Einberufung, der Steuer- und Anleihebewilligung, nicht klar umschrieben seien, könnten sie keine Verantwortung oder Halbverantwortung übernehmen. Die entscheidende Abstimmung war die über die sogenannte »Ostbahn«, die Bahnlinie Berlin–Königsberg, welche die Regierung selber zu bauen wünschte, weil sich für das unrentable Unternehmen keine private Gesellschaft bereit fand. Dazu war eine Anleihe notwendig. Die Versammlung verweigerte sie, sogar eine Mehrheit der Abgeordneten aus Ostpreußen, die so das Prinzip höher als das materielle Interesse ihrer Provinz setzte. Etwas später wurde der Landtag durch allerhöchsten Bescheid ungnädig nach Hause geschickt. Er hatte manches diskutiert, manches vorbereitet; die bloße Tatsache, daß seine Verhandlungen unzensuriert in der Presse wiedergegeben werden durften, beschleunigte das Tempo der öffentlichen Meinung. Gelöst hatte er nichts; die Prophezeiung Guizots, der preußische Vereinigte Landtag werde die »Welt verändern«, blieb unerfüllt.

Im selben Jahr 1847 geschah manches, was auf ein nahes Ende der Metternich-Zeit hindeutete und auch von klugen Beobachtern so verstanden wurde. Die repräsentativsten Träger der alten Ordnung freilich, der Staatskanzler in Wien, der König der Franzosen, verstanden es nicht.

Wie in Frankreich und Deutschland, in Italien und Spanien, so stand auch in der kleinen Republik der Schweizerischen Eidgenossenschaft der erhaltende Geist gegen den bewegenden, modernisierenden, liberalisierenden. Das Land, in der Mitte Westeuropas gelegen, im Osten und Süden von dem Habsburg-Imperium umklammert, bedeutete für die Großmächte mehr, als die Zahl seiner Menschen oder Quadratmeilen hätte erraten lassen. Eine Zivilisation, so entwickelt, reich und schöpferisch wie irgendeine auf der Welt, in den drei verbreitetsten Sprachen des Kontinents sich ausdrückend, frei vom Zugriff der großen Monarchien – längst war die helvetische Freiheitsinsel nicht nur an sich selbst ein ausstrahlendes Zentrum bewegender Energien gewesen, sondern hatte sie auch politischen Flüchtlingen aus Italien, Deutschland, Österreich ein Asyl gewährt. Berüchtigte Verbannte, der Italiener Mazzini, der Franzose Louis Napoleon Bonaparte, tummelten sich auf Schweizer Boden. Diese Abnormität hatte Metternich, bei der gemäßigten Rechtlichkeit, die seiner Politik eigen war, nicht verhindern können; ein hochzivilisiertes Staatswesen, dessen Neutralität die fünf europäischen Großmächte garantiert hatten, mit Gewalt zu zwingen, war ein verfängliches Unternehmen. Übrigens fehlte es auch der konservativen Sache in Helvetien nicht an Freunden. Das Gesamtgemeinwesen war ein lose föderiertes, ein Bund von Staaten eher denn ein Staat, und obgleich auch in der Schweiz das katholische und demokratische Element einander gelegentlich durchdringen mochten, so waren doch die katholischen Kantone der Innerschweiz die weniger dynamischen, auf die Erhaltung ihrer historischen Rechte und Sonderheiten bedachten. Einer von ihnen, Luzern, erlaubte dem streitbaren Jesuitenorden, sich in seinen Grenzen niederzulassen. Dagegen stand protestantisch-radikaler Geist, wie er etwa in dem Beschluß des Kantons Aargau zur Unterdrückung sämtlicher Klöster zum Ausdruck kam; stand die triumphierende Demokratie der volkreichsten Kantone, Zürich, Bern, Genf. Beide Lager organisierten sich. Die demokratischen Kantone schlossen sich 1832 zu einem »Siebener Konkordat« zusammen, forderten zwei Jahre später (in den »Badener Artikeln«) den über den Konfessionen stehenden laizistischen Staat, volle Religionsfreiheit überall, die Erziehung der Jugend durch den Staat anstatt durch die Kirche. Da der liberale, radikale Geist entschieden in der Offensive war, sich ausbreitete, einen Kanton nach dem andern gewann und eine Reform des Bundes erstrebte, so gründeten die sieben katholischen Kantone 1845 einen Sonderbund »zur Wahrung ihrer Souveränitäts- und Territorialrechte«. Ein solcher Bund innerhalb des Bundes war an sich vertragswidrig, verteidigte wohl aber das, worauf die alte Verfassung beruhte, die Rechte der Einzelstaaten, und tat es, indem er sich von Frankreich und Österreich, Guizot und Metternich, heimlich Waffen schenken ließ. Zwei Jahre lang lebten die Schweizer in gefährlicher Nähe des Bürgerkrieges, der ein politischer und zugleich konfessioneller sein würde. Historisches Recht stand gegen neues, das werden wollte; der Anspruch des Nationalstaates, in dem die Mehrheit der Minderheit befehlen konnte, gegen die alte Ordnung eines aus vielen Ganzen. Und wie es in der Welt schon gegangen war und fürder noch gehen sollte: der Streit der Schweizer wurde als repräsentativ aufgefaßt für den großen Streit überall. Wer in Europa sich zu den Liberalen, den Demokraten, den Sozialisten rechnete, dessen gute Wünsche galten dem schweizerischen Revisionismus; Metternich und Guizot hätten sehr gern zugunsten des Sonderbundes interveniert. Aber das Einvernehmen zwischen beiden Flankenmächten war dünn, beide hatten sie schwere Sorgen zu Hause; Lord Palmerston, der den Sieg des Schweizer Liberalismus wünschte, hielt sie mit Vorschlägen zu einer demnächst abzuhaltenden Konferenz über die Schweizer Angelegenheiten hin, so lange, bis die Schweizer Bundesversammlung (Tagsatzung) die Auflösung des Sonderbundes befahl und bis sie, ein halbes Jahr später (November 1847), die Sezessionisten durch überlegene Waffengewalt auseinandertreiben ließ. Der Weg war frei für die »Suisse une et indivisible«, wie Metternich das Ziel der Liberalen bitter charakterisierte. Im folgenden Jahr gingen die Schweizer im Ernst daran, ihren Staat zu reformieren, jetzt erst recht von ihren mächtigeren Nachbarn ungestört. Die neue Bundesverfassung war stark von der amerikanischen inspiriert: die Verbindung von nationaler und kantonaler Staatlichkeit; die Bundesstadt (Bern); der Ständerat, welcher die Kantone, das nach dem allgemeinen und gleichen Wahlrecht gewählte Repräsentantenhaus (Nationalrat), welches das Gesamtvolk vertrat; die von der Bundesversammlung (der Vereinigung beider Kammern) gewählte Exekutive (Bundesrat). Wenn diese in der Folgezeit nicht zu einer von wechselnden Majoritäten abhängigen, von einer regelrechten Opposition bekämpften Regierung wurde, weder im westeuropäischen noch im amerikanischen Sinn, vielmehr sich zu einem obersten Gremium von praktisch auf Lebensdauer gewählten Honoratioren entwickelte (das eines patriarchalisch-autoritären Charakters nicht ganz entbehrte), so lag das nicht im Denken und Wollen von 1848; hier setzten sich historische Kräfte und Eigenarten des Landes auf die Dauer wieder durch, die den Autoren der Verfassung im Moment kaum bewußt waren.

Die Errichtung des neuen Schweizer Bundesstaates konnte während der Stürme von 1848 die europäische Aufmerksamkeit kaum noch erregen. Das Negative, was ihr vorhergegangen war, die Niederlage des Sonderbundes, wurde sehr wohl bemerkt. »Ich sehe die calvinistische Republik in der Schweiz triumphieren. Und diese Republik steigt schon den Alpen herunter, sie bedrängt euch, sie überflutet euch, morgen werdet ihr sie haben...«, so warnte der französische Konservative Montalembert im Jahre 1848. Die Schweiz als ein Herd innerer Unruhen, als ein Zentrum des Radikalismus, vor dem Europas Konservative sich fürchteten – in der Mitte des 20. Jahrhunderts bedarf es einiger Phantasie, um sich das vorzustellen. Damals war die Schweiz ein kleines Amerika inmitten Europas; wie denn die Konstellation des Sonderbundskrieges mit der des Bürgerkrieges von 1861 durchaus zu vergleichen ist. Die beiden Gemeinwesen der westlichen Welt, die um die Mitte des 20. Jahrhunderts bei weitem die konservativsten sind, waren vor Mitte des 19. die radikalsten. Dialektik, wenn man will; keinesfalls sinnloser Zufall. Denn eben weil sie früh sich modern machten, früh aufräumten mit den Resten historischer, ständischer, konfessioneller Differenzierungen, die hier ohnehin schwächer waren als irgendwo sonst, haben beide Gemeinwesen dann einen so starken Erhaltungssinn entwickelt, das Erreichte, Demokratie und Kapitalismus, schien ihnen gut genug.

Wie in der freien Schweiz, so verdichteten sich auch im unfreien Italien die Dinge während der vierziger Jahre zur Krise; sie *waren* krisenhaft immer seit 1830. Und lagen viel unglücklicher dort.

Von Lombardo-Venetien berichtete der Korrespondent der Londoner Times, das Land sei unter der österreichischen Verwaltung so reich, wie es in einem freien Italien nie sein könnte, aber dieser Erfolg komme der österreichischen Stellung nicht zugute; denn je wohlhabender sie seien, desto stärker verlangten Adel und Bürgertum nach der verbotenen Frucht der Politik, anstatt »nur wie Schafe zu grasen und fett zu werden auf der grünen Weide des Vaterlandes«. Die Bevölkerung der Städte sei eins in ihrem Wunsch nach Befreiung von der fremden, überall gegenwärtigen deutschen Polizeiherrschaft. Daß Italien nach einer anderen Form seiner politischen Existenz strebte und streben mußte, war so am deutlichsten in Mailand und in Venedig; aber die Sehnsucht nach großartiger Veränderung wühlte überall, genährt von den universalen, abgewandelt von den regionalen und persönlichen Einflüssen und Bedingungen.

Die Nation war schöpferisch damals, im Reiche der Kunst, der Musik, der Literatur, wie sie es seit drei Jahrhunderten nicht gewesen, und eben daß sie es war, verstärkte das Gefühl nationaler Identität, auch wenn das künstlerische Werk, die Musik Rossinis und Verdis, der Roman Alexander Manzonis, mit der Politik nur sehr mittelbar zu tun hatte. Oft auch, in den Romanen D'Azeglios, in der Lyrik Gabriele Rossettis, in den Erinnerungen – »Meine Gefängnisse« – Silvio Pellicos war der Zusammenhang ein direkter. In keinem Fall hatte das offizielle, österreichische, fürstliche Italien etwas mit dem »Risorgimento« zu tun. Die Nation betrieb ihre höchsten Anliegen trotz der politischen Formen, unter denen sie existierte, ohne die politische Macht, gegen die politische Macht. Eben daher der Gedanke: daß es so, wie es war, nicht bleiben sollte, daß politisches und ideelles Reich in Entsprechung zueinander gebracht werden müßten.

Zu welchem Ziel, auf welche Weise? Es bestand keine Einmütigkeit über diese Frage, es gab überhaupt keine denkbare Lösung, die nicht von der einen oder anderen Gruppe gedacht oder propagiert worden wäre. Ein geeintes Italien, une et indivisible, als Republik; ein geeintes Italien als Monarchie; föderierte italienische Republiken; eine Föderation von Monarchien unter dem Präsidium des Papstes – jede dieser Lesarten hatte ihre Anhänger; die vom monarchisch geeinten Italien unter dem Haus Savoyen die wenigsten. Daß die Österreicher fort müßten, war die einzige Forderung, der kein Patriot widersprach.

Giuseppe Mazzini, der aktivste Prophet der einen Republik, war ein frommer, einsträngig denkender, von Zweifeln an der eigenen Sache nicht angekränkelter Mensch. Ihm stimmte alles zusammen: die Güte Gottes, des Menschen, der Nationen; die Mission Italiens, eins zu werden, dann groß und führend; die Verbindung im edlen Wettbewerb aller europäischen Völker, wenn sie erst frei wären von fremden und heimischen Tyrannen; Europas herrschende Stellung auf Erden; Denken und Handeln. Im Norden und Süden der Halbinsel übel vorbereitete Aufstände schürend; von einem Verbannungsort zum anderen getrieben; Gründer weitverzweigter Organisationen, das »Junge Italien«, das »Junge Europa«; immer scheiternd, nie gebrochen, der kämpferische Humanist, der Don Quichotte der Revolution; schließlich überholt von der Wirklichkeit, die seine Ideale erfüllte und doch nicht erfüllte – so erreichte Mazzini immerhin dies, daß er das Land in Unruhe hielt; und mehr konnte ein Philosoph seines Schlages nicht erreichen. Die dreißiger Jahre waren die Epoche seiner stärksten Wirksamkeit; in den vierzigern begannen die Leute sich von ihm abzukehren, weil sie ihm zu Recht oder Unrecht schuld an wiederholten und erfolglosen Aufständen und den ihnen folgenden blutigen Strafgerichten gaben. Damals machte ein früherer Hauskaplan des Königs von Sardinien, Vincenzo Gioberti, die Idee eines Staatenbundes unter dem Präsidium des Papstes populär. Mit einer Anspielung auf das 13. Jahrhundert nannte man diese Hoffnung den Neoguelfismus. Im Mittelalter hatte Italien seinen rechtmäßigen Platz an der Spitze von Europa eingenommen, und seine Größe war auch die Größe des Papsttums gewesen. Mußte das patriotische Italien sich an den Säkularismus der Französischen Revolution halten? Wäre es nicht besser, wenn es seinen eigenen frommen Weg ginge, denselben, den jetzt ohnehin in Frankreich, Deutschland, England so viele gingen, fort von Voltaire und flachem Aufklärertum, zurück zu einem Glauben, der zugleich fromm und fortschrittlich, volkstümlich und katholisch war ...? Die Ansicht Giobertis bot unter anderem den Vorteil, daß sie Erfüllung ohne böse äußere und innere Wirren versprach. Der römische Papst war eine Gestalt, der auch die protestantische Welt, der selbst Zar Nikolaus von Rußland Ehrfurcht nicht versagte, deren Willensmeinungen die alten Mächte nicht den Widerstand leisten würden, zu dem Mazzinis Staatsstreiche sie provozierte.

Das Konklave des Juni 1846, das den Bischof von Imola, Kardinal Mastai-Ferretti, auf den päpstlichen Thron erhob, bestärkte die Hoffnungen der Neoguelfen. Pius IX. war ein feingebildeter römischer Aristokrat, ein gütiger Mann und ein Bewunderer Giobertis. Er begann sein Pontifikat mit einer Amnestierung aller wegen politischer Vergehen Verurteilter; der Jubel der hunderttausend Römer, die an diesem Tag sich vor dem Quirinal versammelten und »Pius IX., König von Italien« hoch leben ließen, regte seinen guten Willen zu tiefergreifenden Reformen an. Der englische Historiker Lord Acton, der in seinen Vorlesungen über die Französische Revolution die Freudenstimmung während des feierlichen Einzuges der Generalstände beschrieb, erzählte in diesem Zusammenhang: »Nahe Verwandte von mir waren 1846 in Rom, als alle Welt erregt war über die Reformen des neuen Papstes, damals des populärsten Fürsten in Europa. Sie fragten eine italienische Dame, die mit ihnen war, warum alle diese Demonstrationen sie nur trauriger stimmten. Sie antwortete: ›Weil ich 1789 in Versailles war.‹« Die erfahrene Kassandra traute dem Festrausch nicht und sollte recht behalten. Zwar so tragisch wie die Regierung Ludwigs XVI. ging die Pius' IX. nicht aus. Aber der wohlmeinende Priestermonarch besaß den geistigen Charakter nicht, der zur Führung Italiens in den Wirren des späteren 19. Jahrhunderts notwendig gewesen wäre. Übrigens blieb die Frage offen, ob das Oberhaupt der römischen Kirche, selbst bei stärkeren Gaben des Geistes und Charakters, zu einer solchen Aufgabe berufen sein konnte und ob nicht Metternich wahr urteilte, wenn er einen liberalen Papst für etwas Unmögliches erklärte ... Die lange Regierung Pius' IX. sollte an wunderlichen Wechseln von Glück und Gefahr vorbeiführen, durch bittere Enttäuschungen für ihn selbst und für seine frühen Anhänger, sehr weit fort vom Liberalismus.

Jetzt, für den Augenblick, bot er der staunenden Welt das Bild eines Führers der Nation; dergestalt, daß Mazzini ihn mit feierlicher Hoffnung als Bundesgenossen anredete und ein anderer erprobter Revolutionär, Giuseppe Garibaldi, ihm von Montevideo aus sagen ließ, sein Schwert stehe zu des Papstes Verfügung. Die Pressefreiheit wurde im Kirchenstaat gewährt, und Hunderte von Zeitungen und Zeitschriften begannen das an solchen Segen nicht gewohnte Gemeinwesen zu informieren. Ein Kreis von Laien-Honoratioren sollte fürderhin die Regierung beraten, eine Bürgergarde sie beschützen – Konzessionen an den Zeitgeist, die mit der Existenz des Priesterstaates eben noch oder – wie Metternich glaubte – schon nicht mehr zu vereinen waren. Die Bewegung teilte sich dem benachbarten Toskana, dem Königreich Sardinien-Savoyen, mit; König Karl Albert, ein erbitterter Feind Österreichs, und Großherzog Leopold, der sich schmeichelte, der liberalste Fürst Italiens zu sein, wollten auf dem vom Papst gewiesenen Wege nicht zurückbleiben. Die drei Staaten schlossen sich zu einer Zollunion zusammen. Also etwas wie ein liberaler Block in Italien: Sardinien,

Toskana, Rom gegen Österreich und gegen die unbeirrbar trotzigen Satelliten Österreichs, Neapel, Modena, Parma.

Alles das bedeutete ein In-Bewegung-Geraten der Dinge, die nach dem Willen der österreichischen Zentralmacht unbewegt bleiben sollten; das gleiche, was zur gleichen Zeit das Wirken des Vereinigten Landtags in Berlin bedeutete.

Die vielsprachige Habsburger Monarchie selber lag nicht außerhalb Europas und konnte den Wind fordernder Unruhe, der durch Europa ging, nicht zwingen, an ihren Grenzen haltzumachen, trotz Polizei und Zensur; in ihren deutschsprachigen Gebieten, dann in Ungarn, Böhmen, Galizien so wenig wie in Norditalien. »Magyarismus«, »Illyrismus«, »Tschechismus«, »Slawismus«, »Polonismus« – dieselbe Tendenz wühlte in all diesen neuen, nationalen Programmen; und wühlte gegen das gesamtösterreichische Staatswesen wie auch gegen sich selber, weil die Träume der habsburgischen Völker, so wie sie waren, sich untereinander nicht versöhnen ließen.

Ungarn existierte unter seiner feudal-repräsentativen Konstitution, die einerseits den Magnaten, den großen Grundbesitzern, andererseits dem Kleinadel und einigen Delegierten des Königreiches Kroatien eine altmodische Art von Vertretung gab. Die Magyaren waren uneins in dem, was sie wollten: kulturelle Wiedergeburt, einen Verfassungsstaat im westlichen Sinn, aber im Rahmen der österreichischen Monarchie; radikale Demokratie und Trennung von Habsburg. Einig waren sie im Nationalismus, dem Willen, die Länder der Stephanskrone, in denen sie selber eine Minderheit waren, zu magyarisieren und den Nebenvölkern, Kroaten, Rumänen, Slowaken, Deutschen, die Rechte ganz zu nehmen, deren Erfüllung sie für sich selber forderten. Das Lateinische wich dem Magyarischen als Verhandlungssprache im Reichstag; den Kroaten wurde auferlegt, Magyarisch zu lernen oder des Rechtes, ein staatliches Amt zu bekleiden, verlustig zu gehen. Es begann damit ein Streit, der so lange dauern sollte wie die Habsburger Monarchie, der nicht einmal mit ihr endete und der von trostloser Dummheit und Dürftigkeit war: der Sprachenstreit. Des Menschen menschlichste Gabe, die Sprache, wurde zum Trennenden, boshaft Konkurrierenden.

Dem magyarischen Nationalismus antwortete der südslawische oder »illyrische«; das Bestreben, aus verschiedenen südslawischen Dialekten eine Schriftsprache zu schaffen (Ludewit Gaj); auch schon der Traum eines Königreiches der Kroaten und Slowenen, vielleicht mit Einbeziehung der Serben und Bulgaren.

In Böhmen meldeten sich Professoren, Schriftsteller, auch aristokratische Politiker zu Wort und entdeckten aufs neue die slawische Nation der Tschechen. Soweit die Bestrebung eine antiquarisch-kulturelle war, hatte der Staatskanzler Metternich nichts gegen sie, weder im Fall der Tschechen noch anderswo. Es lag aber im Wesen des europäischen Nationalismus, so wie die Slawen ihn von den Deutschen übernommen hatten und ihn nun gegen die Deutschen kehrten, wie die Magyaren ihn gegen die Slawen, daß er nur kulturell nicht bleiben konnte und sollte, sondern nach politischer Erfüllung trachtete; daß nur zu oft der Nachweis alter Kulturherrlichkeit im Dienste politischen Ehrgeizes stand, wobei es dann auch nicht ganz ohne Fälschungen abging; daß, während doch Kultur das Schöpferische, nur Positive ist, hier das Negative, die Antipathie, die Konkurrenz, der Neid ein konstituierendes Element waren. Die tschechischen Patrioten erstrebten etwas wie die staatsrechtliche Erneuerung des alten böhmischen Königreiches. Es sollte aber sein, was das alte Böhmen nicht gewesen war, ein tschechischer Nationalstaat, in dem die Deutschen eine Minderheit wären; zuerst die kulturelle Gleichberechtigung mit den Deutschen, dann Prädominanz. Obgleich eng verwandt mit dem in Rußland zentrierenden gesamtslawischen Nationalismus, Panslawismus, und kaum möglich ohne ihn, hatte der »Tschechismus« in den vierziger Jahren einen nur tschechischen, sogar einen entschieden österreichfreundlichen Charakter, wie wir noch sehen werden. Österreichfreundlich, aber nicht deutschfreundlich. Die Idee war, die Habsburger Monarchie zu einem überwiegend slawischen Bundesstaat zu machen. Der Dynastie Habsburg, die deutsch war, dann italienisch, lothringisch, spanisch, nur nicht slawisch, war diese Idee fremd; fremd dem historischen Stil der Donaumonarchie. Selbst Metternich, nichts weniger als ein deutscher Nationalist, hielt doch fest am deutschen Charakter des Gesamtstaates; deutsch in der Form, deutsch nach außen hin. – Übrigens ging es in Böhmen zu wie in Ungarn und wie im deutschsprachigen Niederösterreich: die Stände oder Landtage verlangten Rechte, welche die Vertreter des Monarchen ihnen zu verweigern hatten: Mitwirkung an der Gesetzgebung, Steuerbewilligungsrecht, Kontrolle des Budgets, Öffentlichkeit der Verhandlungen und so fort – die Forderungen des Konstitutionalismus.

Das kleine, künstlich ausgeschnittene und umhegte Stück Land, welches der Wiener Kongreß 1815 dem polnischen Patriotismus eingeräumt hatte, die Republik Krakau, wurde 1846 dem österreichischen Staatswesen einverleibt. Metternich, der an nichts so sehr glauben wollte als an die Heiligkeit der Verträge von 1815, verfügte das ungern, aber das unruhige Treiben der Polen ließ keine Wahl, und hätte er Krakau nicht genommen, so hätte es der Zar getan. Das klassische Volk des Unglücks, das polnische, konnte nicht ruhig bleiben, wenn selbst die glücklichsten Völker sich in Unruhe gefielen. Von Krakau spülte der polnische Nationalismus hinüber in die österreichische Provinz Galizien, wo der Konflikt ein zugleich nationaler und sozialer war: ukrainische Bauern gegen die Grundbesitzer polnischer Nationalität. Dort kam es zu fürchterlichen Gewalttaten von arm gegen reich, Exzessen, von denen es hieß, daß der Staat, Österreich sie begünstigte, oder doch sie nicht hinderte, um die polnische Herrenschicht zur Räson zu bringen.

All das und mehr der gleichen Art, dessen wir noch Erwähnung tun müßten, wenn Vollständigkeit in unserer Aufgabe läge, all das ließ eine große innereuropäische Explosion erwarten. Sie wurde auch erwartet. Sie wurde von vielen vorausgesagt, von Konservativen und von Neuerungssüchtigen, von tätig Anteilnehmenden und von kühlen Zuschauern. Die Revolution von 1789 hat eigentlich niemand vorausgesehen, sie kam von selber, machte sich selber. Die Revolution von 1848 wurde gemacht, sie kam, *weil* sie vorausgesehen wurde. Zu fragen ist hier nicht so sehr, warum sie kam, das ist deutlich, sondern warum sie so wenig ausrichtete, so wenig löste; warum die Aufgaben, die sie zu lösen versprach, nicht damals auf einmal, sondern während der nächsten zwei und der nächsten sieben Jahrzehnte gelöst wurden und letzten Endes auch dann nicht und bis zum heutigen Tag ungelöst sind.

Louis Philippe mit seinen Ministern, 1842
Aus dem Gemälde von Claude Jacquand. Versailles, Museum

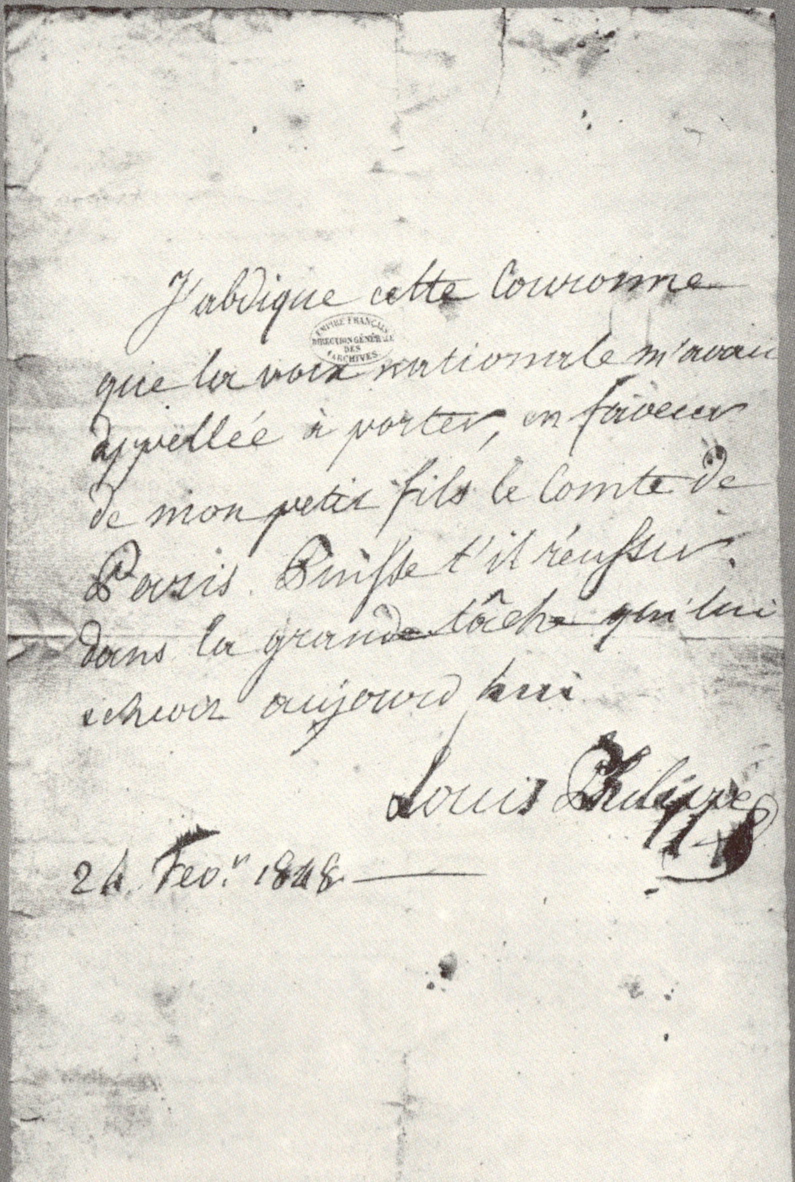

J'abdique cette Couronne
que la voix nationale m'avait
appellée à porter, en faveur
de mon petit fils le Comte de
Paris. Puisse t'il réussir
dans la grande tâche qui lui
échoit aujourd'hui.

Louis Philippe

24 Fevr 1848

König Louis Philippe war gegen Erweiterung des Stimmrechts vor allem darum, weil er Demokratie in Frankreich mit Krieg gleichsetzte; der erfahrene alte Mann wollte Frieden beinahe, wie er gestand, um jeden Preis. Er machte sich taub gegen die stärker und stärker werdende Forderung nach einer Wahlrechtsreform, in der die Pariser Linke den Agitationsstoff gefunden hatte, den sie brauchte. Er hielt nichts von der Macht, die hier agitierte, der Drohung, die hier gegen sein System unter seinen Augen sich aufbaute. »Meinen Sie?« fragte er den General Sebastiani, der ihn vor revolutionärer Unruhe warnte, »Sie werden sehr alt, Marschall, es geht offenbar mit Ihnen bergab.«

Die drei Pariser Spätwintertage des Jahres 1848, der 22., 23. und 24. Februar, verliefen ähnlich wie die drei berühmten Julitage des Jahres 1830. Es gab Unterschiede: Louis Philippe hatte nicht blind provoziert wie Karl X., er hatte nur verweigert; das »Volk« wurde nun die »Arbeiterschaft« genannt und fühlte sich von dem oppositionellen Bürgertum stärker unterschieden als 1830; die Erwartung der »jüngeren Linie« der Orléans konnte nun nicht mehr rettend ins Feld geführt werden. (Daß es in der Tat eine noch jüngere Linie gab, zeigte sich einige Monate später; im Februar dachte niemand daran.) Aber das plötzliche Aufwallen der städtischen Massen, das Barrikadenbauen und einander durch Schlachtrufe von vager Bedeutung zum Kampfe Ermuntern; der Starrsinn, das unbegründete Sicherheitsgefühl der alten Autorität zuerst, das verspätete Erkennen der Gefahr, die populären Ernennungen, hastig zugestanden, die nun nichts mehr helfen konnten, der Verzicht auf lange vorbereiteten militärischen Widerstand, das dennoch statthabende ungewollte, jedenfalls von der alten Autorität ungewollte Blutvergießen, die Panik im Palast vor dem wachsenden Geheul und Gefuchtel der Straße, endlich die Abdikation – so war es 1830 gewesen, so nun 1848. Den 24. Februar stand Louis Philippe am Schreibtisch, noch immer umgeben von den Marschällen Napoleons – Soult, Gerard, Sebastiani – sehr alten Leuten jetzt und selber sehr alt, Louis Philippe, der mit Danton gesprochen hatte, der Sohn Egalités, der Bürger-General von 1792, und unterschrieb seine Abdankung. Dann floh der letzte König von Frankreich, der schon kein rechter mehr gewesen war. Man hielt zwölf Staatskarossen bereit, um ihn und die Seinen fortzubringen, aber sie konnten nicht durchkommen. Auf der Place de la Concorde, inmitten einer höhnenden Menge, die im Augenblick zu wilden Taten schreiten konnte, bestieg er einen Fiaker, er, die Königin und die Witwe des Kronprinzen. Die Tür wurde von außen geschlossen, und er dankte. »Nichts zu danken«, sagte der höfliche Mann draußen. »Auf diesen Moment habe ich seit siebzehn Jahren gewartet.« Und Louis Philippe, als der Wagen durch die öden Vorstädte rollte: »Schlimmer als Karl X.; tausendmal schlimmer als Karl X.!« – Schlimmer vielleicht; jedenfalls endgültiger.

Welche revolutionären Energien, welch rasende Volkswut damals in Paris aufgespeichert war, zeigten die nächsten Stunden und Tage. Alte Leute, welche die erste Revolution gesehen hatten, hatten doch dergleichen noch nicht gesehen: die Plünderung und Verwüstung der

---

Die Abdankungsurkunde Louis Philippes vom 24. Februar 1848
Paris, Archives Nationales

Königsschlösser, der Tuilerien, des Palais Royal, deren Schätze, Porzellan, Gobelins, Bücher, zerstampft und zerfetzt die Höfe knietief bedeckten; aus den Tuilerien allein wurden fünfundzwanzigtausend Kilo Porzellan- und Kristallscherben ausgekehrt. Daß ein gleiches auch dem Palast des Bankiers Rothschild geschah, stimmte die wohlhabenden Leute nachdenklich. Am Ende war es leichter, einen König zu stürzen, als seine Nachfolge anzutreten.

Am Abend des 24. Februar trat eine »provisorische Regierung« diese Nachfolge an, eine pariserische Bildung, ein Amalgam aus Resten des alten Parlaments mit radikaleren, im Stadthaus zentrierten Kräften. Sie proklamierte die Republik; sie war in sich geteilt, in rechts, links und sehr links; die Bedingungen, unter denen sie am ersten Tage ihres Amtes waltete, versprachen nichts Gutes für die folgenden Tage.

Das war der Anfang der europäischen Revolution. Anstatt nun über die Fülle dieser beiden merkwürdigen Jahre – genauer besehen sind es vom Anfang, dem Sturz Louis Philippes, bis zum Ende, der Kapitulation der aufständischen Ungarn, nur anderthalb – von Tag zu Tag und Ort zu Ort zu erzählen, müssen wir uns mit einer Analyse, einer knappen Anordnung der Ereignisse begnügen. Sie sind vielfältig und wirr. Das erschwert im Rückblick ihre Darstellung; es hat sie selber erschwert, als sie Gegenwart waren, hat den kreißenden Berg mit Unfruchtbarkeit geschlagen. Wenn es je eine europäische Revolution gab, so war es die von 1848; nicht die von 1789, die nur französisch, die von 1917, die nur russisch, überdies die Folge eines militärischen Zusammenbruches war. 1848 gab es keinen militärischen Zusammenbruch, auch keinen Staatsbankrott wie 1789. Das Positive, das schöpferische Ändernwollen übte sich an sich selber, ungehindert von Kriegen und Katastrophen, die ihm fremd gewesen wären. Das Adlerauge des revolutionärsten Theoretikers, den es je gab, Karl Marx, des Apostels, des scharfsinnigen Fetischisten der Revolution, wachte über dem Geschehen. Das war seine Revolution; oder sollte es sein; oder sollte es demnächst werden. Hic Rhodus, hic salta. Aber der Sprung gelang nicht. – Sagen wir: Die Revolution gelang eben darum nicht, weil ihr keine Katastrophe, kein Zusammenbruch der Gesellschaft und Wirtschaft vorausging, so wäre damit gegen den Begriff der Revolution als freier umwälzender Tat etwas Wesentliches ausgesagt; was überhaupt erst wirken kann, wenn etwas anderes schon zerstörend gewirkt hat, besitzt nicht die Autonomie, die man ihm zutraute.

Europa war eine Einheit in dem Sinn, daß die Verjagung eines französischen Königs in Deutschland, Italien, Ungarn, Böhmen die und die Folgen hatte; nicht aber in dem Sinn, daß in einer der europäischen Hauptstädte, sei es selbst in Paris, für die anderen hätte entschieden werden können. Nicht einmal Deutschland war eine solche Einheit. Viele Schicksale, viele Willenszentren, viele Begehren walteten nebeneinander; wollten sie dasselbe, so konnten sie eben darum und darin einander feind sein; so die Dänen und die Deutschen, die Deutschen und die Polen. Hier war nicht ein gordischer Knoten, der sich dem Schwerte revolutionärer Vernunft darbot, sondern viele Knoten, viele Schwerter; und die Knoten waren untereinander verknotet, die Schwerter bedrohten einander, schlugen gegeneinander, Staaten, Nationen, Nationalitäten, Klassen. Auch Marx, der es mit furchtbarem Machtwillen, mit ätzender Feder versuchte, hat in dies Gewühl die erwünschte Einheit oder Zweiheit nicht bringen können. Im Frühling 1848 glaubte man an die Neuordnung des Kontinents zu aller Befriedigung, auf niemandes oder doch nur auf Kosten der alten irrationalen

Mächte. Danach war Enttäuschung, Verwirrung, Ermüdung, war vielerlei neue Feindschaft und Furcht zu alter, die weiter bestand; auf das kurze Zeitalter der Prinzipienritter folgte das längere der Opportunisten.

Was wollte das Europa der »achtundvierziger«? Es wollte die lange erträumte rechte Regierungsform: die Republik, mit oder ohne König, den Staat Immanuel Kants, in dem keine anderen Gesetze sein sollten als die, welchen seine Bürger zugestimmt hätten. »Freiheit« wäre das ungefähre Wort dafür. Wo landfremde Herren saßen, in Norditalien vor allem, auch in Polen, später in Ungarn, war Freiheit von Fremdherrschaft Vorbedingung der inneren, wobei angenommen wurde, daß man die innere gewiß haben würde, wären erst die fremden Tyrannen verjagt. Zur Forderung der Freiheit kam die der Einheit entgegen bestehender Zerstückelung, gleichgültig, ob diese von landfremden Gewalten auferlegt oder eine aus alten Zeiten überkommene war. Einheit bezog sich auf Nationalität; Nationen sollten geeint sein im Freistaat: Freiheit und Einheit. Unter subnationalen Einheiten, den Fürstenstaaten Italiens und Deutschlands, wirkte diese Forderung verbindend; sprengend im übernationalen Imperium der Habsburger (des Zaren, des Sultans). Vorausgesetzt wurde im Frühling 1848, daß beide Prozesse, der des Verbindens wie der des Trennens und Sprengens, sich gerecht vollziehen würden; jede Nation sollte zu dem Ihren kommen. Aber schon im Herbst erfuhr man, daß dies nicht ging und daß man es nicht wollte, selbst wenn es ging; nun wurde so geredet, als ob eine Nation, zum Beispiel die deutsche, recht wohl frei und einig sein könnte auf Kosten von anderen. Hieraus der Kampf der Nationalitäten, damals und später, eine neue, unerwartete Sache in der europäischen Geschichte; genügend, um das Jahr 1848 zum Schicksalsjahr zu machen, an sich selbst genügend, um die Revolution zu verderben.

Zur Spaltung des Kontinents in Nationalitäten, die nun sich ernst zu nehmen begannen wie nie zuvor, kam ein anderer Gegensatz innerhalb jeder Nation: der Gegensatz sozialer Klassen. Er war weniger bewußt als der nationale, war übrigens diesem begrifflich nachgemacht; zu welcher Nation einer gehörte, das konnte, von gewissen Grenzgegenden abgesehen, ein jeder sagen, während, seine Klasse zu bestimmen, mehr Sache der Denker, der Soziologen und Sozialisten war. Die mangelnde Bewußtheit bewies an sich nichts gegen die Wirklichkeit der Sache. Sie war wohl wirklich; wirklicher als der Gegensatz zwischen den Nationen, welcher bei näherem Zusehen doch nur eingebildet und albern war. Es ging um nichts zwischen Tschechen und Deutschen; zwischen Landarbeiter und Baron, zwischen Leineweber und Webereiunternehmer, Bergmann und Bergwerksbesitzer ging es allerdings um etwas. Marx, immer begierig, gedankliche Ordnung zu schaffen, wo in der Wirklichkeit keine war und jene dieser aufzuzwingen, hat dann sogar die Begriffe von Klasse und Nation einander zugeordnet. Durfte man ihm glauben, so gab es revolutionäre Nationen, die Polen, die Magyaren, auch wohl Deutsche und Italiener, und ihnen gegenüber reaktionäre Nationen, die Slawen des Habsburgerreiches, die Skandinavier: Eine Unterscheidung, zu deren Gunsten man allenfalls sagen kann, daß sie geringen Schaden tat.

Reaktionäre S t a a t e n gab es: den russischen, der von der Revolution nicht berührt wurde, eine ungeheure, erst zum Schluß eingesetzte Reserve der alten Ordnung; den österreichischen, dessen gewalttätige Wiederherstellung durch sich selber und die eigenen Kriegsheere unter allen Niederlagen der Revolution die entscheidendste, für das momentane Gesamtschicksal Europas folgenschwerste darstellte.

Deutschland und Italien vermochten sich von dem habsburgischen Imperium nicht zu trennen; was habsburgische Generale, Minister, Abgeordnete, was tschechische, kroatische Bauernrekruten taten, hatte Folgen in Berlin, Mailand und Rom. Deutschland und Österreich grenzten an die russische Machtsphäre von der Ostsee bis zur Donaumündung; obschon die Intervention des Zaren Nikolaus erst im Sommer 1849 erfolgte und regional beschränkt blieb, so war sie doch eine Drohung von Anfang an und wirksam als solche. Dagegen war Frankreich, das im Sinn der Verträge von 1815 der abhängigste, von einer europäischen Polizei überwachte Staat hätte sein sollen, nun es ein »europäisches System«, eine »Heilige Allianz« nicht mehr gab, in Wahrheit autonom. Ihm drohte keine Einmischung von außen, sosehr es seinerseits nach außen wirkte. Es besaß überdies die Einheit längst und zum Überdruß, um welche Italiener und Deutsche rangen. Also war der Verlauf der Revolution hier ein anderer als in Mitteleuropa und ging es hier um andere Spaltungen und Ziele. Marx, der sie in seinen glanzvollsten zeitgeschichtlichen Schriften analysiert hat, ist damals der Wahrheit nähergekommen als sonst, und das ist kein Wunder; denn von französischen Zuständen der vierziger Jahre war seine ganze Lehre im wesentlichen abgezogen, und von dort wurde sie auf Gegenden und Zeiten übertragen, zu denen sie nicht paßte. Vereinfacht hat Marx freilich auch die französischen Dinge seiner Gegenwart; eine so übersichtliche Arena, in der die »Klassen« gegeneinander agiert hätten wie Figuren auf einem gruseligen Kasperletheater, ist auch das Frankreich des Jahres 1848 nicht gewesen.

Eine Periode revolutionärer Einheit, provisorisch, unartikuliert und explosiv, gab es dort bis in den April. Solange wirkte die Stoßkraft der Februartage nach. Alles wollte »links«, ja, alles »Arbeiter« sein; »mein Großvater war Arbeiter, mein Vater war Arbeiter, ich selbst bin Arbeiter, ich bin Arbeiter-Notar« ließ auf seinen Plakaten einer wissen, der in die Nationalversammlung gewählt werden wollte. Die Regierung, von der Hauptstadt kreiert, war durchweg republikanisch, auch wohl sozialistisch; so wenigstens, daß ein gewesener Arbeiter und zwei sozialistische Theoretiker – Louis Blanc, Ledru-Rollin – sie zierten. An ihrer Spitze stand Alphonse de Lamartine, Historiker der Gironde, Poet der Menschheitsverbrüderung, Volkstribun. Er regierte durch Reden, war geliebt kraft seiner Reden, redete zum Guten nach allen Seiten, besprach das Chaos der wimmelnden, gärenden Riesenstadt von Treppen und Balkons, in Schweiß gebadet, beschwörend; unter Aufgebot seiner letzten Kräfte das zusammenhaltend, was auf die Dauer nicht zusammenzuhalten war. Die soziale Leistung seiner Regierung, eine Konzession an die Sozialisten, war die Proklamation des »Rechtes auf Arbeit«, der die Einrichtung von »Nationalwerkstätten« folgte; sie gaben den Pariser Arbeitslosen Beschäftigung oder den Schein davon in einem Moment, in dem das echte Wirtschaftsleben durch die allgemeine Unsicherheit gelähmt war, lockten allerlei Volk aus den Provinzen nach der Hauptstadt, wurden zum Zentrum der »roten« Gefahr, die sie beschwichtigen sollten. Louis Blanc forderte die rote Fahne statt der Trikolore, eines Kompromisses aus der ersten Revolution, die jetzt veraltet sei; Lamartine verhinderte das mit knapper Not. Im Außenpolitischen war der erste republikanische Staatschef alsbald in der Lage, welche den letzten König achtzehn Jahre lang gequält hatte: er mußte den starken

Aufbahrung der Märzgefallenen auf dem Gendarmenmarkt in Berlin, 1848
Aus dem Gemälde von Adolph Menzel
Hamburg, Kunsthalle

Barrikadensturm in Paris im Juni 1848
Lithographie

Mann, den Nationalrevolutionär und Hasser der Verträge von 1815, den Freund aller um ihre Freiheit ringenden Völker spielen und wollte doch den Frieden. Was sich in Paris an politischen Verbannten herumtrieb, Polen, Irländer, Italiener, Deutsche, Belgier, tat sich zusammen zu kämpferischen Vereinigungen, die sich anschickten, ihr Vaterland zu erlösen. Die Regierung oder doch deren radikale Mitglieder halfen ihnen mit Geld und guten Worten; indes Lamartine dem englischen Botschafter versicherte, nichts habe sich in der Außenpolitik geändert, und den Frieden zu erhalten sei sein oberstes Gesetz.

Mittlerweile durchlief die Revolution ihre schon klassischen Stadien. Eine von Grund auf neue Verfassung mußte sein, nur das Volk konnte sie sich geben. Wahlen zur konstituierenden Nationalversammlung gab es im April, sie brachten den Rückschlag des Landes gegen den Radikalismus der Hauptstadt. Neun Zehntel der Deputierten waren erhaltend gesinnt, wenigstens in Fragen des Eigentums, Monarchisten der verschiedensten Spielart, Bürger- und Bauernrepublikaner. Machte dieser Sieg der Nichtsozialisten die folgende Katastrophe unvermeidlich? Die Arbeiter von Paris waren keine Klasse, die dem Land eine taugliche Ordnung hätte geben können; auch dann nicht, wenn man ihnen die Diktatur übertragen hätte, was schwer genug vorzustellen ist. So aber, wie sie gestimmt und erregt waren, betrogen durch die großartigen Versprechen ihrer Ratgeber, jammervoll enttäuscht durch die Wirklichkeit ihrer Lebensbedingungen, die in den Revolutionsmonaten schlechter waren als unter dem alten König, fühlend, daß ihnen das Versprochene, theoretisch Erworbene nun wieder entglitt, konnten, wollten sie ihre scheinbare Macht über die Hauptstadt nicht kampflos preisgeben. Eben dadurch ließen sie der Regierung – dem Exekutivausschuß der Versammlung – im Grunde keine Wahl. Zuverlässige Truppen wurden um Paris zusammengezogen. Ihr Kommandant, General Cavaignac, kannte sein Ziel, »den Feind zu zerschmettern, in Masse, wie im Kriege«. Und Lamartine, der Poet, der edle Volksfreund, pflichtete bei: »Diese Schlacht muß geschlagen werden wie eine echte Schlacht, nicht wie ein zerstreuter Kampf gegen Rebellen.« Der Rat wurde buchstäblich befolgt. Ein lange vorbereiteter Angriff der Regierung auf die Nationalwerkstätten warf den Funken in das Pulverfaß. Die »Junischlacht« (23.–26. Juni) dauerte vier Tage: die Eroberung einer Hälfte von Paris, Barrikade nach Barrikade, von der anderen her, unter greulichem Morden, in wechselseitig gesteigerter Wut. Am Ende lagen ganze Stadtviertel in Asche, die Toten hat niemand gezählt: Schätzungen gingen von zwölf- bis fünfzigtausend. Prozesse, Verurteilungen, Deportationen folgten nach. Die Kraft, die hier gebrochen wurde, hatte die Februarrevolution entschieden und entscheiden können, weil der alte Monarch das nimmermehr tun wollte, was der Beauftragte der bürgerlichen Republik kühlen Mutes tat: das Volk von Paris wie einen Feind im Krieg zu behandeln. In ihrem Ergebnis verleugnete so die Junischlacht die Stimmungen der Februarrevolution. Nicht zwar so, daß die Mehrheit nun die alte Monarchie zurückgewünscht hätte; noch immer war ihr der Begriff der Republik ein Gegenstand fetischhafter Verehrung. Aber jetzt sollte es eine starke Republik sein, ordnungsstiftender, ordnungserhaltender als die gekrönte Republik des Orléans gewesen. Der Kult des Arbeiters verschwand im Nu. Der Exekutivausschuß wich einem einzigen von der Versammlung bestellten Inhaber der ausübenden Gewalt: General Cavaignac. Bis zur Vollendung des Verfassungswerkes war seine Stellung stärker als je die der wiederhergestellten Bourbonen. Auf

DEUTSCHLAND	ÖSTERREICH

1848

12. Februar In der badischen Kammer fordert Mathy die Einberufung eines Reichsparlaments.

5. März Ein in Heidelberg tagender Kongreß erläßt einen Aufruf zur Bildung eines Frankfurter Vorparlaments, das die Einberufung einer deutschen Nationalversammlung beschließen soll.

18.–19. März Aufstand in Berlin, König Friedrich Wilhelm IV. beruft ein liberales Ministerium.

20. März Ludwig I. von Bayern dankt zugunsten seines Sohnes Maximilian II. (bis 1864) ab.

31. März – 4. April Das Frankfurter Vorparlament tagt.

12. April Hecker proklamiert die deutsche Republik.

2. Mai Preußische Truppen marschieren in Dänemark ein, nachdem Dänemark am 23. März Schleswig einverleibt hatte.

18. Mai Die Nationalversammlung in der Paulskirche wird eröffnet.

22. Mai Die preußische Nationalversammlung in Berlin eröffnet.

29. Juni Auf Vorschlag des Präsidenten Heinrich von Gagern wählt die »Paulskirche« Erzherzog Johann von Österreich zum Reichsverweser.

26. August Preußen schließt mit Dänemark einen Waffenstillstand und gibt Schleswig-Holstein preis.

18. September Aufstand in Frankfurt, bei dem zwei preußische Abgeordnete ermordet werden.

10. November General von Wrangel rückt in Berlin ein.

5. Dezember Die preußische Nationalversammlung wird aufgelöst.

13.–15. März Aufstand in Wien. Metternich dankt ab.

25. April Die Regierung oktroyiert eine Verfassung.

15. Mai Aufstand in Wien, die Verfassung wird zurückgezogen.

17. Mai Der kaiserliche Hof flieht nach Innsbruck.

17. Juni Ein tschechischer Aufstand in Prag wird unterdrückt.

22. Juli Eröffnung des Reichstages in Wien.

12. August Der kaiserliche Hof kehrt nach Wien zurück.

12. September Kossuth erklärt sich zum Diktator Ungarns.

6. Oktober Beginn der »Oktoberrevolution« in Wien.

7. Oktober Der kaiserliche Hof flieht nach Olmütz.

31. Oktober Fürst Windisch-Graetz erobert Wien.

9. November Robert Blum wird in Wien erschossen.

2. Dezember Kaiser Ferdinand I. dankt zugunsten seines Neffen Franz Joseph I. (bis 1916) ab.

1849

28. März Friedrich Wilhelm IV. wird in Frankfurt zum Kaiser der Deutschen gewählt.

3. April Er lehnt die Kaiserwahl ab.

27. April Die preußische Kammer wird aufgelöst.

28. April Absage Preußens an die Nationalversammlung.

3.–8. Mai Preußische Truppen unterdrücken einen Aufstand in Dresden.

11.–13. Mai Der Großherzog von Baden flüchtet vor Aufständischen und rebellierenden Truppen.

30. Mai Das Drei-Klassen-Wahlrecht wird in Preußen eingeführt.

6.–18. Juni Das »Rumpfparlament«, Reste der Frankfurter Nationalversammlung, tagt in Stuttgart und wird von der württembergischen Regierung aufgelöst.

4. März Eine zentralistische Gesamtstaatsverfassung für Österreich wird oktroyiert.

7. März Der österreichische Reichstag wird aufgelöst.

14. April Ungarn erklärt seine Trennung von Österreich.

13. August Die revolutionäre ungarische Armee kapituliert vor den Russen und Österreichern.

FRANKREICH — ITALIEN

1848

Frankreich

21. Februar Die Regierung verbietet ein Reformbankett der oppositionellen Abgeordneten in Paris.

22. Februar Unruhen in Paris.

24. Februar Die Aufständischen siegen, Louis Philippe dankt ab, die Republik wird ausgerufen.

25. Februar Nationalwerkstätten werden errichtet.

17. März Eine von Louis Blanc inszenierte Demonstration soll die für die Linken ungünstigen Wahlen zur Nationalversammlung verzögern.

23. April Wahlen zur Nationalversammlung.

15. Mai Linke politische Kreise, die bei den Wahlen schlecht weggekommen sind, organisieren einen Massenaufstand, der von der Regierung unterdrückt wird.

21. Juni Nationalwerkstätten werden aufgelöst.

24.–29. Juni Der »Juniaufstand« wird im Auftrage der Konstituante von General Cavaignac unterdrückt.

12. November Die Verfassung der zweiten Republik wird verkündet.

10. Dezember Louis Napoleon zum Präsidenten gewählt.

Italien

12. Januar Aufstand in Palermo.

10. Februar In Neapel wird eine Verfassung erlassen.

17. Februar In Toskana wird eine Verfassung erlassen.

4. März In Sardinien wird eine Verfassung erlassen.

14. März Papst Pius IX. erläßt ein Fundamentalstatut für den Kirchenstaat.

22. März Aufstand in Venedig unter Führung Manins und Tommaseos.

22. März Mailand wird von den Österreichern befreit.

23. März – 9. August »Guerra santa«, Freiheitsbewegung unter Führung König Karl Alberts von Sardinien.

8. April Sieg der Sarden über die Österreicher bei Goito.

13. April Sizilien erklärt sich unabhängig.

29. April Pius IX. trennt sich von der nationalen Bewegung.

15. Mai Aufstand in Neapel. Die zusammentretende Nationalversammlung wird gesprengt.

29. Mai Radetzky besiegt die Toskaner bei Curtatone.

10. Juni Die Österreicher siegen über die Sarden bei Vicenza.

25. Juli Die Österreicher siegen über die Sarden bei Custozza.

9. August Karl Albert schließt mit den Österreichern den Waffenstillstand von Mailand.

8. September Sizilien wird von den Neapolitanern zurückerobert.

15. November Der päpstliche Minister Rossi wird in Rom ermordet.

24. November Der Papst flieht in die Festung Gaeta.

1849

Frankreich

13. Juni Ein von der Linken organisierter Aufstand gegen Louis Napoleon wird unterdrückt.

Italien

20. März Karl Albert eröffnet den Krieg mit einem Angriff auf die Österreicher und wird am

23. März von Radetzky bei Novara besiegt.

23. März Er dankt zugunsten von Viktor Emanuel II. ab.

30. April Garibaldi besiegt die Franzosen an der Porta San Pancrazio, am

9. Mai die Neapolitaner bei Palestrina, und am

11. Mai zieht er in Rom ein.

3. Juli Die Franzosen ziehen in Rom ein.

28. Juli Der Großherzog von Toskana wird durch die Österreicher zurückgeführt.

22. August Venedig ergibt sich nach heftigem Widerstand unter Manin den Österreichern.

die werdende Verfassung selber konnte die nun herrschende Desillusion, Reaktion und Düsternis nicht ohne Einfluß sein.

Für die französische Revolution von 1848 war die Junischlacht ungefähr das, was der neunte Thermidor für die alte, große Revolution gewesen war; die Revolutionskurve ging von da an bergab, eine Entwicklung und Stimmung, die außerhalb der französischen Grenzen nicht ohne Einfluß blieb. Eine andere bleibende Bedeutung der Katastrophe liegt darin, daß sie dem jungen Beobachter Dr. Marx die Wahrheit seiner Theorien bestätigte. Kaum war die bürgerliche Demokratie verwirklicht, so begann der offene Kampf mit der nachrückenden Klasse der Zukunft, dem Proletariat; und war nun viel nackter, viel blutiger als zuvor, solange das Bürgertum sich noch hinter dem Rücken der Monarchie versteckte. In einem Lande, in dem der echte, alles beherrschende Gegensatz der Zukunft, der zwischen Kapital und Arbeit, schon so scharf artikuliert war wie in Frankreich, konnte es darum, so folgerte der Doktor, die bürgerliche Republik mit den klassischen Einrichtungen und Freiheiten einer solchen gar nicht geben. Sie war nur ein kurzer Übergang. Entweder sie erlag dem Proletariat, machte Platz dem Kommunismus; oder sie schlug das Proletariat vorläufig nieder; womit sie sich selber im Grunde schon wieder aufhob, weil Parlamentarismus, Presse- und Vereinsfreiheit und alle die bürgerlichen »Menschenrechte« inmitten von Massakern nicht gediehen. Es würde dann eine Diktatur geben; nicht mehr die historisch verwurzelte gemäßigte Diktatur des Feudaladels, die Monarchie, sondern die Diktatur schlechthin, ohne Verschleierung. Die neuen Machthaber würden gemäß den Interessen des Kapitals regieren, aber ohne die politische Kontrolle und Beistimmung der Kapitalisten, die sich ihre materielle Existenz erkaufen durch Preisgabe ihrer politischen. Marx sagte das nicht im Juni voraus, so weit ging sein Scharfblick nicht. Aber es ist nicht zu bestreiten, daß es in der Konsequenz seiner Theorie lag und seine Theorie ihm ermöglichte, den Gang der Ereignisse, die er nicht vorausgesagt hatte, mit treffender Schadenfreude zu kommentieren. – Sollen wir hinzufügen, daß er doch nur scheinbar recht hatte? Daß die Junischlacht aus Übermut und Trotz, aus Angst und Haß stammte, nicht aus einem unvermeidlich auszutragenden Gegensatz zwischen Kapital und Arbeit? Daß Frankreich im Jahre 1848 vor einer echten Wahl zwischen Kapitalismus und Kommunismus gar nicht stand und auch später nicht stehen sollte? Daß die »bürgerliche« demokratische Republik sich zum Schluß gleichwohl als eine dauerhafte, mannigfacher sozialer Inhalte fähige Staatsform erwiesen hat? Daß, so nahe auch im Moment die Marxsche Begriffswelt und die französische Wirklichkeit einander zu sein schienen, beide Bereiche doch nie eine echte Einheit bildeten, selbst dort und damals nicht, geschweige denn später, geschweige denn anderswo? – Man tut vielleicht gut, daran zu erinnern. Denn aus keinem anderen Ereignis zwischen 1848 und 1917 hat die Rechthaberei des Marxismus so starke Nahrung gezogen wie aus der Junischlacht – aus dem Mißverstehen eines Mißverständnisses, um es in Marxscher Diktion zu sagen.

Unter dem Schutz General Cavaignacs schritt die konstituierende Versammlung zur Vollendung ihres Werkes. Es war eine Republik zugleich radikalen und kräftigen Charakters: das allgemeine und gleiche Wahlrecht, eine einzige Kammer, ihr gegenüber ein von der Nation für vier Jahre zu wählender, mit bedeutenden Vollmachten ausgestatteter Staatschef, ein Präsident, nahezu amerikanischen Stils, obgleich es unter ihm ein Ministerium geben sollte. Die Wahlen zu diesem neuen Hauptamt fanden am 10. Dezember statt. Gewählt wurde nicht Cavaignac, der Sieger des Juni, viel weniger der seit dem Juni ganz um seinen Kredit gekommene Lamartine. Louis Napoleon Bonaparte, Neffe des Kaisers, wurde gewählt. Kaum gibt es in der europäischen Geschichte während des Zeitraumes, den wir hier betrachten, etwas Wunderlicheres als den Aufstieg Louis Napoleons.

Man könnte nicht sagen, daß er den Franzosen vertraut war, als sie ihn wählten. Sie wählten den Namen. Der Sohn von Napoleons Bruder Louis und seiner Stieftochter Hortense Beauharnais hatte nur kurze Zeit seines bewußten Lebens in Frankreich, diese meist in Festungshaft verbracht. Aufgewachsen in Bayern und in der Schweiz; italienischer Verschwörer im Stile der Romane Stendhals; Verbannter in Amerika, englischer Dandy und Schuldenmacher; bekannt durch zwei operettenhafte Versuche, dem König Louis Philippe die Krone zu entreißen, die beide grotesk endeten; weniger bekannt durch sozialpolitische Pamphlete, bei denen Saint Simon hatte Pate stehen müssen; zierlich für seine Person, mit sanften träumerischen und wie verschleierten Augen, Verbraucher von vier Dutzend Zigaretten am Tag, Charmeur, wenn er es sein, rätselhaft, wenn er es scheinen wollte: so war Bürger oder Prinz Bonaparte, als er vier Tage nach Sturz der Orléans in Paris eintraf. Er ließ sich in die Nationalversammlung wählen und wurde von der großen Presse ausgelacht; verschwand während der Krise des Frühsommers, kehrte im Herbst zurück und wurde wiedergewählt, diesmal mit einer Stimmenzahl, welche die Politiker zwang, den Sonderling ernst zu nehmen. Für seine Propaganda, Kettenbriefe, Broschüren, Plakate standen ihm eine Zahl begabter, zielsicher ergebener Helfer zur Verfügung; die Leitung, die Ideen gab der Prinz selbst, aus der Prunksuite seines Pariser Hotels. So wie der Kaiser jenseits der ideellen Gegensätze, jenseits der Parteien gestanden hatte, so auch der Neffe; aber nicht mit des Onkels Verachtung für die »Ideologien«, vielmehr, indem er sie sorgsam mischte. Der Name Bonaparte, so ließ er wissen, sei ein Symbol der Ordnung und der Disziplin – das gefiel den verängstigten Reichen; auch der sozialen Gerechtigkeit; auch der Nationalität und des Ruhmes – das gefiel den kleinen Leuten. Er bekannte sich zur Republik, das war die Mode seit Februar, und zur Notwendigkeit einer starken Regierung, das war die Sehnsucht seit Juni. Tatsächlich gelang es ihm, was nach ihm anderen anderswo im Spiel der Demokratie gelang: an Klassen der Gesellschaft zu appellieren, die einander feind waren oder eben noch gewesen waren. Unter jenen, die ihn zum Präsidenten wählten, müssen Großgrundbesitzer und Proletarier, Atheisten und Katholiken, Republikaner und Royalisten gewesen sein. Viel verdankte er dem Zauber seines Namens, viel der Revolutionsenttäuschung, der ausweglosen Situation, aus der der plötzlich Erschienene, Landfremde einen Ausweg verhieß; sein Glück aber letzthin doch sich selber. Louis Philippe war König geworden, als der Mann der »jüngeren Linie«, weil die Leute es so erwarteten. Napoleon III. folgte ihm kraft seines von Jugend auf gehegten, unbeirrbaren Glaubens an seinen Stern. Eines mehreren bedurfte es nicht, um die Diktatur über Frankreich zu gewinnen, um lange Zeit eine erste Rolle auf der europäischen Bühne zu spielen; keiner machtvollen Persönlichkeit; keiner brillanten Begabung.

Das Erscheinen des »Prinz-Präsidenten« hatte so keine klare reaktionäre Bedeutung. »Bonaparte« war ein vieldeutiger Name seit nun genau fünfzig Jahren. Waffenglanz, Neuziehung staatlicher Grenzen, Erfüllung nationaler Träume der Franzosen, vielleicht anderer Völker, das lag in ihm und war revolutionäres Erbe. Im Inneren aber würde nun Ordnung sein, würde fester Befehl herrschen; in diesem Sinn signalisierte die Wahl Bonapartes das Ende der zweiten französischen Revolution. »Taufen mag man mich mit dem Wasser des allgemeinen Wahlrechts«, sagte der Präsident später zu einem fremden Gesandten, »aber mein Leben mit den Füßen im Wasser verbringen werde ich nicht.« – Nur wenige Wochen nach der Wahl bewies der veränderte Lebensstil von Paris, daß die Reichen keine Angst vor den Armen mehr hatten.

Hier könnten wir unseren Bericht über die französischen Revolutionsereignisse schließen. Was folgte, die Geschichte der »Zweiten Republik«, geht über in die Geschichte des »Zweiten Kaiserreiches«, der zuerst kronenlosen, dann gekrönten Diktatur Bonapartes, in der die Revolution von 1848 zugleich unterdrückt und aufbewahrt blieb. Der Prinz-Präsident wußte, wohin er steuerte, ungleich genauer, als was er, einmal am Ziel, mit der erstrebten Kaisermacht dann anfangen würde. Die Regierung »Napoleons« würde irgendwie alles können, alle Probleme lösen, alle Klassen befriedigen, Arbeiter, Industrielle und Börsenspekulanten, Pazifisten und Imperialisten. Schon sein erstes Ministerium war entschieden monarchischer Art. Die Nationalversammlung, die ihr Werk schlecht und recht getan hatte, nötigte er im Januar 1849 zur Selbstauflösung. Daß in dem im Frühling zusammentretenden Routineparlament die konservative Mehrheit einer tätigen radikaldemokratischen Minderheit gegenüberstand, konnte ihm lieb sein. Er ließ den Streit weiterbrennen. Die Demokraten hatten im Juni auf seiten der »Ordnung« gestanden; nun wurden sie die Opfer der immer weiter nach rechts drängenden Entwicklung, nach ihnen die Demokratie selbst; denn im Mai 1850 nahm ein wohlerdachter Gesetzestrick den Arbeitern – allen denen, die nicht wenigstens drei Jahre am gleichen Ort wohnten – das Wahlrecht, indes gleichzeitig die Kontrolle über die Volkserziehung der katholischen Kirche in einem Umfang zugespielt wurde, wie er seit 1789 nicht erhört gewesen war. Der Prinz ließ es geschehen, weil es in sein mit geduldigster Ungeduld gespieltes Spiel paßte, wirkte emsig am Ausbau seines persönlichen Machtapparates, genoß seine in mehrfachen Schüben wachsende Zivilliste in kaiserlichem Prunk. Bis 1852 hatte er Zeit, aber nicht länger; nach vier Jahren ging sein Amt zu Ende, und Wiederwahl verbot die Verfassung, für deren Revision er die vorgeschriebene Dreiviertelmehrheit in der Kammer nicht fand. Aber dieser Widerstand half den Republikanern nichts, wie Karl Marx mit Schadenfreude feststellte. Ihr habt, dies war der Sinn seines Kommentars, den Sozialismus blutig zertreten; ihr habt dann eure eigene Demokratie dreimal verraten; dafür werdet ihr zum Schluß auch noch das aufgeben müssen, woran euch gelegen ist, die politische Herrschaft, und werdet einem hergelaufenen Abenteurer gehorchen müssen . . .

So die Entwicklung der Dinge in Frankreich. Sie war autonom und konnte es um so eher sein, weil das alte Europa, das noch in den vierziger Jahren einen Bonaparte auf dem Präsidentenstuhl nie geduldet haben würde, 1848/49 ganz andere Sorgen hatte als den Gedanken einer Intervention in innerfranzösische Angelegenheiten. – Dem Schicksal des Blockes Deutschland–Österreich–Italien müssen wir uns nun zuwenden.

Die »Märzrevolution« in Deutschland war überwiegend friedlich. Was die dynastischstaatlichen Bürokratien jahrzehntelang verweigert hatten, wurde nun, unter dem Eindruck der Pariser Ereignisse, plötzlich bewilligt: Presse- und Versammlungsfreiheit, Geschworenengerichte, »Bürgerwehr«, Reform des Wahlrechtes, wo es eines gab, die Ernennung populärer Minister. »Alles bewilligt!« war die freudig wiederholte Botschaft; die Fürsten bewilligten, wenn man so sagen darf, die Freiheit, wobei sie in dem Bewußtsein handelten, einer gleichfalls vielberufenen Macht, dem »Zeitgeist«, nachzugeben; es dankte ihnen der verbrüdernde Jubel ihrer Untertanen, die nun keine bloßen Untertanen mehr, sondern eine Art von Mitbürgern sein sollten. Es waren idyllische Verhältnisse in München, Stuttgart, Coburg und dreißig anderen Hauptstädten. In dem »erlaubten«, friedlichen Charakter der Reform lag auch eine Gefährdung, ein Element der Irrealität; es wurde dem Bürgertum jede Lust zur Gewalttat, die an sich gering war, genommen, und es wurden die revolutionären Energien, die trotz allem auch in Deutschland damals vorhanden waren, isoliert und paralysiert. Die Monarchen, hätten sie mit List und planvoller Tücke gehandelt, hätten im Grunde nichts Klügeres tun können, als zunächst »alles zu bewilligen«, um ein Jahr später das meiste wieder zurückzunehmen. Der revolutionäre Stoß, an sich schwach, ging ins Leere, weil die alten Mächte ihm auswichen und Versöhnung spielten. Aber sie selber wußten das nicht, es war Sache des Instinkts, nicht des Planes, und zwar von beiden Seiten: »Revolution« liegt den Deutschen nicht, ihr Sinn für Legalität, für Rechtskontinuität war ein sehr stark ausgeprägter damals wie später.

In den beiden großen, von stärkerem Leben durchpulsten Hauptstädten des Landes, Wien und Berlin, ging es nicht wesentlich anders zu. Auch in Wien wurde »alles bewilligt«, die Entlassung Metternichs zuerst, der am 14. März sich von seinen Ämtern zurückzog und, immer noch redend, immer noch philosophierend, nach England entwich; dann das Zauberding, dem man unbeschränkte Heilkraft zutraute, die »Konstitution«. Berlin folgte fünf Tage später. Daß es hier dennoch zu einer argen Schießerei zwischen Truppe und Bürgerschaft kam, bewies keinerlei planvollen Widerstand, nur Nervosität und Mißverständnis; es konnte im Ergebnis die Bereitschaft des Monarchen nur verstärken, die Wünsche seiner »lieben Berliner« zu erfüllen. Auch in Preußen sollte eine Staatsverfassung zwischen der Krone und einer Nationalversammlung »vereinbart« werden; Hof, Bürokratie, die konservativsten Grundbesitzer selbst waren von der Unvermeidlichkeit eines solchen, den Amerikanern und Franzosen nachgeahmten Prozesses überzeugt. »Die Vergangenheit ist begraben«, erklärte ein junger Deputierter, von Bismarck, in der letzten Sitzung des Vereinigten Landtages, »und ich bedaure schmerzlicher als viele von Ihnen, daß keine menschliche Macht imstande ist, sie wieder zu erwecken, nachdem die Krone selbst die Erde auf ihren Sarg geworfen hat.« Tränen erstickten die Stimme des sehr gescheiten, sehr erhaltend gesinnten Junkers, als er diese Worte sprach und die bittere Wahrheit zu reden glaubte.

Was in Österreich und Preußen, in Bayern und Bückeburg galt, galt schließlich auch im gesamtdeutschen Vaterland, das jetzt, und jetzt erst und endlich, wieder eines werden sollte: ein »Reich« anstatt eines bloßen Bundes. Die Entwicklung war hier die gleiche wie in den Hauptstädten der deutschen Einzelstaaten: ein zunächst spontanes, von keinem Gesetz vorgeschriebenes, von liberalen Politikern und Professoren inspiriertes Unternehmen wurde von den alten Behörden – hier dem Frankfurter Bundestag, Metternichs Bundestag – alsbald eingefangen, gutgeheißen, legal gemacht. Das war deutsche Art, so gefiel es, nicht allen, aber den meisten. Der Bundestag selber schrieb Wahlen aus zu einem deutschen Nationalparlament. Sie fanden, vorwiegend nach dem allgemeinen und gleichen Wahlrecht, am 1. Mai statt. Die deutsche Konstituante trat in dem kahlen Rundtempel der Frankfurter Paulskirche zusammen: ein Parlament von regionalen Politikern, Bürokraten, Industriellen, Professoren der Geschichte, der Staats- und Rechtswissenschaft, Poeten auch und greisen Patrioten aus der Napoleonzeit, von Honoratioren insgesamt, wie die moderne Welt ein gelehrteres, würdigeres nie sah. Diese Reichsgründer setzten zur Erfüllung ihrer großen Aufgabe vieles als gesichert voraus. Sie selber waren nun die oberste gesetzgebende, solange die Gesetze erst noch zu machen waren, auch regierende Macht in deutschen Landen. Der Stoff, mit dem sie umgingen, war so weich, daß er nach ihrem Gutdünken geformt werden konnte – der preußische, der österreichische, der deutsche Stoff. Und das, was deutsch war, konnte getrennt werden von dem, was nicht deutsch war. Konkreter gesprochen: nicht nur hatten die alten Herrschaftsklassen Preußens abgedankt und endgültig abgedankt. Das habsburgische Imperium, das teilweise deutsch war und teilweise nichtdeutsch, war aufgelöst; oder würde sich auflösen; oder würde sich eine neue Form geben, so locker, daß es von ihr zur ganzen Auflösung nicht weit war. Mit Präzision ausgesprochen wurden alle diese Bedingungen nicht. Aber sie lagen in der Logik der Aufgabe. Auch konnte man im Frühling des Jahres 1848 wohl glauben, daß sie, ungefähr, obwalteten. Ein Irrtum; aber rückblickend leichter zu erkennen, als er es damals war.

Die Trennung der deutschen Nation von anderen, nichtdeutschen Nationen, die mit ihr seither verknüpft gewesen waren, gelang nicht; und gelang nicht auf eine Weise, die den alten dynastisch-feudalen Mächten zugute kam. Sie erholten sich, kamen wieder zu sich selbst, indem sie die Aufstände nichtdeutscher Nationen niederschlugen. Sie taten es unter dem Beifall der Deutschen. Aber dadurch war auch schon die deutsche Revolution selber verloren; von allen europäischen Revolutionen die kampfunlustigste, auf die Schwäche von innen her und das freiwillige Kleinbeigeben der alten Mächte am offenbarsten angewiesene. Dies, in wenigen Worten, ist das Geheimnis von 1848. In Frankreich der Klassenkampf; in Mitteleuropa der Kampf der Nationalitäten. Vor 1848 war der deutsche Liberalismus polenfreundlich gewesen. Er war es, als die Opfer, die man einer solchen Freundschaft konsequenterweise bringen mußte, praktisch nicht zur Diskussion standen; solange überwog der Wunsch, das den Polen von raubgierigen Fürsten, nicht vom deutschen Volk, angetane Unrecht einmal in Freiheit wiedergutzumachen. So auch noch im Frühling des Revolutionsjahres. Selbst preußische »Märzminister« dachten damals ernsthaft an ein Bündnis mit der französischen Republik, gegen Rußland, zum Zwecke der Wiederherstellung Polens. Daß das revolutionäre Europa einen Krieg gegen den Zaren zu führen haben würde, um seine Revolution zu sichern, zu bestätigen, zu vertiefen, und Polen der edelste Nutznießer eines solchen Krieges sein sollte, war die Idee der Linken, der deutschen wie der französischen. Dr. Marx, auf seinem Kölner Beobachtungsposten, meinte, er würde nicht bloß den Zarismus, sondern ebenso die deutschen und westeuropäischen Monarchien erledigen; ein Argument, das, wenn und insofern es zutraf, erklären mag, warum der König von Preußen auf einen deutsch-russischen Krieg nicht sonderlich begierig war. Nicht nur kam es zu diesem Krieg

Eidesleistung Louis Napoleons am 20. Dezember 1848
Aus einer lavierten Zeichnung von Constantin Guys

»Es lebe unser General Garibaldi!« Szene in einer römischen Revolutionskneipe
Zeichnung von Frank Buchser, 1849. Basel, Kupferstichkabinett der Öffentlichen Kunstsammlung

vorläufig nicht; auch zwischen den Deutschen und den im deutschen Königreich Preußen lebenden Polen entwickelten sich die Dinge während des Revolutionsjahres zur Feindschaft. Es war der Fluch des alten Raubes, der Teilungen von 1772 und 1793. In Posen, der preußischen Provinz, einem Stück des alten Polen, das, eben weil es polnisch war, nicht zum Deutschen Bund gehört hatte, zum neuen Reich aber dennoch gehören sollte, stießen die beiden Nationalitäten aufeinander; die preußische Militärmacht, nach anfänglichem Zögern, kam den Deutschen gegen die Polen zu Hilfe; und das war ihr erster Sieg, der erste Schritt zur Wiedergewinnung ihres seit dem März übel gesunkenen Ansehens. Den Deutschen gefiel es; auch den deutschen Liberalen zu Frankfurt am Main. Die deutsche Nationalversammlung, polenfreundlich in ihren Ursprüngen, war es nicht mehr im Sommer des Jahres; nun hieß es, Macht sei nur zu oft auf Kosten deutschen Rechtes gegangen und es könnte und müßte dort, im preußischen Polen, auch einmal deutsche Macht auf Kosten fremden Rechtes gehen. Dies war die Ansicht nicht aller, aber der überwiegenden Mehrheit; und blieb dabei.

Das österreichische Böhmen hatte zum alten Deutschen Reich gehört, so zu Metternichs Deutschem Bund. Die deutschen Liberalen nahmen wie selbstverständlich an, daß es auch zum deutschen Nationalstaat gehören werde, wobei sie den vorwiegend deutschen Charakter der städtischen Kultur Böhmens im Auge hatten. Aus Prag kam die Antwort: die böhmischen Lande seien tschechisch, die Tschechen ein Glied der slawischen Völkerfamilie und wollten mit einem deutschen Reich nichts zu tun haben. Palacký, ihr Wortführer, fügte allerdings hinzu, daß sie, wie zahlreiche andere Völker slawischer Zunge, auch nicht für sich allein stehen könnten: ihr Hort sei Österreich, das nichtdeutsche, nichtnationale, das politische Heim der kleinen slawischen Nationalitäten, das nimmermehr zerstört werden dürfe. Dies Schreiben Palackýs, gerichtet an die Vorbereiter der Paulskirchenversammlung, hat Bedeutung für die Geschichte Europas: ein Trennungsstrich zwischen Slawen und Deutschen, die Proklamierung einer Nation und eines Nationalismus, von denen man bis dahin in Deutschland nichts gewußt hatte. Die deutsche Antwort war feindlich von der Rechten bis zur extremen Linken; über dies neue Phänomen, den tschechischen Nationalismus, haben Marx und Engels den giftigsten Hohn ausgeschüttet, dessen sie fähig waren. Eine positive Möglichkeit lag in dem, was man später Austro-Slawismus genannt hat, der Bejahung des Habsburgerimperiums als eines schützenden Daches über vielen kleinen Völkern. Sie hat, obgleich sie wohl künstlich war, im 19. Jahrhundert eine nützliche Rolle spielen können; in der einfacheren, barbarischeren Welt des 20. Jahrhunderts ist sie verklungen. – Im Augenblick, Juni 1848, stießen die Tschechen der Hauptstadt Prag und stieß besonders ein allslawischer Kongreß, den sie, als Replik zur deutschen Nationalversammlung, veranstaltet hatten, mit der österreichischen Garnison zusammen. Der Kommandant der Stadt, Fürst Windisch-Graetz, handelte nach dem Grundsatz: »Gegen Demokraten helfen nur Soldaten.« Die Soldaten, Bauernsöhne meist slawischer Zunge, gehorchten ihrem Feldmarschall, nicht den Demokraten. Ihre Bomben trieben den Slawenkongreß auseinander und unterwarfen die rebellische Stadt – der erste Sieg der alten Ordnung in Österreich, so wie die Niederwerfung des polnischen Aufstandes in Posen der erste Sieg der alten Ordnung in Preußen gewesen war. Und wieder: gegen diesen Sieg hatten die Deutschen nichts einzuwenden.

Im Frühling schwankte die Habsburger Monarchie wie ein großes Schiff ohne Steuer; die Zentralregierung, die Nachfolger Metternichs, unerfahren und schwach; die Hauptstadt Wien, bereit und begierig, sich mit Deutschland zu vermählen, ohne über die Folgen, die eine solche Verbindung für das Habsburgerreich und ihre eigene hauptstädtische Stellung haben mußte, sich klar zu sein; Ungarn, Kroatien, Böhmen, Galizien wirbelnd mit unbotmäßigen Forderungen. Und Italien in hellem Aufruhr. Mit Italien gemeinsame Sache zu machen wäre die unabdingbare Aufgabe des deutschen Liberalismus gewesen. Ein preußischer Konservativer, Bismarck, hat später die italienische Karte zu spielen gewagt und gewonnen. Die Liberalen von 1848 spielten sie nicht.

Von Hause aus kämpferischer, dramatischer gesinnt als die Deutschen, überdies von einer eigentlichen Fremdherrschaft belästigt, handelten die Italiener mit größerer Energie. Zwei Wochen nach dem Sturz Metternichs erhoben sich die Mailänder; der österreichische Kommandant, Radetzky, mußte seine Truppen in das Festungsviereck im Zentrum der Po-Ebene, den »Quadrilateral«, zurücknehmen. In Venedig wurde eine Republik ausgerufen. Der König von Sardinien-Piemont, Karl Albert, ließ sich bereden, mit dem Strom zu schwimmen, den er nicht aufhalten konnte, und schickte den aufständischen Lombarden sein Heer zu Hilfe. So tat das päpstliche Rom, so Neapel; eine kurze Zeit war ganz Italien revolutionär und im erklärten oder unerklärten Kriegszustand gegen Habsburg. Es war der erste Krieg, den das europäische Friedensfest provozierte. Verlor ihn Österreich und wurde es aus Italien vertrieben, so konnte es auch in Deutschland nicht mehr viel tun und hindern; anders, wenn es seine italienische Stellung noch einmal rettete.

Es gelang. Dieselben panösterreichischen Magnaten, die Prag unterworfen hatten, Kenner des norditalienischen Kriegstheaters, an der Spitze wohlgedrillter Bauernsoldaten, eroberten die Lombardei; die Piemontesen, vernichtend geschlagen, mußten Ende Juli sich zu einem Waffenstillstand bequemen. Die Hilfe, welche Italien von Frankreich erhoffte, blieb aus und mußte ausbleiben; die französische Revolution war gelähmt und gegen sich selber gerichtet seit der Junischlacht. Die deutschen Liberalen hatten gegenüber den italienischen Dingen von vorneherein Behutsamkeit geübt, das sei Sache Österreichs und gehe sie nichts an; es würde sie aber, drohten sie, sehr wohl etwas angehen, wenn Italien etwa Forderungen auf deutsches Bundesgebiet, auf Triest, anmelden sollte. Kurzsichtige Drohungen, die ebensowenig wahr gemacht werden konnten wie Hilfsversprechen von dieser Seite; die deutschen Liberalen hatten versäumt, sich rechtzeitig Macht zu organisieren. Der österreichische Sieg in Italien war ein rein militärischer; ungenügend, um die italienische Frage dauerhaft zu lösen, aber genügend doch, um das Schicksal Mitteleuropas für ein Jahrzehnt zu bestimmen. Von seinen Grenzprovinzen her wurde das Habsburgerimperium zusammengezwungen und wiederhergestellt. Die Soldaten, die Mailand eroberten, würden demnächst Wien selber erobern und so Deutschland von Österreich isolieren und das Unternehmen der deutschen Nationalversammlung zum Spott machen. Gegen Ende des Jahres kam es in Italien zu einer zweiten Bewegung, unter schon viel ungünstigeren, eigentlich hoffnungslosen Umständen. Sie ging aus von Rom, wo die Demokratie dem liberalisierenden Papst über den Kopf wuchs. Im November floh er, als Priester verkleidet, südwärts, in den Schutz Neapels. Die Bürger der Hauptstadt proklamierten eine römische Republik

(Februar 1849); und es war, um ihr zu Hilfe zu kommen, getrieben von dem panitalienischen, nationaldemokratischen Impetus, daß Piemont sich noch einmal ins Getümmel wagte und den Waffenstillstand mit Österreich kündigte. Vergebens. Novara (23. März) bestätigte Custozza; König Karl Albert dankte ab; sein Sohn, Victor Emanuel, schloß Frieden mit dem noch übermächtigen Nachbarn. Dies ließ Rom allein; unter einem Triumvirat, dem Mazzini vorstand. Ein anderer Volksführer, Träger eines großen Namens der Zukunft, schlug damals zuerst das Volk von Rom in seinen Bann: Giuseppe Garibaldi. Aus der Gegend stammend, wo Italien in Frankreich übergeht, Schiffskapitän in der Levante, republikanischer Verschwörer in Genua, dann viele Jahre lang Abenteurer, Bürgerkriegssoldat, Guerillaführer in Uruguay, brachte der wildbärtige Mann auf weißem Roß etwas von südamerikanischen Kampfesmethoden, amerikanisch-romantischer Freiheitsluft in den italienischen Befreiungskrieg; menschenbezwingend in seiner Reinheit, der Phantasie, dem unbeugsamen Willen seiner Kraftnatur. Damals kam er zu früh; hielt sich aber heil und bereit, um zehn Jahre später zur rechten Zeit wiederzukommen.

Der römische Streit wurde durch Louis Napoleon entschieden. Es ist nahezu sicher, daß er andernfalls durch österreichische Truppen entschieden worden wäre, die schon im Kirchenstaat standen, und daß der Prinz-Präsident etwas Wahres sagte, wenn er sein Parlament wissen ließ, in Rom müsse Frankreich handeln, um Österreich zuvorzukommen. Andererseits war er begierig, dem französischen Katholizismus zu gefallen, überhaupt irgend etwas Stattliches zu tun. So übernahm denn ein französisches Expeditionskorps die Aufgabe, die römische Republik zu erobern, Garibaldi und die Seinen aus der Stadt und durch das Gebirge zu treiben, den Papst in seine Residenz zurückzuführen. Unter französischem Schutz begann der belehrte Ex-Liberale die zweite, ungleich längere, geistesgeschichtlich ungleich merkwürdigere Periode seines Pontifikats und blieb unter französischem Schutz, solange Bonaparte ihn geben konnte, länger als zwei Jahrzehnte ... Was für ein überquerer Vorgang. Frankreich, das republikanische, das völkerbefreiende, griff in Italien ein; aber nicht um die Revolution zu retten, sondern um ihren letzten Funken zu ersticken und den Papst wieder zum absoluten Herrscher zu machen. Es war der Triumph der Staatsräson oder dem, was als solche galt, über die internationale Demokratie, von der man ein Jahr früher geträumt hatte. Nicht bloß Deutschland, auch Frankreich ließ die europäische Revolution im Stich.

Dem nichtdeutschen Europa durch kurzsichtigen Nationalstolz entfremdet, selber versagend in dem Machtspiel, das er nicht verstand, erlag der deutsche Liberalismus den alten Herrschaftsklassen, auf deren Ohnmacht oder guten Willen er gerechnet hatte.

Die Versammlung in der Paulskirche schuf die Regierung und Apparatur eines »Reiches«, ehe noch dieses selber geschaffen war: Minister, die nichts zu befehlen, Bürokratien, die nichts zu verwalten, Botschafter, die nichts zu vertreten hatten, das Ganze unter einem provisorischen Staatschef, einem »Reichsverweser«. In dies Amt wählten die Überklugen ein Mitglied des Hauses Habsburg; wähnend, damit Österreich für die deutsche, die Fürsten aber für die liberale Sache zu gewinnen. Danach schritt man zu einer gründlichen Durchforschung dessen, was die künftige deutsche Verfassung sein sollte. Während die Deputierten einander ihre wohlvorbereiteten Reden vorlasen, fanden schärfere Debatten in zwei anderen Gremien statt: im verfassunggebenden Reichstag in Wien und in der preußischen Nationalversammlung. Daß es diese beiden Konkurrenzunternehmen überhaupt gab, hieß, daß Österreich und Preußen weiterexistieren wollten und würden, auch von unten, vom »Volke« her; ein Grund dafür, daß sie, von oben her, zusammengerufen und geduldet wurden. Sie gaben den dynastischen Staatswesen eine neue demokratische Identität. Übrigens leistete der österreichische Reichstag beträchtliche und reale Arbeit: er befreite die Bauern von allen feudalen Lasten, den Überbleibseln der Leibeigenschaft.

Daß der preußische Staat noch fortexistierte, tat sich im Spätsommer auf unerfreuliche Weise kund. Wir müssen hier die ehedem berüchtigten Händel um Schleswig-Holstein erwähnen, insofern es zum Verständnis der Ereignisse des Jahres 1848 notwendig ist. Ein boshafter, aber nicht unwitziger Gott hatte diesen Stein des Anstoßes, das Problem Schleswig-Holstein, auf den Weg der deutschen Geschichte geworfen, damit die einen ihr Nichtskönnen und später ein anderer sein Können an ihm bewiesen.

Die Herzogtümer Schleswig und Holstein, auf einer Halbinsel zwischen der Nordsee und Ostsee gelegen, waren von alters her in »Personalunion« mit Dänemark verbunden. Das rein deutschsprachige Holstein hatte zum alten Deutschen Reich gehört und gehörte nun zum Deutschen Bund; Schleswig nicht; dieses war überwiegend deutschen, in seinen nördlichen Strichen aber dänischen Charakters. Es trafen nun im Jahre 1848 zwei einander entsprechende Bestrebungen feindlich aufeinander: der Wunsch der Deutschen, Schleswig in das zu gründende Deutsche Reich zu bringen; der Wunsch der Dänen, ihr Gemeinwesen im Sinne der zentralisierenden Tendenz der Zeit umzugestalten und das Verhältnis Schleswigs zum Gesamtstaat zu festigen. Dies letztere Geschäft erschien um so dringender, als die Wirrsal dynastischer Rechte eine Auflösung der alten Personalunion in naher Zukunft befürchten ließ, so wie unlängst aus einem ähnlichen Grunde die Personalunion zwischen England und Hannover beendet worden war. Der dänische König hatte keine Söhne; in Kopenhagen galt die weibliche, in den Herzogtümern aber die männliche Erbfolge. Indem die Schleswiger sich als Bürger Deutschlands erklärten und die schon gewohnten Gesten der Revolution von 1848 taten, der Dänenkönig aber im Gegenteil die unzertrennliche Verbindung Schleswigs mit Dänemarks durch eine gemeinsame Verfassung zu sichern versprach, schien dem deutschen Nationalismus sich die Gelegenheit zu einer schönen, kriegerischen und klärenden Tat zu bieten. Preußen, im Augenblick von liberalen Ministern regiert und führungsbegierig, machte selber sich zum Exekutor des Nationalwillens. Begleitet von den Segenswünschen der Frankfurter Nationalversammlung – um genau zu sein, zuerst des Ausschusses, welcher der eigentlichen Versammlung vorherging –, marschierten preußische Truppen in Schleswig ein und von da ins eigentlich Dänische, nach Jütland. Eine solche diplomatisch in keiner Weise vorbereitete Kriegsunternehmung erwies sich als unpraktisch. Zwar befand sich Europa im Frühsommer in beträchtlicher Unordnung, aber es war doch noch da. Die beiden großen Flügelmächte, England und Rußland, waren von der Revolution so gut wie unberührt, und gerade sie besaßen ein starkes Interesse an den »Dardanellen des Nordens«. Dem Druck dieser beiden Großmächte, welchem auch Frankreich sich anschloß, gab Preußen nach. Im August schloß es den Waffenstillstand von Malmö, welcher die Entscheidung der Sache einem künftigen Friedensvertrag überließ, einstweilen aber die militärische Räumung der Herzogtümer stipulierte.

Daß Preußen die kriegerische Aktion gegen Dänemark gemeinsam mit anderen deutschen Truppen und gewissermaßen im Auftrag Gesamtdeutschlands geführt, den Waffenstillstand aber auf eigene Faust geschlossen hatte, erschien der Nationalversammlung in Frankfurt als ein Verrat. Es wurden grimmige Reden gehalten: ein geeinigtes Deutschland, für eine gerechte Sache kämpfend, könnte es wohl mit ganz Europa, mit Rußland und Frankreich und England aufnehmen. Schließlich aber sanktionierte die Versammlung den Waffenstillstand doch. Es lag in der Logik der Machtverhältnisse. Solange Preußen und Österreich echte Staaten waren, war Deutschland keiner. Alles, was das deutsche Parlament tat und vorhatte, setzte die Auflösung der beiden deutschen Machtkerne, des preußischen und österreichischen, voraus. Es folgten ein paar Tage blutiger Unordnung in der Stadt Frankfurt; so wie die Versammlung sich von Preußen, so fühlte »das Volk« sich von seiner Nationalversammlung verraten, weshalb es denn ein paar konservative Abgeordnete grausam umbrachte und Bastillensturm spielte. Vergebens. Nicht und in keiner Weise lagen die deutschen Dinge, wie sie in Frankreich 1789 gelegen hatten. Es gab keine Bastille, auch nicht als Symbol, es gab keine Hauptstadt, deren Eroberung durch eine Partei die Eroberung des Landes hätte bedeuten können. Die schattenhafte »Reichsregierung«, deren Vertreter eben noch gegen den preußischen Verrat gewettert hatten, bat um Schutz dort, wo allein Schutz gegeben werden konnte, bei der preußischen Armee; königlich-preußische Truppen stellten die Ordnung in Frankfurt wieder her. In keiner ihrer Parteiungen besaß das deutsche Parlament Führungswillen und Ruchlosigkeit, die zum Gebrauch der im Lande hie und da aufflackernden revolutionären Kräfte notwendig gewesen wären; diese ihrerseits waren zu solchem Einsatz ungenügend und ungeeignet. So blieb als Macht nichts als die alte ungebrochene, die preußische. Unter ihrem Schutz debattierten und beschlossen die Abgeordneten eine Verfassung für Gesamtdeutschland; ein Werk, das illusionär bleiben mußte, eben weil es unter preußischem Schutz entstand.

Von da an ging es überall bergab mit der europäischen Revolution, die manchenorts, in Paris, Mailand, Budapest, selbst Wien, doch eine echte gewesen war; und ging bergab mit der deutschen Revolution, die niemals eine echte, nur ein Reflex der europäischen gewesen war. Wenn Deutschland passiv und gehorsam blieb, so war die Aussicht für eine Befreiung Italiens düster. War aber Italien unterjocht, so ließ sich auch der Schein einer deutschen Revolution nicht lange aufrechterhalten. Die Frankfurter Nationalversammlung ist nie erobert worden wie das rote Paris, das republikanische Rom und Venedig. Indem aber das revolutionäre Europa ringsumher Niederlagen erlitt, schwand ihr die Lebensluft, bis sie, noch immer diskutierend, noch immer leere Beschlüsse fassend, zuletzt wie eines natürlichen, jämmerlichen Todes verstarb.

Der vorletzte Schlag zur Wiederherstellung der Habsburgermonarchie geschah Ende Oktober: die regelrechte Eroberung Wiens. Beherrscht von einer radikalen deutsch-nationalen und demokratischen Minderheit mit sozialistischem Einschlag, von einem »Zentralkomitee«, von »Studentenlegionen«, »Bürgergarden«, »Arbeiterbataillonen«, hatte die Hauptstadt im Herbst sich auf sich selber gestellt, den Kaiser vertrieben oder fliehen lassen, Hilfe von Ungarn und Deutschland erwartet. Die erstere kam nicht, weil die aufständischen Magyaren selber um ihr Leben zu kämpfen hatten und zwischen ihnen und Wien kaisertreue Truppen manövrierten; die letztere – weil sie nicht kam. Isoliert von den Provinzen des Reiches, zumal den slawischen, die eine Züchtigung des deutschen Wien mit Vergnügen sahen, feind auch sich selber, dort, wo eine habsburgisch fühlende passive Mehrheit von einer lärmenden, ihrerseits gespaltenen Minderheit tyrannisiert wurde, konnte Wien weder Österreich eine neue Ordnung geben, noch sich von Österreich trennen, noch Österreich erfolgreichen Widerstand leisten. Österreich aber war damals vor allem das Heer, waren seine Anführer, die wir schon kennen. Sie eroberten Wien. Einer von ihnen, Fürst Felix Schwarzenberg, der intelligenteste, kräftigste und dreisteste dieses feudalen Soldatenkreises, wurde zum »Ministerpräsidenten« ernannt, was praktisch hieß, daß er sich selber dazu ernannte. Der formal diese Wahl besorgte, der schwachsinnige Kaiser Ferdinand, wurde einige Wochen später zur Abdankung gezwungen. An seine Stelle trat der jugendliche Erzherzog Franz, oder wie er nun, in Anspielung auf den guten Kaiser Joseph heißen sollte, Franz Joseph I. Es ist derselbe, der 1914 eine Schicksalsrolle gespielt hat ... Wo ein paar Monate lang aufgeregte Anarchie geherrscht hatte, herrschte nun die weiße Generalsuniform des österreichischen Heeres, der weiße Terror. Zweifelhaft war nur noch das Schicksal Ungarns.

Berlin folgte Wien, in kahler, fast parodischer Nachahmung. Kein heroischer Widerstand der Freiheit hier, kein Blutvergießen. Die alten Herrschaftsklassen hatten im Frühling dem »Zeitgeist« nachgegeben. Als sie merkten, daß dieser Zeitgeist ein so gefährlicher Geselle gar nicht war, nahmen sie ihm das Eingeräumte Stück für Stück wieder fort. Das Ende war, daß die preußische Nationalversammlung durch die königliche Regierung aufgelöst wurde und der König eine Verfassung für den preußischen Gesamtstaat »oktroyierte«. Diese preußische Verfassung ist bis 1918 gültig geblieben; im Grunde war sie liberaler, als man im Dezember 1848 noch erwarten konnte. Der Übergang vom absolutistisch-bürokratischen Staatswesen zum repräsentativen wurde mit ihr trotz allem gemacht. Ihr berüchtigster Charakterzug, das »Dreiklassenwahlrecht«, das einer winzigen Minderheit von Reichen ein parlamentarisches Übergewicht über die Masse der Armen sicherte, ist erst später dazugekommen. Die preußische Verfassung bot Entwicklungsmöglichkeiten; was sie sein würde, stand 1849 nicht fest, und zu verschiedenen Zeiten ist sie verschiedenes gewesen. Aber nie kam sie ganz über die Art ihrer Geburt hinweg. Die Idee der »Verfassung«, wie anderwärts gezeigt wurde, ist amerikanischen Ursprungs. Zu ihr gehört die »Convention«; das Volk, durch seine gewählten, und zwar nur zu diesem großen Behuf gewählten Vertreter »gibt« sich die Verfassung. So in den Vereinigten Staaten, von Anfang an und wieder und wieder; so in Frankreich, 1792 und 1848; in Deutschland 1919; so auch in Wien, Frankfurt und Berlin 1848, wobei die preußische Unternehmung von vornherein dadurch sonderbar qualifiziert war, daß hier eine »Vereinbarung« zwischen Krone und Volk stattfinden sollte. Jetzt tat die Krone es allein, usurpierte sie das volkstümlichste Allheil- und Wundermittel, den Gegenstand par excellence des liberalen Glaubens und Aberglaubens. Die »Verfassung« war ihr Werk, ihr Geschenk, und zwar ein dem Volke aufgezwungenes.

Wenn das in Preußen ging, warum nicht in Österreich? Die Energie, welche die neuen Minister des Königs von Preußen an den Tag legten, fehlte dem Fürsten Schwarzenberg am wenigsten. Im März tat er dem österreichischen Reichstag, was der preußischen Nationalversammlung geschehen war; dekretierte er die Verfassung eines zentralistischen Einheitsstaates, in dem Magyaren, Lombarden, Polen, Tschechen, Deutsche fortan unter denselben vage liberalen Einrichtungen zu leben hätten; forderte er die Aufnahme dieses Staates in das deutsche Bundesreich. Ob das letztere bloßer Hohn und Siegerübermut war oder ob Schwarzenberg dergleichen – ein »deutsches Reich« mit Mailand, Venedig, Agram, Budapest, Krakau – für möglich und wünschbar hielt, können wir nicht entscheiden. Tatsächlich hat er später die wenigstens zollpolitische Vereinigung Gesamtösterreichs mit Deutschland, dem »Reich der siebzig Millionen«, wie es genannt wurde, ohne Erfolg erstrebt.

Die Initiative des eisernen Österreichers bestimmte, noch einmal, die nur reflektierende Haltung der Frankfurter. Wohl oder übel siegten nun die »Kleindeutschen«, die einem deutschen Reich ohne Österreich, unter preußischer Führung, das Wort redeten, über die »Großdeutschen«, die Österreich hatten einbeziehen wollen. Es war kein politischer, viel weniger ein moralischer Sieg, nur eine trübselige Konstatierung des Schwarzenbergschen Fait accompli. Also ein deutsches Reich ohne Wien, ohne die Alpen, ohne die Donau, dort, wo sie am schönsten fließt. Aber ein deutsches Reich, das seinen Bürgern vortreffliche Grundrechte garantieren sollte; ein deutsches Reich mit einer nahezu amerikanischen Verfassung, mit dem allgemeinen, gleichen Wahlrecht, mit Volkshaus und Staatenhaus und einem Präsidenten, der zwar erblich sein und den Namen eines Kaisers führen, aber den Beschlüssen des Reichstages gegenüber nur ein aufschiebendes Veto haben sollte. Dieser lebenslange, erbliche Präsident, dieser deutsche »Kaiser« sollte niemand anderes sein als der König von Preußen.

Friedrich Wilhelm IV. lehnte die ihm angebotene Würde ab. Wir brauchen die Motive, die den geisteskranken Aristokraten dabei bewegten, nicht zu bestimmen; tiefe Antipathien gegen das ganze demokratisch-moderne Unternehmen mögen zusammengeflossen sein mit machtpolitischen Erwägungen, der Furcht vor europäischen Komplikationen im Falle der Annahme. Solche wären jetzt kaum ausgeblieben. Das Frankreich des Prinz-Präsidenten war nicht mehr das Frankreich Lamartines, das Österreich Felix Schwarzenbergs nicht mehr das Österreich, wie es in den Wochen und Monaten nach Metternichs Sturz sich präsentiert hatte; die Ernte der Revolution war auf dem Halm verfault, es war jetzt sehr spät, sie einzubringen. Hohle Gesten folgten. Versuche wurden gemacht, den König von Preußen sich erklären zu lassen, was denn an der neuen Reichsverfassung ihm mißfiele; Wahlen, wie diese sie vorsah, wurden dennoch ausgeschrieben. Aber die Mehrzahl der Abgeordneten machte sich allmählich aus dem Staube, überzeugt, daß es ihre Aufgabe gewesen sei, eine vollkommene Verfassung zu entwerfen, nicht aber deren Verwirklichung durchzusetzen; die Österreicher zuerst, dann die Preußen, dann überhaupt alle »Gemäßigten«. Die übrigen, ein radikaldemokratischer »Rumpf«, siedelten von Frankfurt nach Stuttgart über, wo der dortige Potentat, der König von Württemberg, sie noch eine Weile ihre Ohnmacht exhibieren ließ. Zum Schluß ließ er ihnen durch berittene Polizei bedeuten, daß es mit der deutschen Nationalversammlung nun ein Ende hätte.

So viel Zündstoff war aber trotz allem in Deutschland aufgehäuft, so viel Leidenschaft für die Sache der Einheit, so viel Wut über den Verrat der Regierungen, daß im Mai etwas wie eine zweite Revolution den ratlosen Volksvertretern zu Hilfe kam. In Sachsen, in der bayrischen Pfalz, in Baden erhob sich Volk zugunsten der Reichsverfassung; Fürsten entflohen aus ihren Residenzen; noch einmal erschallten die schrillen Manifeste »provisorischer Regierungen«. Es war die Energie, die ein Jahr früher wohl anders gehaust hätte, wäre damals nicht gleich »alles bewilligt« worden. Jetzt wurde sie blutig verzettelt und mit einem gewaltigen Überschuß an militärischer Macht unterdrückt. Preußen, das sich dem demokratischen Nationalstaat verweigert hatte, verweigerte sich nicht dem Hilferufe der Fürsten; preußische Truppen machten den Aufständen in Südwestdeutschland, preußische Standgerichte dem Leben so manches jungen Idealisten ein frühes Ende. Die deutsche Revolution, die anders hatte sein wollen als andere Revolutionen, freundlich, tolerant, gesetzlich, endete in einer Kette von Hochverratsprozessen.

Von allen revolutionären Nationalbewegungen des Jahres 1848 war die magyarische die einzige, die mit einer anderen, nämlich der deutschen, gemeinsame Sache zu machen wenigstens versucht hatte. Zwischen dem roten Wien, dem aufständischen Budapest gab es ein ungeschriebenes Bündnis. Eben darum waren die Slawen Österreichs antiungarisch; und waren es um so mehr, als auch die magyarischen Republikaner, und gerade sie, im Umkreise ihres alten, von mannigfachen Völkerschaften bewohnten Königreiches durchaus die Herren zu bleiben gedachten. Die Ungarische Revolution besaß mehr Kampfgeist als Weisheit. Front machend gegen Schwarzenbergs Zentralismus, geriet sie unter die Führung eines brillanten, selbstischen Fanatikers – Kossuth –, der von der Größe seiner Nation und von dem, was, innerhalb Ungarns, das Los nichtmagyarischer Völker sein sollte, höchst unbillige Vorstellungen hatte. Seine Sache war nicht gerecht. Wäre sie aber auch die heiligste gewesen, so hätte ihr das nun auch nichts mehr geholfen. Denn nun endlich trat Zar Nikolaus von Rußland auf den Plan, um die lange Agonie der europäischen Revolution mit einem Schlag zu beenden.

Bis Juni 1849 hatte der Zar sich gegenüber allen Wirren nur als aufmerksamer Beobachter verhalten, mit huldreichen Handschreiben jene bedenkend, die zur Niederschlagung der Revolution in Italien oder Österreich etwas Gutes beitrugen, nicht sparend mit verachtungsvoller Kritik an seinen Schwägern und Vettern, den Fürsten Europas. »Ich habe russisches Blut«, bemerkte er drohend, »ich werde nicht dulden, daß Europa von den Arbeitern regiert wird.« Auf seine Art empfand Nikolaus mehr Verantwortung für Gesamteuropa als je ein Monarch des Westens. Er bewies sie jetzt, als er dem jungen Franz Joseph Rußlands militärische Hilfe anbot, um der Magyaren Herr zu werden, eine Aufgabe, welcher die österreichische Reaktions-Herrschaft allein sich nicht gewachsen zeigte. Schwarzenberg ergriff das dargebotene Geschenk, indem er vertraulich erklärte, Österreich beabsichtige nicht, dem Hilfespender dankbar zu sein. Auf Dankbarkeit rechnete Nikolaus wohl; nicht auf unlauteren Gewinn. Es ging ihm um die europäische Ordnung an Rußlands Grenzen, um monarchische Solidarität; die abscheulichste Intervention des 19. Jahrhunderts war zugleich die am stärksten idealistische, am wenigsten von enger Staatsräson diktierte. Russische Truppen erzwangen, was österreichische allein nicht hatten erzwingen können. Die Rebellen ergaben sich im August; wer in die Türkei fliehen konnte, floh, so Kossuth selber (mit der Begründung, ein Christ müsse das härteste Leben der willkommenen Ruhe des Todes vorziehen); die am Ort Verbliebenen traf die Rache der österreichischen Militärmacht auf eine Weise, welche die Empörung selbst der russischen, in der Bestrafung von Rebellionen doch nicht unerfahrenen Bundesgenossen erregte. Es war die arge Schwäche Habsburgs: die Grausamkeit und Sterilität seiner Unterdrückungen.

Während der anderthalb Revolutionsjahre hatte Englands Außenminister, Lord Palmerston, eine konsequent proösterreichische Haltung eingenommen, den Italienern nichts gegeben als gute Worte, mit der ungarischen Republik jeden Kontakt verweigert. Österreich sei eine europäische Notwendigkeit, ein Hort des Gleichgewichts, ein unersetzliches Bollwerk gegen Russen und Franzosen Aber das Racheschauspiel, das nun die österreichischen Sieger in Ungarn veranstalteten, war den robusten Liberalen zuviel; und als gar die beiden »imperial bullies«, Nikolaus und Franz Joseph, von der Türkei die Auslieferung der geflohenen Rebellen forderten, da war es die Haltung Englands, die dem Sultan den Nacken steifte und ihn das Asylrecht mit Erfolg verteidigen ließ. Eine einzige christliche Tat beendete die Revolution von 1848; sie kam von dem Kalifen des Islam.

Mit dem »Ende« der Revolution ist es freilich eine unsichere Sache. Klar ist ihr Anfang, der Sturz Louis Philippes; aber was damals begann, spann sich weiter fort, über die Erregung und Niederlagen von 1848/49 hinaus ins nie Endende. Wenigstens zwei Ereignisse könnte man noch direkt zu dem Revolutionszyklus rechnen: die preußische Kapitulation zu Olmütz und Bonapartes Staatsstreich.

Begierig, etwas für die Größe Deutschlands oder seine eigene zu tun, wenn es nur durch die Fürsten, nicht durch die Demokraten geschähe, machte das königliche Preußen 1849/50 einen matten Versuch, im Rahmen einer weiteren, Österreich einschließenden Konföderation eine engere nurdeutsche, oder wenigstens norddeutsche, preußisch geführte zu schaffen. Schwarzenberg sprach sein Veto gegen diese späte Künstelei aus: »Aus Deutschland hinauswerfen lassen wir uns nicht«; und da hinter ihm nicht bloß das wiederhergestellte Österreich, auch der drohende Wille des Zaren stand, so gab Preußen klein bei. Der Vertrag von Olmütz (November 1850) stellte die Dinge buchstäblich so wieder her, wie sie im Januar 1848 gewesen waren: den Deutschen Bund mit dem Gesandtentag in Frankfurt, unter österreichischem Präsidium.

Kein eindeutiges Zurück zum Alten war der lange vorbereitete, mit vollkommener Technik vollzogene Staatsstreich des Prinz-Präsidenten in Paris (2. Dezember 1851); eine eigentliche »Machtergreifung«. Das Wort gab es noch nicht, aber die Sache, so wie sie im 20. Jahrhundert ausgebildet wurde, erschien damals zum erstenmal und sofort in erstaunlicher Reife: das Verhaften aller derer, von denen Opposition zu befürchten war, in ihren Betten, das Mundtotmachen und Deportieren, die Unterdrückung populären Widerstandes durch Kanonen und das gleichzeitige Appellieren an das Volk durch Wiederherstellung des allgemeinen Wahlrechtes. Bei einer nachfolgenden Volksbefragung ging es so zu, wie es seither bei Volksbefragungen durch die Diktatur immer zuging. Von siebeneinhalb Millionen Bürgern, gegen sechshundertvierzigtausend, erhielt Louis Napoleon das Recht, sich eine Verfassung selber zu schreiben; und die er schrieb, war die Verfassung der bonapartistischen

Monarchie, mit den demokratischen Ornamenten und Scheinbarkeiten, deren die alten Leute sich aus der Zeit Napoleons I. erinnerten. Das Kaisertum selber kam ein Jahr später. Zu Ehren des armen Königs von Rom nannte der neue Monarch sich »Napoleon III.«.

Auch diese Wendung der Dinge wurde von enttäuschten Demokraten als das Ende der Revolution empfunden; erst damals, nach dem 2. Dezember 1851, beschlossen einige von ihnen, nicht länger auf Wunder zu warten, sondern Europa für immer den Rücken zu kehren und ihr Glück in Amerika zu versuchen. Aber Bonaparte, so sehr er sich als »Retter der Ordnung« feiern ließ, war kein gewöhnlicher Reaktionär, kein Legitimist, kein Garant der Ruhe; das konnte er nicht sein. Tatsächlich ist er in den nächsten anderthalb Jahrzehnten nicht bloß der Verräter, auch der Verwalter und Fortsetzer der revolutionären Traditionen von 1848 gewesen.

Nicht der einzige. Selten gibt die Geschichte ein so starkes Beispiel ungetaner Arbeit, die später von anderen Leuten und in anderem Sinn stückweise getan werden mußte. Es lag alles noch da, so wie man es 1849 hatte liegen lassen: die lombardische, die venezianische, die römisch-päpstliche, die gesamtitalienische Frage; die deutsche samt der schleswig-holsteinischen, samt der Frankfurter Verfassung und dem norddeutschen Bundesprojekt; die ungarische, die polnische; die Frage eines »liberalen« Krieges gegen den Zaren; alles. Die fordernde Unruhe, die sich zu den Unternehmen von 1848 verdichtet hatte, war echt, ging tief, entstammte keiner bloßen modischen Willkür, deren Außermodekommen man hätte abwarten können. Es gab kein Zurück zum »Vormärz«, wie der charakteristische deutsche Ausdruck lautete. Wohl wurde Metternichs »Deutscher Bund« wiederhergestellt, saßen Italiens Zwergdespoten wieder auf ihren Thronen, kommandierten die Österreicher wieder in Mailand und Venedig und jetzt auch in Budapest. Sie taten es dank bloßer Waffensiege. Die politische Unschuld war verloren; die Unschuld der Völker, während man vor 1848 gewohnt war, die Schuld bei den Fürsten und Staaten zu suchen. 1848 scheiterte die Demokratie, die sich selber und den Nationalstaat mit generösen Mitteln schaffen wollte. Danach trennten sich die beiden Schwesterbewegungen, und es wurde, um den Nationalstaat zu schaffen, zu weniger generösen Mitteln gegriffen. Die Machiavellisten der fünfziger und sechziger Jahre, die Louis Napoleon, Cavour, Bismarck, sind die Vollstrecker des idealistischen Testaments von 1848.

Sie konnten es um so eher sein, als die Idealisten, die edlen Schönredner, es nach der Niederlage an gründlicher Selbstkritik fehlen ließen. Sie erklärten sich durch die bloße Tücke der Gegner, allenfalls die noch nicht vollkommene Reife der Sache, was letzthin doch aus den tiefsten menschlichen Unstimmigkeiten kam. Sie, viele von ihnen, verschoben selber die Akzente ihres Glaubens, wurden zu Nationalisten im Hauptberuf, zu Anbetern der Macht und des Erfolges, ohne es auch nur zu merken. Gründliche Kritik kam allein von den Kommunisten; Kritik, die man genial nennen könnte, wäre sie nicht so furchtbar einseitig und schadenfroh gewesen.

Marx und Engels haben alle diese Ereignisse, kaum waren sie geschehen, in ihren Schriften kommentiert: »Die Klassenkämpfe in Frankreich«, »Revolution und Konterrevolution in Deutschland«, »Der achtzehnte Brumaire des Louis Bonaparte«. Es sind überaus scharfsichtige, witzige Pamphlete, und was die Schwäche der Liberalen in Frankreich und Deutschland betrifft, so mag man das Urteil der beiden arroganten jungen Männer noch heute als gültig ansehen. Dennoch täuschten sie sich, und zwar eben, wieder und wieder, auf Grund ihrer Klassendoktrin. Sie sahen in der Revolution von 1848 keine an sich gültige, mit sich selber identische Sache, nur eine Annäherung an die wahre Revolution des Jahrhunderts, die proletarische, die noch kommen würde. In Frankreich, meinten sie, war dieser Vorbote schon ganz nahe an das Wirkliche herangekommen, hatte die bürgerliche Republik sich als unmöglich erwiesen, war nichts übriggeblieben als die Bourgeois-Diktatur, unter deren bleierner Decke der Kommunismus sich nun desto sicherer zur Reife entwickelte. In Deutschland nicht ganz so nahe. Ruiniert aber waren auch hier ein für allemal der Liberalismus – eine leider nicht ganz falsche Voraussage – wie auch die Masse des Kleinbürgertums; auch hier würde in der nun einsetzenden Reaktionsperiode das Proletariat reif werden, ja überhaupt keine Alternative bleiben als die kommunistische. Daher die Schadenfreude der beiden, trotz Niederlage und Exil. Ihre Analysen waren bestätigt; nicht sie waren erlegen, sondern alle ihre Konkurrenten, und die einzigen übrigen Mächte, die Diktaturen und wiederhergestellten Monarchien würden ihres Sieges nicht lange froh sein ... Unsere klugen Jünglinge irrten. Wer heute noch glaubt, das europäische 19. Jahrhundert habe sich auf den Kommunismus hinentwickelt und im Jahre 1917 sein krönendes Ende gefunden, ist das Opfer eines gründlichen Mißverständnisses. Europa hat sich vielmehr seit 1848 vom Kommunismus fortentwickelt, und dazu ist keine große Anstrengung notwendig gewesen, weil der Kommunismus nie etwas anderes war als eine mit dem frühen Stadium der industriellen Revolution gedanklich verbundene Utopie. Auf Demokratie aber hat Europa sich unvermeidlich hinentwickeln müssen, und unvermeidlich war wohl auch die Formung der neuen Nationalstaaten, Italien und Deutschland, weil die Menschen jetzt weiterer politisch-ökonomischer wie kultureller Räume bedurften und die Nationalität sich als raumbestimmende Macht begeisternd anbot.

Für den Augenblick war ein großer Aufwand schmählich vertan; war Ernüchterung, Enttäuschung, ja Verzweiflung. Verzweiflung wenn nicht am Leben, so doch an Europa. Sie kam in der Zahl derer zum Ausdruck, die nun nach Amerika auswanderten, Deutsche zumal. Sie waren in den vierziger Jahren etwa hunderttausend jährlich, sanken auf die Hälfte davon während der beiden Revolutionsjahre, stiegen nach 1849 auf zweihundertfünfzigtausend an. Es waren die Tätigsten, die Mutigsten, die den Schritt ins Unbekannte wagten, jene, die auf ein würdigeres, freieres Leben in der Alten Welt vergebens gehofft hatten; geborene Menschenführer darunter.

Die Wirkung der gescheiterten Revolution von 1848 auf das Verhältnis zwischen Amerika und Europa ist darum eine ambivalente. Der Strom der Einwanderer in das neue Land wurde ungleich dichter als vorher. Aber gerade diese europäischen Neu-Amerikaner, die »Forty-Eighters«, wandten sich von der Alten Welt kraft eines bewußten Entschlusses endgültig ab. Seinerseits hatte Amerika, und zwar gerade das demokratische, das »linke«, in New York zentrierte Amerika sich von der Februar- und Märzrevolution die erfreulichsten völkerverbindenden Erfolge erhofft. Als diese Folgen ausblieben, griff eine neue Gleichgültigkeit Platz; man kann wohl sagen, daß beide Kontinente sich nie fremder, nie gleichgültiger waren als in den fünfziger Jahren. »Europa«, meinte ein amerikanischer Senator berühmten Namens, »Europa ist veraltet, verrottet, seiner Auflösung nahe. Es ist ein riesiger Kirchhof.«

Die fünfziger und die sechziger Jahre

Wenn die abendländische Geschichte seit dem 17. oder 18. Jahrhundert unter dem Gesetz der Beschleunigung stand, so ist dies Gesetz in der zweiten Hälfte des Jahrhunderts deutlicher am Werk als in der ersten; mehr und mehr an die Zeit heranführend, in der es nicht mehr bloße Beschleunigung, sondern Explosion befiehlt. Fortschritte der Naturwissenschaft, der Technik, der Industrie; Verlegung des Schwergewichts der allgemeinen Bildung vom Humanistischen zum Wissenschaftlich-Praktischen; Vermehrung der Bevölkerung, der Produktivität; Stärkung des Staates gegenüber älteren Aktions- und Traditionszentren; Ausbreitung des europäisch-amerikanischen Einflusses über Süd- und Ostasien – solche Tendenzen, längst am Werk, drängen in den fünfziger und sechziger Jahren zu schärferen, dramatischeren Weisen der Verwirklichung. Es gehört alles zusammen: die Öffnung nach außen und die beginnende »Modernisierung« Japans; die Befreiung der Bauern und die nachfolgenden Reformen in Rußland; die Vernichtung der alten Pflanzeraristokratie in den Vereinigten Staaten; Aufstieg und Niedergang des französischen Zweiten Kaiserreiches; Wahlrechtsreformen in England und Deutschland; Gründung des italienischen, Gründung des deutschen Nationalstaates; überall stärkere, schrillere Töne des Nationalismus und der Demokratie; innere und äußere Machtkämpfe, eine Kette von Kriegen nach langen Jahrzehnten des Friedens. Nach 1871 – wenn man will, nach 1878 – folgt dann wieder eine Epoche, die an äußerem Drama ärmer ist, obgleich der Prozeß der Beschleunigung weitergeht; diese hat nun Kanäle gefunden, in denen sie eine Zeitlang wirken kann, ohne sie zu sprengen. Und wenn in den fünfziger Jahren nachdenkliche Leute die Macht Gesamteuropas – Gesamt-Westeuropas – unrettbar im Sinken glaubten gegenüber einem sich nun erhebenden System von Weltstaaten – Amerika, Rußland, China, allenfalls England –, so erlebt nach 1870 Europa noch einmal einen Zuwachs weltweiter Wirkungsmöglichkeiten, wie zu Metternichs Zeiten kein Mensch ihn voraussah.

So sehr, im großen, dies alles zusammenhängt, so sehr geht, im einzelnen, alles anders vor sich; in Westeuropa anders als in Amerika und Rußland; in Italien anders als in Deutschland und Frankreich; in Rom anders als in Florenz, in Preußen anders als in Bayern. In jeder Gegend liegen die Bedingungen anders, leisten andere Menschen ihr geschichtlich Genügendes oder Ungenügendes. Das Erscheinen neuer Nationalstaaten in Europa, die Straffung der nordamerikanischen Republik, die erst jetzt eigentlich zum Nationalstaat wird, haben den Kern gemeinsam; aber tief verschieden sind die Gegensätze, deren Austragung zu diesem Resultat führt. Die europäischen Kriege der Epoche, fünf an der Zahl, sind nicht universal wie die des 18. und 20. Jahrhunderts, sondern beschränkt, einer oder zwei gegen einen, kurzfristig, vergleichsweise unblutig. Die Amerikaner führen Krieg gegen niemanden als sich selber, und zwar den blutigsten Krieg zwischen der Zeit Napoleons und 1914. Daß die nordamerikanische Republik ein echter Staat erst dann sein werde, wenn sie echte Kriege führen, mit anderen Mächten ernsthaft sich auseinandersetzen würde, hat Hegel vorausgesagt. Die Prophezeiung des Philosophen geht auf überraschende Art in Erfüllung. Amerika trifft auch jetzt auf keinen fremden Staat, von Europa wird es in Ruhe gelassen. Es trifft auf sich selber, setzt mit sich selber sich gewalttätig auseinander – und wird dabei

Klemens Fürst von Metternich
Photographie, um 1858

Das österreichische Kaiserpaar Franz Joseph I. und Elisabeth auf einer Spazierfahrt bei Ischl
Aus einem Gemälde, um 1855. Wien, Schloß Schönbrunn

Eröffnung der ersten Weltausstellung durch Königin Viktoria im Londoner Kristallpalast, 1851
Aquarell von Eugène Louis Lami. Windsor Castle, Royal Library

Platz in Rio de Janeiro. Aquarell von Josef Selleny, gemalt während der Weltumseglung der österreichischen Fregatte »Novara«, 1857/59
Wien, Heeresgeschichtliches Museum

zum neuen, stärkeren Staat. In Europa sind die altgewohnten Machteinheiten noch einmal die Konfliktsträger: Frankreich, England und Rußland, Frankreich und Österreich, Preußen und Österreich, Preußen und Frankreich. Eine einzige neue Macht, Piemont-Italien, kommt dazu.

Ein jeder dieser Kriege hat seine mehr oder weniger plausiblen Gegenstände. Zwischen den europäischen Westmächten und Rußland ging es um Machtkonkurrenz im Nahen Osten, zwischen Frankreich und Österreich um die Zukunft Italiens, zwischen Österreich und Preußen um die Vorherrschaft in Deutschland; in Amerika explodierten endlich die alten regionalen und Klassengegensätze, die wir schon kennen. Zu den Gründen mag ein psychologischer Hintergrund kommen. Es ist wohl möglich, daß diese Epoche im Zeichen der Gewalt stand, weil, mehr als in den nachnapoleonischen Jahrzehnten, Gewalt damals den Leuten gemäß schien und ihnen Freude machte; und daß, wenn dies nicht der Fall gewesen wäre, die oben erwähnten »Gründe« zur Entfesselung aller dieser Kriege nicht ausgereicht hätten. Es ist möglich, daß auch die Amerikaner ihren Krieg wollten, nachdem die Europäer eben schon zwei, den russischen und den italienischen, genossen hatten. Daß Bismarck an den amerikanischen Bürgerkrieg dachte, als er sein Wort sprach von »Blut und Eisen«, durch welches die großen Fragen der Zeit entschieden würden, ist höchst wahrscheinlich. Nur: die kausale Wirkung solcher Stimmungen zeigt uns kein Dokument; sie ist Sache der Spekulation, und Vater Marx und allen seinen Nachkommen wird man sie nie beweisen können.

Was das Individuelle betrifft, so beherrschen, stärker als zuvor und nachher, einige markante Persönlichkeiten das Bild. Im Jahre 1866 bemerken zwei französische Romanciers, die Brüder Goncourt, in ihrem Tagebuch: »Merkwürdig, wie bei aller Revolution, bei der Verminderung der monarchischen Autorität überall in Europa, bei dem Gewicht des Volkes in den Regierungsangelegenheiten, kurz, bei aller Herrschaft der Massen, es doch nie größere Beispiele vom allmächtigen Einfluß, vom Despotismus des Willens eines einzelnen gegeben hat wie eben jetzt. So Napoleon III., so Bismarck.« Zu ihnen kommt der Piemontese Cavour, der an geschickter Zielsicherheit jenen, diesen an Feinheit der Gesinnung übertrifft. Zu ihnen kommt jenseits des Ozeans die so ganz anders geartete, schlechterdings nuramerikanische, bizarre und tragische, reine und liebenswerte Gestalt Abraham Lincolns. Lincoln und Bismarck – sie sind die beiden grundverschieden gebauten Türme der Epoche. (Türme auch physisch gesprochen; denn beide waren sie Hünen von Gestalt.) Gekannt haben sie sich nicht und, soviel wir sehen, nie Notiz voneinander genommen, aber es gab Leute, die beide gut kannten: John Motley etwa, amerikanischer Diplomat und Historiker, und Carl Schurz, deutscher Demokrat von 1848, der amerikanischer General und Staatsmann wurde ... Neben den obersten Anführern die zeittypisch-dramatischen Mitspieler, Garibaldi, der triumphierende, John Brown und Orsini, die sich aufopfernden Verschwörer; die großen Kriegsmänner, Lee und Moltke; der furchtbare Beobachter, Marx; die lebenszähen, Generation nach Generation überdauernden, gekrönten Repräsentanten, Viktoria, Wilhelm I., Franz-Joseph.

Wohl sollte man das Gleichzeitige, historisch Zusammenhängende auch auf einmal erzählen können. Aber man kann es nicht; weswegen wir uns zuerst dem amerikanischen Schauplatz zuwenden und so sprechen müssen, als ob es den europäischen nicht gäbe.

Amerika: der Konflikt, „den nichts unterdrücken kann", und der Krieg zwischen den Staaten

Droysen, der deutsche Historiker, schrieb 1854 von der neuen Weltmacht, dem »maßlos wachsenden, demokratischen Nordamerika«, das bald die Staaten Europas als Kleinstaaten werde erscheinen lassen. Er war darin nicht klüger, als Tocqueville zwanzig Jahre früher gewesen war; nicht klüger als der Papst der Napoleonzeit, Pius VII., der schon 1818 prophezeit hatte, eines Tages werde die Neue Welt der Alten das Gesetz vorschreiben.

Dies Wachstum maß sich nicht an fremdem; stieß nicht ernsthaft gegen fremde, ältere Mächte, die in jenen Gegenden Jahrhunderte früher gewachsen waren. Wir wissen schon, wie die alten Mächte, Spanien, Rußland, der jungen Republik aus dem Weg gingen, sich gleichsam wie Phantome verhielten, wenn sie in ihrer Richtung vorstieß; und wie, wenn sie schon Widerstand leisteten – Mexiko 1846 –, dieser ihnen schlecht bekam. Was schließlich die älteste »Macht« auf dem amerikanischen Kontinent, die wahren Eingeborenen betrifft, so ist ihre Geschichte während des ganzen 19. Jahrhunderts eine ununterbrochene Kette von Niederlagen, von Versprechen, die ihnen gemacht und gebrochen, von Grenzen, die ihnen beschworen und wieder genommen wurden. Der weiße Mann, der schon sehr viel Land hatte und es noch sehr undicht bevölkerte, wollte das ganze amerikanische Land haben und bekam es auch.

Das Wachstum Amerikas brach sich an inneren Gegensätzen, die mitwuchsen. Wir kennen sie bereits. Der Kompromiß von 1850 war der letzte große Versuch, sie, wenn nicht zu lösen, doch in der Schwebe zu halten. Dann kam eine neue, schärfer gesinnte Generation zum Zuge, im Norden und Westen wie im Süden.

Die politische Stellung der südlichen Pflanzeraristokratie war stark. Sie regierte nicht bloß unumschränkt in ihren Staaten; durch das Instrument der Demokratischen Partei, das sie sich geschmiedet, vielmehr umgeschmiedet oder umgebogen hatte, regierte sie auch die Union bei weitem den größeren Teil der Zeit zwischen 1828 und 1860. Die letzten Präsidenten vor dem Bürgerkrieg, selber keine Südländer, selber keine entschiedenen Charaktere, waren umgeben von Beratern, Kabinettsmitgliedern, machtvollen Senatoren aus den Südstaaten. Auf ihrer Seite war der Bundesgerichtshof, dem der greise, feine, erzkonservative Taney präsidierte; auf ihrer Seite oder mit ihr identisch war die elegante Welt der Hauptstadt. Diese politische Stellung beruhte auf einer alten Herrschaftstradition, beruhte auch darauf, daß die Gegner schlecht organisiert, die »Whigs« im Aussterben waren und die nördlichen »Demokraten« sich von den südlichen hatten überspielen lassen; sie besaß, wie der verstorbene Calhoun längst durchschaut hatte, keine ausreichende Basis im Sozialen oder Wirtschaftlichen. Die Resultate jeder Volkszählung sprachen gegen sie. Die Einwanderung aus Europa, nach 1849 sich vervielfachend und einen kräftigen, demokratischen Menschentyp nach dem Norden und Westen führend, sprach gegen sie. Gegen sie sprach die wirtschaftliche Entwicklung des Landes, an der eben der Süden am wenigsten teilnehmen konnte; der Eisenbahnbau, der in den fünfziger Jahren die großen Seen mit dem Osten, Chikago mit New York verband und an Stelle der alten nord-südlichen Achse des binnen-amerikanischen Handelsverkehrs eine neue ost-westliche treten ließ. So wie in den

Jahrzehnten vor 1914 die preußischen Junker sich durch Tradition und Künsteleien der Verfassung, durch Monarchie und Heer eine politische Macht erhielten, die ihrer wirtschaftlichen nicht entsprach, so, ungefähr, die südlichen Pflanzer in dem Jahrzehnt vor ihrer Katastrophe.

Angriffe und Gegenangriffe moralischer Natur kamen verwirrend dazu. Es wäre falsch zu sagen, daß die Mehrheit der Amerikaner damals mit Leidenschaft gegen die Sklaverei gewesen wäre. Die meisten nahmen kein besonderes Interesse an der Sache weder im einen noch im anderen Sinn. »Geschichte« kann ja aber auch von kleinen Minderheiten gemacht werden und wird es meistens. Seit den dreißiger Jahren schon waren die »Abolitionisten«, jene, die die sofortige ganze Abschaffung der Sklaverei forderten, am Werk, in Zeitschriften, Versammlungen, Flugblättern den Haß gegen die »besondere Einrichtung« des Südens schürend. Der Roman der Harriet Beecher-Stowe, »Onkel Toms Hütte«, erschien 1852; das wirksamste Propagandabuch, das es je gab. Die Abolitionisten erreichten nichts Faßbares, das konnten sie nicht, außer daß ihre Gesellschaften flüchtige Sklaven auf wohlorganisierten Wegen aus dem Lande schafften. Wichtiger: sie hielten das Sklavereiproblem, als ein moralisches, im Bewußtsein der Bürger, die nur zu gern es vergessen hätten; ihren Wortführern, schrill und fanatisch, wie ihre Sprache war, fehlte es nicht an einprägsamen Argumenten und Beispielen. Der sklavenhaltende Süden, Politik, Justiz, Universität, Kirche, reagierte mit verletztem Stolz und Trotz: das, was völlig schlecht sein sollte, war völlig gut, naturgewollt, gottgewollt, und wehe dem, der von außen drohte, es anzutasten. Schlimmer sich in die Ecke getrieben fühlend, als sie es im Grunde schon waren, Angriffe, die von wenigen vorwärtsgetragen wurden, als einen Ausdruck breiter Stimmungen, das Resultat wohlgeplanter Verschwörungen des Nordens empfindend, gingen die südlichen Politiker zu einer Art von Gegenangriff über.

Der Kansas-Nebraska-Akt vom Mai 1854 widerrief den Kompromiß von 1820. Dieser hatte die Sklaverei von allen neu zu organisierenden Territorien nördlich des Breitengrades 36.30 ausgeschlossen. Nun wurden durch den Willen des Kongresses zwei neue Territorien, Kansas und Nebraska, gebildet, mit der Bestimmung, daß es den Siedlern vorbehalten sein sollte, zu entscheiden, ob sie die »besondere Einrichtung« auf ihrem Boden wünschten oder nicht. Der geistige Vater des Gesetzes, Stephen A. Douglas aus Illinois, ein Politiker von überaus verschmitztem, kraftvollem Typ, glaubte damit die rechte Lösung gefunden zu haben: Sklaverei würde da sein, wo die Leute sie haben wollten und wo sie wirtschaftlich Sinn hatte, anderswo nicht; also wahrscheinlich nicht in Kansas. Was aber als gesunder, praktischer Kompromiß gemeint war, ohne Grundsatz und ohne Tragik, erwies sich als das Aufreißen des alten Gegensatzes in seiner ganzen Schärfe. Der Friedensvertrag von 1820 – die Bedeutung eines solchen hatte der Missouri-Kompromiß gehabt – war nun aufgehoben, nicht nur implizite, in der Logik des neuen Beschlusses, sondern, worauf die südlichen Parteiführer bestanden hatten, ausdrücklich. Alsbald begann der Kampf um das neue Gebiet zwischen sklavenhaltenden Siedlern aus dem benachbarten Missouri und Einwanderern aus dem Norden; ein Bürgerkrieg im kleinen. Im »blutenden Kansas« konzentrierte sich der Gegensatz, der die Nation teilte und erst jetzt als »nicht mehr unterdrückbar« ins Bewußtsein der Nation trat.

Zwei neue politische Parteien entstanden im Zeichen der neuen Wirren. Eine, die bald wieder verschwand, versuchte einen amerikanischen Frieden zu stiften, indem sie sich gegen naturalisierte oder nicht-naturalisierte Europäer, zumal gegen Katholiken, wandte und einen bildungsfeindlichen Nationalismus pflegte. Die Geschichte der anderen ist im Moment, in dem dies niedergeschrieben wird, nicht abgeschlossen; es ist die »Republikanische«.

Der Name war Jeffersonsche Tradition, auf welche die neue Gruppe besseren Anspruch erheben konnte als die Demokraten des Südens. Ihr Wirkungskreis war, ohne daß sie es wollte oder proklamierte, streng sektional beschränkt, denn ihr Haupt- und beinah ihr einziger Programmpunkt, Ausschluß der Sklaverei von den neuen Territorien, sonderte sie vom Süden ab. Ihre Sprache war entschieden »westlichen Charakters«, schlicht, fromm, egalitär; sie appellierte an die Einwanderer, die Pioniere, die Farmer. Viel Neubürger, Deutsche zumal, stießen zu ihr; »Whigs«, denen die sterbende Whigpartei nichts mehr bot; »Demokraten« des Nordens, die mit jenen des Südens längst nur noch den Namen gemein gehabt hatten. Sie nahm die philosophischen Sätze der Unabhängigkeitserklärung in ihre »Plattform«, und das war ehrlich und so berechtigt, wie dergleichen bei einer politischen Partei überhaupt sein kann. Die Bedenklichkeit der neuen Formierung lag eben in ihrem rein sektionalen Charakter – worauf man antworten mag, daß sie den sektionalen Gegensatz nicht schuf, nur entschlossen ins Auge faßte. Bei den Präsidentenwahlen von 1856 schnitt sie für eine neue Partei überraschend gut ab; aber die Demokraten gewannen noch einmal mit zuverlässiger Mehrheit, indem sie, wie schon zuvor, einem weltgewandten und schwachen Parteistrategen des Nordens, James Buchanan aus Pennsylvania, das höchste Amt, der südlichen Pflanzeraristokratie aber die Substanz der Macht in Washington zuspielten. Noch einmal hatte die Nation sich mehrheitlich für die Sklaverei entschieden, jedenfalls nicht gegen sie; und gegen die neue Partei, welche den Widerstand gegen die Ausdehnung der Sklaverei auf ihre Fahne schrieb.

Trotzdem vergiftete die Atmosphäre sich zusehends. Da war das »blutende Kansas«, dem eine Minderheit eingewanderter Südländer eine Verfassung, welche die Sklaverei erlaubte, aufzwingen wollte, ein Versuch, der den Segen des Präsidenten und des Senates in Washington hatte. Da war, 1857, ein unheimliches Urteil des Obersten Gerichtshofes; der Missouri-Kompromiß, so entschied der greise, feine Taney, war vom ersten Tag an gegen die Verfassung und ungültig gewesen, Regierung und Kongreß hatten kein Recht, irgendwo in den Vereinigten Staaten irgendwie geartetes Eigentum anzutasten, ein Sklave war nirgends Bürger der Union und konnte es auch in keinem neuen Territorium werden, da er dort wie überall Eigentum seines Besitzers blieb. Das Urteil in der »Dred-Scott-Sache« stieß nicht nur noch einmal den alten Friedensvertrag um; es machte auch der populären Theorie von der freien Entscheidung durch das Volk am Ort selbst – »Squatter Sovereignity« – den Garaus, die Stephen Douglas zur Lösung des Sklavenproblems in den neuen Territorien befürwortete; und ein aufstrebender Politiker aus Illinois, Abraham Lincoln, verfehlte nicht, Douglas, mit dem er um den Senatssitz des Staates focht, über seine Auffassung dieser neuen Kalamität zu befragen. Zwischen beiden Konkurrenten fand, Sommer 1858, eine Reihe von öffentlichen Redezweikämpfen statt, die das politische Leben im neuen freien Westen im schönsten Lichte zeigen oder zeigen würden, wäre es nur nicht um einen so gefährlichen

Gegenstand gegangen und wären die Folgen keine so fürchterlichen gewesen. Es gelang Lincoln, seinen ungleich berühmteren, verwöhnteren Gegner nach links zu treiben und zur Verkündung einer neuen »Lehre« zu nötigen: dort wo die Leute die Sklaverei nicht haben wollten, werde keine sich halten können und keine sein, gleichgültig, was die Verfassung und was das Oberste Bundesgericht sagte. Mit dieser Lehre, meinte Lincoln, »wird Douglas nie Präsident werden«. Mehr: mit dieser Lehre, formuliert vom stärksten Mann der Demokratischen Partei, konnte die Demokratische Partei nicht eins bleiben, weil der Süden sie nimmermehr akzeptieren würde.

Die Lincoln-Douglas-Debatten dramatisierten zwei Persönlichkeiten, von denen die eine der Nation bisher unbekannt gewesen war, und verschärften die anscheinende Dringlichkeit des Problems. So tat, auf brutalere Art, ein wilder Puritaner, der sich schon im »blutenden Kansas« auf seiten der Sklavereifeinde hervorgetan hatte. Was John Brown im Oktober 1859 versuchte, erinnert von fern an Garibaldis Unternehmen ein halbes Jahr später. Aber Staat und Gesellschaft im amerikanischen Süden waren ungleich intakter als das verrottete neapolitanische Königreich. Browns Plan, mit einer Handvoll Spießgesellen im nördlichsten der Südstaaten einzudringen und einen Aufstand der Sklaven zu entfachen, der lawinengleich über das Land rollen würde, scheiterte jammervoll schon in seiner allerersten Etappe; es blieb dem Staat Virginia nichts anderes übrig, als den finsteren Eindringling aburteilen und hinrichten zu lassen. Lincoln verglich ihn nicht mit Garibaldi, sondern mit Orsini, der versucht hatte, den Kaiser der Franzosen in die Luft zu sprengen, und mißbilligte die Tat. Andere priesen sie. Auf John Browns Grabstein, forderte Victor Hugo, sollte man schreiben: Pro Christo Sicut Christus, und das war ungefähr die Meinung vieler Amerikaner in Nord und West. Noch immer an den Hebeln der Macht in Washington, noch immer die Präsidenten zu ihren Begünstigern zählend und einer leidlichen Mehrheit im Senat sicher, noch immer die Herren zu Hause, fühlten die Wortführer des Südens sich angegriffen, ungerecht verfolgt, umzingelt von ruchlosen Feinden. Wann hatten sie ihrerseits, so machte ihr energischster Vertreter, Senator Jefferson Davis aus Mississippi, wieder und wieder geltend, sich je in die Angelegenheiten des Nordens eingemischt? Zogen sie gegen die Nicht-Sklaverei zu Felde, wie man im Norden gegen die Sklaverei zu Felde zog? Was wollten sie anderes, als in Ruhe gelassen werden, als Gleichberechtigung, als Bewahrung der Union und Verfassung, wie sie die Väter gegründet hatten? War die Lage des Proletariats in den großen Städten des Nordens besser als die der Sklaven im Süden? Was wußten die Yankees überhaupt von der sozialen Wirklichkeit des Südens? Waren die Pamphlete der Abolitionisten die rechte Quelle, um sie zu verstehen? ... Argumente, die noch nach hundert Jahren zu beeindrucken vermögen. Diese Männer waren wohl nicht schlechter als die Politiker des Nordens und Westens; sie fühlten sich häufig besser, weil sie die Politik nicht als Erwerb, sondern als Pflicht wohlhabender Patrioten betrieben; sie waren fromm, gebildet, persönlich integer, einen eleganten Lebensstil pflegend; den Europäern in Washington waren sie im Durchschnitt lieber als die Parteifüchse von New York und Philadelphia und, neuerdings, von Chikago. Daß sich ihre »besondere Einrichtung« in das moderne, demokratische, industrielle Amerika nicht mehr schickte, mochte auch ein Teil der Sklaven besser daran sein als ein Teil der freien Arbeiterschaft, dies einzusehen und dementsprechend zu handeln, hätte es großer Weisheit bedurft; und es war kein Zar da, von den Pflanzern durch Machtspruch die Reformen zu erzwingen, die sie spontan nicht zuwege brachten. Im Trotz der Defensive wurde jetzt sogar die Forderung laut, die längst verbotene Einfuhr von Sklaven wieder zu legalisieren.

Auf der anderen Seite gingen in die neue Republikanische Partei so viele unreine Interessen ein, wie dies bei politischen Parteien, zumal den amerikanischen, noch immer der Fall gewesen war. Es fehlte hier nicht an Politikern, denen es, wie einer von ihnen sagte, nicht um Grundsätze, sondern um »the management of men« zu tun war. Seward, Senator für New York, der Mann, der den Ausdruck vom »Irrepressible Conflict« geprägt hatte, gestand unter Freunden ein, daß er überhaupt niemals glaube, was er öffentlich sage. Trotzdem hatte die Partei den großen inneramerikanischen Gegensatz der Zeit eingefangen und ausgedrückt, an ihm sich gebildet. Und als es nun im Sommer 1860 zur Aufstellung eines Kandidaten für die herannahenden Präsidentenwahlen kam, da einigte sich der Parteikonvent in Chikago auf keinen der geriebenen Parteigeschäftsleute, der Opportunisten; aus dem Spiel konkurrierender Gruppen ging unerwartet ein vor kurzem noch unbekannter, aber scharf profilierter Sieger hervor.

Abraham Lincoln, Rechtsanwalt aus Springfield in Illinois, war ein unbeugsamer Gegner der Sklaverei, und seine Seele war aus einem Stoff, der sich weder biegen noch brechen ließ. Zu sehr begabt mit Humor, zu sehr belastet mit Melancholie, um Fanatiker zu sein, strenger Anhänger von Gesetzlichkeit und Ordnung, war er dennoch unbeirrbar treu den Grenzen, die er sich gesetzt hatte; der eigenen Bescheidenheit; seiner Beurteilung der Dinge. Sklaverei war schlecht. Sie auszurotten hatte die Nation kraft der alten Verfassung keinen Auftrag. Dort wo sie war, sollte sie bleiben dürfen, dort allmählich absterben, vielleicht erst in hundert Jahren. Aber sie durfte sich nicht mehr ausdehnen. Und was noch wichtiger war: man mußte sagen, daß sie schlecht war, und ihre moralische Verurteilung mußte das Herz des Republikanischen Programms sein. Diesen Kurs hatte Lincoln in seinen Debatten mit Douglas geführt und dabei das widerwillige, weniger grundsätzlich gesinnte Gros der neuen Partei hinter sich her geschleppt. Es ist unbestreitbar, daß er politisches Kapital aus dem Sklavenproblem schlug; daß er ehrgeizig war; daß es seine Haltung in dieser Frage war, die ihm eine plötzlich wachsende Reputation gewann und die ihn zum Präsidenten machte. Sie hätte ihn aber ebensowohl ruinieren können. Zwei Jahre früher hätte sie ihn wahrscheinlich ruiniert. Lincoln gewann Macht und bald viel mehr Macht, als ihm lieb war, indem er seinem Herzen folgte.

Er war ein langer, mit seinem Körper, seiner Kleidung sonderbar linkischer Mann, damals um die Fünfzig. Daß er häßlich gewesen sei, behaupten viele, die ihn sahen, aber seine Photographien bestätigen es nicht; am wenigsten jene, die gemacht wurden, bevor er, 1860, anfing, sich den Bart stehenzulassen, mit dem er berühmt wurde. Ein Gesicht wie das seine, durchgeistigt, klar und traurig, männlich und zart, jünglingshaft und alterslos, bis ein historisches Leid es zerfurchte, das Gesicht eines Künstlers weit eher als eines Politikers – ein solches fragt man nicht, ob es schön oder häßlich sei. Geboren im wilden Westen als armer Leute Kind; in manchen harten Berufen erfahren; Autodidakt, sein Englisch an Shakespeare und an der Bibel bildend; beliebt bei seinen Mitbürgern und begabt, ihr vollständiges

Vertrauen zu erwerben, gleichzeitig aber in einer Aura von Einsamkeit lebend, ein Gleicher unter Gleichen und doch hoch über ihnen; die Sprache schlicht, immer direkt, manchmal humoristisch, manchmal derb, oft poetisch und schön; ein Mann, an dessen Integrität buchstäblich niemand zweifelte, der ihn kannte; ein Nur-Amerikaner, unvorstellbar in Europa, das er nie sah, fremd auch in New York, das er spät sah und das dem Manne aus dem Westen zunächst mit herablassender Neugier begegnete – so erschien Lincoln in der Zeit, da er plötzlich berühmt wurde. Von den Professionellen, die ihm die Nachricht von seiner Wahl zum Kandidaten überbrachten, sagte nachher einer: »Wir hätten wohl was Glänzenderes kaufen können, aber nichts Besseres.« Die Augen Lincolns, aus denen Wahrheit, Güte und Trauer sprachen, hatten es diesem geriebenen Politiker angetan ... Ob seine Wahl ein Zufall war, wie die sich durchkreuzenden Züge der Parteistrategie ihn mit sich bringen, ob guter Volksinstinkt, Schicksal oder was noch sich hier durchsetzte, dürfen wir nicht fragen; auch nicht, ob sie ein Glück war. In dem Geflecht von Ursache und Wirkung, das in der Katastrophe endete, bildete sie unbestreitbar ein bedeutendes Glied. Es ist aber ein Abgrund zwischen dem Kriegsschicksal, das Lincoln inkarnierte, und dem Spiel des Allianzen-Schmiedens, Kriege-Entfesselns, Kriege-wieder-Abbremsens, das gleichzeitig Louis Napoleon und Bismarck spielten.

Seine Haltung als Politiker, als Kandidat, als noch nicht amtierender Präsident war wohl durchdacht und korrekt. Sklaverei war schlecht und durfte sich nicht weiter ausbreiten. In den Grenzen, in denen sie bestand, war sie zu beschützen wie anderes bestehendes Recht. Lincoln verdammte die schrille Agitation der Abolitionisten, den Versuch John Browns. Aber einmal, in einer berühmten Rede 1858, hatte er, die Bibel zitierend, gesagt, ein in sich selbst geteiltes Haus könnte nicht bestehenbleiben; auflösen sollte und würde aber die Union sich nicht; folglich würde sie entweder ganz frei werden oder sich ganz der Sklaverei ergeben. Daß sie das letztere *nicht* werden durfte, war impliziert; die Rede, eine Verneinung dessen, was in unseren eigenen Tagen »Koexistenz« genannt wird. Der Süden vergaß sie nicht. Die kompromißlose Mäßigung, mit der Lincoln seine »besondere Einrichtung« verneinte, erregte ihn mehr als die stärkere Drohung der Abolitionisten.

Das andere Hauptglied in dem Kausalgeflecht, das zum Bürgerkrieg führte, war dies: die Demokratische Partei, die Partei Jeffersons und Jacksons, brach nun endlich auseinander. Das Instrument, durch welches der Süden sich eine ihm nicht mehr zukommende Macht in der Union zu sichern verstanden hatte, längst irrational, längst nur noch durch Geschick und erstorbene Tradition zusammenhaltend, taugte nicht mehr. Die Farmer und Handwerker des Nordens rebellierten gegen die Aristokratie des Südens; jene bestellten sich Douglas zu ihrem Kandidaten, den Mann der goldenen Mitte, der »Volkssouveränität am Ort selbst«, und proklamierten ihren unbedingten Gehorsam gegenüber Verfassung und Oberstem Gerichtshof; diese einigten sich auf ein klassisches Sklavenhalterprogramm. Indem so die Demokratische Partei den Schein einer gesamtnationalen Willensbildung nicht mehr aufrechterhalten konnte, standen die großen Sektionen des Landes sich zum erstenmal parteipolitisch gebunden gegenüber: der Norden und Westen mit den Republikanern, der Süden mit dem Minoritätsflügel der Demokraten. Dazu kamen zwei vermittelnde Gruppen, denen es nicht an gutem Willen zum Ganzen, aber an Stoßkraft fehlte, die »Unions-

Partei« und die nördlichen Demokraten unter Douglas. Bei den folgenden Novemberwahlen gewannen die Republikaner; nicht die Mehrheit aller, aber die meisten von allen Wahlstimmen, eine Pluralität. Sie genügte, um Lincoln zum Präsidenten zu machen. Der Staat South Carolina antwortete mit der Einberufung eines Konvents, der am 20. Dezember 1860 unter brausendem Jubel den Austritt des Staates aus der Union beschloß. In Anlehnung an die alte Tradition von 1776 ließ er eine Erklärung der Gründe folgen: warum der Staat, der nie aufgehört hatte, souverän zu sein, die Union verlassen durfte, und warum, schwer beleidigt, mißverstanden und benachteiligt, er sie verlassen mußte ... Wie der Politiker, der schon oft an die Grenze des Krieges ging, so daß sein Geist längst kriegsgewohnt wurde, sie endlich überschreitet; wie der Melancholiker, der oft schon an Selbstmord dachte, auch ihn wohl schon versuchte, endlich ihn ausführt, so hier der Staat South Carolina: mit der seit dreißig Jahren angespielten Trennung wurde es nun Ernst.

Die Atmosphäre dieses Winters war gespannt, verwirrt, ratlos und nach Rat suchend; obgleich das Leben der Hauptstadt nie so elegant gewesen sein soll wie in den letzten Monaten ihres alten Glanzes. Präsident Buchanan war schwach von Charakter, schwach, weil seine Amtszeit zu enden im Begriffe war, schwach, weil seine milde Verurteilung der Sezession mit seinen südlichen Sympathien stritt. Der Nachfolger redete zum Guten, beschwor den Süden, daß er von ihm nichts zu fürchten hätte. Aber Lincoln war nicht geschickt, in dem, was er für recht hielt, etwas nachzugeben; die Vermittlungsversuche, die gemacht wurden und deren wesentlichster Punkt die Wiederbelebung und Ausdehnung des Missouri-Kompromisses auf alle Territorien gewesen wäre, unterstützte er nicht. Als er sein Illinois verließ, meinte er, selbst George Washington hätte keine so schwere Aufgabe zu lösen gehabt wie die ihm nun bevorstehende. Als Anfang März seine Amtsführung mit einer düsteren Feier begann, hatten schon sieben Staaten – South Carolina, Mississippi, Florida, Alabama, Georgia, Louisiana, Texas – die Union verlassen und sich zu den »Konföderierten Staaten von Amerika« zusammengeschlossen. Vier weitere folgten nach: Virginia (dessen westlicher, gebirgiger Teil sich jedoch bei dieser Gelegenheit abtrennte und als neuer Staat Westvirginia von der Union anerkannt wurde), Arkansas, North Carolina und Tennessee. Zwei andere Sklavenstaaten, Kentucky und Missouri, schwankten, konnten jedoch für die Union gesichert werden.

Von da an kannte Lincoln nur eine Pflicht: »die Union zu retten.« Sie zu retten beinahe um jeden Preis: nur nicht um den einer Ausdehnung der Sklaverei. Hier fand sein zugleich subtiler und vereinfachender Geist den Kompaß, nach dem er sich richtete. »Ich will die Union retten«, schrieb er. »Wenn ich die Union retten könnte, ohne einen einzigen Sklaven zu befreien, so würde ich es tun; wenn ich sie retten könnte, indem ich alle Sklaven befreite, so würde ich es tun; wenn ich sie retten könnte, indem ich einige Sklaven befreite und andere nicht befreite, so würde ich es tun ...« Wohl gab es im Norden nachdenkliche Menschen, die dafür hielten, man könnte eine Union nicht auf Bajonetten begründen: wenn die Südstaaten sich abtrennen wollten, dann sollte man sie ziehen lassen. Lincoln entschied anders. Es war das Zeitalter des Nationalismus, in Amerika wie in Europa. Lincoln, ohne es zu wissen, war ein Nationalist. Die amerikanische Einheit, jetzt sieben oder acht Jahrzehnte alt, war ihm heilig wie sein Eid. In seiner Inauguralrede verwarf er die staatsrechtliche Theorie, wonach den Staaten Trennung vom Bund erlaubt sei, ebenso gründlich, wie South Carolina sie vertreten hatte. Die Mehrheit könnte jederzeit wieder zur Minderheit werden und sei überdies in ihren Aktionen durch die Verfassung in sicheren Schranken gehalten; der Grundsatz aber, wonach die Minderheit, wenn die Mehrheit ihr nicht gefiele, das Gemeinwesen auflösen dürfe, sei Anarchie. Er fügte ein starkes Argument aus dem Reich der Tatsachen hinzu: »Physisch können wir uns nicht trennen. Wir können unsere beiden Sektionen nicht voneinander fort bewegen oder eine unübersteigbare Mauer zwischen ihnen bauen.« Es werde kein Blutvergießen geben, es wäre denn, die abtrünnigen Staaten entschieden, daß es eines geben sollte; er werde sie nicht, sie müßten den Bund angreifen. Allerdings werde er die Besitzungen des Bundes überall okkupieren und beschützen, die Gelder, zu deren Erhebung der Bund berechtigt sei, überall erheben lassen... Es war diese letzte Versicherung, die den großen Bürgerkrieg unvermeidlich machte. Die Rede war schön wie das meiste, das aus Lincolns Munde kam, sie kam aus bedrängtem Herzen, sie klang wie eine Friedensrede. Tatsächlich, angesichts der Lage, wie sie im Süden sich jetzt hergestellt hatte, war sie eine Kriegsrede; wenn man will, eine Annahme der separatistischen Herausforderung. Er verweigerte die Preisgabe von Bundesrechten. Konföderierte Truppen beschossen das im Hafen von Charleston gelegene Fort Sumter und zwangen es zur Übergabe (14. April 1861); nun hatte der Süden angegriffen; der Präsident rief nach fünfundsiebzigtausend Freiwilligen, um eine »ungesetzliche Verbindung« zu unterdrücken; der Bürgerkrieg, oder Krieg zwischen den Staaten, war da.

Die Ursachen dieses Krieges, Motive, Rechtslage, moralische Lage, Verdienst, Schuld, sind ungefähr so gründlich untersucht, so leidenschaftlich debattiert worden wie die Ursachen des Krieges von 1914; je mehr man sich in die Argumente der Parteien, der Epochen, der einzelnen Denker vertieft, desto näher gerät man an Grundfragen, die nur willkürlich zu entscheiden sind. Wahr und trivial ist die Feststellung eines neueren Historikers: daß der demokratische Prozeß versagt habe, weil zwei Hauptparteien sich über die Basis ihres Zusammenlebens nicht mehr einig waren, und daß, wo immer ein solches Versagen stattfindet, Revolution oder Bürgerkrieg die natürliche Folge sei. Also ungefähr wie in Spanien in den dreißiger Jahren unseres Jahrhunderts. Der Unterschied war der, daß, während der Konflikt in Spanien einer zwischen Klassen war, die auf dem gleichen Territorium lebten und sich nicht trennen konnten, so daß eine die andere zu unterwerfen trachten mußte, die amerikanische Spaltung vertikal, nicht horizontal verlief. Wohl standen sich auch hier Klassen gegenüber, aber regional bestimmte, der Süden, der Norden; und die Trennung schien um so eher in legalen Formen möglich, weil diese Regionen politisch aus Staaten bestanden, von denen die südlichen ihre Sezession als völkerrechtlich gültig glaubten nachweisen zu können und sie übrigens auf demokratischem Wege beschlossen. Der Süden hatte lange sehr viel von der Union gewollt; Ausdehnung der Sklaverei, eine ihm genehme Zollpolitik, Herrschaft über das Ganze; jetzt wollte er das genaue Gegenteil, Verzicht auf das Ganze, Trennung vom Ganzen und angeblich nichts weiter als vom Ganzen in Ruhe gelassen zu werden. Was das für den ursprünglichen Gegenstand des Streites, die Territorien, die ja ein Patrimonium eben des Ganzen waren, bedeuten würde, blieb völlig offen. Von vornherein in die Verteidigung gedrängt und um ihre bloße neue Existenz kämpfend, haben die »Konföderierten Staaten« an einen Kampf um die westlichen Territorien nie denken können. So gesehen waren sie die Angreifer nicht. Im Gegenteil; sie waren es, die Verzicht leisteten, die in beleidigtem Stolz und Trotz nun nichts mehr wollten, als sich isolieren, weil die Herrschaft über das ihnen entfremdete, das dynamisch auf- und ins Weite strebende Ganze ihnen entglitten war. So daß nun, wenn Friede blieb, der Norden in seinem Gebiet seine Antisklavereipolitik, seine Hochschutzzollpolitik viel freier als bisher hätte betreiben können. Was eine solche Freiheit des Nordens den Südstaaten eigentlich genützt hätte, ist schwer einzusehen; und allein diese Frage zeigt das Irrationale der ganzen Tragödie. Angreifer, richtiger Rebellen, waren die Konföderierten nur dann, wenn man die Union für unauflöslich, wenn man die Vereinigten Staaten von Amerika für eine solche Einheit hielt, wie Spanien war. So verstand es Lincoln, unter dem Beifall nicht aller, aber der Mehrheit seiner Mitbürger in Nord und West, zumal der Ärmeren. – Kennten wir die Persönlichkeit Lincolns und den Platz, den er in der amerikanischen Tradition einnimmt, nicht, nicht die moderne Geschichte der Union und ihre Verwirklichungen im 20. Jahrhundert, so würde man versucht sein, das, was nun folgte, als monströs anzusehen. Elf Staaten, alte und echte Staaten darunter, ein Gebiet so groß wie Westeuropa umfassend, sechs Millionen Menschen der weißen Rasse, wurden gezwungen, zu einem politischen Gemeinwesen zu gehören, zu dem sie nicht mehr gehören wollten; und wurden dazu gezwungen durch einen Krieg, der an Schrecken die europäischen Kriege des Zeitalters weit übertraf. Aber der Mann, der diesem Zwange vorstand, ist noch heute der Heilige der Nation (obgleich nicht des Südens); niemand (selbst im Süden) hat in unserem Jahrhundert den Ausgang der Sache bedauert; die den Deutschen vertraute Gleichsetzung von Weltgeschichte und Weltgericht hat hier sich durchgesetzt.

Von der Sklaverei war nun erstaunlich wenig die Rede. Lincoln griff nicht die Sklaverei an, er verteidigte die Union. Die Südstaaten verteidigten ihre Existenz, die auf Trennung von der Union beruhte. Der Präsident der neuen Konföderation, Jefferson Davis, erwähnte in seiner Inauguralrede die Sklaverei überhaupt nicht. In der Verfassung wurde sie erwähnt, die Einfuhr von Negersklaven in das Gebiet der Konföderierten Staaten aber verboten. Ein sonderbarer Widerspruch in der Verfassung der neuen Nation, deren ungeschriebenes Grundgesetz, ja deren *raison d'être* eben die Rechtlichkeit und Gottgewolltheit der Sklaverei war. Diese war der Gegenstand des Krieges, oder er hatte keinen. Man hat dagegen eingewandt, daß der ganze Sklavenbesitz längst nicht wert war, was der Krieg den Südstaaten dann gekostet hat; daß also tieferliegende »Wirtschaftsgründe« zum Verständnis der Katastrophe herbeizuziehen seien. Ein Trugschluß. Krieg, wenn er einmal da ist, kostet, was er will, nicht, was jene, die ihn begannen, sich allenfalls dachten (wenn sie überhaupt etwas dachten). Die Kosten des Krieges beweisen darum nichts für Gewicht und Wert seines Gegenstandes. Die divergierenden Wirtschaftsinteressen des Nordens und Südens waren nicht derart, daß um ihretwillen ein entsetzlicher Bürgerkrieg hätte geführt werden müssen oder können. Man führt nicht Krieg um Zolltarife; es führt eine Gesellschaftsklasse im Lande nicht darum Krieg, weil sie in einem allmählichen, relativen wirtschaftlichen Niedergang begriffen ist; zwei Regionen eines Gemeinwesens, von denen die eine überwiegend industriell, die andere überwiegend landwirtschaftlich ist, führen darum nicht Krieg gegeneinander. Um die Sklaverei ging es; und zwar nicht um den Besitz an den Sklaven in den Südstaaten, der unmittelbar nicht bedroht war, sondern um das Prinzip, das Gute oder Schlechte; insofern hatte der Krieg etwas vom Religionskrieg. Übrigens war Stolz im Spiel, Stolz der Südländer auf ihre alten Staaten, South Carolina, Georgia, Virginia, die in der Tat etwas anderes waren als Illinois oder Michigan; Stolz auf ihren Lebensstil, den sie bedroht fühlten durch die plumpe Einmischung dynamisch-vulgärer Yankees; Stolz und Übermut und wohl auch Lust, sich zu schlagen. Wo diese nicht ist, da gibt es keinen Krieg. Aber, wir wissen es: dies Zeitalter war kriegerisch zu beiden Seiten des Atlantik.

Jefferson Davis, der Präsident der neuen Konföderation, und Vizepräsident Alexander Stephens, zwei befähigte Politiker, machten sich keine Illusion über die Schwere der Prüfung, die bevorstand. Sie hätten sie gern vermieden, wenn ein Kompromiß noch möglich gewesen wäre. Im großen und ganzen aber herrschte im Süden wie im Norden helle Freude, als nach langen, schwülen Monaten die Entscheidung endlich gefallen war; und im Süden herrschte der Glaube, daß man das nördliche Krämervolk schnell zu Paaren treiben würde. Der Glaube an einen leichten Sieg ist zu Beginn eines Krieges meist beiden Gegnern gemeinsam. Hier war es eine machtgewohnte, zum Sportlichen und Soldatischen neigende Gesellschaftsklasse, die ihn hegte. Außenpolitische Spekulationen kamen dazu. Europa, hieß es, war ganz abhängig von der Ausfuhr des Südens, Reis, Tabak, Baumwolle zumal; auch mit ihren Sympathien stand die europäische Führungsschicht der südlichen Aristokratie ungleich näher als den Yankees und ihrem barbarischen Holzfäller-Präsidenten; so oder so würde Europa der Konföderation helfen . . . Die Statistiken redeten eine bösere Sprache. Elf Südstaaten standen dreiundzwanzig Nordstaaten gegenüber, neun Millionen Menschen, davon ein gutes Drittel Negersklaven, zweiundzwanzig; der Norden hatte die Industrie, die Banken, die Eisenbahnen, die Handelsflotte. So ungeheuer war seine Überlegenheit in allen den Dingen, die den Krieg nähren, daß ihr gegenüber das vierjährige Aushalten der Südstaaten als eine der imposantesten Leistungen der Kriegsgeschichte erscheint.

Es war der erste moderne Krieg, in seiner Jahr für Jahr sich steigernden Intensität, seiner aufwühlenden, tief verändernden Wirkung im Moralischen, Sozialen, Wirtschaftlichen den Kriegen unseres Jahrhunderts ähnlicher als den Kriegen des 18. Das hatten die nicht erwartet, die ihn begannen, auf beiden Seiten nicht; obgleich bis zum Schluß keiner von ihnen bereute. Nach fünfundsiebzigtausend Freiwilligen, die drei Monate dienen sollten, hatte Lincoln im Frühling 1861 gerufen; vier Jahre später hatte der Norden – die Union – neunhundertachtzigtausend unter den Waffen und hatte das Prinzip der Freiwilligkeit längst durch Zwangsrekrutierung ersetzt oder doch ergänzt. Im Süden bestand allgemeine Wehrpflicht schon im zweiten Jahr, zuletzt auf die Altersstufen von siebzehn bis fünfzig sich erstreckend. Gefallen oder sonst zugrunde gegangen sind insgesamt etwa sechshunderttausend Soldaten.

Modern war der Krieg auch in der Weite seiner Operationen. Daß Amerika für einen Eroberer zu groß sei, hatte der ältere Pitt vor achtzig Jahren seinen Landsleuten vergebens zugerufen; nun galt es, nicht Amerika, aber doch einen gewaltigen Teil von Amerika zurückzuerobern. Es geschah in zwei durch Gebirge voneinander getrennten Kriegstheatern.

Die Aufmerksamkeit des zuschauenden Europa war auf das östliche konzentriert, wo die Maßstäbe europäisch waren und die Hauptstädte, Washington und Richmond, lagen. Dort, in einer Kette von Schlachten im Napoleonstil, war der Süden lange Zeit erfolgreich. Das Verhängnis kam vom Westen. Sommer 1863 war hier das Ziel der Union erreicht, das ganze Tal des Mississippi unter seiner Kontrolle, das Gebiet der Konföderierten in zwei Teile gespalten, ihre letzte freie Verbindung mit Europa gesperrt. Dieser Zweiteilung folgte, vom Westen her, eine abermalige Zweiteilung des Restgebietes: General Shermans Marsch von Chattanooga nach Atlanta, von Atlanta zum Ozean, unter planmäßiger Verwüstung eines breiten Landgürtels auf seinem Wege. Indem er dann sich nach Norden, gegen South Carolina, wandte, war die schon in den ersten Kriegsmonaten geplante Umzingelung des südlichen Kerngebietes vollendet. Verglichen mit den Ergebnissen dieser großzügig-langfristigen, von Erfolg zu Erfolg schreitenden West-Strategie waren die Ereignisse auf dem östlichen Schauplatz dramatisch und kostspielig, aber die längste Zeit nichts entscheidend. Wieder und wieder seit dem Sommer 1861 versuchten die Generale des Nordens die feindliche Hauptstadt zu nehmen und nahmen sie – April 1865. Wieder und wieder drang Lee, der Fähigste unter den Anführern des Südens, zuletzt Oberbefehlshaber aller südlichen Armeen, gegen Norden, nach Maryland, nach Pennsylvania vor; die berühmtesten Schlachten des Krieges, Antietam, Gettysburg (Juli 1863), zwangen ihn zum Rückzug. Seit Gettysburg waren die südlichen Armeen auch an dieser Front in der Verteidigung, aller Diversionen und Präventivangriffe ungeachtet; zuletzt, nach den Worten eines englischen Historikers, wie die Nuß zwischen den beiden Zangen des Knackers. Am 9. April 1865 ergab sich Lee dem nördlichen Oberbefehlshaber, General Grant.

Die Zugeständnisse, die Grant in Appomattox machte – die Offiziere durften ihren Degen, die Soldaten ihre Pferde behalten und alle als freie Männer nach Hause gehen –, waren Zugeständnisse unter Soldaten ritterlichen Charakters; grundsätzlich war diese Übergabe, wie schon die allererste gewesen war, bedingungslos. Von Anfang bis Ende blieb Präsident Lincoln treu dem Grundsatz, wonach er es mit Rebellen, nicht mit einer fremden Macht zu tun hatte; sehr zornig wurde er, wenn seine Generale von der Befreiung *ihres*, des nördlichen Bodens vom Feinde sprachen, als ob der Boden des Südens nicht auch der ihre und er, Lincoln, der Präsident des Nordens und nicht der Präsident der Union wäre. Es war eine Ansicht der Dinge, die Verhandlungen buchstäblich ausschloß. Sie war hart und hatte harte Folgen, aber sie war unausweichlich, wenn die »Union gerettet« werden sollte; und mit unbeugsamer Härte im Grundsätzlichen verband Lincoln ein schönes Erbarmen im Menschlichen. Die Rebellen waren Rebellen, aber ihre Bestrafung wies er weit von sich – »richtet nicht, damit ihr nicht gerichtet werdet«; unter allen Bürgerkriegen war dieser der am wenigsten rachsüchtigste, wenigstens solange Lincoln lebte. Bis zuletzt, nach den schlimmsten, jede vernünftige Hoffnung ihm raubenden Niederlagen war der Gegner frei, aufzugeben und in das Gemeinwesen zurückzukehren, dem er sich hatte entziehen wollen. Erschüttert von den Beschreibungen des Elends im Süden, die ihm zukamen, schlug Lincoln im Februar 1865, nach vier Kriegsjahren, seinem Kabinett vor, eine große Summe Geldes unter den Südstaaten verteilen zu lassen, wenn sie jetzt aufgäben – ein Gedanke, der auch seinen ergebensten Ministern zu generös war. »Ihr seid alle gegen mich«, meinte er traurig. Es ist diese Caritas, die ihn in aller Düsternis des Krieges zur lichten Gestalt und die Lincoln-Legende zur Wahrheit macht.

Er schreckte vor keiner Kriegsnotwendigkeit zurück, und eine von ihnen war die Blockierung der feindlichen Häfen. Die Südstaaten waren auf ihren Handel mit der Alten Welt angewiesen. Die europäischen Staaten erkannten beide Parteien bald als kriegführende Mächte an und damit die Rechtlichkeit der Blockade des Nordens. Diese steigerte allmählich ihre Wirksamkeit. Der Export südlicher Baumwolle sank auf zwei Hundertstel der Vorkriegsmasse, ein Ausfall, der die englische Textilindustrie in die schwerste Krise stürzte, ohne die von Jefferson Davis erhofften politischen Folgen zu zeitigen. Wohl war die englische Oberschicht, Aristokratie und Großbürgertum, mit ihren Sympathien überwiegend auf der Seite des Südens; in dem instinktiven Gefühl, daß seine Niederlage einen weltgeschichtlichen Sieg der Demokratie, und zwar einer radikalen, das Proletariat nicht ausschließenden Demokratie bedeuten würde; teils wohl auch die Folgen einer dauernden Spaltung der Union für die Verteilung der Machtgewichte im weltpolitischen Spiel hoffnungsvoll berechnend. Von Gladstone, dem Finanzminister, dem edlen humanitären Gladstone stammen die öffentlich gesprochenen Worte, deren er sich später selber schämte: »Wir wissen gut, daß das Volk der Nordstaaten den Kelch noch nicht geleert hat – daß es ihn noch fern von seinen Lippen zu halten sucht –, während doch alle Welt sehen kann, daß es ihn wird trinken müssen. Wir mögen unsere eigene Meinung über die Sklaverei haben; wir mögen für oder gegen den Süden sein; aber kein Zweifel besteht darüber, daß Jefferson Davis und die anderen Anführer des Südens eine Armee geschaffen haben; eine Flotte, scheint es, schaffen sie auch; und sie haben geschaffen, was viel mehr wiegt als Armee und Flotte, eine Nation.« Wieder und wieder erwogen Palmerston, der Premier, und Russell, der Außenminister, die Ratsamkeit einer Anerkennung der Konföderierten, einer Vermittlungsaktion, und warteten nur auf den Durchbruch General Lees im Norden, um zur Tat zu schreiten. Vom Kontinent her trieb Louis Napoleon zu einer solchen an; auch er von aristokratischen oder autokratischen Sympathien bewegt, immer begierig, etwas Großes zu unternehmen, übrigens aus einem gewissen paneuropäischen, daher antiamerikanischen Instinkt oder Stolz, der ihm eigen war. Sein unglückliches mexikanisches Abenteuer, von dem später die Rede sein muß, steht in diesem Zusammenhang. Eine formelle Anerkennung der Südstaaten wagte er nicht ohne England, England wich ihr aus. Es kam zu den gewohnten Trakasserien zwischen Kriegführenden und Neutralen zur See, Verfehlungen des Nordens, des Südens und Englands gegen das Völkerrecht, zu bedrohlichen Krisen; aber sie wurden beigelegt dank der weisen Mäßigung Lincolns und dank der Erfahrung der englischen Staatsmänner, die eine Politik phantastischen Abenteuers von einer auf lange Sicht verantwortlichen Politik zuletzt doch immer zu unterscheiden wußten. Seine Anerkennung durch Europa, nach der Jefferson Davis fiebernd verlangte, der er oft nahe zu sein glaubte, entging ihm bis zum bitteren Ende.

Wäre Europa noch das Europa von 1815 gewesen, vielleicht hätte es den Wunschtraum des Präsidenten der Südstaaten erfüllt. Nicht so das trotz aller dramatischen Niederlagen der Revolution sich auf der breiten Straße der Industrialisierung und Demokratisierung vorwärtsbewegende Europa der Jahrhundertmitte. Zu den treuesten Anhängern Lincolns im amerikanischen Norden gehörten die deutschen »Achtundvierziger«; zu seinen entschiedensten Freunden in Europa die englischen Arbeiter. Zwischen der Arbeiterschaft von Manchester und dem Präsidenten wurden (Winter 1862/63) herzerwärmende Botschaften ausgetauscht; kein anderer als Karl Marx organisierte eine Versammlung der Londoner Trade Unions, die einen Sieg des Nordens als unabdingbar für die Zukunft der Freiheit in England erklärte. Es war die Politik, die wir schon kennen, hier angewandt auf die besonderen amerikanischen Verhältnisse: sich vorläufig auf die Seite des »Kapitalismus« zu stellen, dort, wo er gegen den »Feudalismus« kämpfte. Aber gleichgültig, wie die verbogenen Marxschen Spekulationen verliefen; die von ihm angesprochenen Arbeiter dachten gerader, gerader auch die Propheten des Freihandels, Cobden, Bright, die sich unbezahlt in den Dienst der nördlichen Propaganda stellten. Es waren Stimmungen, die das britische Kabinett nicht ignorieren konnte. Sie wurden zur mitentscheidenden Macht, als Präsident Lincoln fünf Tage nach der Schlacht von Antietam (22. September 1862) für den 1. Januar 1863 die Befreiung aller Sklaven im Gebiet der im Kampf gegen die Union liegenden Staaten proklamierte.

Der denkwürdige Akt war das Produkt langen Zögerns und Zweifelns. Der Gegenstand des Bürgerkrieges war die Sklaverei; aber die unbeirrbare Theorie Lincolns, daß er für die Union, nicht gegen die Sklaverei Krieg führte. Er wollte die letzte Brücke zu den Rebellen nicht abbrechen, solange noch die fernste Hoffnung bestand, daß sie sie freiwillig beschreiten würden; solange rührte er das Problem der Sklaverei nicht an, trotz der Verwirrung und Enttäuschung seiner radikalen Anhänger im Norden. Erst nach anderthalb Jahren tat er den großen, gründlich überlegten Schritt, eine Kriegshandlung des amerikanischen Generalissimus, welcher der Präsident war, jenseits aller von der Verfassung bestimmten Rechte; man könnte in moderner Sprache nahezu sagen, ein Akt der psychologischen Kriegführung. Sein Erfolg war im liberalen Europa so durchschlagend wie im demokratischen Amerika; nun konnte kein europäischer Staatsmann ernsthaft mehr an Intervention zugunsten des Südens denken. (Eine Vermittlung hat Louis Napoleon noch 1863 angeboten, erhielt aber vom Kongreß in Washington eine scharfe Absage.)

Was die Proklamation von 1862 als einen Akt des Krieges begann, beendete ein Zusatz zur Verfassung, vom Kongreß 1865 beschlossen, im Lauf des Jahres von der notwendigen Zahl von Staaten ratifiziert – damals gab es Mittel und Wege, die Südstaaten zur Ratifizierung zu bewegen. Das dreizehnte Amendment unterdrückte die Sklaverei auf dem gesamten Gebiete der Union.

Was vom Norden her geschah, erst als Kriegsakt, dann als verfassungsrechtlicher Prozeß, geschah gleichzeitig im Süden als Folge des alles aufwühlenden, verbrauchenden, einschmelzenden Krieges. Die südlichen Pflanzer verloren ihre »besondere Einrichtung« schon, während und weil sie um sie kämpften. In ihrer Bedrängnis riefen sie die Sklaven zum freiwilligen Heeresdienst auf, jedem die Freiheit versprechend, der dem Ruf folgte; in den letzten Monaten des Krieges kämpften Negerbataillone auf beiden Seiten. So oder so sei die Sklaverei am Ende, erklärte Davis, und es läge ihm auch gar nichts daran. Zuletzt bot er den europäischen Mächten ihre bedingungslose Abschaffung an – wenn sie die Konföderation anerkennten. Das, um dessentwillen der Krieg angefangen worden war, wurde preisgegeben, damit er nur noch eine Weile weitergehen könnte. Über die Möglichkeit des Weitermachens und Doch-noch-Siegens nährte Davis Illusionen bis zum letzten Tag; wenn er endlich aufgab und südwärts floh – seinen Häschern in die Arme –, so darum, weil seine Generale ihm weitere Gefolgschaft verweigerten.

Es war ein zugleich zerstörendes und schöpferisches Chaos, in dem die Sklaverei unterging. Zerstörend – zwischen dem Dreißigjährigen Krieg und den Kriegen unseres Jahrhunderts ist kein Krieg in Europa so zerstörend gewesen wie dieser. Verbrannte Städte, verwüstete Felder, planvoll zerstörte Eisenbahnlinien; obdachlos umherirrende Flüchtlinge, viele befreite Sklaven darunter; Inflation im Verhältnis von eins zu zwanzig und mehr, schließlich Ausstreichung der gesamten konföderierten Staatsschuld, Ruin aller patriotischen Wohlhabenheit, die sich in den Dienst des Krieges gestellt hatte – dies waren 1865 die Tatsachen im Süden. Ganz anders im Norden. Hier erlebte Amerika, was es später noch wieder erleben sollte: daß der Krieg, der zerstört und ärmer macht, auch reicher machen kann, und zwar nicht eigentlich durch den Sieg – was konnte der Besiegte geben –, sondern durch die Kriegsanstrengung selber. So sehr die Ausgaben für den Krieg ins ungeheure wuchsen – man hat eine Gesamtsumme von fünf Milliarden Dollars errechnet –, die Industrie wuchs noch mehr, der Norden konnte, während er strategische Eisenbahnlinien, Kanäle, Kriegsschiffe baute und eine Millionenarmee reichlich versorgte, noch gleichzeitig seine Ausfuhr nach Europa erhöhen. Es fehlte nicht die Rasse der überbezahlten Heereslieferanten, der Kriegsgewinnler, der neuen Reichen; greller Luxus in den beiden Hauptstädten kontrastierte mit dem Leid der Truppe.

Übrigens konnte der Norden, der nie ernsthaft, nur gelegentlich in Randgebieten, vom Feind bedroht war, auch jederzeit an seine friedlichen Interessen denken; und tat dies nun, ungestört von jenen, die vorher seine Bestrebungen jahrzehntelang durchkreuzt hatten. Die Gründung neuer riesiger Territorien im Westen – Colorado, Nevada, Arizona, Idaho, Montana; ein Gesetz, das die öffentlichen Ländereien dieser Gebiete den Siedlern zu einem nominellen Preis zur Verfügung stellte (Homestad Act von 1862); riesige Landzuweisungen an die Union Pacific Railway Company, die den Bau der ersten transkontinentalen Eisenbahn übernahm; Straffung der Währung, wie der alte Jackson sie, als nur dem Interesse der Reichen dienend, nie geduldet hätte; Schutzzölle, die schließlich nahezu die Hälfte des Warenwertes erreichten – solche inmitten des Kriegsgewühls nun leicht und ohne Lärm durchgesetzten Neuerungen schienen denen recht zu geben, die im Bürgerkrieg vor allem einen Kampf zwischen zwei Wirtschaftssystemen sahen. Kapitalist, Farmer und freier Arbeiter, nicht länger behindert durch die Sklavokratie, erfüllten nun uralte Wünsche und nahmen sich, was sie konnten – die Arbeiter freilich am wenigsten.

Wenn dann im Süden die Kriegsnot jede innere Politik praktisch aufhob, die unionistische Opposition zum Schweigen oder aber zu hochverräterischem Wirken gezwungen war, so gingen im Norden Verfassungsprozeß und Parteipolitik weiter, nicht ohne sich an den Notwendigkeiten des Krieges zu reiben, aber im Kern unversehrt. Nie wurde vergessen, daß es zwei Parteien gab und die eine der anderen nichts Gutes wünschte. Die nördlichen Demokraten bejahten die Union und, implizite, den Krieg; nicht seine Führung. Im Wahlkampf von 1864, vertreten durch einen Heerführer von zweifelhafter Loyalität, forderten sie schleunige Beendung des Krieges durch Verhandlungen *und* Bewahrung der Union, ohne zu zeigen, wie diese durch jene zu haben war. Ihre Propaganda war damals frei; schwer die Sorge des Präsidenten, daß sie gewinnen könnten. Sie gewannen nicht. Mit gewaltiger Mehrheit wiedergewählt, konnte Lincoln die letzten Kriegsentscheidungen seinem Generalleutnant Grant überlassen, um sich den großen Fragen des Friedens und Wiederaufbaues zuzuwenden.

Der Kriegspräsident regierte mit starker Hand. Ungefähr wie ein Geringerer, Woodrow Wilson, ein halbes Jahrhundert später, war er, der zutiefst freiheitsliebende, aus dem Volke kommende, dem Volk vertrauende Mann, in der Lage, mit starker Hand regieren zu müssen. Er war praktisch, und er war nicht sentimental; das Notwendige ordnete er an, und dieses, in einem solchen Krieg, war viel und oft böse, nicht nur gegen den Feind. Habeas Corpus wurde außer Kraft gesetzt; Kriegsgerichte waren emsig am Werk; eine geheime Polizei spürte Verschwörungen und verschwörerischen Gesinnungen nach; die Gefängnisse füllten sich mit Kriegsgegnern. Wo immer Lincoln selber entscheiden konnte, machten wohl seine Klugheit, seine Güte, selbst sein Humor sich geltend. Aber diese waren auf die Riesenzahl der Ausführenden nicht übertragbar; und an Haß und Hohn gegen den »Despoten« im Weißen Haus, »König Abraham I.«, der den Südländern ohnehin als der Teufel galt, fehlte es auch im Norden nicht. Lincoln wußte das und ging seinen einsamen Weg, ohne sich's anfechten zu lassen. »Gottes Wille geschieht«, schrieb er einmal für sich. »In großen Konflikten behaupten beide Parteien in Harmonie mit dem Willen Gottes zu handeln. Aber beide mögen und eine muß im Unrecht sein. Gott kann nicht für und gegen dieselbe Sache zur selben Zeit sein. In dem gegenwärtigen Bürgerkrieg ist es wohl möglich, daß Gottes Absicht verschieden ist von den Absichten beider Parteien und daß die menschlichen Instrumente, gerade so wie sie sind, sich am besten in seine Absichten fügen. Beinah würde ich sagen, wahrscheinlich ist es so, daß Gott diesen Kampf will und will, daß er noch nicht ende . . .« An die Vorsehung glaubte er mit der Kraft seiner einfachen und tiefen Seele; auch, in einem weltlicheren Sinn, an die Macht der Geschichte. »Wir können uns der Geschichte nicht entziehen« (We cannot escape history), hieß es in einer seiner Botschaften. Und obwohl ganz offenbar er es war, dessen Energie die Union zusammenhielt, schätzte er seinen eigenen Einfluß gering ein mit der Bescheidenheit, die mit Frömmigkeit, und mit dem Skeptizismus, der mit Erfahrung zusammengeht. »Ich behaupte nicht, die Ereignisse beherrscht zu haben; ich gebe offen zu, sie haben mich beherrscht.«

Die vier Jahre von Lincolns Regierung waren Kriegsjahre und nichts weiter. Den Krieg bis zu Ende geführt, die These, wonach die Union auflösbar war, endgültig widerlegt zu haben, ist seine Leistung. Sein Ruhm beruhte jedoch nicht auf ihr allein, die an sich selbst ihn nicht über den jüngeren Pitt oder Clemenceau und andere solche »Durchhalter« stellen würde. Auch ist es ja sehr wohl denkbar, daß die Südstaaten ohne Krieg über kurz oder lang in die Union zurückgekehrt wären. Lincoln gehört zu den Persönlichkeiten der Geschichte, die noch mehr waren, als sie taten, und durch ihr Sein, ihre Taten die ganze Krise, in der sie sich abkämpften, mit einem versöhnenden Zauber umgaben. Man könnte ihn in diesem Sinn etwa mit Friedrich II. von Preußen vergleichen – dem Kriegshelden auf einem anderen Pol der Geschichte und Gesellschaft, dem Menschenverächter und Zyniker, der trotzdem einiges mit Lincoln gemein zu haben scheint: Einsamkeit, Humor, Trauer, Originalität

Abraham Lincoln
Photographie, 1863. Washington, Library of Congress

San Francisco. Blick auf die Stockton Street. Photographie, 1856

Postamt in San Francisco. Lithographie, um 1850
Beide: New York City, New York Historical Society

und persönliche Souveränität. Bei Lincoln, wie bei Friedrich, ist alles originell, jeder Brief, jede Rede und noch die wahren oder erfundenen Anekdoten aus seinem Leben. Wenn er d e r amerikanische Demokrat war, wie die Demokratie sich angesichts dieser Prüfung einen repräsentativeren nicht wünschen konnte, so war er so wenig Durchschnitts-Demokrat, wie Friedrich Durchschnitts-Monarch war; aus dem Politikerberuf, sonst in seiner Zeit keinem sehr noblen, machte er eine unvergleichliche Kunst. Einige seiner Reden haben den Schatz angelsächsischer Staatstradition nicht bloß bereichert, sondern recht eigentlich gekrönt: die Gettysburg-Rede, die zweite Inauguralrede. In dieser versprach er den Frieden, wie e r ihn sich vorstellte: »Mit Bosheit gegen niemanden; mit Erbarmen für alle; mit Festigkeit im Recht, wie Gott uns das Recht zu verstehen erlaubt, laßt uns streben, das Werk zu vollenden, in dem wir stehen: die Wunden unseres Volkes verbinden, für den sorgen, der die Last des Kampfes trug, und für seine Witwe, seine Waisen – alles tun, was uns einen gerechten, dauernden Frieden mit uns selber und mit allen Völkern geben mag.«

Fünf Tage nach der Kapitulation von Appomattox, am 14. April 1865, wurde Lincoln, in Washington im Theater sitzend, von Pistolenschüssen tödlich verwundet. Der Mörder und seine Helfer waren Idioten; eine weitverzweigte Verschwörung, die man hinter ihnen vermutete, gab es nicht. Der Zufall von Haß und Schwachsinn und schlechter Polizei setzte seinem Wirken auf dem, was erst der Höhepunkt werden sollte, ein Ende. Daß er, der den Krieg gewann, auch den Frieden gewonnen hätte, der nach ihm schlecht genug verwaltet wurde, ist denkbar; denkbar auch, daß er an dieser Aufgabe gescheitert wäre. So verschwand er mit einem Schlag, sobald die eine ihm aufgegebene Arbeit getan war. Sinn, höher als Menschen ihn geben können, schien wohl auch in diesem plötzlichen Entschwinden zu liegen. Der das Gelobte Land versprochen und sein Volk nahe daran geführt hatte, durfte es nicht sehen. Die langsame Trauerprozession nach dem heimatlichen Illinois, die Leere, die der Entrissene hinterließ, der Schmerz des Verlustes, die Reinheit von den Schlacken der folgenden trüben Epoche, die nun ihm bewahrt blieb – sie vollendeten sein Bild. Die Lincoln-Legende ist bis heute intakt geblieben.

Den Nachfolger, Andrew Johnson, hatte man 1864 zum Vizepräsidenten genommen, weil er zur unionstreuen Gruppe im nördlichsten der rebellierenden Südstaaten, Tennessee, gehörte und so für die Einheit von Nord und Süd ein persönliches Beispiel gab. Zu Lincolns Programm von Amnestie und Versöhnung stand er aufrichtig, aber über seine Kunst der Menschenführung ist nicht viel Gutes zu sagen. Danach, 1868, wählten die siegreichen Republikaner sich den General Grant zum Präsidenten, der ein großer Soldat gewesen war, aber den schlechtesten Präsidenten der amerikanischen Geschichte abgab. Das Pendel schlug nach der anderen Seite. Auf eine kurze Epoche persönlicher Führung durch den Präsidenten folgte eine lange, in welcher der Kongreß die Macht ausübte, und, hinter dem Kongreß und durch ihn, die nun üppiger denn je sich ausbreitende Welt des Geschäftes.

War die große Operation gelungen? Ja und nein. Die Union war ganz und ungeteilt; und vier Millionen ehemaliger Sklaven waren nun frei, was sie ohne den Bürgerkrieg wohl sobald nicht geworden wären. In diesem Sinn war die Redensart, wonach Kriege nichts lösen können, hier einmal unzutreffend. Freilich aber ließ der Krieg manches ungelöst, und er schuf neue Probleme an Stelle der alten. Besser hatte er die Menschen in keinem Falle gemacht, das tun Kriege nun einmal nicht; und der einzige, der Krieg und Frieden ein klein wenig Licht aus einem höheren Reiche geben konnte, Abraham Lincoln, lag in seinem Grabe.

Reporter aus dem Norden und aus Europa eilten nach dem unterworfenen Süden und kehrten mit ihren Berichten zurück. Die einen meldeten: die Unterwerfung sei rein äußerlich, die Südländer hätten nichts gelernt und nichts vergessen. Sie verachteten die zurückgekehrten Emigranten, hielten unter sich zusammen, sabotierten die Arbeit der Militärregierungen; die Lage der befreiten Neger sei schlimmer als vorher die der Sklaven; zöge der Norden seine Truppen zurück, so würden alsbald die schuldigsten Unionsfeinde wieder zur Macht kommen; nur strenge Kontrolle könnte bis auf weiteres eine siegesgemäße Ordnung sichern. Dagegen andere: Das Verdikt der Geschichte sei im Süden gleichwohl angenommen, an neue Abtrennung denke niemand mehr; für die durch die befreiten Neger aufgeworfenen Probleme müsse man Verständnis haben; Vernunft, Vertrauen und die Zeit würden das Ihre tun. Mit ihnen hielt es Präsident Johnson, selber Südländer und treu der Lincoln-Tradition; und geriet darüber in schwersten Konflikt mit der rachsüchtigen Mehrheit des Kongresses. Es waren die Fragen, die den Deutschen aus der Zeit nach 1945 vertraut sind und die damals, 1945, von den Amerikanern eben unter dem Eindruck der früheren Erfahrung gestellt und beantwortet wurden: gab es die Südstaaten überhaupt noch, oder waren sie nicht ganz neu zu konstituieren? Nach welchen Regeln? Wer durfte mitmachen, wer sollte ausgeschlossen sein, wie war die politische Schuld des einzelnen zu bestimmen? – Auch die Wirklichkeit, über der solche Fragen schwebten, hielte wohl den Vergleich mit 1945 aus; die Wirklichkeit von zerstörten Städten und Farmen, entwurzelten Familien, Kindern ohne Schule, Flüchtlingen ohne Dach; von Generalen und Exgrundbesitzern, die sich als Taglöhner verdingten; von Räuberbanden und gesetzlosen Rächern; die Wirklichkeit von Hunger und Angst. Es ist jedoch dann auch die Erfahrung vorweggenommen worden, die in unserem Jahrhundert noch mehrfach gemacht wurde: der Süden ging an das Werk des Friedens mit der gleichen Energie, mit der er den Krieg geführt hatte, und fast so schnell, wie man zerstört, kann man bauen.

Die Arbeit des materiellen Wiederaufbaus wäre erfreulicher, glatter vor sich gegangen, hätte nicht die mehr fiktive, formale Arbeit der Politik sich störend darüber gebreitet. Läßt man die Geschichte des amerikanischen Bürgerkrieges im April 1865 enden, dann ist er eine tragische Ereigniskette, aber sein Sinn ist doch auf der Seite dessen, was man Fortschritt nennt; diesen Sinn gab ihm Lincoln; so verstanden ihn edle Geister zu beiden Seiten des Atlantik, Walt Whitman, Alfred Lord Tennyson; so hat er wohl, indirekt, auch auf Europa gewirkt. Nimmt man aber die lange Geschichte der Nachkriegszeit, ein gutes Jahrzehnt, mit dazu, die Handhabung und Ausnutzung des Sieges, so verliert der edlere Funke sich in einem breiten, sehr trübe fließenden Strom. Wie wenig dauerhaft ist das Werk auch des besten Führers! Nur drei Jahre nach Lincolns Tod gab das politische Leben der Hauptstadt Washington das Bild beschämenden moralischen Tiefstandes; und schuld daran waren *seine* Parteifreunde, die Radikaleren unter den Republikanern.

Wir müssen uns über die Geschichte der »Reconstruction« kurz fassen. Sie hatte schon während des Krieges in den Staaten begonnen, die als erste von der Union zurückerobert worden waren, in Tennessee, North Carolina, Louisiana und anderen. Lincoln, immer als

Präsident der ganzen Union handelnd und die Fragen, welche die völkerrechtliche oder staatsrechtliche Position der Abtrünnigen betrafen, als »verderbliche Abstraktionen« verwerfend, war dabei mit dem ihm eigenen generösen Realismus vorgegangen: wenn nur soviel wie ein Zehntel der Wähler von 1860 ihre Loyalität beschworen, so durften sie einen Konvent wählen und, unter der Kontrolle des Präsidenten, ihren Staaten neue Verfassungen geben. Andrew Johnson wünschte diesem Grundsatz zu folgen. Aber die Stellung des durch tragischen Zufall zum höchsten Amt berufenen, parteilosen Südländers war zu schwach. In Senat und Repräsentantenhaus ergriff eine Gruppe von Fanatikern die Zügel. Zu ihren Antipathien und Rachegelüsten kam eine politische Rechnung: die Republikaner waren im Grunde noch immer die Minderheitspartei, die Partei nur einer Sektion, als die sie 1860 gewonnen hatten; kamen die Südstaaten mit allen Rechten, allen ihren Interessen und Stimmungen wieder in die Union hinein, so würde man bald wieder da sein, wo man 1859 gewesen war. Was dann mit den Vorteilen der Parteiregierung? Lincoln hatte Krieg geführt, um den Süden in die Union zurückzuzwingen. Nun wurde die Stellung des Siegers benutzt, um einen Wiederaufstieg der Demokraten zu verhindern und die Südstaaten der Republikanischen Partei zu unterwerfen.

Den sachlichen Vorwand dafür lieferte die angeblich im Süden vorherrschende reuelose Unbotmäßigkeit, wie sie besonders in den sogenannten Black Codes zum Ausdruck kam, Sondergesetzen zur Definition und Einschränkung der neuen Bürgerrechte und Freiheiten der Neger. Das konstitutionelle Argument war, daß die Reorganisation der schuldigen, eroberten Provinzen dem Kongreß, nicht dem Präsidenten obliege. Vergebens machte Johnson Gebrauch von seinem Vetorecht; regelmäßig fand sich im Kongreß die zu dessen Überwältigung notwendige Zweidrittelmehrheit. Die Konzentration der Macht in der Hauptstadt, die der Krieg mit sich gebracht hatte und die an sich das Ende des alten, lockeren Föderativstaates bedeutete, blieb bestehen; nun war die Legislative, nicht mehr die Exekutive ihr Nutznießer. Sie, das heißt die Gruppe gehässiger Radikaler, die ihr ihren Willen aufzwang, machte endlich den Versuch, den Präsidenten auf Grund eines schmählichen und verleumderischen Anklageaktes abzusetzen; beinah wäre auch das gelungen.

Erst zwei Jahre nach Beendigung des Krieges wurden die Südstaaten einer vollständigen militärischen Kontrolle durch den Sieger unterworfen und ihre Repräsentation im Kongreß von der Annahme zweier neuer Verfassungszusätze abhängig gemacht. Das vierzehnte Amendment stipulierte die gleichen Bürgerrechte aller in Amerika geborenen oder naturalisierten Personen, also auch der Neger, die kein Staat einzuschränken das Recht hätte, indem es gleichzeitig die Offiziere und Beamten der Konföderation von den bürgerlichen Ehrenrechten ausschloß. Das fünfzehnte verbot die Vorenthaltung des Wahlrechts in der Union und in jedem Staat der Union »auf Grund von Rasse, Farbe oder vormaliger Unfreiheit«. Beide Zusätze klangen schön und humanitär, der zweite in seiner Gänze, der erste wenigstens teilweise, und wurden so von gutgläubigen Idealisten verstanden. Indem aber der Kongreß sich selber vorbehielt, darüber zu wachen, daß sie ausgeführt würden, maßte er sich wie nie zuvor ein Recht an, in das innere Leben der Einzelstaaten einzugreifen. Indem er Millionen ehemaliger Sklaven mit einem Schlag das Wahlrecht gab oder aufzwang, glaubte er der Republikanischen Partei eine dauerhafte Mehrheit zu sichern; denn würden die Neger, richtig belehrt und geführt, anders wählen, als ihre Befreier es wünschten? ... Auf Grund dieser Amendments, dieser Maßnahmen, dieser Zielsetzungen ist es dann in den Südstaaten zu einer Periode »schwarzer Herrschaft« gekommen. Unerfahren und für ihre Aufgabe schlechterdings unvorbereitet, nur allzu leicht zu betrügen und zu korrumpieren, übten Neger die Macht aus, im Bunde mit einheimischen Weißen, die es nicht verschmähten, von solcher Not zu profitieren, und herbeigeeilten Spekulanten aus dem Norden, unter dem Schutz nördlicher Bajonette. Die Folge waren Zustände, die die schlimmsten Befürchtungen der alten Pflanzeraristokratie, die schärfsten Argumente des südlichen Separatismus nachträglich zu rechtfertigen schienen. Keine schlechtere, plumpere Einführung der afrikanischen Rasse in ihre neuen Bürgerrechte war denkbar. Was Wunder, daß die Weißen mit illegaler Selbsthilfe, mit Terror, ausgeübt durch Geheimbünde, reagierten? Daß an Stelle des großen Bürgerkrieges zwischen den Staaten nun eine Zahl heimlich schwelender lokaler Bürgerkriege im Süden trat? Daß die Entschlossenheit, »den Neger wieder auf seinen richtigen Platz zu stellen«, in dem Maße wuchs, in dem man Vertretern der schwarzen Rasse Verantwortungen aufbürdete, für die sie noch nicht qualifiziert sein konnten? Fragt man, welche Epoche auf die Mentalität des amerikanischen Südens stärker, folgenschwerer gewirkt hat, tief ins 20. Jahrhundert hinein, der Krieg selber oder diese Nachkriegserfahrung, so wird man antworten müssen, die letztere. Rassenstolz, Rassenhaß und die Formen vermummten Terrors, in denen er periodisch zum Ausbruch kam, stammen von daher.

Die Epoche der »schwarzen« und »Carpet-Bagger« Herrschaft hat insgesamt etwa zehn Jahre gedauert, in einigen Staaten, in denen die Weißen den Negern an Zahl überlegen waren, weniger lang. Das Unnatürliche ließ sich auf die Dauer nicht aufrechterhalten; die weißen Bürger des Südens, nicht mehr stark genug, das Schicksal der Union zu kontrollieren, waren doch noch, was sie bis zum heutigen Tage sind, stark genug, in ihrem eigenen Land die Herren zu sein. Die Mittel, mit denen sie die neuen Verfassungszusätze am Orte praktisch außer Kraft setzten, waren ihrerseits illegal und terroristisch; sie halfen sich, wie sie konnten. Um ihren regionalen Wiederaufstieg zu hindern, wäre notwendig gewesen, daß im Norden Haßstimmung und Herrschaftsgelüste durch die Jahrzehnte unvermindert fortdauerten. Die Erfahrung lehrt, daß die von Kriegen erzeugten Stimmungen das nie tun, und auch diesmal taten sie es nicht. Man wurde der Unruhe und unnatürlichen, widrigen Zustände im Süden überdrüssig. 1874 war die Demokratische Partei auf gesamtamerikanischer Ebene so weit wiederhergestellt, daß sie die Mehrheit im Repräsentantenhaus erringen konnte; 1876 kam sie nahe an einen Sieg bei den Präsidentenwahlen heran, ja sie hatte sie wohl eigentlich gewonnen, und eine in ihrer Rechtlichkeit zweifelhafte Arbitrierung war notwendig, um den Republikaner Rutherford Hayes ins Weiße Haus zu führen. Der erste Demokraten-Präsident seit 1861 wurde Grover Cleveland (1884) zu einer Zeit, als die aus dem Bürgerkrieg stammenden Ausnahmebestimmungen und Entrechtungen nicht mehr galten.

Aber das war nicht mehr die Republik Jeffersons und Jacksons, Polks und Buchanans, deren höchste Ämter nun gelegentlich auch wieder von Demokraten eingenommen werden konnten. Die unzentrierte, bequeme, vergleichsweise noch energiearme Staatenföderation der Väter gehörte nun für immer der Vergangenheit an. Der Süden blieb der Süden, mit seinen eigenen wiederaufsteigenden Traditionen, seinen alten und neuen Vorurteilen, markant unterschieden von allen anderen Gebieten der Union. Aber mochte er auch seine Landwirtschaft wiederherstellen und weiterentwickeln, mochte er selbst eine beträchtliche Industrialisierung erleben, nie wieder konnte er, die konservativste und ärmste der großen Sektionen, den anderen Gesetze geben wie zur Zeit Calhouns und des Oberrichters Taney. Nicht nur war die These von der Auflösbarkeit der Union, so lange angespielt und durch ihre Drohung wirkend, nun widerlegt für alle voraussehbaren Zeiten. Eine neue Wirklichkeit ließ die Frage selber als jeden Sinnes entbehrend erscheinen. Krieg und Nachkriegszeit hatten die Union in einen riesigen Nationalstaat verwandelt, der wohl noch immer aus sich selbst verwaltenden Provinzen, nicht mehr aus echten Staaten bestand. Eines der ersten Produkte der amerikanischen Filmindustrie, das vom großen Bürgerkrieg handelte, hieß »The Birth of a Nation«, und nicht mit Unrecht. Daß eine Nation entstand, dadurch daß sie zerriß und Krieg gegen sich selber führte, ist ein Paradox der amerikanischen, bei näherem Nachdenken aber doch nicht nur der amerikanischen Geschichte. Selbst die Französische Revolution, die man gemeinhin mit der Geburt des modernen französischen Nationalstaates gleichsetzt, hat ja viel von einem Bürgerkrieg gehabt.

Amerikanische Geschichte in den Jahrzehnten nach dem Bürgerkrieg ist überwiegend Wirtschaftsgeschichte. Man mag einwenden, das sei sie auch vorher gewesen. Wenn aber in den Tagen Hamiltons und Clays, Jacksons und Calhouns einander entgegengesetzte Wirtschaftsinteressen ernsthaft miteinander stritten und Wirtschaft kontrolliert wurde durch Politik, so war es jetzt ein in seiner Philosophie einmütiger, enthemmter Kapitalismus, der in ungeheurer Korruption sich die Politik unterwarf. Lincoln hatte gemeint, Rechtens sollte kein Mensch mehr als zwanzigtausend Dollar besitzen. Er hat den Aufstieg der Stahl-, Öl-, Eisenbahn- und Finanzvermögen, der Carnegie, Rockefeller, Vanderbilt und Morgan nicht erlebt; obgleich der Beginn dieses Aufstiegs in seine Amtszeit fiel oder durch damals getroffene Regelungen ermöglicht wurde. Zwanzig Jahre nach seinem Tod wurde Amerika von Geldmächten beherrscht, ungleich kompakter und dynamischer, als die alte Aristokratie des Südens in ihrer besten Zeit je hatte sein können. Intensivierung der Einwanderung aus Europa – achthunderttausend sogar während des Krieges, drei Millionen in dem Jahrzehnt danach –, Aufbau, Ausfüllung und Ausplünderung des Kontinents durch private Interessen, Verschwinden der »Grenze«, des freien Landes – alles das wäre wohl auch ohne Bürgerkrieg gekommen. Er hat es nicht gemacht. Er hat gewisse Hindernisse beiseite geschafft, die ihm entgegenstanden, hat den an sich unvermeidlichen Prozeß beschleunigt und den Übergang von einem Zeitalter ins andere dramatisiert.

Im Jahre 1898 wurden den letzten überlebenden Führern der Konföderation ihre Bürgerrechte zurückgegeben. Im gleichen Jahr meldete der spanisch-amerikanische Krieg den Eintritt der Vereinigten Staaten in eine neue Weltpolitik, ihren Aufstieg zur Weltmacht an; seinerseits eine nicht länger vermeidliche Folge der wirtschaftlichen Expansion und politischen Konzentration, welche der Bürgerkrieg eingeleitet hatte. Weltmacht – nicht sie hatte der fromme Mann aus dem Westen, Abraham Lincoln, erstrebt, als er die Union rettete. Wenn ein Staatsmann die ferneren Folgen dessen, was er tut, voraussehen könnte, so würde er wohl meist gar nichts tun ... Die Vertreibung der Spanier von Kuba war lange Zeit ein strikt regionaler Wunsch des Südens gewesen und eben darum vom Norden abgelehnt worden. Jetzt erschien sie eine gesamtamerikanische Angelegenheit und Sensation. Die alten Gegensätze waren abgestorben; nicht mehr wesentlich regional bestimmte Konflikte, Forderungen und Sehnsüchte traten an ihre Stelle.

Die Erinnerung an ihren Bürgerkrieg haben die Amerikaner nachmals liebend gepflegt als die einzige große Tragödie in ihrer Geschichte. Nun erschien die besiegte Sache attraktiver als die siegende; Romane, in denen der »vom Winde verwehte« Lebensstil der alten Aristokratie wehmütig dargestellt wurde, erreichten die Popularität von »Onkel Toms Hütte«. Die beiden Armeen bemühten sich, ihre Tradition zu erhalten, mit jährlichen Treffen, Paraden und Wahlen der Kommandanten, nahezu ein Jahrhundert lang; in unseren Tagen, als keine Veteranen mehr zu finden waren, hat man sie feierlich aufgelöst.

Das Zweite Kaiserreich

Von den ins ungeheuer Weite schweifenden Arbeiten, den einfachen Ideen, den brutalen Gegensätzen der amerikanischen Szene wechselt unser Theater zu dem bunteren Machtspiel Frankreichs und der Alten Welt; von Sklaven- und Freien Staaten zu Legitimisten, Orleanisten, Bonapartisten und Republikanern. Alle die Zeit, während Pierce und Buchanan, Lincoln, Johnson und Grant einander im Weißen Haus ablösten, residierte Louis Napoleon in dem neu, schwer und prunkvoll eingerichteten Königsschloß der Tuilerien.

Napoleon III. hat, Dezember 1851, Blut vergießen lassen, um sich die Macht zu sichern, und ist damals mit seinen Gegnern ziemlich rauh verfahren. Das war, um das Ziel zu erreichen, dem er – ein Ausdruck der Schriftstellerin George Sand – mit der Sicherheit eines Nachtwandlers zustrebte. Seitdem der Traum seines Lebens erfüllt ist, hat er keinen verläßlichen Kompaß mehr. Im Grunde ist er gutmütig, ja schwach, und wird von stärkeren Willen in seiner Umgebung nach verschiedenen Seiten gezogen. »Er war ein braver Mann«, meint im Rückblick Emile Zola, »von generösen Träumen erfüllt, einer bösen Handlung unfähig ...« Er verachtet die Menschen im einzelnen, aber glaubt an die Menschheit; will helfen, versöhnen, rächt sich nie an seinen Feinden; lacht gutmütig über ihren Spott, wenn er nur halbwegs witzig ist, zumal wenn er von jungen Leuten kommt, sich erinnernd, daß auch er einmal jung, auch er einmal Revolutionär war. Für die schwierige Rolle des Monarchen im 19. Jahrhundert, des Stilgebers, besitzt er glanzvolle Talente, aber nicht die Verzichtbereitschaft; er möchte doch nebenher auch der abenteuernde Privatier von früher bleiben und sich persönlich amüsieren. Das gibt seinem Hof etwas Unstimmiges, Theaterhaftes. Es ist ein glänzender, aber moderner, direkt von den Wellen der Zeit berührter Hof, ohne altmodische, feierlich konservative Züge. Gelehrte, Künstler, Opernsänger, Schriftsteller von oppositioneller Gesinnung werden zu sommerlichen Aufenthalten nach Fontainebleau oder Compiègne gebeten, wo der Kaiser mit seinen Gästen Charaden spielt; selbst Gustave Flaubert, der ihn verachtet, ist nicht wenig stolz darauf, in dieser Gesellschaft sich als geistreich zu erweisen. Auf den Bällen in den Tuilerien trifft man Industrielle, Bankiers, Börsenspekulanten; sehr viele Ausländer, Spanier, Italiener,

Deutsche, Amerikaner; eine »vergoldete Boheme«. Der alte Adel meidet die Paläste des Bonaparte; anstatt von La Rochefoucaulds und Rohans werden die Hofämter von Neys, Murats und Massénas versehen. Die Familie des Kaisers selber, lange Zeit verbannt und arm, findet sich wieder herrlich etabliert: der alte Jérôme, letzter überlebender Bruder Napoleons I., dessen Sohn »Plon-Plon«, der den Frondeur, den Republikaner und Atheisten spielt, und seine Schwester Mathilde, die eine literarische Tafelrunde hohen Ranges um sich sammelt.

Die Interessen Louis Napoleons erinnern an die seines Vorgängers Louis Philippe, insofern sie vor allem auf das Praktische, auf Technik und Industrie sich konzentrieren. Durch seinen eigenen Kopf gehen allerlei Erfindungen und Projekte: das Maschinengewehr, der Panamakanal oder Speisefett aus Pflanzenöl. Sehr liebt er archäologische Grabungen, für die er noch mehr Geld ausgibt als für seine Mätressen. Den hohen Künsten steht er im Grunde fern. Durch die kostbarsten Bilderausstellungen eilt er gelangweilten Blicks, kaiserliche Beobachtungen äußernd, unter denen die Höflinge erröten; er liebt Offenbach und amüsiert sich herzlich in seiner Loge, während die Pariser Gesellschaft dem neuen Komponisten aus Deutschland, Richard Wagner, einen bübischen Theaterskandal bereitet. Was bei dem Kaiser Verständnislosigkeit und Unkenntnis ist, die er mit einer gewissen Bescheidenheit zugibt, wird aggressiver und törichter bei seiner Frau, der Spanierin Eugenie di Montijo. Die ist nichts als schön – Bismarck nennt sie die schönste Frau ihrer Zeit; nichts als bigott, nichts als gefallsüchtig, herrschsüchtig, egoistisch und leer. Regierend im Reich der Mode, hat sie den Ehrgeiz, auch in anderen Reichen zu regieren, das französische Geistesleben im Sinn des spanischen Katholizismus zu bestimmen. Ihr schädlicher Einfluß wächst in dem Maße, in dem die Lebenskraft des kränkelnden Gatten nachläßt.

Die ersten Jahre der Herrschaft Napoleons mag man seine besten oder doch äußerlich erfolgreichsten nennen. Von den Franzosen akzeptiert, findet er es nicht schwer, sich durchzusetzen gegenüber dem alten Europa, welches die in Paris nun wieder herrschende Ordnung im Grunde als Bequemlichkeit empfindet. Man beeilt sich, den neuen Kaiser anzuerkennen; nur Zar Nikolaus ersetzt in seiner Anrede das unter Monarchen übliche »Herr Bruder« mit »Sire und guter Freund«. »Desto besser«, scherzt Napoleon, »unsere Brüder erleiden wir, unsere Freunde suchen wir uns aus« – ohne übrigens dem Zaren die höfliche Beleidigung zu vergessen. Die Königin Viktoria kaptiviert er gelegentlich eines Besuches in Windsor völlig. »Der Kaiser ist so wenig französisch wie möglich, ist viel mehr Deutscher als Franzose in seinem Charakter«, schreibt sie lobend in ihrem Tagebuch. »Daß er ein sehr ungewöhnlicher Mann ist mit großen Eigenschaften, darüber kann kein Zweifel sein – ich würde fast sagen, ein mysteriöser Mann. Offenbar besitzt er unbändigen Mut, unbeugsame Festigkeit der Absichten, Selbstvertrauen, Ausdauer und große Heimlichkeit ... gleichzeitig ist er begabt mit wundervoller Selbstbeherrschung, mit großer Ruhe, sogar mit Sanftheit, und mit einer Faszination, deren Wirkung alle, die näher mit ihm bekannt werden, sehr stark fühlen. Wieweit ein klarer moralischer Sinn, der Recht und Unrecht unterschiede, sein Tun lenkt, ist schwer zu sagen ...« Die Times nennen den kaiserlichen Gast einen großen Mann, einen Friedensbringer, die Hoffnung der Welt. Auf welche Weise er zur Macht kam, scheint hier vergessen.

Seine Gegner vergessen es nicht. Die Regierung Louis Napoleons ist eine mit scheinrepräsentativen Einrichtungen verbrämte Diktatur bis etwa 1860. Minister, abhängend vom Monarchen, der neben ihnen oder gegen sie noch oft seine persönliche Politik führt; eine allwissende, all-spionierende Polizei; strenge Überwachung der Presse; Unöffentlichkeit der parlamentarischen Debatten, deren Träger ohnehin fast ausschließlich loyale Bejaher des Regimes sind (der Präfekt eines Departements schreibt: »Die Regierung will den Triumph ihrer Kandidaten, so wie Gott den Triumph des Guten will ...«); Verwarnungen, Verhaftungen, Verbannungen – von allen diesen Stützen des modernen Polizeistaates wird Gebrauch gemacht. Die Diktatur ist jedoch nie vollständig. Der Diktator selber ist kein Tyrann von Natur, ist, hinter elegant-phlegmatischer Maske, gutmütig, zögernd und träumerisch. Er spielt den Monarchen, die Monarchie mildert die Diktatur. Seine nächsten Gehilfen, sein Halbbruder Morny (meist Präsident der Kammer), sein treuer Verehrer Persigny (zweimal Innenminister), sind zu kultiviert, um gute Terroristen zu sein. Der Geist der Zeit, der Geist Frankreichs, Louis Napoleons eigene Philosophie wirken der Diktatur entgegen. Er glaubt an das »Volk«, will als Bonaparte und »Erwählter der sieben Millionen« daran glauben und verspricht die politische Freiheit nicht als Basis, aber als Krönung seines Werkes. Merkwürdig ist nun, wie Freiheit, Kritik, Feindschaft durch enge Spalten des Baues eindringen, die zu schließen er verschmäht. Die Wahlen von 1857 führen, aller »Aufklärungsarbeit« der Regierung zum Trotz, fünf Republikaner in die Kammer, wo sie nun reden und wirken dürfen. Sie sind zunächst eine kleine Gruppe, aber die Zahl der tatsächlich für die republikanische Opposition abgegebenen Stimmen ist schon damals nicht gering und beängstigend groß gerade in den Vorstädten von Paris, deren Beifall der Kaiser vergebens sucht. Seitdem weiß er, was die folgenden Abstimmungen deutlicher und deutlicher bestätigen: die Republikaner sind nicht versöhnt, nicht die von 1848 und nicht die heranwachsende Generation, die auf die »Bärte von 48« spöttisch herabsieht. Sie nehmen die Freiheiten, die man ihnen allmählich konzediert und die zum Schluß vollständig sein werden, ohne sie dem Spender zu danken. Es ist viel schwelender Haß im Lande. Louis Napoleon versteht ihn nicht. Er selber, der gar nicht haßt, der sich und seiner Dynastie und allen wohl will, der immer das sich Widersprechende verbinden, um die scharfen Gegensätze herumsteuern will, wird zum Schluß von diesem Echo tief enttäuscht und der Macht müde sein, ohne sie doch abgeben zu können.

Der Haß richtet sich gegen den Staatsstreich von 1851, gegen den Mann, der recht behalten hat und im Königsschlosse sitzt, während man selber in Zukunft noch recht zu behalten hofft. Nicht so sehr gegen die Folgen, die Früchte des Systems, am wenigsten die materiellen. Denn es geht dem französischen Gemeinwesen gut unter Napoleon III. Die Ökonomie dehnt sich aus, wie sie es schon unter Louis Philippe tat, in beschleunigtem Tempo. Regierungen, Verfassungen wechseln dramatisch; der Verwaltungskörper bleibt, was er war; das Wirtschaftsleben entwickelt sich weiter auf der ihm schon vorher eigenen Bahn. Immerhin tut der Staat für die Wirtschaft, was in Westeuropa im 19. Jahrhundert möglich ist. Er repräsentiert prachtvoll, er verbraucht und lädt zum Verbrauch ein. Er gibt enorme Aufträge. Die Hälfte der Stadt Paris wird niedergerissen und in geraden breiten Straßenzügen neu aufgebaut; »das ist nicht mehr Paris«, klagt ein konservativer Schriftsteller, »das ist Philadelphia oder St. Petersburg!« Der Zweck ist mehrerlei: den Glanz der imperialen Stadt zu mehren, gesündere Wohnquartiere zu schaffen und den Aufrührern das Barrikadenbauen zu versalzen; viel leichter als das alte Paris läßt das neue sich von der Truppe kontrollieren ... Es wimmelt von kapitalistischen Neugründungen; Großbanken, die der Industrie langfristige Kredite gewähren, Eisenbahngesellschaften, deren Dividenden der Staat garantiert. Inmitten des Krimkrieges zeigt eine Weltausstellung in Paris, der englischen nachgeahmt, daß die Regierung Napoleons dem Fortschritt dient. Einem Fortschritt, der altem und neuem, solidem und spekulierendem Reichtum zugute kommt, von dem aber auch die kleinen Leute keinen Nachteil haben. Louis Napoleon traut der politischen Freiheit des Volkes nicht, aber er will den Armen Gutes tun. Eine der ersten, bezeichnenden Handlungen der neuen Machthaber ist (1852) die Konfiskation des Riesenvermögens der Orléans; der Innenminister, Persigny, gibt es aus für den Bau von Arbeiterwohnungen und andere soziale Leistungen. Krankenkassen, Gesellschaften mit dem Zweck wechselseitiger Hilfe finden die Unterstützung der Regierung. 1864 wird, gegen den Widerstand der Industrie, das alte Streikverbot aufgehoben, die Organisierung von Gewerkschaften praktisch zugelassen; ein Versuch, diesmal ein bewußter, die Sympathien der Arbeiterschaft zu gewinnen.

Man könnte nicht sagen, daß sie gewonnen werden. Aus Arbeitern, Handwerkern und Intellektuellen rekrutiert sich die immer wachsende republikanische Opposition. Die Stützen des Regimes sind und bleiben: die Armee; die vom Staat reichlich bedachte, mit Erziehungsprivilegien ausgestattete Katholische Kirche; die Bauern; der Teil des Bürgertums, dem Ruhe und Ordnung wichtiger sind als politische Rechte.

Ordnung und Ruhe – um die letztere zu erhalten, wäre auch eine ruhige, stetige Diplomatie notwendig, ein Verzicht auf äußere Abenteuer. Wirklich hat Louis Napoleon, wenige Wochen bevor er den Thron bestieg, versprochen, das Kaiserreich sei der Friede. Dergleichen war damals notwendig, um das eigene Bürgertum und um Europa zu beruhigen. Und er meint es wohl auch, er will das Erworbene genießen und die Fehler des wahren Napoleon vermeiden. Aber er ist ein Bonaparte, und dieser Name, solange er überhaupt etwas bedeutet, bedeutet Krieg und kriegerischen Ruhm. Er ist Verschwörer von Jugend auf, französischer und, mehr noch, italienischer Verschwörer. Indem er dem Papst gegen die römischen Republikaner zu Hilfe kam, hat er sich von dieser Erinnerung befreien wollen, aber nicht können. Er hat die Philosophie des Nationalstaates im Kopf, von der er glauben will, sie sei das Testament des Onkels. Die politische Karte zu verändern, so daß sie dann, und dann erst, endgültig in Ordnung wäre, etwas Großes zu tun für Frankreich und alle Nationen, von diesem vagen Traum kommt er nicht los; wenn er seinen Franzosen Frieden versprach, so mag er sich sagen, daß sie doch besser wissen müssen, was der Name Bonaparte bedeutet. Schließlich, was will denn Frankreich? Ist das alte nationale und revolutionäre Ziel, die Verträge von 1815 auszustreichen, nicht noch dasselbe? Sind die Orléans, die pazifistisch waren, nicht letzthin eben darüber zu Fall gekommen? »Louis Philippe«, sagt Napoleon noch als Präsident zum österreichischen Botschafter, »ist gestürzt worden, weil er Frankreich den Respekt der Welt verlieren ließ. Ich muß etwas tun!« Weltausstellung und Industriepaläste, Schiffstaufen und Monarchenbesuche, die Selbstdarstellung der Kaisermacht durch die schönsten Pferde und Wagen – auf die Dauer genügt das nicht. Dieser reichbegabte, kluge und einfallsreiche Mensch kann nicht Frieden halten. Und ehe er sich's versieht, ist er gefangen in unlösbaren Widersprüchen. Sie hängen damit zusammen, daß er selber, seinen früheren Erfahrungen nach, mehr Europäer – Italiener, Deutscher, Engländer – als Franzose ist, daß er etwas Großes mehr mit Frankreich als für Frankreich will; dieses stimmt nicht mit jenem zusammen. Denn im Grunde hat ja Frankreich durch die Verträge von 1815 kaum etwas verloren, was ihm Rechtens gebührte, wenn man nämlich Nationalstaat gleich Recht setzt. Das durchgeführte Nationalprinzip käme den Italienern, den Deutschen, den Polen, den Ungarn zugute; nicht den Franzosen. Die Zeiten des Eroberns seien vorbei, sagt dieser durchaus moderne Politiker zu Beginn des Krimkrieges und wird es noch oft sagen; nur noch generöse Ideen, Gerechtigkeit, Freiheit seien an der Tagesordnung. Aber was bedeuten solche Ideen für die »Größe« Frankreichs? Nationalist, nicht so sehr für Frankreich wie für andere Völker; Dynast und Demokrat; Pazifist und Paneuropäer, der für Kongresse, gelegentlich für Abrüstung schwärmt, und doch auch Bonaparte, das heißt Mann des Krieges oder Kriegsruhms; und doch auch notgedrungen französischer Imperialist, weil über Mehrung der Größe Frankreichs ein stillschweigendes Einverständnis ist zwischen ihm und seinen Untertanen und seine Macht auf diesem Einverständnis beruht – wäre er weniger leichtsinnig und genußsüchtig, sein Grübeln schärfer, seine Philosophie reifer, so würde er solche Widersprüche durchschauen, an ihnen leiden, allenfalls sie zu überwinden versuchen. Aber er durchschaut sie bis zum Ende nicht. Er verläßt sich auf sein Glück, auf den Augenblick, auf das ohnehin unvermeidliche Schicksal; nicht auf scharfes Denken. »Es ist Wahres dran«, äußert er, nachdem er eine Denkschrift des alten Thiers durchflogen hat, der ihn vor dem italienischen Krieg warnt, »aber insgesamt ist es bloß von einem Bourgeois.« Bürger mögen kleinlich-konsequent denken. Er, der Aristokrat, handelt widerspruchsvoll; großzügig; zugleich zögernd und aus dem Grunde leichtsinnig.

Der Krieg gegen Rußland ist das erste seiner äußeren Abenteuer, das vergleichsweise freieste und erfolgreichste. Von da an gilt Goethes »Beim Ersten sind wir frei, beim Zweiten sind wir Knechte«. Europa, einmal aufgestört, kommt nicht wieder zur Ruhe, bis zum Frieden von Frankfurt (1871) oder zum Berliner Kongreß (1878).

Die Entstehung des »Krimkrieges« ist verworren und langwierig. Es gibt einen Schein-Gegenstand oder Anlaß: die Rechte katholischer Mönche im Heiligen Land, deren Protektor Louis Napoleon spielt, gegenüber den Rechten der Orthodoxen, die traditionell von dem russischen Zaren geschützt werden. Dahinter ein echterer Gegenstand: die Integrität der Türkei, Konstantinopel, ein britisches Hauptinteresse im Nahen Osten, bedroht von Rußland. Es gibt den allgemeinen Hintergrund des Machtspiels und der Psychologie. In dem Moment, in dem England und Frankreich den Krieg gegen Rußland erklären (28. März 1854), ist es keine fünf Jahre her, daß Zar Nikolaus die Revolution in Ungarn blutig erstickte, im Streit zwischen Österreich und Preußen als Schiedsrichter agierte. Seitdem, wenn nicht seit 1815, gilt das europäische Gleichgewicht von Rußland her bedroht; England führt Krieg, um Rußland einzudämmen, um das Gleichgewicht wiederherzustellen, und nie ist ein Krieg bei den Engländern so populär gewesen. Andererseits erinnert man sich, wie begierig die Revolutionäre von 1848, zumal die französischen, nach einem »Volkskrieg« gegen den russischen Despotismus waren. Dieses Motivs ist Napoleon sich bewußt; jedenfalls liegt ihm mehr an einem Umsturz des Gleichgewichts, der phantastische Veränderungen der Landkarte möglich machen würde, als an seiner Sicherung. Aber es bezeichnet die Haupt- und Staatsaktionen dieses und des folgenden Jahrzehnts, daß sie alle verfälscht werden, keine von ihnen das ist, was sie unter früheren Umständen gewesen wäre. Es bezeichnet vor allem die Taten Napoleons. Seine eigene Situation ist falsch, und er spielt falsch; sucht das Bündnis mit Österreich, gegen Rußland, während er schon daran denkt, »etwas für Italien zu tun«; schielt schon nach der Allianz mit Rußland, während er es bekämpft; präsentiert sich zugleich als Revolutionär und als Hort gegen die Revolution.

Im Frühling des Jahres 1853 stellt Rußland weitreichende, die »Beschützung« der christlichen Untertanen des Sultans betreffende Forderungen an die Türkei. Sie werden, nicht ohne Zutun des englischen Botschafters in Konstantinopel, abgelehnt. Zar Nikolaus läßt die Donaufürstentümer, Moldau und Walachei, besetzen; ein klassischer Akt der Bedrohung des Gleichgewichts, alarmierender für Österreich als für die Westmächte. Österreich sucht zu vermitteln; die Revolution, wenn es sich gegen Rußland, den Verlust Italiens – also wieder die Revolution – fürchtend, wenn es sich gegen die Westmächte erklärt. Die Vermittlung mißlingt. Oktober 1853 erklären die Türken Krieg gegen Rußland, im November erleiden sie eine Niederlage zur See. Englische und französische Flotten dringen ins Schwarze Meer ein. Im Februar fordern die Westmächte die Evakuierung der Donaufürstentümer durch die Russen; erhalten keine Antwort; erklären den Krieg Ende März 1854. In der Woche darauf wird eine Allianz zwischen England und Frankreich geschlossen – die erste wirkliche seit undenkbaren Zeiten.

Ein Krieg beider Westmächte gegen Rußland, das hat es noch nie gegeben, das könnte eine ungeheuer weittragende Unternehmung werden. Aber er wird das nicht, die allgemeine Gemütslage entartet nicht; als mitten im Krieg Zar Nikolaus stirbt, kondoliert Napoleon seinem Sohn und Nachfolger, Alexander II., und erhält eine Antwort des russischen Kanzlers Nesselrode, in der es heißt: »Zwischen Frankreich und Rußland besteht ein Krieg ohne Feindschaft . . .« Tatsächlich wird ununterbrochen verhandelt. Die Strategie wird beschränkt dadurch, daß die deutschen Mächte nicht mittun; Preußen nicht, weil es durch Krieg nichts zu gewinnen, Österreich nicht, weil es zuviel zu verlieren hätte. Die Neutralität Mitteleuropas nimmt dem Krieg das Hauptheater, macht ihn zum »Krimkrieg« anstatt zum europäischen »Weltkrieg«.

Trotzdem ist die österreichische Diplomatie mitentscheidend. Österreich mobilisiert seine Armee in Galizien, nötigt die Russen durch ein Ultimatum, die Fürstentümer zu räumen, die es für die Kriegsdauer selber besetzt; so daß, vier Monate nach Kriegsbeginn, der eigentliche Anlaß des Krieges, eben die russische Besetzung Rumäniens, schon wieder beseitigt ist. Es schließt im nächsten Jahr ein Bündnis mit England und Frankreich, um seine stets gefährdete Stellung in Italien zu sichern für den Fall, daß und während es gegen Rußland zu kämpfen hätte. Schließlich ist es ein neues österreichisches Ultimatum, das Rußland nötigt, das alliierte Friedensprogramm als Verhandlungsbasis anzunehmen. Im Ergebnis konnte Rußland sich eines lokal begrenzten englisch-französischen Angriffs im Schwarzen Meer nicht erwehren, konnte es einen Krieg gegen die Westmächte und gleichzeitig gegen

Österreich nicht wagen – eine auf lange Sicht schwere Beeinträchtigung des seit 1812 immer nur gewachsenen russischen Prestiges. Aber dies Ergebnis kommt Österreich nicht zugute. Indem es Rußland auf dem Balkan drohend entgegentrat, hat es einen Gegensatz aufgedeckt, der nun so lange dauern wird wie die beiden Kaiserreiche, Romanow und Habsburg. Indem es den Krieg mitentscheiden half, aber ohne aktiv zu ihm beizutragen, hat es sich Anspruch auf die Dankbarkeit der Westmächte nicht erworben; hat auch durch die üble Art, in der es die Dankesschuld von 1849 dem Zaren bezahlte, noch einmal gezeigt, wie wenig im Machtspiel auf Dankbarkeit zu rechnen ist. Indem es half, Rußlands Schwäche zu entlarven, hat es Veränderungen in Europa möglich gemacht, die nicht möglich waren, solange Rußland stark war oder schien. Veränderungen aber können schwerlich der weitausgedehnten, ungerechten, unzeitgemäßen Macht zugute kommen, die nur noch erhalten will.

Ein anderer Staat hat den Krieg benutzt, um sich in Westeuropa einen guten Namen zu machen: Piemont-Sardinien. Das kleine Königreich hat keine Interessen im Nahen Osten, hat Rußland nichts vorzuwerfen; oder allenfalls nur dies, daß Rußland 1848/49 die Vertreterin par excellence des Absolutismus war, dem es, aber in dessen habsburgischer Form, bei Novara erlag. Das hindert den König, Viktor Emanuel, und seinen Erstminister Graf Cavour nicht, sich aus freien Stücken den Alliierten anzuschließen und ihnen ein Expeditionskorps von fünfzehntausend Mann zur Verfügung zu stellen, das auf der Krim sich bestens bewährte. Der Vorgang, dies Mitmachen ohne jeden ersichtlichen Grund, hat etwas von altertümlicher Kabinettspolitik, vom 18. Jahrhundert. Aber dem 19., der Zukunft, gehörten die Ziele an, die der weitsichtige Cavour dabei verfolgte. Piemont vertrat Italien, das ganze, unter dem habsburgischen Joch leidende. Mit den Piemontesen kämpfte Italien auf der Seite des Westens »gegen den Koloß des Nordens, den schlimmsten Feind aller Kultur«. Es ist ein Sichanmelden durch die Tat; ein Dienst am liberalen Europa, bedingungslos geleistet, aber in der schweigenden Hoffnung, daß dem wohl eines Tages ein Gegendienst antworten könnte.

Der Krieg hat seinen Schauplatz im Schwarzen Meer und auf der Krim, wo der Kampf um die Festung Sebastopol nahezu ein Jahr dauert. (Oktober 1854 bis September 1855.) Der Winter dort ist furchtbar. Die Toten werden auf insgesamt eine halbe Million geschätzt, Russen und Franzosen zumeist; Kälte, Hunger, Mangel an Arzneimitteln, Entbehrungen aller Art fordern weit mehr Opfer als die Waffen des Gegners. Alle Parteien zeigen die Überalterung ihrer Heeres-Organisation, die mangelnde Vorbereitung, das Ungenügen der Führung; aber die Schwäche der Russen ist bodenloser als die Schwäche der Alliierten, der allmählich, unter gewaltigen improvisierten Anstrengungen, abgeholfen werden kann. Der endliche Fall Sebastopols, darauf die österreichische Interventionsdrohung erzwingen das Ende.

Der Machtprobe folgt ein Diplomatenkongreß, der prachtvollste seit dem Wiener, und zwar in Paris: Pariser Kongreß, unter dem Vorsitz des französischen Außenministers (Walewski, der überdies ein Sohn Napoleons I. ist), im Zeichen des Kaisertums. Es sind die meisten europäischen Staaten vertreten, auch die Türkei, auch Sardinien, Österreich, Preußen. Der Besiegte ist Rußland, unter den Siegern Frankreich der aktivste – eine hübsche Befriedigung nationaler und bonapartischer Eitelkeit. Louis Napoleon erhofft von dem Kongreß eine großartige Rekonstruktion Europas, die Erlösung Italiens, die Wiederher-

Die Schlacht an der Alma auf der Krim am 20. September 1854. Farblithographie

Camillo, Graf Benso di Cavour

Viktor Emanuel II., König von Italien

stellung Polens, aber weder England noch Österreich befreunden sich mit solchen Ideen, so daß, in seinen eigenen Worten, »wie ein gewöhnliches Tournier ausgeht, was eine große politische Revolution hätte sein sollen«. Die Türkei verspricht innere Reformen, bürgerliche Gleichberechtigung der Christen und wird in das »Konzert der Mächte« aufgenommen. Das Schwarze Meer soll fortan »neutralisiert« sein, so daß weder Türken noch Russen dort Befestigungen und Kriegsschiffe unterhalten dürfen; eine Bestimmung, die genauso lange in Kraft bleibt, wie Rußland sich zu schwach fühlt, sie umzustoßen. Die Donaufürstentümer werden unter die Garantie der Großmächte gestellt. Mehr will England nicht, da man eben für die Erhaltung der Türkei gekämpft hat und die Vereinigung der Fürstentümer zu einem »rumänischen« Nationalstaat ihre Zugehörigkeit zum türkischen Reich zu einer Fiktion machen müßte. Aber der Einheitswille unter den Bewohnern der Moldau und der Walachei erweist sich als stark und wird von Napoleon patronisiert, unter dessen Boheme-Freunden es nicht an Rumänen fehlt. Schließlich, nach unnützen Manövern und Verzögerungen, erlaubt man die Vereinigung. Die Lösung erinnert an die griechische von 1831; wieder geht (1866) ein deutscher Fürst, Karl von Hohenzollern, zunächst noch als Vasall des Sultans nach dem neuen Staat ab. Seine Unabhängigkeit erhält Rumänien, wie Serbien, erst 1878.

Da man einmal so großartig beisammen ist, soll auch etwas für das internationale Recht geschehen. Auf dem Pariser Kongreß werden die Regeln des Seekrieges in einem die Neutralität entschieden begünstigenden Sinn neu festgelegt: Die neutrale Flagge soll auch Feindesgut schützen, neutrales Gut auch auf feindlichen Schiffen unantastbar sein. Ein Codex der Mäßigung, der Kriegs-Zähmung, der während des amerikanischen Bürgerkrieges sich leidlich bewährte; dem Geist des 20. Jahrhunderts wird er nicht mehr standhalten.

Ob alles das die fünfhunderttausend Toten des Krimkrieges wert ist, könnten aufsässige Menschen fragen. Der Krieg, im Rückblick, erscheint wie ein bedauerliches Mißverständnis. Rußland hat die mäßigen Bedingungen der Alliierten akzeptiert und hat sich als militärisch schwach erwiesen, aber davon, daß es eine katastrophale Niederlage erlitten hätte, kann keine Rede sein. Noch während der Verhandlungen rückt es an Frankreich heran; es beginnt damit das wunderliche Staaten-Gesellschaftsspiel der nächsten Jahre, in dem Gegner von heute immer schon den möglichen Freund von morgen zu sehen und, kommt es zur Krise, nicht so genau zu wissen, für wen und gegen wen man eigentlich ist. Rußland wird in Zukunft Österreich nicht mehr schützen, wie 1849, Preußen nicht mehr hindern, wie 1850: eine neue Freiheit für Mitteleuropa. Louis Napoleon, der schon während des Kongresses mit dem Gedanken spielt, »etwas für Italien zu tun«, was er nur gegen Österreich tun kann und was die Billigung Englands jetzt nicht findet, sucht sich darum dem Zaren zu nähern. Bei Monarchenbegegnungen werden allerlei Möglichkeiten vage berührt. Es gibt noch immer ernste Fragen in Europa: die italienische, die deutsche, die ungarische, die polnische – alle die von der letzten Revolution übriggelassenen Fragen. Aber der, der sie lösen will und jetzt ein Prestige gewonnen hat, auf Grund dessen er glaubt, sie lösen zu können, der Mann in den Tuilerien, ist im Grunde nicht ernst; er ist nur ein Spieler. Wenn er Partner findet, so ernst wie die Fragen, um die es geht, Partner, die nur ein Ziel ernsthaft verfolgen, während er Dutzende von widersprechenden Ideen in seinem unruhigen Geiste wälzt, dann wird er den kürzeren ziehen.

Die Italienische Revolution

Über das offizielle Italien der Reaktionszeit nach 1849 ist nichts Gutes zu sagen, welche Sympathien man auch immer, im Abstrakten, der konservativen Sache gegenüber der nationalistisch-liberalen entgegenbringen möge. Hier handelt es sich um Wirklichkeiten, nicht um Ideen; jene waren abscheulich. Es genügt, daran zu erinnern, daß im Revolutionsjahr annähernd tausend Patrioten im Norden der Halbinsel dem österreichischen Henker verfielen und auch danach die Hochverratsprozesse nicht aufhörten. Ähnlich im Süden. Gladstone, nichts weniger als ein Radikaler, aber ein Christ, der 1851 die neapolitanische Justiz am Orte selber studierte, nannte die Regierung der letzten Bourbonen »die Leugnung Gottes zum System erhoben«. Sein offener Brief über die Gefängnisse von Neapel führte zu einer englischen Demarche in Wien, über die Fürst Schwarzenberg sich lustig machte: politische Verbrecher seien die allergefährlichsten für die Gesellschaft, und England möge seine eigene Justiz in Irland, Indien und anderswo unter die Lupe nehmen.

In der Tat lag der Schlüssel zu den italienischen Verhältnissen in Wien. Ohne die österreichische Stellung in Lombardo-Venetien, ohne die österreichischen Truppen in den Herzogtümern (Parma, Modena, Toskana) und im Norden des Kirchenstaates brach die längst unnatürliche italienische Ordnung zusammen. Aber Provinzen zu räumen, aus denen ein Viertel ihrer Revenuen kam, freiwillig ein neues Lebensprinzip anzuerkennen, das ihren eigenen alten schnurstracks zuwiderlief, war den Habsburgern nicht gegeben. Mit ein wenig Milde versuchten sie es in Mailand und Venedig, als es zu spät war, etwa ab 1856; zu spät dazu wäre es auch früher gewesen.

Der Widerstand der Unterdrückten ging weiter fort trotz der Niederlage von 1849; das spekulative Vorbereiten der Befreiung; Mazzinis nie zu entmutigende, immer scheiternde Verschwörungen. Das Neue in der Entwicklung der fünfziger Jahre war das Entstehen einer Partei, welche die Lösung weder im fürstlichen noch im republikanischen Föderalismus fand, sondern im monarchischen Einheitsstaat unter dem Haus Savoyen. Gioberti, der ehedem auf den Papst gesetzt hatte, auf den nun allerdings kein Liberaler mehr setzen konnte, wurde selber einer der Gründer dieser Bewegung. Eine »Italienische Nationalgesellschaft« (Società nazionale italiana) begann das neue Ziel zu propagieren, erlaubterweise in Piemont, hochverräterisch in den übrigen Gebieten. Ihr schnell sich ausbreitender Erfolg beruhte auf der Anziehungskraft, die Piemont jetzt ausübte, das hieß, vor allem auf den Leistungen des piemontesischen Ministers Camillo Benso di Cavour.

Cavour kam von der Westgrenze Italiens, und seine Bildung war mehr westlich, englisch und französisch, als mitteleuropäisch. Der Gründer des modernen Italien hat Venedig, Rom, Neapel in seinem Leben nicht gesehen; Florenz nur einmal, auf dem späten Höhepunkt seiner Laufbahn. Aber London und Paris kannte er gut, dort hatte er die für sein Leben richtunggebenden Bekanntschaften gemacht, dort sein Denken fundiert. Das Evangelium des Freihandels, der Industrialisierung in Freiheit, fand in ihm einen kräftigen Vertreter. Er wurde zum Ökonom und Finanzier, Theoretiker und Praktiker; wurde selber wohlhabend durch wissenschaftliche Ausbeutung seiner Güter und durch Spekulationen. Dem entsprach sein politisches Ideal: Rechtsstaat und Juste Milieu, aristokratisch-bürgerlicher

Parlamentarismus in der englischen besser noch als in der orleanistischen Form. Ein Ideal, mit dem die Anhänger Mazzinis so wenig anzufangen wußten wie die Nur-Konservativen. Cavour war überall geachtet, als er 1850 in das Turiner Kabinett eintrat, aber nicht überall beliebt, weder bei der extremen Rechten noch bei der Linken. Übrigens war er, bei allen liberalen Überzeugungen, von autoritärem Temperament, wie vom Durchschnitt umgebene, überlegene Menschen es leicht sind. Die größeren Eigenschaften des Staatsmannes zeigten sich später: Schlauheit, Geduld, Weitsicht des Odysseus; der gebändigte Wagemut, der nie irrende Instinkt, hinter aller praktischer Meisterschaft die brennende, auf das gesamte, schöne, leidende Italien sich richtende Vaterlandsliebe. Von ihm sagte Manzoni, er hätte »alle Klugheit und alle Unklugheit des wahren Staatsmannes«.

Zu den Vorläufern der italienischen Freiheit, den Carbonari und Mazzinisten, verhält Cavour sich ungefähr wie Lenin zu den Vorläufern der russischen Revolution; wie Lenin nach dem Opfer seines Bruders konnte er von den Verschwörungen Mazzinis sagen: »So geht es nicht.« Das italienische Problem war nicht durch Revolution und Anarchie, nicht durch übel vorbereitete Kriegstaten im Stil des Jahres 1849 zu lösen; es war auf die Ebene zu heben, auf der Europas Staaten sich bewegten. Ein italienischer Staat, der piemontesische, hatte sich durch innere Reformen zur Führung bereitzumachen und Bündnisse zu suchen, deren Auswahl nicht Sympathie, sondern Staatsräson bestimmen mußte. »Ich bin resigniert«, sagte Cavour einmal, als Mazzini ihm vorwarf, er wollte sich mit dem Tyrannen Bonaparte verbünden; »es gibt in Europa drei Mächte, die an der Zerstörung des Status quo interessiert sind, nämlich Frankreich, Rußland und Preußen; und es gibt zwei Mächte, die an der Erhaltung des Status quo Interesse haben: Österreich und England. Ich bedaure, daß die ersten drei Mächte nicht liberal sind, aber was tun? Ich kann nicht mit den beiden anderen zusammengehen.« Die praktischen Argumente stimmten mit dem geistigen Charakter zusammen; Cavour war kein Freund der Revolution, der Massen, der Demagogie und demagogischen Diktatur. Nicht einmal das Ziel der Einheit Gesamt-Italiens war klar in seinem Geist, nur dies: die Österreicher aus Norditalien zu werfen, um dort einen starken modernen Staat aufzubauen. Blieb dann selbst der Papst in Rom, der Bourbone in Neapel, so würden doch Rom und Neapel nicht das bleiben, was sie unter dem Schutz Österreichs waren, und man würde weitersehen.

Unsere Erzählung handelt von Völkern, Staaten und Staatsmännern, nicht von Königen; der König Viktor Emanuel von Sardinien-Piemont darf gleichwohl nicht unerwähnt bleiben. Die europäische Monarchie und der nationale Einheitsstaat widersprachen einander an sich; dieser schien jene eliminieren zu müssen. Daß der moderne italienische Staat nicht als jakobinische Republik, sondern als entscheidend von Piemont her bestimmte Verfassungsmonarchie den geschichtlichen Schauplatz betrat, war dem Minister Cavour, war aber auch dem König Viktor Emanuel zuzuschreiben; dergleichen war nicht mit jedem König zu machen, wie das Beispiel Friedrich Wilhelms von Preußen noch unlängst gelehrt hatte. Viktor Emanuel war von einem andern Schlage. Stolz auf die achthundertjährige Geschichte seines Hauses, aber nicht ohne demokratische Sympathien; Soldat durch und durch; von kraftvoll gedrungener, bizarrer Erscheinung, zu rüden Worten, derben Galanterien neigend, machte er auf seine Standesgenossen den Eindruck, als habe er sich aus dem Mittelalter

– besser noch: aus der Zeit der barbarischen Invasionen – ins 19. Jahrhundert verirrt. In diesem aber bewährte er sich. Er war intelligent und bereit, sich zu riskieren. Der Soldat stand auf seine Art dem Volke näher als der liberale Nationalökonom; er verstand Garibaldi besser, als Cavour ihn verstand; die Idee der Befreiung Italiens war seine Idee so gut wie die Cavours. Daß er Cavour gegenüber die Autorität des Monarchen wohl manchmal zornig herauskehrte, in den großen Krisen aber ihn machen ließ, gleichgültig, wie gefährlich der Weg, den Cavour führte, dies allein würde ihn das Monument verdienen lassen, das, riesenhaft aus weißem Marmor, heute auf der Piazza Venezia in Rom steht.

Unter der festen Hand des Ministers für Landwirtschaft, Handel, Flotte und Finanz, Camillo di Cavour, seit 1852 Ministerpräsident, wurde Piemont zum modernen Verfassungsstaat. Die Regierung beruhte auf einer Koalition der Mittelparteien. Die Privilegien der Kirche wurden auf ein mit dem Machtmonopol des modernen Staates verträgliches Maß reduziert; Eisenbahnbau, Banken, Kooperativen, Kredite für die Landwirtschaft gefördert; Finanzen und Armee reformiert. Die letztere bewährte sich während des Krimkrieges. Auf dem Pariser Friedenskongreß konnte Cavour dem versammelten Europa zur Kenntnis bringen, daß es eine italienische Frage gab. Nicht mehr als dies, die Vertreter der freilich jetzt aufgelösten Heiligen Allianz ließen es nicht zu; aber immerhin dies. Und großzügig-herablassend, hatte ihm der Kaiser, der ehemalige politische Flüchtling Louis Bonaparte, schon 1855 gesagt: »Schreiben Sie Walewski, was ich, Ihrer Meinung nach, für Italien tun kann.« – Die Verschwörung der beiden, die folgenschwerste, an der Napoleon teilnahm, begann zwei Jahre später.

Für die französische oder bonapartische Seite der Sache ist bezeichnend, daß den ersten Anstoß dazu ein greulicher Bombenanschlag gab, der im Januar 1858 Kaiser und Kaiserin auf dem Weg zur Oper um ein Haar das Leben gekostet hätte. Der Attentäter, Felice Orsini, wollte den Verräter an der Freiheit Italiens treffen. Sein Verhalten vor Gericht, an sich imposant, beeindruckte niemanden tiefer als den grübelnden Monarchen. Louis Napoleon tat einen sonderbaren Schritt. Er stellte dem Verteidiger Orsinis den Brief zur Verfügung und übergab so ihn der Öffentlichkeit, in dem Orsini ihn aus dem Gefängnis beschwor, »Italien seine Unabhängigkeit zurückzugeben«. »Mögen Sie bedenken, daß, solange Italien nicht seine Unabhängigkeit hat, die Ruhe Europas und die Ruhe Eurer Majestät nur eine Chimäre sind ...« Den Verbrecher zu begnadigen, was der Kaiser nur zu gern getan hätte, war unmöglich, und die erste Reaktion war eine Verschärfung des französischen Polizei-Regiments. Aber ein halbes Jahr nach dem Attentat ging er an die Vollstreckung des Testaments Felice Orsinis, der ihn hatte umbringen wollen.

In aller Heimlichkeit, ohne seine Minister zu informieren, ließ er Cavour nach dem Vogesenbad Plombières kommen. Dort wurde ausgemacht: Wenn es Piemont gelänge, die Österreicher zum Krieg zu provozieren, etwa durch einen Aufstand im Herzogtum Modena, in den einzugreifen es gezwungen wäre, das heißt, wenn es gegen Österreich Krieg machte derart, daß man Österreich die Schuld daran zuschieben könnte, so würde Frankreich eingreifen. Die Lombardei und Venetien sollten dann mit Piemont vereinigt werden, das übrige Italien aus drei Staaten bestehen, Neapel und einem zu organisierenden mittleren Reich (vielleicht unter einem Bonaparte?) und Rom. Für solchen Dienst eine Gegenleistung zu verlangen war heikel. Der Kaiser erwähnte Savoyen, in dem französisch gesprochen wurde, und die Stadt Nizza, ließ aber den peinlichen Gegenstand fallen, als Cavour Einwände machte: das sei eine durchaus sekundäre Frage.

Von da ab war der stärkere Staat in der Hand des schwächeren; der schwächere Mann in der Hand des stärkeren.

Napoleon traf Vorbereitungen. Er versuchte Rußland zu gewinnen, das wohlwollende Neutralität versprach; er machte Preußen Vorschläge in dem Stil, der nun Mode wurde: es möge sich die und die deutschen Gebiete aneignen. Das wurde abgelehnt, aber nach London weitergegeben. Im Dezember (1858) ließ er einen Vertrag mit Piemont unterzeichnen, der ungefähr der Verschwörung von Plombières entsprach. Er erging sich in verheißungsvollen Reden über das Zeitalter der Massen, der Volksstaaten und einer ihm entsprechenden Politik; in einem Pamphlet, das man seiner eigenen Feder verdankte, hieß es, Napoleon I. habe die Völker erobert, um sie frei zu machen, Napoleon III. werde sie frei machen, ohne sie zu erobern. Aber er war unsicher bis zuletzt; und das Echo, das sein Plan, als er nun stückweise bekannt wurde, in Frankreich hervorrief, konnte ihn nicht sicherer machen. Alle kirchlich Gesinnten, alle monarchisch Gesinnten, die Geschäftsleute, die Gleichgewichts-Diplomaten und beruflichen Kenner der Staatsräson, die Minister selber waren gegen den Krieg, dafür allenfalls die Republikaner – keine willkommenen Bundesgenossen. Die Börsenkurse sanken. Die Königin von England ließ freundschaftliche, aber strenge Warnungen hören. Die Bischöfe donnerten von den Kanzeln gegen eine Politik, die auf Beraubung des Obersten Hirten hinauslaufen mußte. Im Frühling war er so weit, sich um die gütliche Regelung der italienischen Frage durch einen europäischen Kongreß zu bemühen; Cavour, der selber nach Paris eilte, um an gegebene Versprechungen zu erinnern, zu bitten, zu drohen, zu erpressen, konnte zunächst nichts anderes bewirken, als daß der Kaiser sich mit erschütterten Nerven zu Bett legte. Verwünschtes Italien! Hatte der Minister Walewski recht, wenn er Napoleon zurief, er habe sich da auf ein ruinöses Abenteuer eingelassen?

Um aber jetzt noch den Kurs zu ändern, hätte es stärkerer Entschlußkraft bedurft als zur Verfolgung des eingeschlagenen. Was Bonaparte nicht tat, tat Cavour. Er schürte die Revolution in Italien, deren Freund er nicht war, deren Dynamik er aber jetzt gegen Österreich brauchte. Er mobilisierte Truppen und vermehrte sie durch Freiwillige aus der Lombardei. Er ließ kein Mittel unversucht, um den Gegner zu provozieren. Unter Aufregungen, die seinen robusten Geist auf die furchtbarste Probe stellten, bewahrte er eine korrekte Haltung gegenüber Europa, indes er gleichzeitig nach dem Krieg gierte wie ein Verdurstender nach dem Trunk. Es gab einen Moment, in dem alles verloren, nämlich der Friede durch englische Vermittlung gerettet schien und Cavour von Selbstmord sprach. Aber gerade damals tat Österreich, was Frankreich nicht wollte und Piemont nicht durfte. Gepeinigt von einer Kette liebevoll geplanter Herausforderungen, verloren die österreichischen Diplomaten die Geduld. Den 23. April kamen sie mit einem die Abrüstung binnen drei Tagen fordernden Ultimatum heraus, dem die Kriegserklärung folgte. Nun war Österreich der Angreifer, brutalisierte es Piemont, bedrohte es Frankreichs Grenzen . . . Das Programm von Plombières konnte beginnen.

Der italienische Krieg von 1859, merkwürdig in seinen Folgen, ist merkwürdig auch darin, daß die Macht, welche die Gesinnungen des liberalen Europa gegen sich hatte und deren Niederlage noch kein Historiker beklagt hat, formal im Recht war. Die wahren Angreifer waren Frankreich und Piemont. Sie hatten sich längst heimlich zum Krieg verschworen mit dem Ziel, Österreich etwas wegzunehmen, was ihm seit 1815 gehörte. Zur Verteidigung seines Rechts fühlte der Kaiser Franz Joseph sich verpflichtet, 1859 wie 1914; von einem Mann seines Schlages konnte man wohl nicht verlangen, daß er es anders sähe. Überdies war es auch kaum je seine oder seiner Leute Absicht gewesen, die italienischen Provinzen des Hauses Habsburg unnötig zu quälen. Die österreichische Verwaltung der Lombardei war gut, so lange, wie die Italiener sie sich gefallen ließen; sie wurde unvermeidlich schlecht, weil die Italiener sie sich nicht mehr gefallen ließen; gegen aufsässige Kritik der Untertanen, gegen Rebellion und Hochverrat gab es traditionsgemäß kein anderes Mittel als Gefängnis und Hochgericht. Ein Begriff vom Staat als Eigentum der Dynastie, der wohl einmal getaugt hatte, stand gegen einen neuen; Recht, das war, gegen Recht, das werden wollte. Zuungunsten Österreichs muß man hinzufügen, daß im Jahre 1859 über das Ander-Zeit-Sein und den Triumph des neuen Rechtes längst kein Zweifel mehr hätte sein sollen; zu seinen Gunsten, daß, wenn man aus dem neuen Recht alle in ihm liegenden Konsequenzen zog, die österreichische Monarchie überhaupt zu existieren aufhörte. Gegen die Technik, deren Cavour sich bediente, um den ersehnten Krieg herbeizuzwingen, konnte der Moralist Einwände machen; als symbolisch mag man es ansehen, daß einer der ersten Beschlüsse der provisorischen Revolutionsregierung von Toskana die Veranstaltung einer Prachtausgabe Machiavellis war. Ein zeitgenössischer englischer Historiker von erprobter liberaler Gesinnung, Lord Acton, hat denn auch den italienischen Krieg verdammt und den Beginn eines neuen, ruchlosen Zeitalters in ihm erkannt. Aber mit reineren Mitteln, den Mitteln der Carbonari, den Mitteln Mazzinis, wohin war Italien gekommen?

In der Lombardei, wo vor drei Jahrhunderten im Kampf zwischen Bourbon und Habsburg Europas Machtpolitik geboren worden war, stießen die österreichischen, französischen und piemontesischen Armeen noch einmal gegeneinander. Wir nennen die beiden berühmten Schlachten: Magenta und Solferino. Die Ansicht der letzteren hat den Genfer Kaufmann Henri Dunant zur Gründung des »Roten Kreuzes« angeregt; wie und warum sie es tat, mag man in seinen »Erinnerungen an Solferino« nachlesen. So wie Dunant, der Zivilist, war Louis Napoleon, falscher Bonaparte, falscher Soldat, von den Greueln des Schlachtfeldes beeindruckt; beim Besuch eines Operationszeltes wurde er grün im Gesicht, taumelte und ritt danach lange Zeit mit geschlossenen Augen. Zwei Wochen später ließ er dem Kaiser Franz Joseph einen Waffenstillstand anbieten.

Nicht bloß, weil seine Nerven dem Krieg nicht standhielten. Die politische Bewegung, die er selber ausgeheckt und angestachelt hatte, entzog sich bedrohlich seiner Kontrolle; der Zauberlehrling bekam es mit der Angst. Italien war im Aufruhr. Die Regenten der Herzogtümer, die Legaten im nördlichen Teil des Kirchenstaates wurden von der Bevölkerung vertrieben, provisorische Regierungen eingesetzt, der Anschluß an Piemont vorbereitet. In beispielhafter Ordnung, ohne häßliche Gewalttaten; ein eindeutiger Willensakt des Volkes, der Widerstand gar nicht aufkommen ließ. Das Programm von Plombières, der Plan eines viergeteilten, föderierten Italien war damit bereits zerrissen. Die Österreicher, bei Solferino geschlagen, aber nicht außer Gefecht gesetzt, hatten sich über die Etsch in die Nähe ihrer Hauptstützpunkte zurückgezogen, aus denen ein zweiter Feldzug, blutiger als der erste, sie hätte vertreiben müssen. Mittlerweile kamen gefährliche Zeichen aus Deutschland. Dort gab der italienische Krieg den Bürgern die Freiheit erregter öffentlicher Diskussion, wie sie sie in zehn Reaktionsjahren nicht gehabt hatten. Dem allgemeinen Gefühl nach war hier eine Chance zu ergreifen, Partei zu nehmen. Gegen wen? Eine radikale Minderheit wollte gegen Österreich entscheiden, den wahren Feind aller Freiheit, also für Italien, obgleich nicht eigentlich für Louis Napoleon, der als der tückische, falsche Freund Italiens galt. Die Mehrheit aber neigte gegen Frankreich – ohne deswegen pro-österreichisch oder anti-italienisch zu sein; so verwirrt lagen die Dinge. Es galt, Frankreich vom Rhein her zu bedrohen, während es in Italien beschäftigt war. Zu dieser Mehrheit gehörte Karl Marx und gehörte der Prinzregent von Preußen. Der letztere hatte die Macht, die Marx so gern gehabt hätte: Truppen zu mobilisieren und Politik zu entscheiden. Zar Alexander schickte seinen neuen Freunden einen Eilboten nach Paris: wenn nicht raschestens Friede gemacht würde, so hätte Frankreich die Deutschen auf dem Hals.

So die Umstände, die Napoleon bewogen, sein Abenteuer vorzeitig abzubrechen. Zu seinem vorläufigen Glück konnte er es; wie sehr man auch von Volkskriegen, Demokratie, Zeitalter der Massen sprach, an der Spitze herrschten noch immer die alten Rittersitten, und die Spitzen, die Monarchen, konnten noch immer in kurzem Gespräch über Leben und Tod von Hunderttausenden entscheiden. Franz Joseph und Napoleon trafen sich in Villafranca, redeten einander mit »Sire« und »Herr Bruder« an, machten sich Komplimente über die Tapferkeit ihrer Truppen und beschlossen, daß Friede sein sollte. Österreich trat die Lombardei an Frankreich ab, welches sie, wenn es so wünschte, an Piemont zedieren mochte; Österreich behielt Venetien einschließlich der zum »Quadrilateral« gehörenden Festungen; die Herzogtümer sollten ihren vertriebenen Regenten restituiert werden. Aus Italien war eine Föderation, etwa nach Analogie des Deutschen Bundes, zu bilden, welcher der Papst präsidieren und auch Österreich, als Besitzer Venetiens, angehören sollte. Wohl oder übel bequemte sich Viktor Emanuel diesen Bedingungen an, wenigstens denen, deren Durchführung aktuell war. Cavour, nach einer stürmischen Szene mit dem König, legte in Wut und Schmerz seine Ämter nieder. »Dieser arme Kaiser hat in Villafranca getan, was er konnte. Ja, er hat auf Venedig verzichtet, auf die Romagna, auf Toskana, Modena, Mantua-Peschiera ... Er hätte noch viel mehr gegeben, wenn Franz Joseph nur etwas insistiert hätte; warum nicht Mailand, warum nicht Turin? Was wollen Sie? Er war müde, er langweilte sich, es war ihm heiß!« ...

Die liberale Welt Europas und Amerikas, die nichts für Italien, weniger als nichts für Frankreich getan hatte, schallte wider von Empörung gegen den schurkischen Bonaparte. Man nahm ihm übel, daß er sich im Dienste der italienischen Freiheit nicht vollends hatte ruinieren wollen; von jetzt ab galt er als einer, dessen Unterschrift das Papier nicht wert war, auf dem sie stand. Wir greifen ein beliebiges Zeugnis heraus. »Die Völker der Erde«, schrieb der amerikanische Diplomat John Motley, »in ihrer Feigheit und Trägheit, haben dem gefährlichsten Übeltäter, der je die Macht usurpierte, erlaubt, sie alle lahmzulegen, zu betrügen und vor Angst blöde zu machen. Das Vertrauen, welches das italienische Volk zu Beginn des Jahres in Louis Napoleon setzte, ist so unglaublich wie ergreifend und würde jeden anderen Menschen in seiner Lage, der auch nur einen Funken von Tugend und Edelmut besaß, in einen Helden verwandelt haben. Zwei Dinge stehen fest: Er hat die italienische Sache begonnen, und er hat dann die Italiener, entgegen ihrem einmütigen Wunsch, im Stich gelassen . . . Die feste, maßvolle, konsequente, einmütige, würdige und tapfere Haltung der Italiener in dieser furchtbaren Krise wird immer eine der großen Lehren der Geschichte bleiben.« – Louis Napoleon wollte große Taten tun, und hier hatte er eine getan oder doch begonnen und ermöglicht; aber das Talent, für seine Taten Dank und Anerkennung zu ernten, besaß niemand weniger als er.

Mittlerweile bewahrheitete sich, was Cavour bald erkannt hatte: daß der Vertrag von Villafranca zu großen Teilen gar nicht ausführbar war. Toskana, die Herzogtümer, die päpstliche Romagna schlossen sich an Piemont an in einer nobel disziplinierten Aufwallung, die um den Vertrag von Villafranca sich nicht im mindesten kümmerte. Sollten französische Truppen die Italiener zwingen, unter ihren habsburgischen Vasallenfürsten zu bleiben? Unmöglich! Anachronistisch genug erschien es jetzt, daß noch immer französische Truppen in Rom standen, um die weltliche Herrschaft des Papstes zu beschützen.

Pius IX. sollte der Ehrenpräsident der italienischen Konföderation sein; aber vergebens bemühte sich Napoleon, dem Priester-Fürsten und dessen französischen Anhängern die neue Lage der Dinge gefällig zu machen. Wieder griff er zur Feder: in einer Broschüre, die »Der Papst und der Kongreß« hieß – denn noch hoffte er auf einen europäischen Kongreß, der alles weise und gütlich regeln würde –, versicherte er: allerdings müßte das Haupt der Christenheit souverän sein, aber dafür genügte die Stadt Rom selber; »je geringer die päpstlichen Staaten sind, desto größer wird ihr Souverän sein«. Eine These, die später sich als ganz wahr erweisen sollte, im Moment aber bei dem Papst und seinen Anhängern nur Empörung, bei den Gegnern der päpstlichen Staatsmacht nur Hohngelächter erregte. Der Kaiser schrieb an den Oberhirten und drängte ihn, das Präsidium des italienischen Bundes anzunehmen, er werde dann eine Stellung haben wie ehedem der Doge von Venedig, »der mit einer Geste die Wogen der Adria zu erregen und wieder glätten zu können schien«. »Hübsch«, spottete Pius IX., »wunderhübsch; der Doge und die Wellen der Adria und eine einzige Geste . . . aber ich will seine Konföderation nicht . . .« In Wahrheit wollte sie niemand; die einen nicht, weil nur ein Zurück zur Vergangenheit, die Wiederherstellung des ganzen Kirchenstaates, ihnen annehmbar war, die anderen nicht, weil eine Föderation mit dem Papste als Präsidenten und Österreich als Mitglied allen Hoffnungen auf eine Erneuerung Italiens Hohn sprach.

Mit gutgemeinten Worten und Vorschlägen einen Erdrutsch beschwörend, sich verrenkend, um es allen recht zu machen, und von allen zurückgestoßen, fand Louis Napoleon sich im Winter 1860 plötzlich wieder in der Nähe seines alten Mitverschworenen von Plombières. Im Januar trat Cavour noch einmal an die Spitze der Geschäfte, versöhnt mit Villafranca, glücklich, weil die Dinge wie von selber nun doch im Sinne des Anstoßes liefen, den er gegeben hatte. Noch immer fand er keinen anderen Bundesgenossen auf der politischen Landkarte als Frankreich; noch immer kannte er das Geheimnis der kaiserlichen Psychologie.

Jetzt bot er in Frankreich das schon versprochene, durch den Vertrag von Villafranca aber zurückgenommene Opfer an: Savoyen und Nizza für Frankreich, als Dank für eine Anerkennung der neuen Annexionen. Natürlich sollte die Sache nicht den Charakter alter fürstlicher Tausch- und Teilungsgeschäfte haben. Nicht nur sollte Italien italienisch werden; auch für Savoyen – weniger eindeutig für Nizza – durfte man geltend machen, daß es französisch war. »Wir können«, erklärte der piemontesische Politiker D'Azeglio, »nicht diesseits der Alpen für das Nationalitätenprinzip und jenseits der Alpen dagegen sein.« Um den demokratisch-nationalen Charakter der Veränderung zu bekräftigen, fanden sowohl in den neuen Provinzen Piemonts wie in Savoyen und Nizza Volksbefragungen statt, deren Ergebnis niemanden überraschte. Grenzziehungen auf Grund von Volksbefragungen: die Methode sollte Schule machen.

Die italienischen Republikaner und Ultranationalisten, an ihrer Spitze General Garibaldi, schnaubten gegen den Verrat Cavours, der italienisches Land dem Despoten Bonaparte überantwortet hatte. Andererseits war die Freude über den schönen Zuwachs in Frankreich nicht so groß, wie Napoleon erhoffte. Sie wurde gedämpft durch das Gefühl, daß die italienischen Dinge sich gegen das Interesse der französischen Machtpolitik entwickelten, widerlegt, in den Augen aller guten Katholiken, durch die Verluste, die der Papst schon erlitten hatte, und die anderen, die ihm offenbar noch bevorstanden. Louis Napoleons Politik in Italien war zwiespältig von Anfang an: seit 1849 verteidigte er den Kirchenstaat, seinen eigenen katholischen Untertanen zuliebe, seit 1855 wollte er »etwas für Italien tun«, das hieß, dem italienischen Nationalismus zur Verwirklichung helfen. Beide Ziele stritten gegeneinander wie Feuer und Wasser. Daß er beide verbinden zu können glaubte, ist ein Beispiel für seine Art, sich um Widersprüche herumzudrücken, wähnend oder träumend, sie würden sich schon irgendwie aus der Welt schaffen lassen. Nicht, daß der Rat, den er jetzt dem Papste gab, freiwillig zu verzichten und sich mit dem neuen Italien zu versöhnen, an sich schlecht gewesen wäre. So veraltet wie die Sklaverei in den Vereinigten Staaten, so veraltet wie die habsburgische Herrschaft über Norditalien, so veraltet war, auf andere Art, der Kirchenstaat. Wir wissen heute, daß sein Verlust ein Glück für die Kirche war, wir staunen darüber, daß gescheite, hochstehende Männer vor hundert Jahren es nicht so sehen konnten. Jedenfalls, sie sahen es nicht. Keine veraltete, verlorene Position, die nicht bis zum bitteren Ende verteidigt wurde; kein Lärm um nichts, den man sich ersparte; kein hoffnungsloses Rückzugsgefecht, das nicht stattfand.

Während noch das monarchische Europa über die unzeremonielle Verabschiedung dreier gekrönter Häupter die Stirn runzelte, während Papst Pius seine Bannflüche schleuderte, in Paris fromme Katholiken und freigeistige Orleanisten Napoleons Politik geißelten, erreichten die italienischen Ereignisse erst ihren fast unglaublichen Höhepunkt. Am 5. Mai 1860 schiffte Garibaldi sich mit tausend Anhängern – diese runde Zahl gaben sie sich – in Genua nach Sizilien ein, landete am 11. in Marsala und eroberte am 25. Palermo. Diktator über Sizilien, die zwanzigmal zahlreicheren Truppen des Königs vor sich her treibend oder als Gefangene hinter sich lassend, überschritt er im August die Meerenge von Messina. Im September war er in Neapel und dessen letzter König in seiner nördlichen Festung Gaeta eingeschlossen.

Cavour hatte von der Unternehmung gewußt und sie erlaubt, ohne sie zu billigen. Er stand nicht gut mit Garibaldi; er stand noch schlechter mit Garibaldis radikaleren Freunden, so dem fähigsten unter ihnen, Francesco Crispi, dem kraftvollen Sizilianer jakobinischen Typs, der noch unlängst die eine italienische Republik an Stelle eines vergrößerten Piemont laut gefordert hatte. Aber Garibaldi genoß den Schutz König Viktor Emanuels, der als Soldat den Soldaten schätzte, und die Liebe eines Großteils der Nation gehörte ihm. Man mußte ihn machen lassen. Gewann er, so galt es, seinen Sieg für Piemont zu appropriieren. Verlor er, so war man ihn los. Es war, noch einmal, Cavours Politik, die Revolution an den Wagen der Staatsräson zu schirren.

Garibaldis Triumph war einer Reihe wunderbar zusammenspielender Faktoren zuzuschreiben: seiner eigenen mitreißenden Persönlichkeit und Kunst revolutionärer Kriegsführung; der gründlich vorbereitenden Arbeit, die Crispi und andere in Sizilien geleistet hatten; den Sympathien, im ungünstigen Fall der Gleichgültigkeit der Bevölkerung; dem überall vorwaltenden Gefühl, daß diesmal alles ganz anders lag, Österreich geschlagen, Nord- und Mittelitalien frei und das schuldige, verrottete Bourbonen-Regime wie ein Stück alten Schnees in der Maisonne. Ein nicht unbeträchtlicher Wechsel in der außenpolitischen Situation kam dazu. Denn in diesen Monaten war es, daß England sich entschloß, besser spät als nie, die italienische Karte zu spielen. Italien war im Werden, ein bedeutender neuer Staat im Mittelmeer; also mußte man den Franzosen das Monopol seiner Freundschaft nehmen. Der englische Gesandte in Turin förderte Garibaldis Abenteuer, englische Schiffe deckten seine Landung; und als der König von Neapel gegen die englische Anerkennung der Usurpation protestierte, erteilte ihm Außenminister John Russell eine so schmetternde Lektion über gute und schlechte Regierungen und die Heiligkeit der Volksrechte, daß England nun plötzlich als der große, liebenswerte Helfer Italiens dastand, ohne daß es sich's viel hätte kosten lassen. In reichem Maße besaß die englische Diplomatie ein Talent, welches Louis Napoleon nicht gegeben war.

Dieser verhielt sich ratlos und doppeldeutig wie gewöhnlich, während Garibaldis Lawine rollte. Er protestierte in Turin; aber zum Gesandten des Königs von Neapel sagte er: »Meine Stellung ist schwierig. Eine Revolution hält man nicht mit Worten auf. Die Italiener wissen Bescheid: nachdem ich das Blut meiner Soldaten für ihre Unabhängigkeit gab, würden sie meine Drohungen keinen Augenblick ernst nehmen.« Als Cavour ihm mitteilen ließ, er müsse Truppen durch die noch dem Papst gehörenden Gebiete schicken, um nach Neapel vorzustoßen, damit Garibaldi und die Revolution dort nicht allein Herr blieben, hörte er das schnurrbartstreichend an, äußerte etwas über die große Verlegenheit, die das ihm nun wieder bereiten würde, und schloß mit einem: »Bonne chance, mais faites vite!« Das Gefühl, daß die italienische Sache ihm entglitten und da nun gar nichts mehr zu machen sei, paralysierte ihn völlig. Anders Cavour. »Die Dynastie Savoyen«, erklärte er, »darf nicht erlauben, daß ein gewöhnlicher Condottiere das Werk des Risorgimento vollendet. Sie muß selber erobern, was es noch zu erobern gibt. Um ihr Prestige in Süditalien wiederherzustellen, um den Süden an den Norden zu binden, muß sie sich einen Weg durch die Staaten des Papstes bahnen, die Marken und Umbrien besetzen, bis nach Neapel vordringen, die Truppen des Bourbonen in Gaeta angreifen, wenn sie noch Lust haben, sich zu schlagen, und so Garibaldi auf den Platz stellen, der allein ihm zukommt, den eines heroischen Abenteurers...« September-Oktober wurde dies Programm buchstäblich ausgeführt. Gemeinsam hielten Viktor Emanuel und Garibaldi triumphalen Einzug in Neapel. Die Bewohner Siziliens, Neapels, der Marken und Umbriens stimmten für Anschluß an Piemont. Im März (1861) trat in Turin das erste Parlament Italiens zusammen. England und Frankreich beeilten sich, den neuen Staat anzuerkennen. Zögernd und sehr verärgert folgten die »Höfe des Nordens«. Was hier geschehen war, diese Verbindung von Staatenaktion und demagogischem Abenteuer, von Königtum und Revolution, von der Enteignung uralter Rechte und der Begründung eines neuen, des Volksrechtes, des Plebiszits, diese unerhört schnelle, immer unerwartete, dramatische Ereignisfolge traf die europäische Ordnung ins Mark. Sie war wie das stärkste Echo, das die große Französische Revolution noch gehabt hatte, und eigentlich erfolgreicher als diese; denn sie wurde nicht durch Mord schimpfiert, und während es »Frankreich« längst gegeben hatte, war »Italien« ein absolut neues Ding. Metternichs »geographischer Begriff« war über Nacht zum Staat geworden. Wie hätte der Alte, der einst so rüstig interveniert hatte in Neapel und Piemont und Rom, über diesem Erlebnis den Verstand verloren! Es blieb ihm mit knapper Not erspart: Metternich starb zwei Wochen vor der Schlacht von Solferino.

Camillo Cavour, eine gute Generation jünger, folgte ihm nur zwei Jahre später, Juni 1861; verbraucht von seiner Arbeit wie Lincoln, nachdem nur eben sein Hauptwerk getan war, und wie dieser eine schwierige Erbschaft hinterlassend.

Und wieder gilt hier, was oben über den amerikanischen Bürgerkrieg gesagt wurde: Läßt man die italienische Revolution enden mit der Proklamierung des Königreichs, so ist diese Geschichte schöner, als wenn man sie weiter führt durch die Jahre erfüllter und doch nicht recht erfüllter Hoffnung, eine schwierige, nie endende Hindernisbahn entlang. Was auf dem Höhepunkt des europäischen Liberalismus begonnen wurde, sollte vollendet werden in einer Zeit, in welcher der Liberalismus langsam absank und bleich wurde gegenüber neuen, schärferen Gesinnungen.

Das Zusammenspiel zwischen Königtum und Revolution, zwischen dem liberal-konservativen Cavour und den Radikalen, Garibaldi, Crispi und den anderen, war im Augenblick wunderbar erfolgreich, aber war immer ebensosehr Spannung und Streit gewesen, momentweise, als es um Neapel ging, ein buchstäbliches Wettrennen. Es fehlte im Grund nicht viel dazu, daß Italien eine radikale Republik geworden wäre anstatt einer konstitutionellen Monarchie. Diese Spannung bestand weiter fort sowohl im allgemeinen wie in der Form dramatischer Reibereien zwischen königlichen Regierungen und dem Mann von der Insel Caprera. Schicksalsgeprüft und glücksverwöhnt und nachgerade sich für unwiderstehlich haltend, wünschte Garibaldi das größte Abenteuer seines Lebens zu wiederholen, einmal gegen das noch »unerlöste«, nämlich zu Österreich gehörende Trentino, einmal (oder dreimal) gegen Rom; es kam so weit, daß Truppen des neuen Staates sich mit Garibaldianern schlugen und der große Patriot für kurze Zeit hinter Festungsmauern verschwand. Die Tatsache, daß Italien noch nicht vollständig war, Rom fehlte, die proklamierte Hauptstadt, und Venedig und dahinter das Reich, über das ehedem die venezianische Republik geboten hatte, gab der Unruhe neuen Auftrieb, verschärfte ein Gefühl von Unsicherheit. Das Land war arm, seine Finanzen in schlimmem Zustande. Die äußere Einheit war in einem generösen Aufschwung hergestellt worden, aber die tiefe Fremdheit zwischen Süd und Nord, Fremdheit durch grundverschiedene Geschichte, verschiedene Kultur und Ökonomie, ließ sich nicht ebenso überwinden. Die enteigneten Fürsten und ihre Anhänger wühlten gegen die neue Ordnung; im Königreich Neapel, das aus spätmittelalterlichen Bedingungen nun plötzlich in die Moderne treten sollte, mußte ein regelrechter Krieg gegen Räuberbanden geführt werden. Keiner von den Nachfolgern Cavours besaß seinen Genius; sie lösten einander in rascher Reihenfolge ab, und es fehlte nicht an Skandalen, die den Glanz der jüngsten Vergangenheit trübten.

Die venezianische Frage wurde schon fünf Jahre nach Gründung des Königreiches gelöst dadurch, daß das italienische Erdbeben nach Deutschland übergriff und von Deutschland nach Italien zurückwirkte; weitere vier Jahre später die römische. Aber der endliche Einzug der königlichen Regierung in die Ewige Stadt (September 1870) konnte den inneren Frieden nicht sichern, solange der Papst auf seinem Nein gegenüber allem seit 1859 Geschehenen bestand.

In den letzten Monaten seines Lebens hatte Cavour das Erdenkliche versucht, um Pius IX. zur freiwilligen Aufgabe der weltlichen Herrschaft zu bewegen, aber einen immer tragischer akzentuierten Widerstand gefunden. 1864 ließ Louis Napoleon sich bereden, seine Truppen aus Rom binnen zwei Jahren zurückzuziehen unter der Bedingung, daß Florenz zur Hauptstadt Italiens erhoben würde. Die Abmachung führte zu einer schweren Krise in Turin, das sich seines Erbrechts beraubt sah. Der Entwicklung des Gesamtstaates tat die Verlegung des Regierungssitzes nach Mittelitalien gut; erst dadurch wurde die piemontesische Dynastie zur italienischen. Irrig war die Rechnung Napoleons, wonach die Wahl von Florenz den Verzicht auf Rom implizierte. Nicht lange, so wurde Garibaldi aufs neue von dem römischen Magneten angezogen. Nicht lange, so waren auch französische Truppen wieder dort und blieben nun dort, so lange wie Napoleon III. auf seinem Thron blieb. Der erste moderne Staat, Frankreich, hatte bei seiner revolutionären Umgestaltung nicht auf die päpstliche Enklave Avignon verzichten können, ein höchst unbedeutendes Ländchen, weit von den Zentren französischen Lebens entfernt. Wie sollte das neue Italien, dessen Staatsbegriff letzthin von der Französischen Revolution herstammte, auf dies ungeheure Symbol, Rom, verzichten? Daß der Papst seinerseits auf die weltliche Herrschaft hätte verzichten *können*, mag man sagen, insofern ein beträchtlicher Teil des italienischen Klerus auf Verzicht drängte. Am Ende aber lag die Größe der Römischen Kirche von alters her im Widerstand, in der zögernd späten Assimilierung von Neuerungen, und am Ende war Pius IX. kein unechter Vertreter der Tradition. In ein Europa, das, halb Bauplatz, halb Schlachtfeld, von liberaler und nationaler Umgestaltung lärmte, sandte er (Dezember 1864) seinen »Syllabus der hauptsächlichen Irrtümer unserer Zeiten«, ein in Jahrzehnten gründlich vorbereitetes Dokument. Es verdammte die materialistische Wissenschaft, Toleranz, spekulative Philosophie und Freidenkertum, den Sozialismus, den Nationalismus, die Ansprüche des modernen Staates; es bestimmte als achtzigsten, letzten und höchsten Irrtum den Glauben, wonach »der Papst mit dem Fortschritt, mit dem Liberalismus und mit der modernen Zivilisation sich versöhnen und mit ihnen übereinstimmen könnte und sollte«.

Dem folgte, Juli 1870, die feierliche Verkündigung der Lehre von der päpstlichen Unfehlbarkeit, abgepreßt einem Konzil, von dem ein katholischer Beobachter aus England schrieb, es sei »weder legitim in seiner Konstituierung noch frei in seinen Handlungen, noch einstimmig in seinen Beschlüssen« gewesen. Die neue Lehre verschärfte überall, und überwiegend in den katholischen Ländern, Österreich, Bayern, Frankreich, den Konflikt zwischen Kirche und Staat, indes sie gleichzeitig innerhalb der römischen Kirche die schwerste Gewissenskrise hervorrief. Im gleichen Augenblick bewies der Fall des letzten kümmerlichen Überbleibsels der weltlichen Herrschaft, daß der Papst im Reich der Politik nur allzu verwundbar, nur allzu fehlbar war.

In seiner Verurteilung des Nationalismus stand Pius IX. nicht allein; und ferne sei es dem Schreiber dieser Zeilen, seinen Argumenten und denen anderer Warner eine ernste Bedeutung zu bestreiten. Zwei Jahre früher als der »Syllabus der Irrtümer« erschien, Bezug nehmend auf die italienischen Ereignisse, Lord Actons Essay über das Nationalitätenprinzip. Acton, ein guter Katholik und guter Liberaler, aber nicht in dem Sinn, den er jetzt auf dem Kontinent und im amerikanischen Norden triumphierend zu finden glaubte, machte hier geltend: die wahre Freiheit liege in der Vielheit, nicht in der starren Einheit, im freundlichen Hausen verschiedenartiger Gruppen unter dem gleichen Dach, nicht in der Isolierung. An Stelle eines verbindenden geistigen Prinzips verfechte der Nationalismus ein biologisches oder zoologisches. »Er ist eine Chimäre. Die Lösung, die er fordert, ist unmöglich. Er kann nie befriedigt, in seiner Wirkung nie erschöpft werden . . . Sein Ziel ist weder Freiheit noch Wohlhabenheit, die beide der zwingenden Notwendigkeit geopfert werden, die Nation zu Form und Maß des Staates zu machen. Seine Laufbahn wird bezeichnet sein mit materiellem und moralischem Ruin, damit eine neue Erfindung über Gottes Werk und die wahren Interessen der Menschen triumphiere . . .« Wenn wir bedenken, welches Schauspiel der italienische Nationalismus in unserem Jahrhundert mehr als einmal bot, welche Erfahrungen er mehr als einmal machte, wie der Ruf nach Rom und Venedig sich wandelte und gellend fortklang in den Ruf erst nach dem Trentino, dann nach Tirol und Dalmatien, dann nach Savoyen, Korsika, dem afrikanischen Großreich, dann werden wir die Worte Actons in ihrer Anwendung auf Italien so prophetisch finden wie in ihrer Anwendung auf Deutsche und Slawen. Das Nationalprinzip bis zu der und der Forderung, der und der Grenze für »gut« zu erklären und von da ab für »schlecht«, wird hier auch nicht helfen. Eine solche mechanische Unterscheidung entspräche der lebendigen geschichtlichen Wahrheit nicht. Die Untugenden Mussolinis waren schon mit angelegt in den Tugenden Mazzinis und Garibaldis. Aber solche die Zukunft vorausnehmenden, auf der Relativität und Ungewißheit alles Menschlichen beruhenden Spekulationen dürfen uns doch nicht daran hindern, in diesem Moment der Geschichte, 1859 bis 1870, für das werdende Italien Partei zu nehmen. Österreich in Italien war nicht das Reich, wie Acton es sehen wollte, in dem mehrere Rassen und Traditionen fromm und fröhlich zusammen hausten. Es war auch nicht die historische Vielheit und Buntheit, deren Schwinden etwa der Schweizer Historiker Jakob Burckhardt für Italien bitter beklagte. Das Königreich Lombardo-Venetien war keine historische, war eine bürokratisch und militärisch roh gezimmerte Ordnung, die so manches alte Fürstentum, so manche glorreiche Republik verschluckt hatte. Wenn sie, wenn der Kirchenstaat und das Neapel der letzten Bourbonen gerettet zu werden weder fähig waren noch verdienten, so war damit über die Frage des Nationalstaates schon entschieden, weil es ein anderes ordnendes und zusammenfassendes Prinzip damals nicht gab. Und wie sehr auch das geeinte und freie Italien, demnächst das geeinte Deutschland und später die Nachfolgestaaten Österreichs hinter der ursprünglichen Idee zurückblieben: diese war anständig, und großartig der erste Aufschwung, der sie 1860 verwirklichte.

England: Die Mittelviktorianische Zeit

Von England in den fünfziger und sechziger Jahren zu sprechen, heißt den Bericht von der Revolution, die damals Europa in einer Kette rascher Arbeitsgänge umgestaltete, unterbrechen. Nahezu unberührt von 1848, blieb England unberührt von der stückweisen, verzerrten Erfüllung des Testamentes der Achtundvierziger in den folgenden Jahrzehnten. Kein Bürgerkrieg hier, keine Diktatur und blutigen Wirren, nahezu kein Drama; nur ein einziges kriegerisches Eingreifen in Europa. So gesehen ist die englische Geschichte insulär, ausgenommen, typisch nur für sich selber. Dennoch wird das Zeitalter das Viktorianische genannt – wobei die Grenze zwischen mittel- und spätviktorianisch keine fest bestimmte ist –, nicht nur für England, sondern für Europa, ja selbst für Amerika; so als ob die Schöpfungen der englischen Politik und Gesellschaft und Moral die für das Zeitalter überall typischen gewesen wären. Dies nicht, weil England herrschte. Durch seine zivilisierte, wachsame Existenz wirkte es wie ein Wächter der Ordnung oder Mäßiger der Unordnung; wie eine Polizei, die von ihrem Recht einen diskreten, fast nie aktualisierten Gebrauch machte. Es herrschte nicht; ließ auch Dinge geschehen, die ihm keineswegs eindeutig willkommen waren, zum Beispiel die Einigung Deutschlands. Es war das wirtschaftlich stärkste Land: Investitionen in Übersee, Export, Handelsflotte, einheimischer Verbrauch wuchsen in gleich imposanten Verhältnissen. Und Prosperität – nicht die Wohlfahrt der Armen – meint man wohl, wenn man »viktorianisch« sagt. Ferner: eine Reihe von Tendenzen, die alle mit Emanzipation zu tun haben, Vermehrung der Menschen, Vermehrung und Befreiung von wirtschaftlichen Energien, Eindringen neuer Klassen in den politischen Raum, Entfallen uralter religiöser Bestimmungen und Beschränkungen des öffentlichen Lebens, und zwar ohne, daß deswegen Religion und Kirche ihre Macht verloren hätten. Wie auch die oberen Stände den ihnen gebührenden Respekt nicht verloren, weil sie die niederen zunehmend heranließen. Dies gehört ja eben zum Komplex des »Viktorianischen«: ein Fortschreiten zur Demokratie und Verweltlichung hin, aber gelenkt von der erfahrenen Hand frommer, wohlhabender Staatsmänner. Auf dem Kontinent trafen die gleichen Tendenzen auf Widerstand, der sie dramatisierte, wurden sie überschattet durch ephemere Gründungen, welche nichts lösten, verzerrten sie sich, indem sie überraschende Bündnisse eingingen. In England schritten sie vorwärts, lange Zeit ohne solche Verzerrungen und Vermischungen, mit majestätischer Stetigkeit. Hier war man ohne Theaterglanz und ohne

Katastrophe ganz dem Positiven hingegeben, und hier regierte die Hoffnung des 19. Jahrhunderts ungetrübt, inkarniert in einer fortschreitenden Reihe von Gestalten. Prosperität war die Grundlage des viktorianischen Erfolges. Indessen ist bekannt, daß wirtschaftliche Dynamik auch mit politischer Unrast und Unsicherheit Hand in Hand gehen kann. Gute Volksinstinkte und gute Führungstraditionen taten hier das Ihre, Erfahrung, Kompromißbereitschaft, eine gesunde Konkurrenz der Parteien und Personen, der Ehrgeiz, neue Aufgaben sachgemäß zu meistern.

Es fehlte an aufwühlenden Gegensätzen. Sie gab es früher, sie würde es auch später wieder geben. In den fünfziger und sechziger Jahren gab es sie nicht. Demokratisierung und Säkularisierung schritten vorwärts, nahezu als hätte man ein halbes Jahrhundert weise vorausgeplant. Eines folgte aus dem anderen. Warum keine politische Gleichberechtigung der Juden, nachdem die Katholiken sie erhalten hatten? Warum keine neuerliche Verdoppelung der Wählerschaft, nachdem man sich einmal auf den Bruch mit einer uralten Tradition eingelassen hatte? Dergleichen ging nun nicht ohne Widerstand, aber ohne gefährlich passionierten Widerstand. Da alle Welt, oder beinahe alle Welt, Fortschritt wollte, ein demokratischeres Wahlrecht, soziale und Arbeitsgesetzgebung, mehr und bessere Schulen, Frieden in Irland (wenn er ohne allzu großes Opfer zu haben war), so wetteiferten beide Parteien im reformierenden Angebot.

Folglich waren beide Parteien in einem inneren Wandel begriffen. Die Whigs wurden in den fünfziger Jahren zur Liberalen Partei. Es war zunächst eine Koalition verschiedenartiger Elemente: der Whigs von der alten Schule; dann der »Peelites«, der Anhänger des verstorbenen Sir Robert Peel, die als Tories begannen, über die Kornzollfrage sich von den Tories trennten und Konservatismus mit Modernität, mit dem Glauben an gute, arbeitsame, sparsame Regierung verbanden; schließlich der Radikalen, die Säkularisierer, Freihändler und eigentliche Demokraten waren. Diese Koalition war unsicher, solange der alte Lord Palmerston lebte und regierte, ein Mann von mächtiger Vitalität und Popularität, aber durch und durch Edelmann, dessen bildende Erlebnisse jetzt ein halbes Jahrhundert zurücklagen – er war Minister zur Zeit des ersten Napoleon. Sein Tod, 1865, machte Gladstone zum Haupt der Partei und ließ sie durch diesen frommen Meisterparlamentarier erst recht ihre Identität finden. Die Tories, jetzt Konservative genannt, hatten keine gute Zeit seit dem Sturz Robert Peels und dem Abfall der Peelites. Von den Kabinetten, die sie präsidierten, war in dieser Zeit nur eines von einiger Dauer und Leistung: das erste Kabinett Benjamin Disraelis, 1866 bis 1868. Disraelis zweite und eigentliche Regierung, 1874 bis 1880, könnte wohl auch noch zur Mittelviktorianischen Epoche gerechnet werden; es fehlen in England in dieser Zeit die eigentlich epochemachenden Ereignisse. Die große indische Rebellion der fünfziger Jahre schneidet nicht so sehr in die englische Geschichte wie in die Geschichte der britischen Macht in Indien ein. Die sechziger Jahre brachten das Verschwinden der letzten Whig-Generation, Palmerston und Russell, und die zweite Reformbill.

Programme und Gesinnungsunterschiede zwischen den Parteien schwankten; auch die Loyalitäten der einzelnen Politiker. Gladstone war Tory von Haus aus, Schüler und Anhänger Peels, dann Liberaler; noch in den fünfziger Jahren hofften die Konservativen nicht ganz ohne Recht, er werde sich ihnen wieder anschließen. Palmerston, der große Whig-Führer, begann als Schüler Cannings, einer Tradition, die auf Pitt, den Tory, zurückging; Disraeli, der die Konservative Partei zur Zeitgemäßheit umerzog, als Radikaler, nahezu als Sozialist. Versuchsweise mag man feststellen, daß die Liberalen einer pro-französischen und pro-italienischen Außenpolitik zuneigten, die Konservativen einer pro-österreichischen und pro-türkischen; daß diese den Prozeß der Säkularisierung in Universität, Schule, Ehegesetzgebung zu verlangsamen wünschten, daß sie weniger begierig als die Liberalen waren, dem irischen Nationalismus – dem leidenden irischen Volk – Einräumungen zu machen. Was beide Parteien in der Frage der zweiten Parlamentsreform praktisch unterschied, war nicht der Rede wert: sie waren beide dafür, weil sie dafür sein mußten, die Liberalen von Herzen, die Konservativen gern oder ungern; der Konservative, Disraeli, führte sie durch. Die Männer beider Parteien standen sich nahe in dieser Zeit, menschlich und sachlich. Sie orientierten sich gegenüber neu auftauchenden Fragen, wie es ihnen am besten oder vorteilhaftesten schien, sie suchten Gegenstände, die sich für den politischen Kampf eigneten, wo solche sich nicht von selber aufdrängten. Erst die Frage der irischen Autonomie spaltete das Land und die Parteien, wie es die Reformbill von 1832 getan hatte.

Wo Programme und sachliche Gegensätze fließend waren, spielten die Persönlichkeiten eine um so größere Rolle. Die Liberalen waren die Partei Palmerstons und Russells, dann Gladstones. Die Konservativen waren blaß und unterlegen, bis Disraeli sich zu ihrem Führer aufschwang; dann für ein gutes Jahrzehnt (1868 bis 1880, wohl auch schon früher) waren sie seine Partei, erhielten sie Zielgebung und Farbe von seinem persönlichen Ingenium. Wenn Gladstone gegen die Tories war, dann war er vor allem gegen Disraeli, der ihm die Antipathie zurückgab; zwischen beiden Parteiführern fanden, selbst wenn es nur um eine trockene Budgetfrage ging, Redekämpfe statt, welche die Politik noch einmal zur Kunst, zur Sache hohen, originellen Stils erhoben. Es waren verschiedene Redner, verschiedene Menschen.

Disraeli, Premier 1868 und 1874 bis 1880, in den letzten Jahren seines Lebens Earl of Beaconsfield, hatte einen langen, einzigartigen Weg hinter sich. Als Jude von portugiesischer Abstammung, als Verfasser sozialkritischer und sentimentaler Romane, als Snob, Schuldenmacher und Dandy, der sich in den auffallendsten Kostümen und Haartrachten gefiel, war er den Klassen und Zirkeln, bei denen in den dreißiger Jahren noch ein Monopol des politischen Spieles lag, so fremd, wie man nur sein konnte. »Wie lang«, fragte Thomas Carlyle einmal, »wird John Bull diesem absurden Affen erlauben, ihm auf dem Bauch herumzutanzen?« Nun, John Bull erlaubte es bis zum Ende. Es ist ein schöner Zug der englischen Parteiengeschichte, ein Zeichen der Liberalität und Fairneß dieses Volkes in dieser Zeit, daß Disraeli sich durchsetzen konnte trotz seiner Schwächen und Fremdheiten. War er eitel, so war er auch ehrgeizig im großen Stil; war er ehrgeizig, so war er auch der geduldigste, härteste Arbeiter, an sich selbst und am Gemeinwesen. Wie wäre er sonst an die Spitze gekommen? Dieser Außenseiter nährte die generösesten Ideen über Adel und Volk, das Land und die Krone; ein echter Schüler Edmund Burkes, aber ohne dessen Pomp, warmherziger und witziger als Burke. Seinem Herzen nahe war die Überzeugung, daß der

Staat etwas für den Leib und für die Seele des gemeinen Mannes tun müsse, daß Krone, Adel und Volk einander nicht feind seien, sondern zusammengehörten und kein Widerspruch sei zwischen Pflege der Tradition und Pflege der Wohlfahrt; das Programm des großen britischen Weltreiches mit gemeinsamen Schutzzöllen, imperialem Parlament, Land für jeden britischen Untertan, das er in den Wahlkampf von 1874 warf, war doch nur eine Ausspinnung längst gehegter Ideen. Eigentlich verwirklicht wurden sie nicht. Aber die Sozialgesetzgebung seines großen Ministeriums war imposant genug; sein improvisierter Kauf von vierundvierzig Prozent der Suezkanalaktien schuf die Grundlage der englischen Herrschaft über Ägypten; der Titel einer Kaiserin von Indien, den er für seine Königin erdachte, gab dem Lande etwas von dem ihm teuren orientalischen Märchenglanz.

Für William Ewart Gladstone war solcher Glanz ein fremder, korrumpierender Zauber. Als die Konservativen im Wahlkampf von 1880 von den Liberalen erdrückt wurden, schrieb er: »Der Sturz des Beaconsfieldismus ist wie das plötzliche Verschwinden eines phantastischen Riesenschlosses in einer italienischen Romanze . . . ich juble im Inneren, bin jedoch gegen alle äußeren Zeichen der Freude, außer im streng lokalen Rahmen, denn sie sind nicht ritterlich und würden die politische Kriegführung barbarisieren. Es genügt, wenn wir Gott schweigend danken . . .« Charakteristische Worte. Indem Disraeli die Konservative Partei zu einer ins Volk gehenden Massenpartei umerzog und die Philosophie eines demokratischen Imperialismus predigte, hat er stark auf die englische Zukunft gewirkt; die Erscheinung des Künstlers in der Politik faszinierte Land und Welt. Unzweifelhaft aber war sein liberaler Gegenspieler der ernstere, gewaltigere Vertreter des Mittelviktorianischen, des ganzen langen Viktorianischen Zeitalters; sein öffentliches Leben begann zur Zeit der ersten Reformbill, und sein letztes Ministerium endete 1894. Daß die Königin Viktoria selber Disraelis Charme und Witz dem Riesenfleiß, der Pedanterie und dem Pazifismus Gladstones vorzog, tut hier nichts zur Sache.

In Gladstone war nichts Exotisches. Er war der britische Großbürger seiner Zeit, stark und gesund, Holzfäller und Homer-Übersetzer, Theologe und Finanzspezialist, sparsam nüchterner Ökonom und gewiegter Parteipolitiker, war alles, was seinen Landsleuten vertraut war, aber in Gigantendimensionen. Kritiker warfen ihm vor, daß er sich von der öffentlichen Meinung führen ließe, und sicher fehlte es ihm nicht an Instinkt für das, was im Volke vorging und womit Wahlen zu gewinnen wären. Aber ebenso war er fähig, für das als gerecht und notwendig Erkannte zu kämpfen und es durchzusetzen gegen schwere Widerstände: die irische Landgesetzgebung von 1870 und 1881, die Trennung von Staat und Anglikanischer Kirche in Irland. Der Greis ist zuletzt an der Autonomie für Irland, für die er keine Mehrheit gewinnen konnte, gescheitert. Wie Disraeli besaß er die höchsten Ideen von England und Englands Platz in der Welt; aber darin war er mittel-, nicht spätviktorianisch, daß er jeden Imperialisten verdammte. Herrschaft über Fremde vertrug sich nicht mit seinem Christentum, seinem Gerechtigkeitsideal; wirtschaftliche Abschließung des Reiches sich nicht mit seiner ökonomischen Wissenschaft, die von Adam Smith herkam. Disraeli liebte die Diplomatie, das europäische Gleichgewicht, den Umgang mit fremden Monarchen. Gladstone war vorwiegend Innenpolitiker; daher die Niederlagen seiner Spätzeit, als Diplomatie auch in England wieder Notwendigkeit oder Mode wurde und die letzte große Welle des europäischen Imperialismus herannahte. Noch 1880 war sein Sieg über Disraeli ein anti-imperialistischer, anti-diplomatischer; damals zog er gegen eine britische Politik zu Felde, welche die Türkei stützte, ohne sich um die von den Türken auf dem Balkan verschuldeten Greuel zu kümmern, wie er drei Jahrzehnte früher gegen die Gefängnisse des Königs von Neapel zu Felde gezogen war. So entsprach es seiner Vorstellung von Englands Platz und Pflichten in der Welt. Daß er theologische Fragen sehr ernst nahm, mit liberalen Katholiken Englands und Deutschlands theologischen Umgang pflog, tief erschüttert war, als einige seiner Oxforder Freunde unter Henry Newmans Führung zur Römischen Kirche übergingen, daß er Kraft in täglichem Gebet suchte und, was er auch immer politisch tat, in höchstem Auftrag zu tun meinte, heimelte die meisten seiner Mitbürger an. Sosehr das Viktorianische Zeitalter säkularisierte, Universität und Parlament von den letzten religiösen Einschränkungen befreite, so war es doch noch tief den verschiedenen Formen des Christentums verhaftet. Die Fortschrittshoffnung selber war für Gladstone eine christliche. Wenn er vereinfachte und sparte, viele schlechte Steuern durch wenige gute ersetzte, Zölle abschaffte, Energien befreite, den Frieden zwischen den Nationen auf freien Handelsverkehr zu gründen suchte, wenn er für solche Ziele seine Arbeitskraft, seine durchdringende Intelligenz, seine schöne klare Diktion und seine Orgelstimme einsetzte, so geschah es im höchsten Dienst, ganz ebenso, wie wenn er gegen Unrecht in der fernen Türkei donnerte. Daß der Allmächtige ihn, das unwürdige Instrument, scheinbar noch zu dem und dem aufgespart habe, vertraute er häufig seinem Tagebuch an.

Soviel über die beiden Politiker, die den parlamentarischen Betrieb durch ihr Ingenium erhöhten; außerordentliche Repräsentanten ihrer Zeit, wie es sie in Westminster noch immer gegeben hatte. Als Disraeli sich 1876, um seine abnehmenden Kräfte zu schonen, in das House of Lords versetzen ließ, meinte ein Mitglied des Unterhauses, das sein Freund nicht war: »Alle Ritterlichkeit, aller Zauber der Politik scheinen uns verlassen zu haben. Nichts bleibt zurück als die Routine.« Nach Gladstones Tod nannte der konservative Führer im Unterhaus, Balfour, ihn »das größte Mitglied der größten beratenden Versammlung, die die Welt je sah«. »Sir, er gab den Beratungen dieses Hauses durch seinen Genius eine Würde, gab ihnen ein Gewicht, die nie genügend werden ersetzt werden können . . . Der bloße Durchschnitt bürgerlicher Tugend ist nicht genug, um diese Versammlung vor dem Schicksal zu schützen, das andere von demokratischen Kräften genährte Versammlungen überkam.«

Werfen wir nun einen Blick auf die Gesetzgebung der fünfziger und sechziger Jahre, wobei, wenn die Logik dazu einlädt, auch späterer, nicht mehr in die chronologischen Grenzen dieses Kapitels fallender Kämpfe und Lösungen gedacht werden kann.

Eine zweite Parlamentsreform ist, eine Generation nach der ersten, überfällig. Sie wird lange und hitzig debattiert, ein Angebot nach dem anderen gemacht und verworfen; über die Frage, wieviel Jahresmiete ein Haushälter zahlen muß, um stimmberechtigt zu sein, handeln die Parteien, als ginge es um ein Naturrecht. Schließlich sind es die Konservativen, die, unter Disraelis widerwillig akzeptierter Führung, 1867/68 die Reformbill einbringen, um die Liberalen zu übertrumpfen und weil die Stimmung im Land keinen längeren Aufschub zuläßt. Die Bill hält an der Trennung zwischen Stadt und Land, Boroughs und

Counties fest. Ihre praktische Bedeutung ist, daß das Gros der städtischen Arbeiterschaft, aber nicht die Landarbeiter, das Stimmrecht erhält, die Zahl der Wähler sich verdoppelt. Die neuen Wähler danken den Konservativen schlecht; die nachfolgenden Wahlen schaffen die parlamentarische Basis für Gladstones größtes Ministerium (1868–1874). 1872 wird die geheime Wahl eingeführt. Eine neue Verdoppelung der Wählerschaft, ein praktisches Verschwinden des Unterschiedes zwischen Stadt und Land bringt die dritte, von Gladstone durchgesetzte Reform (1884–1885). Von da ab gibt es das allgemeine und gleiche Wahlrecht in einer nur noch durch wenig bedeutende Ausnahmen qualifizierten Wirklichkeit, wenn auch nicht in der Theorie. Was auf dem Kontinent mit einem Schlag revolutionär, spekulativ und unehrlich getan wurde, ist in England das Werk eines langwierigen, von drei Generationen geförderten und gebremsten Prozesses.

Demokratisierung im öffentlichen Dienst (Civil Service) durch Einführung von Fachexamen, der Armee durch Abschaffung des Kaufes von Offiziersstellen. Reformierung des Schulwesens, dringend geboten, wenn der Wähler der Zukunft die Entscheidungen der von ihm bestellten Vertreter begreifen soll. Die Forderung der Radikalen, obligatorische, kostenlose Staatsschulen, ohne Religionsunterricht, bleibt unerfüllt, wie ihre Forderung des allgemeinen, gleichen Wahlrechts theoretisch unerfüllt bleibt. Das Viktorianische England liebt die Kompromisse, seien es echte, seien es solche, welche die Wirklichkeit verschleiern. Die Gladstonesche Schulreform von 1870 läßt die kirchlichen Schulen bestehen, erhöht sogar ihre finanzielle Unterstützung durch den Staat; schafft neben ihnen öffentliche, von lokalen Bürgerausschüssen (Boards) zu verwaltende Schulen; unentgeltlich, aber nur für Kinder, deren Eltern nicht zahlen können, mit Religionsunterricht, aber keinem konfessionell gebundenen. Eine Situation, die die Hälfte aller Kinder ohne Schulen, das englische Erziehungswesen weit hinter dem preußischen zurückbleiben ließ, wird damit überwunden.

Fortschreitende Säkularisierung. Die Juden erhalten 1858 die politische Gleichberechtigung, die 1829 den Katholiken zugestanden wurde. 1871 entfällt die alte Regel, die Studenten von Oxford und Cambridge nach ihrer Religion zu befragen. In den achtziger Jahren macht ein Atheist im Unterhaus Sensation, indem er sich weigert, den religiösen Eid zu schwören; nach langen Kämpfen wird beschlossen, daß eine bloße Erklärung an Stelle des Eides treten darf. – Die öffentliche Moral bleibt streng; noch kann ein Ehescheidungsskandal der Laufbahn eines Politikers für immer ein Ende setzen.

Verwirklichung des Freihandelsprinzips. Das »große Budget«, das Gladstone 1853 in einer vielgepriesenen Rede verteidigt, reduziert oder eliminiert an die dreihundert Zolltarife. Der englisch-französische Handelsvertrag von 1860 ist für England nichts grundsätzlich Neues mehr; eine Revolution in der französischen Wirtschaftspolitik, die ihre alte prohibitive Praxis durch mäßige Zölle für englische Industrieprodukte ersetzt. Die Motive sind wirtschaftsphilosophisch, zwei gelehrte Propheten der Freihandelslehre die eigentlichen Väter der Sache. Sie sind auch politisch. Spannungen zwischen beiden Mächten, die als gefährlich gelten, sollen auf diesem Wege, durch wirtschaftliche Zusammenarbeit, beseitigt werden. Das ist ganz im Sinn Gladstones, auch im Sinn Louis Napoleons, der den Vertrag gegenüber einem starken protektionistischen Interesse zu Hause verteidigen muß, ihn auf Grund alter Vollmachten buchstäblich befiehlt und mehr Schwierigkeiten als Dank von ihm erntet.

Den liberalisierenden, demokratisierenden Neuerungen in England entsprechen solche im Imperium: Gründungen von dauernder, wahrhaft weltgeschichtlicher Bedeutung. Auch hier wird Schritt für Schritt und so, als ob ein großer ungeschriebener Plan bestünde, gebaut. Der Britisch-Nordamerika-Akt von 1867, durch den das Dominion Kanada entsteht, hat eine auf die neunziger Jahre des 18. Jahrhunderts zurückgehende Vorgeschichte. Die Provinzen Upper und Lower Canada genießen seit 1791 eine beschränkte Autonomie. 1840 werden beide Provinzen vereinigt, ihre Rechte erweitert. Unterschiede der Sprache, der Religion und Sitte, des wirtschaftlichen Interesses lassen die Vereinigung als keinen vollen Erfolg erscheinen; neue Zentren britischen Lebens in Nordamerika entstehen. Der Akt von 1867 föderiert sie, indem er gleichzeitig die Existenz der alten Provinzen erneuert: zu Ontario und Quebec kommen New Brunswick und Nova Scotia, demnächst Manitoba und British Columbia. Die Verfassung, ein Werk der Kanadier selbst in Zusammenarbeit mit den Behörden in London, zeigt eine Verbindung britischer und amerikanischer Züge: Bundesregierung und Provinzregierungen, Bundesparlament mit zwei Häusern, eines die Provinzen, das andere die neue Gesamtnation vertretend, Premierminister, britischer Generalgouverneur. Eine transkontinentale Eisenbahn soll die Regionen des riesigen neuen Dominions – so genannt, weil es genaugenommen weder Republik noch Königreich ist – miteinander verbinden. – 1850 werden die australischen Kolonien zu Staaten, die sich ihre Verfassung geben und sie verändern, ihr Wahlrecht und ihre Zollpolitik bestimmen dürfen. Daß auch sie den Weg der Konföderierung gehen werden, ist gegen Ende der Epoche, die hier betrachtet wird, schon beschlossene Sache.

Die vielfach getönte, formal noch immer in den Händen der Ostindien-Kompanie liegende, stetig sich erweiternde britische Herrschaft über Indien durchlebt in den fünfziger Jahren eine schwere Krise: die Rebellion der Armee, die zu vier Fünfteln aus Indern besteht, die Great Mutiny. Sie wird, nachdem von beiden Seiten die üblichen Greuel begangen und Verstärkungen nach Indien geführt wurden, niedergeschlagen. Danach wird auch hier der Weg der Reform beschritten. Die Ostindien-Kompanie, deren Werk längst getan, deren Recht längst veraltet ist, weicht nun der direkt ausgeübten Autorität der Krone. Gleichzeitig verschwindet der letzte Schein eines in Delhi zentrierten Mogul-Reiches. Ein Vizekönig tritt an die Stelle des Generalgouverneurs; zwanzig Jahre später repräsentiert er die ferne »Kaiserin von Indien«. Indische Vertreter werden in die gesetzgebenden Räte berufen, indische Richter ernannt, ein imposantes Werk der Verwaltungsreform, der finanziellen Sanierung, der wissenschaftlichen Verbesserung des Lebens begonnen. Daß auch Indien einmal sich selber regieren und schließlich ohne englischen Rat auskommen wird, hat Macaulay, der Historiker, schon in den dreißiger Jahren vorausgesagt. Aber der Weg dahin ist noch weit, die Materie zäh, komplex und fremd, die Gegenwart durch vergangene Schuld belastet.

Die ist noch schwerer ein paar hundert Meilen von London entfernt. In das Bild viktorianischen Fortschrittes und Erfolges paßt am wenigsten die irische Frage, die wieder und wieder sich böse in Erinnerung bringt und keine befriedende Lösung findet. Der europäische Nationalismus kann an den Grenzen der Insel nicht haltmachen. Er ist hier zugleich ein amerikanischer, weil es in den Vereinigten Staaten so viele Iren gibt und New York ein

Zentrum der irischen Revolution gegen England ist. Er ist ein religiöser – irische Katholiken gegen das protestantische England und ihre eigene anglikanische Staatskirche; er ist ein sozialer – irische Landarbeiter und Pächter gegen den englischen Grundbesitz. Nirgendwo sonst in der Welt ist die englische Stellung so ungerecht wie in diesem Teil des Vereinigten Königreiches, nirgends die Interessen und Leidenschaften, die dem Reformer im Weg stehen, so zäh und stark. Gladstone will ein solcher Reformer sein, auch und vor allem für Irland. In dem Moment, in dem er, 1868, zum erstenmal an die Spitze der Regierung tritt, erreicht die anti-englische Bewegung in Irland einen Höhepunkt; der Versuch eines Umsturzes hat stattgefunden, in England kommt es zu Bombenattentaten. Gladstone versucht es mit Veränderungen im Sinn von Vernunft und Gerechtigkeit. Seine irische Kirchenbill, gegen den Widerstand der Konservativen durchgesetzt, trennt die Anglikanische Kirche in Irland von der in England, macht sie zu einer freiwilligen Gemeinschaft und entzieht ihr einen großen Teil ihres Einkommens, damit die Iren nicht mehr eine Kirche unterhalten müssen, mit der sie nichts zu tun haben. Ein Landgesetz verbessert die Lage der Pächter um ein geringes. Elf Jahre später (1881), während seiner zweiten Regierung, vermag er weiter zu gehen; ein zweiter Land-Akt macht den irischen Pächter zu einer Art von Mitbesitzer des Landes, von dem er nun während fünfzehn Jahren nicht vertrieben werden darf, und sichert ihm »faire Pacht«. Die Reform bedeutet eine kühne Modifizierung des britischen Eigentumsbegriffes, beschwichtigt aber die wachsenden Energien des irischen Nationalismus nicht; neue Morde an den höchsten britischen Magistraten in Dublin haben neue Zwangsmaßnahmen zur Folge. Die dritte Parlamentsreform macht die irischen Nationalisten zu einer zahlenstarken Partei in Westminster; ihr Führer, Parnell, nutzt diese Position, um mit beiden Hauptparteien zu handeln. Daß Autonomie – Home Rule – das Ziel für Irland sein muß, weiß Gladstone längst. Der Widerstand dagegen, auch innerhalb der Liberalen Partei, ist leidenschaftlich; die irischen Extremisten tun das Ihre, um ihn zu verhärten; im Zeichen des Imperialismus der neunziger Jahre ist die irische Frage schwieriger zu lösen, als sie es auf dem Höhepunkt des viktorianischen Friedens gewesen wäre; von dem alten Jahrhundert erbt sie das neue in ihrer ganzen vergifteten Aktualität.

Auch dann wäre also, von innen her, der viktorianische Friede schärferen Stimmungen und Konflikten gewichen, wenn England nur mit sich selber gelebt hätte, wenn es wahrhaft isoliert gewesen wäre; ein Wenn, das ernsthaft nicht ausdenkbar ist. Das Inselreich war im Gegenteil in die Angelegenheiten der weiten Welt am tiefsten und unentrinnbarsten verflochten. Selbst Gladstone wurde während seiner späteren Ministerien zu Schritten gezwungen, die unter den Begriff des Imperialismus fallen. Wer Macht in Afrika und Asien war, entging in den letzten Jahrzehnten des Jahrhunderts nicht einer Konkurrenz mit anderen Mächten, nicht dem Geist, der solcher Konkurrenz entsprach und sie steigerte. Auch die Veränderungen auf dem nahen Kontinent blieben nicht ohne Rückwirkungen auf Englands Politik und Seelenlage. Es hatte die Einigung Italiens gefördert, die es hätte hindern können; es ließ die Einigung Deutschlands zu, die ihm nicht eindeutig willkommen war. Was die neue europäische Zentralmacht sein und wirken würde, mußte sich erst herausstellen; noch Jahrzehnte später schienen die beiden Flankenmächte die gefährlicheren zu sein. Seit den achtziger Jahren kannte England wieder, was es seit 1805 nicht gekannt hatte, die schwere außenpolitische Sorge, die Furcht. Nun waren die Zeiten vorbei, da der alte Palmerston sein schiedsrichterliches Römerwort zu den Dingen jenseits des Kanals hatte sprechen können; nun war der Pazifismus Gladstones der Wirklichkeit nicht mehr gewachsen; zur Sorge um die Lebenssicherheit, zur Furcht vor dem relativen Niedergang kam ein neuer, lauter und aggressiver Stolz, der ähnlichen Stimmungen auf dem Kontinent antwortete.

Preußen und Deutschland

Die Ausgestaltung des italienischen Staates ging weiter in den sechziger Jahren, während das Schwergewicht der politischen Entwicklung sich von Italien nach Deutschland verlagerte. Wir finden hier eine Kombination von Wiederholung und Unterschied. Die Flankenmächte spielten gegenüber der deutschen Revolution nahezu die gleiche Rolle wie gegenüber der italienischen: Österreich die des Behinderers und Verlierers, Napoleon III. die des Geburtshelfers, der doch dies Kind nicht wollte. Auch in Deutschland gab es die Mächte von unten, Liberalismus, Nationalismus, Demokratie, ohne die, was nun geschah, nimmermehr geschehen konnte; auch dort den Königsstaat, der es endlich wagte, die nationale Sache zur eigenen zu machen, und den einen verwegenen Staatsmann. Wenn aber für Italien von einer Zusammenarbeit zwischen Staatsräson und Revolution ungefähr gesprochen werden kann, so unterwarf in Deutschland der Staat sich die Revolution. Diese war schwächer als in Italien, bereiter, sich unterwerfen zu lassen; jener, Preußen, war stärker als Piemont. Der Hergang war ränkevoller, undurchsichtiger, unerfreulicher; das Ergebnis solider. Es steckte mehr alte Macht, weniger neue Idee in ihm und geringere Spannung zwischen der einen und anderen.

Die fünfziger Jahre waren in Deutschland von der Tendenz beherrscht, die man »die große europäische Reaktion« nannte. In Preußen herrschten der Staat und die von alters mit dem Staat verbündete Klasse, der ostelbische Adel. Die regierenden Bürokraten legten die 1848/49 »oktroyierte« Verfassung im Sinne der Staatsmacht aus, entschieden durch administrative Maßnahmen, was sich durch Künste der Auslegung nicht bewältigen ließ. Das Wahlrecht, das die Bevölkerung nach der Steuerleistung in drei Klassen teilte, sicherte konservativer Wohlhabenheit eine Mehrheit im unteren Hause des Parlamentes um so verläßlicher, als die liberale Opposition dazu neigte, die Wahlen zu sabotieren; das Oberhaus war ein Monopol des Adels und von der Krone ernannter Würdenträger. Vergleicht man die deutschen Dinge mit den italienischen, so war Deutschland besser daran, insofern keine fremde Tyrannei über ihm lastete; schlechter oder peinlicher, eben weil es nur von sich selber, seinen eigenen Herren, in unzeitgemäßen Formen gefangengehalten wurde. Seine soziale Dynamik war stärker, seine Zivilisation dichter, gleichmäßiger, materiell produktiver.

Das italienische Drama, an sich geeignet, von außen her frische Luft auch nach Deutschland zu bringen, fand dort schon eine gewisse Auflockerung im Gange. Sie war teilweise noch einmal dem Zufall fürstlicher Individualität zuzuschreiben. Von unheilbarer Geisteskrankheit getroffen, trat Friedrich Wilhelm von Preußen 1858 von der politischen Bühne ab.

Sein Bruder und Nachfolger, Wilhelm I., war ein Mann von anderem Schlage; beschränkten, aber festen und klaren Geistes, nüchtern, soldatisch und ehrenhaft. Ohne die Notwendigkeit parlamentarischer Volksvertretungen einzusehen, viel weniger sie zu lieben, hielt er dafür, daß man, was einmal beschworen war, auch achten sollte, indem man es gleichzeitig in sauberen Grenzen hielte. Dies war sein Regierungsprogramm: »Königtum von Gottes Gnaden, Festhalten an Gesetz und Verfassung, Treue des Volkes und des siegbewußten Heeres, Gerechtigkeit, Wahrheit, Vertrauen, Gottesfurcht.« Der Thron sollte die goldene, hohe Mitte, gleichwohl von »zeitgemäßen Einrichtungen umgeben« sein.

Die Krise von 1859 bewegte die Deutschen tief. Italien, Deutschlands Schicksalsschwester, ging jetzt einen Weg, den man nicht umhin konnte, ihm zu neiden; und so tief auch der preußische Regent den Kronenraub des Piemontesen verurteilte, so war doch die Idee, daß Preußen das »Piemont Deutschlands« sein könnte, trivial genug, um fortan die Bereitschaft der Geister zu beeinflussen. Es entstand, Herbst 1859, ein »Nationalverein«, der italienischen Società nachgebildet, mit dem Ziel der »Einigung und freiheitlichen Vereinigung des deutschen Vaterlandes«; ausdrücklich wurde dabei betont, daß die Interessen Preußens und Deutschlands »im wesentlichen« zusammenfielen. Indessen durfte der Verein seinen Sitz nicht in Berlin, er mußte ihn in einem deutschen Kleinstaat (Coburg) nehmen.

Innerhalb Preußens ging aus einer Spaltung der Liberalen eine neue Partei hervor, der man an Stelle des vorgeschlagenen, gar zu herausfordernden »Demokratischen« den Namen »Fortschrittspartei« gab. Ihr Programm war bürgerlich-liberal: ein Ernstnehmen der Konstitution, die von der reaktionären Beamtenschaft noch immer nicht recht ernst genommen wurde, gerechtere Verteilung der Steuerlasten, vor allem Beseitigung der Grundsteuerfreiheit der Rittergutsbesitzer, genauere Kontrolle des Budgets durch den Landtag, Reform des Herrenhauses – dessen Veto alle liberalisierenden Versuche der Regierung im Keim ersticken konnte –, Sparsamkeit im Militärwesen, Gewerbefreiheit und so fort. Dabei wurde angenommen, daß die Industriearbeiterschaft dem »fortschrittlichen« Bürgertum folgen würde, und zwar ohne daß man es sich viel kosten lassen müßte; die Fortschrittspartei machte halt an der Grenze, die durch das gleiche Wahlrecht markiert wurde und jenseits derer die Demokratie begann. Der Anspruch, das Ganze, das »Volk« zu vertreten, wurde ihr dennoch bei den nächsten Wahlen durch eine absolute Mehrheit der Stimmen bestätigt. Eine Entwicklung der Dinge, die in jedem Fall Veränderung und wahrscheinlich Streit verhieß. Die Fortschrittler, maßvoll, prosaisch und wenig kampflustig, wie sie waren, verstanden doch den Staat und die Funktionen des Bürgers im Staat anders als der König und die adligen Militärs seiner Umgebung.

Zwischen den beiden deutschen Machtzentren, Wien und Berlin, fand, schon seit 1849, ein meist schweigendes, diskretes Ringen um den Einfluß in Deutschland statt. Da Preußen sich nun zu liberalisieren schien, um, wie es hieß, »moralische Eroberungen« in Deutschland zu machen, mußte Österreich wohl oder übel ein Gleiches tun, um so mehr, als die Niederlage von 1859 die Reaktionsherrschaft erschüttert hatte. Auch hier wurde der unfruchtbare Triumph der Reaktion von 1849 stückweise abgetragen. Aber das österreichische Staatswesen war durch seine Geschichte und Gegenwart ungleich belasteter als das preußische, ungleich schlechter geeignet für einen Umbau oder Neubau im Sinne der

Identität von Staat und Volk. Der Begriff, der auf die Wirklichkeit gepaßt hätte, fehlte; und das, was den Schweizern ohne Begriff, ohne Theorie gelungen war, die Form ihrer föderativen Republik mit dem Leben einer mehrsprachigen, charakteristischen Nation zu erfüllen, war dem ungleich größeren Kaiserreich nicht gegeben. Der Dynast, Franz Joseph, konnte nicht anders, als in der Dynastie den Träger, den Zweck des ganzen enormen Länder-Agglomerates zu sehen; wenn er während der nächsten fünfzig Jahre seiner Regierung sich wieder und wieder bereit zeigte, dem Zeitgeist Einräumungen zu machen und solche auch zu achten, so hatten sie doch mit seinem innersten Wesen und Glauben nichts zu tun. Seine Skepsis gegenüber dem Neuen wurde ihm bestätigt durch dessen widerspruchsvolle, unsichere Erscheinungsformen. Ein zentralisierter Staat mit liberal-parlamentarischen Einrichtungen, nach Deutschland blickend und von den deutschen Österreichern beherrscht; ein Föderativstaat, unterteilt im Sinne historischer und, wenn man sie an dem neuen Nationalprinzip maß, veralteter Grenzen; eine Föderation von Nationalitäten – jede dieser Auslegungen hatte ihre Vertreter. Der Kaiser, der an keine von ihnen ehrlich glauben konnte, ließ sich zum Versuch mit der einen und gleich darauf mit der anderen bereden: Einrichtung von Landtagen in den Provinzen der Monarchie (Oktober 1860); Einrichtung eines Zentralparlamentes in Wien (Februar 1861). Wenn die Art der Repräsentation dem Adel und dem deutschsprachigen Bürgertum ein Übergewicht über die Nicht-Deutschen gab, so war der Vorteil ein doppelter: der liberale deutsche Mittelstand galt jetzt als die loyalste Klasse in der Monarchie, und man brauchte ihn im Kampf um die Vorherrschaft in Deutschland, der bevorstand. In ihm schien Österreich jetzt das, worauf es vor allem ankam, die Sympathie des deutschen Liberalismus, für sich gewinnen zu können.

Der Konflikt, in den der König von Preußen mit seinem Parlament geriet, hatte eine Heeresreform zum Gegenstand. Das Heer, das theoretisch auf dem Grundsatz der allgemeinen Wehrpflicht beruhte, aber seit 1815 sich mit einer unveränderten Zahl von Rekruten begnügt hatte, sollte entsprechend dem Wachstum der Bevölkerung vermehrt werden, eine Notwendigkeit, die, angesichts des kriegerischen Zeitalters, in dem man lebte, niemand bestritt. Mit der Aufstellung zusätzlicher Regimenter wünschten König Wilhelm und seine Ratgeber andere Neuerungen zu verbinden. Es ging darum, die Landwehr, ein Überbleibsel aus der demokratischen Reformbewegung der Napoleonzeit, in ihrer Bedeutung stark zu reduzieren, indem man ihre jüngeren Jahrgänge mit der regulären Reserve vereinigte. Die Landwehr, schrieb des Königs Kriegsminister, General von Roon, sei eine politisch falsche Institution. »In dem Prozeß der allgemeinen Zersetzung vermag ich nur noch einen widerstandsfähigen Organismus zu erkennen, die Armee. Sie unverfault zu halten ist die Aufgabe, die ich noch für löslich erachte, aber freilich auch nur noch für einige Zeit.« Das preußische Parlament, nach dem Dreiklassenwahlrecht gewählt, nichts weniger als revolutionär, nichts weniger als begierig, den neuen Regenten, von dessen liberaler Gutwilligkeit man sich so viel versprach, vor den Kopf zu stoßen, sah trotzdem den Angriff auf die Landwehr als einen politischen an, dem man sich widersetzen mußte. Es gestand die für die Heeresreform notwendigen Gelder nur unter Bedingungen zu. Der König, ergrimmt über das Eindringen des Parlaments in eine Domäne, die er traditionsgemäß als seine eigenste ansah, löste es auf, indem er gleichzeitig seine liberalen Minister durch streng konservative ersetzte (1862). Neuwahlen, mit beispielloser Beteiligung durchgeführt, brachten der im Vorjahr gegründeten Fortschrittspartei einen durchschlagenden Erfolg, den Konservativen eine vernichtende Niederlage. In ihrem Kampf um das Heer, das ein nationales, kein Besitz des Monarchen mehr sein sollte, hatten die Liberalen das Land auf ihrer Seite. Versuche, zwischen der Parlamentsmehrheit und der Regierung zu vermitteln, scheiterten. Mit dreihundertacht gegen elf Stimmen strich nun der Landtag die Kosten für die Heeresreform aus dem Etat und stellte so die Regierung vor die Alternative, die neuen Regimenter wieder nach Hause zu schicken oder ohne Etat zu regieren. Das letztere, wie auch geistreiche Konservative daran deutelten, lief auf ein Regieren gegen das Verfassungsgesetz hinaus.

Unfähig nachzugeben in einer Sache, von der seine Einflüsterer ihm bewiesen, daß sie für die Zukunft des preußischen Kriegerstaates entscheidend sei, geriet der König zögernd in die Lage des Verfassungsbrechers. Er fühlte sich tief unwohl darin, da er ein frommer, rechtlicher Herr war; sah keinen Ausweg; mußte übrigens erfahren, daß seine wichtigsten Minister zur Kapitulation rieten. Ihr zog er die Abdankung vor. Sein Sohn, englisch-liberal verheiratet und in der üblichen Kronprinzen-Opposition gegen den Vater lebend, würde dann mit dem Parlament ins reine kommen und Preußen eine gekrönte Demokratie werden, wie die belgische eine war. Eine Abdankungsurkunde wurde entworfen. Ehe sie vollzogen war, erschien, nicht zufällig, der preußische Gesandte in Paris, von Bismarck, in Berlin, erhielt Audienz und bot sich an, den Kampf gegen das Parlament zum siegreichen Ende durchzuführen, »nicht als konstitutioneller Minister im üblichen Sinn des Wortes, sondern als Eurer Majestät Diener«.

Während der nächsten neun Jahre, 1862 bis 1871, ist die politische Geschichte Deutschlands die Geschichte Bismarcks. Was sonst mitwirkte, reagierte hilflos gegen ihn, ließ sich von ihm überzeugen, überraschen, übertölpeln, mitreißen oder blieb am Wege zurück. Nicht, daß er das Ziel, die politische Einigung Deutschlands, erfunden hätte; das gab es längst, und seine Verwirklichung war so oder so unvermeidlich. Die Art aber, in der es verwirklicht wurde, in der solche widerstrebenden Kräfte wie der Machtwille der alten Herrschaftsklasse in Preußen und der vorwärts drängende bürgerliche Nationalismus zusammengeschirrt wurden, war sein Werk allein. Es hat weittragende Folgen gehabt.

Bismarck spottete gern, daß er »Ansichten sich erst anschaffen müßte«, also keine hätte; er nahm sie aus den Dingen, vorurteilsfrei. Er handle konkret, schrieb er einmal, er wolle Zwecke erfüllen, nicht Theorien verwirklichen. So unbestimmt und wandelbar aber seine Ansichten waren, so stark waren seine Instinkte; diese richteten sich auf die Wirklichkeiten des Lebens, auf die Unterschiede zwischen arm und reich, Herr und Knecht, Adel, Bürger und Bauern, auf die »gottgewollten Abhängigkeiten«. Sie, einer Idee von Gerechtigkeit zuliebe, zu reformieren, lag ihm nicht; nicht seiner skeptischen, praktischen Intelligenz; nicht seinem eigenen, sehr bewußten Standesinteresse; nicht dem Innersten seiner harten und erbarmungslosen Seele. Dagegen war er bereit, mit jeder Tendenz der Zeit ein Zweckbündnis zu schließen, wenn ihre Stärke sie bündniswürdig machte. Sein Royalismus reichte nicht weiter als bis zu den Grenzen Preußens, die auszudehnen er allerdings Lust hatte. An das Prinzip der Legitimität glaubte er so wenig wie an andere Prinzipien oder »Ismen«. Das »Volk« fürchtete er nicht, am wenigsten das deutsche, von dem er wußte, daß es im

Grund nicht revolutionär sei. Furchtlos, geistreich, kampf- und lebensfreudig, hochmütig, witzig und überlegen konnte er mit Parlamenten, fremden Regierungen, der eigenen Nation umspringen, wie er es als junger Mensch mit den würdigen Behörden seiner Universität getan hatte, nämlich, sich über sie lustig machen. Durch einschmeichelnde Argumente gewinnen konnte er auch; auch täuschen. Was konnte solch ein überlegener, freier Mensch, umgeben von Mittelmäßigkeiten, nicht! Und wie schwierig ist sein Porträt in Worten zu zeichnen. Bismarck war aggressiv und bereit, die Dinge zu forcieren; auch bescheiden. Von dem, was ein Politiker im besten Fall tun und was er nicht tun kann und bescheiden abwarten muß, hat er ganz ähnlich wie Abraham Lincoln gesprochen. Er war brutal und ein Höfling von den vollkommensten Manieren, der geistreichste Causeur; kraftvoll, Jäger und Waldmann, doch auch wieder den Landjunker nur spielend, nervös und kränkelnd; Ehrenritter und mit allen Wassern gewaschener Politiker; Royalist und Rebell. Er war ein verwegener Spieler, aber auch ernst und fromm und trug schwer an schweren Verantwortungen. Er war machthungrig und plagte sich und die Welt mit einem überstarken Egoismus; aber auch fähig, Zwecken zu dienen, die weit über ihn hinausgingen, und mit ihnen zu wachsen.

Die Zwecke, was waren sie? Daß er ganz nach oben zu kommen und sich oben zu halten wünschte, versteht sich von selbst; und da er sein Leben lang mit einer Monarchie zu tun hatte, die stark war, eben dank seiner Tätigkeit, so blieb das bloße Sich-an-der-Macht-Halten, ein Hauptzweck an sich selber. Mit der Macht wollte er den preußischen Königsstaat erhalten - ein Prinzip nicht so sehr territorialer wie sozialer Ordnung und Hierarchie. Anderes kam und wandelte sich mit der Zeit. Er war anfangs nur Preuße, ohne Liebe zu Süddeutschland und Gesamtdeutschland; dem Reichskanzler wird man Sinn für Würde und Schickung der deutschen Nation nicht absprechen, wiewohl er die Wirkungskraft des deutschen Nationalismus in strengen Grenzen zu halten entschlossen war. Von Europa sprach er gelegentlich mit Verachtung, überzeugt, daß es nichts sei als ein Bündel spröder, der eigenen Erweiterung dienender, das große Ganze nur heuchlerisch im Munde führender Mächte. Dem Alternden hat es aber an Sicht des europäischen Gesamtinteresses nicht gefehlt, und seine eigene Bildung war europäisch-aristokratisch eher als nur-deutsch. Von Haus aus war er wenig geneigt, dem Elend dieser Welt abzuhelfen, das er für naturgegeben oder gottgewollt hielt; aber der neue Minister hat mit Sozialisten neugierig-spekulativen Umgang gepflogen, der alte Reichskanzler einem bahnbrechenden Werk von Sozialversicherungen präsidiert. Er war fähig zu lernen und veränderten Bedingungen veränderte Zwecke zu entnehmen. Er regierte lange, lebte von einem Zeitalter in ein anderes, sah scharf auf den Lauf der Welt. Der Junker wurde zum parlamentarischen Freibeuter, der Parlamentarier zum Diplomaten, der Diplomat zum Staatslenker, der Staatslenker wieder zum Parlamentarier, Wahlkampfmanager, Parteienbändiger. Erst gegen Ende, bei verbrauchter Nervenkraft, vereinsamt, bitter und böse, war er zu keiner Anpassung mehr imstande.

Bismarck versuchte zunächst, das Parlament zu einer Art freundlicher Kapitulation zu überreden, indem er andeutete, daß er große Pläne mit Deutschland vorhätte, für die eine starke Armee benötigt würde, und daß er in dem ganzen Streit nichts Tragisches finden könne. Als die Fortschrittspartei auf ihrem Recht bestand, wurde er schneidend. Verfassungsleben beruhe auf Kompromissen; sei einer der Partner zu keinem Kompromiß bereit, so bleibe nichts als Kampf zwischen Macht und Macht, und es werde sich zeigen, wo die stärkere zu finden sei. Hierauf setzte er: Armee, Bürokratie, Justiz, der gesamte Staatsapparat gehörte dem König, nicht dem Parlament. Von einer starken Hand geleitet, würde er arbeiten wie zuvor, mit oder ohne Verfassung. Wilhelm besorgte, sein Minister würde enden wie der Earl of Strafford, er selber wie Karl I. Vier Jahre herrschte in Preußen ein verfassungswidriges Regiment, indem nicht bloß die Regierung Geld ausgab, das der Landtag nicht bewilligt hatte, sondern auch Staatsbeamten ihr politisches Verhalten als ein mit Entlassung zu bestrafendes Vergehen ausgelegt, die Presse geknebelt, die Staatsmacht gegen die öffentliche Meinung eingesetzt wurde. Es gelang. Die Parlamentsmehrheit protestierte, wies aber den Plan eines politischen Generalstreikes, der von der extremen Linken an sie herangetragen wurde, weit von sich: ein so revolutionäres Spiel würde der Reaktion ihr Werk nur erleichtern.

Ein Aufstand der Polen gegen die russische Fremdherrschaft, der zweite große seit 1815, gab dem Minister erwünschte Gelegenheit, ein Motiv seiner äußeren Politik ins Spiel zu bringen. Was in Polen vorging, veranlaßte Frankreich, England, selbst Österreich, in St. Petersburg Protest zu erheben. Nicht so Preußen. Vielmehr nötigte Bismarck dem Zaren Alexander II. eine Konvention auf, der zufolge beide Staaten den Kampf gegen die polnische Revolution notfalls gemeinsam führen und preußische Truppen das Recht haben sollten, die Grenzen von Russisch-Polen zu überschreiten. Eine tiefsitzende, gnadenlose Feindschaft des preußischen Grundbesitzers gegen das polnische Volk war hier wirksam; ebensosehr der Wunsch, sich Rußland zu verpflichten. Von Preußen gedeckt, wies der Zar den Einspruch Westeuropas zurück. Nach anderthalb Jahren mörderischer Kämpfe war die polnische Unabhängigkeitsbewegung unterdrückt.

Die verfassungswidrigen Zustände in Preußen, aufrechterhalten durch einen Minister, der als typischer arroganter Junker galt und mit dem Zaren gemeinsame Sache gegen Polen machte, waren nun nicht geeignet, die Chancen des großen norddeutschen Staates im Ringen um die Sympathien des liberal-nationalen Deutschland zu verbessern. Sie ließen die Stellung Österreichs, das sich neuerdings als Verfassungsstaat gab, als die vorteilhaftere erscheinen. Franz Joseph meldete denn auch Österreichs deutschen Führungsanspruch noch einmal an, indem er den versammelten deutschen Fürsten in Frankfurt den Plan zu einer Reform des Deutschen Bundes vorlegte. Aber Preußen fehlte auf dieser Versammlung, und ohne oder gegen Preußen gab es keine Reform. Daß Bismarck gleichzeitig vorschlug, ein gesamtdeutsches, nach dem allgemeinen und gleichen Wahlrecht zu wählendes Parlament in Frankfurt zusammentreten zu lassen, wurde allenthalben als ein Scherz des dreisten Edelmannes, als demagogisches Überbieten des österreichischen Angebotes empfunden. Was es wohl auch war; aber nicht nur dies.

1864 begann die deutsche Krise sich zu »erhitzen«, wie man damals sagte. Was Bismarck in den nächsten zwei Jahren leistete: diese verwirrend schnelle Vorwärtsbewegung, dies Zusammenzwingen und wieder Trennen und Gegeneinanderkehren zweier großer Staaten, das Betrügen des einen, das Zum-Höhepunkt-der-Macht-Führen des anderen, dies Seine-Feinde-Verblüffen-und-Gewinnen, dies Mit-einem-Zauberschlage-Lösen, was fünfzig Jahre ungelöst geblieben war – es duldet keinen Vergleich. Manches kam ihm zugute, was seinen Vorgängern nicht zugute gekommen war, vor allem die veränderte Konstellation der europäischen Mächte. Rußland war geschwächt durch den Krimkrieg, voller Ressentiment gegen Österreich; Österreich geschwächt durch die Ereignisse von 1859; England behindert durch die weltpolitischen Gefahren, die dem amerikanischen Bürgerkrieg anhingen; das französische Kaisertum an innerer Sicherheit zusehends verlierend, übrigens deutschfreundlich und besonders preußenfreundlich und stets begierig nach Veränderungen, die sich im Sinn des Nationalprinzips auslegen ließen; das Eis der großen Reaktion längst gebrochen, Europa nachgerade daran gewöhnt, die großen von 1848 stammenden Probleme stückweise, überraschenderweise, durch tolle Vermischung alter und neuer Zwecke erst hier und dann dort gelöst zu sehen. Aber alle diese Begünstigungen wirkten nicht ohne den Mann, der sie wahrnahm – man könnte ebensowohl die vielen Faktoren aufzählen, die gegen eine preußische Lösung der deutschen Frage sprachen.

Es bestand etwas wie eine Front Österreichs und der deutschen Kleinstaaten gegen Preußen, die es aufzulockern galt. Hierzu diente der zu guter Zeit wieder auftauchende Konflikt um Schleswig-Holstein. Von den europäischen Mächten in seinem Recht über die norddeutschen Herzogtümer bestätigt, gleichzeitig aber verpflichtet, sie gemäß alter Tradition von dem Hauptstaate getrennt zu halten, beging Dänemark aufs neue den Fehler, Schleswig zu inkorporieren. Wieder wie 1848 hatte Deutschland hier seinen gerechten Streit; wieder wurde von einer Mehrheit der Gliedstaaten des Deutschen Bundes die »Bundes-Exekution« gegen Dänemark beschlossen. Hier waren die kleinen Staaten führend, und zwar weil ihre Bürger es so wollten. Von einem gesamtdeutschen Patriotismus bewegt, wohl fähig, Recht und Unrecht zu unterscheiden, längst bedrückt von der Erfahrung, Gemeinwesen anzugehören, die in der Welt nichts und selbst im deutschen Europa nicht viel bedeuteten, sah der deutsche Bürger in der Schleswig-Holstein-Sache eine Aufgabe, an der er sich endlich bewähren konnte. Bismarck wollte aber nicht ein liberal-nationales Deutschland die dänische Affäre entscheiden lassen, um aus Schleswig-Holstein etwa einen neuen liberalen deutschen Kleinstaat zu machen. Unter Aufbietung seines ganzen Charmes, aller seiner verbergenden Kunst redete er Österreich los von seiner natürlichen Basis in Deutschland, der gemeinsamen Front mit den Fürsten. Im Frühling 1864 führte er einen Krieg gegen Dänemark, der nicht ein Krieg Deutschlands in einer nationalen, sondern ein Krieg zweier Mächte, Preußens und Österreichs, in einer diplomatisch-kalten, betont völkerrechtlichen Angelegenheit war; zwang Dänemark, auf Schleswig-Holstein zu verzichten, das unter die gemeinsame Verwaltung der Sieger gestellt wurde. Mit der ihm eigenen spielerischen Offenheit sagte er während des Dänenkrieges zu einem Diplomaten, er habe Österreichs Hilfe nur gemietet. Zu welchem Zweck denn aber Österreich da mitmache? »Elle travaille pour le roi de Prusse.« Der französische Ausdruck »für den König von Preußen arbeiten« stammte aus dem 18. Jahrhundert und bedeutete soviel wie sich betrügen lassen, ohne Lohn im Interesse eines anderen arbeiten. – Der Krieg gegen Dänemark war charakteristisch für die Verwilderung der Epoche, in der das europäische Konzert zu funktionieren aufgehört hatte; er wäre so, in seiner lokal beschränkten, zweckentsprechenden Form weder früher noch später möglich gewesen.

Napoleon III.
Photographie. Arenenberg, Napoleon-Museum

Die Schlacht von Königgrätz
Husarenattacke bei Schweinschädl am 29. Juni 1866. Gemälde von A. v. Bensa. Wien, Heeresgeschichtliches Museum

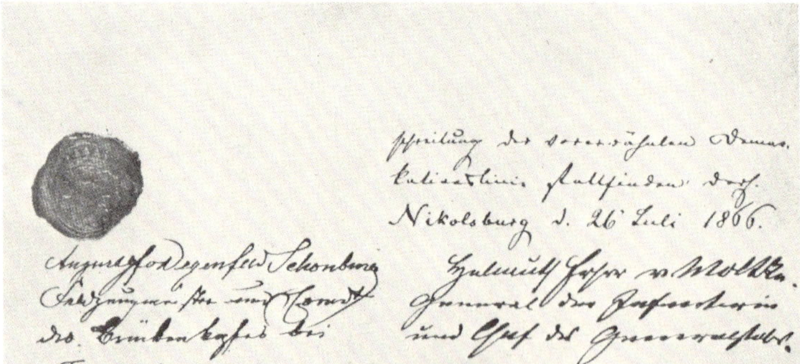

schreibung der vorerwähnten Demarcationslinie stattfinden darf.
Nikolsburg d. 26 Juli 1866.
Helmuth Frhr. v. Moltke.
General der Infanterie
und Chef des Generalstabs.

August Graf Degenfeld Schonburg
Feldzeugmeister und Comdt
des Brückenkopfs bei
Floridsdorf.

Die Unterschriften von Helmuth v. Moltke und August Graf Degenfeld-Schonburg
unter dem Vorfriedensvertrag von Nikolsburg, 26. Juli 1866
Wien, Haus-, Hof- und Staatsarchiv

Es versteht sich, daß Bismarck die »Dardanellen des Nordens« auf die Dauer nicht mit Österreich zu teilen gedachte. Weiteres stand 1864 kaum in seinem improvisierenden Geiste fest; allerdings ergab Weiteres sich aus seiner vorläufigen Zielsetzung.

Im Grunde hatte er größere Ziele, ohne sie wohl noch genau zu kennen. Längst, während er sich mit seinem Kampf gegen die preußischen Liberalen amüsierte, ahnte er und sprach es gelegentlich aus, daß der deutsche Liberal-Nationalismus nicht Ruhe geben würde, ehe seine Forderungen nicht irgendwie erfüllt wären. Er ging längst damit um, sie erfüllen zu helfen, aber so, daß er sie umschränkte, beherrschte, der preußischen Monarchie erträglich machte, für den preußischen Staat Vorteile aus ihnen zog.

Das Ergebnis des Dänenkrieges, die »gemeinsame Verwaltung« Schleswig-Holsteins durch Österreich und Preußen, barg das chemische Element in sich, das die zwischen beiden deutschen Hauptstaaten liegende alte Konfliktmasse wieder in Bewegung brachte. Hier ging es um die Vorherrschaft in Deutschland, die unvermeidlich gewordene Neugestaltung des deutschen Gemeinwesens im preußischen oder österreichischen Sinn. Überblickt man die verschiedenen zugunsten beider Staaten wirkenden Sympathien, so lag der Vorteil bei Österreich. Für Österreich waren die deutschen Fürsten und Aristokratien; die Katholiken; die Demokraten und das, was neuerdings, links von den Demokraten, sich der politischen Zusammenfassung der Arbeiterschaft widmete. Für Preußen waren grundsätzlich einige liberale, zumal norddeutsche akademische Wortführer, energische Historiker, welche die preußische Lösung für die geschichtlich gemäßere hielten. Selbst ihre Haltung wurde durch den Verfassungskonflikt erschwert. Aber alle die pro-österreichischen Stimmungen summierten sich zu keiner Schlagkraft. Österreich selber besaß kein tragfähiges deutsches Programm und konnte keines haben, wie sehr man sich auch mühte, eines zu finden. Das Lebensprinzip des Habsburger-Reiches stimmte mit dem des Nationalstaates nicht zusammen, in Deutschland so wenig wie in den Ländern slawischer Zunge. Die preußische Lösung war einfach. »Ich zweifle nicht daran«, schrieb ein bayerischer Politiker schon 1862, »daß Bismarck die Auflösung des Deutschen Bundes, die Trennung Deutschlands von Österreich und die Unterwerfung der deutschen Staaten unter Preußen erstrebt.«

»Nationalverein« und ein österreichfreundliches Konkurrenzunternehmen (der »Reform-Verein«), Kongresse deutscher Parlamentarier, Publizisten, Projekte schmiedende Einzelgänger wühlten die Erde rings um die deutsche Frage. Preußen und Österreich zankten sich um ihre gemeinsame Beute; versuchten es mit einer Teilung, Schleswig für Preußen, Holstein für Österreich, die nichts löste; ließen den an sich mittelmäßigen Streit sich verschärfen dadurch, daß er auf den größeren, den Streit um die Vorherrschaft in Deutschland, bezogen wurde. Die europäische Diplomatie verfolgte die Entwicklung der deutschen Dinge mit wachsendem Interesse. Italien war noch immer unbefriedigt in seiner römischen, seiner venezianischen Forderung. Daran, daß die großen Fragen der Zeit »durch Blut und Eisen gelöst würden«, hatte man sich schon gewöhnt; der Mann, der selber diesen Ausspruch getan, der preußische Minister von Bismarck, befand sich in einem ungesetzlichen Verhältnis zu seinem eigenen Parlament, der Inhaber einer den Deutschen nicht liegenden, unerfreulichen, auf die Dauer unhaltbaren Diktaturmacht. – Aus dieser gärenden Masse von Bedingungen ging der preußisch-österreichische Krieg von 1866 hervor.

Louis Napoleon vermittelte ein Bündnis zwischen Preußen und Italien. Wir müssen mit Bedauern erwähnen, daß dieser Monarch, den der Anblick eines Schlachtfeldes mit Entsetzen erfüllte, doch nichts gegen Schlachtfelder hatte, die er nicht zu sehen brauchte, und nach Kräften agierte, um den Zusammenstoß der deutschen Mächte herbeizuführen. Er würde dann vermittelnd eingreifen, dem Unterliegenden seine guten Dienste verkaufen und, wieder in der Stellung des Schiedsrichters, die noch ausstehenden Veränderungen der politischen Karte bewirken, welche die Vernunft erheischte. Preußen mochte Norddeutschland integrieren. Italien mußte Venedig haben, dann würde es endlich ruhig sein und den Papst in Ruhe lassen . . . Wäre hier Raum, auf die Verhandlungen und Angebote des Frühjahrs 1866 einzugehen, so müßte manches Charakteristische, aber historisch Gewichtslose erwähnt werden; schattenhafte Variationen der Wirklichkeit, die den Hirnen der Monarchen und Diplomaten entsprangen und die nicht wirklich wurden, und zwar vor allem darum nicht, weil Napoleon nicht mehr die Kraft hatte, sich beizeiten zu entscheiden, und einheimsen wollte, ohne zu wissen, was, und ohne für das unklare Ziel etwas Klares zu tun. Wirklich wurde: die preußisch-italienische Allianz, April 1866. Von da ab zog das stärkste Gewicht nach dem Kriege hin; welcher Art die in den letzten Wochen rasch noch in die Schale des Friedens geworfenen Gewichte waren, ob sie bloßer Schein waren oder eben nicht schwer genug, ob der Kriegswille Bismarcks das Feld vor ihm völlig deckte oder ob er andere Möglichkeiten ehrlich erwog, andere Möglichkeiten vorgezogen hätte, entscheiden wir nicht. Wie 1859 führten Rüstungen und Gegenrüstungen endlich den Zustand herbei, der den Wert von Rüstungen auf die Probe stellt. Indem Österreich das Problem Schleswig-Holstein vor den Deutschen Bund brachte, brach es seine Abmachungen mit Preußen. Der Bund stellte sich auf die Seite Österreichs und beschloß die Mobilisierung der Bundestruppen. Preußen erklärte die Bundesakte für gebrochen, den Deutschen Bund für aufgelöst. Der Einmarsch preußischer Truppen in Böhmen erfolgte ohne Kriegserklärung.

Der amerikanische Bürgerkrieg hätte ein paar Monate dauern sollen und dauerte vier Jahre. Diesen preußisch-österreichischen Krieg stellte man sich lang und schrecklich vor: Louis Napoleon sich wenigstens so lang, um ihm Zeit zu gewinnbringenden Manövern zu lassen. Er dauerte sieben Wochen. Das preußische Heer, verfassungswidrig, aber gründlich reorganisiert und von einem Meisterstrategen, General von Moltke, geführt, bewies eine Schlagkraft und Fähigkeit des Einsatzes neuer technischer Mittel, zumal der Eisenbahnen, die eines Studiums durch die französischen Militärs wert gewesen wären. Den Österreichern genügte eine einzige Schlacht in Böhmen, »Königgrätz« oder »Sadova«. Sie waren danach noch nicht am Ende, so wenig wie nach Solferino, zogen aber wie damals einen eng begrenzten Verlust einer ins Gefährliche, Uferlose führenden Fortsetzung des Widerstandes vor. Der Vorfriede von Nikolsburg war wie eine Wiederholung des Vorfriedens von Villafranca. Wieder beschlossen zwei Monarchen, hinter denen der nervös treibende, rechnende Wille Bismarcks stand, daß ein schleuniger Friede sein sollte. Wieder war die neutrale Welt tief überrascht und sehr unliebsam die zuschauende Hauptmacht, der Kaiser Napoleon. Er »vermittelte« nun; aber nachdem bereits Waffenstillstand war und die wesentlichsten Bedingungen festlagen, fand er sich in der Lage des zu spät eintreffenden, nichts mehr ausrichtenden Schiedsrichters. Der Deutsche Bund war aufgelöst, Österreich praktisch von Deutschland getrennt. Nördlich des Mains durfte Preußen einen »Norddeutschen Bund« errichten, übrigens einige norddeutsche Kleinstaaten, die gewagt hatten, auf der Seite Österreichs zu sein – Hannover, Hessen-Kassel, Nassau, Frankfurt – sich einverleiben. Die Staaten südlich des Mains blieben frei und mochten, wenn es ihnen so gefiel, sich zu einem Süddeutschen Bund zusammenschließen.

Es ist während dieses Krieges und kurz danach wieder von einer Möglichkeit die Rede gewesen, die schon während des Krimkrieges und 1859 angespielt wurde: der Möglichkeit einer Entfesselung der Revolution innerhalb der Habsburger Monarchie, der Revolution überhaupt. Das Strategem, das die Politik des 19. Jahrhunderts als ein versuchsweise anklingendes, nie zur rechten Geltung kommendes Motiv begleitet, ist erwähnenswert, weil es im Krieg von 1914 endlich seine volle Verwirklichung fand; durch die Deutschen in Rußland, durch Rußland und die Westmächte in Österreich-Ungarn. Cavour hat 1859 mit ungarischen Patrioten verhandelt, etwas später Bismarck. Im Siebenwochenkrieg verschmähte Preußen es nicht, aus Kriegsgefangenen eine ungarische Legion zu bilden und den Tschechen, etwa auch den Kroaten ihre Befreiung vom habsburgischen Joch anzubieten. Ob »die Revolution« in der zweiten Hälfte des 19. Jahrhunderts wirklich etwas wie eine Pandora-Büchse war, die von machiavellistischen Diplomaten nach Belieben geöffnet werden konnte, ist schwer zu sagen, da die Probe mit vollem Ernst nicht gemacht wurde; manches spricht dagegen. Die Aristokraten in den europäischen Staatskanzleien wußten am Ende nicht sehr gut, was eine Revolution ist und wie sie zustande kommt. Jedenfalls ist das Spiel bezeichnend für den verwegenen Geist Bismarcks, so wie er in diesen seinen stärksten Jahren funktionierte. Auch in Deutschland war der »Junker«, der »Konservative«, der »Royalist« notfalls bereit, Revolution zu entfesseln, nachdem er sich auf das große Abenteuer einmal eingelassen hatte. Als Zar Alexander die Vertreibung der hannoveranischen und hessischen Dynastien durch seinen Oheim, den König von Preußen, streng tadelte und von ferne die Gefahr einer russischen Einmischung am Horizont erschien, telegraphierte er nach St. Petersburg: »Pression des Auslandes wird uns zur Proklamierung der Reichsverfassung von 1849 und zu wirklich revolutionären Maßnahmen treiben. Soll Revolution sein, so werden wir sie lieber machen als erleiden.«

Dazu kam es nicht. Die Pression des Auslandes erwies sich als unernst. Übrigens war kein deutscher Garibaldi da, mit dem Bismarck sich hätte verbinden können; keinesfalls seit dem Tod Lassalles, der auch kaum die Kraft Garibaldis besaß. Es gab auch kein Sizilien zu befreien. Wohl aber beruhte die Verfassung des neuen »Norddeutschen Bundes« auf einem überraschend großzügigen Kompromiß zwischen der preußischen Königstradition und dem liberalen Programm. Das hastig entworfene Dokument stammte von Bismarck selber; einige Veränderungen wurden einem »konstituierenden Reichstag« zugestanden. Der Name »Reichstag« selber, welcher der Volksvertretung des Bundes gegeben wurde, ließ das Ziel erkennen; Norddeutschland war kein »Reich«; kam Süddeutschland dazu, so konnte es als Reich, als Universum der deutschen Staaten und Stämme, mit knapper Not gelten. Dieser Reichstag war nach dem allgemeinen und gleichen Wahlrecht zu wählen – die Erfüllung eines Grundsatzes von 1848. Er erhielt nicht alle, aber sehr wesentliche Rechte einer demokratischen Legislative, Öffentlichkeit der Verhandlungen, Einnahme- und Ausgabekontrolle. Dagegen sollte es keine Unionsregierung im Stile der amerikanischen oder schweizerischen, keine eigentliche Exekutive geben. Sie wurde durch die »Verbündeten Regierungen« dargestellt, einen von den Vertretern der Gliedstaaten zu beschickenden »Bundesrat«, der dem alten Bundesrat Metternichs ähnelte, freilich einen Wesensunterschied aufwies: Österreich war nun abwesend, Preußen einer Mehrheit allemal sicher. Ein Vertreter Preußens hatte als Kanzler die Geschäfte des Rates zu koordinieren. Die Liberalen gaben diesem Amt eine Bedeutung, die dem ersten Entwurf gemäß nicht in ihm lag, machten aus dem bloßen Geschäftsführer einen »verantwortlichen« – es war nicht klar, wem verantwortlichen – »Bundeskanzler«, der die Politik des Bundes im Reichstag zu vertreten hätte, eine Art von Bundes-Ministerpräsidenten ohne Minister. Die so gesteigerte Funktion konnte Bismarck keinem anderen als sich selber gönnen.

Die Verfassung des Norddeutschen Bundes ist von weltgeschichtlichem Gewicht, weil sie die Verfassung des neuen Deutschen Reiches bis 1918 blieb und für dieses auch gemeint war; der »Bund« selber, die Vereinigung Preußens mit einigen norddeutschen Zwergstaaten, hätte den Aufwand nicht gelohnt. Nicht daß es ein theoretisch imposanter Aufwand gewesen wäre. Über die beliebtesten Themen der liberalen Staatswissenschaft, Menschen- und Bürgerrechte, Gewaltenteilung, Träger der Souveränität, schwieg das Dokument sich aus, da sie den herrischen und praktischen Geist Bismarcks nicht interessierten. Mit Dingen, nicht mit Ideen war er befähigt umzugehen. Was er hier zuwege brachte, war ein deutscher Nationalstaat oder doch der Anfang davon, aber war beherrscht von dem alten, dynastischen, in seiner Herrschaftsschichtung unveränderten Preußen. Eine Verbindung, die jeder Theorie widersprach und die 1848 kein Professor für möglich gehalten hätte. Piemont verschwand in Italien; Preußen, mit seinem König, Adel und Heer, seiner Bürokratie und Kirche, gedachte in Deutschland nicht zu verschwinden. Der Bundeskanzler vertrat die Politik des Bundes in einem vollkommen demokratischen Parlament, demgegenüber der Bundespräsident, demnächst »deutscher Kaiser« genannt, nicht einmal das Recht des aufschiebenden Vetos besaß. Aber dieser Präsident war gleichzeitig der noch immer halbabsolute König von Preußen; der Bundeskanzler gleichzeitig der Diener des Königs, von ihm ernannt, von ihm zu entlassen, nur ihm verantwortlich, vom Vertrauen des Reichstages technisch nicht abhängig. Neben dem Reichstag und in der gleichen Hauptstadt Berlin bestand der nach dem Dreiklassenwahlrecht gewählte preußische Landtag samt dem preußischen Herrenhaus weiter fort und besorgte die Gesetzgebung für das preußische Staatsgebiet, verglichen mit dem die übrigen Gliedstaaten des Bundes nur ein Miniatur-Anhängsel waren. Ein roh und praktisch gezimmerter, theoretisch schiefer Kompromiß. Wir dürfen nicht sagen, daß er nicht entwicklungsfähig war. Er hat sich entwickelt; das deutsche Verfassungsleben war 1913 nicht, was es 1867 oder 1872 gewesen war. Neue Energien drängten in die alten Formen, dehnten sie, machten sie vielfach undeutlich. Aber diese Veränderungen waren doppelt schwierig, weil keine Theorie, etwa im Stil der amerikanischen Bundesgerichtsbeschlüsse, ihnen klärend zu Hilfe kam und weil wirkliche Machtinteressen hinter den alten Formen Schutz suchten. John Motley, der von uns schon mehrfach zitierte amerikanische Historiker-Diplomat, kommentierte 1866: »Für den Anfang haben wir einen Kaiser über dreißig Millionen Deutsche, der sich König nennt, umgeben von einem Dutzend Präfekten oder Gouverneure, die noch eine Weile glauben machen wollen, daß sie Könige und Souveräne seien. Aber da sie weder Armeen noch Flotte haben, keine Beziehungen zu fremden Mächten, keine Freiheit über ihre Zölle, keine Entscheidung über Frieden und Krieg, so sind sie ungefähr so souverän wie die Staaten Delaware oder North Carolina, die auch Souverän spielen. Nun, vorläufig ist es eine Norddeutsche Union mit einem erblichen Oberhaupt in der Mitte und erblichen Vasallen um ihn herum, mit einem nationalen Zentralparlament und regionaler Autonomie; Karl der Große (»Charlemagnism«) mit amerikanisierten Einrichtungen. Beides paßt nicht zusammen. Entweder Karl der Große oder der Amerikanismus hat zu verschwinden. Eine Konföderation unabhängiger Monarchen ist möglich. Der selige Bund beweist es. Aber die Vereinigung vieler ehemals unabhängiger Körper zu einem Ganzen muß entweder in militärischem Despotismus oder in einer demokratischen Nationalregierung enden.« Hier waren die Alternativen gut gesehen; aber Deutschland hat in den nächsten fünfzig Jahren die Wahl zwischen ihnen, zwischen »Karl dem Großen« und der Demokratie, nicht vollzogen. Die Meisterschaft des Mannes, der den Kompromiß zwischen beiden zuwege gebracht hatte, war notwendig, um ihn halbwegs sich bewähren zu lassen. Bismarck schnitt die neue deutsche Verfassung auf sich selber zu. Wie es nach ihm weitergehen würde, darüber hat er, mit dem Egoismus des Großen, ernsthaft gar nicht nachgedacht.

Die politische Vorbedingung des Bismarckschen Kompromisses war, daß die Liberalen ihn annahmen. Das taten sie mehrheitlich, im alten Preußen sowohl wie in den neuerdings von Preußen annektierten Provinzen und demnächst in Süddeutschland. Der Erfolg tat seine Wirkung. Als der verhaßteste Mann im Staat war Bismarck mit seinem König zum Krieg gegen Österreich aufgebrochen, Regimentern folgend, die, der preußischen Verfassung gemäß, gar nicht hätten existieren dürfen. Als er nach Berlin zurückkehrte, empfing ihn brausender Beifall. Der Junker, der Königsdiener hatte, mit *seinen* Methoden, zuwege gebracht und gegründet, woran die Liberalen und Demokraten, die Professoren und Advokaten gescheitert waren; nicht den Volksstaat, aber doch den Nationalstaat, der dann ja wohl auch ein wenig von einem Volksstaat werden würde. Mit diesem wenigen beschlossen die norddeutschen Liberalen, nicht alle, aber viele, sich einstweilen zufriedenzugeben, indem sie es an demütiger Selbstkritik nicht fehlen ließen: man habe sich wohl übernommen und Macht und Mission des preußischen Königtums unterschätzt. Der Übergang ins Lager des Siegers wurde ihnen durch die Mäßigung erleichtert, die Bismarck im Inneren ganz ebenso walten ließ, wie er sie eben den Österreichern gegenüber hatte walten lassen. Auf seinem Triumph hätte er für den Augenblick wohl eine Art von Königsdiktatur errichten können. Statt dessen erwies er nun dem preußischen Landtag die Ehre, ihn um »Indemnität«, das hieß eine nachträgliche Gutheißung aller Staatsausgaben seit 1862, zu bitten. Darin lag kein Eingeständnis unrechten Handelns, der König bestritt es ausdrücklich; wohl aber war es ein Versuch, das Verhältnis zwischen Parlament und Macht nun doch in eine zeitgemäße Ordnung zu bringen. Die Indemnität wurde gewährt. Ein Teil der in unversöhnlicher Opposition verharrenden Fortschrittspartei vereinigte sich mit Politikern aus den neuen Provinzen zur Gruppe der »Nationalliberalen«, die in den nächsten zehn Jahren die wichtigste parlamentarische Stütze von Bismarcks Politik abgab. Einer von ihnen meinte: »Die

Zeit der Ideale ist vorüber. Die deutsche Einheit ist aus der Traumwelt in die prosaische Welt der Wirklichkeit hinuntergestiegen. Politiker haben heute weniger als je zu fragen, was wünschenswert als was erreichbar ist.« Blickte man auf die Landkarte, so waren die Ergebnisse des Krieges von 1866 bescheiden genug. Italien hatte sein Venetien, Preußen seinen Norddeutschen oder »engeren« Bund, mit dem schon zu Zeiten Napoleons I. und wieder 1849 gespielt worden war. Die Austilgung einiger deutscher Fürstentümer, Hannovers zumal, war eine Usurpation, die dem frommen König von Preußen übel anstand und diesen auch wohl nicht glücklich machte, aber im europäischen Rahmen doch nur eine Miniatur-Usurpation. Italien hatte im Krieg wenig Glück gehabt und seine Beute nur, weil es an den preußischen Siegeswagen angehängt war, erhalten. Österreich, noch einmal geschlagen, aber nicht zerschmettert, noch einmal um eine Provinz verkürzt, machte weiter als ein großes Staatswesen, an Raum westlich von Rußland noch immer das größte. Aber hinter diesen geringfügigen Veränderungen verbarg sich eine entscheidende, und die Menschen wußten es gut. Von allen europäischen Kriegen zwischen 1812 und 1914 war der deutsche Siebenwochenkrieg der folgenschwerste. Mit ihm ging die Führung Deutschlands und Mitteleuropas an Preußen über und sehr bald das, was man die europäische Hegemonie genannt hat. Nicht nur hatte Preußen sich als schlagkräftiger erwiesen als Österreich; durch die liberale Ausgestaltung des Norddeutschen Bundes zeigte es seine Bereitschaft und Fähigkeit, die seit einem halben Jahrhundert zerredete deutsche Sache nun auf seine Weise zu Ende zu bringen. Der militärische und administrative Genius des preußischen Staates würde sich mit dem deutschen Nationalismus verbinden und ihm zu einer charakteristischen, zugleich verkürzten und gestrafften Wirklichkeit verhelfen. Verkürzt, weil Preußen und die süddeutschen Kleinstaaten zusammen längst nicht das ganze Deutschland waren; gestrafft, weil Preußen in einem solchen Kleindeutschland ganz anders dominieren würde, als der habsburgische Vielvölkerstaat in einem irgendwie reformierten Großdeutschland je hätte dominieren können. Nicht auf die Veränderung politischer Grenzen kam es an, die hätten ebensowohl ganz unterbleiben können. Was in den fünfziger und sechziger Jahren in Europa stattfand, war etwas wie eine Reihe von militärischen Ausscheidungswettkämpfen. Der Besiegte schied aus und erkannte das Ergebnis an. Darum auch war, nach der törichten Logik des Machtspieles, seit 1866 ein letzter Wettkampf zu erwarten, und zwar zwischen Preußen-Deutschland und Frankreich. Die beiden hatten sich noch nicht aneinander gemessen, und noch immer behauptete Frankreich den ersten Platz, der ihm vielleicht (wahrscheinlich) nicht mehr zukam. Weiterer Motive bedurfte es für den Krieg von 1870 nicht.

Hier ging es um keinen echten Gegenstand mehr. Nur dann wäre es um einen gegangen, wenn Österreich versucht hätte, die Entscheidung von 1866 rückgängig zu machen, wenn es sich Frankreich angeschlossen und die Arena noch einmal betreten hätte. Daran wurde wohl gedacht, Louis Napoleon rechnete damit. Aber es wurde nicht getan. Es hätte ja auch allen sportlichen Regeln widersprochen. Indem Österreich die Entscheidung von 1866 als endgültig anerkannte, hatten die süddeutschen Staaten machtpolitisch keine Existenz mehr. Sie waren nur passive Ehrenmitglieder des Mächte-Vereins, die Frage, wie stark sie seien, kümmerte niemanden, es gab sie nur, weil und solange es eine von den Großmächten beschützte Ordnung gab. Nun beschützte Österreich diese Ordnung nicht mehr, an Frankreich allein konnten und wollten sie sich nicht anlehnen. Sie konnten es um so weniger, als der deutsche Nationalismus auch im Geiste der Süddeutschen längst sehr stark rumorte und nun bereit war, sich mit dem neuen Preußen zu versöhnen. Dagegen gab es Widerstände; dynastisch-aristokratische, katholische, ländlich-konservative, auch demokratische. Sie konnten eine Weile verzögern, konnten Lösungen qualifizieren; auf die Dauer nimmermehr verhindern. Längst war Süddeutschland durch den Zollverein auf Gedeih und Verderb an Preußen gebunden, eine Tatsache, die den Ministerien, den Handelskammern, der liberalen Geschäftswelt in München und Stuttgart nicht verborgen blieb. Gleich nach dem Siebenwochenkrieg nötigte Bismarck den süddeutschen Staaten, die er begnadigte, militärische Schutz- und Trutzbündnisse auf. Unter diesen Umständen war der Anschluß Süddeutschlands an den Norddeutschen Bund nur eine Frage der Zeit, und keiner langen; er änderte nicht mehr viel, war kein großes Ereignis mehr, sicher kein solches, zu dessen Herbeizwingung noch ein europäischer Krieg notwendig gewesen wäre. Unserer Phantasie bleibt frei, ihn ohne Krieg sich vorzustellen. Trotz allem schon Geschehenen, trotz 1859 und 1866, wäre das neue Europa der Nationalstaaten dann doch wohl etwas friedlicher, entspannter und innerlich liberaler gewesen. Das Gesetz des sportlichen Ausscheidewettkampfes erwies sich als stärker.

Es begann damit, daß die französische öffentliche Meinung den preußischen Sieg über Österreich – »Sadova« – als eine Niederlage Frankreichs, und zwar als eine besonders insultierende Niederlage, als preußische Unverschämtheit empfand. Hierüber mag man sich heutzutage wundern, da unsere Staatsmänner und Publizisten so sehr viel weiser geworden sind; jedenfalls war es so. Eine große Entscheidung war blitzschnell gefallen, mit Frankreichs ungeschicktem, zögerndem Zutun; war anders gefallen, als es sich vorgestellt hatte; war, wie wenige vorher gewarnt hatten und viele nachher erkannten, zu seinem Nachteil gefallen. Zu seinem Nachteil dann, wenn man Außenpolitik als ein Streben nach Macht, und zwar nach relativer Macht ansah; und als was anderes sah man sie in diesen törichten Zeiten an? Erschwerend kam hinzu, daß Napoleon III. das preußische Spiel gefördert hatte, unter der Bedingung, daß er selber »Kompensationen« erhielte, Landzuwachs am Rhein, irgend etwas, was als »Zerreißung der Verträge von 1815« angesehen werden konnte. Einen solchen Vorteil hatte Bismarck seinem alten Bekannten vor dem Krieg verheißungsvoll-vage zugesagt, ohne sich auf Präzisierungen einzulassen, die französischerseits auch nicht gefordert wurden. Als der Kaiser nach »Sadova« mit seiner jetzt ohnmächtig gewordenen Vermittlung auf den Plan trat, wußte der preußische Staatsmann von dem Versprechen nichts. Übrig blieb in den Tuilerien das Gefühl, ungeschickt gespielt zu haben und düpiert worden zu sein; was weniger peinlich gewesen wäre, wenn die öffentliche Meinung es nicht auch so verstanden hätte. Bei alledem war das Herz Louis Napoleons gar nicht bei den Kompensationen. Daher die Unsicherheit seiner Wünsche. Kompensationen waren alter Stil, entsprachen der Außenpolitik des Absolutismus; vergrößerte sich der eine, so mußten, um das Gleichgewicht zu erhalten, auch andere sich vergrößern. Jetzt aber sollte ein neuer Stil sein, sollten die Nationen die Staatsgrenzen haben, die ihnen als Nationen gebührten, und Eroberungen von Fremdem ausgeschlossen sein. Napoleon war selber der Verkünder des neuen Stils. Galt er, so war die politische Einigung Deutschlands nichts, was

Kompensationen für Frankreich berechtigte. So im Fall Italiens; nur daß da immerhin über einen französischen Besitz Piemonts »gerecht« hatte verfügt werden können. Deutschland, wie der Kaiser seufzend bemerkte, hatte kein Savoyen zu vergeben. War es jetzt nicht besser, die Gründung des deutschen Nationalstaates in Freiheit zu erlauben, ohne etwas dafür zu fordern? War denn aber das, was Preußen trieb, eine solche Gründung, nicht eine Vergrößerungspolitik alter Art? War es überhaupt je zum Vorteil Frankreichs gewesen, in Europa zur Verwirklichung des nationalen Prinzips anzutreiben? Wieder: ließ es sich verhindern? ... Solche Fragen gingen durch Napoleons erschlafften und verwirrten Geist, ohne daß er sie klar beantwortet hätte. Immer war seine Politik eine mehr europäische als französische gewesen, aber ohne Klarheit, indem er »Gerechtigkeit« für die Völker Europas wollte, nebenher aber »Größe« für Frankreich. Europa dankte es ihm nicht und hielt ihn für den Meister-Bösewicht, der er nicht war. Frankreich dankte es ihm auch nicht, verstand die Politik nicht, die er selber nur halb verstand. Erfahrene Politiker, wie Guizot und Thiers, dachten in alten Gleichgewichtsbegriffen. Die Masse der Pariser war aufsässig und nicht frei von hysterischen Anfällen nationaler Eitelkeit. Ihr zuliebe tastete der Kaiser, mühselig und unsicher, nach Kompensationen; versuchte, nachdem mit Deutschland nichts zu machen war, das Großherzogtum Luxemburg zu kaufen (1867) und wurde auch dort durch die aufbrausende Willensmeinung Deutschlands um sein bescheidenes Ziel betrogen.

Das Kaiserreich verfiel. Nicht das Land; nicht seine wirtschaftliche, seine geistige Produktivität. Frankreichs Energien zeigten sich kräftig genug im Wiederaufstieg der Dritten Republik seit 1871. Es war nur die bonapartische Ordnung, die verfiel, das Regime und seine Symbole. Es band die Energien des Landes nicht mehr. Und dieser Autoritätsverfall, wie gering auch die Soziologen den persönlichen Faktor einschätzen mögen, war eins mit dem physischen und geistigen Verfall des obersten Trägers der Autorität. Früh gealtert, von körperlichen Leiden gequält, übersättigt durch die Erfüllung seiner Träume, die in ihrer Erfüllung ihn wohl mehr enttäuscht als beglückt hatten, der fortschreitenden Zeit, der er vor dreißig Jahren als Revolutionär entgegenzutreten glaubte, schon wieder entfremdet, hatte Louis Napoleon allen »élan vital« verloren. Kaiser zu werden war das Traumziel des jungen Abenteurers gewesen; jetzt hatte er nichts mehr als den Wunsch, die Krone seinem Sohn zu vererben, ein defensives, ungenügendes Anliegen. Rings um ihn her ungelöste Fragen, verfahrene Projekte, Mißerfolge. Von diesen war der jammervollste der Versuch, in Mexiko eine katholische Monarchie europäischen Stils zu errichten. Während des amerikanischen Bürgerkrieges auf Grund unwahrer mexikanischer Willenskundgebungen unternommen, mußte er aufgegeben werden, als die Vereinigten Staaten wiederhergestellt waren und die Lage in Europa die Rückkehr des nach Mexiko entsandten französischen Expeditionskorps erheischte. Der falsche Kaiser, Maximilian von Habsburg, erlag im Kampf gegen die echten Mexikaner. Seine Exekution war ein widriges Ereignis für Napoleon, der sich hatte überreden lassen, die Sache, verworrenen Spekulationen zuliebe, anzuzetteln; die Opposition verfehlte nicht, »Mexiko« in den Katalog der Fehl-Leistungen aufzunehmen, welchen sie dem Regime höhnend vorhielt.

Es war eine zunehmend freie Opposition. Napoleon, der auf der Höhe seines Glücks seine Autorität so wacker hatte verteidigen lassen, erlaubte nun, da Verteidigung ihr bitter not tat, daß man sie angriffe und verhöhnte; seit 1868 nahezu ohne Hemmung. Die Idee war, daß eine schwach gewordene Autorität sich stärken würde, indem sie den Leuten zugestand, was sie wollten, und so sie versöhnte; die Republikaner bedienten sich der neuen Freiheiten nach Kräften und blieben unversöhnt. Im bonapartischen Kaisertum lag an sich etwas Provozierendes, die Behauptung magischer persönlicher Stärke, belohnt durch eine prunkende Existenz des Einen inmitten des Volkes; ein toleranter, schwacher Bonaparte war ein Widerspruch in sich. Die Gruppen, die der Diktator beleidigt hatte, kehrten sich nun gegen den konstitutionellen Monarchen; zu den alten, Legitimisten und Republikanern, kamen neue Gruppen, neue Typen, trompetende Nationalisten, scharfzüngige, grimmige, höhnische, militant-gottlose Jakobiner, die den Ton angeben sollten bis ins 20. Jahrhundert hinein. Sie waren jung damals, Produkte der Riesenstadt, die allmählich schon das Gesicht annahm, das wir kennen, und ihrer Vorstädte. Sie waren keine Mehrheit. Die große Mehrheit der Franzosen war konservativ, war monarchistisch und blieb es auch nach 1870. Aber diese Monarchie hatte den Griff auf das Land nicht mehr.

In seinen Ursprüngen ging das »liberale Kaisertum« schon auf das Jahr 1860 zurück. Seitdem schritt der Prozeß der Parlamentarisierung in vorsichtigen Schüben vorwärts. Öffentlichkeit der Kammer-Debatten; striktere Kontrolle des Budgets durch die Volksvertreter; Recht der Interpellation; Recht der Gesetzes-Initiative; Verwandlung des Senats in ein bei der Gesetzgebung mitwirkendes Oberhaus: solche Stück für Stück gemachten Konzessionen summierten sich zu etwas, was der parlamentarischen Monarchie belgischen Stils nahezukommen schien. Nachdem die Wahlen von 1868 dem Regime einen Sieg gebracht hatten, der für eine gekrönte Diktatur die schreckenvollste Niederlage bedeutete – es fehlte der Opposition nicht sehr viel zu einer Mehrheit im Lande, und sie gewann sie in allen großen Städten –, erfolgte ein weiterer Schritt: die Bildung eines eigentlich parlamentarischen Ministeriums. Ein brillanter junger Republikaner, der sich mit der Verfassungs-Monarchie ausgesöhnt hatte und ehrlich sie zu retten wünschte, Emile Ollivier, übernahm seine Leitung. Gehetzt von der immer massenhafteren, frecheren Unruhe, die in der Hauptstadt sich hören ließ, eilte er weiter auf der Bahn der Konzessionen. Schließlich wandte er und wandte der Kaiser sich noch einmal an das Volk, wie 1851; das ganze Volk sollte sagen, ob es die neue liberale Form des Kaisertums, alle seit 1860 eingeführten Veränderungen, billigte oder nicht. Das Plebiszit fand im Mai 1870 statt. Wieder gewann die Opposition in den großen Städten. Das Land aber gab dem nach Trost und Stärkung lechzenden kaiserlichen Regime eine bessere Antwort, als es zu hoffen gewagt hatte: über sieben Millionen Ja-Stimmen gegen anderthalb Millionen Nein. Das Suffrage Universelle hatte noch einmal für Cäsar entschieden. Überglücklich bei seinem Sohn eintretend, rief Napoleon: »Mein Kind, du bist gesalbt durch das Plebiszit. Lang lebe unser kleiner Kaiser!«

Es ist nicht wahrscheinlich, daß sich dies parlamentarische Kaisertum ohne den bedauerlichen Zwischenfall, der vier Monate später eintrat, hätte halten können. Letzthin machte es wohl auch keinen wesentlichen Unterschied mehr, ob es sich hielte oder nicht. Mit freier Opposition, freier Presse, Regierung durch die Parlamentsmehrheit war der Bonapartismus kein Bonapartismus mehr. Der war die charakteristische Geburt eines Augenblicks, und zwar eines solchen, der jetzt schon sehr weit zurück lag. Er hatte eine Zeitlang geblüht durch Talent und Glück, Dreistigkeit und Bluff, dann langsam gewelkt und nur noch durch das Gesetz der Trägheit sich erhalten. Sollte nun eine gekrönte Republik sein, an sich eine der Zeit angemessene Staatsform, so brauchte man am Ende den Bonaparte nicht dazu. Seit dem Tod Ludwigs XVI. hatte kein regierendes Individuum, keine Verfassung in Paris länger als achtzehn Jahre gedauert; ein Grund mehr, um dieser Autorität, die nun schon zwanzig dauerte, keine lange Zukunft mehr zu prophezeien. Leider zählte ihre Unsicherheit an sich als ein politischer Faktor. Daß von innen her bedrohte Machthaber Rettung in äußeren Kriegen suchen oder, wenn nationale Hysterie solche fordert, nicht den rechten Widerstand leisten können, entsprach einer alten Erfahrung.

Indem Louis Napoleon den letzten Ausscheidewettkampf, den Krieg zwischen Frankreich und Preußen, unvermeidlich herankommen sah, eine Überzeugung, die von Bismarck geteilt wurde, trafen beide Parteien diskret ihre Vorbereitungen. In Preußen waren sie vor allem militärischer Art; nie, bis dahin, war ein Feldzug, durch das Studium der zu schlagenden Schlachten und zu erobernden Festungen, mit der Konstruktion fahrbarer Brücken, welche die Überquerung der Ströme beschleunigen sollten, so liebevoll vorbereitet worden. Frankreich suchte Allianzen. Da England ausschied, Rußland enger denn je an Preußen gebunden war, so kamen nur die Partner der jüngst vorhergehenden Wettkämpfe in Betracht, Italien und Österreich. Aber schwerlich sieht man, was denn nun Italien von Deutschland wollen sollte, mit dem es eben noch so gute Geschäfte gemacht hatte, oder was es zu Österreich ziehen konnte. Diese neue Kombination – und viele ihrer Art waren jetzt mathematisch nicht mehr möglich – gedieh nicht über geheime Vorbesprechungen hinaus.

Daß Österreich das Verdikt von 1866 endgültig angenommen hatte, trat zunächst nicht in das Bewußtsein Franz Josephs und seiner Berater, die sich tief in die Verhandlungen mit Frankreich einließen. Erst in der Krise von 1870 selber erschien, durch ihr Tun oder Nicht-Tun, die wahre Lage der Dinge. Sie war mitbestimmt durch Veränderungen, die mittlerweile innerhalb des habsburgischen Staatsgefüges stattgefunden hatten.

Verhandlungen zwischen Wien und Budapest führten bald nach der Entscheidung von 1866 zu dem »Ausgleich« (wie der Name war); einem eigentlichen Friedensschluß zwischen Habsburg und den Madjaren. Ungarn, die Länder, die historisch zur Stephanskrone gehörten und in denen die Madjaren selber gegenüber den Kroaten, Slowaken, Rumänen und Deutschen eine Minderheit darstellten, wurde zu etwas wie einem madjarischen Nationalstaat mit eigener Legislative und Exekutive. Mit dem übrigen Österreich verband es die Person des Kaiser-Königs, eine gemeinsame Außenpolitik, ein gemeinsames Heer, eine Zollunion, deren Politik alle zehn Jahre durch Verhandlungen zwischen beiden Parlamenten zu bestimmen war. »Delegationen« aus beiden Teilen des so gespaltenen Reiches, gleich an Gewicht und Vertreterzahl, würden miteinander ausmachen, was sonst beide Reichsteile anging. Da die Madjaren als einige Macht erschienen, die österreichische Delegation aber theoretisch nach Provinzen, praktisch nach Nationalitäten – Deutsche, Tschechen, Polen, Italiener, Slowenen – geordnet war, so würde Ungarn in dem, was von dem gemeinsamen Staatswesen noch blieb, einen entscheidenden Einfluß ausüben können. Dieses System, kein Föderativstaat, sondern die Föderation zweier Staaten, von denen der eine keine geordnete Einheit darstellte und nicht einmal einen Namen hatte, der andere,

Ungarn, von einer nationalen Minderheit beherrscht wurde, war es, was die Existenz Österreichs im letzten halben Jahrhundert vor seinem Ende bestimmte. Ein Nest von Widersprüchen für den Gelehrten des Staats- oder Völkerrechts. Aber eine Wirklichkeit, solange sie dauerte; und, für die Bürger wenigstens der westlichen Reichshälfte, trotz aller nationalistischen Zänkereien im Grunde keine schlechte Wirklichkeit.

In der österreichischen Reichshälfte kamen innere Reformen hinzu. Eine Reihe bürgerlicher Grundrechte ergänzte die Verfassung: Pressefreiheit, Gleichheit aller vor dem Gesetz, Zivilehe, Bewegungsfreiheit. Das Schulwesen wurde der Kontrolle der katholischen Kirche entzogen, das Konkordat mit dem Heiligen Stuhl 1870 aufgekündigt. Österreich war ein liberaler Staat seit 1867, übrigens ein von einer verläßlichen, ehrenhaften Bürokratie verwalteter, in dem der Bürger seinen Interessen ungestört nachgehen, seine Überzeugungen ungefährdet äußern konnte. Kein eigentlich demokratischer Staat. Noch immer ernannte der Kaiser seine Minister selber, noch immer verkörperte er die Tradition und Macht, nahezu die einzige, die das Konglomerat von Völkern zusammenhielt; der einfache Name »die Monarchie«, den man dem habsburgischen Doppelstaate bequemlichkeitshalber gab, war in der Tat der am besten passende. In dem Gewühl widerstreitender Nationalinteressen, wirklicher oder eingebildeter, besaß der Monarch, dem sie alle fremd waren, noch immer beträchtliche Freiheit des Manövrierens und persönlichen Entscheidens. Noch immer betrachtete er die Größe des Gesamtreiches und der Dynastie als den innersten Zweck Österreichs. Aber deutlicher als bisher mußte er sich von nun an auf Interessen- und Überzeugungsgruppen stützen, deren Macht in der Zahl von Parlaments-Abgeordneten zum Ausdruck kam; einmal auf die zentralistisch gesinnten deutschen Liberalen, einmal auf Föderalisten, Klerikale und Slawen. Da nun in den Jahren nach 1866 die deutschen Liberalen in Wien den stärksten Einfluß hatten und die Magyaren ihre neue Stellung eben dem preußischen Sieg von 1866 verdankten, so waren die beiden stärksten regierenden Volksgruppen innerhalb der Habsburger Monarchie pro-deutsch, das hieß jetzt pro-preußisch; und dies mag erklären, warum Österreich, gewisser matter Vorbereitungen ungeachtet, die Gelegenheit von 1870 ungenutzt vorübergehen ließ, um wenige Jahre später sein Schicksal für immer an das preußisch-deutsche zu binden. – Frankreich blieb allein.

Der Gegenstand der diplomatischen Krise, die, Juli 1870, zum Krieg zwischen Preußen und Frankreich führte, war, selbst wenn man diplomatisches Herkommen zum Maßstab nimmt, so ungewöhnlich töricht, daß man sich schämt, ihn zu erwähnen. In Spanien hatte eine, wenn man so sagen darf, Revolution stattgefunden, die Bourbonenkönigin das Weite suchen müssen. Die provisorische Regierung suchte nach einem König. Sie verfiel auf einen süddeutschen Aristokraten, Leopold von Hohenzollern, der mit den preußischen Hohenzollern wenig zu tun hatte und überdies ein naher Verwandter des Hauses Bonaparte war. Aus Gründen, die nicht ganz geklärt sind, auch gar nicht geklärt zu werden verdienen, einer antifranzösischen Bosheit jedoch keinesfalls entbehrten, förderte Bismarck diese Kandidatur. Aus Motiven eines veralteten, großsprechenden Staatsräsonnements, dem zufolge hier die Wiedererrichtung des »Reiches Karls V.« – einer Verbindung Deutschlands mit Spanien – drohte, reagierte die französische öffentliche Meinung voller Wut dagegen. Die preußische Regierung, Bismarck, bestritt jedes Wissen von, jedes Interesse an der Angelegenheit. König Wilhelm, bedrängt von dem französischen Botschafter, weigerte sich, von seiner Autorität als Haupt der Familie Gebrauch zu machen, riet aber seinem süddeutschen Vetter nichtsdestoweniger, auf die dargebotene Krone zu verzichten. Leopold verzichtete. Damit nicht zufrieden, begierig, aus einem geringfügigen Sieg einen schallenden Triumph zu machen, forderte nun die französische Diplomatie von dem König von Preußen weitere Satisfaktionen: eine Zusicherung, wonach die Kandidatur nie erneuert werden würde, eine Art von Schuldgeständnis. Dies wurde verweigert, vom König auf das höflichste, von Bismarck, der das betreffende königliche Telegramm für die Öffentlichkeit edierte, auf das schärfste; ein Trick, dessen er sich noch nach Jahrzehnten in seinen Memoiren gerühmt hat. Nach dem Ehrenkodex der Diplomatie des 19. Jahrhunderts war die verstümmelte »Emser Depesche« keine Kriegserklärung, aber doch eine Provokation, auf die der Provozierte mit Krieg antworten mußte, um nicht übel dazustehen. Das französische Kabinett, gehetzt von der öffentlichen Hysterie, tat den Schritt, den Bismarck von ihm erwartete. Napoleon, ermattet und fast verzweifelt, ließ es geschehen. Die Straßen der Hauptstadt hallten von dem Rufe: »A Berlin!«

Die Spanier, die den Hohenzollern nicht erhielten, wählten sich bald darauf einen italienischen Prinzen, Amadeo von Aosta, zum König. Davon, daß diese Thronbesteigung zu einer Bindung Spaniens an Italien geführt und die Macht des letzteren gestärkt habe, wurde nie etwas gehört; und schon nach zwei Jahren reiste Amadeo, der sich in Madrid nicht hatte durchsetzen können, wieder ab. Was die süddeutschen Hohenzollern betrifft, so war ein Bruder des Prinzen Leopold ein paar Jahre früher zum Fürsten von Rumänien erhoben worden; die Dynastie Hohenzollern blieb bis 1947 in Bukarest. Ungeachtet der deutschen Herkunft ergriff das rumänische Königreich im Krieg von 1914 die Partei der Westmächte und Rußlands gegen Deutschland. – Das Schicksal Amadeos und die Geschichte der rumänischen Hohenzollern werfen ein Licht auf die Weisheit, mit der im 19. Jahrhundert große Kriege begonnen wurden.

Dieser dauerte zehn Monate, Juli bis Mai, die eigentlichen Kämpfe etwa sechs (Anfang August bis Ende Januar). Jene, die im juristischen Sinn die Angegriffenen waren, die Deutschen, waren es nicht den wirklichen Vorgängen nach; denn sie blitzten mit drei Armeen nach Frankreich hinein, mit einer technischen Präzision und Begeisterung des Gemütes, die alle Gegenwehr zuschanden machten. Auf der anderen Seite Zerfahrenheit, glücklose Führung, flaue Stimmung der Soldaten, vergebliches Heldentum, Debakel über Debakel. In der Festung Sedan eingeschlossen, ergab eine Hauptarmee sich samt dem Kaiser. Recht gern hätte Bismarck damals mit dem gefangenen Monarchen unterhandelt und ihn zur Unterzeichnung eines Verlustfriedens vermocht, in welchem Fall die französischen Armeen zur Wiederherstellung der kaiserlichen Autorität hätten verwendet werden können. Napoleon, ehrenhafterweise, weigerte sich, Partner in einem solchen Spiel zu sein. Während der Kämpfe hatte er, mühselig sich preußischen Geschossen aussetzend, vergebens den Tod gesucht. Daß er jetzt in fürstliche Gefangenschaft abgeführt wurde, war das Beste, was ihm begegnen konnte, denn in Frankreich war kein Platz mehr für ihn. Zwei Tage nach der Kapitulation von Sedan wiederholten in Paris sich die Szenen des Juli 1830, des Februar 1848: Forcierung des Parlaments durch das Volk der Straße, Ausrufung der

Republik, Errichtung einer provisorischen Regierung »der nationalen Verteidigung«. Die Kaiserin-Regentin entfloh in das Haus ihres amerikanischen Zahnarztes und von dort nach London.

Die neue Regierung, in der der junge Advokat Léon Gambetta die stärkste Figur war, ging mit Mut an ihre hoffnungslose Aufgabe. Nur das ermüdete, lähmende Bonaparte-Symbol brauchte zu verschwinden, und das Land zeigte seine ungeschmälerte Energie. Im Süden wurde ein Widerstand improvisiert, der dem Krieg von beiden Seiten einen neuen Charakter gab; erschossene Partisanen, eingeäscherte Dörfer bezeichneten nun seine Bahn. Die im Herbst gefallenen Entscheidungen ließen sich jedoch nicht mehr rückgängig machen. Auch blieb die militärische Führung im Westen und Norden die alte, bonapartistische. Ende Oktober übergab General Bazaine die Festung Metz mit hundertdreiundsiebzigtausend Mann, sei es aus guten militärischen Gründen, sei es, weil er die neue Republik nicht liebte (jedenfalls liebte er sie nicht). Länger hielt das belagerte Paris aus, einen kalten hungrigen Winter lang. Es kapitulierte Ende Januar. Ein Waffenstillstand sollte dem Land erlauben, den Volkswillen zu befragen und, wenn er so wünschte, Frieden zu schließen.

Mittlerweile geschah unter den Deutschen, was besser ohne Krieg geschehen wäre. Die süddeutschen Staaten schlossen sich dem Norddeutschen Bunde an. Von dem Augenblick, in dem sie sich entschieden, den Krieg mitzumachen – eine freie Entscheidung war auch schon das nicht mehr –, ging diese späte und verzerrte Erfüllung des Programms von 1848 wie von selber. Der Geist in Süddeutschland war so, oder überwiegend so. Die konservativen, partikularistischen Widerstände kamen dagegen nicht mehr auf; die Stimmung zu Hause wurde bestärkt von gewissen weniger sentimentalen Ansichten der diplomatischen Lage. Die resignierte Neutralität Österreichs, der Sturz Frankreichs ließen Süddeutschland allein mit dem preußischen Freunde. Dieser erwies sich großmütig; er verlangte nicht mehr als das für das Funktionieren eines Bundesstaates unbedingt Notwendige; so daß etwa Bayern seine eigene Heeresverwaltung, sogar seinen eigenen diplomatischen Dienst behalten durfte. Solche Konzessionen taten im Augenblick wohl, erwiesen sich aber in Zukunft als bedeutungslos. Der Name des Bundes wich dem des »Reiches«, eine Anspielung auf die alte, zu Beginn des Jahrhunderts untergegangene Herrlichkeit. Und da zum Reich ein Kaiser gehörte, so nahm der Präsident des Bundes, der König von Preußen, diesen Titel an. Nur ungern; mit feinem Instinkt fühlte der alte Herr, daß, wie furchtbar auch Bismarck sich angestrengt hatte, den preußischen Staat zu erhalten und zu mehren trotz des deutschen Nationalismus, das alte, schmale, blanke Preußen nun doch verschwimmen würde im neuen größeren Gemeinwesen. Was auch geschah; nicht von heute auf morgen, aber allmählich. – Der deutsche Kaiser wurde, zehn Tage vor der Übergabe von Paris, im Schlosse von Versailles proklamiert vor einer Versammlung von Offizieren und Fürsten, die sich dort in wirklichen oder fiktiven Kriegsdiensten herumtrieben. Eine entschieden militärische Veranstaltung des Siegers im Prunkschloß des Besiegten. Wenn das Zufall war, weil die Herren sich gerade dort befanden, so war es auch ein Symbol. Das neue Deutsche Reich war im Krieg entstanden, war Frucht eines Triumphes über Frankreich, war Rache für alle erlittenen, eingebildeten oder Jahrhunderte zurückliegenden Demütigungen, welche die Franzosen den Deutschen je auferlegt hatten. Der Tag der Übergabe von Sedan, der 2. September, wurde zum deutschen Nationalfeiertag. Diese anachronistische Sinngebung der deutschen Einheit hat in den folgenden Jahrzehnten nie ganz ausgewischt werden können.

Sie wurde verstärkt durch die wesentlichsten Bedingungen des Friedens von Frankfurt (Mai 1871). Frankreich hatte als Kriegsentschädigung die nach den Begriffen der Zeit ungeheure Summe von fünf Milliarden Francs zu bezahlen und zwei Gebiete abzutreten: Elsaß und einen Teil von Lothringen. Aus ihnen wurde kein deutscher Staat, sondern ein, praktisch von Preußen verwaltetes »Reichsland« Elsaß-Lothringen gemacht. Strategische Argumente, nationalistische Begier, historisch-romantische Erinnerungen wirkten zusammen zu dieser schädlichen Annexion: die Festung Straßburg galt als Schlüssel zu Frankreich und Süddeutschland; Elsaß und Lothringen hatten in grauer Vorzeit zum Deutschen Reich gehört; die Bevölkerung war überwiegend deutscher Zunge. Nur daß sie leider nicht deutsch werden wollte und auf ihre Befragung weislich verzichtet wurde. Ernest Renan, der französische Theologe, hat damals in Protest einen schönen Essay über das, was eine Nation sei, geschrieben. Sie werde weder durch Rasse noch notwendigerweise durch Sprache, noch durch alte Rechtsdokumente bestimmt. Sie beruhe auf gemeinsamen Erfahrungen, auf gegenwärtigem Leben, auf dem Willen, zusammen zu existieren, sie sei ein »Plebiszit jeden Tages«. Goldene Worte; aber jene, an die sie gerichtet waren, hörten nicht. Das Deutsche Reich regierte das eroberte Elsaß; streng, prompt und rechtlich, die Prosperität des Landes entschieden fördernd, aber nie zur Zufriedenheit der Elsässer; indes die Franzosen sich einredeten, es sei ihnen ein Stück ihres mystischen Körpers abgeschnitten, und die nie heilende Wunde mit schmerzlicher Genugtuung pflegten.

Aus der Gefangenschaft entlassen, träumte Louis Napoleon in der Nähe von London einem nahen Tode entgegen. »Er war kein schlechter Mensch«, meinte später Bismarck herablassend von ihm, »er wollte das Gute.« Übrig blieb die Familie Bonaparte, eine europäische Adelsfamilie unter anderen, schließlich selbst mit den Bourbonen verwandtschaftliche Beziehungen eingehend. Von »Bonapartismus«, dieser merkwürdigen Erscheinung des 19. Jahrhunderts, ist praktisch nie wieder die Rede gewesen.

Nicht so bald hatten, im August 1870, die letzten französischen Truppen Rom verlassen, als die Italiener sich ihrer Hauptstadt bemächtigten. Die Regelung, die der Staat dem Papste bot, war weise und großzügig; sie gab ihm alle Ehren des Souveräns, alle Freiheiten und Sicherheiten, alles Geld, das der Verlust seiner Territorien ihn kostete. Aber der Achtzigste Irrtum war für Pius IX. nicht weniger irrig geworden, jetzt, da man ihm den letzten Rest der weltlichen Herrschaft geraubt hatte. Er blieb starr, ein Gefangener im Vatikan aus eigenem Entschluß, unfähig, die Macht des neuen Rechtes der Volkssouveränität gegenüber seinem alten, geheiligten Recht anzuerkennen.

Die Beendigung des Krieges und der Übergang zur Republik waren in Frankreich mit schweren inneren Kämpfen verbunden. Wieder, wie 1848, hatte das rote Paris die Revolution gemacht, die Napoleon stürzte; wieder, wie 1848, wurde einige Monate später das radikale Pariser Volk vom Lande her überwältigt. Diesmal nahm der Bürgerkrieg die Form eines Kampfes zwischen der »Commune«, der Munizipalität von Paris und der provisorischen Staatsmacht an. Eine Nationalversammlung war, unter dem Schutz des Waffenstillstandes, im Februar in Bordeaux zusammengetreten. Wenn sie in ihrer Mehrheit konservativ und monarchistisch war, so entsprach das der wahren Gesinnung der Provinzen immer und besonders jetzt, da die radikalen Republikaner, und nur sie, den verlorenen Krieg im Stil von 1793 fortzusetzen wünschten. An die Spitze der Exekutive trat Adolphe Thiers, der Minister Louis Philippes, der Mann der Krise von 1840, dessen Dienste Louis Napoleon sich zu seinem Schaden nicht verpflichtet hatte und der im Alter weise geworden war. Thiers besorgte die Friedensverhandlungen mit Preußen. Gleichzeitig eroberten seine Truppen Paris. Es geschah während des Waffenstillstandes (April und Mai), während deutsche Truppen noch rings um die Hauptstadt lagen. Bismarck erlaubte dem neuen französischen Staatschef ausdrücklich, diesen Krieg zu führen.

In der Regierung der rebellischen Hauptstadt waren die verschiedensten Elemente vereinigt; zentralistische und dezentralisierende Republikaner, radikale Bürger im Jakobiner-Stil, Sozialisten mehrerer Spielarten, auch solche, die der Marxschen Gründung, der »Internationale«, nahestanden. Die Commune war nicht überwiegend sozialistisch, viel weniger marxistisch; wenn Marx später ihren Kampf zur eigenen Sache machte, so war das eine illegitime Aneignung. Produkt der Belagerungszeit, der Kriegsnot, Verwirrung und Enttäuschung, hatte sie keine innere Einheit und keine Zeit, sich eins zu werden. Wohl aber war wildes Volk hinter ihr, das, im Namen der Commune, sich abscheulicher Taten schuldig machte. Ende Mai eroberten die Truppen der Nationalversammlung von Versailles aus die Stadt; während des Kampfes verbrannte und verschwand für immer das Tuilerienschloß, in dem die Bourbonen, die Orleans und Bonaparte gehaust hatten. Dem roten Terror folgte der weiße; ein Wüten der Kriegsgerichte, ein militärisches Morden unter den Proletariern von Paris, das die Greuel der Junischlacht von 1848 verblassen ließ. – Nachdem der Wille der revolutionären Hauptstadt gebrochen war, schien Frankreich bereit für eine Rückkehr des Königs. Sie wurde erwartet, das Land war dasselbe Land, das noch im Frühling 1870 die Monarchie Napoleons bestätigt hatte; die erwählten Staatschefs der Republik, erst Thiers, dann (1873) Marschall MacMahon, galten nur als Statthalter des Königs. Aber der König kam nicht. Zuerst nicht, weil der Bourbone und der Orleans sich nicht einigen konnten; dann auch nach ihrer Einigung nicht. Mit dem schönen, quichotischen Stolz seines Großvaters, Karls X., machte der Graf von Chambord das weiße Lilienbanner zur Flagge Frankreichs, weigerte er sich unter der Trikolore zu regieren; eine Haltung, in der die Bourbonen-Unversöhnlichkeit gegenüber der Geschichte von acht Jahrzehnten zum Ausdruck kam. Nur um ein Symbol ging es, aber an ihm scheiterte die Restauration, und während sie wieder und wieder verschoben wurde, begann Frankreich sich allmählich in dem Haus ohne Thron einzurichten.

Soweit die Geschichte von der Gründung des Deutschen Reiches, mit der eine ereignisreiche Epoche abschließt. Freilich ist es mit geschichtlichen Epochen eine unsichere Sache, und es gibt Historiker, welche die Kette stürmischer, aber stets regional begrenzter Veränderungen auf dem Kontinent erst mit dem Jahre 1878, dem Berliner Kongreß und dem auf ihn folgenden Kurswechsel der inneren und äußeren Politik Deutschlands, enden lassen wollen. Nun, an neuen Dingen hat es auch nach 1878 nicht gefehlt. Ereignisse aber, so bedeutend wie die Gründung Italiens und Deutschlands, wie der Verfall der französischen Vormachtstellung, wie der Sturz der weltlichen Herrschaft, wie der österreichische »Ausgleich«, wie die Katastrophe der Commune von Paris hat es zwischen 1871 und 1917 nicht gegeben, und darum meinen wir, daß, wenn schon Epochen gesetzt werden müssen, 1871 sich besser dazu eigne. Wahr ist, daß man damals sich nicht bewußt war, in ein friedliches Zeitalter einzutreten. Im Gegenteil, der vorherrschende Glaube war, daß es jetzt erst recht losgehe, ein Katarakt von Kriegen noch bevorstehe. Diese Erwartung wurde gedämpft durch den Schlußakt des Berliner Kongresses; sie kam den Leuten, zumal den Jüngeren, allmählich aus dem Sinn.

Thomas Carlyle, englischer Historiker-Philosoph, schrieb im Herbst 1870 einen Brief an die Times: das sich breitmachende Mitleid mit Frankreich sei nichts als Albernheit, und er freue sich, den Aufstieg Deutschlands, des frommen, ernsten, arbeitsamen, zur Königin des Kontinents noch erleben zu dürfen. Carlyle kannte das Deutschland der Romantiker, das Deutschland von 1830; das jetzt werdende oder schon seiende kannte er nicht mehr. Andere urteilten anders; in Frankreich, das hier ja entschieden Partei war, auch in England, auch in Österreich und, was am merkwürdigsten ist, in Italien. Mancher italienische Patriot spürte, daß die Einigung Deutschlands, so wie Bismarck sie erzwungen hatte, nicht dasselbe war wie die Einigung Italiens; nicht wie deren schöner Traum; auch nicht wie ihre Wirklichkeit. So Garibaldi, der 1866 doch praktisch nahezu ein Bundesgenosse Bismarcks gewesen war und der, nach dem Sturz Napoleons, mit einer Schar von Getreuen nach Frankreich eilte, um am Kampf gegen den preußischen Despotismus teilzunehmen. So der edelste unter den damals lebenden Genien der italienischen Musik, Giuseppe Verdi. Er hatte Frankreich etwas vorzuwerfen; aber dieser preußisch-deutsche Triumph, diese Kriegführung, diese Friedensbedingungen, diese so charakterisierte Machtzusammenballung in der Mitte Europas mißfielen ihm tief.

Italien hatte zur Erreichung seines Zieles machiavellistische Mittel nicht gescheut, aber es hatte gegen eine Macht gekämpft, die sein Unterdrücker gewesen war, und sich nichts genommen, als was zu ihm gehören wollte. Es hatte noch nicht einmal alles, was, in diesem Sinn, ihm gebührte. Deutschland wohl auch nicht. Deutschland hatte sich beschränkt unter dem Zwang seines politischen Meisters, der gar kein Nationalist war, der dem Nationalismus ein Minimum, die Vereinigung Preußens mit Süddeutschland, gab und entschlossen war, das Maximum, die Auflösung Österreichs, zu verhindern. Statt dessen hatte Deutschland sich genommen, was eben nicht zu ihm gehören wollte, Elsaß-Lothringen. Es hatte Krieg geführt gegen eine Macht, die sein Bedrücker nicht war, und seine Einigung in fremdem Lande schwertklirrend gefeiert. In Italien waren die alten Dynastien gestürzt, die alten Staaten aufgelöst, in Deutschland nicht. Wenn das angesichts der Zivilisation, Liberalität und Harmlosigkeit der deutschen Kleinstaaten kein Unglück war, so war doch der Fortbestand des Königreichs Preußen eine sehr ernst zu nehmende Tatsache. Auch Preußen hatte, 1866, sich genommen, was nicht zu ihm gehören wollte, Schleswig-Holstein, Hannover und so fort. Es hatte wieder und wieder, zuletzt noch 1863, mit Rußland die rauheste gemeinsame Sache gegen Polen gemacht. Die italienische Einigung war ein Befreiungskrieg nach außen, Revolution nach innen; die deutsche mit erobernder Gewalttat nach außen und selbst nach innen unlösbar verquickt. Der »Kartätschenprinz«, der 1849 mit der preußischen Armee gegen die deutsche Revolution zu Felde gezogen war, war jetzt deutscher

Kaiser; Herr von Bismarck, der die preußische Verfassung gebrochen, der das Wort von Blut und Eisen gesprochen hatte, war jetzt deutscher Reichskanzler. Beide, König und Kanzler, mochten sich gewandelt haben, sie hatten es in der Tat. Aber mit der Wandlung von Menschen ist es eine unsichere Sache. Sie bleiben, bei allem sich Wandeln und Wachsen, doch auch, was sie am Anfang waren, wie Bismarck es in seiner Spätzeit oft genug bewies. Er hatte seinen Frieden mit den Liberalen gemacht, aber auf seine so gut wie auf ihre Bedingungen. Er hatte den Bürgern ein Mitbestimmungsrecht im Staate eingeräumt, aber so, daß die Obrigkeit eine streng von ihnen getrennte, unabhängige bleiben sollte. Auch diese Einräumung war nur eine vorläufige; ob sie sich bewähren würde, wußte Bismarck nicht, später hat er wohl daran gedacht, sie wieder zurückzuziehen, und nur seine Vernunft war bei der Sache, nie sein Herz. Seine eigene Macht, solange der König ihn deckte, war enorm; nicht die eines Diktators, aber auch nicht die eines parlamentarischen Ministers, es gab keinen Namen dafür. Sie beruhte auf seinen »großen Erfolgen«, wie die Kette seiner Leistungen zwischen 1864 und 1871 genannt wurde. Erfolge wurden weiterhin gebraucht. Erfolge nach außen, Erfolge nach innen, im Streit gegen eine sich breitmachende Opposition, erst gegen die katholische Kirche und ihre neue politische Partei, das »Zentrum«, dann gegen die Sozialdemokraten. – Es würde ein machtvolles Unternehmen sein, dies Deutsche Reich, und war es schon. Es konnte seinen Kaufleuten in der Welt, seinen Seeleuten und Siedlern endlich den Schutz geben, den sie so lange entbehrt hatten; konnte Untertanen zu Bürgern machen, konnte alte Idylle zerstören und ihre bisherigen Genießer oder Opfer in den Strom modernen Lebens reißen. Kein Zar, kein Habsburger würde fürderhin in innerdeutsche Angelegenheiten schiedsrichterlich eingreifen. Eine auf mancherlei Weise befreiende Wandlung der Dinge, voller großartiger Möglichkeiten. Aber die Verfassung des neuen Deutschland war schief, seine Atmosphäre bald materialistisch und zänkisch; von dem Idealismus jener, die zuerst von Einheit geträumt hatten, war kaum ein Hauch.

Rückblick und Ausblick

Die europäische Staatenordnung, der seit 1871 der deutsche Reichskanzler, Fürst von Bismarck, präsidierte, war eine vergleichsweise solide. Aber sie beruhte auf Bedingungen. Bedingungen, in der Menschengeschichte, halten nie sehr lange; in der unruhig-schöpferischen Geschichte Europas kürzer als anderswo. Sie beruhte darauf, daß nun auch Deutschland ein Nationalstaat geworden war, aber ein verkürzter und von dem konservativen Preußen zunächst noch beherrschter; daß der Siegeszug der Nationalitäten an den Grenzen der Habsburger Monarchie haltgemacht hatte; daß Preußen und Rußland gemeinsam Polen unterworfen hielten; daß keine Revolution war in Wien und Prag, in Warschau und St. Petersburg. Sie beruhte auf dem guten Einvernehmen der monarchischen Mächte Mittel- und Osteuropas; und darauf, daß die über die Erde strahlende Dynamik Europas, der eigentliche »Imperialismus«, die Formen scharfer Konkurrenz im Augenblick nicht annahm. Es war, als ob die europäische Bewegung in einem Halbweghaus ausruhte.

Die Monarchie war 1871 noch stark, man könnte sagen, wieder stark; stärker als in der ersten Hälfte des Jahrhunderts. Nach den Gesetzen der Soziologie hätte sie schon am Ende sein sollen; denn an den Hebeln der wirtschaftlichen Macht saß jetzt allenthalben das kapitalistische Bürgertum, das sie nicht mehr gegen Monarchie und Adel, sondern gegen die andrängende Arbeiterschaft zu verteidigen hatte. Die Wirklichkeit übersah aber zunächst solche gelehrten Erkenntnisse. Alte Einrichtungen bestanden weiter fort kraft ihres Schwergewichtes und der Treue und Trägheit der Menschen. Daß es den Hohenzollern gelungen war, den deutschen Nationalismus aufzufangen und auszunützen, gab nicht bloß dieser Dynastie, sondern der Monarchie auf dem Kontinent überhaupt ein neues Selbstvertrauen. Nach wie vor konnten Könige und Zaren ihre persönliche Willensmeinung in die Waagschale werfen, nach wie vor herrschten aus dem Mittelalter überkommene Rittersitten, selbst während der Schlacht oder kurz danach. Nicht lange, nachdem sie sich bekriegt hatten, besuchten sich die hohen Herren wieder, in Aufzügen von farbenfroher Eleganz; Johann Strauß persönlich mußte ihnen aufspielen; und es war von der Möglichkeit eines Bündnisses die Rede. Der erste Krieg, der eine rasche Versöhnung ausschloß und ein lange nachwirkendes Gift hinterließ, war der von 1870, und zwar nicht der zwischen Hohenzollern und Bonaparte, sondern der zwischen Deutschland und der Französischen Republik. Was die Monarchie schließlich überwältigte, war nicht so sehr die Demokratie wie der Nationalismus – eine freilich der Demokratie sehr eng verwandte Ideenmacht. Indem Hohenzollern und Romanows gezwungen wurden, nationalistisch zu werden, konnten sie die nützlichste Funktion der Monarchie, die vermittelnde, europäisch-konservative, nicht mehr erfüllen.

Wie die Monarchie war der europäische Adel 1871 noch intakt und tätig, obgleich auch ihm die ökonomische Basis längst entzogen war. Er beherrschte die Diplomatie fast ausschließlich; Japan, im Prozeß seiner Modernisierung, mußte sich beeilen, seinen Diplomaten europäische Adelstitel zu verleihen. Er hatte noch seinen Anteil am Regierungsgeschäft, an der Macht, an den von der Gesellschaft zu vergebenden Ehren. Wie bürgerlich-kapitalistisch die Struktur der englischen Ökonomie war, so übte doch nicht bloß das House of Lords noch immer seine Rechte aus; auch eine große Zahl der frei gewählten Mitglieder des Unterhauses entstammten Adelsfamilien, und neben den Führern aus dem reichen Bürgertum, den Peel und Gladstone, saßen in den Kabinetten noch immer die alten Principes, die Palmerston und Russell, die Derby und Salisbury. In Preußen erhielt der Adel sich sein Halb-Monopol im Heer und in der höheren Verwaltung. Er war mächtig in Ungarn, reich und glanzvoll in Österreich, in Italien und Spanien, wohlhabend und geachtet in Frankreich, in Süddeutschland. Wenn Tocqueville in seinem berühmten Buch über die amerikanische Demokratie den Untergang des Adels und aller Rangunterschiede, das Heraufkommen der Gleichheit aller Bürger als eine wie von göttlichem Beschluß verhängte, unausweichliche Entwicklung sah, so wurde die Voraussage des resignierten Edelmannes von dem folgenden Jahrhundert nur unvollkommen bestätigt. Sie traf wohl den Kern der Sache, war wohl soziologisch richtig. Aber sie wußte nichts von der Trägheit und Langsamkeit des Wirklichen, nichts von den Bindungen nach rückwärts, von all den Überkreuzungen und Verfälschungen. Würde es nicht zum Beispiel in Deutschland so kommen, daß das reiche Industrie-Bürgertum keinen höheren Ehrgeiz kannte, als den Stil des Adels nachzuahmen und von ihm aufgenommen zu werden? Das Zeitalter der vollen und ganzen Gleichheit war noch nicht gekommen. – Kam es je?

Alexis de Tocqueville reiste 1831 nach den Vereinigten Staaten, um die amerikanische Gegenwart zu studieren und durch sie die europäische Zukunft. Ihm stand fest, daß die Alte Welt der Neuen in die Demokratie werde folgen müssen; und an Stelle von »Demokratie« hatte er im zweiten Band seines Werkes eigentlich »Gleichheit« sagen wollen. Demokratie, schrieb er, war unausweichliches Schicksal. Würde sie Anarchie, Raub und Mord und eiserne Diktatur bringen? Das war eine Möglichkeit. Den friedlichen Wettbewerb aller Gleichen, Industrie und allgemeine Wohlhabenheit, kräftige Selbstverwaltung der Gemeinden und Landschaften? Das war eine andere, vorzuziehende, die in Amerika verwirklicht war. Auch sie aber schloß, nach Tocqueville, die Gefahr einer Tyrannei der Mehrheit nicht aus, den schweren Druck, der den einzelnen zwingen könnte, so zu leben und zu denken wie die Masse seiner Mitbürger. Diese Gefahr vor allem fürchtete er. War sie mittlerweile in Europa zur Wirklichkeit geworden? – Man könnte es nicht sagen.

Überall in der westlichen Welt war im 19. Jahrhundert die öffentliche Meinung zu einer Hauptmacht geworden. Ihr waren, direkt oder indirekt, so verschiedene Neuerungen zuzuschreiben wie die Aufhebung der Sklaverei, der Sieg des Freihandels in England, der österreichische »Ausgleich«, der Sturz des Königs von Neapel. Um die öffentliche Meinung warben die Monarchen und Halb-Diktatoren, Louis Napoleon, Bismarck, Franz Joseph so gut wie Gladstone. Eine freie höhnende Presse unterminierte in den letzten Jahren vor dem Ende den französischen Kaiserthron; die Times in London sprach mit unabhängiger Autorität; selbst die preußischen Konservativen bequemten sich 1848 zur Gründung einer vorzüglich redigierten Tageszeitung. Es mochte vorkommen, daß eine aufgepeitschte, hysterische öffentliche Meinung, die dann die Meinung einer lauten Minderheit war, die Machthaber zu verhängnisvollen Schritten trieb; so Louis Napoleon 1870. Das war die Ausnahme. Noch gab es keine »Gelbe Presse«, noch waren die Menschenmassen in den großen Städten nicht so leicht zu schlechten Zwecken zu mobilisieren, wie es dann, beginnend mit den neunziger Jahren, zunehmend der Fall sein sollte. Die öffentliche Meinung, schon die Meinung des Bürgertums und der Industriearbeiterschaft, aber noch wesentlich von Honoratioren, von einer intellektuellen Elite gestaltet, hat sich nie besser bewährt im Verursachen des Guten und Verhindern des Schlechten als im 19. Jahrhundert. Mehr und bessere Schulen, mehr Bücher und Zeitungen, promptere und billigere Post bestätigten damals die Hoffnungen, welche die Liberalen, die Humanisten, Utilitaristen, Radikalen auf diese Fortschritte setzten.

Zur Regierung durch die öffentliche Meinung gehörte, als Korrelat, die Regierung durch die Partei. Sie war nun vollständig in den Vereinigten Staaten und in England, hier auf Grund eines noch immer qualifizierten, dort des allgemeinen, gleichen Wahlrechts. In keinem der großen europäischen Staaten konnte man noch von eigentlicher Parteiregierung sprechen; überall von einer so oder so zu beschreibenden Abhängigkeit der Regierung von einer parlamentarischen Mehrheit, die parteilich organisiert war. Eine Tyrannei der Mehrheit war das nicht; schon allein darum nicht, weil die Mehrheiten wechseln konnten, die

Konkurrenz um die Gunst der Wähler wesentlich frei war. Auch die von Berufspolitikern geleitete Massenpartei, wie sie zuerst in Amerika erschien, dann, im letzten Drittel des Jahrhunderts in England und Deutschland, hielt sich an die Spielregeln der Konkurrenz; ihr An-die-Macht-Kommen war keine »Machtergreifung«; das Machtmonopol, das die Republikaner sich in der Union nach dem Bürgerkrieg gründeten, hielt nicht lange. Auch der Bonapartismus, in der Zeit seines Glanzes, war keine eigentliche Tyrannei der Mehrheit gewesen. Die sieben Millionen, die Napoleon III. in seinem Amt bestätigten, resignierten eher, als daß sie bedrückt hätten. Sie resignierten für eine Zeit, weil sie der Unordnung überdrüssig waren. Auch im Zweiten Kaiserreich artikulierte die Masse der Wähler sich in Parteiungen, in Gruppen verschiedenen Sinnes, sobald dem Parlament wieder reale Aufgaben gestellt wurden.

Wenn im letzten Jahrhundertdrittel ein neuartiger Machtdruck sich in Europa stärker und stärker geltend machte, so kam er nicht von der unfertigen Demokratie; er kam auch nicht mehr von der alten Hierarchie als solcher, von Königen und Baronen. Er kam vom Staat. Von allen Verwirklichungen des kollektiven Willens in Europa war jener der schicksalsschwerste, der den Erdteil im 19. Jahrhundert noch einmal in Staaten zerfallen ließ. Es sollten jetzt Volksstaaten, Nationalstaaten sein. Sie waren das wohl auch. Aber es waren Machtstaaten. Sie standen gegeneinander wie eh und je. Daß die Deutschen ihre Einheit kraft eines Sieges über die Franzosen gewonnen hatten, war hierfür das sprechendste Symbol. Die Verbrüderung der Nationalstaaten, welche die Mazzini und Garibaldi, die Lamartine und Victor Hugo erträumt hatten, blieb aus. Die Nationen übernahmen die Staatsraison, das stehende Heer, die Vergrößerungswut, die ewig wühlende Machtkonkurrenz, sie übernahmen alles Unrecht und allen Unfug von den Fürsten und gaben ihnen verhundertfachte Kraft. Nur der Staat konnte diese Kraft erziehen, kontrollieren, steigern. Er mochte nun ein Rechtsstaat sein und Gleichheit vor dem Gesetz garantieren, er mochte seinen Kapitalisten das liberalste Aktienrecht gewähren, seinen Armen die beste unentgeltliche Schulbildung; er mochte Arbeiter-Assoziationen erlauben, die Wissenschaft fördern, die Wirtschaft stützen, eine ins ungeheure wachsende Zahl nützlicher Funktionen erfüllen. Deswegen war er doch und vor allem Machtstaat, und von den Pflichten, die er auferlegte, war die allgemeine Wehrpflicht die bezeichnendste. Seine innerste Natur hat dieser europäische Machtstaat im Krieg von 1914 enthüllt.

Der allmächtige Staat war nicht dasselbe wie die allmächtige Mehrheit; auch dort nicht, wo eine so oder so gewählte Parlamentsmehrheit die Gesetze machte. Soziologisch hätte man die eigentlichen Träger und Agenten des Staates eher als eine Reihe von Minderheiten zu beschreiben: Hohe Bürokratie, Generalität, Staatskirche und so fort. Wichtiger als der Charakter des leitenden Personals ist die Ausrichtung der Menschen auf den Staat, auf das übermächtige, ordnende, zwingende Staatssymbol, welches das Königssymbol ersetzt hatte.

Es ist merkwürdig, daß die beiden tiefsten sozialen Denker der ersten Jahrhunderthälfte, Tocqueville und Marx, die Bedeutung des Staates so sehr unterschätzten. Den Franzosen interessierte die Gesellschaft, nicht der Staat. Indem er die europäische Gesellschaft mit der amerikanischen verglich, übersah er den einschneidendsten Unterschied: daß es in Amerika den Machtstaat nicht – sollen wir sagen: noch nicht? – gab. Welchen Einfluß der Staat und der Nationalismus als neue Triebkraft des Staates auf die Demokratie ausüben könnte, davon ist in seinem Buch fast gar nicht die Rede. Karl Marx fehlte es nicht an scharfem Sinn für Machtpolitik. Er sah jedoch nur den Einfluß der Gesellschaft auf den Staat, nicht den des Staates auf die Gesellschaft. Er hielt den Kampf der Klassen, nicht der Staaten, für Europas Schicksal. Diese Auffassung war insofern bestätigt worden, als die inneren Gegensätze der Gesellschaft, die Gegensätze wirtschaftlich bestimmter Klassen, die Gegensätze der Traditionen, Gesinnungen und Konfessionen in Europa lebendiger und schärfer geblieben waren, als Tocqueville in den dreißiger Jahren auf lange Sicht geglaubt hatte. Eine graue Gleichheitsmonotonie bedrohte den europäischen Geist im Jahre 1871 nicht. Hieß das aber, daß die Lehre vom Klassenkampf sich bewahrheitet hatte?

Die Furcht vor der »roten Gefahr« war nach 1871 geringer als vor 1848; jedenfalls, sie hätte geringer sein dürfen. Die Fabrikarbeiterschaft war nicht mehr ein Mysterium des Elends und der schlummernden, zerstörerischen Gigantenkraft. Mit dem Fall Napoleons III. ging die Linie der Thronstürze und provisorischen Regierungen im Stadthaus in Paris zu Ende, mit der »Commune« die Linie der Schlachten zwischen der Truppe und dem Volk von Paris; dergleichen ist seither in diesem Stil nicht wieder vorgekommen. In England war der Chartismus tot; die Arbeiterschaft erfolgreich am Werk, ihre Lebensbedingungen zu verbessern durch beide Parteien und, direkter, durch die Trade-Unions. Selbst Marx bemerkte ärgerlich, der englische Arbeiter sei im Begriff, bürgerlich zu werden, was er sich, da er auf Kosten der ganzen Welt lebe, wohl auch leisten könne. In Deutschland begann nach 1870 ernsthaft der Aufstieg der Sozialdemokratischen Partei, und sowohl Marx wie Bismarck verstanden ihn im Sinn von 1848: als radikale Bedrohung der bürgerlichen und aller Ordnung. Dies Mißverständnis wurde ihnen bestätigt durch die Theorie der deutschen Sozialdemokraten selber, die eben die Marxsche war. Aber die Theorie war etwas anderes als die Wirklichkeit der deutschen und, in ihrer Nachbarschaft, der österreichischen, schweizerischen, französischen, belgischen Sozialisten. Ihre wirkliche Funktion war von Anfang an das, was später »revisionistisch« oder »reformistisch« genannt wurde: innerhalb der Gesellschaft, so wie sie war, von dem Gewicht, das der Zahl und Tätigkeit der Arbeiter zukam, Gebrauch zu machen und vom Staat absorbiert zu werden. Der erste Weltkrieg, der so vieles enthüllte, hat auch dies enthüllt, da endlich stellten überall die Sozialisten sich auf seiten des Staates. Wenn dann, gegen Ende des Krieges, der veraltete Begriff der Revolution wieder auflebte, so geschah es von Rußland her, dem fernen, fremden und armen. Jetzt war er ein Import. Ein solcher übrigens, der in Westeuropa allerlei blutigen Unfug anrichtete, aber nirgends sich durchsetzte. Das Zeitalter der Revolutionen, der romantisch begeisterten, radikalen Umsturzbewegungen war für Europa vorbei. Die Organismen der europäischen Staaten waren zu dicht dafür geworden.

Nein, nicht der Klassenkampf war Europas Schicksal. Klassen gab es, aber nicht deren zwei überall, wie Marx mit vereinfachender Plumpheit prophezeit hatte, sondern unzählige Nuancen von Klassen. Sie hatten immer zusammen gelebt, sie würden schlecht und recht auch weiter zusammen leben, Veränderungen im Sinne wachsender Gleichheit sich allmählich vollziehen. Der Staat war Europas Schicksal. Er auch bestimmte, so oder so, das Verhältnis der Klassen zueinander. Er bot einer Klasse mehr als der anderen, wurde zu ihrem Vorteil stärker ausgenutzt als von anderen, aber er war mit keiner identisch. Was in den folgenden Jahrzehnten den Lauf der Dinge im Guten und Bösen charakterisierte, koloniale Expansion und imperialistischer Streit, Schutzzölle und Flottenbau, Bündnisse, Gegenbündnisse und Wettrüsten, technische Erziehung und Welthandelskonkurrenz und philosophische Doktrinen vom Recht des Stärkeren – es war alles durch den nationalen Machtstaat und nicht ohne ihn. Ohne ihn lag in der kapitalistischen Industrie nichts, was zum Krieg getrieben hätte. Die Staaten trieben zum Krieg; wie allem, was innerhalb ihrer Grenzen wirksam war, prägten sie auch der Industrie ihren Stempel auf, gaben ihr, die ihrem innersten Wesen nach rational und verbindend war, eine irrationale, feindliche Spitze. Durch ihre Machtkonkurrenz haben die Staaten dann schließlich auch die Revolution zur Hintertür wieder hereingelassen: ohne 1914 kein 1917. Nun wurden, spät, die extremsten Versprechen von 1848 verwirklicht; der Nationalismus dort, wo er noch unbefriedigt geblieben war, und der Kommunismus. Aber: anders, ganz anders. Was nun geschah, hätten die Achtundvierziger, Karl Marx nicht ausgenommen, kaum als die Erfüllung ihres Testamentes anerkannt.

Theodor H. von Laue

RUSSLAND IM 19. JAHRHUNDERT

Rußland und Europa: eine Übersicht

Man hat sich im 19. Jahrhundert oft gefragt, ob Rußland, obgleich Mitglied des europäischen Staatensystems, seinem Wesen nach überhaupt zu Europa gehöre. Rußland galt als die Großmacht, die europäisch geprägten Vorstellungen von einem Staatswesen am wenigsten entsprach.

Aus guten Gründen. Es unterschied sich als massive Landmacht, die ein Sechstel der Landoberfläche der Erde einnahm (was auch damals schon gern von russischen Patrioten betont wurde), von den räumlich ungleich begrenzteren Westmächten. Ohne direkten Zugang zum Meer, an der Wurzel Europas, an der übergangslosen Verbindung zwischen der europäischen Halbinsel und Asien gelegen, besaß es nicht nur europäische, sondern auch große asiatische Territorien. Jede Regsamkeit im inneren und äußeren Verkehr war durch die großen Entfernungen, die für Wegebau schwierige Bodenbeschaffenheit und durch ein rauhes Klima behindert. Die russischen Grenzen waren besonders in Asien viel weniger stabil als die europäischen; sie waren teils offen, teils fluktuierend; bis 1841 reichte Rußland sogar nach Kalifornien hinein, bis 1867 nach Alaska. Im Kaukasus, in Zentralasien und auch China gegenüber breitete sich die russische Macht langsam aus. Außerdem gab es im Inneren noch große unerforschte und unzugängliche Gebiete, besonders im sibirischen Norden.

Im Vergleich zu den schon recht einheitlichen Westmächten hatte Rußland eine sehr heterogene Bevölkerung. Die slawischen Volksgruppen, Großrussen, Ukrainer, Weißrussen und Polen, unterschieden sich voneinander immerhin so sehr wie Schweizer, Holländer und deutsche Stämme. Dazu kamen aber noch die baltischen Völker, Litauer, Esten und Letten, auch Deutsche, Juden, Armenier, Georgier, die verschiedenen türkischen und mongolischen Völkerschaften und die verstreuteren finnisch-ugrischen Stämme. Der Kaukasus ist bis heute noch ein wahres ethnographisches Museum, und auch in anderen Gebieten gab es bunte Volksmosaiken, zum Beispiel an der mittleren und unteren Wolga. Das kulturelle Niveau, allgemein von Westen nach Osten abfallend, zeigte ebenfalls starke Gegensätze. Es gab Beispiele für fast jede Kulturstufe, von den primitiven Samojeden bis zu den westeuropäischen Vorposten der polnischen oder baltischen Städte oder bis zur Hauptstadt St. Petersburg.

Die Religion trug zur weiteren Trennung von Westeuropa bei, direkt durch die Tatsache, daß die orthodoxe Staatskirche in Westeuropa nicht vertreten war und sich in einem durch die Politik noch verschärften Gegensatz zur römisch-katholischen Kirche befand, und indirekt in der Vielheit der in der Bevölkerung verbreiteten Kulte, die über das in Europa übliche Maß weit hinausging. Es gab nicht nur seit Mitte des 17. Jahrhunderts die innere Spaltung in der orthodoxen Kirche zwischen Rechtgläubigen und Altgläubigen (die wiederum in verschiedene Sekten zerfallen waren), sondern auch die Sondergruppe der Uniaten, die sich der katholischen Kirche untergeordnet, jedoch ihre östliche Liturgie beibehalten hatte. Dazu gesellten sich noch einige Gruppen von Protestanten, Armenische und Georgische Christen, Juden, Mohammedaner sowohl der Schia wie auch Sunna, Lamaistische Buddhisten und verschiedene Gruppen primitiver Religion.

Bei all dieser komplexen Vielfalt bestand allerdings eine gewisse Einheitlichkeit unter der Führung des großrussischen orthodoxen Volksteils, durch den der russische Staat groß geworden war (und von dem auch dieses Kapitel im wesentlichen handeln wird). Dieser Volksteil, der zu Ende des Jahrhunderts weniger als die Hälfte der Bevölkerung ausmachte, konnte die andersartigen Elemente weder in einen anregenden assimilierenden Austausch einspannen noch sie alle mit Gewalt angleichen oder gar ausrotten. Deshalb wurde das Problem der Minderheiten immer dringlicher. Kurz, die gewaltige Ausdehnung Rußlands und die Größe und Vielseitigkeit seiner Bevölkerung waren wegen der ungeheuren Schwierigkeiten für eine geordnete Staats- und Gesellschaftsbildung nach westlichem Vorbild eher eine Belastung als ein Vorteil.

Auch das Verhältnis zwischen Staat und Gesellschaft war in Rußland ganz anders als in Westeuropa. Dort hatte sich überall seit dem Mittelalter eine breite Schicht feudaler Herren und städtischer Bürgerschaft herausgebildet, die durch ihren Reichtum und ihre Kenntnisse auch allgemeine Aufgaben des öffentlichen Lebens übernahm, so daß sich der moderne Staat auf ihre Beiträge stützen konnte. Das hatte nicht nur eine Einschränkung der Staatsvollmachten zur Folge, sondern verringerte auch die Aufgabenlast des Staates. Der kulturelle und wirtschaftliche Fortschritt blieb, trotz Absolutismus, weitgehend der Initiative der Allgemeinheit überlassen. Im Gegensatz dazu hatte die russische Autokratie zu den üblichen Verpflichtungen des Staates auch noch solche Aufgaben übernehmen müssen, die im Westen außerhalb des staatlichen Rahmens bewältigt wurden.

Historisch gesehen, war der russischen Autokratie keine andere Wahl gelassen worden, denn die äußere Bedrohung zu Beginn des 17. Jahrhunderts und die spätere scharfe Konkurrenz innerhalb des europäischen Staatensystems verlangten geradezu eine gewaltige Machtausdehnung des Staatsapparates. In der weiten Ebene zwischen Europa und Asien gab es nur eine Alternative: Zersplitterung oder Großmacht. So war denn der russische Staat von oben herab und von außen her aufgebaut worden auf Kosten der Bevölkerung und ohne deren spontane Mitarbeit. Daraus ergab sich eine tragische Zwangsläufigkeit: je größer der Selbstbehauptungswille des Staates in der äußeren Politik – und die äußere Sicherheit war Voraussetzung für jede Hebung der Volkswohlfahrt –, um so größer war auch der Kontrast zwischen Staatsansprüchen und Untertanenrechten, zwischen Staatsvollmacht und Volkswohlfahrt. Die extremen Anstrengungen zum Zwecke der äußeren Selbstbehauptung verschlangen alle Ansätze einer Wohlhabenheit und Selbständigkeit in der Bevölkerung. Der Staat war reich, das Volk arm.

Aber die Staatsaufgaben waren letzten Endes nur bei einer Mitarbeit der Bevölkerung zu bewältigen, die vielfach – weil es anders nicht ging – mit Zwang und Gewalt organisiert werden mußte. Der moderne russische Staat war so seiner Natur nach »Dienststaat«, in dem es, wie der große Staatsmann Speranskij es im frühen 19. Jahrhundert ausgedrückt hat, nur zwei Kategorien von Untertanen gab: die Diener der Autokratie (der Adel) und die Diener des Adels (die Leibeigenen). Diesen Dienstcharakter hat das russische Staatsgefüge nie ganz verloren; er war am schärfsten ausgeprägt in der Bürokratie und im Offizierskorps, die (vom Adel sich lösend) zum Träger des Staatsgedankens wurden.

In der Praxis war allerdings die Autokratie nicht absolut, denn ihre Macht konnte nicht in den letzten Winkel des riesigen Landes dringen. Auch hatte der Adel allmählich das strenge Gepräge des »Dienststaates« verwischt. Es war ihm schon Mitte des 18. Jahrhunderts gelungen, sich von der Dienstpflicht zu befreien und darüber hinaus durch Eingriffe in die kaiserliche Nachfolge (etwa die Ermordung des Kaisers Paul I. 1801) die Autokratie zu seinen Gunsten einzuschränken. Dennoch: wo gab es nach der Französischen Revolution noch einen europäischen Großstaat, in dem die öffentliche Tätigkeit so weit der Bürokratie überlassen war und die staatliche Autorität so zügellos und brutal walten konnte? Daß die Passivität und das Unverständnis der Bevölkerung Willkür und Korruption der Beamten begünstigten, muß man allerdings zugestehen. Der Gegensatz zwischen Staat und Volk verdarb beide Parteien.

In keinem anderen europäischen Land bestimmte die Persönlichkeit des Herrschers den Gang der Entwicklung so entscheidend, daß selbst heute noch russische Geschichte am besten nach ihren Regierungszeiten periodisiert wird. Kaum anderswo war der Herrscher so ungeheuren inneren und äußeren Spannungen ausgesetzt. Begann und endete doch im 19. Jahrhundert die Regierung jedes Zaren in einer schweren inneren Krise (mit Ausnahme des Übergangs von Alexander III. zu Nikolaus II. im Jahre 1894 – die Ruhe vor der endgültigen Katastrophe).

Der Gegensatz zwischen Staat und Volk spiegelte sich auch in der Struktur der russischen Gesellschaft. Im Adel und in der Bürokratie gab es zu Anfang des 19. Jahrhunderts eine kleine Oberschicht, deren Geschmack und Gebaren europäisiert waren. Auf Anregung oder unter Zwang der Kaiser hatte sich der Dienstadel nach westeuropäischem Vorbild umgeschult, vielfach mit erstaunlichem Erfolg. Das späte 18. Jahrhundert bis zu den Napoleonischen Kriegen war das goldene Zeitalter des russischen Adels. Er lebte, schon von der Dienstpflicht befreit, oft großspurig auf Kosten der leibeigenen Bauern, entwickelte dabei aber nicht wie die preußischen Junker oder die englischen Gentry die Fähigkeit, sich wirtschaftlich zu behaupten. Diese Kreise pflegten Kultur in der besten europäischen Tradition; und der russische Beitrag zur Weltliteratur ist ihnen zu verdanken. Aber es gab daneben, besonders beim ärmeren Adel, eine unglaubliche Verrohung und den Machtmißbrauch des Gutsherrn über seine Leibeigenen. In diesen für unsere Begriffe unvereinbaren Eigenschaften hat man vielfach mit Recht etwas »typisch Russisches« gesehen.

Auf der anderen Seite »das schwarze Volk«. Darunter fiel zunächst eine dünne Schicht von Kaufleuten mit einer gewissen Sonderstellung, oft altgläubig und der Europäisierung gegenüber fremd. Dann kam die etwas größere Zahl der Handwerker und des städtischen Kleinbürgertums und schließlich die Masse der Bauernschaft. Der Zustand der leibeigenen Bauern erregte oft entsetztes Erstaunen ausländischer Besucher, nicht nur wegen ihrer Kollektivordnung (an der man manches Positive finden konnte), sondern wegen ihrer sklavischen Hilflosigkeit dem Staate und den Gutsherren gegenüber und wegen ihrer

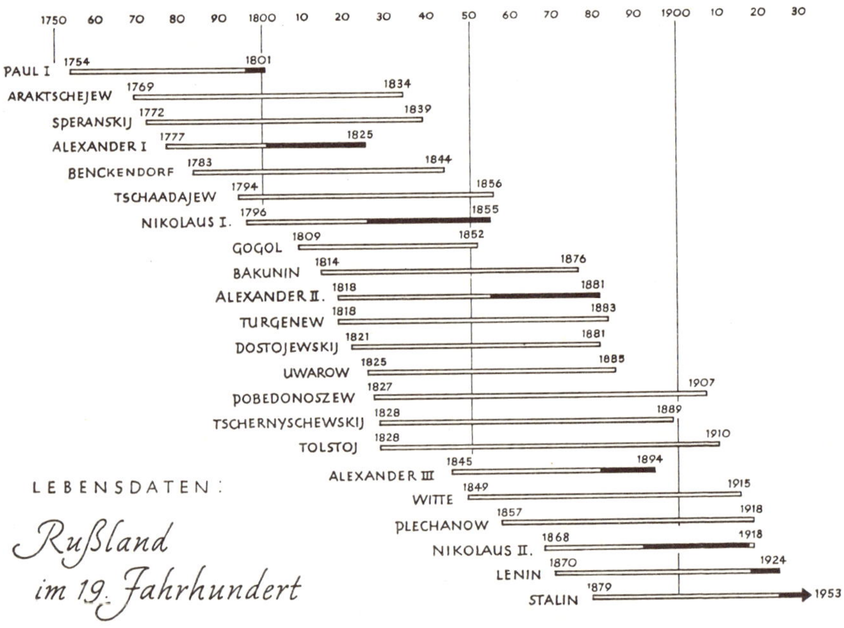

unglaublichen Armut und Rückständigkeit. Da gab es tiefes religiöses Sehnen, instinktives Bestehen auf allgemeiner Gleichheit und sozialem Recht, Bauernschläue, explosive Bitterkeit gegen die Härte des Lebens und die Mitmenschen, Ergebenheit gegenüber der erbarmungslosen Natur und der von Staat und Gutsherrn auferlegten Bürde, Abneigung gegen Einzelgänger und Gewöhnung an Zusammenarbeit im täglichen Leben. Auch brodelte ein blinder Haß gegen Staat, Adel, europäische Manier und jegliche Autorität, der in fast ununterbrochenem Aufruhr, in Flucht oder Abwanderung seinen Ausdruck fand. In der Misere der leibeigenen Bauern sah man am deutlichsten den Preis der russischen Großmachtstellung.

Der Gegensatz zwischen Volk und Staat schwächte auch die orthodoxe Kirche. Seit Peter dem Großen war sie nicht nur Staatskirche, sondern wie ein Ministerium dem Staatsapparat eingegliedert, weil sie sich wie das Volk gegen die erzwungene Europäisierung gesträubt hatte. In der Gefangenschaft des Staates konnte sie sich nicht spontan entfalten, so daß ein reges religiöses Empfinden oder soziales Gewissen nur zu leicht in die Opposition, ja selbst in den Atheismus getrieben werden konnte. Die Kirche wurde gewiß nicht unfähig ihr heiliges Erbe zu verwalten,aber es fehlte ihr an Elastizität, die neuen, vom Westen hereindringenden Strömungen zu verarbeiten.

Noch zu Ende des 18. Jahrhunderts hatte der russische Staat seine Untertanen in eine von oben kontrollierte ständische Ordnung gezwungen. Der Adel besaß eine eigene korporative Organisation mit gewählten (und bestätigten) Vertretern, die Kaufmannschaft ihre drei Gilden mit deren Vorstehern, eine für die reichen, die andere für die weniger wohlhabenden Kaufleute – gemessen nach den Steuern; dann kamen die »Zechen« der Handwerker, die Genossenschaften der Kleinbürger und schließlich die Bauerngemeinden. Auch die Kosaken nahmen eine besondere Stellung ein. Sie waren bevorzugte Bauern, denen gleichzeitig militärische Aufgaben, besonders im Grenzschutz, übertragen waren. Ebenso war der Klerus ein besonderer Stand. Nur eine Ausnahme gab es: die sich allmählich vergrößernde Gruppe der »Ehrenbürger«, der gewisse Privilegien des Adels gewährt waren, aber ohne das Recht, sich korporativ zu organisieren. Hier fand man eingebürgerte Ausländer und die Abkömmlinge verschiedener Stände, die sich eine mittlere oder höhere Schulbildung erworben hatten. Nun war allerdings innerhalb dieser Ständeordnung ein Auf- und Abstieg nicht undenkbar, was der russischen Gesellschaft im 19. Jahrhundert einen gewissen demokratischen Zug verlieh. Es gelang manchem Bauern, aus der Leibeigenschaft in den Kaufmannsstand einzutreten (Zulassung hing nur von der Steuerzahlung ab), auch diente sich mancher fähige Schreiber durch die höchsten Ränge der Bürokratie in den Adel hinein. Solche Möglichkeiten verhinderten aber nicht die zunehmende Vertiefung des Gegensatzes zwischen der sich langsam vermehrenden europäisierten Oberschicht (von der, wie noch gezeigt werden wird, eine wachsende Gruppe dem Staat untreu wurde) und dem »schwarzen Volk« der Bauern und Kleinbürger. Nur in einem waren alle Untertanen gleich: sie benötigten einen Paß, wenn sie sich von ihrem Wohnort entfernen wollten.

All diese Unterschiede zu westeuropäischen Verhältnissen hatten einen Hintergrund in der besonderen russischen Wesens- und Denkart. Ausländer bewunderten oft die Begabung und Energie der Russen, beklagten aber gleichzeitig die Unberechenbarkeit und Unordnung, das Fehlen jedes Sinnes für Zeiteinteilung, ja für jede Art von Beschränkung. Mit Staunen bemerkten sie, wie Gefühle über Sachlichkeit dominierten. Es war bekannt, daß man mit russischen Gastgebern gut Brüderschaft trinken, jedoch schlecht verhandeln und Geschäfte machen konnte. Sie waren den Ausländern gegenüber oft stolz und mißtrauisch, und selbst einen Romantiker mußten die ungewohnten Extreme ihrer Gemütshaltung verwirren. Die biblisch-einfache, moralisch orientierte, langsame Denkweise der Russen konnte sich nicht so leicht in das schnelle, rationale westliche Denken einfinden.

Dennoch mußte sich Rußland, so hatte schon Peter der Große gelehrt, zwangsweise der allgemeinen europäischen Entwicklung anpassen. Nichtmithalten bedeutete Niederlage und möglicherweise Auslöschen der Selbständigkeit, Anpassung war mit unermeßlichen Schwierigkeiten verbunden. Da war der rasche europäische Fortschritt von der Französischen Revolution bis zur modernen Demokratie, von den Anfängen der Industrie bis zum Hochindustrialismus, von der Niederzwingung Napoleons bis zur Weltpolitik. Es schien fast unmöglich, die sich überstürzenden westeuropäischen Ereignisse aufzunehmen und die eigenen Verhältnisse danach einzurichten.

Herrscherpersönlichkeit und Staatsaufgaben

Die Regierung Alexanders I. 1801–1825

Diese Probleme stellten von Anfang an die höchsten Anforderungen an Kaiser Alexander I., der im Jahre 1801 die Regierung antrat. Seine Persönlichkeit war durch eine seltsame Mischung ausländischer Einflüsse geformt; Rußland spielte in seiner Erziehung eine geringe Rolle. Seine Großmutter Katharina II. nahm ihn früh seiner Mutter fort und erzog ihn im Winterpalais, im Geiste der französischen Aufklärung mit ihm herumexperimentierend. Der Schweizer La Harpe begeisterte den noch unreifen Knaben mit republikanischen Idealen, vermittelte ihm jedoch keine praktische politische Erfahrung. Gleichzeitig mußte er sich aber auch seinem Vater Paul gefällig zeigen, einem bigotten, unberechenbaren Manne, der in der benachbarten Residenz Gatschina seine Truppen auf gut preußisch exerzierte. Der Sohn lernte, sich geschickt diesen beiden miteinander in Fehde lebenden Höfen anzupassen, doch auf Kosten jeder tieferen Überzeugung und Charakterstärke; so blieb er bei all seinem Charme sich selbst und seinen Zeitgenossen immer ein Rätsel. Napoleon sagte später, es sei schwierig, klüger als er zu sein, doch fehle ihm irgendein Charakterzug, den er selbst nicht nennen könne. Während der Regierung seines Vaters lebte Alexander dann in beständiger Furcht und Aufregung. Der Schrecken erreichte seinen Höhepunkt, als Paul I. im Nebenzimmer erdrosselt und Alexander, noch zitternd und bleich, zum Kaiser ausgerufen wurde. Wie konnte der junge Mann nach solchen Erschütterungen die Stärke zur Führung seines Landes im Zeitalter der von der Französischen Revolution ausgelösten europäischen Krise haben?

Er fing mit der guten Absicht an, die staatliche Ordnung nach dem Vorbild der Aufklärung umzugestalten. Zum erstenmal wurde die Diskussion öffentlicher Fragen möglich. Von einem Kreis seiner engsten Freunde – von ihren Feinden Jakobiner genannt – beraten, ordnete der Kaiser die Regierungsorgane neu. Aus diesen Jahren stammen die modernen Ministerien des Zarenregimes. Nur zu schnell zeigten sich aber die Grenzen des kaiserlichen Reformeifers, denn als man den Senat reformieren wollte, wurde die Frage akut, ob sich der Zar dem Gesetz unterstellen sollte. Niemals! Auch andere liberale Pläne scheiterten bald an der russischen Wirklichkeit. Die Vorrechte des Adels blieben die alten. Und bei der Leibeigenschaft, die Alexander verabscheute, kam es wegen des Widerstandes des Adels nur zu einigen unwesentlichen Erleichterungen. So tröstete man sich mit der Förderung und Vermehrung der Schulen und Universitäten in einem dem neuen französischen Vorbild nachgeahmten System. Doch auch hier gab es Schwierigkeiten, so daß sich der Kaiser schließlich, durch die unerwarteten Mißerfolge entmutigt, zurückzog und seine Aufmerksamkeit auf sein und seiner Damen Privatleben lenkte.

Den Problemen der äußeren Politik konnte er nicht ganz so leicht ausweichen. Nachdem er sich zu Anfang seiner Regierung aufklärerisch gegen jeden Krieg ausgesprochen hatte – außer wenn Rußland selbst angegriffen würde –, verwarf er alle Neutralität, als Napoleon sich zum Kaiser krönte. Auf seine Art, mit einem idealistischen Plan des Weltfriedens, der aber an den Siegen Napoleons scheiterte, trat er in die große Politik ein, verbrüderte sich dann mit Napoleon in Tilsit (1807) und ersetzte seine ursprünglichen Pläne durch weniger kostspielige Eroberungskriege. Die Anstrengungen der Feldzüge gegen Napoleon ließen die inneren Experimente schnell erlahmen. Als der Kaiser sich 1805 ins Feld begab, erneuerte er sogar die anfangs von ihm unterdrückte Geheimpolizei.

Die Mißerfolge in der Außenpolitik – der Frieden von Tilsit war gewiß kein Meisterstück – zwangen den Kaiser zu einem neuen Anlauf in der Innenpolitik. Diesmal zog er einen sehr fähigen Mitarbeiter heran, Michael Speranskij, der, unter dem Einfluß westlicher Vorbilder und mit der russischen Praxis besser vertraut, den Plan einer breiten, aber indirekten Volksvertretung ausarbeitete. Da sich der Kaiser wieder vor einer Revision des Staatsgefüges auf Kosten seiner eigenen Macht scheute, wurde von Speranskijs Projekten nur der Reichsrat verwirklicht, und zwar recht unvollkommen, weil der Kaiser das Votum des Reichsrats nach Belieben annehmen oder verwerfen konnte. Selbst diese Neuerung fand den Widerstand des um seine Stellung fürchtenden Adels. Als Speranskij die Befugnisse der Bürokratie gegen den Adel zu stärken suchte und wirtschaftliche Sanierungsmaßnahmen vornahm, mehrte sich die Opposition, so daß er am Vorabend der Napoleonischen Invasion nach Sibirien verbannt wurde.

Der innere Widerstand gegen die westlichen Neuerungen konnte den äußeren Angriff Napoleons nicht verhindern. Im Jahre 1812 befand sich Alexander I. in der schlimmsten Lage, in die er je geraten konnte: Rußland wurde von den vereinten Streitkräften fast aller europäischen Staaten angegriffen, nur England blieb als Verbündeter. Daß der Feind schließlich aus dem Lande getrieben wurde (die Höhepunkte sollte man in »Krieg und Frieden« von Tolstoi nachlesen), verdankte man weniger der Fähigkeit des Kaisers – er war während des Krieges sehr in den Hintergrund getreten – oder selbst der Regierung, sondern mehr der Zähigkeit der Soldaten und des Volkes und der mit ihnen verbündeten »Generäle« Dreck, Werst und Winter. Und daß die russische Armee schließlich im Triumph in Paris einmarschierte, lag auch weniger am Geschick der russischen Führung als an dem vereinten Bemühen der unterjochten Völker des Festlandes und der Engländer. Immerhin war es ein Glück für Europa, daß der siegreiche Zar sich als Erbe der Aufklärung fühlte. Denn er war es, der auf der Charta von 1814 für Frankreich bestand und in der europäischen Neuregelung auch seinen polnischen Untertanen eine Verfassung gab.

Seinem eigenen Lande brachte der Sieg keine Vorteile. Nach den ungeheuren Anstrengungen des Krieges fehlte der Schwung zu neuen Reformen. Des Kaisers Hauptinteresse blieb der großen Politik, soweit er nicht überhaupt die Lust an den Geschäften verlor. Er sprach sogar mehrmals vom Abdanken. In seiner Umgebung nahmen die Reaktionäre überhand. Die Universitäten fielen unter die Aufsicht eines Obskuranten, des Fürsten Golizyn, der die Schul- und Kirchenverwaltung vereinigte. Noch größeren Einfluß gewann Araktschejew, der die berüchtigten Soldatenkolonien aufbauen ließ, in denen die Soldaten mit ihren Familien zur landwirtschaftlichen Arbeit herangezogen wurden. Der Plan hatte gewisse Vorteile, Mißbräuche der staatlichen Gewalt waren aber an der Tagesordnung. Im Jahre 1819 wurde dann noch in den baltischen Provinzen die Bauernbefreiung durchgeführt, aber ohne jegliche Landzuteilung. Das verschlechterte die Stellung der Bauern und kam deshalb für die russischen Provinzen nicht in Betracht. In den letzten

Lebensjahren des Kaisers stagnierte die innere Entwicklung völlig. Die fähigeren Beamten beklagten die Ziellosigkeit und Korruption der Verwaltung.

Und das Heer? »Alle Grade der Armee, von den Generälen bis hinunter zu den einfachen Soldaten, redeten nur davon, als sie heimkamen, wie gut das Leben in fremden Ländern eingerichtet sei. Durch den Vergleich mit den Verhältnissen in der Heimat stieß man natürlich auf die Frage, warum es denn nicht auch bei uns so sei?«, so berichtete später einer der Dekabristen. »Warum es denn auch nicht bei uns so sei?« Diese fatale Frage bedrohte die öffentliche Sicherheit und Staatsautorität Rußlands weit über die Nachkriegsjahre, ja weit über das 19. Jahrhundert hinaus. Es waren gerade die Söhne der einflußreichsten Familien, die patriotischen Heißsporne, die diese Frage zutiefst bewegte. Offene Diskussion wurde bald zu gefährlich, also schritt man zu Geheimbünden und Verschwörung. Das Ziel dieser geheimen Gesellschaften, unter denen sich schließlich eine gemäßigtere nördliche und eine radikalere südliche Gruppe herausschälten, war die Erneuerung Rußlands als einer zivilisierten und freien Macht. Da der Kaiser und die Regierung unfähig schienen, diese Aufgabe durchzuführen, bereitete man sich auf Revolution vor.

Als Alexander im Jahre 1825 starb (manche behaupten, er habe noch viele Jahre als heiliger Einsiedler in Sibirien gelebt), hatte er sein Land zwar um einige Gebiete (Finnland, Warschau, Bessarabien) bereichert, aber der Gegensatz zwischen Rußland und den führenden Mächten des Westens war noch gewachsen. Rußland hatte sich in der Generation nach der Französischen Revolution innerlich nicht erneuert, und das trieb einen kleinen, aber wertvollen Teil der russischen Führerschicht in die Opposition.

Die wahre Lage des Landes zeigte sich nach dem Tod des Kaisers. Die Frage der Nachfolge war in Zweifel gelassen worden, und in den drei Wochen Interregnum im Dezember 1825 reifte die Verschwörung der Geheimbünde heran. Als Nikolaus, ein jüngerer Bruder, endlich die Nachfolge annahm, brach in St. Petersburg der Aufstand los. Der neue Kaiser überwältigte nach kurzem Gefecht die aufständischen Regimenter und verhaftete ihre Anführer, die »Dekabristen«, die keinerlei Unterstützung durch das Volk hatten. Aber die Furcht vor einer neuen blutigen Revolution verließ den Kaiser danach nie wieder. Sie trug zur Verhärtung der Autokratie bei und stärkte den alten Gegensatz zum Westen. Die Problematik des russischen Staates im 19. Jahrhundert konnte sich so in all ihrer Tiefe entfalten.

Der Versuch, ein monolithisches Staatssystem zu schaffen

Die Regierungszeit Nikolaus' I. 1825–1855

Der zwanzig Jahre jüngere Nikolaus hatte keine Beziehung mehr zur Aufklärung. Er reifte in den Jahren der Reaktion heran, und der Aufstand der Dekabristen konnte nur sein Vertrauen in das Prinzip der Autokratie stärken. Seine politische Überzeugung formulierte er folgendermaßen: Gewisse Staaten könnten sich in ihrer Reife vielleicht den Luxus einer Verfassung leisten. Rußland aber müsse noch um seine Existenz und seine Bestimmung kämpfen. Es stehe noch nicht da wie ein Monolith. Die verschiedenen Elemente, aus denen es zusammengesetzt sei, seien noch nicht harmonisch verbunden. Nur die Autokratie halte

Zusammenkunft Alexanders I. mit Napoleon auf dem Njemen bei Tilsit am 25. Juni 1807. Gemälde von A. J. Melling. Arenenberg, Napoleon-Museum

Moskau vor dem großen Brand. Aquarell von W. von Faber du Faur, 8. Oktober 1812. München, Bayerisches Nationalmuseum

sie zusammen. Nähme man den unbegrenzten, allmächtigen Willen des Herrschers weg, so würde Rußland bei der geringsten Erschütterung zerfallen. Die großen Ereignisse seiner Regierung: der Dekabristenaufstand 1825, die polnische Revolution von 1830/31, der schwelende Kleinkrieg im Kaukasus, Krisen und Kriege im Nahen Osten, die wachsende Unruhe unter seinen Untertanen, dazu noch die Wellen der Revolution in Europa – all dies mußte ihn in seiner Überzeugung stärken.

Und so mühte sich der Kaiser, wie ein neuer Peter der Große gegen alle Widerstände und bösartigen Umstände, einen neuen Staat zu schaffen, der dastehen sollte wie ein Monolith. Er arbeitete unermüdlich als vorbildlicher Landesvater einsam und vereinsamend an seiner Aufgabe. Er verabscheute allen Prunk; so war sein Schlafzimmer im Winterpalais spartanisch einfach, er schlief auf einem Feldbett. Aber mit noch größerem Recht als der Sonnenkönig konnte Nikolaus I. sagen: »Ich bin der Staat.« Sein Wille, verstärkt – und auch grausam verzerrt – durch die Macht der Armee und der Polizei, sollte das ganze Reich durchdringen. Alle Geschäfte behielt er in seiner Hand, die große Politik, die Auswahl der Gemälde für die Eremitage, ja selbst die Wiederherstellung der Jungfräulichkeit einer zu Unrecht verheirateten Dame. Seine persönliche Kanzlei wurde der Mittelpunkt des Staates, und innerhalb der Kanzlei die berüchtigte Dritte Abteilung, das Hauptquartier seiner neuen Geheimpolizei. In der Tradition des Obrigkeitsstaates betrachtete Nikolaus seine Gendarmen (er nannte sie auch seine »moralischen Ärzte«) für die Verbesserung der öffentlichen Ordnung als am besten geeignet. Und er ließ sich nie träumen, in welchen üblen Ruf sie schnell gerieten.

Seine Armee lag ihm ebenfalls am Herzen. Er war in ihr aufgewachsen, ja seine Denkgewohnheiten entsprachen denen eines Kommandierenden Generals. Er erwartete blinden Gehorsam von allen seinen Untertanen und besonders von seinen Beamten. Er kleidete ganze Kategorien seiner Bürger in Uniform und schrieb persönlich die kleinsten Einzelheiten der Ausstattung, selbst in der Barttracht, vor, als ob er auf diese Weise seine Untertanen zur Ehrlichkeit und Pflichterfüllung anhalten könnte. Jedes Jahr machte er seine Inspektionsreisen, gelegentlich ein Unrecht wiedergutmachend, öfter durch seine Unwissenheit Verwirrung schaffend und immer seine Untergebenen in Zittern und Zagen haltend. Selbst der allmächtige Chef der Geheimpolizei, Graf Benckendorff, fürchtete sich vor ihm. Der Kaiser konnte wohl auch weich sein und schwere Vergehen gegen die Beamtenpflicht mit väterlicher Güte vergeben, doch nie Angriffe auf seine eigene Autorität. Sein größter Fehler – und die zentrale Schwäche seines Systems – war seine Unfähigkeit, die eigenen Grenzen zu erkennen; mehr und mehr fühlte er sich über allen Rat erhaben.

Und wie hätte er auch seine Befugnisse auf Untergebene verteilen können, da er der Meinung war, daß »er und sein Nachfolger die einzigen ehrlichen Leute in Rußland« waren? Das mochte übertrieben sein, doch war die Bestechlichkeit seiner Beamten sprichwörtlich; der Staat war zu arm, ihnen ein angemessenes Gehalt zu gewähren. Und so jagte er seine Befehle durch seine Adjutanten und Feldjäger – den Offizieren mehr vertrauend als den Zivilbeamten – in alle Richtungen seines Landes und sandte Inspektoren und Agenten hinterdrein mit der Herkulesaufgabe, die Mißbräuche abzuschaffen. Wie seine Untertanen, die in die Opposition gingen, kämpfte er in bitterer Feindschaft gegen die

DATENGERÜST

Rußland im 19. Jahrhundert

1793 Zweite Teilung Polens
1795 Dritte Teilung Polens
1796 Odessa gegründet; Tod *Katharinas II.;* Regierung des *Zaren Paul Petrowitsch* (bis 1801)
1801 Grusien wird annektiert; *Kaiser Paul* durch Verschwörer erdrosselt; Regierung *Alexanders I.* (bis 1825); *Alexander* bildet das »intime Komitee«
1802 Gründung von sieben (später acht) Ministerien
1803 Erlaß von Richtlinien über die Volksbildung
1804 Bündnis mit Österreich gegen Napoleon; Universitäten Charkow und Kasan werden gegründet
1805 Niederlage der Russen und Österreicher bei Austerlitz
1806 *Napoleon* proklamiert die Kontinentalsperre; Russisch-türkischer Krieg (bis 1812); Rußland und Preußen führen Krieg gegen *Napoleon* (bis 1807)
1807 Niederlage der Russen bei Friedland; *Alexander* verbündet sich mit *Napoleon;* Friedensvertrag von Tilsit
1808 Kongreß von Erfurt; Russisch-schwedischer Krieg (bis 1809)
1809 Finnland von Rußland annektiert; *Speranskijs* Verfassungsprojekt; *Gogol* geboren
1810 Gründung eines Reichsrates nach dem Plane *Speranskijs*
1811 Reorganisation der Ministerien; *Alexander* erhöht die Zölle für importierte Luxuswaren; wachsende Opposition gegen französischen Einfluß
1812 Russisch-türkischer Friede zu Bukarest; Bessarabien wird von Rußland annektiert; *Speranskij* wird verbannt; *Napoleons* Angriff auf Rußland, Zug der »Großen Armee« nach Moskau und Flucht aus Rußland
1813 Völkerschlacht bei Leipzig
1814 Einzug der Alliierten in Paris; in St. Petersburg wird die kaiserliche Bibliothek dem Publikum zugänglich gemacht; Wiener Kongreß (bis 1815)
1815 Zweiter Einzug der Alliierten in Paris; die Heilige Allianz; »Kongreßpolen« bekommt eine Verfassung
1816 Anfänge der Dekabristen-Verschwörung; Bauernbefreiung in Estland; *Araktschejew* errichtet die Militärkolonien
1817 Universität Warschau gegründet (nach dem polnischen Aufstand 1831 wieder geschlossen); Bauernbefreiung in Kurland
1818 *Alexanders* liberale Thronrede bei der Eröffnung des polnischen Sejms; *Turgenew* geboren
1819 Universität St. Petersburg gegründet; Bauernbefreiung in Livland
1820 Kongresse von Troppau, Laibach und Verona (bis 1822). Alexander im Fahrwasser Metternichs, selbst in der griechischen Frage
1821 *Dostojewskij* geboren
1822 Freimaurerlogen und geheime Gesellschaften geschlossen
1823 Geheimer Thronverzicht des *Großfürsten Konstantin*
1825 *Tod Alexanders I.* in Taganrog; Regierung *Kaiser Nikolaus I.* (bis 1855); Putschversuch der Dekabristen
1826 Fünf Dekabristen durch den Strang hingerichtet; »Dritte Abteilung« gegründet; Russisch-persischer Krieg (bis 1828)
1827 Seeschlacht bei Navarino; Rußland unterstützt griechische Unabhängigkeit
1828 Russisch-türkischer Krieg; *Leo Tolstoj* geboren
1829 Russisch-türkischer Friedensvertrag; Rußland erhält die Donaumündungen und Gebiete im östlichen Schwarzen Meer
1830 Polnischer Aufstand (bis 1831); Polnische Verfassung und Autonomie aufgehoben, Russifizierung Polens beginnt
1831 Choleraepidemie in Rußland; *Puschkin* »Onjegin«
1832 »Organisches Statut« für Russisch-Polen; *Uwarows* reaktionäres Programm
1833 *Speranskij* beendet Kodifizierung der russischen Gesetze; Vertrag von Hunkjar Iskelessi; Höhepunkt des russischen Einflusses in Konstantinopel; wachsender russisch-englischer Gegensatz im Nahen und Mittleren Osten
1834 Universität Kiew gegründet; Expansion im nördlichen Kaukasus; lang andauernder Kleinkrieg; der Freiheitskampf *Schamils* im Kaukasus (bis 1859); *Belinskij:* »Literarische Träumereien«
1836 Erstaufführung von *Gogols* »Revisor«; *Tschaadajews* erster »Philosophischer Brief« veröffentlicht
1837 *Puschkin* stirbt
1838 Erste Eisenbahn (St. Petersburg – Tsarskoje Selo)
1839 *Speranskij* stirbt
1841 Meerengen-Konvention; nach erneuter Nahost-Krise werden die Meerengen für Kriegsschiffe geschlossen
1842 *Gogol:* »Die toten Seelen« (Erster Teil)
1845 *Chomjakow:* »Die Meinung der Ausländer über Rußland«; in den vierziger Jahren Polemiken zwischen Slawophilen und Westlern
1847 *Alexander Herzen* emigriert nach Westeuropa
1848 *Belinskij* stirbt; *Bakunin* am Slawenkongreß in Prag; Leibeigenen wird gestattet, mit Bewilligung des Herrn Grundstücke zu erwerben
1849 Prozeß gegen den Kreis *Petraschewskijs* (*Dostojewskij* verurteilt); *Bakunin* in Dresden gefangen, an Österreich und dann an Rußland ausgeliefert; Russischer Feldzug in Ungarn
1851 Eisenbahn St. Petersburg – Moskau eröffnet
1852 *Gogol* stirbt; *Turgenew:* »Aufzeichnungen eines Jägers«; Streit zwischen Rußland und Frankreich über die Heiligen Stätten in Palästina
1853 Krimkrieg (bis 1856); *Herzens* »Glocke« beginnt in London zu erscheinen
1855 Sewastopol fällt; Regierung *Alexanders II.* (bis 1881); *Turgenew:* »Rudin«
1856 Friede von Paris: scharfe Zurückdrängung des russischen Einflusses im Nahen Osten, Verlust der Donaumündungen und Bessarabiens, das Schwarze Meer neutralisiert; Rede *Alexanders II.* über die Notwendigkeit, die Leibeigenschaft aufzuheben; Beginn der Ära der liberalen Reformen; die Militärkolonien werden aufgehoben

1857 Geheimes Komitee für die Frage der Bauernbefreiung; *Plechanow* geboren; Eisenbahnbau in großem Stil projektiert

1858 Das Amurgebiet wird annektiert

1859 *Gontscharow:* »Oblomow«; das östliche Kaukasusgebiet wird unterworfen

1860 Russische Staatsbank gegründet; Gebietserweiterungen am Pazifischen Ozean; Wladiwostok gegründet; *Bakunin* flieht aus Sibirien; erste Vorlesung über *Marx* an der Universität Moskau

1861 Manifest über die Aufhebung der Leibeigenschaft

1862 *Reutern* Finanzminister; langsame Ausdehnung des Eisenbahnnetzes; *Turgenew:* »Väter und Söhne«

1863 Neues Statut für die Hochschulen; Gesetz über Abschaffung der körperlichen Strafen; Aufstand in Polen

1864 *Tschernyschewskij* zu Pranger, Zwangsarbeit und Deportation verurteilt; Reform des Gerichtswesens; die Semstwos werden gegründet; erste Privatbank gegründet; beginnende Entwicklung des Kapitalismus in Rußland

1865 Liberales Gesetz über die Presse; Taschkent erobert

1866 Attentat auf *Alexander II.; Dostojewskij:* »Schuld und Sühne«

1867 Alaska an die USA verkauft; *Turgenew:* »Rauch«

1868 Samarkand erobert; Buchara erobert; Ausdehnung des russischen Einflusses in Zentralasien

1869 Universität Warschau als russische Hochschule wiedereröffnet; *Leo Tolstoj:* »Krieg und Frieden«; *Danilewskij:* »Rußland und Europa«

1870 Neues Statut für die Städte; *Lawrow* flieht nach Paris; *Lenin (Uljanow)* geboren; Rußland hebt die Neutralisierung des Schwarzen Meeres auf

1871 Neues Statut für die Gymnasien; *Danilewskij:* »Rußland und Europa«; *Dostojewskij:* »Die Dämonen«

1872 Neues Statut für die Realschulen; erste russische Ausgabe des »Kapitals« von *Marx*

1873 Chiwa erobert; Dreikaiserbund, deutsch-österreichisch-russisches Zusammenhalten auf monarchischer Basis (bis 1876); *Tkatschow* flieht nach Genf

1874 Heeresreform. Allgemeine Wehrpflicht; erster »Zug ins Volk« (Narodniki)

1875 Rußland erhält von Japan Sachalin gegen Abtretung der Kurilischen Inseln

1876 Grausamkeiten der Türken in Bulgarien; wachsender österreichisch-russischer Gegensatz auf dem Balkan; *Bakunin* in Bern gestorben; erste politische Demonstration mit roter Fahne in St. Petersburg *(Plechanow); Tolstoj:* »Anna Karenina«

1877 Russisch-türkischer Krieg (bis 1878); Prozeß gegen die Gründer des Südrussischen Arbeiterbundes; Organisation »Semlja i Wolja« gegründet

1878 Nordrussischer Arbeiterverein gegründet; Vertrag von San Stefano; Berliner Kongreß; Rußlands Plan für ein befreundetes Großbulgarien auf englischen Druck aufgegeben

1879 Attentat auf *Alexander II.; Jossif Dschugaschwili (Stalin)* geboren; Gründung der Narodnaja Wolja

1880 *Plechanow* emigriert nach Westeuropa

1881 *Dostojewskij* gestorben; *Alexander II.* ermordet; Regierung *Alexanders III.* (bis 1894); *Pobedonostsews* Einfluß; erneute Russifizierungsversuche unter den Minderheiten, auch religiöse Verfolgung unter den Andersgläubigen; Judenpogrome (bis 1882)

1882 Reaktionäres Presserecht; Bauern-Agrarbank gegründet; erstes Fabrikgesetz

1883 *Turgenew* stirbt

1884 *Plechanow:* »Unsere Meinungsverschiedenheiten«; Marxistische Polemik gegen die Narodniki

1885 Anglo-russische Krise über Afghanistan; Gründung der Adels-Agrarbank

1886 Bulgarische Krise; transkaspische Eisenbahn eröffnet; großes Arbeiterschutzgesetz

1887 Russisch-britisches Abkommen über Afghanistan; *Bismarcks* Rückversicherungsvertrag; *Alexander Uljanow* hingerichtet

1888 Universität Tomsk eröffnet

1890 Reaktionäres Semstwogesetz; deutsch-russischer Rückversicherungsvertrag von 1887 abgelaufen

1891 Protektionistische Zollpolitik. Zollkrieg mit Deutschland (bis 1894); Bau der Transsibirischen Eisenbahn geplant; forcierter Getreideexport. Hungersnot (bis 1892)

1892 Finanzminister *Witte* (bis 1903)

1893 Ratifizierung der geheimen russisch-französischen Allianz; Bau der sibirischen Eisenbahn begonnen

1894 Deutsch-russischer Handelsvertrag; Regierung *Nikolaus' II.* (bis 1917)

1895 Wirtschaftliche Erschließung von Sibirien begonnen mit Ausdehnung nach der Manchurei und China; staatliches Wodka-Monopol

1896 Katastrophe bei den Krönungsfeierlichkeiten *Nikolaus' II.;* russisch-japanischer Vertrag über Korea; russisch-chinesischer Vertrag und Konzession für die ostchinesische Eisenbahn

1897 Erstes Gesetz über Arbeitsdauer in den Fabriken (maximal elfeinhalb Stunden täglich); Rußland pachtet Port Arthur und Talienwan; Goldwährung eingeführt; *Lenin* nach Ostsibirien verbannt

1898 Erster Kongreß der Russischen Sozialdemokratischen Partei (in Minsk); Rußland regt eine internationale Abrüstungskonferenz an; Höhepunkt der Wirtschaftskonjunktur unter dem »Witte-System«; *Leo Tolstoj:* »Auferstehung«

1899 *Lenin:* »Die Entwicklung des Kapitalismus in Rußland«; Abrüstungskonferenz im Haag; Wirtschaftskrise (bis 1903); *Wittes* Memorial: »Selbstherrschaft und Semstwo«

1900 *Lenins* erste Emigration nach Westeuropa (bis 1905); Gründung der »Iskra«; Tibet unter russischem Protektorat; Boxeraufstand in China

1902 *Lenins* Schrift: »Was tun?«; Bauernunruhen; Gründung der Partei der Sozialrevolutionäre; Komitees »zur Klarstellung der Nöte der Landwirtschaft«; *Maxim Gorki:* »Nachtasyl«

1903 Gründung des liberalen »Befreiungsbundes«; zweiter Parteitag der russischen Sozialdemokraten in Brüssel und London; »Bolschewiki« und »Menschewiki«; Streiks in der Ukraine; erstes Erscheinen von Rasputin am Zarenhof

russischen Zustände. So ist es seinem persönlichen Eingreifen zu verdanken, daß die Zensur die Aufführung der Komödie »Der Revisor« von Gogol zuließ, in der die Angst der Provinzbeamten vor den Inspektoren und ihr Versuch, sich durch Bestechung, Täuschung und hündische Unterwerfung zu sichern, lächerlich gemacht wird.

Zum erstenmal seit zwei Jahrhunderten wurden die russischen Gesetze kodifiziert; ohne eine einheitliche Rechtsprechung konnte es keinen Monolithen geben. Diese Aufgabe wurde in der Hauptsache von Speranskij, der aus der Verbannung zurückgerufen worden war, 1833 bewältigt; spezielle Gesetzsammlungen folgten in späteren Jahren. Auch die Angelegenheiten der Bauern hatte Nikolaus, der wie sein Bruder die Leibeigenschaft als »ein brennendes Übel« betrachtete, im Auge.

Während seiner Regierungszeit verschlechterte sich die Lage der Bauern, weniger der Staatsbauern und Kosaken als der in privatem Besitz befindlichen Leibeigenen, deren Zahl bis zum Jahre 1835 zugenommen hatte. Da das ihnen zugeteilte Land sie oft nicht erhalten konnte, nahmen die Gutsherren mehr Leibeigene in ihren Haushalt auf, wo sie undiszipliniert und häufig brutalisiert herumlungerten. Nur gelegentlich ließ ein reicher Herr sie besonders ausbilden, manchmal sogar im Ausland. Die Leibeigenen, besonders die im Haushalt beschäftigten, waren ihren Herren rechtlich und menschlich hilflos ausgeliefert. Von Staat und Kirche empfohlene gegenseitige Verpflichtung und Achtung konnten sich bei solcher Ungleichheit niemals entwickeln. Bei den Behörden wegen unmenschlicher Behandlung zu klagen, war den Bauern bei Prügelstrafe verwehrt (was aber solche Klagen nicht verhinderte). Nur in ganz wenigen Fällen wurde grausamen Gutsherren das Verfügungsrecht über ihren Besitz entzogen. Die Gemeindeorganisation gewährte den Bauern keinen Schutz, sondern war eher ein Organ der Gutsherren und des Staates. Erbitterte Feindschaft herrschte zwischen Dorf und Gutshof. Die Machtmittel des Gutsherrn, Verbannung nach Sibirien, Einziehung in die Armee oder körperliche Mißhandlung bis zum Tod, wurden von den Bauern durch Verstellung, Betrug, schlechte Arbeit, Starrköpfigkeit, roten Hahn und Mord beantwortet. Zur Zeit des Kaisers Nikolaus sind über fünfhundert Aufstände verzeichnet worden, viele von beträchtlichem Umfang. Die Regierung stand natürlich auf seiten der Gutsherren und setzte bereitwillig Strafexpeditionen in Marsch.

Allerdings darf man nicht übersehen, daß die Zahl der leibeigenen Bauern nicht gleichmäßig über ganz Rußland verteilt war. Die größte Dichte fand sich in einem Gürtel von Provinzen südlich von Moskau, von Tula zur oberen Wolga, und im westlichen Rußland von Witebsk zum Westufer des Dnjepr. In den anderen Gebieten waren Staatsbauern, Kosaken und gelegentlich auch freie Bauern in der Mehrheit. In den Steppengebieten im Süden und Südosten gab es am wenigsten Leibeigene. Insgesamt betrug die Zahl der Leibeigenen in den vierzig europäischen Provinzen achtunddreißig Prozent der Bevölkerung, die 1853 die Siebzig-Millionen-Grenze überschritt. Und nach 1835 nahm die Zahl der Leibeigenen langsam ab.

Auch die Gutsbesitzer wurden ihrer Lage nicht froh. Ein paar Großgrundbesitzer im Süden erzielten beträchtliche landwirtschaftliche Erfolge auf kapitalistischer Grundlage, doch hatte im allgemeinen die Nachahmung des englischen Vorbildes wenig Erfolg. Die Mehrheit des gutsbesitzenden Adels – in dem Roman »Die toten Seelen« von Gogol herrlich porträtiert – stagnierte auf ihren Gütern in wachsender Verschuldung und sträubte sich mehr denn je, auf ihre einzige Einnahmequelle, die Arbeit ihrer Leibeigenen, zu verzichten. Im Gegenteil, sie versuchte oft, diese Einnahmequellen zu steigern, um ihre wachsenden Lebensansprüche – eine Folge des europäischen Einflusses – zu befriedigen. In den fruchtbaren Schwarzerdegebieten erpreßte der Adel manchmal mehr als die dreitägige Fronarbeit in der Woche, in den ärmeren nördlicheren Provinzen höhere Geldabgaben, oder er forderte beides. Gewisse Grenzen für diese Art der Ausbeutung gab es. Der Ertrag der Landwirtschaft, des Handwerks oder auch der Industrie konnte sich nicht heben, solange nicht der privaten Initiative aller Bürger freier Lauf gelassen wurde. Viele Grundbesitzer schickten ihre Bauern in die Fabriken und kassierten ihre Löhne als Abgaben ein. Auf diese Weise entwickelte sich in der Gegend von Moskau und an der oberen Wolga eine immer regere Textilindustrie.

Auf dem Lande jedenfalls fanden sich die Kräfte zu einer grundlegenden Umgestaltung der Leibeigenschaft nicht. Im Gegenteil, als der Adel sich widersetzte, mußte Nikolaus einsehen, daß der Autokrat an den Eigentumsrechten des Adels nicht rütteln dürfe. Nach langer und geheimer Vorbereitung – geheim, da sonst die Bauern in Erregung geraten wären – setzte der Kaiser zwar durch, daß in einigen westlichen Provinzen, wo die Gutsherren nichtrussischer Nationalität waren, die Leistungen der Bauern festgelegt wurden. In Rußland selbst blieb der Kern des Problems unangetastet. Wie hätte auch Nikolaus eine revolutionäre Änderung durchführen sollen, da seine ganze Politik auf Vermeidung und Unterdrückung von Revolution, in Europa und zu Hause, ausgerichtet war?

Dem Kaiser war es immer klar gewesen, daß die westlichen Ideen von Verfassung, Bürgerrecht und von sozialer Gleichheit eine große Gefahr für den Bestand seines Reiches bildeten. Das Volk gegen eine Unterminierung von außen immun zu machen, war deshalb die feste Absicht seiner Regierung. Und so beschäftigte sich der Kaiser eingehend mit der Frage der öffentlichen Meinung. Wie es einer seiner Mitarbeiter ausdrückte, war die öffentliche Meinung für die Regierung gleichsam eine topographische Karte; man mußte sich nach ihr orientieren und die Marschroute festlegen. Wie dieser Beamte zugab, war das Gelände durchaus schwierig. Die Ansichten einer aus dem Mittelstand, den in den Städten residierenden Adligen, Beamten, Schriftstellern und Leuten mit höherer Bildung zusammengewürfelten Gruppe, welche »die Seele« des Reiches darstellte, seien keinesfalls zuverlässig. Und die Jugend sei geradezu eine Eiterbeule. Unter diesen Umständen war dem Kaiser keine Wahl gelassen, er mußte die öffentliche Meinung selber zu beeinflussen suchen und seine Untertanen von der Überlegenheit der bestehenden russischen Einrichtungen überzeugen. So schuf er mit Hilfe seines Kultusministers Graf Uwarow und einiger Publizisten einen bewußten Staatsnationalismus, eine offizielle Ideologie, die in dem dreifaltigen Schlagwort: orthodoxe Kirche, Autokratie und Russentum zusammengefaßt wurde. Es sollte bewiesen werden, daß Rußland Europa überlegen sei. Der Kaiser wollte das Volk stolz auf seine Heimat machen. Was in Westeuropa im Laufe von Jahrhunderten gewachsen war und täglich durch faktische Überlegenheit bewiesen wurde, mußte in Rußland durch einen Akt des politischen Willens künstlich geschaffen werden, wenn nötig mit Hilfe der Polizei. Die Dritte Abteilung ging an die Arbeit, die russische Publizistik auszurichten, die loyalen Federn zu ermutigen und die kritischen zum Schweigen zu bringen. Leider arteten diese Versuche, »geistige Deiche« gegen westliche Ideen zu errichten, zunehmend in Repressalien aus; der Unterricht auf Schulen und Universitäten wurde beschränkt, das geistige Leben nahezu erstickt. Nach Ausbruch der Revolution von 1848 wurde selbst Uwarow als zu liberal entlassen. Sein Nachfolger erklärte einmal, daß der Nutzen der Philosophie nicht bewiesen, ihre Schädlichkeit aber wahrscheinlich sei. Deshalb überantwortete er auch den Unterricht in der Logik und Psychologie den Professoren der Theologie. Als im Jahre 1849 die Polizei eine Verschwörung aufdeckte, von der die eifersüchtig mit ihr konkurrierende Gendarmerie der Dritten Abteilung nichts gewußt hatte, verhängte der Kaiser die seit langem nicht angewandte Todesstrafe. (Er begnadigte allerdings im allerletzten Moment die Verurteilten, unter denen sich auch Dostojewskij befand.)

Auch die Überlegenheit der rechtgläubigen Staatskirche wurde mit Intoleranz und Unterdrückung der Andersgläubigen durchgesetzt. Die verschiedenen Sekten wurden säuberlich in Kategorien der Schädlichkeit geteilt, wobei die pazifistischen Duchobory zu den schädlichsten gerechnet und mit anderen zur Ausrottung bestimmt wurden. Daß der Kaiser so keine Sympathien für die Autokratie gewinnen konnte und die störrische Öffentlichkeit über die Vorteile der russischen Zustände hinweg auf deren Unvollkommenheiten sah, ist verständlich. Die ausführenden Organe waren korrupt und unfähig, sie machten sich in ihrem blinden Eifer lächerlich. Welcher andere zivilisierte Staat mußte solch drastische Maßnahmen ergreifen, um seine Größe zu beweisen? So waren alle mühevollen und originellen Anstrengungen des Kaisers, ein monolithisches Staatswesen zu schaffen, vergebens.

Hier lag der wunde Punkt des Nikolaischen Systems. Eine ständig wachsende Gruppe von Untertanen aus den verschiedensten sozialen Schichten, die »Intelligenz«, ein Produkt des Gegensatzes zwischen Rußland und Europa, bestand darauf, westeuropäische Maßstäbe anzulegen. Sie beschäftigte sich geistig mit den Ereignissen, mit den literarischen und philosophischen Strömungen im Westen. Sie waren sozusagen halbanwesende, halbabwesende Untertanen, die sich vielfach bitter beklagten, daß sie dazu verurteilt seien, ihr Leben in der »widerlichen russischen Umwelt« zubringen zu müssen. Einer von ihnen drückte es noch krasser aus: Je besser seine Erziehung, desto weniger russisch sei er auch. Oder umgekehrt: Wenn sie zur russischen Umwelt wieder zurückfinden wollten, fiel es ihnen ungeheuer schwer, sich im Licht der westlichen Einflüsse mit ihr auszusöhnen. In beiden Fällen stand das westeuropäische Erlebnis am Ausgangspunkt ihrer geistigen Arbeit.

In dieser Hinsicht hatten sie manches Gemeinsame mit dem Kaiser. Wie Nikolaus waren sie von dem Gegensatz zwischen Rußland und Europa angespornt. Ihre Meinung über die russischen Zustände unterschied sich gar nicht so wesentlich von der des Kaisers. Nur, sie trugen nicht die tägliche Verantwortung für die Verwaltung oder Weltstellung Rußlands. Sie konnten es sich leisten, frei zu kritisieren und mit Theorien zu experimentieren. Dabei waren sie wie der Kaiser bemüht, die großen Gegensätze zu überbrücken; wie seine mußten auch ihre Versuche scheitern.

Die russische Intelligenz war weder in Europa noch in Rußland heimisch. Sie war nicht nur den üblichen geistigen Spannungen ausgesetzt, sondern auch der Verfolgung durch den

Staat. Die größte Last war die Unlösbarkeit des Problems, das ihnen gestellt war: Wie ließ sich der Gegensatz zwischen Vergangenheit und Zukunft, zwischen den russischen Tatsachen und dem Westeuropa entlehnten Ideal versöhnen? Es ist kein Wunder, daß die russische Literatur im 19. Jahrhundert gequält und zerwühlt wirkt.

Aber gerade weil die Begegnung zwischen Europa und Rußland so herausfordernd und aufreibend war, ergaben sich an Tiefe und Einsicht einzigartige Schöpfungen. Unter Nikolaus begann die große Epoche der russischen Literatur. Puschkin, vielleicht der größte aller russischen Dichter, war am wenigsten von dem Unvereinbaren überschattet. Ihm gelang es noch, die westeuropäischen Anregungen harmonisch mit den Schätzen der russischen Volkskunst zu vereinen. Die späteren Schriftsteller, Lermontow, Gogol, Turgenew, Tolstoj, Dostojewskij, gerieten immer tiefer in geistige Wirrsal. Ihre Werke spiegeln die Zwitterstellung der russischen Intelligenz wider. Wo ist innere Ruhe zu gewinnen, in Europa, in der Heimat, in Taten oder Kontemplation? Wo überhaupt soll man anfangen, was tun? Gibt es dauernde Werte, die über den Gegensätzen stehen? Russische Wesensart prallte hier auf den abendländischen Rationalismus und erzeugte eine Literatur, in der die Grundfragen der christlich-europäischen Literatur wie nie zuvor gestellt und durchleuchtet wurden.

Die Publizisten, eine zweite, ebenfalls einflußreiche Gruppe der russischen Intelligenz, beschäftigten sich noch direkter mit den Problemen des großen Gegensatzes. Ihre Meinung war nicht einheitlich, sondern schwankte zwischen einer völligen Identifizierung mit dem Westen bis zur völligen Verwerfung des Westens (natürlich auf Grund der vom Westen übernommenen Ideen). Die »Westler« sammelten sich überwiegend in der Hauptstadt St. Petersburg, die »Slawophilen« in Moskau.

Den Auftakt zu dieser eigentlich das ganze Jahrhundert dauernden Kontroverse gab der berühmte Brief Tschaadajews, eines ehemaligen Gardeoffiziers und philosophierenden Weltmannes. In diesem Brief, datiert in »Nekropolis«, behauptete er, daß Rußland nie einen schöpferischen Beitrag zur Weltgeschichte geleistet habe und daß es in seinem gegenwärtigen Zustand auch niemals einen leisten könne. Die einzige Hoffnung liege in einem völligen Aufgehen Rußlands im Katholizismus, als der Essenz des Westens. Für diese kühne Beleidigung des patriotischen Stolzes wurde er alsbald vom Staate als verrückt erklärt und an weiterer publizistischer Tätigkeit gehindert. Eine gemäßigtere Richtung wurde etwas später von Belinskij vertreten, einem armen und kränklichen Manne, der sich in seiner kurzen Laufbahn zum einflußreichsten Kritiker in der russischen Literaturgeschichte erhoben hatte. Auch er nahm die Überlegenheit Europas als Tatsache hin und vermittelte die neuesten philosophischen Richtungen, vom deutschen Idealismus der dreißiger Jahre bis zum französischen Sozialismus des folgenden Jahrzehnts. In ihm brannte aber auch eine patriotische Begeisterung für ein europäisiertes Rußland, das Europa noch einmal überholen würde. Gegen Ende seines Lebens schenkte er der russischen Literatur ein neues Motiv, das Mitleid mit den Armen und Leidenden. Rußland selbst war ja seiner Stellung in Europa nach verachtet und verworfen.

Alexander Herzen, einer der berühmtesten Vertreter der aufgeklärten Intelligenz Rußlands in der Jahrhundertmitte, gehörte ebenfalls in das Lager der Westler. Wegen seiner gefährlichen Ansichten wurde er in die Provinz verbannt, floh nach Europa und ging zunächst nach Paris. Seiner russischen Natur widerstrebte das enge und verkrustete europäische Leben (so erschien es ihm wenigstens), und er zweifelte an der Zukunft Europas, nachdem die Revolution von 1848, bei der er mitgekämpft hatte, gescheitert war. Er fand schließlich Asyl in London und gründete die Zeitschrift »Kolokol«, die das Heil Rußlands und der Welt in der russischen Bauerngemeinde zu finden glaubte. Seine »Glocke« war für lange Zeit, regelmäßig nach Rußland geschmuggelt, das einflußreichste Blatt der russischen Intelligenz. Es kritisierte die Autokratie mit großer Schärfe, aber nicht gänzlich negativ.

Während Herzen eine gewisse Mittelstellung einnahm, vertraten die Slawophilen, Chomjakow, Samarin, die Brüder Kirejewskij und Aksakow – um nur die wichtigsten zu nennen –, das andere Extrem. Auch sie importierten Gedankengut, und zwar die in Deutschland gegen französischen Einfluß erprobten Ideen. Die halfen freilich, wirksamere Deiche zu errichten als die des Unterrichtsministers Uwarow; zudem konnten die Slawophilen radikaler sein und selbst Peter den Großen als Verfälscher der russischen Geschichte brandmarken. Sie vertraten nicht das offizielle Rußland, sondern das Volk. Im Volke fanden sie die dem Westen überlegenen Qualitäten Rußlands. Bei Angriffen auf den Westen schonte man gelegentlich England, das man wegen seiner ungestörten inneren Entwicklung bewunderte. So hätte es Rußland auch machen sollen! Aber man wetterte schonungslos gegen den Rationalismus, Individualismus, Materialismus, gegen Großstädte und Fabriken, Verfassungen und rechtliche Sophisterei, wobei das Beweismaterial für solche Anklagen bereitwillig aus Europa selbst geliefert wurde. Die Substanz Rußlands, die sich trotz Europäisierung in seinem Volke erhalten hatte, lag, so hieß es, in seiner seelischen Tiefe, der innigen Frömmigkeit, der Demut und der Ungebundenheit des Gebarens. Man betonte besonders das Gemeinschaftsgefühl in Familie und Bauerngemeinde, die Kirchlichkeit und die biedere Treue zum Zaren. Obwohl diese Eigenschaften mit der russischen Wirklichkeit wenig zu tun hatten, wurden sie von allen geschätzt, die dem schnellebigen, städtischen, konkurrenzwütigen Westen ausgesetzt waren. Sie blieben Wunschideale eines dem Volke entfremdeten und geistig isolierten Kreises, der sich allzugern am warmen Herd einer Volksgemeinschaft gewärmt hätte. Es tat gut, zu glauben, daß Europa im Absterben und Rußland, dank seiner geistigen Vorzüge, im Aufstieg begriffen war.

Daß einige Publizisten ihre Aufmerksamkeit auch auf die anderen slawischen Stämme ausdehnten und sich für die Einheit aller so bevorzugten Slawen interessierten, war selbstverständlich. Danilewskij, einer der bekanntesten »Panslawisten«, ging so weit, ein zukünftiges slawisches Weltzeitalter »wissenschaftlich« vorauszusagen. Dabei blieb die Einheit aller Slawen aber immer nebelhaft. Die Polen waren solchen Anregungen wenig geneigt, und unter den West- und Südslawen fand sich Sympathie für Rußland meist nur bei reichlicher geographischer Entfernung. Wichtig bei diesem übersteigerten Panslawismus (wie auch beim Slawophilismus im allgemeinen) war aber wiederum nicht die harte Wirklichkeit, sondern die Intensität des Glaubens. Der Erfolg Europas in der Welt war überwältigend. Sollte Rußland deshalb keine eigene Sendung haben? Der überlegene Anspruch Europas steigerte den Glauben an die eigene Weltmission. In seiner aus Leiden gewonnenen Weisheit würde Rußland und nicht Europa Erlösung für die ganze Menschheit bringen.

»Selbst auf einem sehr geräumigen Bett kann man sich unbehaglich fühlen«
Karikatur auf Nikolaus I. von Honoré Daumier, 1854
Lithographie

Alexander II. von Rußland

Es war das Verdienst der Intelligenz zur Zeit des Kaisers Nikolaus, Rußlands Situation gründlich durchdacht und durchgrübelt zu haben. Weder die Regierung noch die Revolutionäre konnten die dabei gewonnenen Perspektiven übersehen. Es zeigte sich bald, daß die Haltung der Westler die größere Folgerichtigkeit hatte. Daß Rußland irgendwie die Errungenschaften Europas übernahm, war unvermeidlich. Dagegen mußten die Slawophilen und ihre geistigen Nachfolger eine Position nach der anderen aufgeben. Ihr Wunsch, dem Vaterland Unruhe und Unterminierung des Hergebrachten durch das westliche Beispiel zu ersparen, wurde nicht erfüllt.

Beide Lager bekämpften die an den Zuständen mitschuldige Autokratie und versuchten, die Öffentlichkeit gegen sie zu mobilisieren. Obgleich sie sich bemühten, ihre Gedanken in unschuldige literarische Kritik oder Anspielungen einzukleiden, wurden sie von der Polizei verfolgt. Während der Kaiser mit immer größerer Verbissenheit die ihm vorschwebende monolithische Einheit zu schaffen versuchte, radikalisierte sich langsam die Intelligenz.

Wenn man von den Spätjahren des Kaisers Nikolaus auf seine Regierung zurückschaut, könnte man sagen, daß ihm bis kurz vor dem Ende ein gewisser Erfolg nicht versagt geblieben sei. Er hatte die Polen zum Gehorsam gezwungen, die unbeugsamen Völkerschaften des nördlichen Kaukasus fast gänzlich unterworfen, die Deiche gegen Subversion erhöht und die Macht des Staates im Inneren und Äußeren gefestigt. Im Jahre 1849 spielte er noch die Rolle des »Gendarmen von Europa«, als er seine Truppen zur Unterwerfung der ungarischen Rebellen aufbot und die Autorität der österreichischen Monarchie wiederherzustellen half. Und doch erwartete ihn nach diesen Erfolgen ein vollständiger Bankrott.

Es war ihm nicht gelungen, die Intelligenz, die »Seele Rußlands«, für seinen Staat zu interessieren (was sich allerdings erst unter seinen Nachfolgern auswirkte). Außerdem hatte sich die Kluft zwischen Europa und Rußland weiter vertieft. Während sich in West- und Mitteleuropa gewisse Prinzipien des Liberalismus eingebürgert hatten, war Rußland auf der Stufe des Absolutismus stehengeblieben. Und selbst der unbegrenzte Absolutismus hatte es nicht vermocht, die Abschaffung der Leibeigenschaft, deren Reste durch die Revolution von 1848 im übrigen Europa gänzlich beseitigt worden waren, durchzusetzen. Auch war Rußland wirtschaftlich zurückgeblieben. Nikolaus hatte zwar selbst gegen den Rat seiner Minister auf den Bau einer Eisenbahn von St. Petersburg nach Moskau bestanden – mit einem Lineal hatte er die Streckenführung bestimmt –, doch blieb sie die einzige. Die Eisenproduktion, ein getreuer Index der industriellen Entwicklung, hatte sich in Rußland zwischen 1800 und 1860 kaum verdoppelt, in England war sie um das Vierundzwanzigfache gestiegen. Rußland mußte unvermeidlich im Hintertreffen bleiben, solange die rechtlichen und sozialen Voraussetzungen für eine moderne Wirtschaft fehlten. Europa stand am Vorabend eines ungeheuren Aufschwungs, vorwärtsgetragen durch den freien Wettbewerb seiner Bürger. Konnte Rußland folgen?

Das Nikolaische System hatte die Autorität des Staates und die Ergebenheit seiner Bürger stärken wollen, doch dabei – paradox und tragisch zugleich – den Staat wieder geschwächt. Es hatte die russischen Einrichtungen zu einer Zeit verhärtet, in der sie sich, gemäß der allgemeinen europäischen Entwicklung, hätten weiterbilden müssen. Und so endete Nikolaus' Regierung mit einer schweren Niederlage. Im Krimkrieg (1853–1856), in dem

Rußland sich auf eigenem Boden mit England und Frankreich über die Frage der Vorherrschaft im Nahen Osten maß, unterzog sich das Nikolaische System der Machtprobe, die über den Erfolg von Regierungssystemen entscheidet – und versagte. Die Moral der Niederlage (unter deren Eindruck der Kaiser starb) war allen Zeitgenossen klar. »Man kann nicht in Europa leben, ohne den physikalischen, chemischen, mechanischen, finanziellen, administrativen und gesellschaftlichen Neuerungen und Entdeckungen zu folgen«, schrieb selbst ein Publizist, der an der Ideologie des Nikolaischen Systems mitgearbeitet hatte. Abschließung von Europa hatte Rußlands Stellung in der Welt gefährdet. Folglich mußten die Deiche wieder abgebaut werden. Es begann das Reformzeitalter des Kaisers Alexander II.

Autokratie und Freiheit

Die Regierung Alexanders II. 1855–1881 und Alexanders III. 1881–1894

Der neue Herrscher war nicht uneingeweiht in die Geschäfte, besaß aber keine tiefere politische Einsicht. In den Spätjahren seines Vaters hatte man in ihm einen Reaktionär gesehen, doch war er nicht verhärtet, vielmehr lavierte er zaudernd, niemals Herr der Lage, zwischen liberalen und reaktionären Ratgebern.

Die Konsequenzen aus der Niederlage seines Vaters zu ziehen, war eine schwierige Aufgabe. Die Tore für Ideen und Waren aus dem Westen wurden geöffnet, die Zensur gemildert, die Zölle erniedrigt, die Finanzverwaltung modernisiert, und zum erstenmal wurde ein einheitlicher Staatshaushalt geschaffen. Man zog westeuropäisches Kapital für den Bau eines großen Eisenbahnnetzes und für die allgemeine industrielle Entwicklung ins Land. Man entsandte Fachleute zum Studium ins Ausland. Und man ging schließlich daran, das größte einer inneren Erneuerung entgegenstehende Hindernis, die Leibeigenschaft, zu beseitigen.

Abschaffung der Leibeigenschaft bedeutete eine Machtprobe zwischen Adel und Autokratie. Obwohl der Eindruck der Niederlage selbst in den Augen vieler Adliger das alte System erschüttert hatte und obwohl die Regierung nicht zögerte, mit der Bauernrevolution zu drohen, ging der Kaiser mit größter Vorsicht zu Werke. Er erreichte es, daß die Initiative zu den Vorarbeiten vom Adel ausging. Nachdem er einmal das grundlegende Prinzip der Befreiung mit Landzuteilung durchgesetzt hatte, machte er dem Adel Zugeständnisse. Vorsicht war auch den Bauern gegenüber geboten, damit sie sich nicht übertriebenen Hoffnungen hingaben. Die Befreiung wurde 1861 proklamiert; zu großen Aufständen ist es bei ihrer Durchführung nicht gekommen.

Angesichts der Unterschiedlichkeit und Kompliziertheit der örtlichen Umstände war die den vorbereitenden Kommissionen gestellte Aufgabe ungeheuer schwer und ihre Durchführung gewiß kein Meisterstück gesetzgeberischer Kunst, selbst nicht in wichtigen Einzelheiten. Doch waren die Hauptzüge klar. Was am wichtigsten war: die Bauern wurden endlich von ihrer rechtlichen und persönlichen Abhängigkeit von den Gutsherren befreit.

Prozentzahl der Leibeigenen in Russland 1858

über 55 | 36-55 | 16-35 | bis 15 | keine Angaben

Sie blieben aber nach wie vor an ihre eigenen kollektiven Einrichtungen gebunden, an die Familie, die Bauerngemeinde und schließlich an die den Gemeinden übergeordneten Bauernkreise. Den Gemeinden und Kreisen hatte der Staat gewisse Verwaltungsaufgaben übertragen. Unter dieser Ordnung lebten die Bauern bis in die Sowjetzeit – auch die Stolypinschen Reformen nach 1907 änderten *de facto* wenig daran – wie in einer Eigenwelt, überliefertem Gewohnheitsrecht überlassen, während den Mitgliedern der anderen Stände größere Freiheiten und eine angemessenere Rechtsordnung gewährt wurden. Auch die bäuerliche Landwirtschaft blieb kollektiv geordnet. Die zugeteilten Ländereien waren gemeinsames Eigentum der Flurgemeinden und wurden unter den Mitgliedern periodisch nach egalitärem Prinzip verteilt: je größer die Familie, um so mehr Land erhielt sie (was bei dem allgemeinen Landhunger übrigens zur schnellen Vermehrung der ländlichen Bevölkerung beitrug).

Die Slawophilen hatten seit langem die Kollektivordnung der Bauern als Vorbild einer wahren menschlichen Gemeinschaft idealisiert. Seit Herzen sah man in ihr auch den Ansatz zu einer höheren sozialistischen Wirtschaftsordnung. Aber die Gegenfrage blieb nicht aus: Konnten sich die russische Gesellschaft und Wirtschaft so genügend schnell und vielseitig entwickeln? Wurde diese Ordnung der modernen wirtschaftlichen Situation überhaupt gerecht?

Kaum weniger wichtig bei der Bauernbefreiung war der Umstand, daß die Bauern einen Teil des adligen Landbesitzes zugeteilt erhielten, jedoch so, daß sie weniger Land bekamen, als sie vorher für ihren eigenen Unterhalt zur Verfügung gehabt hatten. Auch mußten sie auf lange Jahre Abzahlungen leisten, was in vielen Fällen bis 1932 und in manchen noch beträchtlich länger gedauert hätte, wären diese Verpflichtungen nicht durch die Revolution im Jahre 1905 beseitigt worden. Die Abzahlungen überstiegen häufig den Pacht- oder Verkaufswert der Äcker (und dieser bald den Wert der Ernte). Gewöhnlich wurden die Gutsherren bei der Teilung bevorzugt, besonders im Süden, wo der landwirtschaftliche Ertrag am größten war; im Norden wußten sie sich durch die Höhe der Abzahlungen für den Verlust ihrer Arbeitskräfte schadlos zu halten. Nur den Staatsbauern, die zahlreicher waren als die privaten Leibeigenen, wurden günstigere Bedingungen gewährt.

Den Bauern wurde bei der Befreiung nicht nur eine unmögliche wirtschaftliche Last auferlegt (von den dauernd wachsenden indirekten Steuern ganz abgesehen), sondern auch eine gesellschaftliche Ordnung, die eine angemessene Modernisierung der Landwirtschaft verhinderte. Zu einer Kapitalbildung auf dem Lande konnte es kaum kommen. In den Randgebieten des europäischen Rußlands besserte sich zwar langsam die Lage der Landwirtschaft, in den zentralen Schwarzerdeprovinzen aber wuchs nicht nur der revolutionäre Landhunger, sondern auch die schleichende landwirtschaftliche Krise.

Trotz aller Zugeständnisse hatte sich aber auch die Lage der Gutsbesitzer nicht verbessert. Unter den neuen Umständen konnten sie nicht leistungsfähig wirtschaften. Bestenfalls investierten sie die Abfindung, die der Staat ihnen gleich nach der Bauernbefreiung auszahlte, in der Industrie, doch blieben die Beziehungen zwischen Landadel und Kaufmannsstand recht locker. Der Adel verarmte weiter, nicht ohne dauernd den Staat um weitere Unterstützungen anzugehen.

Die Bauernbefreiung führte gleichsam automatisch zu weiteren Maßnahmen. Die Aufgaben der ländlichen Wohlfahrt, die bisher in den Händen der Grundbesitzer gelegen hatten, wurden im Jahre 1864 neugeschaffenen Organen der ländlichen Selbstverwaltung, den Semstwos, übertragen. Sie bestanden aus gewählten Vertretern aller Stände (der Adel war bevorzugt) und wurden in jeder Provinz und jedem Kreis, außer den Grenzgebieten, eingerichtet. Mancher Adlige hoffte, daß mit Hilfe der Semstwos eine zentrale Volksvertretung durchgesetzt werden könnte, doch baute der Staat dieser Gefahr durch starke Einschränkung der Semstwosbefugnisse vor, was zwar die Begeisterung für die neuen Einrichtungen lähmte, aber den liberalen Wunschtraum nicht gänzlich unterdrückte. Die Semstwos entwickelten sich im Laufe der Zeit zu bedeutenden ländlichen Zentren und trugen sowohl zur Hebung des Wohlstandes als auch zur politischen Aktivierung der Bevölkerung bei.

Einige Jahre später (1870) wurde auch den größeren Städten das Recht zugestanden, sich in beschränktem Maß selbst zu verwalten. In ihren Versammlungen (Duma) war die mittlere und ärmere Bevölkerung kaum vertreten, während die Kaufleute der ersten Gilde die führenden Stellen einnahmen. Da wie bei den Semstwos die Bürokratie sorgsam über die Verhandlungen wachte, konnte sich kein kräftiges Verantwortungsgefühl für städtische Wohlfahrt entwickeln.

Um das russische Leben weiter zu modernisieren, reformierte die Regierung im Jahre 1864 endlich auch das Justizwesen. Jetzt erst führte Rußland die Trennung von Verwaltung und Rechtsprechung ein; die Richter wurden – theoretisch jedenfalls – vom Staate unabhängig. Eine Stufenleiter von Gerichten unter dem Senat als der obersten Kammer trat an die Stelle der früheren Verwaltungsbehörden; auch Geschworenengerichte wurden nach westlichem Vorbild eingerichtet. Seit dieser Zeit gab es also eine moderne Rechtsprechung und auch den bisher nicht bestehenden Beruf der Rechtsanwälte. Die hohe Qualität der neuen Gerichte wurde allgemein anerkannt. In politischen Strafsachen allerdings verletzte der Staat bald die Unabhängigkeit der Richter oder setzte schließlich die Verurteilung »auf administrativem Wege« durch.

Das Reformwerk Alexanders II. wurde durch die Übertragung des neuen Geistes auf die russische Armee abgeschlossen. Im Jahre 1874 führte man die allgemeine gleiche Wehrpflicht ein und damit auch eine angemessenere menschliche Behandlung der Soldaten. Begünstigungen in der Dienstzeit wurden nur Bürgern mit mittlerer oder höherer Schulbildung gewährt.

Innerhalb von zwei Jahrzehnten wurde so das innere Gefüge des russischen Reiches gründlich umgestaltet. Trotz der weiterhin bestehenden Ständeordnung und obrigkeitlichen Fürsorge war die Beweglichkeit der Gesellschaft erheblich vergrößert worden. Jetzt konnte Rußland schneller dem westlichen Fortschritt folgen. Eine ganze Lösung aber waren die Reformen Alexanders II. nicht. Denn obwohl der Kaiser die Bevölkerung zur Beteiligung an öffentlichen Aufgaben herangezogen hatte, mußte er gleichzeitig aus Angst vor den Konsequenzen ihre Tätigkeit wieder beschränken.

Der Zusammenbruch des Nikolaischen Systems bewegte die Gemüter in allen Kreisen. In den Reihen des liberalen Adels (und der liberalen Öffentlichkeit) hörte man wiederholt den Ruf nach einer Verfassung. Aber jede liberale Agitation scheiterte an der Unerbittlichkeit der Autokratie, gegen die sich der Liberalismus – das war seine Tragik – einfach nicht durchsetzen konnte. Ganz anders die Radikalen, die gerade in diesen Jahren die Hemmungen des Liberalismus abstreiften und im Namen des Sozialismus mit wirkungsvolleren Formen der Opposition experimentierten.

Am Anfang der revolutionären Bewegung in den sechziger Jahren stand ein neuer Typ, der »Nihilist«, der die aristokratischen Salons und deren ästhetische Ideale bekämpfte. In Turgenews Roman »Väter und Söhne« kann man ihn gut studieren. Schuhe für das Volk, so schockierte einer dieser Generation die Väter, waren wichtiger als Shakespeare. Auch hatten sie keine Sympathie für kleinbürgerliche Rechtschaffenheit. Sie erkannten keine Autorität an außer sich selbst und den Ergebnissen der Naturwissenschaften. Sie waren aber auch, ohne es zugeben zu wollen, Idealisten. Ihr Ideal war eine bessere Welt ohne Armut, Unterdrückung und Ausbeutung und ihre Lebensaufgabe, der sie sich mit puritanischer Redlichkeit widmeten, Dienst am Volke. »Geht ins Volk«, rief ihnen Herzen 1861 zu. Und sie gingen, aus dem Sozialismus der bäuerlichen Gemeinde eine bessere soziale Ordnung für das ganze Land zu schaffen, die den westeuropäischen Kapitalismus überspringen würde. Nihilismus und Sozialismus vereinten sich hier. Viele erwarteten eine gewaltige Bauernrevolution, welche die Autokratie endlich aus den Angeln heben werde. Auch die Industriearbeiter wurden jetzt gelegentlich in die Agitation einbezogen. Zu einer erfolgreichen Zusammenarbeit mit den Bauern ist es aber in den siebziger Jahren nicht gekommen. Zuweilen denunzierten die Bauern sogar ihre sonderbaren Bewunderer bei der Polizei, was zu weiteren erregten Diskussionen über revolutionäre Strategie Anlaß gab.

Dabei war nicht nur die Praxis schwierig und kaum zu bewältigen, sondern auch die Theorie. Man war einer verwirrenden Vielseitigkeit geistiger Anregungen aus Europa ausgeliefert. Die umfassenden philosophischen Systeme, vor allem das Hegelsche (und später das Marxsche) wie auch die radikaleren der französischen Sozialisten mit ihren weiten Zukunftsperspektiven, hinterließen den nachhaltigsten Eindruck. Da man die so stark von außen beeinflußte eigene Entwicklung geistig nicht meisterte, griff man eher nach großen und kühnen Konstruktionen als nach rationalen Plänen für die Bewältigung von Einzelheiten. Die großen Perspektiven mußten das Sehnen der russischen Intelligenz nach großartiger Verbesserung befriedigen, und so wurden die importierten Systeme, ursprünglich philosophische Lehrmeinungen, in der russischen Verarbeitung zu Glaubensbekenntnissen. Auf welche der so schnell aufeinanderfolgenden Geistesrichtungen konnte man sich verlassen? Manche Geister kamen in dem Bemühen, modern zu sein, nie zur Ruhe.

»Was tun?« Die Antworten auf die »verfluchte Frage« lauteten verschieden. In dem berühmten Buch Tschernyschewskijs wurde unter diesem Titel die allgemeine Richtung klar angegeben: revolutionäre Arbeit unter den Bauern. Eine einflußreiche gemäßigte Gruppe der siebziger Jahre fand die Lösung, ursprünglich von dem Publizisten Lawrow 1868 formuliert, in der ethisch bestimmten aufklärerischen täglichen Arbeit unter dem Volk. Die unruhigeren Geister, Bakunin und seine Anhänger, wünschten aber schnellere Erfolge; sie wollten die Bauern aufrütteln, wenn nötig mit gefälschten kaiserlichen Manifesten. Sie begeisterten sich für die Schöpferkraft der aufrührerischen Gewalt. Eine andere Stimme, der Publizist Tkatschew, sprach verächtlicher vom Volke und setzte statt dessen auf die Ausbildung einer revolutionären Elite.

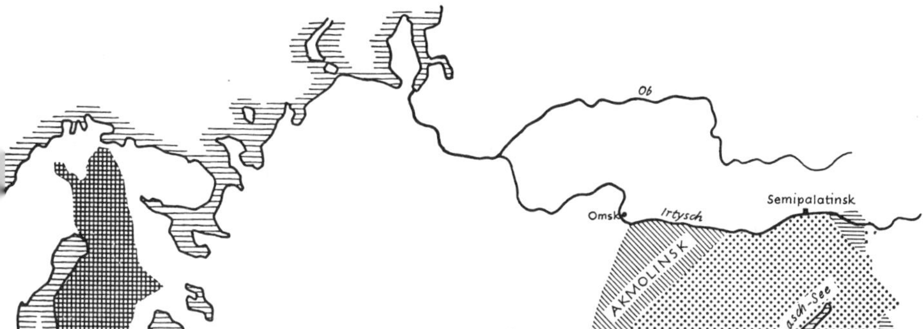

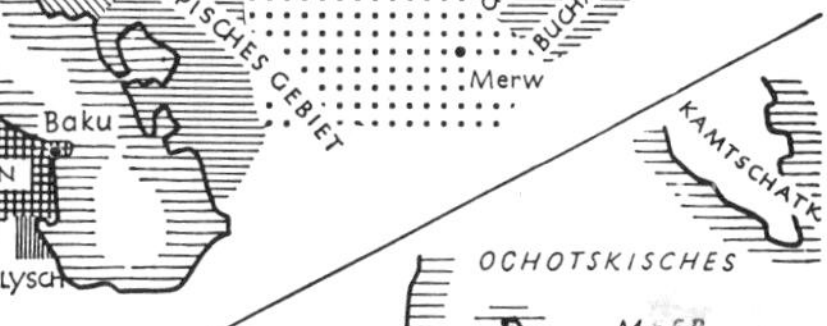

bietserweiterungen Rußlands von 1772-1905

	1772	Gebiete östlich Düna und Dnjepr (I. Poln. Teilung)
	1774	Gebiet der Saporoger Kosaken
	1783-92	Krim-Chanat, Krim und Jedisan
	1792-93	Teile Weißrußlands, Wolhyniens, Podoliens und der Ukraine (II. Poln. Teilung)
	1795	Kurland, Litauen, Rest von Wolhynien und Podolien (III. Poln. Teilung)
	1801-12	Georgien 1801, Kaukasuschanate 1804-06 Finnland 1809, Bessarabien 1812
	1813-15	Chanat Talysch 1813 Herzogtum Warschau (Kongreßpolen) 1815
	1731-1824	Uralsk, Turgai, Akmolinsk
	1828-54	Kaukasusprovinzen 1828-30, Teile von Turkestan 1853, Semipalatinsk 1854
	1855-81	Tscherkessengebiet 1864, Kars'sches Gebiet 1878, Syr-Darja, Amu-Darja, Ferghana 1865-73, Chanat Buchara, seit 1868 Russ. Vasallenstaat, Chanat Chiwa, seit 1873 Russ. Vasallenstaat.
	1881-1875	Gebiet um Merw 1881-84, Pamir 1875,
	1858-1898	Amurgebiet 1858, Küstengebiet 1860, Sachalin 1875 (1905 südl. Teil japanisch) Port Arthur 1898 (1905 japanisch)
	1900-05	Mandschurei, Ostchinesische- und südmandschurische Eisenbahn

All das gärte in den Emigrantenzentren und brodelte aufrührerisch in der Heimat. Die Regierung erkannte die Gefahr und auch das Dilemma, vor dem sie stand. Gewisse Freiheiten waren unerläßlich, sonst konnte sich das Land nicht entwickeln. Aber würde die aufgestaute Opposition des vergangenen und gegenwärtigen Regimes diese Freiheit nicht mißbrauchen? Studentenunruhen gab es schon 1861, einen revolutionären Aufruhr im folgenden Jahre. 1863 revoltierten wieder die Polen, denen die neue Ära auch Hoffnung gemacht hatte. Drei Jahre später wurde zum erstenmal auf den Kaiser geschossen. Die Polizei wurde strenger, die Opposition radikaler; die Kampfmethoden verfeinerten sich auf beiden Seiten. Das revolutionäre Rußland übernahm viele abschreckende Züge des Zarenregimes. Nach erprobtem Rezept wurden die Deiche der Ordnung wieder erhöht und die gefährlichen Einflüsse in den Schulen ausgemerzt, diesmal mit Hilfe eines strengen klassisch-humanistischen Lehrplans, der freilich die politische Aktivierung der lernenden Jugend nicht verhindern konnte.

Politische Verfolgung, dramatisiert durch große Massenprozesse (1877), härtete die radikale Intelligenz. Man lebte in fieberhafter Erregung. Eine Nachricht, wie die von der Auspeitschung eines politischen Häftlings durch die Polizei, konnte das Blut zum Kochen bringen. Und oft fand sich ein junger Mann oder eine junge Dame (sogar aus bester Familie), den schuldigen Polizeioffizier im Namen der Menschheit zu bestrafen. Geheime Zellen bildeten sich, die verhafteten Mitglieder wurden durch neue Freiwillige ersetzt. Märtyrer gab es allenthalben, aus allen Schichten der russischen Gesellschaft. Geheime Pressen und Laboratorien zur Herstellung von Bomben entstanden. So wurde in diesen Jahren eine revolutionäre Bewegung geschaffen, in enger Verbindung mit den revolutionären Zentren im Westen, gewappnet mit der Technik der illegalen Konspiration und zum Fanatismus gestählt durch bittere Erfahrung. Der Typ des Berufsrevolutionärs taucht auf. In der überhitzten revolutionären Vorstellungswelt fiel es manchmal schwer, die Grenzen zwischen revolutionärer Heldentat und gemeinem Verbrechen zu wahren.

Ende der siebziger Jahre brach schließlich der offene Kampf aus. Die innere Unruhe war durch den türkischen Krieg (1877/78) gewachsen. Unter dem Druck der öffentlichen Meinung hatte sich die Regierung angesichts der Brutalitäten der türkischen Oberherren gegen ihre slawischen und christlichen Untertanen in diesen Krieg treiben lassen. Der Feldzug verlief siegreich, doch nicht besonders ruhmvoll. Nach anfänglichen Erfolgen erlitt die russische Armee mehrere Rückschläge. Ausrüstung und Versorgung erwiesen sich als unzulänglich. Dem Siege folgte eine empfindliche diplomatische Niederlage auf dem Berliner Kongreß (1878), durch den Rußland gezwungen wurde, große Teile des von ihm neu geschaffenen Staates Bulgarien an die Türken zurückzugeben. Das Prestige der Regierung sank noch tiefer, als der Zar den Bulgaren eine Verfassung gab, die er seinem eigenen Volk verweigerte. Weite Kreise sympathisierten offen mit der Revolution.

In deren Lager schälte sich jetzt (1879) aus der schon bestehenden Organisation »Land und Freiheit« eine kleine Gruppe von Radikalen heraus, die sich »Volkswille« (Narodnaja Wolja) nannte und der Regierung den Krieg erklärte. Brutalitäten der Polizei und ihrer Auftraggeber in der Hauptstadt oder in den Provinzen wurden trotz aller polizeilichen Gegenmaßregeln systematisch an ihren Urhebern gerächt, und bald wurde der Kaiser selbst

»Befreite« Bauern beim Mittagsmahl vor einem Bezirksamt
Aus dem Gemälde von Grigori Grigorjewitsch Mjassojedow, 1872
Moskau, Staatliche Tretjakow-Galerie

Burlaken an der Wolga. Aus dem Gemälde von Ilja Jefimowitsch Repin, 1870/73. Leningrad, Staatliches Russisches Museum

zum Tode verurteilt. Er war schon 1866 nur durch Zufall der Ermordung entgangen. 1873 wurden fünf Schüsse auf ihn abgefeuert, ohne ihr Ziel zu erreichen. Nun begann eine systematische Jagd auf sein Leben. Eisenbahnlinien wurden unterminiert und der kaiserliche Zug in die Luft gesprengt, auf den Straßen und Brücken von St. Petersburg entdeckte man Sprengstoffanschläge. Selbst unter dem Speisesaal des Winterpalais wurde eine schwere Mine gelegt, die mit großem Krach explodierte, aber den Kaiser, der sich verspätet hatte, unversehrt ließ. Die Regierung stand dem Terror fast machtlos gegenüber. In dieser Gefahr, so meinte der General Loris-Melikow, dem zeitweilig diktatorische Gewalt übertragen worden war, gab es keinen anderen Ausweg als Versöhnung mit den Gemäßigten durch das Zugeständnis einer beratenden Versammlung. Alexander stimmte bei. Doch ehe er noch das verheißungsvolle Dekret unterzeichnen konnte, wurde er auf einer Spazierfahrt in St. Petersburg (1881) von einer Bombenexplosion aufgehalten und dann von einer weiteren Bombe, die ihm ein Verschwörer vor die Füße warf, schwer verwundet. »Nach Hause, zum Schloß und dort sterben«, rief er noch, und ohne das Bewußtsein wiedererlangt zu haben, verschied er kurz darauf. So endete das Zeitalter der großen Reformen.

So endeten freilich auch für das 19. Jahrhundert die großen politischen Tumulte. Die Bluttat löste eine tiefe Ernüchterung aus, in der Öffentlichkeit wie bei den Revolutionären. Das Volk hatte sich nicht erhoben, die Autokratie ging gestärkt aus der Krise hervor. Unter dem neuen Kaiser, Alexander III. – einem Manne ohne besondere Begabung, aber mit natürlicher Würde und Charakterstärke –, der letzten Herrscherfigur der Romanow, war deshalb eine ruhigere innere Entwicklung möglich. Von der beratenden Versammlung war natürlich keine Rede mehr. Unter dem Einfluß seines Mentors Pobedonoszew (auch eine der großen tragischen Figuren Rußlands im 19. Jahrhundert) ging Alexander III. auf die Politik seines Großvaters zurück und versuchte, die alten Fundamente Kirche, Autokratie und Russentum wieder zu stärken und dadurch dem Staatsgefüge neuen Halt zu geben. So verschlechterte sich wieder das Los der religiösen und nationalen Minderheiten, was der revolutionären Bewegung eine neue Generation, die Führer und Gefolgschaft der Revolution des 20. Jahrhunderts, zuführte. Auch wandte der Staat sich wieder dem Adel zu, als dem einzigen mehr oder minder zuverlässigen Rückhalt, und verhalf ihm zu neuen Subventionen, vermehrtem Einfluß in den Semstwos und größerer Aufsicht über die Bauern. Weiter hätte man in der Stützungsaktion für einen dem Untergang geweihten Stand kaum gehen können.

Doch war der neue Kurs nicht einseitig reaktionär, zumindest nicht auf der wirtschaftlichen und finanzpolitischen Seite. Die Innenminister mochten reaktionär sein, die Finanzminister waren immer »Westler« und »liberal«. Eine fruchtbare Gesetzgebung half, das nach dem Krimkrieg errichtete Eisenbahnsystem zu konsolidieren, die Zollpolitik zu stärken, die Bauernbefreiung endgültig abzuschließen und Mittel für den ländlichen Kredit bereitzustellen. In der Mitte der achtziger Jahre wurde auch eine Reihe von sorgfältig durchdachten Arbeiterschutzgesetzen erlassen. Sie kamen zur rechten Zeit, denn vom Ende der achtziger Jahre bis zur Jahrhundertwende entwickelte sich Rußland industriell äußerst rasch. Diese Entwicklung hat der große Finanzminister Witte nach der Hungersnot von 1891 geschickt gesteuert. Ihm verdankte Rußland den schnellen Ausbau seines Eisenbahnnetzes und besonders den Bau der großen sibirischen Linie, die »planmäßig« in zehn Jahren vollendet wurde. Damals begannen auch die großen Anstrengungen der Regierung für die wirtschaftliche Erschließung Sibiriens. Im Jahre 1897 führte Witte die Goldwährung ein und erreichte damit Rußlands Anschluß an den Weltkapitalmarkt. Erst gegen Ende der neunziger Jahre lebte die politische Agitation wieder auf. Streiks, die in Rußland immer einen politischen Charakter trugen, mehrten sich; dazu kamen ganz zuletzt schwere Studentenunruhen. Auch hielt die Agrarkrise unvermindert an; man beobachtete mit Besorgnis den wirtschaftlichen Verfall »der Mitte«, der zentralen Schwarzerdeprovinzen. Doch im großen und ganzen stand Rußland in den Augen der Welt und seiner eigenen Regierung am Ende des 19. Jahrhunderts gefestigter da und blickte zuversichtlicher in die Zukunft als je. Kaum einer ahnte damals die alles verschlingende gewaltige Krise des kommenden Jahrhunderts.

Das wirtschaftliche und politische Dilemma der Modernisierung (1880–1900)

Und doch war um die Jahrhundertwende das Zarenregime schon tief unterminiert und der Zusammenbruch kaum noch vermeidlich.

Da bestand zunächst das Rahmenproblem: die russische Stellung in der Welt. Rußland hatte einerseits den Übergang von der europäischen Politik zur Weltpolitik anscheinend erfolgreich mitgemacht. Von seiner geographischen Brückenposition aus hatte es sich überall, besonders in Zentralasien und dem Fernen Osten, ausgedehnt. Es hatte seit dem Türkischen Krieg zwar einen größeren militärischen Konflikt vermieden, hatte aber seine Position von Bulgarien bis zur Manchurei, Großbritanniens Geduld strapazierend, gestärkt. Zum Jahrhundertende konkurrierte es auf dem Balkan, in Persien, in China und Korea mit den anderen Großmächten. Dazu spielte es noch eine wichtige Rolle im europäischen Gleichgewicht durch sein Bündnis mit Frankreich. Schließlich war man in Regierungskreisen von der russischen Mission, im Namen der Autokratie die Gegensätze zwischen Europa und Asien zu überbrücken, überzeugt. Die Europäer, hieß es, kämen als Ausbeuter, die Russen als wahre Freunde der Asiaten. (Die radikale Intelligenz glaubte damals schon an die Aufgabe Rußlands – eines sozialistischen Rußlands –, die Führung aller nichtkapitalistischen Länder gegen den Weltkapitalismus zu übernehmen.) Kurz, man folgte in allen Lagern dem westeuropäischen Beispiel eines zur Weltmission ausgeweiteten Nationalismus.

Wie stand es anderseits mit der militärischen, wirtschaftlichen und politischen Stärke Rußlands? Witte war unbefangen genug, darauf hinzuweisen, daß das russische Reich innerlich keineswegs eine Großmacht war. Die Staatsfinanzen erlaubten keinerlei Anstrengung in der äußeren Politik (von Kriegen ganz zu schweigen), und alle Versuche, sie zu stärken, setzten Investitionen voraus, für die keine Mittel vorhanden waren. In allen Branchen der Industrieproduktion lag Rußland hinter den Großmächten an der letzten Stelle. Aber was Kindersterblichkeit und Analphabetentum oder die allgemeine Armut betraf, war es allen überlegen. Wirtschaftlich gesehen war es ein Kolonialland; es tauschte Rohstoffe und landwirtschaftliche Produkte gegen europäische Fertigwaren aus. Es hing zudem noch finanziell stark von Europa und besonders von Frankreich ab, und eben dies behinderte seine politische Aktionsfreiheit.

Zur materiellen Schwäche gesellte sich die politische. Die europäischen Großmächte hatten mit Hilfe ihrer parlamentarischen Einrichtungen ihre Bürger zu einer mehr oder minder engen Mitarbeit an der Regierung herangezogen; sie konnten sich im Ernstfall auf sie verlassen. In Rußland jedoch bestand ein bitterer Gegensatz zwischen Volk und Regierung, und die innenpolitischen Erfahrungen nach dem Türkenkrieg waren kein gutes Omen für künftige außenpolitische Verwicklungen. Die russische Öffentlichkeit war der Großmachtpolitik der Regierung an sich nicht abgeneigt. Sie warf ihr nur vor, daß sie unfähig sei, diese Politik erfolgreich durchzuführen. Sie übersah die tatsächliche materielle und politische Schwäche Rußlands, die sich allerdings erst im ersten Weltkrieg ganz offen zeigte.

Was die wirtschaftliche Rückständigkeit betraf, so war die Regierung besonders nach der Hungersnot von 1891 eifrig bemüht, den westeuropäischen Vorsprung einzuholen und schnell zu industrialisieren. Damit sollten auf der einen Seite die landwirtschaftliche Krise gelöst, anderseits die Staatsfinanzen gestärkt und die kapitalmäßige und wirtschaftliche Abhängigkeit von Europa vermindert werden. Rußland sollte eine wirtschaftliche »Metropole« werden. So wurde die Frage nach dem Tempo der industriellen Entwicklung schon damals aktuell. Aber wie unter russischen Bedingungen Westeuropa eingeholt werden könnte, war ein Problem, zu dem man die europäische Erfahrung einmal nicht heranziehen konnte. Die europäische Industrie hatte sich unter günstigeren Umständen zu ihrer wirtschaftlichen Bedeutung erhoben.

In Rußland fehlte es an Kapital, an kühnem Unternehmertum, an Kenntnissen und vielen anderen Voraussetzungen. Trotzdem hatte sich seit der Bauernbefreiung langsam eine moderne Industrie etabliert (von früheren Gründungen, besonders in der oft hochwertigen Rüstungsindustrie, abgesehen). Im Zusammenhang mit dem Eisenbahnbau war in der Ukraine eine moderne Schwerindustrie erstanden, die an Bedeutung die seit langem bestehende Uralindustrie bald übertraf. In den neunziger Jahren nahm dann die Industrieproduktion einen ungeheuren Aufschwung, weniger als Folge des 1891 errichteten ungewöhnlich hohen Schutzzolls als der Eisenbahnbau- und Industriepolitik des Finanzministers. In der Tradition der Autokratie mußten diese Maßnahmen naturgemäß planwirtschaftlich sein; jedenfalls fanden sich viele theoretische und praktische Ansätze dazu in der Arbeit Wittes.

Gegen diese Wirtschaftsplanung erhoben sich jedoch bald gewaltige Widerstände, da sie große Opfer von der ohnehin schon armen Bevölkerung verlangte, selbst wenn ein Teil der Kosten zeitweilig auf ausländische Kreditgeber abgewälzt werden konnte (mit all den daraus folgenden Nachteilen). Die wachsende Steuerlast verschärfte die Krise in der Landwirtschaft. Das trieb zwar der neuen Industrie billige Arbeitskräfte zu, führte wegen der niedrigen Löhne und langen Arbeitszeit in ungewohnter und oft abschreckender Umgebung aber auch zur Erbitterung der Arbeiter. Wie konnte die russische Regierung die weitere Verarmung der Bevölkerung politisch rechtfertigen zu einer Zeit, in der wachsender Reichtum in den westlichen Ländern so vielen Russen ständig klarer zu Bewußtsein kam?

Gerade in diesen Jahren (und bis zum ersten Weltkrieg) nahm die europäische Durchdringung Rußlands sehr intensive Formen an; es waren die Jahre des allerengsten Anschlusses an Europa, den es je in der russischen Geschichte gegeben hat. Und der europäische

Einfluß führte unerbittlich immer wieder zu der Frage: »Warum ist es bei uns nicht auch so?« Wie konnte die Regierung es erreichen, daß dieser Vergleich die Bevölkerung nicht immer zu Kritik und Protest anstachelte? Wie konnte sie die Bevölkerung von dem Paradox überzeugen, daß die Vernachlässigung der Volkswohlfahrt auf lange Sicht für die Stärkung Rußlands notwendig war? Wie schließlich konnte sie verhindern, daß der tiefe Unwille, den die schnelle Industrialisierung hervorrief, der revolutionären Bewegung zugute kam?

Aber nicht nur die wirtschaftlichen Folgen der Industriepolitik gefährdeten die staatliche Macht, sondern auch die sich hebende allgemeine Volksbildung. Obwohl sie für den wirtschaftlichen und kulturellen Fortschritt absolut nötig war, konnte sie, so fürchtete man in den höchsten Kreisen, bei der schon bestehenden Unruhe zu weiterer revolutionärer Anfälligkeit führen. Wittes Meinung, daß die Volksbildung für Rußland notwendig sei, selbst wenn sie umstürzlerisch wirke, konnte dem Kaiser kaum zum Trost gereichen. Der Mangel an wissenschaftlichen und technischen Schulen hielt der Furcht vor der politischen Unzuverlässigkeit der studierenden Jugend die Waage.

Und weiter: Die industrielle Entwicklung führte zu einer äußerst rapiden sozialen Umschichtung und gewaltsamen Umgewöhnung der Volksmassen. Aus ihrer ländlichen Kollektivordnung, aus dem langsamen Leben der Naturalwirtschaft wurden sie über Nacht in die moderne Gesellschaft mit ihrem Individualismus, ihrer Mobilität und Rationalität, ihren Annehmlichkeiten und Gefahren verpflanzt. Wie konnte sich der bäuerliche Mensch in der ungewohnten Umgebung zurechtfinden, was konnte ihm die gewohnte Sicherheit der alten Zustände ersetzen? Aus dem menschlichen Unvermögen, sich einer so radikal entgegengesetzten Lebensform schnell anzupassen, entstanden gefährliche Spannungen. Je schneller die industrielle Entwicklung vorwärts schritt, um so größer mußten diese Spannungen werden (und je langsamer sie ging, um so weiter geriet Rußland ins Hintertreffen gegenüber den anderen Weltmächten).

Diese Spannungen fanden zunächst in einer Feindschaft gegen die »Kapitalisten« Ausdruck, doch wurde auch der Staat bald in Mitleidenschaft gezogen. Er hatte keine Wahl. Er mußte trotz mancher Sympathien für die Arbeiter die Arbeitgeber unterstützen. In vieler Hinsicht zwar war die staatliche Arbeitergesetzgebung vorzüglich und durchaus unparteiisch. Im Lohnkampf selbst konnte die Regierung aber nichts tun, denn die niedrigen Löhne waren bei der Kapitalarmut und dem Menschenüberschuß auf dem Dorfe unvermeidlich. So entbrannte der Kampf in aller Härte – die Polizei auf der Seite der Unternehmer. Auch in anderer Hinsicht war der Staat auf die »Kapitalisten« angewiesen. In seiner Industriepolitik konnte er sich nur auf die Kaufmannschaft und die »Kulaken«, die energischen und rücksichtslosen Elemente im Dorfe, verlassen; Adel, Intelligenz oder die Bauern waren zu moderner Wirtschaftsführung völlig ungeeignet (selbst die Kaufmannschaft ließ sich ungern in die staatliche Wirtschaftspolitik einzwängen). Unpopulärere Schichten aber als die Kaufmannschaft und die Kulaken gab es in der russischen Gesellschaft nicht. Und gerade sie zogen unvermeidlich für lange Zeit als die einzigen einen sichtbaren Gewinn aus der staatlichen Politik. Wohin immer man blickte, ergaben sich so ungeahnte neue Schwierigkeiten. Und überall beobachtete man eine tiefgehende politische Aktivierung der Massen, gefördert durch die neue Mobilität in der russischen Gesellschaft, durch den Eisenbahnverkehr, die Fabrikbeschäftigung und die landwirtschaftliche Saisonarbeit, durch die langsam zunehmende Volksbildung und das wachsende Bewußtsein der Rückständigkeit. Wie lange würde es dauern, bis der Funke in diese explosive Mischung fiel?

Eine weitere Dimension der Krise zeigte sich bei der Frage nach der Führung. Autokratie muß führen oder sie zerfällt. Und zu Ende des 19. Jahrhunderts bedeutete Führen: die gesamte Bevölkerung, Russen und Nichtrussen, zu einer vereinten, gewaltigen und lang anhaltenden Anstrengung der inneren Erneuerung und Modernisierung anspannen. Aber wie unendlich weit war Alexander III. von dieser Fähigkeit entfernt (von seinem Sohn Nikolaus II., der 1894 auf den Thron kam, ganz zu schweigen!). Nikolaus vermochte nicht einmal, mit seinen Ministern auszukommen. Die Förderung der Industrie in den neunziger Jahren war die Politik eines Mannes, vom Hofe und der Bürokratie zunehmend gehaßt. Der Kaiser stand gefühlsmäßig auf seiten der Slawophilen und damit jedem Verständnis für die moderne Industrie fern. Kurz, um die Jahrhundertwende war die Autokratie unfähig, sich auf die wichtigsten Aufgaben zu konzentrieren, ja, sie verstand sie nicht einmal, trotz Wittes Warnungen. Der Kaiser war unfähig einzusehen, daß die Volksmassen zu den Staatsaufgaben herangezogen und die wachsenden sozialen Spannungen beseitigt werden mußten. Wer mit den Zuständen in der kaiserlichen Familie vertraut war, konnte sich auch keinen Illusionen auf eine innere Erneuerung der Romanows hingeben. Die Charakterschwäche des letzten Zaren sollte allerdings erst später jedem offenbar werden.

Als die Unfähigkeit der Autokratie täglich offensichtlicher wurde, war auch der Kampf um die Nachfolge schon in vollem Gange. Alle Oppositionskreise waren sich einig, daß die Regierung zunächst nach westlichem liberalem Vorbild umgestaltet werden müsse. Doch wie stand es mit der Fähigkeit und Stärke der liberalen Kreise? Der russische Liberalismus hatte seinen größten Rückhalt im grundbesitzenden mittleren Adel und in der wachsenden Schicht der freien Berufe und seinen eigentlichen Wirkungsbereich in den Semstwos. Er war also hauptsächlich agrarisch orientiert; die Vertreter des Handels und der Industrie besaßen hier wenig Einfluß – sie waren bisher selten der liberalen Versuchung erlegen. In den Semstwos hielt sich auch die Hoffnung auf ein russisches Parlament. Doch hatten sie bei allen Bemühungen um die ländliche Wohlfahrt wenig Gefolgschaft unter den Bauern. Bei den Führern der freien Berufe (diese fingen gerade an, sich in Berufsvereinigungen zusammenzuschließen) das gleiche: hervorragende Kräfte, aber keine verläßliche Gefolgschaft im Volke.

Auch fehlte dem Liberalismus zur Jahrhundertwende ein optimistischer Glaube an die Zukunft. Wie in Tschechows Dramen und Erzählungen schien über allem die gleiche unglückliche Verknüpfung der Probleme ohne Ausweg zu lasten. Der mit der industriellen Entwicklung sich ausbreitende Materialismus erzeugte Verachtung für die moderne Welt. Einige, so Leo Tolstoi, zogen sich von ihr angewidert zurück. Es gab hervorragende russische Wissenschaftler, aber wenn sie nicht geradezu politischer Verfolgung ausgesetzt waren, litten sie häufig an Unverständnis und an der Unmöglichkeit, ihre Arbeit praktisch auszuwerten. Es waren gewöhnlich die westeuropäischen Gelehrten, die den Ruhm davontrugen. Wirtschaftlich war der liberale Adel hart bedrängt, politisch von der Regierung eingeengt. Aber einen Ausweg mit Gewalt zu suchen, dazu konnte man sich als Liberaler auch nicht entschließen. So geriet der russische Liberalismus, der zum Jahrhundertende durchaus noch eine Zukunft zu haben schien, gegenüber schlagkräftigeren Feinden ins Hintertreffen. Aber man muß doch in diesem Zusammenhang fragen, ob das russische Volk wirklich fähig gewesen wäre, sich der parlamentarischen Staatsform, der schwierigsten von allen, zur Lösung seiner ungeheuren Probleme zu bedienen? Hat sich jemals in einem wirtschaftlich rückständigen Land unter solch komplizierten Umständen eine parlamentarische Mehrheit für eine Politik lang anhaltender Opfer zur Stärkung des Staates gefunden?

Die Umstände begünstigten die radikaleren Gruppen. Um die Jahrhundertwende war die nach 1881 unterbrochene revolutionäre Bewegung wieder in vollem Aufleben. Und jetzt erhielt sie endlich, was ihr bisher immer gefehlt hatte, die ersehnte Massenunterstützung. Der industrielle Aufschwung vermehrte nicht nur die städtische Arbeiterschaft, sondern er radikalisierte sie auch. Im Lichte dieser Tatsachen begann eine bedeutende Neuorientierung der radikalen Intelligenz. Ein Teil von ihr gab in den neunziger Jahren ihre Hoffnung auf das revolutionäre Potential der Bauernschaft und das Überspringen der kapitalistischen Phase auf und wandte sich, unter Anleitung Plechanows, des Vaters des russischen Marxismus, dem Industrieproletariat zu. Die Bauern rührten sich in den neunziger Jahren weniger als je, um so mehr aber die Arbeiterschaft. Die Marxisten konnten auch eine etwas positivere Haltung gegenüber der Witteschen Wirtschaftspolitik einnehmen. Die Phase des Kapitalismus ließ sich nach ihrer dialektischen Theorie eben nicht vermeiden. Schon zu Anfang der neunziger Jahre traten die jungen Marxisten systematisch mit den Arbeitern in Verbindung. Um 1900 war es ihnen schon fast gelungen, sie unter ihre Führung zu bringen. Dabei lag ihnen weniger daran, die Lebensbedingungen der Arbeiter zu verbessern als die Autokratie zu diskreditieren und zu stürzen. Und in dem unvermeidlichen Kampf mit der Polizei griffen sie dankbar auf die revolutionäre Tradition und das Arsenal des illegalen Kampfes zurück.

Nun besaß allerdings die revolutionäre Bewegung keine einheitliche Front. Die alten Gegensätze zwischen Westlern und Slawophilen spielten auch hier ihre Rolle. Die eine – und in diesen Jahren schwächere – Richtung setzte ihre Hoffnung immer noch auf die Bauern. Die anderen betonten die Notwendigkeit der klassenmäßigen Organisation der Arbeiter; sie übernahmen bereitwilliger und direkter westliche Vorbilder. In beiden Lagern wuchs ein starker Kampfwille heran, doch hatten in dem Machtkampf um die zukünftige Führung die letzteren die besseren Chancen. Diese Gruppen waren dank ihrer täglichen agitatorischen Arbeit unter dem Volk eher fähig, das Problem der Führung zu lösen, als die Autokratie oder die Liberalen. Ihnen sollte die Zukunft gehören.

Die Geschichte hat Rußland im 19. Jahrhundert vor ein unlösbares Problem gestellt. Um seine Unabhängigkeit und Eigenart zu wahren, mußte es versuchen, die westeuropäischen Errungenschaften, die es zur politischen Macht benötigte, auf Bedingungen zu übertragen, die in Europa einzigartig dastanden. Es mußte sich dauernd verändern und – im Lichte seiner Vergangenheit gesehen – verfälschen, neu anfangen, Notlösungen schaffen, nicht nur unter großen materiellen Opfern, sondern auch unter unglaublichen politischen und moralischen Anfechtungen. Man kann die Lösung dieser Probleme im 20. Jahrhundert nicht verstehen, wenn man sich nicht vergegenwärtigt, daß Rußland ein tragischeres Schicksal auferlegt war als irgendeiner anderen europäischen Macht.

Herschel Webb

JAPAN 1850–1890

Europäer und Amerikaner, die Japan in den ersten Jahren nach der Wiederaufnahme des Verkehrs mit der Außenwelt besuchten, beschrieben das Land als wirtschaftlich zurückgeblieben, streng, aber stabil regiert und von einem freundlichen und verständigen Volk bewohnt, das sich voller Eifer zeigte, über die Lebensweise des Westens möglichst viel zu erfahren. Beeindruckt waren die Besucher von den geduldigen, schwer arbeitenden Bauern, die aus dicht zusammengedrängten, in straffer Zucht gehaltenen Dörfern Tag für Tag den Weg antraten zu ihren winzigen, aber intensiv bebauten Reisfeldern. Merkwürdig aber muteten den Fremden die riesigen übervölkerten Städte an, wo die Bodenerzeugnisse des Landes gespeichert und gehandelt wurden und wo sich die Samurai, die waffentragende Oberklasse, von den Früchten der Arbeit der sozial Niedrigergestellten nährten.

Um die Mitte des 19. Jahrhunderts war Japan fast noch reines Agrarland. Vier Fünftel seiner Bevölkerung waren Bauern. Von einer entwickelten Industrie war keine Rede. Die meisten gewerblichen Güter wurden im bäuerlichen Haushalt erzeugt, der so sein mageres landwirtschaftliches Einkommen aufbesserte; in den Städten arbeiteten gewöhnlich sogar die Handwerker mitsamt ihren Familien in kleinen Fabriken, denen noch der Charakter der Heimindustrie anhaftete. Werkzeuge mit Kraftantrieb waren unbekannt. Die Verkehrsmittel waren primitiver, als man sich in westlichen Ländern seit Jahrhunderten vorstellen konnte. Die Landstraßen waren nicht viel mehr als ausgetretene Fußpfade; die meisten Flüsse überquerte man an Furten, nicht auf Brücken. Reiche und vornehme Reisende wurden mit menschlicher Muskelkraft in Sänften befördert; wer sonst unterwegs zu sein hatte, war zu Pferde oder wanderte zu Fuß.

Bei diesem primitiven Stand des Verkehrs- und Nachrichtenwesens war das Land von der Hauptstadt aus nicht einheitlich zu regieren. Die Zentralregierung, das Shôgunat, waltete ihres Amtes so despotisch, wie sie nur konnte, aber die Wirkung ihres Polizeisystems schrumpfte mit der Entfernung vom Shôgunatssitz im Zentrum des Landes. An der Peripherie war das lokale Regiment fast unabhängig von der staatlichen Zentralgewalt.

In mehr als zwei Jahrhunderten Isolierung von der übrigen Welt hatte das japanische Volk als Ganzes jede Kenntnis fremder Sitten eingebüßt und alles Fremde fürchten gelernt. Als einzelne durchaus bereit, westlichen Menschen mit viel Charme und Güte gegenüberzutreten, empfanden die Japaner als Nation nur Angst vor der militärischen Übermacht des Westens und der zersetzenden Wirkung westlicher Ideen. Auch das Christentum flößte Angst ein: es galt als das bewährte Mittel des Westens, die Völker des Ostens zu verweichlichen und gefügig zu machen, um ihrer kriegerischen Unterjochung den Weg zu ebnen. Die Betätigung christlichen Glaubens blieb Japanern auch nach der Aufnahme von diplomatischen und Handelsbeziehungen mit christlichen Ländern verboten. Östlichen Religionen gegenüber herrschte dagegen volle Toleranz. Der einheimische Shintô-Kult, der Buddhismus und der Konfuzianismus existierten unbehelligt nebeneinander, die beiden ersten als Religionen fürs Volk, der zuletztgenannte als ein von der Aristokratie gepflegtes System sozialer und politischer Maximen.

Von Altertumstraditionen indischen, chinesischen und einheimisch-japanischen Ursprungs beherrscht, erschien Japan westlichen Beobachtern als versteinert und jeglicher Veränderung unzugänglich. Weithin erhielt sich die Vorstellung, daß nur mächtige Impulse von außen je einen Umbau im Gefüge der japanischen Gesellschaft herbeiführen könnten. So sind denn auch westliche Autoren stets geneigt gewesen, die gewaltigen Umwälzungen, die Japan in den vier Jahrzehnten vom Ende der Abschließung bis zum chinesisch-japanischen Krieg von 1894/95 in fast allen Lebensbereichen erfuhr, so gut wie ausschließlich westlichen Einflüssen zuzuschreiben. In Wirklichkeit aber waren es die Japaner selbst, die den großen gesellschaftlichen Umbau der zweiten Hälfte des 19. Jahrhunderts geplant und in die Praxis umgesetzt haben, und das ist wohl auch das eine zentrale Motiv in Japans neuerer Geschichte, dem die größte Beachtung gebührt. Japans auswärtige Beziehungen in der Zeit bis zum chinesisch-japanischen Krieg unterlagen schweren vom Ausland diktierten Beschränkungen; immerhin hatte Japan das Glück, der ständigen Einmischung zu entgehen, die die europäischen Kolonialmächte in dieser Zeit gegenüber anderen Völkern Asiens und Afrikas praktizierten.

Die Hauptthemen der japanischen Geschichte in dieser Periode – Industrialisierung, technische Modernisierung, politische Einigung, militärischer Aufbau, geistige Aneignung so mancher Werte der europäischen Kultur – fanden ihre Initiatoren und Förderer in einer kleinen einheimischen Führungsgruppe. Die Anfänge und der Aufstieg dieser Führungsgruppe, die Zwistigkeiten in ihren Reihen und ihre Kompromisse mit feindlichen gesellschaftlichen Kräften stehen notwendigerweise im Brennpunkt der Darstellung. Das alles aber ist schwer zu verstehen, wenn man sich nicht zuerst klarmacht, auf welche Weise Japan die beiden ersten Schritte vollbracht hat, mit denen die Modernisierung des Landes ermöglicht wurde: zuerst die Öffnung des lange verriegelten Tores zur westlichen Welt und sodann die Errichtung eines zentralistischen monarchischen Staates an Stelle der jahrhundertealten feudalen Ordnung.

Zerfall der feudalen Ordnung

Äußerlich mochte die japanische Gesellschaft in der Zeit, die der Aufnahme der Beziehungen zum Westen voraufging, starr und unwandelbar erscheinen. In Wirklichkeit wurde ihre Stabilität von mancherlei Kräften, die den Keim des Umsturzes in sich bargen, untergraben. Gewiß hätte das plötzliche Ende der Isolierung auch ohne die Wirksamkeit dieser Kräfte viele tiefgreifende Veränderungen herbeiführen müssen. Indes wurde ihre Richtung in hohem Maße durch Prozesse bestimmt, die schon vor der Intervention des Westens eingesetzt hatten.

Eine folgenschwere Eigentümlichkeit des politischen Lebens Japans war die merkwürdige Struktur der Shôgunatsherrschaft. Von 1603 bis 1867 blieb das Amt des Shôguns – »Generalissimus« – erblich in den Händen einander ablösender Mitglieder des Hauses Tokugawa, einer Dynastie, die aus dem Kriegeradel emporgekommen war. In der europäischen Geschichte gibt es kein echtes Gegenstück zum Shôgunat, wenn es auch manche Ähnlichkeit mit der Institution des erblichen Hausmeiertums aufweist, das im merowingischen Frankreich im Namen der Titularkönige die Macht ausübte. Der Shôgun war theoretisch der absolute militärische Herrscher, aber rechtlich und religiös leitete sich seine Machtfülle nur vom Auftrag des erblichen Kaisers her. Der Kaiser übte für das Staatsgefüge wesentliche magische oder religiöse Funktionen aus, aber er war politisch nicht mächtiger als die *fainéants*, die Nichtstuerkönige aus dem Merowingergeschlecht.

Allerdings waren die späten Tokugawa-Shôgune selbst Männer von geringer Willenskraft und wenigen Talenten. Einer von ihnen, der im 18. und 19. Jahrhundert fünf Jahrzehnte lang die hohe Würde des Shôguns bekleidete, ist hauptsächlich im Zusammenhang mit den ständig wiederkehrenden Schwierigkeiten bekannt, die ihm sein übergroßer Harem und die fünfzigköpfige Schar seiner Kinder bereiteten; die Führung der Staatsgeschäfte hatte er notgedrungen zum größeren Teil seinen Beamten überlassen müssen. Von den Nachfolgern dieses langlebigen Schwerenöters hatten einige im Regierungsgetriebe noch weniger zu sagen, und in ihrer Amtszeit ging die tatsächliche Regierungsgewalt gleichsam von selbst auf eine sich automatisch verewigende Clique zweitrangiger Höflinge über.

Die ökonomische Basis der Shôgunatsmacht war das Steueraufkommen aus Ländereien, die der Regierung direkt unterstanden. Sie waren zwar von beträchtlicher Ausdehnung, umfaßten aber keineswegs das ganze Land. In der Hauptsache handelte es sich um ein mitteljapanisches Gebiet, das an der Pazifikküste von der Shôgunatshauptstadt Yedo (heute Tôkyô) bis zur Umgebung der alten kaiserlichen Hauptstadt Kyôto reichte.

Das übrige Territorium Japans – ungefähr drei Viertel der gesamten Landfläche – zerfiel in etwa zweihundertsechzig Feudaldomänen, deren Herrscher, die Daimyô, die Steuerhoheit über ihre Lehnsbezirke innehatten und die fast uneingeschränkte Verfügungsgewalt in lokalen Angelegenheiten ausübten. Einige der Daimyô standen im erblichen Vasallenverhältnis zum Shôgun, dessen Oberherrschaft über ihre Domänen infolgedessen relativ fest begründet war. Aus dieser Gruppe rekrutierten sich die Mitglieder der Shôgunatsbürokratie. Die übrigen Daimyô, darunter die reichsten und mächtigsten des westlichen und nördlichen Japans, galten als »Herren der Peripherie«, »Außenherrscher«, wurden von der überlegenen militärischen Macht des Shôgunats in Schach gehalten und waren von den entscheidenden Ämtern in den Regierungskörperschaften der Zentralgewalt ausgeschlossen. Gemeinsam stellten sie nichtsdestoweniger eine Macht dar, die sich in Krisenzeiten Gehör zu verschaffen wußte.

Schon immer eine potentielle Gefahr für die Stabilität des Shôgunatsystems, wurden diese Feudalherren aus den Außenbezirken erst recht bedrohlich in der ersten Hälfte des 19. Jahrhunderts. Denn während die Zentralregierung infolge finanzieller Schwierigkeiten und der Unfähigkeit der regierenden Bürokratie immer mehr an effektiver Macht einbüßte, erstarkte die Machtstellung mancher »Außenherrscher«, insbesondere im westlichen Japan. Der Machtzuwachs der Feudalherren in den Außenbezirken ging nicht zuletzt auf Verwaltungs- und Steuerreformen zurück, die von wagemutigen Daimyô in Angriff genommen worden waren; den großen Feudaldomänen der Westbezirke hatte überdies die Nähe Nagasakis, das damals Japans einziger Außenhandelshafen war, den Zugang zur Zivilisation der westlichen Welt eröffnet, und der Einfluß der Außenwelt kam der Erschließung neuer Quellen industriellen Reichtums und dem Ausbau der lokalen Verteidigungsanlagen nach modernen Gesichtspunkten zugute.

Zu Beginn der vierziger Jahre des 19. Jahrhunderts war in Daimyôkreisen eine Diskussion darüber in Gang gekommen, ob nicht einigen der bedeutendsten »Herren der Peripherie« wenigstens ein gewisser Anteil an der Shôgunatsregierung eingeräumt werden sollte. Was das Problem akut machte, war das Bedürfnis, die nationale Verteidigung gegen Übergriffe der Westmächte auf eine breitere Basis zu stellen. Die Furcht vor dem Westen hatte den japanischen Staat zu Beginn des 17. Jahrhunderts bewogen, eine Politik der Abschließung und Ausschließung zum Prinzip zu erheben: Japaner durften nicht mehr das Land verlassen, Ausländer – mit wenigen Ausnahmen – nicht japanischen Boden betreten; auswärtiger Handel wurde in geringem Umfang und unter besonders erschwerten Bedingungen nur im Hafen von Nagasaki zugelassen und auf Holland und China beschränkt. Seit Beginn des 19. Jahrhunderts bemühten sich nun Engländer, Holländer, Russen und Amerikaner mit großem Nachdruck, Japan zum Widerruf der Isolationsedikte zu bewegen. Vergebens. Die Absperrung vom Ausland blieb für das Gros des japanischen Volkes der Eckstein der nationalen Politik. Der Shôgunatsbürokratie aber wurde vorgeworfen, daß sie unfähig sei, die äußere Gefahr abzuwehren. Namentlich die Richtung unter den Daimyô, die sich für die Heranziehung der »Außenherrscher« zur politischen Verantwortung einsetzte, kritisierte die Schwäche des Shôgunats im Angesicht der außenpolitischen Bedrohung. Das wirksamste Schlagwort des Lagers der »Peripherie« war »*Jôi*«, »Widersteht den Barbaren«. Der Ruf nach einer kraftvollen Verteidigungspolitik wurde so von Anfang an zum Kernstück der »peripheren« Opposition gegen die die Zentralregierung beherrschenden Kreise. Die *Jôi*-Parolen sollten später auch zur schärfsten Angriffswaffe im Kampf gegen den Fortbestand der Shôgunatsinstitution werden.

Zugleich schlug *Jôi* auch eine Brücke zur Bewegung der kaisertreuen Loyalisten. Japans kaiserliche Dynastie hatte sich seit vorgeschichtlichen Zeiten in ungebrochener Linie fortgesetzt. Den geistlich-rituellen Verrichtungen des Kaisers und seines Hofes in Kyôto wurde die magisch-religiöse Kraft, das ganze Land zu schützen, zugeschrieben, und das Bewußtsein der historischen Kontinuität, das den nationalen Sinn stärkte, empfing mächtige Antriebe aus der Erinnerung daran, daß die Dynastie einst nicht nur formal geherrscht, sondern auch wirklich regiert hatte. Die Fiktion, daß die allumfassende Macht des Shôgunats von einem kaiserlichen Auftrag herrühre, wurde von den Tokugawa-Shôgunen sorgsam gepflegt und trug, solange die Shôgunatsregierung stark und stabil war, dazu bei, sie noch stärker und stabiler zu machen. In der Zeit jedoch, in der das Shôgunat sichtlich an Altersschwäche litt, konnte diese Fiktion mit der gleichen Durchschlagskraft auch der Opposition dienen: wenn die kaiserliche Sanktion die Shôgunatsregierung erst legitimierte, mußte die kaiserliche Mißbilligung, falls sie dem ganzen Lande demonstriert werden konnte, die Gesetzwidrigkeit der Aufrechterhaltung der Shôgunatsherrschaft dartun. Schon vor 1853 hatte die *Jôi*-Richtung aus diesem Argument Kapital geschlagen: sie behauptete, die wichtigste Pflicht des Shôguns gegenüber dem Kaiser sei die Verteidigung der nationalen Integrität gegen Angriffe des Auslands; darum müsse der Shôgun um der großen nationalen Aufgabe willen auf die fähigen und erfahrenen »Außenherrscher« zurückgreifen; seien aber die Beamten des Shôguns nicht fest genug in der Abwehr der Gefahr von außen, so könne ihre Ersetzung durch Personen, die die ihnen vom Kaiser auferlegten Verpflichtungen besser erfüllen würden, vollauf gerechtfertigt sein.

Alle Teilglieder dieser Gedankenkette verdichteten sich in der Devise »*Sonnô*«, »Ehret den Kaiser«. Ursprünglich war *Sonnô* ebenso wie *Jôi* als ein Stützpfeiler der Idee der nationalen Einheit und nationalen Stärke gedacht; später kam der zusätzliche politische Nebensinn hinzu: *Sonnô* besagte dann, das Shôgunat als Institution müsse abgeschafft und durch eine neue Regierung mit dem Kaiser an der Spitze ersetzt werden.

Abgesehen vom gestörten Gleichgewicht zwischen den zentralen und den »peripheren« Kräften im politischen System der Nation, lösten um die Mitte des 19. Jahrhunderts auch noch andere Umstände sozialer und ökonomischer Natur Gärungsprozesse aus, die die hergebrachte Ordnung zu zersetzen drohten. Es machte sich vor allem ein immer tiefer werdender Zwiespalt bemerkbar zwischen dem starren System erblicher Kasten, das theoretisch noch gültig war, und der viel fließenderen Sozialstruktur, die sich im Alltag durchsetzte.

Die japanische Überlieferung, die sich dabei auch noch auf den von China entlehnten konfuzianischen Sittenkodex stützte, verlangte eine statische Trennung der sozialen Klassen. Unterhalb der Daimyô standen die Samurai genannten pensionierten waffentragenden Gefolgsleute der Lehnsherren, die militärische, polizeiliche und Verwaltungsfunktionen ausübten und aus denen sich in der Regel die geistigen Berufe rekrutierten. Die Kluft zwischen diesem Kriegerstand und den Bürgern und Bauern sollte im Prinzip unüberbrückbar sein; theoretisch war die Bindung der Bauern an den Boden und der Bürger an die Berufe, in die sie hineingeboren waren, unauflöslich.

In Wirklichkeit hatte diese Struktur lange vor dem Ende der Tokugawa-Herrschaft abzubröckeln begonnen. Städtische Kaufleute hatten angefangen, Vermögen zusammenzuscharren; zwischen ihnen und Mitgliedern des Kriegerstandes wurden Ehen geschlossen; auf verschiedenen Wegen und Umwegen erwarben sie Macht und Prestige über die ihnen traditionell zugedachte Position hinaus. Umgekehrt hatten sich manche Samurai, weil der

Sold, den sie als Gefolgsleute der Feudalherren bezogen, äußerst niedrig war, genötigt gesehen, dem Handelsgeschäft oder anderem Erwerb nachzugehen. Außerdem war die Möglichkeit, daß sich ein Samurai von seinem Lehnsherrn – ob freiwillig oder nicht – trennen könnte, in der theoretischen Konstruktion des Systems nicht eigentlich vorgesehen. Es gab aber durchaus herrenlose Samurai, die Rônin, denen die laufenden Zuwendungen der Lehnsherren, die den anderen Samurai zuflossen, abgingen und die deswegen gezwungen waren, ihren Lebensunterhalt als Lehrer, Handwerker oder Händler zu verdienen; manche wurden sogar Räuber. Daß eine sehr erhebliche Anzahl von Samurai verarmt oder herrenlos geworden war, stellte die Behörden des späten Tokugawa-Regimes vor schwierige Probleme: es konnte vermutet werden, daß sich diese Schichten gegen ihr Schicksal auflehnen und in Zeiten politischer Krisen als Revolutionäre auftreten würden. Ihre Rolle in der schon erwähnten Antishôgunatsbewegung haben viele Historiker hervorgehoben. Obschon die Führung der Bewegung aus recht heterogenen Teilen der Daimyô- und Samuraistände gekommen zu sein scheint, darf man den zersetzenden Einfluß der aufsässigen Deklassierten aus den Reihen der Samurai nicht unterschätzen.

Weitere gravierende Probleme ergaben sich aus der wirtschaftlichen Situation. Dem vom auswärtigen Handel abgeriegelten Lande konnte es schwerlich gelingen, den Reichtum zu schaffen, der für eine sowohl von den Aristokraten als auch vom Volk gewünschte Hebung der Lebenshaltung ausgereicht hätte. Wirtschaftliche Not war sogar in Zeiten guter Ernte nicht zu vermeiden; Mißerntejahre brachten Hungersnot und unsagbares Elend. In den dreißiger Jahren des 19. Jahrhunderts hatte eine ungewöhnliche Aufeinanderfolge schlechter Ernten und anderer Naturkatastrophen viele Bezirke in abgründige Not gestürzt; regierungsfeindliche Aufstände der verelendenden Bauernschaft und anderer unzufriedener Schichten rückten in greifbare Nähe. Radikale Reformlösungen schienen auf der Tagesordnung zu stehen.

In vielen der Bezirke, die von den Schlägen der dreißiger Jahre besonders empfindlich getroffen worden waren, versuchten sich die Verwaltungsbehörden der feudal regierten Provinzen mit Steuer- und Verwaltungsreformen verschiedener Art. Einer der energischsten und erfolgreichsten unter den reformfreundlichen Daimyô war der aus einer jüngeren Linie der Shôgunatsdynastie stammende Tokugawa Nariaki, Feudalherr der in der Nähe von Yedo an der Pazifikküste gelegenen Provinz Mito und prominentes Mitglied der Daimyôgruppe, die die meisten einflußreichen Würdenträger in den Shôgunatsräten stellte. Die Lage seiner Provinz an der Küste, die von den meisten ausländischen Schiffen angelaufen wurde, hatte ihm die Gefahr eines Angriffs der Westmächte besonders deutlich vor Augen geführt und ihn veranlaßt, im Rahmen eines großzügigen Ausbauprogramms die lokalen Verteidigungsanlagen zu erweitern und zu modernisieren. Daneben hatte er Wirtschaftsreformen durchgeführt, auf die in den vierziger Jahren die Zentralregierung aufmerksam wurde. Nariaki wurde aufgefordert, an der Leitung einer Reihe ähnlicher Verteidigungs- und Finanzreformen in Yedo teilzunehmen. Damit fiel ihm im Apparat der Shôgunatsregierung eine höchst einflußreiche Position zu. Später allerdings geriet er in Streit mit seinen konservativen Kollegen, ging seiner Provinzherrschaft verlustig und zog sich als erbitterter Gegner der herrschenden Clique ins Privatleben zurück.

Nariaki, diese komplexe und widerspruchsvolle Gestalt, verkörperte in hohem Maße die inneren Spannungen, die Japan am Vorabend der Öffnung des Landes beherrschten. Gegenüber der Problematik, die in der wirtschaftlichen und militärischen Schwäche des Landes begründet lag, zeigte er sich als Pionier neuer Methoden, und dennoch glaubte er mit fast religiöser Inbrunst daran, daß die Abriegelungspolitik unbedingt beibehalten werden müsse, die doch jede von der Zeitsituation diktierte radikale innere Lösung von vornherein unmöglich machte. Obwohl er ein Verwandter und Bediensteter des Tokugawa-Shôguns war, förderte er die kaisertreue Bewegung, die auf den Sturz der Tokugawa-Herrschaft hinarbeitete.

Das Tor wird aufgemacht

Das katalysierende Ereignis, das alle inneren Zersetzungskräfte zur Entladung brachte, trat 1853 ein. Die Regierung der Vereinigten Staaten hatte schon seit Jahren auf die Aufnahme der Beziehungen mit Japan gedrängt, nicht zuletzt, weil Japans geographische Lage auf dem amerikanischen Seeweg nach China wenigstens Konventionen für Brennstoffbeschaffung und Schiffbruchsfälle notwendig erscheinen ließ. Im Sommer 1853 traf eine amerikanische Flottenexpedition unter der Führung des Kommodore Matthew Perry in der Yedo-Bucht ein. Perry verlangte den Abschluß eines Rahmenvertrages, dem später ein Abkommen über diplomatische und Handelsbeziehungen folgen sollte. Zum Unterschied von früheren Versuchen, Japan dem Westen zu öffnen, ging das amerikanische Verlangen diesmal mit der wenig verhüllten Drohung einher, daß eine Ablehnung Zwangsmaßnahmen nach sich ziehen würde. Die japanischen Regierungsstellen verfielen in Panik; ihnen war noch in lebhafter Erinnerung, daß der Krieg zwischen Großbritannien und China in den Jahren 1841 und 1842 mit einem britischen Sieg und zahlreichen für China demütigenden Zugeständnissen, darunter dem Verlust der chinesischen Zollautonomie und der Preisgabe Hongkongs, ausgegangen war.

Bald zeigte sich auch, daß außer den Vereinigten Staaten noch andere Mächte darauf aus waren, der Isolierung Japans ein Ende zu bereiten. Eine russische Flottenmacht unter Admiral Putjatin ging im Sommer 1853 im Hafen von Nagasaki vor Anker und präsentierte Forderungen, die denen der Perry-Expedition entsprachen. Nun war der Shôgunatsregierung zwar klar, daß eine Zurückweisung der amerikanischen und russischen Forderungen katastrophale Folgen haben würde, aber anderseits fürchtete sie den im Falle einer Kapitulation vor den Forderungen des Auslands unausbleiblichen Zorn der *Sonnô-* und *Jôi*-Richtungen. Um angesichts dieses Dilemmas Zeit zu gewinnen, ersuchte das Shôgunat die ausländischen Mächte um Zurückziehung der Flottenstreitkräfte und stellte eine Antwort für das nächste Jahr in Aussicht.

In den folgenden Monaten bemühte sich die Regierung fieberhaft, alle Daimyôkreise – sowohl die Herren der Peripherie als auch die Erbvasallen des Shôguns – für einen gemeinsamen Aktionsplan zu gewinnen. Es zeigte sich jedoch keine Übereinstimmung in den Vorschlägen, die von den einzelnen Gruppen gemacht wurden. Eine Gruppe, zu der einige der mächtigsten »Außenherrscher« aus den westlichen Provinzen gehörten, trat für eine unumwundene Ablehnung der amerikanischen Forderungen ein, sogar auf die Gefahr eines Krieges hin. Eine andere Gruppe befürwortete in vorsichtiger Form eine Kompromißlösung, die den Frieden erhalten würde, ohne eine radikale Preisgabe der Politik der Isolierung mit sich zu bringen. Schließlich setzte sich eine einflußreiche dritte Gruppe für den Abschluß eines Vertrages mit den Vereinigten Staaten ein; sie warnte vor einem Krieg, in dem Japan wahrscheinlich würde unterliegen müssen, und einige ihrer prominenten Mitglieder wiesen mit Nachdruck auf den positiven Gewinn hin, den Japan aus dem Handel mit fremden Ländern ziehen könnte. Als Sprecher der Daimyôgruppe, die auf die Vorteile des Außenhandels pochte, trat immer mehr Ii Naosuke, einer der mächtigsten unter den Erbvasallen, in den Vordergrund.

Als die Perry-Expedition im Februar 1854 zurückkehrte, hatten sich die Ansichten der zuletzt genannten Gruppe durchgesetzt, und die Regierung fand sich zur Unterzeichnung des Vertrages von Kanagawa bereit. Den Amerikanern wurden die von ihnen verlangten Konventionen für Schiffbruch und Brennstoffversorgung zugestanden; dem amerikanischen Handel wurden zwei Häfen geöffnet; eine Vereinbarung über den Austausch konsularischer Vertretungen ebnete den Weg zu Verhandlungen über einen umfassenden Handelsvertrag. Bis Ende 1855 folgten ähnliche Verträge mit Großbritannien, Rußland und Holland.

Als erster ständiger diplomatischer Vertreter des Auslands auf Grund der neuen Verträge traf 1856 der Generalkonsul der Vereinigten Staaten, Townsend Harris, in Japan ein. Zwei Jahre dauerten seine Verhandlungen mit der Shôgunatsregierung über eine vertragliche Basis für normale Handelsbeziehungen zwischen Japan und Amerika. Im Juli 1858 kam der japanisch-amerikanische Vertrag von Yedo zustande, der für entsprechende Verträge mit Holland, Rußland, Großbritannien und Frankreich das Modell abgab. Die in diesen Verträgen niedergelegten Grundsätze haben dann vier Jahrzehnte lang Japans diplomatische und Handelsbeziehungen mit den Westmächten geregelt.

In mancher Beziehung bedeuteten diese ersten Verträge eine schwere Demütigung Japans. Sie erfüllten die japanische Öffentlichkeit mit bitterem Ressentiment gegen die eigene Regierung, die sie akzeptiert hatte, und gegen die ausländischen Mächte, die sie Japan aufgezwungen hatten. Die Vertragsbestimmungen sahen vor, daß dem auswärtigen Handel fünf Handelshäfen geöffnet wurden, in denen sich ausländische Kaufleute auf Dauer niederlassen und frei von jeder Überwachung durch japanische Behörden Handel treiben durften; dem Geltungsbereich der japanischen Gesetze entzogen, sollten sie der ausschließlichen Jurisdiktion ihrer eigenen nationalen Konsuln unterstehen. Auf die Einfuhr durfte Japan Wertzölle legen, aber die Zollsätze wurden in den Verträgen so niedrig bemessen, daß sie für den japanischen Staat als Einnahmequelle kaum ins Gewicht fielen. Der Vertrag mit den Vereinigten Staaten enthielt eine weitere Erschwerung: seine Bestimmungen sollten unabänderlich bis 1872 gelten, und auch dann konnte der Vertrag nur bei vollem Übereinkommen der beiden Regierungen gekündigt oder revidiert werden.

Darüber hinaus beschränkten die frühen Verträge Japans außenpolitische Aktionsfreiheit durch die Einführung der Meistbegünstigungsklausel: Alle von Japan in späteren Verträgen

Der Hafen von Nagasaki nach der Öffnung für den Außenhandel, 1857. Lithographie

Fischmarkt
an der Nihonbashi in Yedo
Aus einem Farbholzschnitt von
Utagawa Hiroshige
Berlin, Kunsthandel

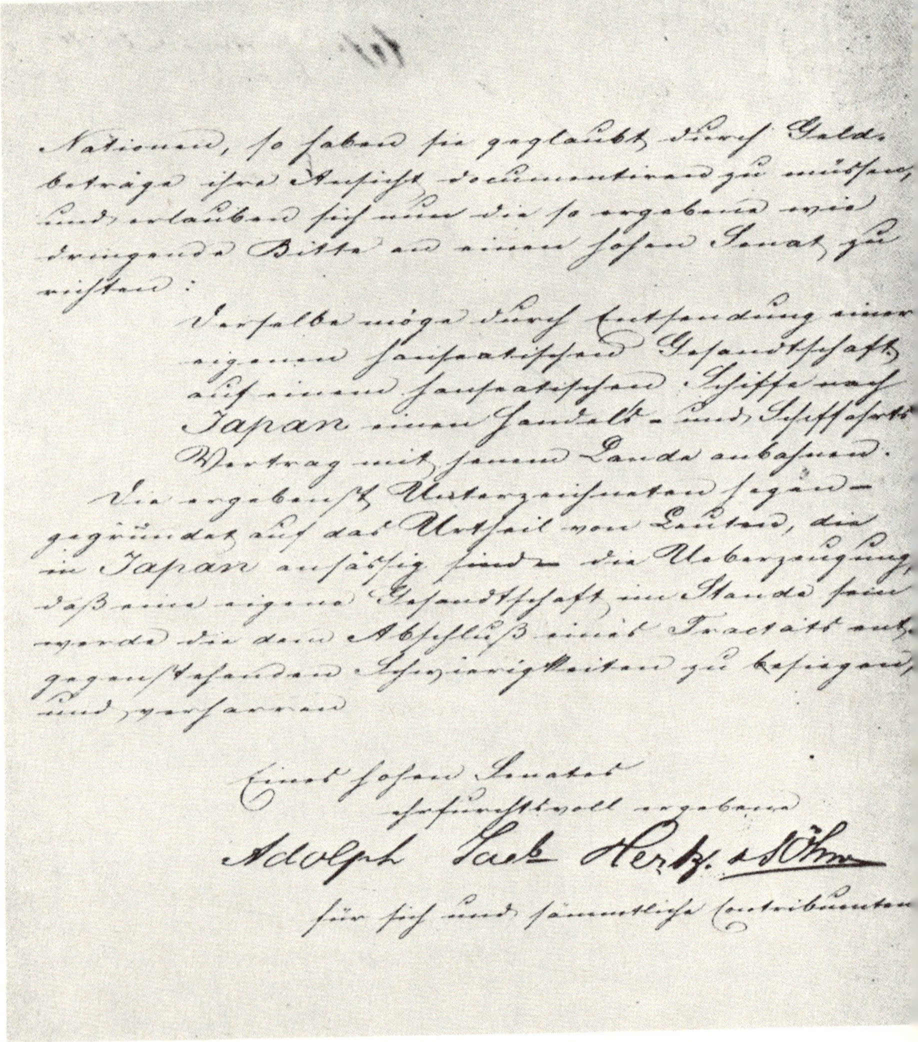
Nationen, so haben sie geglaubt, durch Geld-
beträge ihre Ansicht documentiren zu müssen,
und erlauben sich nun die so ergebene wie
dringende Bitte an einen hohen Senat zu
richten:

Derselbe möge durch Entsendung einer
eigenen hanseatischen Gesandtschaft
auf einem hanseatischen Schiffe nach
Japan einen Handels- und Schifffahrts-
Vertrag mit jenem Lande anbahnen.

Die ergebenst Unterzeichneten hegen –
gegründet auf das Urtheil von Leuten, die
in Japan ansässig sind – die Ueberzeugung,
daß eine eigene Gesandtschaft im Stande sein
werde die dem Abschluß eines Tractats ent-
gegenstehenden Schwierigkeiten zu besiegen
und zerstreuen

Eines hohen Senates
ehrfurchtsvoll ergebene
Adolph Jacob Hertz Söhne
für sich und sämmtliche Contribuenten

Bitte der Hamburger Kaufmannschaft an den Senat
zur Entsendung einer hanseatischen Gesandtschaft nach Japan
Rückseite des Briefes der Firma Hertz & Söhne vom 1. Oktober 1862 im Namen sämtlicher Spender
der für diesen Zweck aufgebrachten Summe von M. 31 600. Hamburg, Staatsarchiv

einer einzelnen Macht eingeräumten Vorteile oder Zugeständnisse mußten demnach allen Mächten, mit denen Japan Handelsbeziehungen unterhielt, automatisch zugute kommen. In den folgenden Jahren wurden japanische Unterhändler, die sowohl diplomatischer Erfahrung als auch der Kenntnis juristischer Verfahrensweise ermangelten, mehr als einmal dazu gebracht, einzelnen ausländischen Mächten noch weitergehende und noch konkretere Zugeständnisse zu machen, als sie in den Anfangsverträgen vereinbart worden waren, und von solchen Konzessionen profitierten dann alle anderen Mächte in gleichem Maße.

Japans erste diplomatische Vertretung ging 1860 ins Ausland. Schon 1859 hatten sich ausländische Kaufleute in den Vertragshäfen niedergelassen. Sie wurden zur Zielscheibe von Haß und Angriffen, denn ihre bloße Anwesenheit war konservativen Japanern ein Dorn im Auge. Widerstand gegen die Handelsverträge wurde zum Streitproblem der Periode, von dem weitreichende Rückwirkungen auf Japans innere Entwicklung ausgehen sollten.

Sturz des Shôgunats

Daß sich die Shôgunatsregierung 1853 entschloß, die Meinung aller Daimyô zu den Forderungen Perrys einzuholen, erwies sich später als eine entscheidende Schwächung des Shôgunats im Verhältnis zu den Lehnsträgern. Schon die Tatsache, daß die »Außenherrscher« in einer Angelegenheit von nationaler Bedeutung gehört wurden, war ein Bruch mit der Tradition, der im Lande die Überzeugung um sich greifen ließ, daß das Shôgunat die Macht eingebüßt habe, selbständig Entscheidungen zu treffen und sie aus eigenem in die Praxis umzusetzen. Zwar hatte die außenpolitische Krise, wie schon gesagt, das Dilemma, in dem sich das Shôgunat befand, nicht geschaffen; sie zeigte aber anschaulich, daß der Einfluß der Zentralregierung auf die »Außenherrscher« im Schwinden begriffen war.

Auch der innere Zusammenhalt des Systems hatte Schaden genommen. Einer der prominentesten Gegner der Shôgunatspolitik, der bereits als Pionier lokaler Verteidigungs- und Wirtschaftsreformen und als Shôgunatsberater erwähnte Tokugawa Nariaki, entstammte den innersten Kreisen der zentralen Bürokratie. Nariaki stand nunmehr an der Spitze einer einflußreichen Daimyôgruppe, deren Japan-Programm sich an den Schlagworten *Jôi* und *Sonnô* orientierte. Um diese Zeit bedeutete *Jôi* die grundsätzliche Ablehnung aller Versuche der ausländischen Mächte, Japan zu einem Verzicht auf die Selbstabriegelung zu zwingen. *Sonnô* wiederum brachte, wie auch schon früher, zum Ausdruck, daß alle japanischen Untertanen einschließlich des Shôguns und der Bürokraten in seinem Verwaltungsapparat dem Kaiser in Kyôto Gehorsam schuldeten. Zunächst war dies Treuebekenntnis kaum mehr als ein Aufruf zur Sammlung aller Klassen, Provinzen und Richtungen im Kampf gegen die gemeinsame Gefahr. Als sich jedoch die Krise, die in den fünfziger und sechziger Jahren ausgebrochen war, fortsetzte und ausbreitete, verwandelte sich die Gehorsamsbezeigung gegenüber dem Kaiser in eine brauchbare Basis für den Zusammenschluß aller dem Tokugawa-Shôgunat feindlichen Gruppen.

Tokugawa Nariaki selbst hat sich nie dazu durchringen können, die Abschaffung des Shôgunats zu fordern. Aber sein Glaube an die Institution des Kaisertums und an seine Bedeutung als Symbol der nationalen Einheit hatte ihn schon in den fünfziger Jahren dazu gebracht, mit der Gruppe der »Außenherrscher«, die nach einer Beteiligung an den Entscheidungsorganen des Shôgunats verlangte, gemeinsame Sache zu machen. Demgegenüber mußten die Erbvasallen nicht ganz zu Unrecht befürchten, daß ihre eigene Machtposition durch einen Kurswechsel gefährdet werden würde. Ihr Wortführer war derselbe Ii Naosuke, der 1853/54 als Sprecher einer einflußreichen Daimyôgruppe für die Annahme der amerikanischen Forderungen plädiert hatte. In zwei entscheidenden Fragen hatte sich so der unversöhnliche Gegensatz zwischen Ii Naosuke und Tokugawa Nariaki offenbart.

Zwischen 1853 und 1858 spitzten sich sowohl der Kampf um die Macht im Innern als auch das außenpolitische Dilemma auf den Streit um die Nachfolge des kranken und kinderlosen Shôguns Iesada zu. Ii und seine Richtung setzten sich für Iesadas Vetter Iemochi ein, damals noch ein Kind, von der Shôgunatsbürokratie leicht zu gängeln. Der Kandidat der Gegenseite war Nariakis Sohn Yoshinobu, von dem die Fortführung der Politik entschiedenen Widerstands gegen das Auslandsverlangen nach Intensivierung der Handelsbeziehungen und zunehmende innenpolitische Zusammenarbeit mit den Feudalen der Außenbezirke erwartet werden konnte. Die Periode des Nachfolgestreites war eine Zeit fühlbarer Niederlagen und wachsender Enttäuschung für Tokugawa Nariaki. Jede wichtige politische Entscheidung des Shôgunats – vom Vertrag von Kanagawa bis zu Townsend Harris' erfolgreichem Abschluß des Vertrages von Yedo – fiel im Sinne der Richtung Ii Naosuke. Daß Nariaki auf die Politik der Zentralregierung Einfluß nehmen könnte, schien aussichtslos. Das veranlaßte ihn, sich in einer anderen Richtung nach Hilfstruppen umzusehen, die seine Politik unterstützen würden. Er nahm Beziehungen zu Kreisen auf, die am kaiserlichen Hof in Kyôto den Ton angaben.

Nariakis nachhaltige Bemühungen um die Adelskreise von Kyôto hatten den Erfolg, daß am kaiserlichen Hof um 1858 eine Stimmung herrschte, die einer entschieden auslandsfeindlichen Politik entgegenkam und die der in den Shôgunatskörperschaften führenden Partei feindlich war. Ein offener Konflikt zwischen Yedo und Kyôto brach aus, als der Shôgun 1858 den mit Townsend Harris abgeschlossenen Vertrag dem Kaiser zur Genehmigung vorlegte. Unter normalen Umständen wäre das eine bloße Formalität gewesen: die Krone pflegte jede vom Shôgunat getroffene Entscheidung automatisch zu sanktionieren. Aber nun verweigerte der Hof die Ratifizierung des Vertrages.

Das Shôgunat reagierte mit der Verkündung eines Notstands, der der Errichtung eines Diktaturregimes gleichkam. Da es einen entschlossenen und willensstarken Shôgun nicht gab, wurde beschlossen, Ii Naosuke zum Diktator – mit dem Amtstitel Tairô (»Chefberater«) – zu ernennen. Unverzüglich erklärte Ii den Vertrag von Yedo auch ohne kaiserliche Genehmigung für ratifiziert und benannte den Kandidaten seiner eigenen Richtung Tokugawa Iemochi zum Shôgunatserben. Während der folgenden zwei Jahre beherrschte Ii den Verwaltungsapparat der Zentralregierung; der Niederhaltung der Gegner dienten zahlreiche Verhaftungen und Hinrichtungen. Iis Motive waren zweifacher Art. Einmal war er sich der Notwendigkeit bewußt, sofort energische Schritte zu ergreifen, um dem Verlangen des Auslands nach vertraglichen Beziehungen Rechnung zu tragen, weil eine Ablehnung der Forderungen des Westens Japan in eine Katastrophe stürzen würde. Zum andern war er zutiefst davon überzeugt, daß das Shôgunat erhalten werden und die Verfügungsgewalt innerhalb des Shôgunatssystems dort verbleiben müsse, wo sie immer gelegen habe: bei der Gruppe der Erbvasallen, zu der auch er gehörte. Mit dieser Vorstellung hatte er allerdings kein Glück. In Wirklichkeit brachte er mit seiner Politik der Willkür und diktatorischen Herrschaft nicht mehr fertig, als den Haß seiner Gegner zu schüren und ihre ablehnende Haltung zur allgemeinen Widerstandsstimmung gegen das Shôgunat anwachsen zu lassen. Weit und breit begann sich die Überzeugung durchzusetzen, daß das Shôgunat eine überholte Einrichtung sei, die hinweggefegt werden müsse.

Der persönliche Konflikt zwischen Tokugawa Nariaki und Ii Naosuke fand 1860 seinen Abschluß mit dem Tod der Rivalen. Anfang des Jahres fiel Ii dem Mordanschlag einer Samuraigruppe, vornehmlich aus Nariakis Provinz Mito, zum Opfer. Im Laufe desselben Jahres starb Nariaki. Das Gerücht, daß er von Anhängern des ermordeten Ii vergiftet worden sei, findet in den Tatsachen kaum eine Stütze.

Der innenpolitische Kampf wütete aber weiter, und die Schlachtrufe der Gegner des Shôgunats blieben *Sonnô* und *Jôi*, Ehrung des Kaisers und Vertreibung der Barbaren. In zunehmendem Maße ging im Laufe der nächsten Jahre die Führung im Kampf gegen Iis Nachfolger im Shôgunat auf die vier mächtigsten westlichen Provinzen über. Diese Landesteile und die aus ihnen stammenden jungen Führer, die um diese Zeit in die nationale Politik aktiv einzugreifen begannen, sind für Japans neuere Geschichte so bedeutend geworden, daß es sich verlohnt, auf die vier Provinzen einen Blick zu werfen.

Am äußersten südlichen Zipfel der Insel Kyûshû gelegen, war *Satsuma* die vom Sitz der Shôgunatsmacht am weitesten entfernte Feudalprovinz. Seine führenden Schichten waren besonders stolz auf ihre aristokratische und unerbittlich kriegerische Tradition. Es war aber auch mit größeren und mannigfaltigeren Quellen von Reichtum und Wohlstand gesegnet, als sie andere Bezirke in dieser Periode aufzuweisen hatten. Zu Beginn des 19. Jahrhunderts hatten hier einige tüchtige Daimyô aus der Shimazu-Familie lokale Monopole in der Herstellung von Rüstungen und in der Produktion von Verbrauchsgütern aufbauen helfen. Das dürftige Wissen über westliche Wissenschaft und Technik, das über die holländischen Handelsleute in Nagasaki nach Japan einsickerte, leistete gute Dienste in den Industrien von Satsuma. Die Provinz betrieb sogar ihren eigenen Außenhandel über die Häfen der im Süden fast schon an Formosa grenzenden Ryûkyû-Inseln, die Satsuma als seinen eigenen Vasallenstaat ansah. Alles begünstigte Satsumas unabhängiges Gebaren und seine oppositionelle Haltung gegenüber dem Shôgunat. Obgleich der Feudalherr von Satsuma selbst fand, daß die Isolierung Japans durchbrochen und Bekanntschaft mit der westlichen Welt gepflegt werden sollte, war er – ebenso wie andere lokale Führer – über die Kapitulation der Zentralregierung vor den Auslandsforderungen und über die Mißachtung der kaiserlichen Prärogativen erbittert. Zwei seiner jüngeren Gefolgsleute, Saigô Takamori und Ôkubo Toshimichi, taten sich als aktive Teilnehmer an der *Sonnô*- und *Jôi*-Bewegung besonders hervor. Ohne einen hohen Samurai-Rang zu bekleiden, waren beide durch persönliche Tüchtigkeit zu Vertrauenspositionen in der Provinzregierung emporgestiegen.

In der Hauptstadt der Provinz *Hizen*, Saga, im Nordwesten der Insel Kyûshû, nicht weit von Nagasaki, gab es unmittelbare Berührung mit den Holländern. Die Gefahren einer Expansion der Westmächte wie auch die möglichen Vorteile der Übernahme westlicher Rüstungen und westlicher Industrietechnik waren hier deutlicher sichtbar. So wurde zum Beispiel in der Provinz Hizen 1850 der erste japanische Flammofen in Betrieb genommen, so daß Eisenerz auf wirtschaftliche Weise und in größerer Menge als mit früheren Methoden geschmolzen werden konnte. Hizens technische und wirtschaftliche Neuerungen wiesen anderen Lokalregierungen und auch dem Shôgunat den Weg zum Anschluß an die moderne Zeit. Junge Samurai aus Hizen, wie Ôkuma Shigenobu und Etô Shimpei, standen in den sechziger Jahren in den vordersten Reihen der *Sonnô-* und *Jôi*-Bewegung.

Am südwestlichen Zipfel der Insel Honshu lag die Feudalherrschaft *Chôshû*. Ii Naosukes politischer Unterdrückungskampagne von 1859 war unter anderen auch ein junger Samurai aus Chôshû namens Yoshida Shôin zum Opfer gefallen. Yoshida hatte als konfuzianischer Gelehrter und Lehrer und politischer Agitator zahlreiche Anhänger um sich geschart; fanatischer Fremdenhaß verband sich in seiner Propaganda mit sehnsüchtigen Träumen von einer Zukunft, in der der Kaiser das von der unfähigen Shôgunatsbürokratie getane Unrecht wieder in Recht verwandeln würde. Zu Yoshidas Gefolgschaft gehörte so mancher, der in der nationalen Politik eine führende Rolle spielen sollte, so Kido Kôin, Itô Hirobumi und Yamagata Aritomo; viele seiner Schüler waren junge Aktivisten, denen ein Programm radikaler Taten vorschwebte; nicht nur der Zentralregierung, sondern auch der Provinzregierung von Chôshû galten sie als unerwünschte, gefährliche Elemente. Einigen glückte die Flucht. Sie fanden Asyl am Hofe von Kyôto, konspirierten dort mit Vertretern des Hofadels wie Iwakura Tomomi und Sanjô Sanetomi, taten, was in ihren Kräften stand, um die Krone zu bewegen, die Vertreibung der Fremden anzuordnen. Sie erwirkten ein kaiserliches Edikt in diesem Sinne, das im Sommer 1863 in Kraft treten sollte. Am 25. Juni 1863 feuerten die Batterien der Chôshû-Küstenstadt Shimonoseki Schüsse auf amerikanische Kriegsschiffe ab, die die Meerenge zwischen Honshû und Kyûshû passierten. Zur Vergeltung ordneten die Vereinigten Staaten ein Flottenbombardement von Shimonoseki an. Die Einschüchterungsaktion hatte den Erfolg, daß eine gewichtige Gruppe innerhalb der Provinzregierung die extrem auslandsfeindliche Politik aufgab, womit allerdings der Fanatismus der radikaleren Gruppe nur gesteigert wurde. In der Folgezeit wechselte man wiederholt die Herren: in kurzen Abständen folgten einander in der Regierung der Provinz Chôshû Extremisten und Konservative. Im Jahre 1864, als gerade die Extremisten regierten, leitete das Shôgunat, um die Konservativen wieder ans Ruder zu bringen, regelrechte Kriegsmaßnahmen gegen Chôshû ein. Das Ergebnis freilich war ein Aufflammen der alten Shôgunatsfeindschaft bei allen lokalen Richtungen und Gruppen. Von dieser Zeit an wirkte die gesamte Führung von Chôshû mit wachsender Intensität auf die Abschaffung des Shôgunats hin.

Das an der Südküste von Shikoku gelegene *Tosa* wurde von einer Familie regiert, die den Tokugawa-Shôgunen treu ergeben war. Doch in Fragen der technischen Modernisierung und der lokalen Verteidigung war die Provinz wie die drei zuvor besprochenen weitgehenden Neuerungen aufgeschlossen. Viele Samurai von Tosa waren fanatische Anhänger von

Sonnô und *Jôi*. Und wie die Aktivisten von Chôshû suchten auch sie Kyôto zum Angelpunkt ihrer Reformbemühungen zu machen. Ein Versuch dieser Extremisten, die Provinzregierung an sich zu reißen, war zwar gescheitert, aber mit der Zeit kamen auch die Konservativen von Tosa zu der Erkenntnis, daß das Shôgunat nicht mehr zu halten war. Die Provinzregierung bemühte sich denn auch darum, das Shôgunat zum freiwilligen friedlichen Abgang zu bewegen. Auf diese Weise sollten den Tokugawas wenigstens ihre Ländereien und ihr Prestige erhalten bleiben. Auch Tosa stellte bedeutende Männer für die kommende Führungsschicht der Nation, darunter Itagaki Taisuke und Gotô Shôjirô, beide aktiv in der *Sonnô*- und *Jôi*-Bewegung der Provinz.

Das Ereignis, das den Sturz des Shôgunats beschleunigte, war ein Bürgerkrieg, der 1866 von neuem zwischen dem Shôgunat und der Provinz Chôshû entbrannte. Die im Shôgunat um diese Zeit vorherrschende Gruppe eröffnete einen Feldzug gegen Chôshû als eine Art Strafexpedition für die Shôgunatsfeindschaft, die die Provinz zwei Jahre zuvor so deutlich praktiziert hatte. In Wirklichkeit reichten die Pläne weiter: die gesamte unbotmäßige »Peripherie« sollte erobert und unterjocht werden. In ihrer Existenz bedroht, mobilisierte die Provinz alle Widerstandskräfte, die sie auf die Beine bringen konnte. Außer den regulären Samuraitruppen nahmen am Abwehrkampf reichlich buntscheckige Notwehrformationen teil, in denen auch Angehörige der niederen Stände und Freiwillige aus anderen Provinzen kämpften. Satsuma, das früher Chôshû gegenüber Rivalität und Antipathie an den Tag gelegt hatte, stellte die alte Feindschaft zurück und leistete der bedrängten Provinz materiellen Beistand. Den vereinten Kräften der westlichen Provinzen fiel es nicht schwer, dem Shôgunat eine entscheidende Niederlage zuzufügen.

Die Beseitigung des Shôgunats wurde durch zwei Todesfälle erleichtert, die in die Jahre 1866 und 1867 fielen. Der Shôgun Iemochi, der den Eroberungsmarsch der Shôgunatstruppen gegen Chôshû führte, starb während des Feldzugs. Nun hatte die Shôgunatsbürokratie, um den *Sonnô*- und *Jôi*-Bestrebungen den Wind aus den Segeln zu nehmen, einige Jahre zuvor Tokugawa Yoshinobu, den Sohn des Mito-Herrschers Nariaki, als Nachfolger Iemochis bestimmt. So wurde mit Iemochis Tod ein Mann zum offiziellen Haupt des Shôgunats, der dem kaisertreuen Loyalismus und der Politik der Zusammenarbeit mit den westlichen Daimyô eng verbunden war. Anfang 1867 starb auch der Kaiser Kômei; ihm folgte sein vierzehnjähriger Sohn Mutsuhito, dessen Kaisername Meiji der folgenden Ära ihre historische Bezeichnung verliehen hat. Der zutiefst konservative Kômei hatte der revolutionären Bewegung, die sich um seinen Namen scharte, nur widerstrebend Beistand geleistet. Im Gegensatz zu ihm war Mutsuhito-Meiji jung und geschmeidig genug, um die ihm von der shôgunatsfeindlichen Richtung zugedachte Rolle zu übernehmen und effektvoll zu spielen.

Die Verbindung der zentralen oppositionellen Gruppen mit den Antishôgunatskräften von Chôshû und Satsuma besorgte nach deren Bürgerkriegssieg Sakamoto Ryuma, ein prominenter Samurai aus Tosa, der gleichzeitig in Gemeinschaft mit führenden Shôgunatsbeamten daran arbeitete, den Shôgun zur Abdankung und zur Übertragung der Regierungsgewalt auf den Kaiser zu bewegen. Tatsächlich dankte der Shôgun Ende 1867 auf Grund einer Vereinbarung ab, die ihm die riesigen Ländereien der Tokugawa-Familie beließ. Es galt als ausgemacht, daß er seine feudalen Vorrechte ebenso behalten würde wie die Daimyô die ihrigen, daß aber alle Feudalherren einschließlich des abdankenden Shôguns der Oberhoheit einer neuen Zentralregierung mit dem Kaiser an der Spitze unterstellt sein würden. Jedoch stellten die führenden Personen der neuen kaiserlichen Regierung sehr bald fest, daß sie zur Aufrechterhaltung der finanziellen und militärischen Stabilität der neuerrichteten Herrschaftsordnung auch über die Tokugawa-Ländereien verfügen müßten. Auf die Beschlagnahme der Ländereien folgte ein kurzer Bürgerkrieg, in dem die kaiserlichen Truppen den schnellen Sieg davontrugen. Zweieinhalb Jahrhunderte Tokugawa-Vorherrschaft waren zu Ende gegangen.

Staatliche Neuordnung

Im November 1868 wurde beschlossen, die kaiserliche Hauptstadt von Kyôto nach Yedo zu verlegen, worauf Yedo in Tôkyô (»östliche Hauptstadt«) umbenannt wurde. Die Tragweite des Systemwechsels, der vor sich gegangen war, hatte sich schon vorher in einer Audienz angezeigt, die der Kaiser den diplomatischen Vertretern Frankreichs, Hollands und Großbritanniens gewährte. Dieser Bruch mit der Überlieferung bedeutete einerseits, daß die europäischen Mächte den Übergang der Regierungsgewalt auf den Kaiser anerkannten, anderseits – in einem nicht minder bedeutsamen Sinne – den Verzicht der Kaiserpartei, die nunmehr im Sattel saß, auf die fremdenfeindliche Politik, die in ihrer Agitation einen erheblichen Raum eingenommen hatte. Unter der Hand hatte sich seit Anfang der sechziger Jahre in der Haltung der großen westlichen Provinzen zum auswärtigen Handel ein allmählicher Wandel vollzogen. Die Blitzesschnelle, mit der japanischen Gewaltakten gegenüber Ausländern Vergeltungsmaßnahmen der Westmächte gefolgt waren, hatte die unversöhnlich isolationistische Politik als sinnlos enthüllt. Und in den folgenden Jahren konnte sich die japanische Führungsschicht – auch in den westlichen Provinzen – von den Vorteilen überzeugen, die die Verbindung mit dem Ausland brachte.

Die innenpolitischen Ziele des neuen Regimes standen bereits fest. Sie lassen sich auf ein einziges Vorhaben reduzieren: den Wettstreit mit den Westmächten auf der Basis voller Gleichberechtigung aufzunehmen. Konkret gab das der Politik der Meiji-Regierung in ihrer Frühperiode folgende Richtschnur: Zentralisierung des Regierungsapparates, Modernisierung des Verkehrs- und Nachrichtenwesens, Industrialisierung, Stärkung der militärischen Streitkräfte und Erkämpfung der diplomatischen Gleichberechtigung mit den Westmächten. Schon in den ersten fünf oder sechs Jahren nach der Meiji-Restauration hatte das Regime die ersten Schritte zur Erreichung all dieser Ziele getan. Sie sahen wie folgt aus.

Politische Zentralisierung. Die Beschlagnahme des früheren Landbesitzes der Tokugawas drängte zu einer weiteren Maßnahme, die zur Festigung der Fundamente der kaiserlichen Herrschaft beitragen sollte. Der größte Teil des japanischen Staatsgebietes war in den Händen der Daimyô verblieben, und die Zentralregierung konnte über diese Feudalterritorien nur eine lose Kontrolle ausüben. Volle staatliche Einheit konnte es indes nicht geben, so-

DATENGERÜST

Japan 1850–1890

1853 Shôgunat des *Iesada* (bis 1858). Kommodore *Matthew C. Perry* besucht Uraga (Juli).

1854 Vertrag von Kanagawa mit den Vereinigten Staaten von Amerika (31.3.).

1855 Vertrag von Shimoda mit Rußland.

1856 Der amerikanische Generalkonsul *Townsend Harris* trifft in Japan ein.

1858 *Ii Naosuke* als Tairo (bis 1860). Handelsabkommen zwischen den USA und Japan (29.7.).

1860 Erste japanische Botschaft in Washington.

1863 Bei Shimonoseki (Chôshû) beschießen die japanischen Batterien ausländische Schiffe. Eine britische Flottille bombardiert Kagoshima, die Hauptstadt von Satsuma, als Vergeltung für die Ermordung eines britischen Untertans.

1864 Britische, französische, niederländische und amerikanische Kriegsschiffe öffnen die Meerenge von Shimonoseki.

1865 Der Kaiser ratifiziert die Verträge mit den Ausländern.

1865/66 Bürgerkrieg in Chôshû: die Shôgunatsarmee wird vernichtet.

1866 Shôgunat des *Yoshinobu (Keiki)* (tritt 1867 zurück).

1868 Neue Regierung in Tôkyô (Yedo), an der Spitze Kaiser *Meiji*, politisch kontrolliert von den Daimyô der vier westlichen Provinzen

1869 Die vier westlichen Provinzen Satsuma, Chôshû, Tosa und Hizen kehren als Landesfürstentümer unter die Herrschaft des Kaisers zurück. Ihre Daimyô werden Gouverneure.

1871 *Iwakura*-Mission reist nach Amerika und Europa.

1872 Eröffnung der Eisenbahn Tôkyô—Yokohama.

1873 Aufbau eines neuen, auf allgemeiner Militärdienstpflicht beruhenden Heeres (10.1.). Neues Bodenbesteuerungssystem (28.7.). Auseinandersetzung über die Kriegspolitik gegenüber Korea (Oktober).

1874 Revolte des *Etô Shimpei* in Saga (Februar bis April). Sieg der Formosa-Expedition (Mai).

1875 Vertrag mit Rußland über den Austausch von Sachalin gegen die Kurilen (7.5.).

1876 Vertrag von Kanagawa öffnet Korea (26.2.). Umwandlung der Samurai-Pensionen (5.8.).

1877 Satsuma-Aufstand unter Führung von *Saigô Takamori* (Februar bis September).

1879 Die Ryukyu-Inseln werden dem Kaiserreich eingegliedert (4.4.).

1880 Gesetz über den Verkauf des staatlichen Industriebesitzes an Privathand; Erlaß des neuen Strafgesetzes und der Strafprozeßordnung.

1881/82 Bildung der ersten echten politischen Parteien durch *Itagaki Taisuke* und *Ôkuma Shigenobu.*

1882 Gründung der Bank von Japan.

1885 Abkommen zwischen *Itô* und *Li Hung-shang* über Korea (18.4.). Annahme des Kabinettsystems, *Itô* wird erster Ministerpräsident (22.12.).

1889 Die Verfassung wird verkündet (11.2.).

1890 Erste allgemeine Wahl für das Parlament (11.7.). Parlament tritt am 25.11. zusammen.

lange sich die souveränen Rechte der Zentralregierung – einschließlich des Rechtes, Bodenabgaben direkt zu erheben – nicht auf das ganze Land erstreckten.

Die vier »peripheren« Feudalprovinzen Satsuma, Chôshû, Tosa und Hizen, die die neue Regierung beherrschten, fanden ein praktisches Mittel zur Lösung des Problems. Ihre Feudalherren überantworteten im Jahre 1869 ihre Boden- und Bevölkerungsregister »freiwillig« der Krone, womit sie zum Ausdruck brachten, daß ihre Lehen künftighin kaiserliches Territorium sein sollten. Dasselbe Verfahren wurde 1871 allen anderen Feudalherren zwangsweise auferlegt, wobei die Daimyô einige Jahre noch als kaiserliche Gouverneure ihrer früheren Lehnsbezirke fungieren durften.

Anschließend verfügte die Regierung eine Reihe von Reformmaßnahmen zur Umgestaltung des feudalen Abgabensystems. In der Tokugawa-Zeit hatte individueller Grundbesitz auf einer rechtlich nur unvollkommenen Grundlage beruht, wenn auch normalerweise der

Besitzanspruch der Bauern auf den von ihnen bebauten Boden als relativ gesichert gelten konnte. Indes hatte wirtschaftliche Not viele Bauern oft genug gezwungen, ihre Höfe, obwohl die Bodenveräußerung rechtlich unzulässig war, an Gläubiger abzutreten. Ohne gesetzliche Sanktion hatte sich ein vollentwickeltes Eigentumssystem herausgebildet, in dem Grundeigentum, Bodenpacht und Besitztitel von Grundbesitzern, die ihren Boden nicht selbst bewirtschafteten, ineinandergriffen. Die Meiji-Regierung gab diesem System im Jahre 1873 eine Rechtsgrundlage, indem sie die bestehenden Besitztitel bestätigte und die aus früherem Lehnsbesitz der einstigen Daimyô und Samurai-Lehnsträger abgeleiteten Eigentumsansprüche annullierte. Sodann nahm die Regierung eine Neubewertung allen Grundbesitzes auf der Basis der geschätzten Jahreserträge vor und führte zur Ablösung der an die Feudalherren geleisteten Naturalabgaben eine in bar zu entrichtende Geldsteuer ein. Ohne die Steuerlast der Bauern zu erhöhen, sicherte diese Reform ein besser funktionierendes und verläßlicheres System der Erhebung der Grundsteuer, die die wichtigste wirtschaftliche Grundlage der staatlichen Herrschaftsordnung blieb. Die Treuepflicht der Samurai galt nunmehr dem Kaiser direkt, und die Verpflichtung zur Zahlung des Samuraisoldes ging von den Feudalherren auf die kaiserliche Regierung über. Freilich konnte eine so schwere finanzielle Last auf die Dauer kaum von einem Staat getragen werden, der sich aktiv um eine beschleunigte wirtschaftliche Entwicklung des Landes bemühte. Im Jahre 1876 erzwang die Regierung die Ablösung aller Soldansprüche der Samurai durch eine einmalige Abfindung in zinstragenden Schuldscheinen, deren Verzinsung jedoch hinter den früheren Soldzahlungen weit zurückblieb.

Modernisierung des Verkehrs- und Nachrichtenwesens. Schnelle Beförderung und Nachrichtenübermittlung waren unerläßlich für die wirksame Beherrschung der entlegeneren (»peripheren«) Landesteile. Um den Bau einer Eisenbahnlinie zu finanzieren, nahm die japanische Regierung in Großbritannien eine Anleihe in Höhe von rund einer Million Pfund auf. Mit Hilfe ausländischer Fachleute wurde im Jahre 1870 die schwierige technische Aufgabe des Eisenbahnbaus auf ziemlich durchgehend gebirgigem Gelände in Angriff genommen. Schon ein Jahrzehnt später verfügte Japan über fast zweihundert Kilometer Schienenwege. Von Anfang an waren die Eisenbahnen in staatlichem Besitz und unterstanden staatlicher Verwaltung; auf den wichtigsten Strecken ist dies System bis auf den heutigen Tag beibehalten worden.

Die ersten Telegraphenkabel wurden 1869 gelegt. Aus technischen und militärischen Gründen war auch das Telegraphennetz vom ersten Tage an Staatseigentum und wurde von behördlichen Organen verwaltet.

Industrialisierung. Im Jahre 1868 bestanden Japans Industrieanlagen aus einer Handvoll Erzgießereien, Fabriken, Bergwerke und Schiffswerften, die das Shôgunat und einige wenige reiche und unternehmungslustige Feudalherren angesichts der ausländischen Bedrohung in den fünfziger und sechziger Jahren aus dem Boden gestampft hatten. Nach der Meiji-Restauration waren alle diese Betriebe Eigentum der Zentralregierung geworden und wurden von ihr ausgebaut und modernisiert. Zu gleicher Zeit inspirierte und förderte die Regierung organisierte Bemühungen um den Aufbau weiterer für eine moderne Industriewirtschaft unerläßlicher Betriebe. Da diese Bemühungen vornehmlich der Sorge um die

Kaiser Mutsuhito-Meiji mit seiner Gemahlin und Gefolge im Ueno-Park in Tokio
Aus einem dreiteiligen Farbholzschnitt von Shigemasa Hiroshige, 1880
Berlin-Dahlem, Ehem. Staatl. Museen, Ostasiat. Abteilung

Inneres einer Seidenspinnerei
Rechtes Blatt eines dreiteiligen Farbholzschnittes von Ichiyosai Kuniteru, um 1870
Berlin, Kunsthandel

Sicherheit des Landes entsprungen waren, konzentrierten sie sich zunächst auf die Errichtung von Munitionsfabriken, Schiffswerften und anderen für die Landesverteidigung unentbehrlichen Industriewerken.

Eine notwendige Begleiterscheinung der Industrialisierung war die Ausweitung des Außenhandels, denn japanische Rohstoffe, die vordem eine autarke Wirtschaft erlaubt hatten, genügten bei weitem nicht für die Versorgung einer modernen Industrie und einer

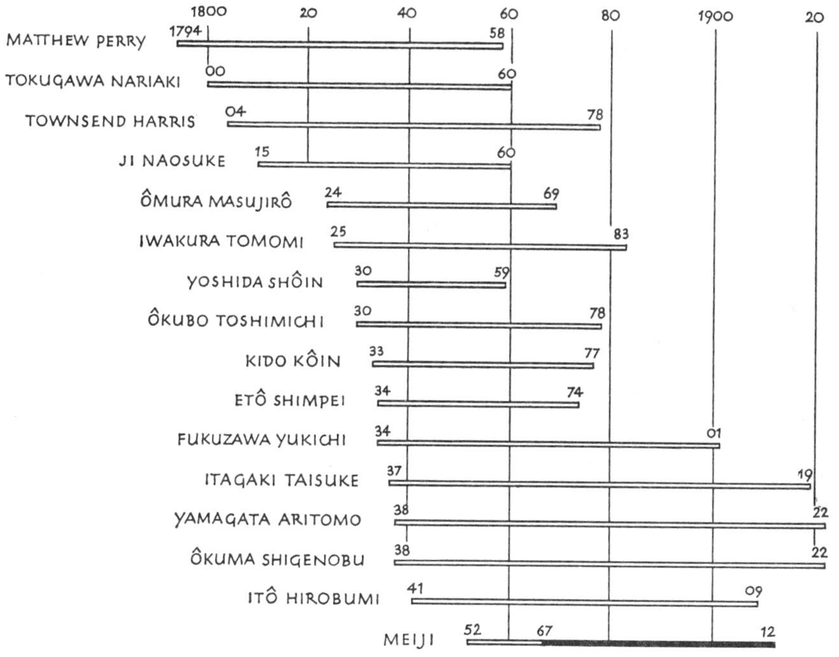

LEBENSDATEN: *Japan 1850–1890*

wachsenden Bevölkerung. Um die Einfuhr von Eisen, Kohle und anderen knappen Grundstoffen zu kompensieren, förderte die Regierung die Entfaltung von Exportgüterindustrien. An erster Stelle stand die Erzeugung von Seide und anderen Textilien, die im neuen japanischen Wirtschaftssystem zur wichtigsten Quelle der Außenhandelserlöse werden sollte.

Militärische Entwicklung. Die Bürgerkriege, die den Sturz des Shôgunats begleiteten, hatten in bezug auf den Aufbau schlagkräftiger Streitkräfte eine entscheidende Tatsache demonstriert: die Samurai, die die Armee des Tokugawa-Shôgunats gebildet hatten (weil sie die einzige Klasse waren, der traditionsgemäß das Waffentragen erlaubt war), erwiesen sich gegenüber den nach Wehrfähigkeits- und Kampfgeistgesichtspunkten aus allen Gesellschaftsklassen rekrutierten Notstandstruppen der Provinz Chôshû als jammervoll unterlegen. An der Wiege des neuen japanischen Heereswesens standen denn auch zwei ehemalige

Befehlshaber der Chôshû-Armee, die auf das Nationalheer die im Bürgerkrieg erlernten Organisations- und Operationsgrundsätze übertrugen: Ômura Masujirô, dessen Karriere als Organisator der neuen kaiserlichen Armee unter den Schüssen eines Attentäters im Jahre 1869 ein jähes Ende fand, und sein jüngerer Protégé Yamagata Aritomo, der nach Ômuras Tod zu einer der dominierenden Persönlichkeiten Japans wurde. Auf Yamagatas Konto kommt ein gut Teil der Vorarbeiten, die im Jahre 1873 zum System der allgemeinen Dienstpflicht führten und ein paar Jahre später, 1878, zum Aufbau eines wirksamen Generalstabes nach preußischem Vorbild.

Diplomatische Gleichberechtigung. Eine Revision der ungleichen Verträge, zu denen Japan von den Westmächten gezwungen worden war, konnte auf Grund der in den Verträgen enthaltenen Bestimmungen nicht vor 1872 erfolgen. Zur Begründung oder Entschuldigung für die Aufrechterhaltung der darin verbrieften Exterritorialitätsrechte wurde vom Ausland immer wieder auf die Rückständigkeit, Umständlichkeit und Unmenschlichkeit des Gerichtswesens und der Justizpraxis Japans hingewiesen. Der Kampf um diplomatische Gleichberechtigung mußte infolgedessen in zwei Stufen geführt werden. Zunächst nahm sich die Regierung mit großer Energie der Modernisierung des Rechtswesens an. Mit Hilfe ausländischer Rechtsgelehrter wurde in den ersten Jahren des Meiji-Regimes eine neue Rechtsordnung mit einem neuen Gesetzbuch aufgebaut. Lange bevor jedoch die neue Justiz zu funktionieren begann, hatte die Regierung auch schon mit der zweiten Stufe ihrer Kampagne begonnen: einer Propagandaaktion, die der westlichen Welt die aufgeklärten Zustände und phänomenalen Fortschritte des neuen Japans beweisen sollte. Eine wichtige Aufgabe fiel dabei der diplomatischen Mission zu, die aus führenden Männern der Meiji-Regierung unter der Leitung des früheren kaiserlichen Palastwürdenträgers Iwakura Tomomi bestand. Sie bereiste in den Jahren 1871 bis 1873 Amerika und Europa. Eine Revision der Verträge gelang zwar den Abgesandten nicht, aber ihre Reise war dennoch von großer positiver Bedeutung: sie hatte der japanischen Regierung einen unmittelbaren und bleibenden Einblick in westliche Verhältnisse verschafft.

Die Meiji-Oligarchie und ihre Gegner

Die Modernisierungsaktion, die unmittelbar nach der Meiji-Restauration einsetzte, folgte einem zusammenhängenden Plan, und in jedem Teilbereich wurden die ersten Gehversuche von hohen Beamten der Zentralregierung gelenkt. Es kam Japan zugute, daß sich nach dem Sturz des Shôgunats die jungen Führer der Restaurationsbewegung als verantwortungsbewußte, kluge und phantasiebegabte Männer erwiesen, denen es nicht schwerfiel, die für eine bewegliche Verwaltung unentbehrlichen Künste des Westens rasch zu erlernen und sie mit Energie und Nüchternheit in Japan anzuwenden. Der Kaiser war noch ein halbwüchsiger Knabe, und für ihn regierten seine Minister und Ratgeber. Im großen und ganzen stammten die Männer aus drei Kreisen: die meisten waren frühere Samurai aus den Provinzen Satsuma, Chôshû, Hizen und Tosa; eine zweite Gruppe kam aus den Adelsfamilien vom kaiserlichen Hof in Kyôto; schließlich gehörten zur neuen Regierungsschicht einige frühere Amtsträger des Tokugawa-Shôgunats, die ihre Diensttreue in den Sterbetagen der Shôgunatsherrschaft auf das neue Regime übertragen hatten.

Die meisten Angehörigen dieser drei Gruppen waren junge Männer, die zur Zeit der Restauration noch nicht das vierte Lebensjahrzehnt vollendet hatten. Kaum einer der Samurai unter ihnen hatte vor der Restauration einen hohen Rang bekleidet oder ein hohes Einkommen bezogen. Gemeinsam war ihnen außer ihrer Jugend, ihrem angeborenen Ehrgeiz und früheren Verbindungen zur kaisertreuen loyalistischen Bewegung noch eins: der Heißhunger nach westlichem Wissen, in vielen Fällen verstärkt durch die Kenntnis europäischer Sprachen und durch persönliche, aus der Studentenzeit datierende Bekanntschaft mit westlichen Ländern.

Diese Führungsschicht war einig in der Überzeugung, daß das wichtigste Fernziel der japanischen Politik der Aufbau einer nationalen Machtposition sein müsse, die es Japan gestatten würde, als gleichberechtigte Macht dem Westen gegenüberzutreten. Anfang der siebziger Jahre zeigte sich jedoch ein tiefer Riß: darüber, wie die erstrebte nationale Machtposition erreicht werden sollte, gingen die Meinungen weit auseinander. Eine Richtung vertrat die Ansicht, daß nur eine direkte Demonstration nationaler Unnachgiebigkeit – also etwa ein überseeischer Invasionsvorstoß – die durch die frühen Auslandsverträge verletzte nationale Ehre wiederherstellen könne. Eine andere Richtung meinte, daß ein solcher Vorstoß vergebens sein müsse, solange Japan seinen inneren Wohlstand, seine Industrieanlagen und sein Heereswesen nicht auf einen Stand gebracht habe, der sich mit dem der Westmächte messen könne.

Den konkreten Anlaß zum offenen Bruch zwischen den beiden Lagern lieferte im Jahre 1872 Korea, als es den japanischen Vertretern, die sich um die Aufnahme diplomatischer Beziehungen bemühten, eine unmißverständliche Abfuhr erteilte. Die Anhänger einer aggressiven Außenpolitik sahen in dem Zwischenfall einen ausreichenden Anlaß für einen Krieg gegen Korea, und zeitweilig gelang es ihnen sogar, die Unterstützung des Kaisers für ihre Pläne zu gewinnen. Mehrere führende Mitglieder der Gegenrichtung waren um diese Zeit mit der Iwakura-Mission im Ausland. Erst als die Mission 1873 heimkehrte, siegte der Standpunkt der Friedenspartei. Vier Führer dieser Richtung, die in den unmittelbar folgenden Jahren als die einflußreichsten Männer der japanischen Regierung in den Vordergrund traten, verdienen erwähnt zu werden: der Chef der Auslandsmission Iwakura Tomomi, der frühere Daimyô-Gefolgsmann aus Satsuma Ôkubo Toshimichi, Kido Kôin aus Chôshû und Itô Hirobumi, ein etwas jüngerer Mann ebenfalls aus Chôshû.

Als Wortführer der Kriegspartei traten vor allem Sprecher der alten Provinzen Tosa und Hizen auf. Der entscheidende Einfluß, den Satsuma und Chôshû auf die Regierung ausübten, hatte in steigendem Maße ihren Unwillen hervorgerufen. Drei ihrer Prominenten, Etô Shimpei aus Hizen und Itagaki Taisuke und Gotô Shôjirô aus Tosa, hatten ihre hohen Ämter als Staatsräte niedergelegt und waren in ihre Heimatprovinzen zurückgekehrt, wo sie über etwaige Mittel, ihre Ansprüche durchzusetzen, brüteten. Etô Shimpei beschritt schließlich den gewaltsamen Weg der direkten Aktion. Mit anderen unzufriedenen Samurai von der Insel Kyûshû organisierte er 1874 einen Aufstand gegen die Regierung. Die Truppen, die die Revolte niederschlugen, wurden von Ôkubo persönlich befehligt; Etô wurde gefangengenommen und hingerichtet. In seinem Feldzug gegen die Regierung hatte er vergebens auf die Unterstützung Itagakis gehofft. Im Kampf gegen die herrschende Oligarchie hatte sich Itagaki, worüber noch zu sprechen sein wird, zu friedlicheren (und erfolgreicheren) Mitteln entschlossen.

Um 1873 war der anerkannte Führer der Kriegspartei Saigo Takamori, ein führender Daimyô-Gefolgsmann aus Satsuma, der zwanzig Jahre lang der Sache seines Daimyô und der Sache des Kaisers treu gedient hatte. Er verkörperte manche der Eigenschaften, auf die die Japaner einer späteren Zeit sehnsüchtig zurückblicken sollten, weil sie ihnen als die bewundernswerten Tugenden der feudalen Vergangenheit erschienen: unerschütterliche Hingabe an den Feudalherrn und das Land, physischer Mut, unverbrüchliches Festhalten an traditionellen Institutionen, stete Bereitschaft, als rasender Rächer über jeden herzufallen, der sich an den Institutionen vergeht. Die Werte, denen er diente, waren die eines einfacheren, noch nicht modernisierten Japans und der ihm eigenen Samuraiklasse, aus der er, Saigô, stammte. Er zweifelte nicht daran, daß die Friedenspartei das Vaterland verraten hatte, als sie den Krieg gegen Korea vereitelte. Er blieb zwar dem Kaiser ebenso treu wie zuvor, aber er zog einen scharfen Trennungsstrich zwischen der Person des Souveräns und den Ministern, denen der Souverän seine Machtbefugnisse delegiert hatte.

Mit anderen Mitgliedern der Kriegspartei schied Saigô 1873 aus der Regierung aus. In tiefer Trauer zog er sich nach Satsuma zurück, aber sein grimmiger Zorn hatte sich nicht gelegt, und sein Tatendurst war nicht verflogen. Um 1876 konnte die Liquidierung der Samuraiklasse mitsamt der Abgeltung des Samuraisoldes durch eine kärgliche Abfindung als abgeschlossen gelten. Saigôs Überzeugung, daß die herrschende Clique das wertvollste Erbgut des alten Japans zerstörte, war unumstößlich geworden. In Satsuma hatte Saigô in den Jahren 1873 bis 1877 Schulen für die militärische und die moralische Ausbildung der Samurai organisiert; die Zöglinge dieser Schulen waren von seiner Persönlichkeit fasziniert, und ihr finsterer Haß gegen das Tôkyô-Regime bei wachsendem Einfluß auf die lokale Verwaltung von Süd-Kyûshû war ein böses Alarmzeichen für die Regierung. Sie schlug zu – und brachte die Krise zum Durchbruch. Ein staatliches Munitionslager in Satsuma wurde geräumt – und die Anhänger Saigôs proklamierten den offenen Aufstand. Saigô selbst nahm an der Revolte erst teil, nachdem sie schon voll im Gange war, aber dann riß er mit seinem Enthusiasmus die Führung der militärischen Operationen an sich. Die Zahl der Samurai, die die Rebellion unterstützten, wird auf hundertfünfzigtausend geschätzt, aber nicht mehr als vierzigtausend dürften jeweils für die Teilnahme an Kampfhandlungen verfügbar gewesen sein. Die Rebellen planten, durch ganz Kyûshû gen Norden zu ziehen, unterwegs Anhänger zu sammeln und schließlich die Hauptstadt einzunehmen und zu besetzen. Regierungstruppen, die sich zum Teil aus dienstpflichtigen Angehörigen der niederen Stände zusammensetzten und die an Zahl und Ausrüstung den Streitkräften von Satsuma weit überlegen waren, stießen mit den Rebellen auf Kyûshû zusammen und errangen einen entscheidenden, wenn auch kostspieligen Sieg.

Mit der Rebellion von Satsuma, dem letzten und größten aller bewaffneten Aufstände in der Frühperiode der Meiji-Regierung, war eine klar bestimmbare Epoche der japanischen

Geschichte zum Abschluß gekommen. Der Aufstand hatte der Regierung Gelegenheit gegeben, ein für allemal zu beweisen, daß sie von ihrem Programm der inneren Modernisierung nicht um einen Fußbreit abzuweichen gedachte; damit war Japan gegen konservative Protestakte ähnlicher Art immun geworden. Andere Probleme sollten im folgenden Jahrzehnt im Mittelpunkt des nationalen Interesses stehen.

Zugleich räumte die Rebellion von Satsuma von der politischen Bühne zwei Persönlichkeiten hinweg, die den nationalen Bestrebungen im ersten Restaurationsjahrzehnt ihren Stempel aufgeprägt hatten. Saigo beging nach der Niederlage seiner Streitkräfte Selbstmord. Sein Gegner Ôkubo fiel 1878 einem Attentäter, der Saigo rächen wollte, zum Opfer. In derselben Zeit schied noch eine dritte führende Persönlichkeit des Jahrzehnts aus der politischen Arena: Kido Kôin starb 1877 eines natürlichen Todes. Andere Personen sollten bald im Rampenlicht erscheinen.

Wirtschaftliche, soziale und kulturelle Entwicklung

Japans bemerkenswerte Leistungen im ersten Jahrzehnt der Meiji-Periode brachten gewaltige Ausgaben und schwierige wirtschaftliche Probleme mit sich. Die ersten Industrialisierungsmaßnahmen wurden allesamt durch Auslandsanleihen finanziert. Da qualifizierte japanische Fachkräfte fehlten, mußten zur Durchführung der Arbeiten zahlreiche ausländische Lehrkräfte und Berater herangezogen werden. Die Konversion des Samuraisoldes und die militärischen Feldzüge der Zentralregierung vom Sturz des Shôgunats bis zum Satsuma-Aufstand vermehrten die ohnehin drückenden finanziellen Lasten. In den siebziger Jahren hatte es die Zentralregierung fast zur ständigen Übung gemacht, den Zahlungsmittelumlauf über ihren eigenen enormen Geldbedarf hinaus mit Hilfe der Notenpresse aufzufüllen. Gegen Beginn des Jahres 1881 war das Vertrauen in die nationale Währung gründlich untergraben; die Preise waren beängstigend emporgeklettert. Erst der neue Finanzminister Matsukata Masayoshi, einer der ältesten Oligarchiepartner aus Satsuma, konnte Steuerreformen durchführen, die binnen weniger Jahre die Finanzlage im Innern stabilisierten und Japans Außenhandelsposition erheblich verbesserten. Staatsausgaben wurden abgebaut und die damit freiwerdenden Beträge zur Tilgung der Staatsschuld und zur Einlösung des inflationistisch entwerteten Papiergeldes benutzt. Um dieselbe Zeit erfolgte die Gründung der Bank von Japan, der ersten von mehreren staatlich organisierten Finanzierungsanstalten, die dazu benutzt werden sollten, die industrielle und kommerzielle Kapitalbildung je nach Bedarf zu lenken.

Die achtziger Jahre waren das Jahrzehnt der stetigen Ausdehnung von Handel und Industrie. In den siebziger Jahren hatte die Außenhandelsbilanz ständig mit einem Einfuhrüberschuß abgeschlossen. In den daraufolgenden Jahren dagegen gelang es Japan mehrere Male, einen Aktivsaldo im Außenhandel herauszuwirtschaften. Obgleich die Lebensmittelausfuhr schon im voraufgehenden Jahrzehnt an Bedeutung verloren hatte, zeigte sich erst gegen 1890 unter dem Druck des Bevölkerungswachstums der Zwang zum Reisimport.

Gleichzeitig konnten aber dank der Ausweitung der Industrieanlagen industrielle Fertigfabrikate den Platz der Lebensmittel und Halbwaren im Ausfuhrgeschäft einnehmen.

In der Anfangsphase der Industrialisierung war der Staat der Eigentümer der Schlüsselindustrien. Die meisten Staatsbetriebe wurden jedoch Anfang der achtziger Jahre an Private verkauft, in vielen Fällen zu außergewöhnlich niedrigen Preisen. Das war als Förderung der privaten industriellen Betätigung gedacht, und ohne Zweifel war diese Praxis für Japans neue Kapitalistenklasse von großem Vorteil. An so mancher Stelle wurde gerade während dieser Phase der staatlichen Industrieförderung der Grund gelegt für den Aufbau der großen Zaibatsu-Konzerne, der kombinierten Industrie-, Handels- und Finanzunternehmungen, bei denen später der größte Teil des wirtschaftlichen Reichtums Japans konzentriert war.

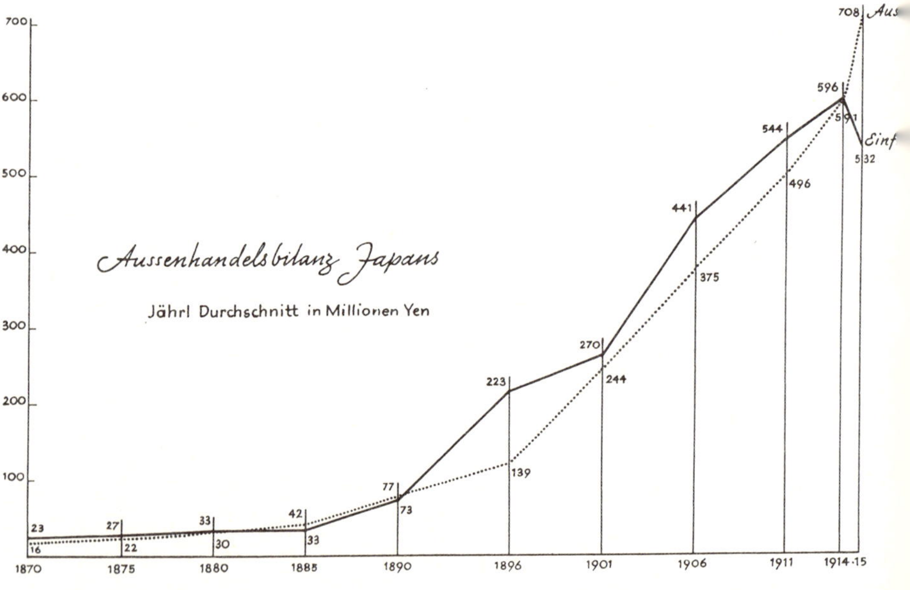

Die staatliche Wirtschaftspolitik begünstigte weitgehend die Stadt und die Industrie auf Kosten des flachen Landes und der landwirtschaftlichen Interessen. Das Deflationsprogramm des Finanzministers Matsukata hatte sinkende Agrarpreise zur Folge, während die Bauern weiterhin mit Steuern belastet blieben, deren Ertrag zur Förderung der Industrialisierung verwendet wurde. Das Ergebnis war in weitem Umkreis eine drückende Not der landwirtschaftlichen Bevölkerung, die unter anderem in der Zunahme der Pachtbetriebe zum Ausdruck kam. Von je sechs Bauern war 1873 nur einer ein Pächter ohne eigenen Besitz; 1887 waren es von je sieben Bauern zwei: der Anteil der landlosen Pächter hatte sich fast verdoppelt. Es gab allerdings auch eine positive Seite: mit der Förderung landwirtschaftlicher Schulen und Forschungsanstalten wirkte der Staat auf eine Verbesserung der

Anbaumethoden hin. Eine gelenkte Politik der Urbarmachung gebirgigen Bodens und anderen jungfräulichen Landes vermehrte in gewissem Umfang die landwirtschaftliche Nutzfläche.

Auf zwei konkrete Ziele war in der Meiji-Periode die staatliche Kulturpolitik gerichtet. Einmal wurde im Interesse der allgemeinen Modernisierung des Landes für die weite Ausbreitung der Wissenschaften und Künste einschließlich der neuerlernten ausländischen Verfahren Sorge getragen. Zum andern kam es darauf an, das japanische Volk seiner staatsbürgerlichen Pflichten bewußt werden zu lassen. Im ganzen Lande wurde ein staatliches Schulsystem mit unentgeltlichem Unterricht aufgebaut; ab 1872 gab es allgemeine Schulpflicht. Für begabte Schüler aus allen Gesellschaftsklassen wurden darüber hinaus höhere Schulen und Hochschulen errichtet. Das Schulsystem folgte im allgemeinen dem Vorbild Amerikas oder Westeuropas. Im Schulpensum wurden – zum mindesten in der frühen Meiji-Periode – Naturwissenschaften und westliche Disziplinen bevorzugt. Sogar im Literatur-, Kunst- und Musikunterricht überwog anfänglich die Tendenz zur Vernachlässigung der einheimischen Überlieferung und zur Hervorhebung europäischer Traditionen. Erst in den achtziger Jahren setzte eine rückläufige Bewegung ein, und in den Unterrichtsplänen wurde chinesischem und japanischem Denken, der Geschichte Japans und den fernöstlichen Künsten größere Bedeutung eingeräumt. Eine der größten sozialen Errungenschaften des modernen Japans war die fast vollständige Ausrottung des Analphabetentums.

Eine Konsequenz der allgemeinen Ausbreitung der Bildung war, von den Führern des Meiji-Regimes besonders gefördert, die Schaffung der Fundamente einer konservativen Haltung in einer Zeit, in der im Bereich der materiellen Zivilisation und in den öffentlichen Institutionen revolutionäre Veränderungen vor sich gingen. In der Tokugawa-Ära hatte der Konfuzianismus der aristokratischen Erziehung als ideologische Grundlage gedient. Obgleich nun der Konfuzianismus in der Meiji-Periode den Charakter einer organisierten Kultusgemeinschaft einbüßte, ist seine konservative Ethik, die Gehorsam gegenüber den Älteren und Vaterlandstreue in den Vordergrund stellt, auch von modernen japanischen Erziehern als die Grundlegung der sittlichen Erziehung der Jugend beibehalten worden.

Auch die Religion wurde in den Dienst der Staatsräson gestellt. Der primitive einheimische Shintô-Kultus war seit undenklichen Zeiten mit der Verehrung der Person des Kaisers verbunden; eine seiner Hauptfunktionen war der Vollzug der die Gottheiten versöhnenden und die Menschen schützenden Riten des Shintô-Glaubens. Die Regierung der frühen Meiji-Periode erhob den Shintôismus zur Staatsreligion, stellte einige der wichtigsten Kultstätten unter staatlichen Schutz und verlangte von allen japanischen Untertanen als patriotische Pflicht wenigstens die äußere Bekundung der Shintô-Gläubigkeit. Damit wurde der Kaiser zu einem übermenschlichen Brennpunkt patriotischer Gefühle, und seine Handlungen und Äußerungen mußten als über jede Kritik erhaben gelten. Der verstaatlichte Shintô-Kult begründete zu einem erheblichen Teil den Obskurantismus und die Unterdrückungspolitik, die in den Jahrzehnten vor dem zweiten Weltkrieg in zunehmendem Maße zum Kennzeichen der staatlichen Politik werden sollten. Der Mythos von der göttlichen Herkunft des japanischen Volkes, der auf die früheste schriftliche Überlieferung des japanischen Legendenschatzes zurückgeht, wurde vom Staat zum Dogma erklärt, und seit dem Ende des 19. Jahrhunderts wagten die wenigsten Japaner, seinen Wahrheitsgehalt in Zweifel zu ziehen. Obgleich aktive Teilnahme des Kaisers an Regierungsgeschäften einer machtvollen einheimischen Tradition als unziemlich galt, beriefen sich skrupellose Politiker oft genug auf die Person des Kaisers, um ihren Entscheidungen die Gloriole göttlicher Autorität zu verleihen.

Daraus darf freilich nicht geschlossen werden, daß die staatliche Förderung des Shintôismus etwa eine Verfolgung oder Unterdrückung anderer Glaubensbekenntnisse bedeutet habe. Wenigstens nominell blieb der Buddhismus die Religion der Mehrheit der japanischen Bevölkerung. Traditionsgemäß waren japanische Buddhisten seit jeher anderen Konfessionen gegenüber tolerant, und es ist ein Charakteristikum japanischen religiösen Brauchtums, daß Menschen Kulthandlungen und gottesdienstliche Verrichtungen im Rahmen von zwei oder mehreren Religionen vornehmen können, ohne der Ungläubigkeit, mangelnder Frömmigkeit oder krasser Inkonsequenz geziehen zu werden. Daraus erklärt sich auch, daß die Buddhisten im allgemeinen die Regierungsverfügungen, die die Befolgung von Shintô-Riten obligatorisch machten, ohne Widerspruch hinnahmen.

Neben Shintôismus und Buddhismus ist im modernen Japan das Christentum zum nächstwichtigen Bekenntnis geworden. Zu der Zeit, als die Beziehungen zum Westen aufgenommen wurden, blickte das Christentum in Japan auf eine Unterdrückungsära von zwei Jahrhunderten zurück. Emotional blieb die japanische Führungsschicht auch weiterhin entschieden christenfeindlich, obgleich das Studium des christlichen Glaubens in der Periode, die der Meiji-Restauration unmittelbar folgte, manchen jungen Leuten als ein zusätzliches Mittel galt, mehr über den Westen und die westliche Kultur zu erfahren. Nichtsdestoweniger widersetzte sich die Meiji-Regierung bis 1873 der ausdrücklichen Aufhebung der gegen die japanischen Christen erlassenen Regierungsedikte. Als der Staat dann volle religiöse Toleranz verkündete, geschah das unter anderem zu dem Zweck, die Außenwelt von den Fortschritten der Aufklärung in Japan zu überzeugen, um eine beschleunigte Revision der Handels- und Exterritorialitätsverträge der fünfziger Jahre zu erreichen. Besonders beeindruckt waren die japanischen Führer von der Feststellung der Iwakura-Mission, daß der Westen Japans Unduldsamkeit gegenüber dem Christentum nicht begreifen könne.

Sobald das Verbot gefallen war, öffnete sich der Missionstätigkeit der römisch-katholischen, der griechisch-orthodoxen und vieler protestantischen Kirchen ein weites Feld. Der Anteil der Christen an der Bevölkerung Japans ist zwar nie über ein halbes Prozent hinausgegangen, aber die Rolle der christlichen Kirchen bei der Verbreitung materieller und nichtmaterieller Aspekte der westlichen Kultur hat das Christentum im Japan der Neuzeit zu einer viel mächtigeren historischen Kraft gemacht, als den Zahlen der Bekenner entsprochen hätte. So waren zum Beispiel viele der fortschrittlichen höheren Bildungsanstalten von der einen oder anderen christlichen Konfession oder von japanischen Christen, die im Ausland erzogen worden waren, ins Leben gerufen worden.

Die am Ausgang des 19. Jahrhunderts aus dem Westen nach Japan importierten sozialen und kulturellen Einrichtungen sind zu zahlreich, als daß sie im einzelnen beschrieben werden könnten. Besondere Erwähnung gebührt dem Aufbau einer Presse westlicher Art, die nicht geringe Rückwirkungen auf die Geschichte der japanischen Institutionen in dieser

Unterricht in einer Volksschule nach Einführung der allgemeinen Schulpflicht in Japan, 1872
Aus einem dreiteiligen Farbholzschnitt

Tagung des japanischen Unterhauses in der zweiten Parlamentssitzung
Bilderbogen, um 1890

Friedenskonferenz von Shimonoseki, 1895
Farblithographie. Paris, Bibliothèque Nationale, Cabinet des Estampes

Zeit gehabt hat. Die ersten echten Zeitungen, die in Japan publiziert wurden, erschienen in den Handelshäfen der späten Tokugawa-Periode und wurden von Ausländern für Ausländer geschrieben. Die erste richtige Tageszeitung in japanischer Sprache begann 1870 zu erscheinen. In den folgenden Jahrzehnten strömten immer mehr und mehr Japaner zur Publizistik; sie war sowohl zu einer verlockenden Berufssphäre als auch zu einem wirksamen Mittel der Beeinflussung der öffentlichen Meinung zugunsten dieser oder jener Haltungen herangewachsen. Es war nur natürlich, daß die ersten Zeitungen der Frühzeit von Personen gegründet wurden, die am meisten »verwestlicht« waren; die junge Presse wurde denn auch allgemein mit der Vielfalt der aus Europa und Amerika importierten Ideen identifiziert.

Die meisten Zeitungen standen im offenen Gegensatz zum Regime der Oligarchen aus Satsuma und Chôshû. Dieser Opposition begegnete die Oligarchie auf zweierlei Weise. Einerseits begünstigten die Führer des Regimes die Gründung von Zeitungen, die der Oligarchie freundlich gegenüberstanden. Anderseits erließ die Regierung ab 1875 eine Anzahl von Gesetzen, die das Recht der Presse, Kritik an der Regierung zu üben, weitgehend einschränkten und unbotmäßige Journalisten mit Geldstrafen, Gefängnis und Zeitungsverboten bedrohten. Trotzdem hat der Kampf zwischen den Oligarchen und der oppositionellen Presse dem Regime keinen klaren Sieg gebracht, denn mit der Zeit gelang es den Zeitungen, eine öffentliche Meinung heranzubilden, die der Willkür der Oligarchen streitbar und kampfbereit entgegentrat. Sie erwies sich als so einflußreich, daß keine Regierung es sich leisten konnte, sie völlig zu ignorieren.

Seit der frühesten Meiji-Periode hatte der Zug zur »Verwestlichung« auch Literatur und Kunst ergriffen. Intellektuelle Führer, darunter der gefürchtete Erzieher und Journalist Fukuzawa Yukichi, fanden in manchen Zügen der westlichen Literatur, die sie in der einheimischen literarischen Tradition vermißten, viel Anziehendes; vor allem imponierte ihnen die für die literarischen Erzeugnisse der westlichen Welt charakteristische Klarheit der Sprache und Vorrangstellung des thematischen Inhalts. Bis etwa 1885 nahmen Übersetzungen aus europäischen Sprachen, zu jener Zeit als »Fukuzawa-Bücher« bekannt, die Aufmerksamkeit des lesenden Publikums vollauf in Anspruch; japanische Bücher beschränkten sich häufig auf die Nachahmung westlicher Vorbilder. Die Reaktion, die dann allerdings im Bildungswesen folgte und die japanische Werte und japanische Themen neu belebte, fand ihren Widerhall auf literarischem Gebiet in neuen Versuchen japanischer Autoren, eine Synthese östlicher und westlicher Darstellungsweise zu finden. Diese Bewegung ging Hand in Hand mit intensiven Bemühungen, die in Wortschatz und Grammatik veraltete Sprache der traditionellen japanischen Literatur durch eine neue, sich am gesprochenen Japanisch orientierende Schriftsprache zu ersetzen. Die Früchte dieser Bestrebungen zeigten sich in den achtziger Jahren: es entstanden wirklich moderne Romane, die den Lesern insofern etwas zu sagen hatten, als sie sich mit Gegenwartsthemen aus dem gesellschaftlichen und geistigen Leben Japans beschäftigten, namentlich mit den Spannungen, die sich in den oberen und mittleren Schichten der japanischen Gesellschaft aus den gegensätzlichen Anforderungen der technisierten Kultur des Westens und des überlieferten Wertsystems des Ostens ergaben.

Liberalismus und Verfassung

Die Bekanntschaft mit westlichen Ideen und Institutionen hatte zur Folge, daß auch auf politischem Gebiet Anleihen beim Westen gemacht wurden, die eine weitreichende geschichtliche Wirkung ausüben sollten. Seit Beginn der Meiji-Periode verfolgten die Pioniere des Anschlusses an den Westen mit großem Interesse die Entwicklung der konstitutionellen, demokratischen Einrichtungen der westlichen Länder. In gewissem Umfang wurden diese neuen Vorbilder bei der Schaffung der Verfassung von 1889 befolgt. Mit dem Zusammentritt der ersten gewählten Volksvertretung im Jahre 1890 wurden sie zum tragenden Bestandteil des staatlichen Aufbaus. Wie in anderen Teilen der Welt vollzog sich auch in Japan der Kampf um parlamentarische Einrichtungen in der Form einer Auseinandersetzung zwischen einer kleinen Regierungsclique, die Widerstand leistete, und zahlenmäßig bedeutenderen Kreisen, die sich um die Verbreiterung der Basis der Staatsgewalt bemühten. Allerdings waren die Kreise, die sich für eine Liberalisierung der politischen Institutionen einsetzten, nicht ausschließlich von humanitären oder ideologischen Überlegungen beseelt, und auch die Verkündung der Verfassung war kein eindeutiger Sieg des liberalen Lagers.

In ihren Ursprüngen kann die liberale Bewegung in Japan als ein Element derselben politischen Zerklüftung gesehen werden, aus der 1874 der Hizen-Aufstand von Etô Shimpei und 1877 der Satsuma-Aufstand von Saigo Takamori erwachsen war. In der Tat war Etô ein früher Vorkämpfer des westlichen Parlamentarismus, und sogar der erzkonservative Saigo ließ sich von Idealen leiten, die später in das Kredo der japanischen Liberalen eingehen sollten. Was der japanische Frühliberalismus über den geschichtlichen Rahmen, in dem er zu wirken hatte, dachte, läßt sich in etwa folgende Thesen fassen:

1. Die Restaurationsbewegung ist durch das unaufhaltsame Bedürfnis nach nationaler Einheit ausgelöst worden. Es war unumgänglich, daß zur Führung des Staates alle Kräfte herangezogen wurden, die eine patriotische Haltung mit einem Sinn für drängende nationale Probleme verbanden, das heißt der gesamte Samuraistand ungeachtet ihrer geographischen Herkunft.

2. Statt dessen hat die Meiji-Regierung der Frühperiode in die Positionen der oligarchischen Macht eine kleine Clique aus Satsuma und Chôshû berufen, die die monarchischen Institutionen benutzte, um eine Willkürpolitik des Eigennutzes zu verschleiern.

3. Namentlich in ihrer auswärtigen Politik hat sich die Satsuma-Chôshû-Clique als feige und unfähig erwiesen. Wo entschlossenes Handeln geboten war – wie anläßlich der Korea-Krise von 1873 –, hat die Regierung versäumt zu handeln; in den langen Jahren, die folgten, hat sie nichts getan, um die demütigenden Verträge, die Japans Beziehungen zum Westen regelten, zu revidieren.

Ähnliche Feststellungen hatten Etô und Saigô, nachdem sie sich von der Regierung getrennt hatten, zum bewaffneten Aufstand getrieben; nur mit der Waffe in der Hand hatten sie geglaubt, einen Patriotismus bekunden zu können, der sich nicht in loyaler Anerkennung der herrschenden Gewalten erschöpfte. Aber unter denen, die 1873 dem oligarchischen Regime den Rücken kehrten, gab es auch andere: Männer, denen zur Erreichung ihrer Ziele friedliche Mittel erfolgsicherer schienen. Zu ihnen gehörten vor allem Itagaki Taisuke und Gotô Shôjiro, die in der Vorrestaurationsperiode eine führende Rolle in der *Sonnô-Jôi*-Bewegung ihrer Heimatprovinz Tosa gespielt hatten. Ihre Verdienste um die kaiserliche

Sache waren vom Kaiser mit hohen Ämtern in der neuen Regierung belohnt worden. Beide hatten sich in der Korea-Affäre zur Kriegspartei geschlagen, und eine aggressive Außenpolitik sollte einer der Hauptpunkte ihres Programms bleiben. Wieder daheim in Tosa, faßten Itagaki und Gotô gleichgesinnte lokale Samurai in politischen Studien- und Aktionsgruppen zusammen, die unter dem Namen *Risshisha* (»Selbsthilfevereine«) bekanntgeworden sind. Von Anfang an war der Schlachtruf der *Risshisha* Freiheit. Gemeint war vor allem das Recht der aufgeklärten Samurai, an der politischen Willensbildung und an politischen Entscheidungen teilzunehmen. Einmal von den Samurai von Tosa auf die Tagesordnung gesetzt, hatte die liberale Bewegung gegen Ende der siebziger Jahre gesamtnationale Ausmaße angenommen, wenn sie auch eine Zeitlang noch in der Hauptsache frühere Angehörige der Samurai- und Eigentümerklassen anzog.

Anfang 1874, am Vorabend des erfolglosen Aufstands unter der Führung Etôs, hatte eine Gruppe von Liberalen unter Mitwirkung von Etô, Gotô und Itagaki dem Kaiser eine Denkschrift unterbreitet, in der die Einberufung einer Nationalversammlung angeregt wurde. Die Reaktion der Regierung war nicht einheitlich: Ôkubo verlangte bedingungslose Ablehnung des Vorschlages; Kido Kôin neigte einer Kompromißlösung zu. Kidos Haltung nahm eigentlich schon den Kompromiß vorweg, in dem der Streit zwischen den Liberalen und der Oligarchie zu einem späteren Zeitpunkt sein Ende finden sollte. Daß Japan später einmal eine Verfassung und parlamentarische Institutionen brauchen würde, bezweifelte Kido nicht; nur sollte zunächst die Errichtung regionaler Versammlungen der Präfekturgouverneure (die die Stelle der Feudalherrscher der einzelnen Lehnsbezirke eingenommen hatten) breitere Schichten auf die Mitwirkung an den Regierungsgeschäften vorbereiten. Zugleich, meinte er, sollte die Regierung, bevor sie unwiderrufliche Schritte ergriff, der geeigneten Form verfassungsmäßiger Einrichtungen ein intensiveres Studium widmen. Unterdes hielten Kido und andere Oligarchen, die die Unvermeidlichkeit einer verfassungsmäßigen Regierungsform erkannten, daran fest, daß, wie immer die künftige Verfassung aussehen möge, Vorkehrungen getroffen werden müßten, damit eine uneingeschränkte Kontrolle der Regierungspolitik durch gewählte Volksvertreter verhindert werde.

Im Jahre 1875 trafen Kido und Ôkubo in Osaka mit Itagaki zusammen, um sich über die ersten Schritte zur Schaffung einer parlamentarischen Vertretung schlüssig zu werden. Das Ergebnis war ein Kompromiß, der niemanden zufriedenstellte. Man einigte sich auf eine zentrale gesetzgebende Körperschaft und lokale Konferenzen der Präfekturgouverneure, aber diese Körperschaften fügten dem bestehenden System der oligarchischen Regierung nur ein verwirrendes Element hinzu. Keineswegs ebneten sie den Weg für eine Volksregierung, wie sie von den Liberalen erstrebt wurde. Indes hatte der Sieg der Regierung über die Satsuma-Rebellen im Jahre 1877 das Mißtrauen der Liberalen nur noch mehr angefacht. Im gleichen Jahre hatte das Außenministerium bei einem überoptimistischen Versuch, die Revision der Verträge zu erreichen, einen schweren Mißerfolg erlitten. Die Liberalen hatten für den Kampf gegen die oligarchische Herrschaft neues Rüstzeug erhalten.

Eine unerwartete Streitfrage, die 1881 in den Vordergrund trat, schien den Liberalen von neuem die Chance in die Hände zu spielen, die Oligarchen zur Abtretung eines Teils ihrer Befugnisse an eine gewählte parlamentarische Körperschaft zu zwingen. Die Regierung war gerade dabei, einen Teil ihres industriellen Besitztums an Privateigentümer zu veräußern. Ôkuma Shigenobu, ein Führer der Restaurationsbewegung aus Hizen, der sich 1873 der Friedenspartei angeschlossen hatte und trotz seinen Sympathien für die Sache des Parlamentarismus in der Regierung verblieben war, hatte erfahren, daß einige der staatlichen Besitztümer auf der nördlichen Insel Hokkaidô zu lächerlich niedrigen Preisen an eine Gesellschaft verschleudert werden sollten, an der Kuroda Kiyotaka, ein Oligarch aus Satsuma, als Großaktionär beteiligt war. Diese vertrauliche Nachricht nahm Ôkuma zum Anlaß, in aller Öffentlichkeit die Beseitigung der oligarchischen Korruption und die Einführung einer verfassungsmäßigen Regierung zu verlangen. Durch Ôkumas Vorstoß in eine peinliche Situation versetzt, mußte sich die Oligarchie dazu bereit finden, die ungesetzliche Verschleuderung von Staatseigentum zu unterbinden und zugleich zu verkünden, daß 1889 eine parlamentarische Verfassung eingeführt werden würde. Der Preis, den die Liberalen für dies Zugeständnis erlegen mußten, war allerdings reichlich hoch. Ôkuma Shigenobu, der letzte Liberale in der Regierung, wurde zum Rücktritt gezwungen. Trotz aller Belagerung durch die Liberalen waren die Oligarchen nunmehr unter sich und konnten ungestört ihre Verfassungspläne entwerfen und ihre Vorbereitungen für die Zukunft treffen.

Nach dem Tode Ôkubos und Kidos war Itô Hirobumi zum anerkannten Führer der Zivilisten im oligarchischen Apparat aufgerückt. Er übernahm auch die Leitung der Verfassungsvorbereitungen; um besser gerüstet zu sein, trat er alsbald eine Auslandsreise zum Studium der parlamentarischen Systeme verschiedener europäischer Länder an. Vermutet wird, daß er auch vorher schon die Neigung zu einem beschränkt konstitutionellen System nach deutschem Muster verspürt habe. Jedenfalls wurden seine Sympathien für ein solches System entschieden bestärkt, als er sich vom Machtzuwachs und von den Errungenschaften, die Bismarcks Staat in den zehn Jahren seiner Existenz als geeintes Reich erzielt hatte, persönlich überzeugen konnte. Aus solchen Eindrücken und Erfahrungen gestaltete sich der institutionelle Inhalt der Verfassung, in deren Rahmen ein nur dem Kaiser verantwortliches Kabinett die politischen Entscheidungen treffen und ein aus beschränktem Wahlrecht hervorgehendes Parlament dem Kabinett bei der Durchführung seiner Entscheidungen die Unterstützung der Bevölkerung in diesem oder jenem Umfang garantieren sollte.

Inzwischen hatten die liberalen Kräfte die ersten echten politischen Parteien Japans ins Leben gerufen. Der ausgesprochene Zweck dieser Organisationen war – in Erwartung einer kommenden Verfassung – die politische Erziehung der künftigen Wählerschaft. Von entscheidender Tragik für den japanischen Liberalismus war indes die Uneinigkeit der Kräfte, die ein parlamentarisches System anstrebten. Sie brachten es nicht fertig, sich über ein einheitliches Aktionsprogramm zu verständigen. Unter dem Namen »Reformpartei« *(Kaishintô)* organisierte Ôkuma Shigenobu eine Gruppierung, die im wesentlichen an städtische Geschäftsleute appellierte. Daneben schufen Itagaki Taisuke und Gotô Shôjirô, gestützt auf ihre frühere Samurai-Aktionsgruppe in Tosa, eine Konkurrenzorganisation, die sich »Liberale Partei« *(Jiyû-to)* nannte und in erster Linie Anhänger unter ländlichen Eigentümern anzuwerben suchte. Die Rivalität zwischen diesen beiden Gruppen, die durch persönliche Gegensätze und programmatische Meinungsverschiedenheiten noch verschärft wurde, trug zum Mißerfolg ihrer politischen Pläne ebenso bei wie der Widerstand der Regierungskräfte.

Der politischen Tätigkeit der Liberalen leistete die Oligarchie auf verschiedene Weise Widerstand. Zeitströmungen machten es ihr leicht, jede Organisation, die der politischen Aktion dienen wollte, als Element der Spaltung und Schwächung des nationalen Ganzen anzuprangern. Hinzu kam, daß sich einige Mitglieder der Liberalen Partei im Kampf gegen die Regierungspolitik tatsächlich Gewaltakte hatten zuschulden kommen lassen. Das nutzte die Oligarchie geschickt aus, indem sie 1884 die Auflösung der Liberalen Partei erzwang. Im selben Jahr trat Ôkuma als Führer der Reformpartei zurück, um ähnliche Ausschreitungen seiner Parteigänger zu desavouieren. Eine Reihe von Gesetzen wurde erlassen, in denen die meisten normalen Formen der Parteitätigkeit und Parteipropaganda für gesetzwidrig erklärt wurden. Schließlich verhinderten die mit der Ausarbeitung des Verfassungsentwurfs beauftragten Regierungsleute jede Kritik an ihrer Arbeit dadurch, daß sie das Publikum über den Charakter des geplanten Gesetzeswerkes völlig im dunkeln ließen.

Zu guter Letzt wurde die Verfassung im Februar 1889 doch verkündet. Ein Jahr zuvor war ein Geheimer Staatsrat geschaffen worden, der den Verfassungsentwurf durcharbeiten und den Kaiser über seine Vorzüge »beraten« sollte. Formal war die Verfassung eine Willenserklärung des Kaisers, gleichsam sein Geschenk an das Volk. Historisch gesehen, kam dieser besonderen Eigenart des Verfassungswerkes große Bedeutung zu, denn sie brachte zum Ausdruck, daß die Verfassungsurkunde die souveräne Macht des Kaisers in keiner Weise minderte. Künftig würde die letzte Entscheidung über die Politik des Staates bei der Gruppe liegen, die – wie die bestehende Oligarchie – das Vertrauen des Thrones genoß und für sich in Anspruch nehmen konnte, den kaiserlichen Willen zu verkörpern.

Ebenso mußten sich auch einige Detailbestimmungen der Verfassung im undemokratischen Sinne auswirken. So vereitelte die Verfassung eine effektive Kontrolle des Parlaments über den Staatshaushalt und enthielt damit den gewählten Gesetzgebern die Entscheidungsgewalt vor, die ihnen in westlichen parlamentarischen Systemen zusteht. Dem Parlament war zwar die Befugnis zugedacht, Ausgabebewilligungen zu genehmigen oder zu verweigern; kam aber eine parlamentarische Entscheidung über die Ausgaben nicht zustande, so sollte das jeweils geltende Budget auch für das nächste Jahr in Kraft bleiben. Ein weiterer Artikel der Verfassung handelte von den Rechten und Pflichten der Staatsbürger; er tat es aber in einer Form, die die Pflichten überbetonte und die Rechte mit einschränkenden Klauseln wie »innerhalb der Grenzen der Gesetze« fast völlig zunichte machte.

Es ist vielleicht zuviel Aufhebens davon gemacht worden, daß die konservativen und restriktiven Züge des japanischen Verfassungssystems den institutionellen Grundlagen des damaligen Preußens nachgebildet worden seien. Auch ohne gewollte Nachahmung zeigten die Verhältnisse Japans und Deutschlands im letzten Drittel des 19. Jahrhunderts viele gemeinsame Züge: autoritäre Tradition der politischen Geschichte, technische Rückständigkeit im Vergleich zu konkurrierenden Ländern, ererbte politische Uneinigkeit und Zersplitterung, Vordringlichkeit der Herstellung der staatlichen Einheit und der allgemeinen Modernisierung. In der Ähnlichkeit der historischen Situation liegt eine ausreichende Erklärung dafür, was die Regierungsführer der beiden Länder bewogen haben kann, sich für verwandte institutionelle Systeme zu entscheiden.

Eine Revision der Verträge, die den Exterritorialitätsvorrechten des Auslands ein Ende bereitete, kam schließlich im Jahre 1893. Gewiß hatte bis dahin das Revisionsproblem die Außenpolitik Japans in hohem Maße beherrscht; dennoch verdienen auch andere Entwicklungen, die sich später in gefährlicher Weise auswirken sollten, besondere Beachtung.

Ein wichtiger Zwischenfall im Jahre 1874, ein Jahr nach der Korea-Krise, betraf den japanischen Anspruch auf die Ryûkyû-Inseln. Sowohl China als auch Japan machten ihre Souveränität über die Inseln geltend, wiewohl weder das eine noch das andere Land einen entscheidenden Einfluß auf die Ryûkyû-Regierung ausgeübt hatte. Im Jahre 1871 wurden nun auf der chinesischen Insel Formosa einige Ryûkyû-Seeleute von Eingeborenen ermordet. Da China sich weigerte, dem japanischen Standpunkt, wonach die Ermordeten japanische Staatsangehörige gewesen seien, Rechnung zu tragen, entsandte Japan 1874 eine Strafexpedition nach Formosa mit dem Auftrag, volle Wiedergutmachung durchzusetzen. In den darauffolgenden diplomatischen Verhandlungen fand sich die chinesische Regierung am Ende doch bereit, Japan zu entschädigen. Das ließ darauf schließen, daß China die Rechtmäßigkeit des japanischen Souveränitätsanspruchs auf die Ryûkyû-Inseln wenigstens stillschweigend anerkannte. Japan ließ sich das nicht zweimal sagen: die Inseln wurden 1879 in eine regelrechte japanische Präfektur umgewandelt und in das japanische Verwaltungssystem eingegliedert.

Eine weitere Ausdehnung des japanischen Hoheitsgebietes ergab sich aus zwei in den siebziger Jahren errungenen diplomatischen Siegen. In Verhandlungen mit Rußland wurde 1874 eine Neufestsetzung der japanischen Nordgrenze erreicht, die alle Kurilen der Souveränität Japans unterstellte. Dafür erkannte Japan die Souveränität Rußlands über das Gesamtgebiet der Insel Sachalin an. Zwischen 1873 und 1880 folgte die internationale Anerkennung der japanischen Besitzrechte an den Bonin-Inseln, die zwar traditionell als ein Teil Japans gegolten, auf die aber auch die Vereinigten Staaten und Großbritannien als Entdecker und Besiedler Anspruch erhoben hatten.

Von noch größerer Bedeutung waren die Bemühungen Japans um die Regelung der internationalen Position Koreas. Die koreanische Regierung, die in inneren Angelegenheiten Unabhängigkeit genoß, betrachtete sich außenpolitisch als einen Vasallenstaat Chinas. Koreas Weigerung, mit japanischen Abgesandten zu verhandeln, die direkte Beziehungen mit Korea hatten anknüpfen sollen, brach den Konflikt von 1873 vom Zaun. Die japanische Friedenspartei, die den Sieg davongetragen hatte, ließ auf den ersten Versuch eine Flottendemonstration, aber auch weitere Verhandlungen folgen; ein japanisch-koreanischer Handelsvertrag wurde 1876 abgeschlossen. In Korea war um diese Zeit eine Richtung an der Regierung, die die Bindung an China zerreißen und die volle Unabhängigkeit Koreas errichten wollte. Mit dem Handelsvertrag gab sie allen interessierten Mächten zu verstehen, daß Koreas auswärtige Beziehungen in Zukunft Koreas eigene Angelegenheit sein würden. In den folgenden Jahren eroberte jedoch eine chinafreundliche koreanische Regierung, die die japanischen Ansprüche fürchtete, die Macht im Innern und nahm den Streit mit Japan von neuem auf. Aber mehrere Verträge, die Korea 1882 bis 1886 mit den Westmächten abschloß, bestätigten die japanische Auffassung: Korea schien wohl imstande zu sein, seine auswärtigen Beziehungen selbständig zu handhaben.

Tatsächlich hatte 1884 ein Staatsstreich eine liberale japanfreundliche Partei an die Spitze des koreanischen Staates gestellt. Chinesische Truppen unternahmen sogleich einen Versuch, den früheren Zustand wiederherzustellen, und japanische Diplomaten wie auch japanische Truppen wurden aus der koreanischen Hauptstadt vertrieben. Wiederum verlangte Japan Wiedergutmachung und bestand auf Verhandlungen mit dem Ziel eines japanisch-chinesischen Abkommens über die koreanische Frage. Die darauf im April 1885 abgeschlossene Konvention, unterzeichnet von Li und Itô, sah den Rückzug der Truppen beider Mächte aus Korea vor; es wurde darüber hinaus vereinbart, daß künftighin weder China noch Japan Truppen nach Korea entsenden würde, ohne die andere vertragschließende Partei im voraus zu unterrichten. Die Konvention unterstellte somit die Gleichberechtigung Chinas und Japans im Verhältnis zu Korea. Das war ein neuerlicher diplomatischer Sieg Japans.

Das unmittelbare Ziel der japanischen Korea-Politik in dieser Periode war, von China eine unmißverständliche Zusicherung zu erlangen, daß Korea in jeder Beziehung ein unabhängiger Staat sei. Hinter diesem Nahziel verbarg sich allerdings das weitergehende Bestreben, die wirtschaftlichen Interessen und politischen Machtpositionen Japans auf dem asiatischen Kontinent entscheidend auszubauen. Das gelang erst nach dem chinesisch-japanischen Krieg von 1894/95, der aus einer erneuten Zuspitzung des Interessenkonflikts in Korea entstanden war. Japans militärische Überlegenheit besiegelte das Ende der mit der Meiji-Restauration eingeleiteten Übergangsphase. Japan hatte nicht nur die volle Verfügungsgewalt über seine inneren Angelegenheiten wiedererlangt und gefestigt, sondern auch eine Machtposition auf dem asiatischen Kontinent erobert, mit der die Westmächte künftighin im Wettbewerb um wirtschaftliche, politische und militärische Vorteile im Fernen Osten in immer höherem Maße rechnen mußten.

Pierre Bertaux

AFRIKA BIS ZUM KOMMEN DER EUROPÄER

Der geschichtslose Kontinent

Unter »Afrika« wollen wir hier den afrikanischen Erdteil südlich der Sahara verstehen, das heißt Afrika mit Ausnahme der an das Mittelmeer grenzenden Länder Ägypten, Libyen, Tunesien, Algerien und Marokko. Dieses Afrika ist durch seine äußerste Abgeschlossenheit bestimmt, in der es bis zu Beginn unseres Jahrhunderts gelebt hat. Es ist abseits der großen kulturellen Strömungen der Welt geblieben, und erst in historisch jüngster Zeit hat seine Isolierung durch das Kommen der Europäer ihr Ende gefunden. Seitdem nimmt Afrika an der Weltgeschichte teil.

Die Abgeschlossenheit war vor allem geographisch bedingt: Afrika ist ein wuchtiger, unzugänglicher, menschenfeindlicher Kontinent. Die uralte Granit- und Sandsteinmasse, dreimal so groß wie Europa (dreißig Millionen Quadratkilometer), könnte, wie Australien, Südindien und das brasilianische Hochland, ein Überrest des Gondwana-Urkontinents sein. Die verhältnismäßig jungen Bergketten des Atlas sind gleichzeitig mit den Alpen entstanden und formen am Nordwestrand ein »Klein-Afrika«, ein »Africa minor« oder Maghreb (Marokko, Algerien, Tunesien), das die Sahara vom Hauptkontinent trennt. Dort begrenzen ausgedehnte Hochebenen die flachen und weiten Becken. Über die Hälfte der Landmasse hat keine Verbindung zum Meer: die Wasser verlieren sich in den Inlandniederungen. Nur den größten Flüssen gelingt es, sich bis zum Ozean von Terrasse zu Terrasse einen Weg zu brechen, so zum Beispiel in geologischer Neuzeit dem Niger. Die von Fluten umbrandeten, von Korallenbänken versperrten Küsten sind meist unzugänglich, die Flußmündungen versandet, die Deltas von Wasserpflanzen verkrautet, Wasserfälle und Stromschnellen (Senegal, Kongo, Niger, Sambesi, Nil) verhindern jedes Eindringen flußaufwärts. So kommt es, daß Händler, Abenteurer und Entdecker bis in die Neuzeit nur die Küstenstreifen kannten (die europäische Benennung mancher Gebiete: Goldküste, Elfenbeinküste, Somaliküste, zeugt davon), während das sagenhafte Hinterland lediglich durch unzusammenhängende und phantasievolle Berichte der Eingeborenen bekannt war.

Die klimatischen Verhältnisse sind für Handel, Verkehr und Besiedlung ebenso ungünstig. Das Land zwischen den Roßbreiten ist von Sonne verbrannt, von Hitze verdorrt, von Tropenregen überschwemmt und ausgelaugt. Weder Urwald noch Wüste laden den Menschen zur Besiedlung ein, so daß nur im Gebiet der Savannen, längs der Flüsse und der Küsten die Bevölkerungszahl wachsen und relativ dicht werden konnte. Humus ist kaum vorhanden, die lockere, von der Sonne verdorrte Erde wird von Regengüssen weggespült, so daß nur eine unfruchtbare Felsenkruste übrigbleibt. In den Rodungen des üppigen Urwalds zerstört die Erosion in wenigen Jahren die dünne Humusschicht; Wüste und ärmliche Savanne dringen ein. Von der Natur gezwungen, ziehen die Herden von Ort zu Ort, selbst der Ackerbau wandert. So ist es kaum zu einer bodenständigen Bevölkerung gekommen. Eingewurzelte Volksmassen, wie in Europa und Asien, kennt Afrika nicht, Städte und entsprechende Kulturen finden sich kaum. Lediglich in Nigerien gibt es größere Siedlungen. Die schwarze Bevölkerung Afrikas zählt nur etwa hundertzwanzig Millionen Menschen.

Das Tier ist des Menschen Feind; Insekten sind gefährlicher als Raubtiere, Bazillen noch gefährlicher. Tropenkrankheiten und Ungeziefer plagen Mensch und Haustier; die Existenz ist täglich gefährdet. Die Kindersterblichkeit ist so hoch, daß jeder erwachsene Afrikaner buchstäblich ein Überlebender ist, der sich oft geschwächt, wehrlos, wenn nicht entmutigt einer mächtigen, wilden Natur ausgesetzt sieht. So kommt es auch, daß die Afrikaner dazu neigen, ihre Umwelt eher durch Magie als durch organisierte Arbeit zu bändigen.

Und doch ist dieses Gebiet seit ältester Urzeit, seit dem Auftreten der Anthropoiden und des ersten Homo sapiens besiedelt. An manchen Fundstellen liegen menschliche und halbmenschliche Gebeine, Herdreste und primitive Steinwerkzeuge nebeneinander. Es ist nicht einmal ausgeschlossen, daß Afrika eine der Wiegen der Menschheit war. Über die Vorgeschichte dieses Erdteils ist wenig bekannt. Tiefbauten, die eine systematische Untersuchung der Bodenschichten und prähistorische Entdeckungen ermöglichen, gibt es heutzutage leider nur selten. Die Datierung der spärlichen Funde fällt schwer, weil die geologische Formationskunde wenig Anhaltspunkte hat. In Afrika fehlt die Humusschicht, die in Europa und Asien Reste verschwundener Kulturen schützend bedeckt. Seit Jahrhunderten oder Jahrtausenden liegen Werkzeuge und Waffen der Steinzeit auf der Oberfläche des Bodens, als ob ihre Besitzer sie erst gestern dagelassen hätten.

Anscheinend hat sich der Mensch in Afrika in denselben Kulturstufen wie in Europa entwickelt: Paläolithikum, Mesolithikum und Neolithikum, aber nicht unbedingt zur selben Zeit. Heute noch leben Strukturen, Sitten und Technik der Neusteinzeit in manchen Stämmen weiter. So hat es zum Beispiel der Autor selbst erlebt, daß ein Megalith am Ufer des Niger noch im Jahre 1955 als Kultstätte benutzt wurde: am Fuß der Opfersäule lagen neben Hühnerresten und Blutflecken einige Fünf-Franc-Scheine! Wie soll man da in der Kulturgeschichte genau datieren?

*

Es ist ein weitverbreitetes Vorurteil, alle Schwarzen seien Afrikaner und alle Weißen Europäer. Zwar ist Afrika heute überwiegend von schwarzen Rassen, die zahlreich und untereinander stark verschieden sind, besiedelt, aber wir dürfen nicht vergessen, daß Afrika nicht als einziger, sondern höchstens als privilegierter Wohnsitz der schwarzen Rasse angesehen werden kann. Diese war in der Vergangenheit nämlich auch in Südasien, Australien und wahrscheinlich Europa ansässig und ist es bis zur Gegenwart in Südindien. Andererseits greift heute die schwarze Rasse auch auf den amerikanischen Kontinent über, wo sie in Brasilien, den Antillen und den Vereinigten Staaten treibhausartig gedeiht. Vielfach wird außerdem übersehen, daß die Neger nur ein in sich stark differenzierter Rassenkreis innerhalb der schwarzen Rasse sind. Man hat bis jetzt nirgends Negerfossilien gefunden, was darauf schließen läßt, daß die Urbevölkerung Afrikas nicht aus Negern bestand. Die Frage bleibt offen, ob die Neger aus Südostasien eingewandert sind oder ob schwarze Rassenkreise in Afrika oder in Asien in relativ neuerer Zeit durch Mutation die charakteristischen Negerzüge erhalten haben. Selbst in Afrika weisen nicht alle Schwarzen Negerzüge auf. Abessinier, Fulbe, Pygmäen, Hottentotten und Buschmänner sind schwarz, aber keine Neger. Nehmen wir zum Beispiel den hamitischen Volksstamm der Fulbe. Sie sind Nomaden und Viehzüchter, heute in ganz Westafrika verstreut, und stammen nach ihrer Überlieferung aus Oberägypten. In Symbiose mit ihren Kuhherden lebend, wandern sie seit vielen Jahrhunderten langsam quer durch Afrika. Trotz starkem Negereinschlag und dunkler, manchmal schwarzer Haut sind ihre Gesichtszüge ausgesprochen indisch (gerade Nase, schmale Lippen, hohe Stirn). Die Unterschiede zwischen Negern sind vielfach größer als bei uns etwa zwischen Norwegern und Südspaniern oder zwischen Russen und Arabern. Die Negerstämme wandern und mischen sich seit Jahrtausenden unaufhörlich. So sind die Besonderheiten der vielen Völker mehr durch Lebensart und Lebensgemeinschaft als durch den ethnischen Ursprung bedingt.

Das Fundament der afrikanischen Kulturen ist der Ackerbau. Das ganze gesellschaftliche Leben ist zuerst darauf eingestellt, nicht zu verhungern. Wer heute über Innerafrika fliegt, sieht hier und da in der unendlichen Einförmigkeit von Wald, Busch und Savanne weit voneinander liegende, winzige Hüttensiedlungen, und er begreift, was der dauernde Kampf ums Leben für diese Menschen bedeuten muß und wie Lebensweise und Lebensauffassung dadurch bedingt werden. Jagen, Fischen, Ackerbau und Viehzucht sind absolute Lebensbedingungen. Primitive Stämme ernähren sich sogar heute noch von wilden Beeren, Wurzeln, Blättern und Insekten. Der Ackerbau ist bis jetzt extensiv, man kann sogar von »Wanderbau« sprechen: der Bauer bekämpft durch Buschbrand die gegen ihn stürmende Pflanzenwelt. Zu gewissen Jahreszeiten sind weite Flächen von Flammenmeeren bedeckt. Nach zwei oder drei Ernten muß der Bauer die hart erkämpfte, aber schon ermüdete Erde verlassen und sich an anderer Stelle von neuem ein Feld roden, bis die Fruchtbarkeit der verlassenen und wieder zugewachsenen Äcker sich im Laufe der Jahre von selbst wiederherstellt.

Als gesellschaftliche Form findet sich meist die zur Sippe erweiterte Familiengemeinschaft, an deren Spitze der Häuptling, der Verwalter des Gemeinbesitzes, steht. Er herrscht unumschränkt, und seine Macht ist nicht zu erschüttern, wenn er als Zauberer, als Vermittler zwischen seiner Sippe und den Naturmächten steht. Als Meister der Magie handhabt er eine Urform der Technik und bestimmt Rodung, Saat, Ernte, selbst den Regen! Er scheint ursprünglich mehr Magier als Krieger gewesen zu sein.

Das Häuptlingswesen kann sich aber auch gesellschaftlich zu einem den europäischen, antiken oder hochmittelalterlichen Verhältnissen entsprechenden Feudalismus entwickeln. Den Haushalt des Herrn bevölkern dann Krieger, Handwerker, Bauern, Hirten, Sänger,

Diener, Köche und Kebsweiber, und er wird zum Hof, der Häuptling zum König. Wird seine Domäne größer, gibt er Teile davon zu Lehen. Boden und Schutz werden ihm mit Geschenken und Naturalien entgolten. Erst in einer verhältnismäßig späten Phase der Entwicklung beginnt er mit Raub- und Kriegszügen. Die Domäne wird zum Reich. Doch je größer das Reich, desto leichter sein Zerfall, denn es kann leicht geschehen, daß dem starken Reichsgründer schwächere Erben folgen, deren Macht nicht mehr bis zu den Grenzen des Reiches dringt, oder daß die Lande, gänzlich herrenlos geworden, starken Nachbarn in die Hände fallen.

Verschiedene Reiche hatten eine große Ausdehnung und bestanden über mehrere Jahrhunderte, besonders im Gebiet der sudanesischen Savannen zwischen der Sahara und den Äquator-Urwäldern. Im großen und ganzen ähnelten die Königreiche Zentralafrikas den europäischen Feudalstaaten, denn auch sie hatten eine pyramidenförmige Sozialstruktur. Die unterste Schicht bildeten die Sklaven, die Kriegsgefangenen und ihre Nachkommen. Dann folgten die Leibeigenen und darauf die freien Bauern und die freien Handwerker. Auf dieser Basis baute sich dann ein komplizierter und wechselnder Stufenbau von immer mächtigeren Herren auf, an deren Spitze schließlich der Herrscher, der König stand, der das Gebilde mehr oder weniger aus der Ferne, oft autoritär, öfter noch gegen starke Schwierigkeiten kämpfend, regierte.

Der König war göttlich, er brachte seinem Volk Segen. Seine sakrale Natur forderte, daß er geistig und körperlich unversehrt und heil blieb. Wurde er alt oder krank oder unfähig, opferte man ihn. Das galt vom oberen Nil bis zum Golf von Guinea. In Nigerien wurde der Herrscher für sieben Jahre gewählt, denn man glaubte zu wissen, daß er nach Ablauf dieser Zeit seine Kraft verloren haben werde. Man tötete ihn dann, indem man vermied, sein Blut zu vergießen, da er ja heilig war. Sein Hirn, sein Herz und andere Organe mußten von seinem Nachfolger verzehrt werden, damit der tote König so seine Kraft dem neuen Herrscher übergeben konnte. Der Rest der Leiche wurde mumifiziert. Der Erbfolger wurde aus der Familie des Verstorbenen, der man besondere Tugenden zuschrieb, gewählt, in manchen Stämmen jedoch aus der Familie der Mutter. In Gana mußte der neue König das Schwesterkind des Verstorbenen sein; bei den Mandingo ging die Krone vom älteren zum jüngeren Bruder über, dann vom jüngsten Bruder zu den Söhnen des ältesten und so fort, wie in gewissen Berberstämmen und vor kurzem noch im Königreich Tunesien. Am häufigsten werden aber Kandidaten, die der Tradition entsprechen müssen, im Geschlecht des verstorbenen Königs selbst gesucht. Fast immer haben wir es mit Wahlkönigen zu tun, denen durch magische Riten und Totemzeremonien das Königtum verliehen wird. Sehr oft findet sich der Glaube, daß der verstorbene König als Totemtier (Leopard, Löwe) weiterlebt.

Am Hofe des Königs leben seine Verwandten, hohe Würdenträger, Minister und Beamte. In einigen Dynastien, vom Senegal bis Uganda, spielen die Königinmutter und die Erste Frau des Königs eine besondere Rolle. Die Königinmutter ist dabei nicht unbedingt die Mutter des Königs: sie ist oft nur eine Verwandte, die im Königsrat einen hervorragenden Platz einnimmt und deren Ratschläge hochgeschätzt werden. Die arabischen Historiker des Mittelalters waren stark beeindruckt von dem Zeremoniell, das am Hof der sudanesischen Fürsten gepflegt wurde, bei dem Eunuchen, Pagen, Henker, Leibwächter und Hofnarren den König umgaben.

Der eigentliche Haushalt des Königs setzte sich aus besonders vertrauenswürdigen Personen zusammen. Bei den Askia in Gao bewachte ein besonderer Eunuch die in einem verschlossenen Gemach aufbewahrten Kleider des Königs, die in siebzig Leopardenledersäcken aufgehoben wurden. Jeder Sack enthielt dreißig Kleider aus Seide, Wolle oder Baumwolle, einen weiten Kittel, breite Hosen und einen Turban. Das Hausgesinde bestand außerdem aus Mädchen zum Hirsestampfen, zum Kochen, Waschen und Spinnen. Dazu kamen Verwalter, Vorsteher, Gehilfen, Einsammler der Naturalabgaben (Butter, Fett, Palmöl, Reis, Hirse, Gerste, Trockenfisch, Geflügel, Schafe und anderes). Die »Griots« oder Hofminnesänger waren gleichzeitig die Genealogen, Historiker, Berater und Propagandisten des Königs. Ihr Platz war zur Rechten des Throns, und da sie das Vertrauen des Herrschers genossen, waren sie oft die von beiden Seiten bezahlten Vermittler zwischen Volk und König. Sie waren eine Mischung von Moritatenerzählern, Chansonniers und Skandaljournalisten, zum Spaß der einen und zum Leid der anderen.

Der königliche Nachrichtendienst lag in Händen der mächtigen, gefürchteten und verachteten Gilde der Schmiede, die sich über ganz Zentralafrika ausbreitete. Da ihre Frauen das Monopol der Erdwarenherstellung besaßen, war diese Zunft gewissermaßen Vermittlerin zwischen dem König und den unterirdischen Mächten von Feuer, Erz und Erde, von Blut, Nacht und Geheimwissen. Sie waren Nibelungen und Freimaurer zugleich.

Des Königs Charisma konnte so stark sein, daß er seinen Palast nicht verlassen und seine Untertanen nur hinter einem Schleier sitzend empfangen durfte. Aber es gab auch, zum Beispiel im Westsudan, Wanderkönige, die mit ihrem Hof von Siedlung zu Siedlung zogen, an Ort und Stelle die ihnen geschuldeten Naturalabgaben verzehrten und gleichzeitig die Ergebenheit und die Verwaltungsfähigkeit der von ihnen eingesetzten Provinzgouverneure kontrollierten. Eroberten Gebieten wurde oft Selbstverwaltung verliehen. Die örtlichen Herrscher schuldeten dem König Tribut und Kriegshilfe, und der Vasall huldigte dem König in einer besonderen Zeremonie, in der er ein von seinem Herrn gebotenes magisches Getränk zu sich nehmen mußte. Der König seinerseits überreichte dem Vasallen oder dem Gouverneur als Zeichen seines Vertrauens einen symbolischen Gegenstand, Abzeichen, Ehrenkleid, Turban oder dergleichen. Der König, seine Frauen, die Minister und das Hofpersonal erhielten dann als Gegengabe ganz bestimmte Geschenke.

Die Monarchien waren materiell durch ein Steuersystem fundiert, das alle Untertanen verpflichtete, dem König einen Teil ihrer Ernten und Herden abzuliefern. Salz, Kupfer, Gold und andere Güter waren besteuert, auch jeder Ex- und Import. Außerdem erhielt der König einen Teil der Kriegsbeute und der Beschlagnahmungen und Geldstrafen, die er erließ. Wenn die Steuerpflichtigen ihrer Schuldigkeit nicht nachkamen, entsandte der Herrscher oder der Gouverneur Eintreiberkolonnen, was nicht ohne Gewaltanwendung und Übergriffe abging.

In Dahome leitete und kontrollierte der Landwirtschaftsminister die Produktion der Dörfer. In jedem Dorf war er durch einen Beamten vertreten, der allein die Aussaaten und die Anbaumethoden bestimmte. Um von Zeit zu Zeit den tatsächlichen Bestand der

Herden feststellen zu können, wurde von den Dorfpriestern eine gefährliche Viehseuche vorausgesagt, worauf alle Viehbesitzer eine Kaurimuschel je Tier zur Abwendung des Unheils brachten. Die Steuerhöhe lag etwa bei einem Rind je acht Köpfe jedes dritte Jahr. Auf allen wichtigen Landstraßen waren Zollposten aufgestellt, und auf jedem Markt berichtete der Marktaufseher über die Mengen der verkauften Güter. Schmiede, Tischler, Schreiner und Gerber wurden von besonderen Beamten kontrolliert, welche die Qualität und die Produktionsleistung überwachten. Das ganze Steuersystem aber lag in den Händen der Frauen des Königs.

Wie wir sehen, ist die Struktur dieser Königreiche ziemlich komplex und in ihrer Weise fast vollkommen, wenn auch ihr Typus nicht dem der modernen westlichen Staaten entspricht, sondern nichts anderes als der eines erweiterten Dorfes ist.

*

Die Geschichte der Sudanstaaten ähnelt vielleicht am meisten der Geschichte, wie wir sie in Europa kennen. Seit Anfang der christlichen Ära bis zum Kommen der Europäer entstanden und verschwanden dort mächtige Reiche. Wille und Stärke eines Herrschers schufen sie, Schwäche und Zwist der Nachfolger ließen sie auseinanderfallen. Nationen in europäischem Sinne, in denen sich eine politische Einheit einer territorialen überlagert und eine völkische Einheit gebildet hätte, gab es aber nicht. Die Geschichte Afrikas ist deswegen unübersichtlich, es fehlt ihr an Zusammenhang, denn sie ist eine Sammlung von Geschichten verschiedener Reiche, aber nicht der historische Werdegang eines Volkes oder einer Kultur. Kann man da überhaupt von Geschichte in unserem Sinne sprechen?

Bis zum Kommen der Europäer ist die Geschichte Afrikas in Wirklichkeit eine Vorgeschichte, etwa wie die Vorgeschichte Europas vor Beginn der Hochkulturen oder abseits von ihnen. So sind zur Zeit der Völkerwanderung unsere Ahnen in die Weltgeschichte eingewandert, und man kann sagen, daß die zur Geschichte erwachenden Aschanti ungefähr auf der gleichen Stufe wie die in das Römische Reich einbrechenden Goten oder Franken stehen.

Afrika macht somit dem Europäer Andersartigkeit, Wert und Wesen seiner Geschichte deutlich. Im Gegensatz zu Afrika haben sich im Abendland die Ereignisse und Schicksalsstunden mehr oder weniger übersichtlich ineinandergefügt, und es hat sich eine kontinuierliche Kette von Ursachen und Wirkungen in einem einzigen, unaufhörlichen und zusammenhängenden Zeitstrom gebildet, die dadurch erst zur Geschichte als Sinn und Richtung unserer Welt geworden ist. Nichts davon in Afrika.

Gewiß, auch Afrika kennt Kulturen, Reiche, Staaten, die entstanden, lebten und starben, auch Kriege, Eroberungen, mächtige Herrscher, Weise und Helden. Aber es kennt keine Geschichte, keine organische, einheitliche, ineinander verkettete Entwicklung der Völker und Staaten. Afrika kennt nur ein zeitliches Aufeinander, Nebeneinander und Hintereinander, aber keine Folge, keine innere, sinnhafte Ausrichtung des Werdens. Die Entdeckung der Perspektive in der Renaissancemalerei gab den Bildern Einheit und Zusammenhang, die den persischen Seiden, den byzantinischen Mosaiken und den mittelalterlichen Minia-

Königspaar
Bronzestatuetten des Yoruba-Stammes in Nigerien
Ife, Museum

Walddorf in Ober-Guinea

turen fehlte. Die Entdeckung der zeitlichen Perspektive, das heißt der Geschichte, gibt dem Geschehen Europas den Zusammenhang und die zeitliche Einheit, die dem Geschehen Afrikas nicht gegeben ist. Die zeitliche Perspektive, das Geschichtsbewußtsein der Europäer, ist ihnen zugleich Kompaß und Steuer. Ein Ereignis in Afrika war vor dem Kommen der Europäer sozusagen zeitlos. Erst die Berührung mit Europa hat Afrika langsam in die Geschichte eingefügt.

*

Die europäischen Seefahrer wußten am Ende des Mittelalters von gut organisierten Königreichen zu berichten. Vier Jahrhunderte später fanden Reisende und Forscher nur noch Ruinen, Terror und Barbarei vor. Was war geschehen?

Man neigt zu sehr dazu, das Zusammenbrechen der afrikanischen Reiche und Kulturen ausschließlich dem Eindringen des Westens zuzuschreiben. Die Dekadenz der Eingeborenen Afrikas wäre somit eine direkte Folge der europäischen Kolonisation. Dieser Standpunkt ist falsch. Die Dekadenz begann lange vor dem Eindringen der Europäer. Die afrikanischen Strukturen waren von innen durch Bürgerkrieg, Rassenhaß, Raubzüge und Massenvernichtungen ausgehöhlt worden. Alle diese Ausschreitungen aber waren das Werk der afrikanischen Stämme selbst. Dazu kam, daß gewisse Stämme eigens das Menschenmaterial des Sklavenhandels eintrieben. Der sogenannte »Ebenholzhandel« war ein Handel von Negern durch Neger. Allerdings wuchs diese Ausbeutung des Schwarzen Afrika stark an, als europäische Sklavenhändler Großankäufe für die Plantagen Amerikas in den afrikanischen Kontoren tätigten. Sie zahlten gut, und so wurde für die Häuptlinge und Könige der Krieg und das Einbringen von Gefangenen zu einem blühenden Geschäft. Die Europäer stellten die Nachfrage, das Angebot kam von den schwarzen Herrschern. Und so trieben Tausende Neger Hunderttausende von Negern in Ketten oder in den Tod.

Im Grunde waren diese bedauerlichen Zustände nichts anderes als der Übergang eines traditionellen Menschenhandels von handwerklichem Maßstab zu sozusagen industriellen Normen. Schon zur Römerzeit lieferte Afrika Sklaven, und diese Tradition wird bis heute von arabischen Händlern fortgesetzt, denn Saudiarabien, Hidschas und Jemen sind bis jetzt Absatzgebiet für Sklaven. Eines aber ist wahr: die Geschichte kann nicht anders, als der Vorgeschichte ein Ende zu setzen. Und so wirkt die Berührung mit dem Westen auf die afrikanischen Kulturüberreste tödlich. Das ist weder gewollt noch gewünscht, aber auch alle Vorbeugungen können es nicht verhindern. Kolonisation, Missionare, Autos, Film, Reisen, das Beispiel europäischer Lebensart, zerstören unweigerlich die noch aus der Urzeit stammenden Strukturen der afrikanischen Menschen.

*

Die afrikanischen Kulturen der Vergangenheit kennen wir nur durch mündliche Überlieferung; vieles bleibt dunkel und unübersichtlich. Wir haben einige Legenden, einige Reiseberichte und, seit dem Mittelalter, Aufzeichnungen arabischer Chronisten. Die folgende Darstellung soll eine zusammenfassende Übersicht über die einzelnen Reiche und Herrschaften geben.

Westafrika

Es scheint, daß das größte afrikanische Reich, im Herzen des Kontinents gelegen, *Gana* gewesen ist, das vom 4. bis zum 11. Jahrhundert nach Christus bestanden hat. (Es ist im Grunde eine Usurpation, wenn sich heute der Goldküstenstaat Ghana tauft.) Nach uralter Überlieferung wurden die Stämme der Sarakole an den Ufern des Nigerflusses um das Jahr 300 nach Christus von unbekannten Weißen unterworfen, die eine Dynastie gründeten, welche vierundzwanzig Könige hervorbrachte und bis zum Jahre 790 herrschte. In diesem Jahr wurde der König von seinen Untertanen ermordet. Eine neue Dynastie Sarakole, die der Sisse Tunkara, folgte. Sie erweiterte das Reich im Westen bis zum Senegal, im Norden bis zu den Berberstämmen der Sahara und im Osten bis Timbuktu.

Man spricht noch heute in diesem Gebiet vom Wohlstand und der Sicherheit, die damals im Reich Gana herrschten. Der Handel war sehr stark entwickelt, Einfuhr und Ausfuhr waren genau und gerecht besteuert. Die Südprovinzen Ganas im westlichen Sudan besaßen die damals reichsten Goldminen. Der Goldhandel war Königsmonopol und zog sogar Karawanen von den Ufern des Mittelmeers an. Der fabelhafte Reichtum Ganas reizte den Neid seiner nördlichen Nachbarn, der Berber des Maghrebs. Und so führten die Almoraviden Marokkos gegen Gana einen unerbittlichen Krieg, der 1076 mit der Eroberung der Hauptstadt Ganas, Kumbi Sale, endete. Wir wissen nicht genau, wo Kumbi Sale lag. Es war wohl im Westsudan nördlich des Niger. Der letzte Sarakole-Herrscher mußte sich zum Islam bekennen und den Eroberern Tribut zahlen. Mit der Niederlage Ganas begann der Untergang des Reiches: die verschiedenen Provinzen machten sich unabhängig, und hundert Jahre später war es verschwunden. Einige Zeit später konzentrierte sich aber wieder das Interesse auf den Zentral- und Westsudan, wo dann nacheinander die Königreiche Manding, Sonrhai und Haussa entstanden.

Das Manding-Reich (Malireich). Im Jahre 1235 besiegte und erschlug der Herr der Mande-Provinz, Fürst Sundiata, bei Kulikoro am Niger den Fürsten des kleinen Sosso-Staats in einer Schlacht, von der heute noch die Griots singen. So wurde Sundiata Herr und Besitzer des Sahel, des Senegal und seiner Goldminen, und des oberen Nigertals, also derjenigen Gebiete, die das alte Gana so reich gemacht hatten. Er widmete sich in den letzten Jahren seines Lebens der wirtschaftlichen Entwicklung seines Landes, bis er im Jahre 1255 unter ungeklärten Umständen starb. Seine Nachfolger bewahrten und erweiterten das Erbe, so daß Kankan Mussa, der als Herrscher von Manding nach Mekka pilgerte, sogar die arabischen Chronisten durch seinen unglaublichen Reichtum in Erstaunen versetzte. Als er auf seiner Reise durch Kairo kam, brach der ägyptische Goldmarkt durch seine Freigebigkeit zusammen. Aus Arabien brachte er Schriftgelehrte, Poeten und Händler zurück, und es ist anzunehmen, daß die heute noch charakteristische Architektur Westsudans auf sie zurückzuführen ist. Auch findet man in der Festtracht der Sudanhäuptlinge noch viel von nahöstlichem Prunk.

Kankan Mussa herrschte über das ganze Gebiet zwischen der Wüste im Norden und dem Urwald im Süden. Sein Bruder Suleiman, der ihm auf dem Thron folgte, ließ arabische Rechtsgelehrte kommen und unterstützte den Handel. Wie der arabische Reisende Ibn

Batuta, der den Sudan 1352 durchwanderte, berichtet, herrschte unter seinem Zepter Ordnung und Frieden im ganzen Reich. Als jedoch Johann II., König von Portugal, im Jahre 1484 einen Botschafter zum König des Malireichs sandte, war es zu spät. Denn fünfzig Jahre vorher war das Reich zusammengebrochen, und die Sonrhai des Nigers, die marokkanischen Fürsten von Gao und Timbuktu und die Bambara von Segu plünderten die Maliprovinzen. Ende des 16. Jahrhunderts zog sich der letzte machtlose und vereinsamte Malikönig in ein Dorf zurück, das die Wiege des Keita-Geschlechts werden sollte, das heute noch den Kreis regiert. 1958 war einer von ihnen Abgeordneter im französischen Parlament und Mitglied der französischen Regierung.

Auch die *Bambara* von Segu, unter deren Schlägen das Malireich etwa 1670 vollends zusammengebrochen war, hatten eine machtvolle und ruhmreiche Zeit. Ihre Chronik, wie die aller Negerreiche, berichtet hauptsächlich von Kämpfen mit Nachbarstaaten, von Revolten, Aufständen und einer Reihe weiser, starker Herrscher und schwacher, willenloser Fürsten.

Weiter im Osten, im Gebiet der Nigerseen, unterhielten die *Sonrhai*, ein seit dem 10. Jahrhundert in Gao ansässiger Flußstamm, dauernde Verbindung mit den Kaufleuten im Maghreb. Zur Zeit Kankan Mussas dem Malireich einverleibt, erlangten die Sonrhai bald wieder ihre Unabhängigkeit. Den Untergang des Malireichs ausnutzend, wuchs das Sonrhaireich schnell. Im Jahre 1468 eroberte Fürst Sonni Ali (Ali der Große), ein rachsüchtiger und grausamer Herrscher, Timbuktu von den Tuareg zurück, ließ die Stadt plündern und eine große Anzahl Schriftgelehrter niedermetzeln. Dann nahm er die alte Handelsstadt Djenne, organisierte Raubzüge gegen die Nachbarvölker, die Fulbe von Farimake und die Mossi von Yatenga. Aber seine Eroberungszüge scheiterten vor den glühenden Klippen von Bandiagara südlich der Nigerseen, wo sich der Stamm der Dogon verschanzt hatte.

Nach seinem Tod gründete einer seiner Subalternoffiziere, ein Sarakole, die neue Dynastie der Askia, aus der der bedeutendste, Mohamed Ture, von 1493 bis 1529 regierte. Er war ein großer Staatsmann und Organisator, ließ wieder Schriftgelehrte und Weise aus dem arabischen Kulturkreis kommen und reformierte, von ihnen beraten, das Sonrhaireich. Er schuf ein Berufsheer, das im Notfall durch allgemeine Wehrpflicht verstärkt werden konnte, und er teilte das Reich in Provinzen ein, deren Gouverneure ihm gegenüber für Ordnung und Wohlstand verantwortlich waren. Jede Stadt wurde von einem Bürgermeister verwaltet. Auch der Hof wurde straff organisiert und jedem Beamten seine Stellung, seine Pflichten und Rechte genau zugewiesen.

Im Jahre 1495 pilgerte Mohamed Ture mit prunkvollem Gefolge nach Mekka und spendete dort den Armen dreihunderttausend Goldstücke. Er unterhielt sich mit den berühmtesten arabischen Gelehrten und Juristen und wurde auf der Rückreise in Ägypten vom 14. abbasidischen Kalifen empfangen, der ihn zum Statthalter von Sonrhai ernannte. Zurückgekehrt, entfachte er den Heiligen Krieg gegen die heidnischen Mossi im oberen Voltagebiet, jedoch ohne greifbare Erfolge. Andere Feldzüge verliefen glücklicher, so zum Beispiel gegen die Mandingo im Westen, die Fulbe vom Sahel und die Haussa im heutigen Nigerien. Als er starb, erstreckte sich sein Machtbereich von Kano im Süden (1513 erobert) bis Agades im Norden.

Dann folgten für lange Jahre Zwist und Intrigen zwischen seinen Nachfolgern, bis endlich Askia Daud (1549–1582) dem Unwesen ein Ende machte. Er ehrte die Schriftgelehrten, förderte Wissenschaft, Ackerbau und Handel. Askia Daud nahm wieder freundliche Beziehungen zu Ahmed el Dehebi, dem Sultan von Marokko, auf und überließ ihm die Ausbeutung der Teghazza-Salzminen in der Sahara gegen eine Jahreszahlung von zehntausend Golddinars. Der Sultan, vom Ruf des Reichtums im Sudan geblendet, wollte aber die Sahara-Salzminen ganz für sich haben. Dies ist um so verständlicher, als Salz in Afrika, in den riesigen, von den Küsten weit entfernten Gebieten, als kostbare Ware galt. Noch in jüngster Zeit war die Ankunft der mit Saharasalz beladenen Karawane das große Jahresereignis im Innern des Sudan.

Am 29. September 1590 griff der Sultan von Marokko das Sonrhaireich an, nachdem eine mächtige Kolonne durch die Wüste gezogen war: zweitausend Fußsoldaten, fünfhundert Arkebusiere zu Pferd, vier Feldschlangen, tausendvierhundert Lanzenträger, achttausend Kamele und tausend Lastpferde. Unter den Soldaten befanden sich viele europäische Landsknechte. Der Kommandant selbst war Djuder Pascha (vom spanischen Fluch *joder*), ein spanischer Renegat, ein wahrer Konquistador, ein kleiner Mann mit stahlblauen Augen. Sechs Monate dauerte der Marsch durch die Sahara, den kaum tausend Mann überlebten. Doch diese tausend mit ihren Donnerbüchsen genügten, um die mit Lanzen, Schwertern und Strohschilden bewaffneten Neger vernichtend zu schlagen.

Am 25. April 1591 erreichten die Hispano-Marokkaner Timbuktu. Ihre Enttäuschung war groß, denn sie hatten geglaubt, in die Hauptstadt des Goldes zu kommen, während sie nur den Umschlagplatz des Goldes erreicht hatten, das aus viel südlicher gelegenen Goldminen kam, aus den sagenhaften Gebieten der Menschenfresser. Als der Sultan erfuhr, daß in Timbuktu nichts zu holen war, überließ er die Überreste der Truppen Djuder

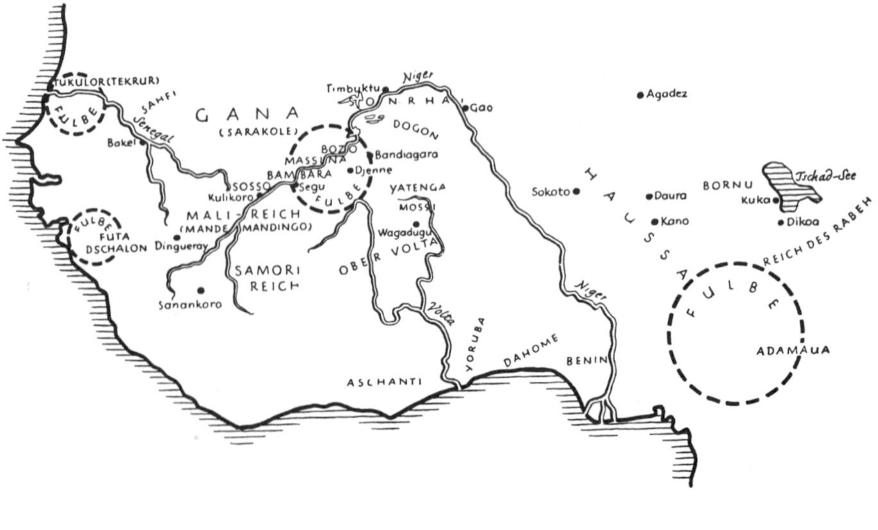

Paschas ihrem Schicksal. Ein Jahrhundert später waren die letzten Hispano-Marokkaner in der Urbevölkerung aufgegangen.

El Hadj Omar. Um 1797 wurde im Senegalgebiet Omar Tal, ein mohammedanischer Tukulör, geboren, der sich bald durch seine Frömmigkeit und seine Wißbegierde auszeichnete. Im Jahre 1820 pilgerte er nach Mekka. Achtunddreißigjährig, kehrte er mit dem Titel »El Hadj« und »Kalif des Sudan« zurück, wurde in die berühmte Bruderschaft der Tidjania aufgenommen und verbrachte einige Zeit an den Höfen der Fürsten von Bornu im Tschadgebiet, Sokoto und Massina, um sich schließlich im Jahre 1848 in Dingueray niederzulassen, wo sein Ruf als Heiliger mehr und mehr wuchs. Viele Schüler und Anhänger drängten sich zu ihm, so daß er bald ein mächtiges Heer zusammen hatte, mit dem er einen von ihm ausgerufenen Heiligen Krieg gegen die heidnischen Negerstämme – man schlug die Manding und die Bambara von Segu – begann. Hadj Omar starb im Jahre 1864 unter geheimnisvollen Umständen in der Nähe von Bandiagara.

Samori. Ein etwa 1835 in Oberguinea geborener Sarakole, Samori Touré, das Haupt einer Räuberbande mit zahlreicher Gefolgschaft, eroberte im Jahre 1872 Sanankoro (südostwärts von Kankan in Guinea) und ließ sich dort zum König ausrufen. Bis 1880 erweiterte er sein Reich, stieß aber dann auf dem linken Nigerufer auf französische Truppen, die das Tal besetzten. Nach achtjährigem Kampf fiel er in Gefangenschaft. (Der Präsident der Republik Guinea, Sekou Touré, unter dem seine Landsleute 1958 die Unabhängigkeit von Frankreich erlangten, behauptet übrigens, ein Nachkomme Samoris zu sein.)

El Hadj Omar und Samori gelang es nur vorübergehend, ein Reich zu bilden. Beide stießen auf die Franzosen. Ihr Ende war auch das Ende der Reihenfolge der Sudanreiche.

Mossi-Reich. Im oberen Tal der Volta lebt das Volk der Mossi, das sich wohl im 11. Jahrhundert zusammengefunden und durch acht Jahrhunderte hindurch seine Sitten und Gebräuche bewahrt hat. Noch heute besteht das Mossireich von Wagadugu in der alten Form mit den Nabas, den obersten Führern, an der Spitze. Die Mossi sind Krieger, und doch kämpften sie selten gegen ihre Nachbarn, sondern verteidigten sich nur zäh gegen alle Eroberungsversuche, besonders gegen die Marokkanerpaschas von Timbuktu.

Haussa-Staaten. Im Zentralsudan, östlich des Niger, hat es mehrere Fürstentümer gegeben, von denen wir so gut wie gar nichts wissen, da die arabisch geschriebenen Lokalchroniken (wie die von Timbuktu) Anfang des 19. Jahrhunderts vernichtet worden sind. In diesen Chroniken soll von mehreren Haussastaaten die Rede gewesen sein. Nach örtlicher Überlieferung wurde im 10. Jahrhundert die Stadt Daura von einer Frau, Daurama, regiert, als ein schrecklicher Drache die Stadt bedrohte und sie dem Hungertode nahebrachte. Ein Weißer, Abu Yazid, kam aus dem Norden, erschlug den Drachen und wurde von der Königin zum Gemahl genommen. Das Paar hatte sieben Söhne, die sieben Fürstentümer gründeten. Die Lokalchronik glaubt, in einem dieser Fürstentümer, dem Kano-Staat, dreiunddreißig Fürsten nachweisen zu können, die seit Prinz Bogoda, einem Enkel des Abu Yazid, das Land nacheinander regiert haben. Erst die Eroberung Kanos durch die Fulbe im Jahre 1807 brachte diesem Herrscherhaus das Ende. Allmählich drang aber auch in dieses Gebiet der Islam vor, zuerst von den Fürsten, dann von den Städtern übernommen. Die Bauern blieben bis heute Heiden, wie in Europa die Bauern noch lange Jahrhunderte Heiden, »pagani«, geblieben sind, als das Christentum schon längst die Städte beherrschte.

Das Bornu-Reich. Der arabische Reisende Ibn Batuta erwähnt schon 1353 im Tschadgebiet das Bornureich, das seine Blütezeit wohl erst gegen Ende des 16. Jahrhunderts gehabt hat. Mit Hilfe von Feuerwaffen aus Tripolis gelang es den Bornus, den Tuareg der Wüste zu widerstehen, die Provinz Kano (im heutigen Nigerien) zu erobern und ihre Herrschaft bis nach Nordkamerun auszudehnen. Noch im 19. Jahrhundert erhielt der Sultan von Bornu von einem seiner Vasallen einen jährlichen Tribut von tausend Sklaven. Der vorletzte Sultan von Bornu, ein großer, stattlicher Herr, starb 1880 in der Hauptstadt Kuka, wo er die Forschungsreisenden Richardson, Barth, Vogel, Rohlfs und Nachtigal (Juli 1870) empfangen hatte.

Der Wadai-Staat. Gustav Nachtigal, der im Jahre 1871 in östlicher Richtung weitergezogen und bei den Herrschern des Wadaistaates gewesen war, berichtete, daß der Fürst von Wadai noch nach alter Sitte alle seine möglichen Thronprätendenten (Vettern, Neffen, Rivalen) hatte blenden lassen, dabei aber ein gerechter, einfacher, ehrlicher und offener Herrscher gewesen sei, der in Frieden regiere. Der Handel mit dem Niltal sei sehr rege gewesen, und auch aus dem Norden seien Karawanen mit vielen Gütern eingetroffen. Noch weiter östlich hatte der österreichische Forschungsreisende Schweinfurth im Jahre 1870 das Sultanat Darfur besucht und zahlreiche arabische Händler angetroffen, die den Sklavenmarkt gewaltsam monopolisierten. Hauptumschlagplatz war Khartum, das Absatzgebiet Ägypten. Auch war ein Tauschhandel von Manufakturwaren gegen Elfenbein bis in diese Gebiete hinein in großem Schwung.

Die arabischen Sklavenhändler besaßen ihre eigene, oft mehrere hundert Mann starke Truppe. Einer ihrer Hauptleute, *Rabeh,* beschloß, sich ein eigenes Reich herauszuhauen, und brachte ein Heer von dreißigtausend Mann zusammen. Von 1876 bis 1886 plünderte und verwüstete er riesige Gebiete. Sein Traum, ein zentralafrikanisches, das Tschadbecken umfassendes Reich zu gründen, wäre um 1900 beinahe in Erfüllung gegangen. Da stieß er aber auf Franzosen und Belgier und fiel im Kampf. Die Stunde der großen afrikanischen Reiche war vorbei, und für die Nachkommen sind Rabeh und Samori nur rücksichtslose Abenteurer.

Es ist eigentümlich, daß es den afrikanischen Herrschern kaum gelingt, Nationalstaaten zu bilden, in denen Gebiet, Sprache oder Rasse einheitlich wären. In ein und demselben Gebiet überlagern sich Völker von verschiedenem Ursprung, deren Sprache, Glauben und Tradition nichts miteinander gemein haben. Sie können sogar eine verschiedene politische oder administrative Zugehörigkeit haben. Im selben Landstrich, ja oft im selben Dorf leben verschiedene Stämme mit eigener Sprache, eigenen Sitten, eigener Zugehörigkeit unverschmolzen weiter. So zum Beispiel in dem kleinen Dorf Sama bei Segu, einer Siedlung am Ufer des Niger, wo ein Bauerndorf der Bambara, ein Fischerdorf der Bozo und ein Hirtendorf der Fulbe aneinandergrenzen. Jeder dieser Stämme würde sich entehrt fühlen, sollte er den Beruf des anderen ausüben oder einem anderen gehorchen. In Sama, wie überall zwischen Wüste und Ozean, liegt obendrein der Handel in den Händen des Hausiererstamms der Diola, der überall zu Hause ist. Wir haben in Westeuropa ähnliche Verhältnisse gekannt: verschiedene Staaten bestanden gleichzeitig auf einem und demselben Territorium; die Staaten teilten sich die Menschen, nicht das Land. Der König der Goten thronte in Toulouse, später in Toledo, obwohl er weder König von Toulouse noch von Toledo war.

Die Fulbe. Wie im modernen Europa die Zigeuner mit ihren eigenen Königen und eigenen Gesetzen vom Balkan bis nach Spanien hin und her wandern, so ziehen die nicht ansässigen Fulbestämme mit ihren Herden durch ganz Zentralafrika. Der Ursprung der Fulbe ist nicht geklärt. Sie leben mit und für ihre Kuhherden. Sie sind aus dem Norden gekommen, vielleicht aus Oberägypten, vielleicht aus Kleinasien, vielleicht sogar aus

Indien, zu einer Zeit, als die Sahara noch eine grüne Savanne war. Die Fulbe selbst behaupten, weißen Ursprungs zu sein und sich im Laufe der Zeiten vermischt zu haben. Sie sind sich bewußt, obwohl sie unter den Negerstämmen verstreut leben, einer bestimmten Gemeinschaft anzugehören, und dieses Bewußtsein dürfte sie auch daran hindern, in der schwarzen Welt aufzugehen. Sie haben oft unabhängige Reiche gegründet, deren eigentümlicher Aufbau von ihrem stark entwickelten Gesellschaftssinn zeugt. Etwa um 1400 entstand an den Ufern des Niger im Massinagebiet ein Fulbekönigreich, das aber keinerlei Macht über die Bauern und Fischer desselben Gebiets hatte. Die Einheit dieses Staates ist bis in unsere Jahre aufrechterhalten worden, auch wenn die Fulbe zu gewissen Zeiten gezwungen waren, die Oberherrschaft der Bambarakönige von Segu anzuerkennen, denen sie Tribut zahlten, wenn sie nicht anders konnten. Andere Fulbekönigreiche entstanden im Bergland Futa Dschalon (Guinea), in Nigerien und in Adamaua (Nordkamerun). Wegen ihrer großen Intelligenz, ihres politischen Verstandes und ihres Selbstbewußtseins haben die Fulbe die Jahrhunderte überdauert und spielen noch heute eine wichtige Rolle.

Die an den Küsten lebenden Stämme sind uns besser und seit längerer Zeit bekannt als die Staaten im Innern des Sudan. In den Senegalfürstentümern, im Königreich Aschanti an der Goldküste und im Dahomegebiet haben europäische Händler schon seit dem 16. Jahrhundert bei den Häuptlingen Sklaven für Amerika eingekauft.

Das Königreich von Benin, an der Mündung des Niger gelegen, verdient besonders wegen seiner Kunst erwähnt zu werden, die dort während des 16. und 17. Jahrhunderts eine große Blütezeit hatte. Die herrlichen Bronzestatuen von Benin, die heute in berühmten Museen und Sammlungen Europas und Amerikas mit Bewunderung aufbewahrt werden, haben zum erstenmal im Jahre 1879 dem Westen die Herrlichkeit der Negerkunst offenbart, die oft den Vergleich mit den schönsten Kunstwerken europäischer Kulturepochen nicht zu scheuen braucht. Noch bis in unsere Zeit war man bei uns überzeugt, daß die Begriffe »Neger« und »Wilde« sich deckten und daß es ohne Zweifel überhaupt keine schwarze Kultur und Kunst gebe. So erklärt sich der starke Eindruck, den die Beninbronzen bei den gebildeten Europäern hervorriefen. Das Erlebnis der Negerkunst führte dazu, die Gleichberechtigung der Negerkulturen immer mehr anzuerkennen.

Das Kongo-Reich. Als die Portugiesen im Jahre 1482 an der Kongomündung landeten, fanden sie ein mächtiges Reich vor, das schon seit einem Jahrhundert bestand. Sein Fürst gestattete einigen seiner Untertanen, am Königshof von Lissabon die angeblichen Vorzüge europäischer Zivilisation kennenzulernen, von denen er übrigens nicht überzeugt war. Noch im Laufe des folgenden Jahrhunderts löste sich dieser Staat aber auf; seine Existenz ist friedlich und glücklich gewesen, was für unsere Begriffe kaum beachtenswert erscheint.

Ostafrika

Das Reich des Monomotapa. Portugiesische Seefahrer, die unter dem Oberbefehl von Vasco da Gama Afrika umsegelten, entdeckten im Jahre 1498 ein großes, vom Sambesi bis zum Kap sich erstreckendes Reich, dessen König der Monomotapa genannt wurde. Er scheint – leider wissen wir nur sehr wenig von der Geschichte dieses Reiches – nur nominell über

Tänzerin
im Gebiet der Elfenbeinküste

Zuschauer eines Tanzes
im Gebiet des Tschad-Sees

mehr oder minder unterworfene Fürstentümer geherrscht zu haben. Das Reich ist erst in neuerer Zeit zusammengebrochen. Großartige und geheimnisvolle Ruinen stehen noch da, zum Beispiel der elliptische Tempel von Simbabwe in Südrhodesien, dessen Zyklopenmauern und Wälle vier bis fünf Meter breit und zehn Meter hoch sind. Man hatte zuerst vermutet, daß es sich um uralte Überreste handele, die auf Einwanderer, vielleicht sogar Weiße, zurückzuführen seien. Man sprach sogar vom König Salomo und glaubte, die sagenhaften Minen entdeckt zu haben, die das Gold für den Tempel in Jerusalem geliefert hatten.

Neuere Forschungen lassen jedoch darauf schließen, daß diese Bauten in der Zeit vom 9. bis zum 13. Jahrhundert entstanden sind, und zwar auf den Goldminen, die seit dem 7. Jahrhundert die arabischen und indischen Händler anzogen. Diese Händler hatten überall an der Ostküste Afrikas ihre Umschlagplätze, wo sie das afrikanische Gold gegen persische, indische und malaiische Waren (Schmuck, kostbare Seiden, Werkzeuge) eintauschten. Ähnliche, vor kurzem in Angola entdeckte Goldbergwerke deuten darauf hin, daß einst in dieser Breite, vom Atlantischen bis zum Indischen Ozean, eine Anzahl heute verschollener Kulturen bestanden hat.

Der Zulu-Staat. Im Laufe des 19. Jahrhunderts, buchstäblich unter den Augen der Europäer, entstand in Südafrika der starke Großstaat der Zulu. Im Gebiet zwischen Natal und Südosttransvaal lebte um 1800 ein Kaffernstamm von kaum zweitausend Seelen: die Zulu. Der sehr begabte Häuptling Tschaka organisierte den Stamm politisch und militärisch neu. Besonders die Kampftaktik sicherte den Zulu ihre Überlegenheit über alle Nachbarstämme. Tschaka baute die Einheiten auf den traditionellen Stamm- und Altersverbänden auf und gab den gesellschaftlich und territorial gegliederten Regimentern militärisch ausgebildete Führer. Auch Frauen wurden zur Wehrpflicht herangezogen und mußten sich solange der Ehe enthalten.

Den besiegten Völkern wurde die Zulusprache und ihren jungen Männern der Militärdienst aufgezwungen. So verfügte Tschaka, der afrikanische Napoleon, im Jahre 1818 über hunderttausend Kämpfer. Die seinen Kampfmethoden treugebliebenen Nachfolger zogen ins Njassaland, nach Deutsch-Südwestafrika und bedrohten die Buren. Diese Feldzüge kosteten über eine Million Menschenleben. Erst den in Natal hart bedrängten Briten gelang es schließlich, die Zulus nach langen und harten Kämpfen 1880 zu unterwerfen.

Abessinien. Im Südosten von Ägypten liegt das riesige dreieckige Bergland Abessinien. Durch tiefe Abgründe getrennte Hochebenen und reißende Ströme in den engen Tälern erschweren den Zugang zu den wie Raubvögel auf den Bergkämmen hockenden Dörfern. Die Nubische Wüste scheidet und trennt Abessinien von Ägypten. Nur über die Häfen am Roten Meer gelangt man in das Innere des Landes.

Die Abessinier sind Schwarze, aber keine Neger. Sie sind entweder eine sehr früh entstandene Mischrasse von Negern und Weißen, oder sie stammen von der schwarzen Urrasse ab, aus der sich später erst die Neger abgezweigt haben. Mit dieser Hypothese kann man wenigstens den starken äußeren Unterschied zwischen Abessiniern und Mulatten erklären: die Haut der Abessinier ist dunkel, ihre Lippen schmal, ihre Nase gerade, dünn und oft leicht gebogen; ihre Haare schwarz, kraus, aber nicht wollig.

Schon in vorchristlicher Zeit begann eine arabische Einwanderung nach Abessinien. Die jenseits des Roten Meeres lebenden semitischen Stämme wanderten in das ihnen gegenüberliegende, fruchtbare Bergland und gaben ihm seinen heutigen Namen. Die semitischen Einwanderer verschmolzen mit der Urbevölkerung, blieben aber das ausschlaggebende Element der abessinischen Kultur. Die Erinnerung an die alte Verbindung mit dem Jemen lebt in der abessinischen Sage weiter, die den Ursprung des Königshauses auf die Begegnung der Königin von Saba mit dem König Salomo zurückführt. Die semitisch-hamitischen Stämme Abessiniens schlossen sich im 1. Jahrhundert vor Christus langsam im Tigregebiet zum Königreich Aksume zusammen. Im 4. Jahrhundert ließ sich der König zum Christentum bekehren, das sich im Land in einer besonderen Form ausbreitete. Die abessinische Kirche ist eine Mischung aus der koptischen Kirche Ägyptens, heidnischen Überlieferungen und jüdischen Elementen, die vor oder gleichzeitig mit dem Christentum eingeführt worden sind. Bis heute bestehen in isolierten, schwer zugänglichen Teilen des Landes jüdische Gemeinden, jedoch mit einem von der israelitischen Religion abweichenden Kultus.

Im 7. Jahrhundert wurde Abessinien durch das Vordringen des Islam von der See abgeschnitten und erweiterte sich nach Süden: das Aksumitische Reich dehnte sich bis zum Quellengebiet des Blauen Nils aus. Bis zum 13. Jahrhundert waren die Provinzen von Amhara, Godscham und Schoa fast ganz semitisiert. Im 14. Jahrhundert brachen die zum Islam bekehrten Küstenstämme der Somali gegen das abessinische Hochland vor, plünderten und brandschatzten, setzten sich aber nicht fest. Im 16. Jahrhundert fielen die ihnen verwandten Galla in Abessinien ein und ließen sich dort neben den Abessiniern nieder. Die Galla sind in der Mehrzahl Heiden, einige sind Mohammedaner, andere verehren Jesus und Maria als ihre Götter.

Am Ende des 15. Jahrhunderts waren die ersten Europäer erschienen: portugiesische Händler auf der Suche nach dem Weg zu den Reichtümern Indiens, die sie dem venezianischen Orient-Handelsmonopol entreißen wollten. Sie hatten schon vom »Priester Johannes« gehört, dem geheimnisvollen, legendären christlichen Herrscher, dessen Reich man im Herzen Asiens vermutet hatte. So hielten die Portugiesen den christlichen Herrscher Abessiniens für den Priester Johannes und hofften, in ihm einen Verbündeten zu finden. Doch gelang es den jesuitischen Missionaren, die sie in Abessinien einführten, nicht, die Bevölkerung zum Katholizismus zu bekehren; sie wurden im 17. Jahrhundert aus dem Land gewiesen.

Der Herrscher von Abessinien, der Negus, der den Titel »König der Könige« führt, regierte die unterworfenen, auf den Rang von Provinzen degradierten Königtümer mit unumschränkter Gewalt. Der Treue der ihm untertänigen Könige versicherte er sich, indem er ihre Töchter heiratete. Zu seinen Untertanen hielt er Abstand. Eine Hauptstadt hatte er nicht, sondern wanderte mit seinem Hof von Provinz zu Provinz, wurde aber immer in Aksum gekrönt. Die Männer der Negusfamilie, mit Ausnahme der Söhne, mußten in einer abgelegenen Festung leben.

Die abessinische Kirche ist stark und mächtig. Die Priester leben nicht im Zölibat, sondern mit ihrer Familie; die Mönche sind in jüngeren Jahren Händler, im Alter führen sie das Dasein von Asketen. Bis zum Eindringen der Italiener im 20. Jahrhundert war Abessinien ein in sich geschlossenes, in Glauben und Kultur ungestörtes Land.

Wir haben schon von einem charakteristischen Zug des »schwarzen Kontinents« gesprochen, von der Abgeschlossenheit, jedoch damit nicht sagen wollen, daß sie total und lückenlos gewesen sei, sondern nur, daß die Einflüsse anderer Erdteile bis zur Epoche des Eindringens der Europäer schwach und spärlich gewesen sind.

Es ist bekannt, daß die Reaktion auf einen Einfluß je nach der Dosis verschieden, ja sogar entgegengesetzt sein kann, wie etwa im Organismus bei Ansteckung, Impfung, Allergie... Die äußeren Einflüsse sind in Afrika bis zur Neuzeit sehr schwach gewesen (wir werden noch auf den Sonderfall des Islam zurückkommen). Was aber danach kam, hat die Afrikaner sehr empfindlich, fast allergisch reagieren lassen, als ob sie die Todesgefahr ahnten, die die europäische Kultur für ihre eigenen Kulturen bedeutete, entweder einen todbringenden, unassimilierbaren Fremdkörper oder eine neue, die alte total ersetzende und verdrängende Lebensweise. Die kategorische, instinktive Verneinung Europas erstreckte sich sogar auf die unschuldigsten Werkzeuge und auf heilbringende Einflüsse. So lehnte Afrika den Pflug ab, der in Ägypten schon zur Zeit der III. Dynastie in Gebrauch war. Der Afrikaner ist dem Hackbau unbeirrt treu geblieben. Afrika kannte das Rad, weigerte sich aber, sich seiner zu bedienen. Die neuerdings entdeckten Felsenzeichnungen in der Sahara, in den Tassilibergen, stellten Räderfahrzeuge dar. Sie zeugen davon, daß Völker über die Syrtenländer und durch die Sahara bis weit nach Süden vorgedrungen sind. Diese Völker kannten das Rad, und doch benutzten es die Stämme südlich der Sahara nicht. Wie das Rad lehnen sie jede mechanische Technik ab, mit Ausnahme der primitivsten Webstühle. Sie sind sogar noch weiter gegangen. Gold wurde als Zahlungs- und Tauschmittel nicht verwendet. Obwohl in Mengen vorhanden, wurde es nur zu Schmuck verarbeitet, und der Besitz galt als gesellschaftliche Auszeichnung, aber Geld wurde es nicht. Ebenfalls wurde das Schrifttum abgelehnt. Die afrikanischen Kulturen kennen nur mündliche Überlieferung und sind so in der Zeit der Barden und Minnesänger steckengeblieben.

Afrika war nie ganz von der Außenwelt abgeriegelt. Nacheinander schlugen die Wellen verschiedener Kulturen um den Schwarzen Erdteil: Ägypter, Phönizier, Karthager, Griechen, Römer, Araber und endlich die Westeuropäer.

Man hat in Belgisch-Südkongo eine kleine Bronzestatue des Osiris gefunden. Auch erinnert das Krönungszeremoniell der Gottkönige in Nigerien stark an den Pharaonenritus. Um 600 vor Christus sollen die Phönizier im Auftrage des Pharao Necho II. den ganzen afrikanischen Kontinent in drei Jahren umsegelt haben, was allerdings fraglich ist. Die Karthager schickten Handelskarawanen bis nach Zentralafrika, die Straußeneier, Elfenbein, Goldstaub, Sklaven und phantastische Berichte heimbrachten. Karthagische Glasperlen in Äquatorialafrika zeugen von diesem Handel. Als Rom Karthago zerstörte, gab es dem eroberten Land den Namen Afrika, der später dann nicht nur das heutige Tunesien, sondern das ganze Festland bis zum Kap bezeichnete. Wir stellen uns heute unter »Afrikaner« eigentlich nur Schwarze vor, obwohl die römische »Provincia Africa« ursprünglich nur von Weißen bevölkert war.

Bis zum Erscheinen der Westeuropäer hatte Afrika eigentlich nur eine von außen kommende große Erschütterung erlebt, die Springflut des Islam mit seinen tragischen Umwälzungen und Blutbädern. Unter dem Ansturm des Islam brachen die Negerreiche zusammen, und es begann die Dekadenz der schwarzen Kulturen. Welle auf Welle drang der Islam bis nach Zentralafrika vor, und zwar in zwei Richtungen: im Westen über Marokko nach dem Senegal und Nigerien, im Osten am Nil und dem Roten Meer entlang und an der Küste des Indischen Ozeans weiter nach Süden. Der Vormarsch im Westen war mehr militärisch und politisch, der im Osten mehr kommerziell.

Die Bekehrung zum Islam ging überall nur langsam vor sich, und die Erfolge waren zunächst unbeständig. Der Einfluß der islamischen Kunst und Wissenschaft ist kaum zu bemerken. Das aus dem Koran abgeleitete Recht betraf nur die Gläubigen. Auch heute wird Arabisch nur ausnahmsweise gesprochen. Als die in Europa vordringenden Araber im Jahre 732 bei Poitiers geschlagen und zurückgeworfen wurden, erreichten im Süden die arabischen Karawanen den Senegal. Im 10. Jahrhundert pilgerten Angehörige nomadischer Berberstämme, Vasallen des schwarzen Ganareichs, nach Mekka und gründeten nach ihrer Rückkehr auf einer Insel im unteren Senegal ein Kloster, um den islamischen Glauben in seiner ganzen Reinheit wiederherzustellen. Diese Berber, die sich Almoraviden nannten, vermehrten sich schnell und begannen bald den Heiligen Krieg gegen Gana, das 1076 zusammenbrach. Schon 1082 herrschten die Almoraviden – ihre Hauptstadt war Marrakesch – über ganz Nordwestafrika, vom Senegal und vom Niger bis zum Atlantischen Ozean und zum Mittelmeer westlich von Algier. 1090 hatten sie dazu das ganze arabische Spanien erobert, so daß sich ihr Reich eine Zeitlang vom Senegal bis zu den Pyrenäen erstreckte. Doch das zerbrach ebenso schnell, wie es entstanden war; in weniger als hundert Jahren war der Almoravidenstaat verschwunden. Die Nachfolger zersplitterten ihre Kräfte in jahrhundertelangen Fehden und Zerstörungen.

Die Ostküste Afrikas hatte seit jeher Kontakte mit der übrigen Welt, besonders durch Händler, Kaufleute und Seefahrer, die aus Arabien, Persien, Indien und Indonesien kamen. Oft drang deren Einfluß, der zunächst auf die Küstenbevölkerung wirkte, bis ins Innere vor. Im 11. Jahrhundert gründeten Perser aus Schiras an der Küste die Stadt Mombasa. Die Suaheli, deren Sprache viel aus dem Arabischen entlehnt hat (sie wird heute als Umgangssprache in Kenya, Ostkongo und Mosambik gesprochen), behaupten, ihre Ahnen seien im 8. Jahrhundert aus Persien eingewandert. Aber die Entlehnungen werden nur von den »Arabern« importiert sein, von den vielen, sehr verschiedenen semitischen und türkischen Händlern, die seit je bei ihnen Goldstaub und Sklaven eingekauft haben (seit dem 8. Jahrhundert findet man Negersklaven auf Sumatra). Auch ihre Tracht und die Goldschmiedekunst haben sie in Afrika eingeführt, und sie haben die Eingeborenen gelehrt, Apfelsinen, Zitronen, Zuckerrohr und vielleicht auch Reis anzubauen.

Die europäische Kolonisation hat gegen ihren Willen seit fünfzig Jahren die friedliche Ausbreitung des Islam im Schwarzen Afrika erleichtert. Die dogmatische Einfachheit des Islam fordert von den Afrikanern weder eine bedeutende Umstellung in ihrer Lebensweise noch eine wahre Umformung ihrer religiösen Auffassungen. Die islamische Religion findet sich leichter als die christliche mit der animistischen und heidnischen Weltanschauung der Schwarzen ab und läßt sie, monotheistisch verkleidet, weiterleben. Außerdem vermittelt der Islam dem Afrikaner eine gesellschaftliche Organisation und eine Disziplin, die er schätzt und die ihm die zusammenbrechenden traditionellen Strukturen ersetzen kann.

Auch wenn er nur scheinbar Moslem wird, hat der Afrikaner den Eindruck, eine neue menschliche Würde zu erhalten. Den weiten, weißen Kittel zu tragen, an öffentlichen islamischen Feierlichkeiten teilzunehmen, täglich zu beten, sind Zeichen eines sozialen Aufstiegs, bei dem er sich wohl fühlt. Das hilft ihm auch, seine afrikanische Persönlichkeit zu unterstreichen und sich dem Weißen gegenüber zu behaupten; denn Muselman zu werden bedeutet nicht, in einer Unterstufe in die westliche Welt eingereiht zu werden, wie es beim Übertritt zum Christentum der Fall ist, sondern als Muselman kann sich der Afrikaner dem Weißen ebenbürtig fühlen. Der Widerstand gegen die westliche Kultur findet oft und gern in einer Islamisierung Ausdruck, die jedoch nicht mit einer Arabisierung zu verwechseln ist, denn sie hat keineswegs die Bedeutung einer politischen und menschlichen Einreihung der schwarzen Welt in den Panarabismus. Vielmehr sieht man sogar in Afrika die Züge eines schwarzen Islam hervortreten, weniger fanatisch und viel menschlicher als der weiße Islam.

Die Bevölkerung des Senegal ist heute zu siebzig Prozent islamisch, der halbe Tschad ist muselmanisch, in Nordnigerien ist der größte Teil der Eingeborenen zum Islam übergetreten. Und Sansibar ist ein großes islamisches Kulturzentrum.

*

Lange Zeit haben die Europäer das Schwarze Afrika ignoriert. Herodot hielt Afrika für eine unbewohnte und unbewohnbare Wüste. Die Alten glaubten, es sei von Ungeheuern und sagenhaften Wesen bewohnt. So schrieb man auf die Landkarten Afrikas phantasievolle Namen wie »Land der Zungenlosen«, »Land der Nasenlosen«, »Land der Krummfinger«. Das erste eigentliche europäische Vordringen über die Sahara hinaus wird wohl das des römischen Legaten Cornelius Balbus im Jahre 19 vor Christus gewesen sein. Die von ihm geführte Kolonne durchquerte die Wüste, erreichte den Niger und gelangte wahrscheinlich bis nach Gao. Für diese Leistung erhielt er in Rom den Lorbeerkranz des Triumphs. Aber weder er noch Rom ahnten, daß er an der Grenze zu einer neuen, riesigen Welt gewesen war.

Im 1. Jahrhundert nach Christus entdeckten griechische Seefahrer aus Alexandrien im Indischen Ozean die Vorteile der Monsunwinde und nutzten sie aus, um regelmäßige Handelsverbindungen zwischen Afrika und der Westküste Indiens herzustellen. Erst im 15. Jahrhundert erschienen dann wieder Europäer südlich der Sahara, und zwar auch zur See. Wir haben schon vom Auftauchen portugiesischer Reisender in Abessinien gesprochen. Sie hatten versucht, unter Ausnutzung der Monsunwinde das Handelsmonopol der Venezianer mit dem Osten zu brechen. Wenn sie auch in Abessinien nicht Fuß fassen konnten, gelang es ihnen doch, auf der Suche nach der Indienroute 1488 das Kap zu erreichen. Sie gründeten an vielen Punkten der afrikanischen Küste Handelsstützpunkte. Aus Amerika brachten sie Mais, Maniok und Süßkartoffeln nach Afrika. Der erste Kakao wurde in Guinea von portugiesischen Juden angepflanzt. Heute ist er der Hauptreichtum der westafrikanischen Küste.

Im 17. Jahrhundert, als Portugal von den Spaniern beherrscht wurde, verdrängten die Holländer die Portugiesen in Guinea. Aber die mußten dann schließlich den Engländern weichen. Sie ließen sich im Jahre 1651 weiter im Süden am Kap nieder. 1795 lebten dort zwanzigtausend Holländer und französische Protestanten, zu einem Volk, den Buren, verschmolzen. Sie sprachen einen niederländischen Dialekt und hatten schon keine andere Heimat mehr als Südafrika. Sie gründeten die Oranje- und Transvaalstaaten, die 1852 und 1854 von den Engländern anerkannt wurden.

Aber all diese europäischen Niederlassungen blieben zunächst an den Küsten Afrikas haften. Erst im 19. Jahrhundert drang Europa ins Binnenland vor: Entdeckungsreisende, Missionare und Kolonisatoren. Für Afrika begann die große Wende.

Alfred Verdroß

DIE ENTWICKLUNG DES VÖLKERRECHTS

Begriff und Entwicklung des Völkerrechts

Um das Völkerrecht des 19. Jahrhunderts verstehen zu können, müssen einige Bemerkungen über den Begriff und die Entwicklung des Völkerrechts vorausgeschickt werden. So wie alles Recht ordnet auch das Völkerrecht bestimmte Lebensverhältnisse. Während aber das innerstaatliche Recht die Beziehungen zwischen einzelnen Menschen oder innerstaatlichen Verbänden regelt, normiert das Völkerrecht die Beziehungen zwischen den souveränen Staaten und einzelnen anderen souveränen Gemeinschaften. Daraus ergibt sich, daß das Völkerrecht nicht von einer zentralen Autorität, die über den Rechtssubjekten steht, erlassen werden kann, wie das innerstaatliche Recht, sondern nur durch Verträge zwischen den souveränen Gemeinschaften oder durch die als Recht anerkannte Übung (völkerrechtliches Gewohnheitsrecht) geschaffen werden kann. Das Völkerrecht ist also kein Herrschaftsrecht, sondern bloßes Koordinationsrecht. Daher kann es sich nur verwirklichen, wenn die zwischen den Völkerrechtssubjekten abgeschlossenen Verträge und das durch die internationale Gewohnheit begründete Völkergewohnheitsrecht von übereinstimmenden Rechtsvorstellungen der verschiedenen Völker getragen werden. Quellen des Völkerrechts sind somit die völkerrechtlichen Verträge, das völkerrechtliche Gewohnheitsrecht und die ihnen zugrunde liegenden allgemeinen Rechtsgrundsätze.

Die Bezeichnung Völkerrecht ist eine Übersetzung des von den Römern geprägten Ausdruckes *ius gentium.* Dieser Begriff umfaßte aber ursprünglich nicht nur das zwischenstaatliche Recht, sondern auch jene innerstaatlichen Rechtsnormen, die den Völkern des Altertums gemeinsam waren. Erst im 16. Jahrhundert wurde daraus der Begriff des zwischenstaatlichen Rechts *(ius inter gentes)* geschält. Aber die neue Bezeichnung hat den alten Ausdruck *ius gentium* (Völkerrecht) nicht zu verdrängen vermocht, da er schon fest eingebürgert war und auch gefühlsbetonter ist als der Fachausdruck »zwischenstaatliches Recht«. Für seine Beibehaltung spricht auch, daß als Völkerrechtssubjekte nicht nur Staaten, sondern auch andere Rechtssubjekte, wie der Apostolische Stuhl, der Malteser Orden, die als kriegführende Partei anerkannten Aufständischen und das internationale Komitee des Roten Kreuzes, gelten.

Das Völkerrecht ist so alt wie die Staaten selbst. Denn seit der Herausbildung von Staaten gab es auch Beziehungen zwischen ihnen. Wenn aber einmal ein Verkehr vorhanden ist, entwickeln sich durch Verträge und durch die Übung Verkehrsregeln. So war zum Beispiel der Grundsatz, daß Tempel, Gesandte und Herolde unverletzlich sind, schon im Altertum anerkannt. Ein Bündnis- und Auslieferungsvertrag wurde bereits im 13. vorchristlichen Jahrhundert zwischen dem Ägypterkönig Ramses II. und dem König von Cheta abgeschlossen, dadurch aber auch der allen Verträgen zugrunde liegende Rechtsgrundsatz der Vertragstreue *(pacta sunt servanda)* anerkannt. Das Völkerrecht der alten Welt bestand aber nur aus wenigen Regeln, die nicht allgemein anerkannt waren. Mit dem Wachsen des Römischen Weltreichs wurden sie vom imperialen Recht Roms überlagert, denn die Voraussetzung für das Völkerrecht, das Nebeneinanderstehen souveräner Staaten, verschwand. Gleichwohl lebten einige Grundsätze des Völkerrechts gedanklich weiter, an die dann das moderne Völkerrecht anknüpfen konnte.

Das begann sich seit dem 14. Jahrhundert mit dem Verblassen der mittelalterlichen Reichsidee herauszubilden. So schüttelten seit dem Untergang der Hohenstaufen zahlreiche Fürstentümer und Stadtrepubliken der europäischen Mitte ihre frühere Unterordnung unter die kaiserliche Gewalt ab, während England und Frankreich schon früher die kaiserliche Oberhoheit nicht anerkannten. Auf diese Weise wurde der politische Universalismus des Mittelalters durch einen Pluralismus abgelöst. Im Verkehr zwischen diesen souverän gewordenen Staaten der christlich-abendländischen Gemeinschaft entwickelte sich nun das christlich-europäische Völkerrecht, das durch die Errichtung von ständigen Gesandtschaften mächtig gefördert wurde. Dieser Brauch, bei fremden Regierungen ständige Gesandte zu bestellen, entwickelte sich in Italien seit dem 15. Jahrhundert, hat sich aber bald allgemein durchgesetzt. Da die damalige Staatengemeinschaft noch von der Idee der christlichen Einheit beherrscht war, wurde sie christliche Republik *(res publica christiana)* oder Republik unter der Herrschaft Gottes *(res publica sub Deo)* genannt. Schon vorher bestand aber auch im byzantinischen Kulturkreis eine Staatengemeinschaft, da Byzanz vom 7. bis zum 10. Jahrhundert ein diplomatischer Mittelpunkt gewesen war. Auch der islamitische Kulturkreis hat auf die Entwicklung des Kriegsrechtes und des zwischenstaatlichen Handelsverkehrs Einfluß geübt.

In dieser ersten Periode des modernen Völkerrechts finden wir bereits eine reich entwickelte Schiedsgerichtsbarkeit. Sie wurde entweder einer gemischten Kommission, einer juristischen Person (Universität, Parlament) oder einem befreundeten Staatsoberhaupt übertragen. In einigen Fällen wurde auch eine zweite Instanz bestellt. Oft wird dem Schiedsgericht die Befugnis übertragen, den Streit als Schiedsrichter oder als Vermittler zu schlichten. Doch unterschied man schon damals zwischen dem arbiter, der gehalten war, nach Recht zu entscheiden *(juris ordinem servare)*, und dem Vermittler *(amicabilis compositor* oder *arbitrator)*, der die Aufgabe hatte, den Streit *»per amorem, per concordiam, per transactionem«* aus der Welt zu schaffen. Das von dem Schiedsgericht anzuwendende Recht wurde aus verschiedenen Quellen geschöpft: vor allem aus den Verträgen und aus dem Gewohnheitsrecht, ferner aus den übereinstimmenden Rechtsgrundsätzen des europäischen Staatenkreises und schließlich aus der *ratio*, *justitia* und *aequitas*. Nach dem Völkerrecht des Mittelalters bestand auch eine ständige Vermittlungsstelle, da der Papst in allen zwischenstaatlichen Streitigkeiten als Vermittler *ex officio* auftreten konnte und oft auch als Schiedsrichter angerufen wurde.

Mit der modernen Staatengemeinschaft entstand auch die Völkerrechtswissenschaft. Sie ging im 16. Jahrhundert aus der spanischen Moraltheologie hervor, die unter Führung von Franz de Vitoria (1480–1546) und Francis Suarez (1548–1617) die Idee des Naturrechts auf die zwischenstaatlichen Beziehungen übertragen hat. Sie ging dabei von der Lehre des Aristoteles aus, daß der Mensch seiner Natur nach ein Sozialwesen sei. Daraus folgerte sie, daß auch die Völker soziale Wesen und daher durch die Natur zu einer naturrechtlichen Gemeinschaft verbunden seien. Deshalb wurzle das positive Völkerrecht im Naturrecht, das mit der Natur des Menschen unlöslich verknüpft ist. Diese Gedanken hat Suarez folgendermaßen zusammengefaßt:

> Obgleich die Menschheit in verschiedene Völker und Königreiche gegliedert ist, besitzt sie doch eine gewisse, nicht nur physische, sondern auch eine moralische und politische Einheit, die sich aus dem natürlichen Gebot der Liebe und des gegenseitigen Mitleids ergibt, das sich auf alle Menschen, auch auf die Ausländer, welchen Volkes auch immer, erstreckt. Daher ist jeder Staat, mag er eine Republik oder ein Königreich sein, zwar an sich eine vollständige und eine dauernde Gemeinschaft seiner Bürger, zugleich aber in gewissem Sinne auch ein Glied jenes Universums, welches das Menschengeschlecht umfaßt. Denn jene Gemeinschaften können sich niemals derart genügen, daß sie keiner gegenseitigen Hilfe, keiner Gesellschaft und keiner Gemeinschaft bedürfen, entweder um besser zu leben und zu ihrem Nutzen oder wegen einer moralischen Notwendigkeit oder Bedürftigkeit, wie es uns die Erfahrung zeigt. Daher brauchen sie irgendeine Rechtsordnung, die sie in jener Art des Verkehrs leitet und lenkt. Obgleich das aber zum großen Teil schon durch die natürliche Einsicht erfolgt, so genügt diese doch nicht immer und unmittelbar für alle Gelegenheiten. Daher konnten durch die Übung der Völker einige besondere Rechte begründet werden. Ebenso nämlich, wie in einem Staate oder in einer Provinz die Übung Recht schaffen kann, so konnten auch im ganzen Menschengeschlecht die Rechte der Völker durch die Übung begründet werden.

An die Völkerrechtslehre der Spanier knüpft der Holländer Hugo Grotius (1583–1645) an, der die Idee des Völkerrechts über die Glaubensspaltung hinübergerettet hat. Ja, diese Idee war damals das einigende Band, das in der Zeit der Religionskriege die verschiedenen christlichen Bekenntnisse miteinander verbunden hat. Daher ist es das Hauptverdienst des Grotius, daß er während des Dreißigjährigen Krieges, welcher der erste europäische Bürgerkrieg gewesen war, die Idee des Völkerrechts hochgehalten und auch gegenüber den damaligen Machthabern verteidigt hat.

Mit der Aufspaltung der einheitlichen Christenheit in verschiedene Bekenntnisse trat das Völkerrecht in eine neue Phase ein, da die mittelalterliche Gemeinschaftsidee in den Hintergrund trat und durch den mechanistischen Grundsatz des Gleichgewichts verdrängt wurde. Dieser Grundsatz besagt, daß kein Staat so mächtig werden darf, daß er allein oder in Verbindung mit seinen Bundesgenossen imstande ist, den übrigen Staaten seinen Willen aufzuzwingen. Das europäische Gleichgewicht war aber labil, denn in der Geschichte der Neuzeit treten immer wieder Großmächte hervor, die untereinander um die Hegemonie ringen. Mit diesen Kämpfen verschwindet die in der zweiten Hälfte des Mittelalters blühende Schiedsgerichtsbarkeit nahezu vollständig. Da in dieser Periode nahezu alle Staaten absolute Monarchien waren und sich die ganze Fülle der Staatsgewalt im Monarchen konzentrierte, war das damalige Völkerrecht eine Art Fürstenrecht.

Die neue Staatengemeinschaft trat erstmalig am Kongreß von Osnabrück und Münster (1648) in Erscheinung, da hier zum erstenmal alle christlichen Erkenntnisse vertreten waren. Seither spricht man von der christlich-europäischen Völkerrechtsgemeinschaft und vom christlich-europäischen Völkerrecht, obgleich damals noch die osteuropäischen Staaten ausgeschlossen waren.

Die Grundlagen des Völkerrechts von der Französischen Revolution bis zum Wiener Kongreß

Der Aufbau der Staatengemeinschaft änderte sich wesentlich durch die Französische Revolution. Sie hatte zunächst zwar nur eine innerstaatliche Bedeutung: das Volk löste den Monarchen als Träger der Staatsgewalt ab. Der neue Grundsatz wirkte sich aber auch auf die Staatengemeinschaft aus, denn die Revolutionäre erklärten die neue Idee zu einem allgemein gültigen Prinzip. Sie fühlten sich nicht nur als Vertreter der französischen Nation, sondern als ein Organ der Menschheit. Das zeigen zum Beispiel die Ausführungen des Mitgliedes der konstituierenden Nationalversammlung Volney vom 18. Mai 1790 oder der Vorschlag des Abgeordneten Abbé Grégoire, zur Ergänzung der Deklaration der Menschen- und Bürgerrechte auch eine Deklaration eines neuen Völkerrechts zu beschließen, die dem Verkehr von Volk zu Volk, auf der Grundlage der allgemeinen Brüderlichkeit aufbauend, dienen sollte. Diese neue Idee wurde aber bald mißbraucht und in den Dienst der französischen Außenpolitik gestellt, die unter der Losung des Kampfes gegen die Tyrannen ins Feld zog. Gleichwohl hat das damals aufgestellte Prinzip des Selbstbestimmungsrechts der Völker eine große Bedeutung für die Weiterentwicklung des Völkerrechts, da dieser Grundsatz zwar zeitweise zurückgedrängt, niemals aber mehr ganz ausgelöscht werden konnte.

Nach dem Sieg über Napoleon stellten die Monarchen von Österreich, Preußen und Rußland der Revolutionsidee die Idee der Fürstenlegitimität entgegen, die in der Heiligen Allianz vom 26. September 1815 ihren völkerrechtlichen Ausdruck gefunden hat. In diesem Dokument erklären die verbündeten Monarchen, daß sie sich als Brüder betrachten, die von der Vorsehung beauftragt sind, die verschiedenen Glieder der christlichen Familie zu lenken. Denselben Grundsatz finden wir aber auch im Pariser Frieden vom 30. Mai 1814 sowie in den Wiener Kongreßakten vom 9. Juni 1815, die »im Namen der allerheiligsten und unteilbaren Dreifaltigkeit« abgeschlossen worden sind.

Damals entwickelte sich auch der erste Ansatz zu einer überstaatlichen Organisation, da auf der zweiten Pariser Friedenskonferenz die Quadrupelallianz abgeschlossen wurde, die sich auf dem Aachener Kongreß (1818) durch den Beitritt Frankreichs zur Pentarchie der europäischen Großmächte erweitert hat. Ihr Ziel war es, den durch den Wiener Kongreß geschaffenen Friedenszustand gegen alle Störungen von außen und innen zu sichern. Daher bekämpften die Großmächte nicht nur alle zwischenstaatlichen Besitzstörungen, sondern auch die revolutionären Bestrebungen der europäischen Staaten und warfen sie nötigenfalls durch bewaffnete Kollektivinterventionen nieder. Dieser erste Ansatz einer internationalen Organisation der europäischen Staaten umfaßte aber nicht alle damaligen Mächte, sondern nur die fünf Großmächte. Diese Organisation war also auf dem Prinzip der Hegemonie der Großmächte aufgebaut.

Das nationale Prinzip als Baugesetz der Staatsgemeinschaft

Die Politik der Heiligen Allianz zur Erhaltung des bestehenden Zustandes konnte nicht lange aufrechterhalten werden, da ein neues Ordnungsprinzip der Staatengemeinschaft lebendig wurde, nämlich der Grundsatz der Gliederung der Staatengemeinschaft in Nationalstaaten. Diese Idee wurzelt teils im Grundsatz der Volkssouveränität, den die Französische Revolution proklamiert hat, teils aber auch in der deutschen Romantik sowie in der neuen italienischen Völkerrechtslehre. Sie findet ihren klarsten Ausdruck in der Lehre des italienischen Völkerrechtslehrers Mancini, der den historisch gewordenen Staaten die Nationalstaaten gegenüberstellt, die allein »Schöpfungen der Natur« seien. Er fordert daher, diesen »von der Vorsehung angeordneten Zustand« herzustellen. Erst wenn die Staatengemeinschaft nach diesem Prinzip gegliedert sei, meint Mancini, werde der Friede gesichert sein, da »Vaterländer keinen Krieg gegeneinander führen«. Schon daraus ersehen wir, daß die Vertreter der nationalstaatlichen Idee ursprünglich in keinem Gegensatz zur internationalen Gemeinschaft standen, sondern gerade umgekehrt der Meinung waren, daß der Friede in der Staatengemeinschaft durch die Einführung dieses neuen Baugesetzes fest begründet werden könne.

Tatsächlich hat die nationalstaatliche Idee die durch den Wiener Kongreß geschaffene europäische Ordnung vollständig umgestaltet. So wurde 1830 bis 1832 der aus der nationalen Freiheitsbewegung hervorgegangene Staat Griechenland als Nationalstaat anerkannt. Die nationale Welle siegte auch in Italien und Deutschland; sie führte zur Gründung des Königreiches Italien (1861) und des Deutschen Reiches (1871). Auch den christlichen Balkanvölkern sowie Albanien gelang es nach schweren Kämpfen, die nationale Selbständigkeit zu erringen (1878 bis 1913). Selbst der altehrwürdige Kirchenstaat fiel dem nationalstaatlichen Prinzip am 20. September 1870 zum Opfer. 1905 löste sich Norwegen von Schweden los. Hingegen blieben die Schweiz, das russische Reich und bis 1918 auch das Kaisertum Österreich, das sich 1867 in die österreichisch-ungarische Monarchie umgewandelt hatte, als übernationale Staaten erhalten. Aber auch innerhalb dieser Mehrvölkerstaaten ist die nationale Idee erwacht. Sie führte in Österreich zur Herausbildung eines Nationalitätenrechtes, das auf der Grundlage der Achtung und Gleichberechtigung aller österreichischen Völker aufgebaut war (Artikel 19 des Staatsgrundgesetzes über die allgemeinen Rechte der Staatsbürger vom 21. Dezember 1867).

Gegen die Heilige Allianz wandte sich aber auch der amerikanische Präsident Monroe in seiner Botschaft vom 2. Dezember 1823, in der er jeden Versuch der europäischen Mächte, ihr System auf irgendeinen Teil Amerikas auszudehnen, als eine Gefahr für die amerikanische Sicherheit bezeichnete und eine amerikanische Intervention gegen jeden Versuch ankündigte, weitere europäische Kolonien in Amerika zu erwerben.

Mit der Idee der Heiligen Allianz zerfiel auch die lose Organisation der europäischen Großmächte in der Pentarchie. So kam es seit dem Ablauf des deutsch-russischen Rückversicherungsvertrages (1890) zur Herausbildung zweier einander entgegengesetzten europäischen Staatengruppen, nämlich des Dreibundes der Mittelmächte (Deutsches Reich, Österreich-Ungarn und Italien) auf der einen Seite und der Entente

(Frankreich, Großbritannien und Rußland) auf der anderen Seite, die sich zweieinhalb Jahrzehnte in bewaffnetem Frieden gegenüberstanden, 1914 aber in Kriegslager verwandelten.

Der Übergang vom europäischen zum allgemeinen Völkerrecht

Seit dem Ende des 18. Jahrhunderts begann sich allmählich das christlich-europäische Völkerrecht zu einem universellen auszuweiten. Nachdem sich schon 1776 die Vereinigten Staaten vom britischen Mutterland losgerissen hatten, verwandelten sich zwischen 1809 und 1898 einundzwanzig europäische Kolonien in Mittel- und Südamerika in selbständige Staaten, die alle sogleich als selbständige Völkerrechtssubjekte auftraten. In dieser Zeit erweiterte sich die zunächst auf die christlichen Staaten beschränkte Staatengemeinschaft in eine allgemeine, indem auf der Pariser Friedenskonferenz von 1856 die Türkei, später auch Persien, Japan, Siam und China sowie Liberia in die Völkerrechtsgemeinschaft aufgenommen wurden. Auf der ersten Haager Friedenskonferenz von 1899 waren schon nahezu alle damals selbständigen Staaten der Welt vertreten. Gleichwohl ist die Staatengemeinschaft erst seit dem zweiten Weltkrieg global geworden.

Da es im 19. Jahrhundert keinen allgemeinen europäischen Krieg gegeben hat, konnte sich das Völkerrecht in dieser Zeit besser als in früheren Jahrhunderten entwickeln. Man nennt daher das im vorigen Jahrhundert ausgebildete Völkerrecht das klassische. Es unterscheidet sich von dem Völkerrecht, das sich seit der Gründung des Völkerbundes entwickelt hat, dadurch, daß die damalige Staatengemeinschaft noch nicht organisiert war.

Die raschen Fortschritte des Völkerrechts in der zweiten Hälfte des 19. Jahrhunderts sind auf die Ausweitung des europäischen Handels und Verkehrs, besonders nach dem Frieden von 1871, zurückzuführen. Die allgemeine Rechtssicherheit sowie die überall anerkannte Unverletzlichkeit des Privateigentums ermöglichten gewaltige Kapitalinvestitionen, durch welche die Warenerzeugung rasch gesteigert und verbilligt wurde. Es entwickelte sich ein weitverbreiteter Fortschrittsoptimismus, der darauf vertraute, daß auch die Machtkämpfe zwischen den Staaten zu rationalisieren und in vernünftige Schranken zu bannen seien, um die Lebensbedingungen der modernen Zivilisation nicht zu gefährden. So haben sich in dieser Zeit drei große Zweige des Völkerrechts entwickelt, nämlich das Verkehrsrecht, das Kriegsverhütungsrecht und das humanisierte Kriegsrecht.

Das völkerrechtliche Verkehrsrecht wurde notwendig, nachdem sich die Volkswirtschaften immer mehr ineinander verflochten und zahlreiche internationale Verwaltungsunionen errichtet worden waren.

Das Kriegsrecht wurde weitergebildet durch die Pariser Friedenskonferenz von 1856, auf der die Seerechtsdeklaration vom 16. April 1856 beschlossen wurde, ferner durch die Genfer Konventionen vom 22. August 1864 und 6. Juli 1906, die Petersburger Konvention von 1868 über die Verwendung von Sprengstoffen im Kriege sowie durch die beiden Haager Friedenskonferenzen (1899 und 1907), schließlich durch die nichtratifizierte Londoner Seerechtsdeklaration von 1909.

Das 19. Jahrhundert bringt aber auch eine Erneuerung der seit dem Ende des Mittelalters zurückgedrängten Schiedsgerichtsbarkeit, wenngleich die Schiedsabkommen in der Regel jene Streitigkeiten ausnahmen, welche die Ehre, die Unabhängigkeit oder die Lebensinteressen eines Streitteiles betreffen. 1899 wurde der Haager Schiedsgerichtshof gegründet, dem es auch gelang, verschiedene zwischenstaatliche Streitigkeiten, darunter auch zwischen Großmächten, in einem friedlichen Verfahren zu entscheiden, so zum Beispiel den Casablanca-Streitfall zwischen dem Deutschen Reich und Frankreich (1909). Außerdem wurde in den Bryan-Verträgen der Grundsatz aufgestellt, daß alle Streitigkeiten, die nicht der Schiedsgerichtsbarkeit unterworfen werden, einer Vermittlungsstelle zu unterbreiten sind, bevor zur bewaffneten Selbsthilfe gegriffen werden darf. Doch bestand keine allgemeine Pflicht, sich des einen oder des anderen Verfahrens zu bedienen. Die Staaten blieben völkerrechtlich frei, zur Selbsthilfe zu schreiten, solange sie keine Bindungen übernommen hatten, die dem widersprachen.

Die Hauptzweige des klassischen Völkerrechts

Die Grundrechte der Staaten

Als völkerrechtliche Grundrechte bezeichnet man jene den souveränen Staaten zustehenden Rechte, die vorliegen müssen, um einen friedlichen Verkehr zwischen ihnen zu ermöglichen. Dazu gehört vor allem die Achtung der fremden Gebietshoheit, denn ein friedliches Nebeneinanderleben von Staaten setzt eine klare Abgrenzung der Staatsräume voraus. Diese Abgrenzung erfolgt regelmäßig durch Grenzverträge, ausnahmsweise auch durch einen langen und unbestrittenen Besitzstand. Wenn ein Staat ans Meer grenzt, gehört zu seinem Staatsgebiet auch der angrenzende Küstenmeerstreifen von drei bis zwölf Seemeilen. Allen Staaten, auch jenen, die keine eigene Küste haben, steht aber das Recht zu, durch das fremde Küstenmeer zu fahren.

Außerdem sind die Staaten in Friedenszeiten verpflichtet, gegenseitig ihre politische Unabhängigkeit zu achten. Einmischungen in die Ordnung eines anderen Staates unter Androhung oder Anwendung von Gewalt sind verbotene Interventionen. Von ihnen muß die auch »Intervention« genannte Ausübung des diplomatischen Schutzrechtes unterschieden werden, das jedem Staat über seine im Ausland befindlichen Angehörigen zusteht.

Ein drittes Grundrecht der Staaten ist die Achtung der Ehre. Insbesondere ist jede Beleidigung der Fahnen, Wappen und anderen Hoheitszeichen verboten. Schließlich spricht man auch von einem Grundrecht auf Verkehr, das besagt, daß sich kein Staat grundsätzlich abschließen darf, wenn er der Staatengemeinschaft angehören will. Hingegen steht es jedem Staat frei, selbst zu bestimmen, in welchem Ausmaß er mit anderen Staaten in Beziehung treten will. Die Beziehungen können amtlicher oder privater Natur sein. Der amtliche Verkehr wird entweder direkt von Regierung zu Regierung oder mittelbar durch diplomatische Organe ausgeübt. Ihre völkerrechtliche Stellung wird durch das Gesandtschaftsrecht geregelt.

Das Gesandtschaftsrecht

Die diplomatische Rangordnung. Das Gesandtschaftsrecht bildet einen der ältesten Zweige des Völkerrechts. Es ist daher schon im Gewohnheitsrecht fest verankert. Über die Rangordnung der bei einem Staate beglaubigten diplomatischen Vertreter konnte aber lange keine Einigung erzielt werden. Erst auf dem Wiener Kongreß gelang es, diese Frage zu lösen. Nach der dort geschaffenen Ordnung werden drei Rangklassen unterschieden: Zur höchsten Gruppe gehören die Botschafter sowie die Nuntien und Legaten. Jene sind die ständigen Vertreter des Apostolischen Stuhls, diese seine Vertreter, die nur für eine bestimmte Angelegenheit bestellt werden. Die zweite Gruppe umfaßt die bevollmächtigten Minister (Gesandte im engeren Sinne) und die dritte die ständigen Geschäftsträger. Am Aachener Kongreß (1818) werden zwischen die zweite und die dritte Gruppe noch die Ministerresidenten eingefügt, die früher vom Protektorstaat beim protegierten Staat beglaubigt wurden, seit der Emanzipation der farbigen Völker aber bedeutungslos geworden sind.

Außerdem regelt das Wiener Reglement vom 19. März 1815 auch die Rangordnung innerhalb einer und derselben Gruppe. Grundsätzlich wird dieser Rang bestimmt nach dem Datum der offiziellen Notifikation über das Eintreffen eines diplomatischen Vertreters im Empfangsstaat. Da aber bei katholischen Höfen der Vertreter des Papstes immer den Vorrang hatte, wurde diese alte Übung durch das Wiener Reglement aufrechterhalten.

Beginn und Ende der diplomatischen Mission. Die diplomatische Mission beginnt mit der Übergabe und Übernahme des Beglaubigungsschreibens. Es besteht aber die Übung, vor der Entsendung eines Missionschefs beim Empfangsstaat anzufragen, ob die in Aussicht genommene Persönlichkeit diesem Staat genehm ist. Diesen Vorgang nennt man die Einholung des Agrément oder Agreement. Hingegen werden die dem Missionschef zugeteilten Beamten ohne vorheriges Agrément bestellt und nach ihrem Eintreffen im Empfangsstaat der Regierung zur Aufnahme ihres Namens in die Diplomatenliste bekanntgegeben. Eine Regierung kann aber die Anmeldung mit der Begründung zurückweisen, daß ihr die angemeldete Persönlichkeit nicht genehm sei. In einem solchen Fall muß sie wieder abberufen werden. Der Empfangsstaat kann aber auch später die Abberufung des Missionschefs oder jedes ihm zugeteilten Beamten fordern, da der diplomatische Verkehr ein gegenseitiges Vertrauen voraussetzt. Man kann daher keinem Staat zumuten, daß er eine ihm nicht genehme Person als diplomatischen Vertreter auf seinem Gebiet duldet. Von der Abberufung einer bestimmten Person muß der Abbruch der diplomatischen Beziehungen unterschieden werden, der immer im Falle eines Krieges eintritt, aber auch ohne Krieg erfolgen kann.

Die diplomatischen Vorrechte. Um den Verkehr von Staat zu Staat reibungslos zu gestalten, hat sich seit alters her eine Reihe von Ausnahmsrechten, die den diplomatischen Vertretern zustehen, herausgebildet. Man nennt sie die diplomatischen Immunitäten und Privilegien. Das wichtigste dieser Vorrechte ist die Immunität, die auch Exterritorialität genannt wird. Man versteht darunter, daß der diplomatische Vertreter grundsätzlich von der Gerichtsbarkeit und der Zwangsgewalt des Empfangsstaates ausgenommen ist. Hingegen sind auch die diplomatischen Vertreter verpflichtet, die Gesetze und Verordnungen des Empfangsstaates zu beobachten, sie können nur nicht in der normalen Weise zur Einhaltung dieser Vorschriften angehalten werden. Der Empfangsstaat kann aber vom Absendestaat verlangen, daß er seinem Vertreter aufträgt, die Gesetze des Empfangsstaates zu beachten. Hat diese Beschwerde keinen Erfolg, dann kann die Mission als beendet erklärt werden.

Diese Vorrechte genießt nicht nur der Missionschef, sondern auch die ihm zugeteilten diplomatischen Beamten sowie das technische und administrative Personal der Gesandtschaft. Auch die mit diesen Personen im gemeinsamen Haushalt lebenden Familienangehörigen sind grundsätzlich exterritorial.

Es gibt aber einige Fälle, in denen die Zivilgerichtsbarkeit gegen die diplomatischen Vertreter ausnahmsweise ausgeübt werden kann. Allgemein anerkannt ist die Gerichtsbarkeit des Empfangsstaates für dingliche Klagen gegen dort gelegene Grundstücke, die einem diplomatischen Vertreter gehören. Außerdem können sie aus gewerbemäßig betriebenen Handelsgeschäften verklagt werden. Auch Widerklagen sind zulässig, wenn sie mit der Klage in einem inneren Zusammenhang stehen. Dagegen ist jede Strafgerichtsbarkeit gegen einen diplomatischen Vertreter im Empfangsstaat ausgeschlossen, solange nicht der Absendestaat in einem einzelnen Fall auf das Vorrecht der Immunität verzichtet. Es ist aber zulässig, einen diplomatischen Vertreter an der Begehung einer strafbaren Handlung zwangsweise zu hindern. Auch Notwehr ist gegen ihn erlaubt.

Unter dem Schutz der Immunität stehen auch das Gesandtschaftsgebäude sowie alle von den diplomatischen Vertretern benutzten Wohnungen. Diese Räume dürfen daher nur mit Zustimmung der bevorrechteten Personen betreten werden. Gleichwohl verbleiben diese Gebäude unter der Souveränität des Empfangsstaates. Sie sind nicht Ausland, sondern Inland. Daher besteht kein allgemeines Asylrecht in den Missionsgebäuden, nur aus Gründen der Humanität kann politischen Flüchtlingen ein Asyl in Missionsgebäuden gewährt werden, um sie gegen eine große Gefahr zu schützen.

Außer der Immunität stehen den diplomatischen Vertretern noch andere Vorrechte zu. Vor allem sind sie von allen persönlichen Steuern befreit. Sie genießen auch Zollfreiheit für die von der Mission und ihren Haushalten benötigten Gegenstände, ferner besteht die Pflicht des Empfangsstaates, die diplomatischen Personen sowie die Missionsgebäude in besonderer Weise zu schützen. Ein weiteres Privilegium ist das Brief- und Depeschenrecht. Es besteht darin, daß die diplomatischen Vertreter mit ihrer heimatlichen Regierung ungehindert und ohne Kontrolle brieflich, telegrafisch, telefonisch und durch Kuriere verkehren können. Schließlich ist noch das Kapellenrecht zu erwähnen, das die diplomatischen Vertreter berechtigt, im Rahmen des Missionsgebäudes einen sonst durch die Landesgesetze verbotenen Gottesdienst abhalten zu lassen. Dieses Vorrecht, das sich zur Zeit der Religionskriege herausgebildet hat, ist im 19. Jahrhundert durch die Anerkennung der allgemeinen Religionsfreiheit praktisch bedeutungslos geworden, es kann aber im Falle einer neuerlichen Religionsverfolgung wieder aufleben.

Während die diplomatischen Vertreter den Absendestaat in allen laufenden Angelegenheiten beim Empfangsstaat zu vertreten haben, ist die Vollmacht der Konsuln sehr beschränkt. Sie haben die Aufgabe, die Angehörigen des Absendestaates bei den Gerichten und Verwaltungsbehörden ihres Amtssprengels zu schützen. Durch Konsularverträge werden ihnen häufig auch noch andere Rechte eingeräumt, zum Beispiel die Ausübung der freiwilligen Gerichtsbarkeit, die Durchführung von Nachlaßabhandlungen für Angehörige ihres Absendestaates. Zum Unterschied von den Diplomaten genießen sie auch keine Exterritorialität, nur ihre Amtshandlungen unterstehen nicht der Gerichtsbarkeit des Empfangsstaates.

Wesentlich weiter gingen die Befugnisse der Konsuln in Ländern mit Konsularjurisdiktion (Jurisdiktionskonsuln). Den Konsuln stand dort die Gerichtsbarkeit über ihre eigenen Staatsangehörigen im Ausland zu (Konsulargerichtsbarkeit). Sie war ein Überrest aus der Zeit der grundsätzlichen Geltung des Personalitätsprinzips, nach dem jeder Staatsangehörige sein Recht gleichsam mit sich trug, daher auch im Ausland nur seinem eigenen Recht unterstand. In den Ländern des Islams wurde die Konsulargerichtsbarkeit durch alte Verträge (Kapitulationen) geregelt, für die der Vertrag zwischen dem französischen König Franz I. und dem Sultan Suleiman II. (1535) richtunggebend war. Diese Verträge wurden jedoch während des ersten Weltkrieges von der Türkei einseitig aufgehoben. Die Zentralmächte haben schon während dieses Krieges, die anderen Staaten durch Artikel 28 des Friedensvertrages von Lausanne auf die Ausübung der Konsulargerichtsbarkeit in der Türkei verzichtet.

In der zweiten Hälfte des 19. Jahrhunderts wurde die Konsulargerichtsbarkeit in Ostasien eingeführt. Doch beruht sie hier auf ganz anderen rechtlichen Voraussetzungen als ursprünglich in der Türkei. Während sie nämlich von der Türkei auf dem Höhepunkt ihrer Macht zugestanden worden ist, da das islamitische Recht vom Gedanken des Personalitätsprinzips beherrscht war und man in der Entscheidung von Streitigkeiten zwischen »Ungläubigen« durch ihre eigenen Richter nichts Entehrendes erblicken konnte, haben die europäischen Mächte die Einführung der Konsulargerichtsbarkeit in Ostasien gegen den Willen dieser Staaten durchgesetzt. Die dortige Gerichtsbarkeit schien keine hinreichende Sicherheit für eine ordentliche Rechtsprechung zu bieten. Japan konnte bald nach seiner Reorganisation die Abschaffung dieser Gerichtsbarkeit durchsetzen. In China ist sie nach dem ersten Weltkrieg schrittweise abgebaut und während des zweiten Weltkrieges ganz aufgehoben worden.

Die Abgrenzung der staatlichen Machtbereiche durch das Völkerrecht

Die verschiedenen Arten der staatlichen Geltungsbereiche. Da das Völkerrecht die Staaten verpflichtet, sich gegenseitig als Glieder der Staatengemeinschaft zu achten, muß es die staatlichen Machtbereiche untereinander abgrenzen. Die staatlichen Geltungsbereiche werden auch Zuständigkeitsbereiche genannt, da im Völkerrecht die Staaten als wollende und handelnde Einheiten auftreten. Doch ist der Begriff der Zuständigkeit vom Begriff des Geltungsbereiches abgeleitet, da die Zuständigkeit jedes Organs so weit reicht wie der Geltungsbereich der Rechtsnormen, die das Organ anzuwenden hat.

Das Völkerrecht grenzt den zeitlichen, den räumlichen, den persönlichen und den sachlichen Geltungsbereich der Staaten untereinander ab. Während aber die Grenznormen über den zeitlichen und räumlichen Geltungsbereich verhältnismäßig klar sind, finden wir über den persönlichen und sachlichen Geltungsbereich nur wenige eindeutige Grundsätze vor.

Die Normen über den zeitlichen Geltungsbereich der Staaten bestimmen, in welchem Zeitpunkt eine Staatsordnung völkerrechtlich wirksam wird und wann sie zu gelten aufhört. Sie handeln also von der Entstehung, der Anerkennung und dem Untergang von Staaten.

Unter dem räumlichen Geltungsbereich einer Ordnung kann zweierlei verstanden werden: entweder kann damit jener Raum gemeint sein, in dem die Tatbestände erfüllt werden, die von einer Rechtsordnung geregelt sind (zum Beispiel zivilrechtliche Rechtsgeschäfte, strafbare Handlungen), oder aber der Raum, in dem die Rechtsfolgen (gerichtliche Urteile, Verwaltungsakte, Strafvollzug, Exekution) verhängt werden dürfen. Diese Räume können, brauchen aber keineswegs zusammenfallen, da die Rechtsordnung bestimmen kann, daß Tatbestände, die im Raum A plus B erfüllt werden, nur im Raum A mit Zwangsfolgen verknüpft werden dürfen. Daher müssen diese beiden Räume streng unterschieden werden.

Ein praktisches Beispiel: Im Sommer 1926 hatte das französische Handelsschiff »Lotus« auf hoher See das türkische Handelsschiff »Boz-Court« gerammt. Der französische Kapitän Demons wurde beschuldigt, den Zusammenstoß durch fahrlässiges Verhalten verschuldet zu haben, und die türkischen Behörden ließen ihn verhaften, nachdem er mit seinem Schiff in einen ihrer Häfen eingelaufen war. Frankreich behauptete nun, die Türkei sei zur Verfolgung dieser Tat nicht zuständig, da sich der Zusammenstoß auf hoher See ereignet habe. Der Ständige Internationale Gerichtshof, dem der Streitfall zur Entscheidung vorgelegt wurde, hat jedoch richtig hervorgehoben, daß aus dem Grundsatz der Meeresfreiheit, der den Staaten zwar verbietet, auf hoher See Zwangsakte gegen fremde Schiffe vorzunehmen, keineswegs gefolgert werden kann, daß die Staaten auch auf eigenem Gebiet jene Handlungen nicht verfolgen dürfen, die sich auf hoher See ereignet haben. Der Raum, in dem der strafrechtliche Tatbestand erfüllt wurde (hohe See), braucht sich eben keinesfalls mit dem Raum zu decken, in dem der Staat gegen den Täter einschreiten darf (eigenes Gebiet). Nach dem Grundsatz der Meeresfreiheit hätte daher die Türkei gegen den französischen Kapitän zwar nicht auf hoher See einschreiten dürfen, dieser Grundsatz schließt aber die Verfolgung der Tat auf türkischem Boden nicht aus.

Da nun aber die Staaten grundsätzlich nur auf eigenem Staatsgebiet Zwangsakte setzen können, ist für die Abgrenzung der Staatsräume nur der Geltungsbereich des Sanktionsrechtssatzes relevant, den wir den räumlichen Herrschaftsbereich nennen wollen.

Die Normen über den persönlichen Geltungsbereich der Staaten bestimmen, welche Personen der Personalhoheit eines Staates unterworfen sind.

Der sachliche Geltungsbereich der Staaten sagt uns endlich, welche Gegenstände (Materien) von einer staatlichen Rechtsordnung geregelt werden können. Der sachliche Geltungsbereich kann jedoch durch räumliche Merkmale bestimmt werden (räumlich bestimmter sachlicher Geltungsbereich). Er ist es, wenn er nur Tatbestände erfaßt, die in einem bestimmten Raum erfüllt werden. So kann zum Beispiel eine Norm verfügen, daß nur jene strafbaren Handlungen von einem Staat verfolgt werden dürfen, die in einem bestimmten Raum erfüllt worden sind.

Entstehung, Anerkennung und Untergang von Staaten. Wie die einzelstaatlichen Rechtsordnungen Normen darüber enthalten, in welchem Augenblick ein Mensch oder eine innerstaatliche Gemeinschaft zum Rechtssubjekt wird, so bestimmt auch das Völkerrecht, welche Voraussetzungen vorliegen müssen, damit der Tatbestand eines souveränen Staates gegeben ist. Dagegen wird oft eingewendet, daß die Entstehung von Staaten ein geschichtlicher und soziologischer Vorgang sei. Das widerspricht aber der völkerrechtlichen Festlegung keineswegs, denn es handelt sich hier nur darum, daß die Rechtsordnung an das Vorliegen einer gesellschaftlichen oder geschichtlichen Gegebenheit Rechtsfolgen knüpft und so den zunächst gesellschaftlichen Tatbestand »Staat« in einen völkerrechtlichen Tatbestand umwandeln muß.

Da nun aber das Völkerrecht den gesellschaftlichen Tatbestand »Staat« voraussetzt, ist es keinesfalls verwunderlich, daß sich der gesellschaftliche und völkerrechtliche Staatsbegriff weitgehend decken. Dieser Begriff ist aber viel schärfer als jener abgegrenzt. Während nämlich der gesellschaftliche Staatsbegriff dauerhafte und vorübergehende Rechtsgemeinschaften, seßhafte menschliche Verbände und Nomadenstämme umfaßt und von der Unterordnung unter das Völkerrecht vollkommen absehen kann, zeigt uns die Staatenpraxis, daß als souveräne Staaten im Sinne des Völkerrechts nur jene vollständigen und dauerhaften menschlichen Gemeinschaften angesehen werden, die eine volle und wirksame Selbstregierung besitzen und so organisiert sind, daß von ihnen die Befolgung des Völkerrechts erwartet werden kann.

Diese Tatbestandsmerkmale sind vor allem im diplomatischen Notenwechsel über die Entstehung von Staaten, die sich gewaltsam vom Mutterstaat losgerissen haben, näher herausgearbeitet worden, da in solchen Fällen immer die Frage auftaucht, in welchem Augenblick die neue Rechtsgemeinschaft als neuer Staat betrachtet werden darf. Aber auch in anderen Zusammenhängen wurde der völkerrechtliche Tatbestand »Staat« von verschiedenen gerichtlichen Entscheidungen untersucht und in der angeführten Weise umgrenzt.

Der völkerrechtliche Tatbestand »Staat« kann aber in verschiedener Weise erfüllt werden: durch Losreißung vom Mutterstaat (Vereinigte Staaten von Amerika), durch Zusammenschluß mehrerer souveräner Staaten zu einem neuen Staate (Deutsches Reich, 1871), wobei die Gliedstaaten mit partieller Völkerrechtssubjektivität erhalten bleiben können; oder durch Bildung eines neuen Staates auf bisher staatenlosem Gebiet (Burenrepubliken). Damit verwandt ist die Bildung von neuen Staaten auf dem Gebiet eines durch Zerstückelung (dismembratio) untergegangenen Staates. Die Anerkennung neu entstandener Staaten bildet die Voraussetzung für die Aufnahme zwischenstaatlicher Beziehungen, insbesondere des diplomatischen Verkehrs.

Wenn sich ein Gebietsteil vom Mutterland losreißt, kommt es häufig vor, daß der Anerkennung des losgerissenen Teiles als neuer Staat eine Anerkennung der aufständischen Organisation als kriegführende Partei vorausgeht. Das hat zur Folge, daß der Kampf zwischen der Zentralregierung und der aufständischen Organisation nach den Regeln des Kriegsrechtes zu beurteilen ist. Die anerkennenden Staaten haben daher in einem solchen Falle die Stellung von Neutralen. So wurden zum Beispiel im amerikanischen Bürgerkrieg 1861 bis 1864 die Südstaaten von Frankreich und England als kriegführende Partei anerkannt.

Ein Staat kann in verschiedener Weise als Völkerrechtssubjekt untergehen. Er kann von einem anderen Staat annektiert werden, er kann sich aber auch freiwillig mit einem oder mehreren Staaten zu einem neuen Staat zusammenschließen. Er kann auf mehrere Staaten aufgeteilt werden. In allen Fällen handelt es sich aber immer darum, daß ein Staat als eine sich selbst regierende Gemeinschaft zu bestehen aufhört. Hingegen geht ein Staat weder durch einen Staatsstreich noch durch eine Revolution unter, solange das Staatsvolk und das Staatsgebiet grundsätzlich unverändert bleiben. So ist zum Beispiel Frankreich trotz der verschiedenen Änderungen seiner Staatsform als dasselbe Völkerrechtssubjekt erhalten geblieben. Diese Frage hat eine große praktische Bedeutung wegen der Weitergeltung der Staatsverträge und der Weiterbelastung des Staates durch die von ihm aufgenommenen Anleihen.

Wird aber ein Staat in einem Krieg oder durch einen kriegsähnlichen Gewaltzustand vollkommen besetzt, so verliert er doch nicht seine Völkerrechtssubjektivität, solange der Krieg oder der kriegsähnliche Zustand andauert. Ein Staat kann daher auch im Falle der vollkommenen Besetzung seines Gebietes durch seine Bundesgenossen aufrechterhalten werden, insbesondere durch die Anerkennung seiner Exilregierung, bis der neue Zustand allgemein anerkannt wird.

Die völkerrechtliche Abgrenzung im Raum. Da die Staaten menschliche Gemeinschaften sind, die ihre normale Herrschaft in einem abgegrenzten Raum ausüben, ist das Staatsgebiet die wichtigste Raumart des Völkerrechts. Man versteht darunter jenen Raum, der unter der Souveränität eines bestimmten Staates steht. Daneben gibt es aber noch das Staatengemeinschaftsgebiet (Kondominium), die hohe See und das staatenlose Gebiet.

Als Staatengemeinschaftsgebiet wird jener Raum bezeichnet, der unter der vereinten Souveränität mehrerer Staaten steht. So stand zum Beispiel Schleswig-Holstein von 1864 bis 1866 unter der gemeinsamen Herrschaft von Österreich und Preußen.

Die hohe See steht allen Staaten offen. Alle Staaten, auch jene, die keine Seeküsten besitzen, sind berechtigt, sie zu befahren, dort Kabel zu legen und die Meeresschätze auszubeuten. Die Staatsgewalt darf nur auf Schiffen eigener Flagge ausgeübt werden. Fremde Privatschiffe dürfen in Friedenszeiten nur dann angehalten und durchsucht werden, wenn sie entweder der Seeräuberei verdächtig sind oder wenn sie sich innerhalb des Küstenmeeres eines anderen Staates einer strafbaren Handlung schuldig gemacht haben und vom Küstenstaat in die hohe See hinaus verfolgt werden. Einzelne Staatsverträge räumen den Vertragsstaaten auch das Recht ein, Schiffe anzuhalten, die des Sklavenhandels oder des Branntweinschmuggels verdächtig sind.

Das Völkerrecht des 19. Jahrhunderts hat auch die Stellung der staatenlosen Gebiete geregelt. Darunter verstand man aber nicht nur die unbewohnten Gebiete, sondern auch die von eingeborenen Stämmen bewohnten Gebiete, die weder als selbständige Staaten anerkannt noch Kolonien einer europäischen Macht waren. Solche Gebiete konnte sich jeder Staat durch eine dauernde und effektive Besetzung mit Gebietserwerbsabsicht (animus domini) einverleiben. Er war aber verpflichtet, die dort vor der Besetzung begründeten Privatrechte zu achten. Diese Besetzung, die von der bloß vorübergehenden kriegerischen Okkupation wohl unterschieden werden muß, hat im 19. Jahrhundert eine große Rolle gespielt, da sich die europäischen Staaten damals den größten Teil Afrikas als Kolonialgebiet einverleibt haben.

Das Pariser Luftrechtabkommen vom Jahre 1919 grenzte auch den Luftraum völkerrechtlich ab. Er ist über der hohen See und über staatenlosen Gebieten frei, über einem Staatsgebiet gehört er dem betreffenden Staat. Zahlreiche Verträge räumen jedoch den Vertragsstaaten gegenseitig das Durchflugrecht ein, meist jedoch mit dem Vorbehalt, bestimmte Verbotszonen errichten zu dürfen und den Durchflug polizeilicher oder militärischer Flugzeuge von einer besonderen Bewilligung abhängig zu machen.

Obgleich die Staaten normalerweise nur auf ihrem eigenen Staatsgebiet Staatshandlungen vornehmen, kann ein Staat durch einen völkerrechtlichen Vertrag berechtigt werden, auf bestimmten Teilen eines anderen Staatsgebietes einzelne Gebietsrechte auszuüben, zum Beispiel dort militärische Stützpunkte anzulegen oder die Zollhoheit in einem Grenzbahnhof auszuüben. Ein Staat kann aber auch umgekehrt verpflichtet werden, auf einzelnen Teilen seines Staatsgebietes bestimmte Gebietsrechte nicht auszuüben. So hat sich zum Beispiel Rußland 1856 verpflichtet, die Aalandsinseln nicht zu befestigen. Ja, durch verschiedene Verträge zwischen europäischen Mächten und China haben jene sogar das Recht erworben, einzelne Häfen Chinas (Port Arthur, Weihaiwei, Kiautschou) auf neunundneunzig Jahre zu besetzen und dort die volle Gebietshoheit auszuüben. Während aber diese »Pachtverträge« seit dem Ende des ersten Weltkrieges aufgehoben wurden, haben die Vereinigten Staaten noch heute das Recht, die Zone auf beiden Seiten des Panamakanals so zu verwalten, als ob sie der Souverän dieses Gebietes seien.

Die völkerrechtliche Abgrenzung der Staatsangehörigkeit. Das Völkerrecht überläßt es grundsätzlich den Staaten selbst, die Normen über den Erwerb und den Verlust ihrer Staatsangehörigkeit nach ihrem Ermessen zu erlassen. Daraus hat die ältere Lehre den Schluß gezogen, daß es in dieser Hinsicht überhaupt keine allgemeingültigen völkerrechtlichen Normen gibt. Schon die Staatenpraxis des 19. Jahrhunderts zeigt uns aber den allgemeinen Grundsatz, daß die Verleihung der Staatsangehörigkeit nur dann anderen Staaten gegenüber wirksam ist, wenn eine nähere tatsächliche Verbindung zwischen dem Staat und seinem Angehörigen besteht. Als eine solche wird von den meisten europäischen Staaten vor allem die Abstammung von einem Staatsbürger, in den amerikanischen Ländern die Geburt in einem bestimmten Staat anerkannt. Außerdem kennen alle Staaten die Aufnahme einer eigenberechtigten Person mit ihren Familienangehörigen in den Staatsverband, wenn darum nachgesucht wird (Einbürgerung oder Naturalisation). Im 19. Jahrhundert war auch die Verheiratung einer Ausländerin mit einem Inländer als Titel eines Erwerbs einer Staatsbürgerschaft allgemein anerkannt.

Da aber in den einzelnen Ländern verschiedene Anknüpfungsarten bei der Erwerbung der Staatsbürgerschaft bestehen, kann es Fälle geben, in denen eine Person eine mehrfache Staatsangehörigkeit besitzt. So besitzt zum Beispiel ein in Amerika geborenes Kind europäischer Eltern die Staatsangehörigkeit seiner Eltern und zugleich die Staatsangehörigkeit des Geburtslandes. Eine solche Person kann aber in einem dritten Staat nur von jenem Staat geschützt werden, in dem sie ihren Wohnsitz hat oder ein öffentliches Amt bekleidet oder zu dem sie sonst in einer näheren tatsächlichen Beziehung steht. Man spricht in einem solchen Fall von der effektiven Staatsangehörigkeit. Dieser Grundsatz hat in der zweiten Hälfte des 19. Jahrhunderts zum Abschluß von verschiedenen Staatsverträgen zwischen den Vereinigten Staaten und einzelnen europäischen Mächten geführt, in denen bestimmt wird, daß die Angehörigen der europäischen Staaten, die nach Amerika ausgewandert sind, nicht von ihren europäischen Heimatländern zum Militärdienst einberufen werden dürfen.

Die völkerrechtliche Abgrenzung der staatlichen Gesetzgebungsgewalt. Obgleich die Staaten grundsätzlich alle Lebensverhältnisse durch ihre Gesetze beliebig regeln können, so darf doch kein Staat fremde Staatsakte seiner Regelung unterwerfen oder über sie seine Gerichtsbarkeit ausüben, da die Staaten untereinander nur dem Völkerrecht, nicht aber der innerstaatlichen Rechtsordnung eines anderen Staates unterworfen sind. Außerdem finden wir in allen Staaten Normen, die vorschreiben, daß in bestimmten Fällen nicht das eigene Recht, sondern fremdes Recht angewendet werden soll. Diese Normen faßt man unter dem Ausdruck Internationales Privatrecht zusammen. So ist es zum Beispiel allgemein anerkannt, daß die Gültigkeit der Erwerbung eines Grundstückes nach den Gesetzen desjenigen Staates beurteilt werden muß, in dem das Grundstück liegt. Ebenso ist es unbestritten, daß die Ehefähigkeit einer Person nach ihrem Heimatrecht oder dem Recht des Wohnsitzes beurteilt werden muß. Zur einheitlichen Regelung des Internationalen Privatrechtes wurden am 12. Juli 1902 im Haag drei Abkommen abgeschlossen, die durch spätere Konventionen weiter ausgebaut wurden. Außerdem gibt es verschiedene zweiseitige Verträge zur Verhinderung einer Doppelbesteuerung. Sie bestimmen, daß nur jener Staat zur Erhebung einer Steuer befugt ist, dem der Steuergegenstand wirtschaftlich zugehörig ist.

Die Stellung der Ausländer

Nach allgemeinem Völkerrecht ist zwar kein Staat verpflichtet, fremden Staatsangehörigen die Einreise zu gestatten, erlaubt er sie aber, dann ist er auch gehalten, den Ausländern bestimmte Rechte zu gewähren. Die Rechte der Ausländer wurden im 19. Jahrhundert in zahlreichen Handels- und Niederlassungsverträgen geregelt, aus denen sich folgende allgemeine Grundsätze herausschälen lassen: zunächst ist jeder Staat verpflichtet, die Ausländer als Rechtssubjekte des Privatrechtes zu betrachten und ihnen die von den Kulturstaaten allgemein anerkannten Freiheitsrechte einzuräumen. Die Ausländer können also alle privatrechtlichen Rechtsgeschäfte abschließen, die zu einem menschenwürdigen Dasein nötig sind. Ebenso genießen sie die allgemeinen Menschenrechte, nicht aber die nur den Staatsbürgern vorbehaltenen politischen Rechte. Ferner muß jeder Staat den Ausländern in Friedenszeiten den Rechtsweg offenhalten. Sie sind also befugt, Klagen bei den Gerichten einzubringen und sich als Beklagte der üblichen Verteidigungsmittel zu bedienen. Die Konfiskation ausländischen Privateigentums wurde bis zum Beginn des ersten Weltkrieges allgemein als völkerrechtswidrig angesehen. Hingegen wurde die Enteignung im öffentlichen Interesse gegen volle Entschädigung als zulässig erachtet. Schließlich ist jeder Staat verpflichtet, jeden Ausländer, der sich auf seinem Gebiet befindet, auf eine in Kulturstaaten übliche Weise zu schützen. In der Regel wird es sich dabei darum handeln, die Ausländer so wie die Inländer zu schützen. Ein Staat, der aber selbst seine Angehörigen nicht in angemessener Weise schützt, muß doch den Ausländern jenes Mindestmaß an Schutz gewähren, das dem internationalen Standard entspricht.

Verschiedene Staatsverträge räumen den Ausländern auch das Recht ein, Handelsgeschäfte abzuschließen und bestimmte Berufe auszuüben. Durch diese Verträge hat sich in Europa ein allgemeines Ausländerrecht herausgebildet.

Der internationale Wirtschaftsverkehr

Die Seeschiffahrt. Da – wie schon früher ausgeführt wurde – die hohe See den Schiffen aller Flaggen offensteht, bedarf es eigentlich keiner besonderen Vorschriften über die Zulassung von Schiffen zur Seeschiffahrt. Alle Staaten haben aber irgendwelche Zulassungsvorschriften, die erfüllt werden müssen, wenn ein Schiff berechtigt sein soll, die Staatsflagge zu führen. Auch Schiffe besitzen also eine Staatsangehörigkeit.

Der Verkehr auf dem Meer ist aber auch zwischenstaatlich durch verschiedene Staatsverträge geregelt. So finden wir einige Verträge über das Anhaltungsrecht auf hoher See sowie über die Vermeidung von Schiffszusammenstößen.

In diesem Zusammenhang ist vor allem auf das britische Gesetz vom 29. Juli 1862 zu verweisen, das der Internationalen Marinekonferenz in Washington (1889) als Grundlage gedient hat. Diese hat Vorschriften über die Schiffssignale, die Seetüchtigkeit von Schiffen, die Rettung der Schiffbrüchigen, die Beseitigung von Hindernissen beschlossen, die durch Gesetze und Verordnungen der Einzelstaaten durchgeführt und in Kraft gesetzt worden sind.

Nach dem Untergang der »Titanic« (1912) ist eine Staatenkonferenz nach London einberufen worden, um gemeinsame Maßnahmen zur Sicherung der Seefahrt zu beschließen. Das Ergebnis war das Abkommen vom 20. Januar 1914. Das Abkommen enthält Bestimmungen über den Sicherungsdienst zur Prüfung und Beobachtung der Eisverhältnisse, das Aufsuchen des Treibeises und die Zerstörung von Wracks.

Die Brüsseler Konvention vom 23. September 1910 über den Zusammenstoß von Schiffen regelt die Frage, wer bei Schiffszusammenstößen den Schaden zu tragen hat (bei Zusammenstößen durch Zufall oder höhere Gewalt der Beschädigte, bei Verschulden der Schuldtragende, bei gemeinsamem Verschulden erfolgt Teilung des Schadens), sowie die Pflicht der Kapitäne, Beistand zu leisten.

Im Dienst der Seeschiffahrt stehen auch die Verträge über die Errichtung und Erhaltung von Seezeichen und Leuchttürmen, wie zum Beispiel der deutsch-niederländische Vertrag vom 16. Oktober 1896 über die Unterhaltung des Leuchtturmes auf Borkum, sowie über die Beleuchtung der Fahrstraßen der Unterems und ihrer Mündungen oder das Abkommen über den Leuchtturm am Kap Spartel vom 31. Mai 1865.

Meerengen und maritime Kanäle. Meerengen, die zwei freie Meere miteinander verbinden, stehen allen Schiffen zur Durchfahrt offen, die dem interozeanischen Verkehr dienen. Besondere Regeln gelten für die Durchfahrt durch den Bosporus und die Dardanellen. Die Hauptregeln sind folgende: 1. Freiheit der Durchfahrt für alle Handelsschiffe in Kriegs- und Friedenszeiten, mit Ausnahme der Schiffe jener Staaten, die sich im Kriegszustand mit der Türkei befinden. 2. Freiheit der Durchfahrt für kleine Kriegsüberwasserschiffe in Friedenszeiten; andere Schiffe unterliegen Beschränkungen. Dieselben Regeln

Gründung des Internationalen Komitees vom Roten Kreuz durch die Genfer Konvention vom 22. August 1864
Gemälde von Chr. E. Armand-Dumaresq. Genf, Stadthaus

Der Friedenspalast in Den Haag, Sitz des Ständigen Internationalen Schiedsgerichtshofes

gelten in Kriegszeiten, wenn die Türkei nicht kriegführend ist. Ist die Türkei am Krieg beteiligt, kann sie die Durchfahrt fremder Kriegsschiffe nach freiem Ermessen regeln.

Der erste Kanal, dessen Betrieb völkerrechtlich geregelt wurde, war der Suezkanal. Das Abkommen von Konstantinopel vom 29. Oktober 1888 bestimmt darüber, daß der Kanal »stets ... jedem Handels- oder Kriegsschiff ohne Unterschied der Flagge frei- und offenstehen« wird.

Diese Bestimmung war das Vorbild für Artikel III des Staatsvertrages zwischen den Vereinigten Staaten und Großbritannien vom 18. November 1901 (Hay-Pounceforte-Vertrag), der ebenfalls verfügt, daß der Panamakanal den Kriegs- und Handelsschiffen aller Staaten in derselben Weise offenstehen muß. Es liegt also in beiden Fällen ein Vertrag zugunsten dritter Staaten vor, da die Schiffahrtsfreiheit nicht nur für die Vertragsstaaten, sondern für alle Staaten vereinbart worden ist. Doch handelt es sich dort um einen Kollektivvertrag, dem jeder Staat beitreten kann, während hier ein bloß zweiseitiger Vertrag ohne Beitrittsklausel vorliegt.

Gemäß Artikel 380 des Friedensvertrages von Versailles wurde Deutschland verpflichtet, den Kieler Kanal (Nordostseekanal, Kaiser-Wilhelm-Kanal) und seine Zugänge den Kriegs- und Handelsschiffen aller mit Deutschland im Frieden lebenden Staaten auf der Basis völliger Gleichberechtigung dauernd frei- und offenzuhalten. Abgaben dürfen nur für die Erhaltung der Schiffbarkeit und die Verbesserung des Kanals erhoben werden. Nach dem Urteil des Ständigen Internationalen Gerichtshofes vom 17. August 1923 ist ein solcher dem öffentlichen Verkehr eröffneter Kanal einer Meerenge gleichgestellt.

Das Stromschiffahrtsrecht. Durch die rasche Entwicklung der Technik ist im 19. Jahrhundert der Personen-, Güter- und Nachrichtenverkehr so gesteigert worden, daß es bald nötig wurde, ihn durch Kollektivverträge zu regeln. Als einer der ersten gilt das Stromschiffahrtsrecht, das in den Artikeln 108 bis 116 der Wiener Kongreßakte vom 9. Juni 1815 grundlegend geregelt wurde. Die dort niedergelegte Flußschiffahrtsordnung, die auf einem Entwurf von Humboldt beruht, ist zuweilen als die Verfassungsurkunde des europäischen Flußschiffahrtsrechtes bezeichnet worden. In Wahrheit aber enthalten diese Bestimmungen keineswegs unmittelbar anwendbare Rechtsnormen, sondern bloß Richtlinien, von denen sich die Uferstaaten gemäß Artikel 108 bei einer genaueren vertraglichen Regelung leiten lassen sollen. Die Artikel 109 bis 116 sind daher nur ein zwischen den Signatarmächten des Wiener Kongresses (Österreich, Preußen, Frankreich, Großbritannien, Rußland, Schweden, Spanien und Portugal) abgeschlossener Vorvertrag, der durch künftige Verträge zwischen den einzelnen Uferstaaten ausgeführt werden sollte. Die Flüsse, die also diesen Grundsätzen noch durch Staatsverträge unterstellt werden sollten, nennt man auch konventionelle Ströme. Es handelt sich dabei um die schiffbaren und ins Meer mündenden Flüsse, die mehrere Staaten trennen oder nacheinander durchfließen. Nach der Wiener Ordnung soll ihre ganze schiffbare Strecke der Handelsschiffahrt offenstehen. Ferner soll die Schiffahrtspolizei sowie die Schiffahrtsabgabenordnung nach einheitlichen Grundsätzen für den ganzen Strom ausgeübt werden. Alle Zwangs- und Stapelrechte sollen aufgehoben werden. Die Uferstaaten werden verpflichtet, für die Instandhaltung der Schiffahrtswege und Leinpfade Sorge zu tragen.

Die Anwendung dieser Grundsätze auf die einzelnen Ströme stieß jedoch auf große Schwierigkeiten und konnte daher nur allmählich erfolgen. Von besonderer Bedeutung für diese Entwicklung ist die durch den Pariser Frieden von 1856 festgelegte Donauordnung, die durch Artikel 15 als »ein Teil des öffentlichen europäischen Rechtes« erklärt wird. Sie verfügt, daß keine Abgaben für das bloße Befahren des Stromes erhoben werden dürfen, und setzte die Europäische Donaukommission sowie eine Uferstaatenkommission ein. Zu erwähnen sind ferner die revidierte Mannheimer Rheinschiffahrtsakte vom 17. Oktober 1868 und die Artikel 13 bis 25 der Berliner Generalakte vom 26. Februar 1885 über den Kongo.

Die Internationalisierung dieser Ströme weist aber verschiedene Grade auf. Am weitesten ging die Internationalisierung der Donaumündungen, die unter unmittelbare Verwaltung der gerade erwähnten Europäischen Donaukommission gestellt wurden, die bis zum Vertrag von Sinaia (1938) bestanden hat. Sie konnte Verordnungen über die Flußschiffahrt erlassen, die Verletzungen der Strompolizei durch eigene Gerichte ahnden und Verbesserungsarbeiten durchführen lassen. Dagegen steht anderen Flußkommissionen nur eine Kontrolle über die von den Uferstaaten ausgeübte Verwaltung des Stromes zu.

Der Eisenbahnverkehr. Da die wichtigsten Eisenbahnlinien fast aller Länder die Landesgrenzen überschreiten, erwies es sich als notwendig, für die verschiedene Staatsgebiete durchfahrenden Eisenbahnen besondere Bestimmungen zu treffen. Vor dem ersten Weltkrieg sind darüber folgende Kollektivverträge abgeschlossen worden, die durch die Friedensverträge von 1919 wieder in Kraft getreten sind: das Berner Abkommen über die Spurweite der Eisenbahnen vom 15. Mai 1886; das Berner Abkommen über die Plombierung der Waggons vom 15. Mai 1886 mit Schlußprotokoll vom 18. Mai 1907; das Berner Übereinkommen über den Eisenbahnfrachtverkehr vom 14. Oktober 1890 sowie die Zusatzabkommen vom 20. September 1893, 16. Juli 1895 und 19. September 1906.

Von besonderer Bedeutung für die Weiterentwicklung des internationalen Eisenbahnrechtes war der am 11. November 1846 begründete Verein deutscher Eisenbahnverwaltungen, der sich allmählich auf fast alle deutschen, österreichischen, holländischen, ungarischen und rumänischen Eisenbahnlinien sowie auch auf einzelne belgische und russische Eisenbahnen ausgedehnt hat. Diesem Verein gebührt das große Verdienst, die wirtschaftliche, technische und betriebliche Einheit des mitteleuropäischen Eisenbahnnetzes immer weiter ausgestaltet zu haben. Er hat auch mit Erfolg dahin gewirkt, daß die Eisenbahnen nach einheitlichen Grundsätzen gebaut, betrieben und verwaltet wurden und daß so ein mitteleuropäisches Eisenbahnrecht entstehen konnte.

Der Nachrichtenverkehr. Auf Anregung des deutschen Generalpostmeisters Heinrich von Stephan wurde 1874 in Bern der Allgemeine Postverein gegründet, der am 1. Juni 1878 zum Weltpostverein ausgestaltet wurde. Gemäß Artikel 1 des Hauptvertrages besteht ein einheitliches Postgebiet für den gegenseitigen Austausch von Nachrichten. Doch können gemäß Artikel 6 im Rahmen des Hauptvertrages zwischen einzelnen Ländern Sonderabmachungen getroffen werden, um untereinander den Nachrichtenverkehr zu verbessern.

Nach Artikel 28 besteht auf dem ganzen Postgebiet Verkehrsfreiheit, während die Freiheit des Paketverkehrs auf jene Länder beschränkt ist, die an diesem Verkehr teilnehmen.

Doch kann jede Postverwaltung unter außerordentlichen Verhältnissen den Verkehr vorübergehend ganz oder teilweise unterbrechen. In einem solchen Fall ist sie aber verpflichtet, die anderen Postverwaltungen sofort zu verständigen (Artikel 30). Verletzt ein Land den Grundsatz der Verkehrsfreiheit, dann sind die anderen Postverwaltungen ihrerseits berechtigt, den Verkehr mit diesem Land aufzuheben (Artikel 72). Im ganzen Postgebiet dürfen keine anderen als die vertraglich zugelassenen Gebühren erhoben werden (Artikel 29). Jedes selbständige Land kann mit Zustimmung von mindestens zwei Dritteln der Mitglieder in den Weltpostverein aufgenommen werden. Ein Austritt aus dem Verein ist nach Ablauf einer einjährigen Kündigungsfrist zulässig (Artikel 13).

Der Allgemeine Telegraphenverein wurde am 17. Mai 1865 zu Paris gegründet und 1875 auf der Petersburger Konferenz verbessert. Nach dem Petersburger Telegraphenvertrag vom 10. und 22. Juli 1875 bestehen folgende Hauptgrundsätze:

1. Der Telegraph steht jedermann zur Verfügung.
2. Die Telegraphenverwaltungen sind verpflichtet, für eine rasche und gute Beförderung der Telegramme sowie für die Geheimhaltung der Nachrichten des zwischenstaatlichen Verkehrs zu sorgen.
3. Es besteht eine Rangordnung der Telegramme (Staatstelegramme und Privattelegramme).
4. Für Staats- und Diensttelegramme ist der Gebrauch einer Geheimschrift (Chiffre) allgemein zulässig. Die Annahme und der Empfang von Privattelegrammen in Geheimschrift können, von besonderen Abmachungen abgesehen, verweigert werden.
5. Privattelegramme können von der Beförderung ausgeschlossen werden, wenn ihr Inhalt für die Sicherheit des Staates gefährlich ist oder gegen die Landesgesetze, die öffentliche Ordnung oder die guten Sitten verstößt. Jede Telegraphenverwaltung hat die Befugnis, den Telegraphenverkehr auf unbestimmte Zeit vollständig einzustellen oder teilweise einzuschränken.

Nach Artikel 1 des Reglements gelten die Regeln für die Übermittlung von Drahtnachrichten auch für die drahtlose Telegraphie. Ein eigenes Abkommen über die Funkentelegraphie wurde in Berlin am 3. November 1906 abgeschlossen, das durch das Londoner Abkommen vom 5. Juli 1912 ersetzt wurde. Dieses Abkommen regelt den Austausch von Mitteilungen der Bordstationen untereinander und der Bordstationen mit den nicht militärischen Küstenstationen.

Am 25. November 1907 ist in Washington der Weltfunkvertrag abgeschlossen worden, den auch die meisten europäischen Staaten ratifiziert haben.

Außer diesem Abkommen ist am selben Tage ein »règlement général« unterzeichnet worden. Die Vertragsstaaten sind zum gegenseitigen Austausch der Radiogramme verpflichtet. Sie haben ferner dafür zu sorgen, daß die Radiostationen in einer Weise errichtet und betrieben werden, daß die radiotelegraphischen Übertragungen oder Dienste der übrigen Vertragsstaaten nicht gestört werden. Außerdem sind die Radiostationen verpflichtet, Notanrufe und Notmeldungen mit unbedingtem Vorrang aufzunehmen und ihnen sofort Folge zu leisten. Jeder Staat kann für eine unbestimmte Zeit ganz oder teilweise den internationalen Radiodienst unterbrechen.

Das Gesundheitswesen

Das Interesse der Staaten am Kampf gegen die Cholera hat zur ersten Sanitätskonferenz in Paris (1851) geführt, auf der das Abkommen vom 27. Mai 1853 beschlossen worden ist. Nach der Eröffnung des Suezkanals, der die Gefahr der Einschleppung dieser Krankheit wesentlich vergrößert hat, sind verschiedene internationale Sanitätsorgane zur Überwachung der Sanitätsverwaltung im Orient geschaffen worden, darunter der Oberste Gesundheitsrat in Konstantinopel sowie der Conseil international de santé (1881) in Bukarest, der die sanitären Vorschriften im Einvernehmen mit der Europäischen Donaukommission auszuarbeiten und zu überwachen hatte, schließlich der Sanitätsrat in Ägypten.

Neben gemeinsamen Einrichtungen zur Bekämpfung von Krankheiten gibt es auch Verträge über die Bekämpfung der Rauschgifte. In dieser Hinsicht sind zu erwähnen das Haager Abkommen vom 16. November 1887 zur Unterdrückung des Branntweinhandels unter den Nordseefischern, ferner die Artikel 90 bis 94 der Brüsseler Antisklavereiakte vom 2. Juli 1890 über den Handel mit Spirituosen in bestimmten Gegenden Afrikas und die Brüsseler Verträge vom 8. Juni 1899 und vom 3. November 1906, die durch das Abkommen von Saint Germain vom 10. September 1919 ersetzt worden sind. Hierher gehört auch das Haager Opiumabkommen vom 23. Februar 1912.

Der Rechtsschutz

In Zivilsachen. Die Staaten pflegen sich gegenseitig in Angelegenheiten des bürgerlichen Rechtes Rechtshilfe zu leisten, auch wenn keine Rechtshilfeverträge bestehen. Die Gewährung der Rechtshilfe liegt dann aber im Ermessen der einzelnen Staaten, so daß zweiseitige Rechtshilfeverträge vorteilhaft sind, welche die Art und Weise der zwischenstaatlichen Rechtshilfe festlegen. Daneben gibt es das Abkommen über den Zivilprozeß vom 17. Juli 1905, durch das eine europäische Rechtshilfegemeinschaft geschaffen worden ist, da die meisten europäischen Staaten es ratifiziert haben. Dieses Abkommen regelt die Mitteilung gerichtlicher und außergerichtlicher Urkunden, deren Zustellung nur abgelehnt werden kann, wenn der Staat, in dessen Gebiet sie erfolgen soll, sie für geeignet hält, seine Hoheitsrechte oder seine Sicherheit zu gefährden (Artikel 4). Das Abkommen regelt ferner die Ersuchschreiben zur Vornahme von Prozeßhandlungen und anderen gerichtlichen Handlungen. Die Erledigung des Ersuchens darf nur abgelehnt werden, wenn die Echtheit der Urkunde nicht feststeht, wenn die Erledigung des Ersuchens nicht in die Gerichtsgewalt des ersuchten Staates fällt oder wenn der ersuchte Staat das Ersuchen für geeignet hält, seine Hoheitsrechte oder seine Sicherheit zu gefährden (Artikel 11). Außerdem behandelt das Abkommen die Sicherheitsleistung für Prozeßkosten (cautio judicatum solvi), das Armenrecht und die Personalhaft. Das Abkommen wird durch zahlreiche zweiseitige Rechtshilfeverträge ergänzt und näher durchgeführt. Diese regeln teilweise auch die gegenseitige Vollstreckung von Urteilen.

In Strafsachen. Da alle Staaten ein gleichmäßiges Interesse haben, die gemeinen Verbrechen zu bekämpfen, leisten sie sich auch Rechtshilfe in Strafsachen. Zu diesem Zweck wurden zahlreiche zweiseitige Auslieferungs- und Durchlieferungsverträge abgeschlossen. Von der Auslieferung sind aber politische Verbrechen grundsätzlich ausgeschlossen.

Außerdem bestehen einzelne Kollektivverträge, in denen sich die Staaten verpflichten, bestimmte Verbrechen zu verfolgen. Man nennt diese Straftaten, zu deren Verfolgung die Staaten nach Völkerrecht verpflichtet sind, Delikte wider das Völkerrecht (delicta iuris gentium). Das erste Delikt dieser Art war der Sklavenhandel. Das Verbot des Sklavenhandels geht auf die Erklärung vom 8. Februar 1815 des Wiener Kongresses über den Handel mit Negersklaven zurück. Doch hat erst der Quintupel-Vertrag vom 20. Dezember 1841 zwischen den europäischen Großmächten wegen Unterdrückung des Handels mit afrikanischen Negern begonnen, diesen Grundsatz in die Tat umzusetzen. Dieser Vertrag wurde weitergebildet durch Artikel 9 der Kongoakte von 1885 und die Brüsseler Generalakte vom 2. Juli 1890. Außerdem verpflichtet der Pariser Vertrag vom 18. Mai 1904 über Verwaltungsmaßnahmen zur Gewährung wirksamen Schutzes gegen den Mädchenhandel die Vertragsstaaten, die Bahnhöfe und Einschiffungshäfen zu überwachen, die einschlägigen Nachrichten zu sammeln und für die Heimbeförderung der entführten Frauen und Mädchen zu sorgen. Das Pariser Übereinkommen vom 4. Mai 1910 verpflichtet die Vertragsstaaten, den Mädchenhandel zu bestrafen und unter die Auslieferungsdelikte aufzunehmen. Schließlich gehört hierher das Pariser Abkommen vom 4. Mai 1910 zur Bekämpfung der Verbreitung unzüchtiger Veröffentlichungen, nach dem die Vertragsstaaten gehalten sind, Personen zu verfolgen, die sich der Herstellung, des Besitzes, der Ein- und Ausfuhr unzüchtiger Schriften, Zeichnungen und Filme und des Handels mit diesen Gegenständen schuldig machen. Die Vertragsstaaten haben sich dabei Rechtshilfe zu leisten.

Die Verwaltungsunionen

Seit dem letzten Drittel des 19. Jahrhunderts entstand eine Reihe von Verwaltungsunionen. Man versteht darunter internationale Organisationen, die durch Kollektivverträge geschaffen werden und den Zweck verfolgen, unpolitische Verwaltungsaufgaben der Staaten einheitlich zu regeln. Die erste Verwaltungsunion war der schon erwähnte Allgemeine Telegraphenverein. Ihm folgt zunächst der Weltpostverein, dann bis zum Beginn des ersten Weltkrieges die Union für Maße und Gewichte (Pariser Vertrag vom 20. Mai 1875); die Union zum Schutz des gewerblichen Eigentums (Pariser Vertrag vom 20. März 1883) mit dem Büro in Bern; die Union zum Schutz von Werken der Literatur und Kunst (Berner Konvention vom 9. September 1886) mit dem Büro in Bern; die Internationale Union zum Zweck der Veröffentlichung der Zolltarife (Brüsseler Übereinkunft vom 5. Juli 1890) mit dem Büro in Brüssel; die Union für internationale Eisenbahntransporte (Berner Konvention vom 14. Oktober 1890) mit dem Büro in Bern und die Union zur Errichtung eines internationalen Gesundheitsamtes (Pariser Vertrag vom 3. November 1903) mit dem Gesundheitsamt in Paris (Abkommen vom 9. Dezember 1907).

Die Mitglieder dieser Union sind souveräne Staaten, teilweise aber auch Kolonien und andere Gebiete ohne volle Selbstregierung. Diese Unionen sind daher völkerrechtliche Vereinigungen. Davon völlig verschieden sind die privaten Vereine mit internationalen Zwecken, die alle auf Grund der innerstaatlichen Rechtsordnung irgendeines Staates bestehen.

Alle völkerrechtlichen Verwaltungsunionen zentralisieren irgendwelche Verwaltungsaufgaben. Zu diesem Zweck werden regelmäßig drei Organe eingesetzt: eine Staatenkonferenz zur periodischen Ergänzung oder Verbesserung des Unionsvertrages, ein Verwaltungsrat und ein ständiges Büro oder Amt als Zentralstelle. Es hat aber bloß Hilfsfunktionen (Vermittlung von Nachrichten, Erteilung von Auskünften, Aufstellung von Statistiken) oder aber eine bestimmte Forschungsaufgabe zu erfüllen.

Die friedliche Austragung von Streitigkeiten

Der diplomatische Weg. Da das Völkerrecht im allgemeinen keine zwischenstaatlichen Schlichtungsorgane kennt, kann die Austragung eines zwischen Völkerrechtssubjekten ausgebrochenen Streites nur durch Verhandlungen zwischen den Streitteilen selbst erfolgen. Solche Verhandlungen der auswärtigen Organe der Streitteile untereinander, die entweder schriftlich oder mündlich geführt werden können, nennt man den diplomatischen Weg. Der diplomatische Weg ist die beste Art der Streiterledigung, da durch unmittelbare Verhandlungen zwischen den Streitteilen am ehesten eine dauernde Verständigung erreicht werden kann. Sind an einem Streitfall mehrere Staaten beteiligt, dann wird häufig nach Einvernehmen der Beteiligten eine Staatenkonferenz zur Beilegung des Streites einberufen.

Das allgemeine Völkerrecht kennt also kein eigenes Verfahren der Streitschlichtung, sondern bedient sich desselben Verfahrens, das für die Setzung von generellen Völkerrechtsnormen besteht: der Übereinkunft. So besteht zum Beispiel ein Streit über die Auslegung eines Staatsvertrages so lange weiter, bis er durch einen neuen Vertrag zwischen den Streitteilen aus der Welt geschafft wird. Das zeigt deutlich die streng genossenschaftliche, herrschaftsfreie Natur der allgemeinen Staatengemeinschaft.

Gute Dienste und Vermittlung. Schon seit alters her besteht die Möglichkeit, daß sich im Fall eines Streites zwischen zwei Staaten eine dritte Macht entweder aus eigener Initiative oder auf Ersuchen der Beteiligten bereit erklärt, zwischen ihnen zu vermitteln, um den Streit zu bereinigen. Erst durch das auf der Haager Friedenskonferenz (1899) abgeschlossene Abkommen über die friedliche Erledigung von Streitigkeiten wurde aber dieses Verfahren allgemein geregelt. Es umfaßt nicht nur die Vermittlung, sondern auch die guten Dienste, die in der Mühe bestehen, die Parteien zur Aufnahme von Verhandlungen zu bewegen, während der Vermittler einen Schritt weiter geht, indem er den Parteien einen Lösungsvorschlag unterbreitet.

Die Vermittlung ist eine alte Einrichtung des Völkerrechts. Während aber früher als Vermittler nur der Papst oder ein dritter Staat auftrat, beginnt mit den seit 1913 abgeschlossenen Bryan-Verträgen die völkerrechtliche Vermittlung durch gemischte Kommissionen. In diesen, auf Anregung des amerikanischen Staatssekretärs Bryan mit England und Frankreich sowie mit einigen lateinamerikanischen Staaten abgeschlossenen Verträgen verpflichten sich die Vertragsstaaten, alle zwischen ihnen entstehenden Streitigkeiten, die nicht einvernehmlich beigelegt werden können und die sie nicht der Schiedsgerichtsbarkeit unterwerfen, einer Vergleichskommission zu unterbreiten und vor Erstattung des Vergleichsvorschlages nicht zu den Feindseligkeiten zu schreiten. Da diese Verträge also auf jeden Fall den Beginn der Feindseligkeiten hinausschieben, werden sie auch »Abkühlungsverträge« genannt.

Die Vermittlung durch eine gemischte Kommission ist deshalb einer Vermittlung durch dritte Staaten vorzuziehen, da sie aus Angehörigen verschiedener Staaten und einem neutralen Vorsitz zusammengestellt ist und daher für eine unparteiische Behandlung des Streitfalles viel besser geeignet ist als ein dritter Staat, der immer auch seine eigenen Interessen berücksichtigen muß.

Das Untersuchungsverfahren. Das Haager Abkommen über die friedliche Erledigung von Streitigkeiten führt auch ein ganz neues Verfahren zur friedlichen Bereinigung von Streitigkeiten ein, nämlich das Untersuchungsverfahren. Es besteht darin, daß eine gemischte Kommission eingesetzt wird, die die Aufgabe erhält, einen zwischen den Parteien strittigen Tatbestand festzustellen, ohne aber auf die Art der Beilegung des Streites einzugehen. Dieses Verfahren hat schon vor dem ersten Weltkrieg, anläßlich des ersten russisch-japanischen Krieges (1904 bis 1905), eine große Rolle gespielt. Als nämlich die russische Ostseeflotte auf dem Weg in die japanischen Gewässer durch den Ärmelkanal fuhr, eröffnete sie das Feuer auf englische Fischerboote in der Meinung, daß es sich um getarnte japanische Torpedoboote handle. Zur Klärung des Falles wurde eine aus den in Paris beglaubigten Militärattachés gebildete Untersuchungskommission eingesetzt. Nachdem diese den wahren Sachverhalt festgestellt hatte, zahlte Rußland eine Entschädigung an die englischen Fischer, womit der Streit beigelegt war.

Das Schiedsgerichtsverfahren. Schließlich anerkennen die Vertragsstaaten des Abkommens zur friedlichen Erledigung von Streitigkeiten, daß die Schiedsgerichtsbarkeit das wirksamste und angemessenste Mittel sei, zwischenstaatliche Rechtsstreitigkeiten, die auf diplomatischem Wege nicht bereinigt werden können, friedlich auszutragen. Das Abkommen spricht den Wunsch aus, daß sich die Staaten der Schiedsgerichtsbarkeit bedienen, wenn es die Umstände gestatten. Eine völkerrechtliche Pflicht, einen Streit der Schiedsgerichtsbarkeit zu unterbreiten, wird durch dieses Abkommen jedoch nicht begründet. Dazu bedarf es vielmehr einer eigenen Willenseinigung der Parteien in einem Schiedsabkommen, durch das sich die Parteien einigen, bestimmte Streitigkeiten einem Schiedsgericht zu unterwerfen.

Unter einem Schiedsgericht versteht man ein durch das Einvernehmen der Streitteile gebildetes internationales Organ mit der Aufgabe, die ihm vorgelegten Streitigkeiten auf Grund der Achtung vor dem Recht durch einen bindenden Spruch zu entscheiden. Schiedsgerichte finden wir schon im Altertum und im Mittelalter. Die moderne Schiedsgerichtsbarkeit beginnt aber erst mit dem vom amerikanischen Staatssekretär Jay angeregten Jay-treaty vom Jahre 1794, der zwischen den Vereinigten Staaten und England abgeschlossen wurde. Ein ständiges Schiedsgericht gibt es erst seit dem Haager Abkommen vom Jahre 1899 über die friedliche Erledigung von Streitigkeiten. Damals wurde der »Ständige Schiedshof im Haag« gegründet. »Ständig« an ihm sind aber nur das Büro und eine Liste von Schiedsrichtern, die von den Vertragsstaaten bestimmt werden, während der zur Entscheidung berufene Senat in jedem einzelnen Streitfall erst durch das Einvernehmen der Parteien gebildet werden muß. Ein ähnliches ständiges Schiedsgericht war auch von 1907 bis 1917 der Zentralamerikanische Gerichtshof.

Nach dem Haager Abkommen zur friedlichen Erledigung von Streitigkeiten sind viele Schiedsabkommen getroffen worden. Sie sind entweder ein selbständiger Vertrag oder eine

Klausel, die in einen Vertrag über andere Gegenstände aufgenommen wird und sich auf Streitigkeiten über die Auslegung und Anwendung dieses Vertrages bezieht. Eine solche Klausel nennt man »Schiedsgerichtsklausel« oder »Kompromissarische Klausel«. Ein Schiedsabkommen kann sich entweder auf einen bereits ausgebrochenen Streit beziehen oder auf künftige, möglicherweise entstehende Streitigkeiten. Man nennt sie dann Schiedsgerichtsverträge, während die Abkommen über einen bestehenden Streit Schiedsvergleiche genannt werden. Die vor dem ersten Weltkrieg abgeschlossenen Schiedsgerichtsverträge räumen jedoch den Streitteilen kein unmittelbares Klagerecht vor einem Schiedsgericht ein, sondern verpflichten sie nur, nach Ausbruch eines Streites einen Schiedsvergleich abzuschließen, um die Streitpunkte abzugrenzen, das Schiedsgericht zu bestellen und dessen Verfahren zu regeln. Diese Schiedsgerichtsverträge enthielten in der Regel auch die »Ehren-« oder »Interessenklausel«, die besagt, daß alle Streitigkeiten, welche die Ehre, die Unabhängigkeit oder die Lebensinteressen eines Streitteiles berühren, von ihm von der Schiedsgerichtsbarkeit ausgenommen werden können.

Grundsätzlich werden nur Rechtsstreitigkeiten der Schiedsgerichtsbarkeit unterworfen. Das sind Streitigkeiten, welche die Auslegung eines Vertrages oder eine andere strittige Rechtssache zum Gegenstand haben. Daneben gibt es Interessenstreitigkeiten, bei denen die Staaten Ansprüche erheben, die sich nicht auf das bestehende Recht gründen, sondern seine Abänderung anstreben. Da nun aber solche Streitigkeiten nicht auf Grund des bestehenden Rechtes entschieden werden können, kann ein Schiedsgericht mit solchen Streitigkeiten nur befaßt werden, wenn es von den Parteien ausnahmsweise ermächtigt wird, den Streit nicht nach bestehendem Recht, sondern nach Billigkeit zu entscheiden. Sonst kommt für die Austragung von Interessenstreitigkeiten nur das Vermittlungsverfahren in Betracht.

Um die Entwicklung der Schiedsgerichtsbarkeit zu fördern, enthält das erwähnte Haager Abkommen zur friedlichen Erledigung von Streitigkeiten auch eine ausführliche Prozeßordnung für das Schiedsgerichtsverfahren. Diese findet aber nicht nur für ein Verfahren vor dem Haager Schiedshof Anwendung, sondern auch für alle anderen Schiedsgerichte, sofern die Parteien nicht andere Bestimmungen vereinbaren.

Der Abschluß eines Schiedsabkommens schließt die Verpflichtung in sich, sich nach Treu und Glauben dem ergangenen Schiedsspruch zu unterwerfen. Eine Ausnahme besteht nur dann, wenn das Schiedsgericht seine Zuständigkeit überschritten hat, da die Macht des Schiedsgerichtes ausschließlich im Schiedsabkommen begründet ist.

Die schiedsgerichtlichen Entscheidungen sind endgültig, sofern nicht im Schiedsgerichtsvertrag eine zweite Instanz vorgesehen wird. Das Haager Abkommen über die friedliche Erledigung von Streitigkeiten kennt aber eine Wiederaufnahme des Verfahrens vor dem erkennenden Schiedsgericht, wenn nach der Entscheidung neue Tatsachen auftauchen, die geeignet sind, das Urteil entscheidend zu beeinflussen.

Die Selbsthilfe im Völkerrecht

Retorsion, Repressalie und Notwehr. In jeder organisierten Rechtsgemeinschaft sind zur Verhängung der Unrechtsfolgen (Exekution, Strafe, Verwaltungszwang) bestimmte Gemeinschaftsorgane berufen. Nur ausnahmsweise ist es den in ihren Rechten verletzten oder bedrohten Menschen gestattet, zur Selbsthilfe zu greifen. Die Hauptart dieser Selbsthilfe ist die Notwehr.

Ganz anders ist die Rechtslage im allgemeinen Völkerrecht, da in der nicht organisierten Staatengemeinschaft des 19. Jahrhunderts keine internationalen Organe zur Durchsetzung des Rechts vorhanden waren. Daher war es nur möglich, Unrechtsfolgen in Form der Selbsthilfe zu verhängen. Die mildeste Form der völkerrechtlichen Selbsthilfe ist die Retorsion. Darunter versteht man die Vergeltung eines unfreundlichen Verhaltens durch eine ebenfalls unfreundliche, aber rechtmäßige Handlung, zum Beispiel die Abberufung des Missionschefs oder eine Einreisesperre. Hingegen versteht man unter einer Repressalie einen Rechtseingriff eines in seinen Rechten verletzten Staates in einzelne Rechtsgüter jenes Staates, der ihm gegenüber ein Unrecht begangen hat, um ihn zur Wiedergutmachung zu bewegen. Schließlich versteht man unter der Notwehr die gewaltsame Abwehr eines gegenwärtigen oder unmittelbar bevorstehenden Angriffes auf das Gebiet eines Staates oder seine Schiffe, Flugzeuge oder Truppeneinheiten.

Der Krieg. Im Gegensatz zur Repressalie, die aus einzelnen Eingriffen in die Rechtsgüter des Gegners besteht, ist der Krieg ein zwischenstaatlicher Gewaltzustand unter Abbruch aller friedlichen Beziehungen. Nach der christlichen Völkerrechtslehre, die zu Beginn der Neuzeit von Grotius übernommen wurde, war ein Krieg nur zulässig als Mittel des Rechtsschutzes, um entweder einen rechtswidrigen Angriff abzuwehren (Notwehrkrieg) oder um das Recht gegen einen Staat durchzusetzen, der ein Unrecht begangen hat und zur Wiedergutmachung nicht bereit ist (Exekutionskrieg).

Seit dem Ende des 18. Jahrhunderts wurde der Krieg aber auch als ein Mittel der Streiterledigung, also als eine Art Duell, anerkannt, um Machtkonflikte auszutragen. Vor dem ersten Weltkrieg bestand nur das auf Anregung der lateinamerikanischen Staatsmänner Drago und Porter abgeschlossene Abkommen der zweiten Haager Friedenskonferenz (1907), welches das Verbot enthielt, zur militärischen Gewalt zu schreiten, um Vertragsschulden einzutreiben, wenn sich der Schuldnerstaat nicht bereit erklärt hat, den Streit der Schiedsgerichtsbarkeit zu überweisen und den ergangenen Spruch zu erfüllen. Im übrigen haben sich die beiden Haager Friedenskonferenzen darauf beschränkt, Normen über die Humanisierung des Krieges aufzustellen. Sie wollen, wie es das Landkriegsabkommen ausdrückt, die Leiden des Krieges so weit mildern, wie es die militärischen Interessen gestatten. Daher sind vor allem militärische Maßnahmen nur gegen den bewaffneten Feind und gegen militärische Objekte zulässig. Ferner sind alle Kampfmittel verboten, die überflüssige Leiden verursachen, also solche, die zur Niederwerfung des Gegners nicht notwendig sind. Schließlich sind auch solche Kampfmittel ausgeschlossen, die der militärischen Ehre widersprechen.

Die Humanisierung des Krieges geht auf Gedanken des Genfer Philanthropen Henry Dunant zurück, der seine Erfahrungen vom Schlachtfeld von Solferino (1859) in seinem Werk »Un Souvenir de Solferino« niedergelegt hat. Um seine Vorschläge zu verwirklichen, berief der Schweizer Bundesrat eine Staatenkonferenz ein, welche die erste Genfer Konvention zur Verbesserung des Loses der Verwundeten und Kranken im Felde vom 22. August 1864 ausgearbeitet und den Staaten zur Ratifizierung vorgelegt hat. Auf Grund dieser Konvention wurden in allen Vertragsstaaten nationale Rotkreuzgesellschaften gegründet, mit der Aufgabe, sich den Verwundeten und Kranken im Kriege zu widmen. Die Konvention wurde durch das Abkommen vom 6. Juli 1906 verbessert und weiter ausgebaut. Das zehnte Haager Abkommen vom 18. Oktober 1907 überträgt dann die Grundsätze des Genfer Abkommens auf die Verwundeten und Schiffbrüchigen des Seekrieges.

Die Haager Landkriegsordnung vom Jahre 1899, die auf der zweiten Haager Friedenskonferenz im Jahre 1907 neu geregelt wurde, beantwortet vor allem die Frage, welche Personen zum Kriegsstand gehören, da nur diese zu Kampfhandlungen berechtigt sind. Außerdem regelt sie erstmalig die Stellung der Kriegsgefangenen sowie die der Zivilbevölkerung im besetzten Gebiet.

Auf derselben Konferenz wurden auch einige Abkommen über den Seekrieg beschlossen. Darunter fällt vor allem das Abkommen über die Umwandlung von Handelsschiffen in Kriegsschiffe sowie das Abkommen über die Beschießung von Häfen und Küstenstrichen durch Seestreitkräfte. Schließlich das Abkommen über einzelne Beschränkungen des Seebeuterechts.

Der wesentliche Unterschied zwischen dem Land- und dem Seekrieg besteht nämlich darin, daß im Landkrieg das Privateigentum unverletzlich ist, während im Seekrieg nicht nur das feindliche Staatseigentum, sondern auch das Privateigentum der feindlichen Staatsangehörigen, das sich auf einem Seetransport zum Feind auf neutralen Schiffen befindet, vom Gegner eingezogen werden kann. Zwar unternahm die Londoner Seerechtsdeklaration von 1909 den Versuch, auch das neutrale Privateigentum auf neutralen Schiffen zu schützen. Dieser Versuch ist aber gescheitert, da die Londoner Seerechtsdeklaration vom britischen House of Lords abgelehnt worden ist.

Das Neutralitätsrecht

Auch das Neutralitätsrecht ist im 19. Jahrhundert ausgebildet worden. Man unterscheidet die vorübergehende und die dauernde oder immerwährende Neutralität. Wenn sich ein Staat an einem zwischen anderen Staaten bestehenden Kriege nicht beteiligt, so befindet er sich in vorübergehender Neutralität. Er hat dann eine besondere Rechtsstellung, die vom völkerrechtlichen Gewohnheitsrecht herausgebildet worden ist und die die zweite Haager Friedenskonferenz in zwei Abkommen, und zwar über die Landneutralität und die Seeneutralität, näher geregelt hat. Die Pflichten dieser neutralen Staaten lassen sich in vier Gruppen einteilen: vor allem sind sie verpflichtet, keinen der Kriegführenden zu unterstützen. Sie dürfen ihnen also weder Waffen noch Kriegsschiffe oder andere Kriegsmittel zur Verfügung stellen. Außer diesen Unterlassungspflichten besteht aber die Pflicht, die Kriegführenden daran zu hindern, sich des neutralen Staatsgebietes für Kriegszwecke zu bedienen. Nur die neutralen Seehäfen dürfen das Einlaufen von Kriegsschiffen zur Einnahme von Feuerungs- und Nahrungsmitteln sowie zur Durchführung jener Reparaturen gestatten, die notwendig sind, die Kriegsschiffe wieder seetüchtig zu machen. Ferner sind die neutralen Staaten zur Unparteilichkeit gehalten, soweit es sich um Maßnahmen handelt, welche sie erlauben oder verbieten können. So kann zum Beispiel ein neutraler Staat die Ausfuhr oder Durchfuhr von Waffen gestatten oder verbieten. Wenn er aber ein Verbot erläßt. muß es für beide Kriegführenden gleichmäßig sein. Schließlich sind die neutralen Staaten verpflichtet, zu dulden, daß ihre Handelsschiffe auf hoher See und in den feindlichen Gewässern angehalten und durchsucht werden.

Wenn ein neutraler Staat die Regeln der Neutralität beachtet, so hat er darauf einen Anspruch, daß die Kriegführenden seine Gebietshoheit zu Wasser, zu Lande und in der Luft streng respektieren. Duldet er hingegen, daß sich ein Kriegführender auf seinem Gebiet festsetzt, dann muß er es in Kauf nehmen, daß auch die anderen Kriegführenden gegen ihn einschreiten, da der Feind bekämpft werden kann, wo er sich befindet. Daraus ersehen wir, daß jede wirksame Neutralität eine bewaffnete Neutralität sein muß.

Während die vorübergehende Neutralität nur während eines bestimmten Krieges möglich ist und vom freien Willen jedes einzelnen Staates abhängt, ist die immerwährende Neutralität ein dauernder Zustand, der auch in Friedenszeiten besteht.

Der erste dauernd neutrale Staat war die Schweiz, deren dauernde Neutralität sich im Laufe der Schweizer Geschichte herausgebildet hat. Den Unabhängigkeitskämpfen der Schweiz und ihren Siegen über Karl den Kühnen von Burgund war zunächst eine Periode militärischen Tatendranges gefolgt, in der die Eidgenossen durch ihre Söhne auf allen wichtigen Schlachtfeldern Europas vertreten waren und höchsten militärischen Ruhm erworben haben. Ein Residuum dieser militärischen Periode der Schweiz finden wir heute noch in der Schweizergarde des Vatikans, die in den alten Uniformen und mit Hellebarden ihren friedlichen Dienst versieht. Seit der Niederlage von Marignano (1515) und Pavia (1525) trat aber der Wille in Erscheinung, den Konflikten der Großen aus dem Wege zu gehen, vor allem deshalb, da jeder Konflikt zwischen den Großmächten so eng mit den damaligen Religionsstreitigkeiten verbunden war, daß eine Beteiligung von Schweizern an diesen Konflikten notwendigerweise zu einem Streit der Eidgenossen untereinander führen mußte. Aus diesen Erwägungen kam es zunächst zum Abschluß von einzelnen Verträgen, die die Verpflichtung enthielten, im Falle eines Krieges »stillezusitzen«. Doch damit war noch keineswegs ein allgemeiner Zustand der Neutralität erreicht. Es handelte sich nur um einzelne Vorboten einer solchen Politik. Den ersten entscheidenden Schritt der Neutralitätspolitik finden wir 1647 in der Aufstellung eines eidgenössischen Heeres von dreißigtausend Mann zum Schutz des Schweizer Gebietes. Am Beginn der Politik der Neutralität steht also schon der Wille, diese Neutralität zu verteidigen, also das Prinzip der bewaffneten Neutralität.

Durch den Frieden von Münster (1648) ist dann der Schweiz die Unabhängigkeit in den Schoß gefallen. Von diesem Zeitpunkt an tritt der Gedanke, bei Kriegen neutral zu bleiben, immer klarer in Erscheinung. Doch kann der Übergang von der gelegentlichen Neutralität zur dauernden Neutralität als Staatsmaxime nicht so genau bestimmt werden, da sich diese Politik nur allmählich herausgebildet hat. Bereits 1684 bezeichnet sich die Schweiz als »Neutralitätsstandt«, welcher Zustand grundsätzlich auch von fremden Staaten beachtet wurde, ohne aber damals schon formell anerkannt worden zu sein.

Die Schweizer Neutralität wurde jedoch durch den Einmarsch der napoleonischen Heere unterbrochen, durch die das Land vorübergehend zum Vasallen Frankreichs herabgedrückt wurde. Dadurch ist aber die Neutralitätspolitik der Schweiz keineswegs aufgehoben worden. Nach Napoleons Niederlage in Leipzig erklärte die Schweiz sofort wieder ihre Neutralität, die von den verbündeten Mächten aber erst anerkannt werden sollte, sobald die Schweiz in der Lage sei, ihre Unabhängigkeit wiederherzustellen. Schon am 30. Mai 1814 berichtete darüber der Schweizer Gesandte in Paris an seine Regierung: »Die Höfe wünschen sehr, daß die politische Organisation der Schweiz so bald wie möglich beendet wird, damit bei einem im Anfang August in Wien sich versammelnden Kongreß die Unabhängigkeit, Neutralität und Bundeseinrichtung der Schweiz garantiert werden können.« In diesem Sinne sagt dann das vom Wiener Kongreß eingesetzte Komitee vom 15. Januar 1815, daß sich die Mächte verpflichtet haben, die dauernde Neutralität der Schweiz anzuerkennen und zu garantieren (à reconnaitre et à faire reconnaitre), diese Verpflichtung aber erst in dem Zeitpunkt als wirksam betrachten werden, in dem die Schweiz auch imstande sein wird, die Neutralität ihres Gebietes zu behaupten.

Damit wiederholt also dieser Bericht den schon angeführten Grundsatz der effektiven Neutralität, die gegenüber jedermann verteidigt werden muß. Er ergänzt ihn aber durch den neuen Gedanken, daß die Neutralität der Schweiz zugleich im allgemeinen europäischen Interesse liegt. Hier wird auch zum erstenmal in der Geschichte von der »dauernden Neutralität« der Schweiz gesprochen und daran die Empfehlung geknüpft, die bisher nur landesrechtlich bestehende Neutralität auch völkerrechtlich zu verankern. Das geschah in der Deklaration vom 20. März 1815, die von der Schweiz am 27. Mai 1815 mit Dank an die Mächte angenommen worden ist, mit Dank, daß diese sich bereit erklärt haben, die dauernde Neutralität der Schweiz anzuerkennen und zu garantieren. Am 20. November 1815 erfolgte dann in Paris die endgültige Unterzeichnung der vom Schweizer Delegierten Pictet de Rochemont verfaßten Urkunde (acte portant reconnaissance et garantie de la neutralité perpetuelle de la Suisse et de l'inviolabilité de son territoire) durch die Kongreßmächte, wodurch die bis dahin nur landesrechtlich begründete schweizerische Neutralität einen völkerrechtlichen Status erhielt. Durch Artikel 435 des Friedensvertrages von Versailles vom 28. Juni 1919 wurde dieser Zustand dann auch von den anderen Signatarstaaten dieses Vertrages anerkannt.

Aus dieser Rechtsentwicklung und der ständigen Praxis der Schweiz ergeben sich folgende völkerrechtlichen Rechte und Pflichten eines dauernd neutralen Staates:

1. Er ist verpflichtet, bei allen Kriegen zwischen anderen Staaten die völkerrechtlichen Normen der Neutralität zu beobachten.

2. Er ist aber nicht nur berechtigt, sondern auch verpflichtet, sein Gebiet gegen äußere Angriffe mit allen ihm zur Verfügung stehenden Mitteln zu verteidigen. Die dauernde Neutralität muß also eine bewaffnete Neutralität sein.

3. Er darf schon in Friedenszeiten keine Verpflichtungen übernehmen, die ihn in einen Krieg verwickeln könnten. Er darf also weder Bündnisverträge abschließen noch auch einem anderen Staat militärische Stützpunkte auf seinem Gebiet einräumen, da er dadurch in Kriege anderer Staaten hineingezogen werden könnte.

4. Hingegen darf er sich um die Garantierung der Integrität seines Staatsgebietes durch andere Mächte bewerben und deren Garantieerklärungen entgegennehmen.

5. Er bleibt im übrigen in der Gestaltung seiner Innen- und Außenpolitik vollkommen frei, soweit er keine abweichenden vertraglichen Verpflichtungen übernimmt.

6. Insbesondere besteht keine Pflicht zur ideologischen Neutralität. Die Freiheit der Presse und der Meinungsäußerung wird somit durch die dauernde Neutralität nicht eingeschränkt. Als daher einige nationalsozialistische Schriftsteller von den neutralen Staaten auch eine ideologische Neutralität verlangten, wurde diese Forderung nicht nur von der Schweiz, sondern auch von Norwegen als nicht im Völkerrecht begründet zurückgewiesen. Dazu kommt, daß beim Abschluß des fünften Haager Abkommens über die Landneutralität (1907) die Freiheit der neutralen Presse ausdrücklich vorbehalten wurde.

Daraus ersehen wir, daß ein dauernd neutraler Staat auch bestimmte völkerrechtliche Verpflichtungen in Friedenszeiten hat, während ein bloß vorübergehend neutraler Staat nur verpflichtet ist, während eines bestimmten Krieges, für den er sich als neutral erklärt hat, die Normen der Neutralität einzuhalten. Aber auch ein dauernd neutraler Staat hat als solcher keine anderen völkerrechtlichen Pflichten als jene, die soeben in den Punkten 1 bis 3 aufgezählt wurden.

Bis zum Ende des ersten Weltkrieges waren außer der Schweiz auch Belgien vom 15. November 1831 und Luxemburg vom 1. März 1867 an dauernd neutrale Staaten; da ihnen aber dieser Zustand von den Großmächten auferlegt wurde, sprach man von einer Neutralisierung.

Zusammenfassung

Die vorstehenden Ausführungen zeigen uns, daß das vor dem ersten Weltkrieg geltende Völkerrecht bestrebt war, den Krieg zu humanisieren und durch das Neutralitätsrecht auch räumlich zu begrenzen. Es hat sich aber nicht zum Ziele gesetzt, den Krieg als Mittel der Austragung von zwischenstaatlichen Streitigkeiten auszuschalten, da die damalige Staatengemeinschaft nicht organisiert war und daher ohne Selbsthilfe nicht auskommen konnte. Mit der Organisierung der Staatengemeinschaft im Völkerbund und der allmählichen Ächtung des Krieges beginnt daher ein neuer Abschnitt in der Geschichte des Völkerrechts. Gewiß gab es schon vorher die Einrichtung der Schiedsgerichtsbarkeit und der Vermittlung. Es bestand aber weder eine allgemeine Pflicht, alle Streitigkeiten friedlich auszutragen, noch gab es allgemein anerkannte Richtlinien, nach denen die durch die Dynamik der Geschichte jeweils notwendigen Änderungen friedlich durchgeführt werden konnten. Die Machtpolitik der Staaten wurde somit durch das Vorkriegs-Völkerrecht nur unwesentlich beschränkt.

Geoffrey Barraclough

DAS EUROPÄISCHE GLEICHGEWICHT UND DER NEUE IMPERIALISMUS

Politisches Gleichgewicht und wirtschaftliche Expansion

Nicht nur für Europa, sondern für die ganze Welt wurde der am 19. Juli 1870 zwischen Frankreich und Preußen ausgebrochene Krieg zur Zäsur zwischen zwei Epochen. In der kurzen Spanne von zehn Monaten, zwischen August 1870 und Mai 1871, verschob sich das Gleichgewicht der Kräfte – die »balance of power« – in Europa entscheidend. Die Niederlage Frankreichs, die Kapitulation Napoleons III. bei Sedan am 2. September 1870 und die Proklamation des Deutschen Kaiserreichs im Spiegelsaal von Versailles am 18. Januar 1871 bezeichneten das Ende des französischen Vorrangs auf dem europäischen Festland und leiteten eine neue Phase des seit Beginn der neuzeitlichen Geschichte nie aufhörenden Ringens um die Herrschaft über Europa ein. »Europa«, sagte der englische Diplomat Henry Bulwer, »hat eine Geliebte verloren und einen Herrn gefunden.« Aber diese Verschiebung des politischen Gleichgewichts war, so wichtig sie sich im Lauf der folgenden dreiundvierzig Jahre erweisen sollte, nicht der einzige Grund, weswegen wir die Jahre 1870 und 1871 als Beginn einer Ära bedeutsamer Veränderungen anzusehen haben. Wenn wir den Blick in die Ferne richten, erkennen wir, daß auch anderswo Wandlungen vor sich gingen, die letztlich ebenso schicksalsschwer für die Zukunft wurden. Jenseits des Atlantischen Ozeans hatte man durch den Abschluß des Amerikanischen Bürgerkrieges, 1865, gewissermaßen Klardeck gemacht für das mächtige Wachstum der Industrie, das die soziale Struktur Nordamerikas umwandeln sollte. Im Jahre 1869 wurde in der Einöde von Utah die erste Eisenbahnlinie, die den amerikanischen Kontinent ganz durchquerte, fertiggestellt, und obgleich durch das Übermaß von Verwaltungssünden, Schiebungen, Betrug, Korruption und politischen Intrigen unter den zwei Präsidentschaften des Generals Grant (1869 bis 1877) die Heilung des Bruches zwischen Nord und Süd noch für einige Zeit verzögert wurde, begannen doch von 1877 an die Vereinigten Staaten sich intensiv der Erschließung ihrer gewaltigen Naturschätze zu widmen. Wie der Held in einem berühmten amerikanischen Roman, »The Rise of Silas Lapham«, sagt, war nunmehr »die Zeit der kleinen Dinge vorbei, die gewiß in diesem Lande niemals wiederkehren wird«. Jenseits des Stillen Ozeans, in Japan, vollzog sich eine ähnliche Entwicklung. Nach der Ablösung des Shôgunats durch die Meiji-Herrschaft, der Abschaffung des Feudalismus 1871 und der darauffolgenden »Verwestlichung«, vor allem aber nach Niederschlagung der letzten Rebellion der Samurai

1877, erschien auf der politischen Erdkarte ein Land, das 1880 ebenso viele Bewohner hatte wie Großbritannien. Weiter westlich hatte Rußland durch Verträge mit China, 1858 und 1860, Positionen am Stillen Ozean besetzt, hatte Nikolajewsk und Wladiwostok gegründet und sich 1875 die japanische Anerkennung seines Anspruchs auf die Insel Sachalin gesichert. Nachdem es durch die Eroberungen von Taschkent (1865), Samarkand (1868), Chiva (1873) und Kokand (1876) ein großes Stück von Mittelasien unter seine Herrschaft gebracht hatte, war die Szene für die große russische Kolonisation in Asien vorbereitet, die mit dem Baubeginn an der Transsibirischen Eisenbahn 1891 in Gang kam. Inzwischen hatte man im russischen Reich den Anfang zu einer Modernisierung gemacht, nämlich mit der Aufhebung der Leibeigenschaft (1861) und der Einführung wenn auch begrenzter lokaler Verwaltungsrechte (1864).

So war neben der Alten eine Neue Welt im Entstehen. Der enge Kreis der europäischen Mächte, die so lange Zeit gemeint hatten, Drehscheibe für die Geschicke der Welt zu sein, wurde durch Entwicklungen außerhalb Europas zerschnitten. Die Tendenz zum globalen Gleichgewicht, das bestimmt war, das europäische zu ersetzen, hob sich immer deutlicher ab. Einstweilen allerdings erhielten sich die europäischen Mächte durch ihre imperialistische und koloniale Politik noch ein gutes Maß tatsächlicher Vorherrschaft, und in den drei Jahrzehnten von 1871 bis zur Jahrhundertwende schien es, als erweitere sich das europäische Machtsystem noch und verwandle sich, immer mehr ausgreifend, in ein globales. In Wirklichkeit aber waren die Dinge komplizierter. Die ersten Anzeichen einer Neuordnung, in der Europa nicht mehr den Herrscherplatz beanspruchen konnte, waren der Sieg der Japaner in ihrem Kriege gegen die Russen 1904/05 und die Mittlerrolle, welche die Vereinigten Staaten bei der Beendigung dieses Krieges spielten. Nicht weniger wichtig war die Tatsache, daß die Welt jetzt, ganz anders als zu Anfang des 19. Jahrhunderts, neue Fundamente hatte. Eine technologische Revolution brachte neue Formen in die Wirtschaftsstrukturen, in Europa sowohl wie in Nordamerika, und beeinflußte Leben und Weltbild aller Einwohner dieser Kontinente. Überdies weckte die neue Industrialisierung einen neuen Imperialismus, da die industriestarken Völker um den Handel auf dem schrumpfenden Planeten Erde in Wettbewerb traten. Diese neue Phase der »Industriellen Revolution« unterschied sich, obwohl sie auch auf Kohle und Eisen beruhte, von der ersten Phase in mancher Hinsicht. Zunächst entstand sie auf der Grundlage der »Fabrik« und des großen »Konzerns«, deren Existenz zwangsläufig zur Bildung immer größerer städtischer Zentren führte – eine Entwicklung, die schwerwiegende soziale Wandlungen im Gefolge hatte. Sie war außerdem im Kern eine technologische Umwälzung, bei der die noch jungen Naturwissenschaften ausgenutzt wurden, und war gekennzeichnet durch ein höheres Maß wissenschaftlicher Verfeinerung und Genauigkeit sowie durch eine erstaunliche Reihe wertvoller Entdeckungen und praktischer Erfindungen, zu denen unter anderem der Verbrennungsmotor, das Telefon, das Mikrofon, die Rotationspresse, die Schreibmaschine und viele andere Dinge gehören, die für uns mit der modernen industriellen Zivilisation schon alltägliche Gebrauchsgegenstände geworden sind.

Schließlich führte die neue Phase der Industrialisierung, obwohl noch auf der Kohle und dem Stahl basierend, zu einer immer intensiveren Ausnutzung neuer Kraftquellen, des Erdöls und der Elektrizität. Es ist symbolisch, wenn auch reiner Zufall, daß Rockefellers Standard Oil Company gerade 1870 gegründet wurde. Im Jahre 1897 gab es, nach den Worten der populären amerikanischen Gestalt »Mr. Dooley«, vom Atlantik bis zum Pazifik schon »in jedem Drecknest eine Zweigstelle dieser Gesellschaft«, und zu diesem Zeitpunkt exportierten bereits die Vereinigten Staaten Erdöl im Wert von sechzig Millionen Dollar jährlich. Die Elektrizität als Energiequelle kam langsamer zur Auswirkung. Die Etappen ihres Siegeszuges sind bezeichnet durch Siemens' Erfindung des Dynamo 1867, Edisons Erfindung der Glühlampe 1879, die Inbetriebnahme des ersten elektrischen Kraftwerks in New York 1882, die Gründung der AEG 1883 und die Errichtung des ersten Wasserkraftwerks in Colorado 1890.

Die Verlagerung der Machtpositionen infolge dieser ökonomischen und technologischen Umwälzung wirkte sich viel tiefer aus als die Verschiebung des europäischen Gleichgewichts durch den französisch-preußischen Krieg und mußte ihren Ausdruck auch im politischen Feld finden. Die Periode, die wir hier betrachten, ist erst der Anfang einer langfristigen Wandlung und ist interessant nicht nur als Übergang, sondern auch, weil es in ihr um den Ausgleich der Kräfte zwischen den alten und den neuen Mächten ging. So begann zum Beispiel die Erweiterung der Industrieproduktion in Rußland erst im letzten Jahrzehnt des vorigen Jahrhunderts und hatte in den folgenden fünfundzwanzig Jahren eine größere jährliche Zuwachsrate als bei den anderen Großmächten, nicht ausgenommen die Vereinigten Staaten von Amerika, wo sie bis etwa 1890 nur langsam vorankam. Beispielsweise lag die amerikanische Kohleförderung 1890 erheblich unter der Großbritanniens, während sie 1914 die von Großbritannien und Deutschland zusammen erreichte und die Produktion von Eisen und Stahl größer war als die des gesamten Europas. Abgesehen davon fallen in der kurzen Zeitspanne, die wir betrachten, weitere wichtige Veränderungen auf. So ist, vom demographischen Standpunkt aus gesehen, vor allem bedeutsam, daß Frankreich, nachdem es für Jahrhunderte die höchste Bewohnerzahl aller europäischen Länder gehabt hatte, von Deutschland übertroffen wurde, das an die erste Stelle gerückt wäre, hätte nicht Rußlands Bevölkerung so enorm zugenommen. Um 1900 hatte Rußland mehr als hundert Millionen Einwohner, Deutschland sechsundfünfzig Millionen und die Vereinigten Staaten und Kanada etwa achtzig Millionen. Noch einschneidender war, auf lange Sicht, daß von etwa 1880 an die Geburtenziffern überall in Europa zu fallen begannen. Was das bedeutete, wurde natürlich nicht sofort sichtbar, doch können wir heute daraus erkennen, daß die Vorherrschaft Europas und seine Expansion in der Welt – Begriffe, an denen die nach 1870 aufwachsende Generation gläubig festhielt – nur zeitbedingt waren und daß die Jahre der 1870 beginnenden imperialistischen Machtpolitik auch schon das erste Stadium des Endes der Europäischen Ära bezeichneten. Sollte sich auch die ganze Bedeutung dieser Veränderungen erst später zeigen, so wurden einzelne Anzeichen schon früher offenbar. Auffallend war, daß in den Ländern, die in der ersten Phase der Industriellen Revolution am schnellsten emporgekommen waren, der Schwung nachließ: daß ihr Kapital in veralteten Maschinen und Produktionsverfahren angelegt war, hemmte die Einführung der neuen Erfindungen und die Ausbeutung der neuen Produktivkräfte. Das traf auf Frankreich zu, besonders aber auf Großbritannien, das 1870 mehr Eisen und Stahl produzierte als die ganze übrige Welt, aber noch vor dem Ende des Jahrhunderts von Deutschland überholt wurde.

Noch bedeutungsvoller war, wie schnell sich Deutschland auf dem neuen Gebiet der Elektrotechnik in den Vordergrund schob. Überhaupt erregte der phänomenale Aufstieg Deutschlands zur Industriemacht die Aufmerksamkeit der ganzen Welt, wobei aber nicht übersehen werden durfte, daß Deutschland, so rapid es auch aufstieg, noch übertroffen wurde von den Vereinigten Staaten, deren Industrieproduktion zu Beginn des 20. Jahrhunderts bereits größer war als die Britanniens und Deutschlands zusammen, obwohl ihre Einwohnerzahl nur knapp zwei Drittel so groß war wie die der beiden Länder.

Im Endeffekt wurde die neue technologische Revolution zu einem Ausgleichsgetriebe zwischen den Nationen, die in der Weltpolitik mitzählten, indem sie das Machtpotential der einen vergrößerte, das der andern verminderte. Sie wirkte als Solvens bei den Gleichgewichtsstörungen, ohne jedoch schon die alte »balance of power« durch eine neue zu ersetzen. Wenn jetzt, in diesem Zusammenhang gesehen, Deutschland nach dem Sieg von 1871 über Frankreich in einen neuen Rang erhoben war, so war es doch angesichts der wachsenden Macht Rußlands und der Vereinigten Staaten höchstens imstande, eine wahrhaft führende Stellung, wenn überhaupt, nur für einen begrenzten Zeitraum zu gewinnen. Gerade dadurch bekam, zumindest seit dem Anfang der Regierung Wilhelms II. im Jahre 1888, die deutsche Politik eine hektische Note, eine sprunghafte Hast, die dem alternden Bismarck, überzeugt, daß Deutschland eine Ruhezeit zum Stabilisieren der errungenen Erfolge brauchte, tief antipathisch war. So kam es zu seinem erzwungenen Rücktritt 1890. Doch das vom gesteigerten Tempo der industriellen Umschichtung erzeugte Gefühl, daß das Erreichte nicht von Dauer sein könne, blieb nicht auf Deutschland beschränkt. Bereits 1873 befand sich die Welt in einer durch Überproduktion hervorgerufenen heftigen Krise, welche die Phase der Preissteigerung und des Wohlstandes des vorhergehenden Vierteljahrhunderts zunichte machte. Für die nächsten zwanzig Jahre sank das Preisniveau allmählich, und alle Industrieländer in der Alten wie in der Neuen Welt erlebten periodische Preisstürze – die schwersten in der Krise von 1894 –, für die sie um so anfälliger geworden waren, je größer durch das sich ausweitende Netz der Verbindungen zu Lande und zu Wasser ihre Abhängigkeit voneinander wurde. Die Bedrohung durch Krisen und Depressionen, die in den zwei Jahrzehnten nach 1870 über dem europäischen Kapitalismus hing, und die durch die Pariser Kommune von 1871 erregte weit verbreitete Furcht, ein Krieg könne zu neuem Umsturz führen, war auch politisch von großer Bedeutung, da sie – im Gegensatz zu der nach 1895 folgenden Periode der Expansion – die Staatsmänner bei ihren Aktionen behinderten. Das rapide Wachstum der Sozialdemokratie in Deutschland, die trotz Bismarcks Unterdrückungsmaßnahmen eineinhalb Millionen Stimmen bei der Reichstagswahl von 1890 aufbrachte; die sozialen Konflikte in Frankreich (wo Paris und andere Städte bis 1876 in einer Art Belagerungszustand blieben) und die in den demagogischen Persönlichkeiten MacMahons und Boulangers verkörperte Bedrohung der republikanischen Staatsform; in England der wachsende Radikalismus mit den Angriffen auf das liberale Wirtschaftssystem und der Forderung staatlicher Parteinahme zugunsten von »Not und Elend« gegen »Luxus und Komfort«, sowie die explosiven Wirkungen des irischen Protests, der in der Landwirtschaftskrise von 1878/79 schwerste Folgen zeitigte – alle diese Probleme machten den Regierungen bei ihrer Innenpolitik genug zu schaffen und veranlaßten sie

Die erste Ölquelle in den Vereinigten Staaten von Amerika, die »Drake Well« in Titusville/Pa., 1859

Straßenkampf während des Aufstandes der Kommune in Paris, 1871
Lithographie von Edouard Manet
Paris, Bibliothèque Nationale, Cabinet des Estampes

außenpolitisch zu Vorsicht und Zurückhaltung. Anderseits ergaben sich gerade aus dem Zwang, Lösungen für wirtschaftliche Krisen zu finden, neue Spannungen, so daß die neuen Sozialgebilde immer mehr zur Konzentration wirtschaftlicher Macht, zu schärferen Konkurrenzkämpfen mit imperialistischen Tendenzen und – nach 1897 – in die Ära der »Weltpolitik« gedrängt wurden.

Das sollte bald in verschiedener Hinsicht offenbar werden. Zunächst einmal zeigte sich, daß Wirtschaftskrisen nicht nur den Fortgang der Industrialisierung nicht aufhalten konnten, sondern den Anstoß gaben zur Modernisierung der Wirtschaft, zu wissenschaftlichen Forschungsarbeiten und der Einführung neuer Produktionsmethoden, weil die Industrie sich – so glaubte man – nur dadurch über Wasser halten konnte. Zweitens verlangte die Rationalisierung die Bildung großer Konzerne – beispielsweise den von Krupp, der im Jahre 1846 nur hundertzweiundzwanzig Personen beschäftigte, 1873 bereits eine Belegschaft von sechzehntausend und 1913 insgesamt fast siebzigtausend Arbeitnehmer hatte, wodurch wiederum die Zusammenballung der Bevölkerung in Stadtsiedlungen beschleunigt wurde und entsprechende soziale Probleme entstanden. Bezirke wie das Ruhrgebiet in Deutschland und die englischen Midlands wurden zu ungeheuren Konglomeraten eng aneinander rükkender und nur durch unsichtbare und künstliche Grenzen abgeteilter Stadtgebiete. Während vor der Revolution von 1848 noch London und Paris die einzigen Städte mit mehr als einer Million Einwohner waren, wurden nun überall die sich vergrößernden Metropolen zu Achsen der industriellen Gemeinwesen. Berlin, Wien, St. Petersburg und Moskau in Europa, New York, Chikago und Philadelphia in den Vereinigten Staaten, Buenos Aires und Rio de Janeiro in Südamerika und Tôkyô, Osaka und Calcutta in Asien, sie alle erreichten die Millionengrenze. Auch daran wird deutlich, daß es sich um eine weltumfassende Bewegung handelte und nicht um eine europäische allein. Drittens erlebte die Industrie selbst einen gründlichen Wandel, zum Teil infolge rasch zunehmender Betriebsgröße, anderteils durch bewußte Rationalisierung, um auch in Zeiten wirtschaftlichen Tiefstands konkurrenzfähig zu bleiben. Während der achtziger Jahre änderte sich das Wesen des Kapitalismus grundlegend. Die für die erste Phase der Industriellen Revolution charakteristischen kleinen Unternehmen mit zehn oder zwölf Arbeitern und die kleinen Handwerksbetriebe vermochten in Krisenzeiten nicht durchzuhalten, und ihr Betriebskapital reichte nicht zur Anschaffung der komplizierteren Maschinen, die man für moderne Produktionsmethoden brauchte. Schon der Bau von Eisenbahnlinien hatte zur Schaffung großer Unternehmen in Form von Aktiengesellschaften gezwungen: in Frankreich vermehrten sich nach 1867 und in Deutschland nach 1870 die Gesellschaften mit kleinen Verwaltungsgruppen und Tausenden von passiven Aktionären sehr schnell. Es wurde, mit anderen Worten, der Mitbesitz auf größere Kreise ausgedehnt, die Leitung jedoch zentralisiert. So ergaben die Aktiengesellschaften, die ursprünglich bei den Eisenbahnen und im Bankwesen in Erscheinung getreten waren, das typische Bild des neuen Industriewesens, und das bedeutete die Abkehr von den Grundsätzen der liberalen, das heißt ungesteuerten Wirtschaft. Es ist nicht überraschend, daß die neuen Entwicklungsformen besonders schnell in Deutschland akzeptiert wurden, wo Friedrich List und Eugen Dühring schon lange gegen den Individualismus aus der Lehre von Adam Smith opponierten. Das Gesicht des Kapitalismus wandelte sich, indem nun der Finanzier den Industriellen beiseite drängte. Soweit die Beschaffung von Kapital und die Verwendung von Geld, Krediten und Wertpapieren zum ersten Erfordernis der Expansion wurde, trat an die Stelle des Industriekapitals das Finanzkapital – ein Wechsel, den wir auch beobachten können am Niedergang des älteren bürgerlichen Patriziertums, wie ihn Thomas Mann in den »Buddenbrooks« schildert, und am Aufstieg neuer Gestalten wie zum Beispiel des Bankiers Bleichröder. Der Name des amerikanischen Finanziers John Pierpont Morgan wurde für seine Epoche ebenso symbolisch, wie der der Rothschilds es in der ersten Hälfte des 19. Jahrhunderts war. Und Morgan fand überall Nacheiferer.

Auf die neuen Entwicklungen reagierten sowohl die Konservativen wie die Reformer, die mit Besorgnis das Zusammenraffen leicht verdienten Geldes und das Streben nach »Reichtum ohne Rücksicht auf das Allgemeinwohl« beobachteten, wie Henry D. Lloyd, der zuerst an der Standard Oil herbe Kritik übte und ein Buch unter diesem Titel schrieb. Aber die Entwicklung muß wohl unvermeidlich gewesen sein. Die Einführung des Hochofens veränderte die Stahlindustrie von Grund auf und machte die kleinen Unternehmen auf diesem Sektor zu Anachronismen. Und die Konzentration griff, nachdem sie einmal begonnen hatte, schnell auf andere Gebiete über. So wurden beispielsweise schon 1890 in den Vereinigten Staaten und in Frankreich die ersten großen Kaufhäuser eröffnet. Der Vorteil auszentralisierter Betriebsführung, der sich am deutlichsten bei den modernen Industrien ausprägte, wie etwa der chemischen (in England legten Brunner und Mond die Fundamente für den Konzern der »Imperial Chemical Industries«), trat auch auf allen anderen Gebieten zutage. Ergebnis war die Bildung von »Konzernen« – europäische Bezeichnung – oder »Trusts« – amerikanische Bezeichnung. (Der erste Trust war die 1882 von John D. Rockefeller gegründete »Standard Oil Company«.) Sie konnten sich »vertikal« gliedern, das heißt alle Produktionsstufen von der Erzeugung des Rohmaterials bis zum Absatz der fertigen Ware einschließen, oder sie konnten »horizontal« organisiert werden, das heißt gleichartige und gleichrangige Unternehmen verschmelzen oder zusammenfassen, um die Konkurrenz zu entschärfen und sich gegen Preisschwankungen und Verlagerung von Absatzmärkten zu sichern. Eine andere, lockerere Form des Zusammenschlusses sind die »Kartelle« (Cartels). Mehrere Firmen einigen sich über Preisbindung oder beschließen eine zweckmäßige Produktionsbeschränkung, wieder andere teilen die Absatzmärkte unter sich auf.

Konzerne und Kartelle hatten den Charakter von Monopolen: es entstand durch sie eine neue Art privater Macht (die man oft fälschlich als »feudal« bezeichnet hat), und die so gebildeten Kräfte strebten – mag man über ihre Größe und ihren Einfluß verschiedener Meinung sein – zwangsläufig auch nach einem Ausdruck in der Politik, entweder durch direkte Verbindung zu Staatsmännern und Politikern oder durch Druck auf sie, zumindest aber, indem die neuen Industrieführer den Institutionen oder Verbänden, die ihre Interessen förderten, Geld zur Verfügung stellten. Hinter der 1887 gegründeten »Deutschen Kolonialgesellschaft«, dem 1880 gegründeten »Alldeutschen Verband« und dem 1898 gegründeten »Flottenverein« stand das deutsche Großkapital, und in anderen Ländern, insbesondere in Großbritannien, war die Situation praktisch die gleiche.

Der hier nur skizzierte Wandel brachte selbstverständlich auch große und weitreichende Rückwirkungen auf sozialem Gebiet. Das Einströmen der Menschen in die Großstädte, zu dem in Europa die durch den großen Import billiger Nahrungsmittel aus Übersee verursachte Landwirtschaftskrise viel beitrug, schuf soziale Bedingungen, wie man sie bisher nicht gekannt hatte. In Deutschland, wo bei der Volkszählung von 1871 nur acht Städte mit über hunderttausend Einwohnern registriert wurden, gab es zur Jahrhundertwende dreiunddreißig Städte dieser Größe. Im selben Zeitraum wurde ein Zehntel der Bewohner von England und Wales in den mächtigen Strudel von London gesogen. Sogar in den Vereinigten Staaten mit ihren acht Millionen Quadratkilometern Land bewohnte nahezu die Hälfte der Gesamtbevölkerung nur ein Prozent des Bodens, und ein Achtel der Bevölkerung lebte in den zehn größten Städten. Gleichsam zwangsläufig wurde die gewaltige Zahl der Städter zur anonymen, wurzellosen und lenkbaren Masse, zu »Material«, das die Politiker, die Journalisten und manchmal auch Gangster bearbeiten konnten. In der neuen Industriegesellschaft verbreiterte sich die Kluft zwischen Arbeitgeber und Arbeitnehmer. In den großen Unternehmen mit einer Belegschaft von Tausenden war der einzelne Arbeiter nur eine Nummer, dem Arbeitgeber, den er nie sah, nicht einmal mit Namen bekannt. Unter diesen Umständen bekamen die Arbeitergewerkschaften, deren Wachstum wir gewissermaßen als Gegenstück zum Wachsen der mächtigen Industriekonzerne betrachten können, immer mehr Gewicht. In den Vereinigten Staaten war der Widerstand gegen die Gewerkschaftsbewegung stark, die Arbeiter konnten sich nur langsam und ungleichmäßig organisieren, doch in Europa lag die Sache anders. Die britischen Gewerkschaften wurden 1871 unter Gladstones liberaler Regierung anerkannt, in Frankreich legalisierte man sie 1884. Gleichzeitig wurde auch das Stimmrecht ausgedehnt. Sowohl im Deutschen Reich wie in der jungen Französischen Republik hatten die Männer das allgemeine Wahlrecht seit 1870. Es folgten die Schweiz 1874, Spanien 1890, Belgien 1893, die Niederlande 1896 und Norwegen 1898. In Italien bekam die Majorität der männlichen Bevölkerung kraft Gesetzes schon im Jahre 1882 das Wahlrecht, und in Großbritannien wurde praktisch dasselbe erreicht durch die Third Reform Bill 1884, obgleich erst 1918 das Prinzip des allgemeinen Wahlrechts für Männer voll anerkannt wurde. Sowohl die Gewerkschaften wie die sozialistischen Parteien, die sich jetzt bildeten, waren de facto Verbände, die Druck ausübten mit dem Ziel, den ihnen angeschlossenen Arbeitern einen höheren Anteil an den Gewinnen der modernisierten Industrie zu sichern. Der parlamentarische Sozialismus war, obwohl im Ursprung marxistisch gefärbt, bereits in den neunziger Jahren in seinen nächstliegenden Programmzielen opportunistisch und revisionistisch geworden. Er strebte nicht danach, die bestehende Gesellschaftsordnung zu unterminieren, sondern mit ihrer Hilfe etwas zu gewinnen. Im übrigen machten es die verschiedenartigen Interessen unmöglich, die Arbeiterklasse in einer geschlossenen Phalanx zu vereinen. Die Angestellten hatten mit den Handarbeitern wenig gemeinsam, Facharbeiter und ungelernte Arbeiter stellten jeweils andere Forderungen, desgleichen die städtischen und die landwirtschaftlichen. Das sozialistische Gespenst, das zur Zeit der Pariser Kommune die Ober- und die Mittelklassen so erschreckte, hatte sich längst nicht als so furchtbar erwiesen; aber dennoch griffen die Massen, nun wahlberechtigt, auf anderem Wege entscheidend ins politische Leben ein.

Das führte in erster Linie zu Veränderungen im Parteiensystem, indem man neue Taktiken und Methoden ersinnen mußte, um die Wählermassen an die Urnen zu bringen. Gladstones »Wirbelwind-Wahlkampagne« in Schottland 1879, in der er die »Bulgarischen Greueltaten« und die anscheinende Gleichgültigkeit der britischen Regierung angesichts der türkischen Grausamkeiten anprangerte, war der erste große Erfolg für die neue »demokratische« (lies: demagogische) Methode: auf Massenversammlungen in leidenschaftlichen Reden an die menschlichen Gefühle in Fragen zu appellieren, die den unmittelbaren Interessen der Wählerschaft fernliegen. Die ausgeklügelte Struktur der modernen Massenpartei gab es noch nicht, aber es hatten bereits Gladstone und sein radikaler Bundesgenosse Joseph Chamberlain bewiesen, wie wirksam engverbundene Gruppen führender Parteimitglieder die Stimmung der Massen ausnutzen konnten. So wurde das Emotionale als neues Element in die Politik getragen, die nun aufhörte, Reservat eines exklusiven Kreises von Aristokraten zu sein. Die Ausbreitung der Grundschulbildung und der Tageszeitungen machten jedermann zum Politiker, und bevor das Jahrhundert zu Ende ging, wurden die bedeutenden Streitfragen öffentlich ausgefochten, und die Tage der Kabinettsdiplomatie waren gezählt. Dadurch wurden die internationalen Beziehungen stark beeinflußt. Die Geheimdiplomatie mochte zwar noch ein sorgsam ausgewogenes System von »Kompensationen« ersinnen, um den Frieden auf dem Balkan zu wahren, doch die panslawistischen und pangermanistischen Unterströmungen waren schon stark genug, jedes diplomatische Kalkül hinwegzuschwemmen. Auf anderen Gebieten konnte sich die Beeinflußbarkeit der Massen, mit denen »patriotische Kräfte« ein so leichtes Spiel hatten, als noch weit stärkeres Machtmittel erweisen. Kolonialer Ehrgeiz, Rivalität im Flottenbau, der im letzten Viertel des 19. Jahrhunderts so stark ausgeprägte Imperialismus und anderes, unausgereifte Heilslehren, Popularisierungen von Nietzsches Theorien vom Übermenschen, die Rassendoktrinen eines Gobineau und Houston Stewart Chamberlain sowie eine Verfälschung der Darwinschen Lehre vom »Kampf ums Dasein«, die zur Verherrlichung des Krieges führte, all diese Bewegungen zogen ihre Kraft aus der wankelmütigen, halbgebildeten Masse, deren irrationales Drängen zu ignorieren die Staatsmänner und Politiker sich fortan nicht mehr erlauben durften. Überall begann die Epoche der Phrasendrescher, die den Menschen ihre Schablonen aufnötigten und die Tendenzen der Zeit auf Grund subjektiver und oberflächlicher Analyse der Weltgeschichte definierten. Ihre Schlagworte wurden von der einfältigen Menge gierig aufgegriffen und zu politischen Prinzipien erhoben. In Amerika war es Brooks Adams, der das »Gesetz von Zivilisation und Verfall« dahin auslegte, daß Energie nur durch den »emotionalen und martialischen Menschen« entfesselt werden könne. In Deutschland demonstrierten die Nachfolger von Ranke und Treitschke, wie etwa Delbrück, daß der Gang der Geschichte das Zepter der Herrschaft in deutsche Hände bringen werde, und beteten Geibels vielzitiertes Wort nach: »Und es mag am deutschen Wesen einmal noch die Welt genesen«. In England verkündete Joseph Chamberlain den Massen: »Der Tag der kleinen Nationen ist längst vorbei, die Zeit der Großreiche ist gekommen.«

Kriegsgericht gegen die Kommunarden in Paris, 1871

Das Büro der Ersten Internationale in Paris

Betrachtung über hundert Jahre Fortschritt in den Vereinigten Staaten. Öldr

…äßlich einer Ausstellung in Philadelphia, 1876. Washington, Library of Congress

William Gladstone
Lithographie

Benjamin Disraeli
Photographie

Die Ursachen des neuen Imperialismus

Keine der Kräfte, die auf diese Weise und zu dieser Zeit die Politik beeinflußten, wirkte sich so intensiv aus wie der neue Imperialismus, zu dessen glühendsten Verfechtern Chamberlain gehörte. Im letzten Viertel des 19. Jahrhunderts wurden ein Fünftel der Landflächen und ein Zehntel der Bewohner des Erdballs den immer größer werdenden Herrschaftsgebieten der europäischen Eroberer einverleibt – ein in der Geschichte einmaliger Rekord in Ausmaß und Tempo. Alle Großmächte gingen auf neue Eroberungen aus, und alle außer Österreich-Ungarn haben Kriege geführt, um ihre Besitzrechte auf andere Kontinente auszudehnen. Über die Ursachen dieses neuen Ausbruchs imperialistischer Expansionsgelüste ist viel debattiert worden, und es können nicht alle Fakten durch eine einzige Formel erklärt werden. Nach 1815 hatte man sich während zweier Generationen – abgesehen von Ausnahmen wie der Angliederung Algeriens an Frankreich – bei dem Thema »überseeische Besitzungen« im allgemeinen gleichgültig verhalten. Und wo es solche Besitzungen gab, wie in Britisch Indien, betrachtete man sie nicht in erster Linie als Aktivum im Sinne kolonialer Macht, sondern empfand ihren Besitz mehr als moralische Verpflichtung, »zurückgebliebenen« Völkern zu helfen. Allgemein war man der Ansicht, daß die Kolonialgebiete später abfallen würden »wie reife Birnen vom Baum«, wie die nordamerikanischen Kolonien Englands einst getan hatten. Im Jahre 1852 beschrieb Disraeli – der in den siebziger Jahren zum Sprachrohr für den neuen Imperialismus werden sollte – Englands »elende Kolonien« mit einer oft gebrauchten Redensart als »Mühlsteine an unseren Hälsen«, und 1865 empfahl eine Delegation des Unterhauses, die zur Berichterstattung über die Lage nach Westafrika gereist war, für England eine Politik, die »bei den Eingeborenen die Eigenschaften aktiviert, die es uns ermöglichen – im Hinblick auf unseren späteren Abzug aus ihrem Gebiet –, nach und nach ihnen selbst alle Verwaltungsgeschäfte zu übertragen«. Innerhalb eines Jahrzehnts jedoch war diese Empfehlung zu einem bloßen Stück Papier geworden, und 1875 fragte der britische Minister William Edward Forster: »Wer redet jetzt vom Aufgeben der Kolonien? Keine Forderung ist so populär wie die, unser Kolonialreich zu erhalten!« Dieser jähe Stimmungsumschwung läßt vielleicht klarer als alles andere erkennen, daß ein neues Zeitalter anbrach.

Die Ursachen für den neuen Imperialismus waren: Macht- und Prestigefragen sowie – außer reinen Gefühlsimpulsen und der Idee, man habe Missionen zu erfüllen – wirtschaftliche Kalkulationen und politische Konkurrenz. Doch neben den nüchternen Berechnungen (die zumeist, in Ermangelung verläßlicher Unterlagen, oberflächlich auf einen einfachen Nenner gebrachte Fehlrechnungen waren) treffen wir immer wieder, in allen Schichten der Bevölkerung, auf ein irrationales Element, das sich nicht erklären läßt. Die spezifisch wirtschaftlichen Gründe sind nicht schwer zu entdecken, sie wurden von einem englischen Sozialisten, J. A. Hobson, schon 1903 genau analysiert. Doch die Verkünder der imperialistischen Ziele – in England Männer wie Sir Charles Dilke und Sir John Seeley – wurden eigentlich nicht von materiellen Motiven geleitet, wie auch die durch sie begeisterten Menschen von den hintergründigen wirtschaftlichen Plänen kaum berührt wurden. Cecil Rhodes definierte zynisch die Triebkraft hinter dem Imperialismus als »Philanthropie plus fünf Prozent«, doch diese Einschätzung trifft nicht den Kern. Philanthropie spielte tatsächlich mit, und besonders auf britischer Seite hatte man ein klares Gefühl für Verpflichtungen, wie es das Leben des Forschers und Missionars David Livingstone zeigt, dessen dramatische Begegnung mit dem amerikanischen Journalisten Stanley in Afrika 1871 und dessen tragischer Tod zwei Jahre später am Tanganjikasee (1873) die Phantasie der Massen entzündete. Außerdem aber war ein Verlangen nach »Größe« im Spiel, eine Besessenheit vom Zauber großer Gebiete, die wir vielleicht, sinngemäß, mit der neuen Welt der breitspurig wachsenden Städte und der riesigen Maschinen vergleichen können. »Der Besitz Indiens«, schrieb Sir Charles Dilke in einem charakteristischen Satz, »bietet uns das Element der ungeheuren Größe eines Herrschaftsbereichs, das wir in dieser Epoche brauchen, um zu einer großzügigen Denkweise zu kommen und uns edelmütig zu zeigen.« Das war eine merkwürdige Rechtfertigung des Imperialismus, auch wenn man sie mit der Feststellung verbindet, daß hier außerdem »die Möglichkeit geboten sei, für freiheitliche Einrichtungen bei den dunkelhäutigen Rassen dieser Welt zu sorgen«. Es kann daher nicht überraschen, daß auch andere Nationen, manchmal vielleicht aus anderen Motiven, dieselben Chancen für sich beanspruchten. Sir John Seeley suchte in seinem Buch »The Expansion of England« darzutun, daß über Britanniens imperialen Schicksalen ein spezifisch englischer Genius schwebe, und erklärte, warum der Verwaltungssitz für das Empire gerade in Westminster liegen müsse. Für Franzosen, Deutsche und Italiener, die sich auch zu imperialistischen »Missionen« berufen fühlten, war das freilich nur ein Beispiel englischer Scheinheiligkeit, und sie begannen, da sie sich leicht überzeugen konnten, daß das weite Empire die Quelle der britischen Macht war, nun auch nach einem »Platz an der Sonne« zu suchen.

Der neue Imperialismus war – so hat man mit Recht gesagt – eine etwas vage Angelegenheit, insbesondere wo Tatsachen und Zahlen in Betracht kamen, im übrigen aber war er eine »rosige, bezwingende Vision«. Die Tatsache, daß Britannien ein gigantisches Empire besaß, erregte auch bei anderen Nationen das Verlangen, sich eins zu schaffen, und es war ja ein sehr verlockender Gedanke, die auf der Weltkarte noch weißen Gebiete, nach der Farbe des Mutterlandes, rot, blau oder grün gefärbt zu sehen. So trieben Eifersucht, Neid, hastende Konkurrenz, verstärkter Nationalismus und eine neu erweckte Angriffslust – in der sich vielleicht die Unsicherheit der durch die Industrie umgeformten menschlichen Gemeinschaften spiegelte – alle Nationen, auch die Vereinigten Staaten und Rußland, zur Teilnahme an der »Rauferei« um neue Territorien, die den beiden letzten Jahrzehnten des 19. Jahrhunderts das Gepräge gab.

Bis zu welchem Grade diese recht primitiven Triebkräfte Ausdruck der veränderten wirtschaftlichen Situation waren, läßt sich unmöglich sagen. Sicherlich aber waren wirtschaftliche Faktoren bei vielen mit dem neuen Imperialismus zusammenhängenden Erscheinungen maßgebend. Die anhaltende Depression zwischen 1873 und 1896 zwang die Industrie zur Suche nach neuen Märkten, während gleichzeitig die sinkenden Preise und Gewinne im eigenen Lande die Kapitalisten veranlaßten, einträglichere Anlagemöglichkeiten im Ausland zu suchen. Keineswegs floß das ganze Kapital – nicht einmal der größte Teil davon – in die Kolonialgebiete, doch waren die Verluste bei Konkursen in den für Investitionen bevorzugten Branchen im Ausland infolge der Krise der siebziger Jahre so groß, daß von dem bisher in den Vereinigten Staaten oder in Argentinien angelegten Kapital nun viel in koloniale Unternehmungen abfloß, in Gebiete, wo die eigene politische Herrschaft stärkeren Schutz gegen Verluste zu bieten schien. Im übrigen machten die technischen Fortschritte die Nutzung neuer Rohstoffquellen immer wichtiger. So wurde Malaya durch sein Zinn und Kautschuk zum reichsten aller Kolonialgebiete. Auch die Notwendigkeit, billige

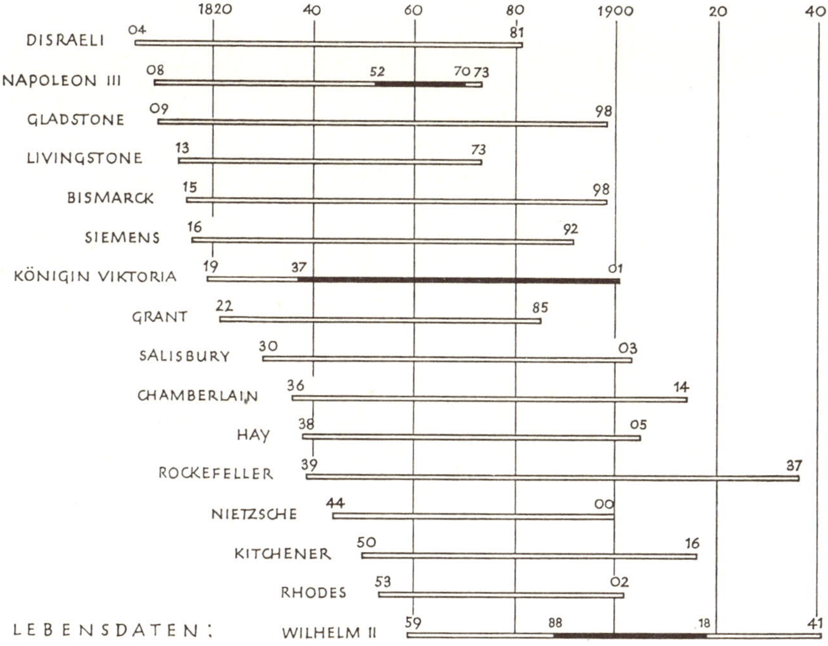

Das europäische Gleichgewicht und der neue Imperialismus

Nahrungsmittel für die wachsende Bevölkerung der Industriezentren zu beschaffen, war ein Motiv. Der Bau von Dampfschiffen mit großem Frachtraum und die Ausdehnung der Eisenbahnnetze hatten die europäische Landwirtschaft sehr geschädigt, da die Märkte mit Massenlieferungen billiger überseeischer Agrarerzeugnisse überschwemmt wurden. Die stärksten Impulse haben die Verbesserungen der Verkehrswege und Transportmöglichkeiten dem neuen Imperialismus gegeben. In Europa war nach dem Bau der Alpentunnels durch den Mont Cenis (1871) und den St. Gotthard (1882) die Reise von Italien und den Mittelmeerländern nach Frankreich und Deutschland von Tagen auf Stunden verkürzt. In Kanada erschloß die Canadian Pacific Railway die großen Ebenen. Seit 1876 gab es Kühlwagen, die Gefrierfleisch von Kansas City nach New York brachten, von wo es mit

Kühlschiffen nach Europa transportiert wurde. Zur gleichen Zeit entwickelten sich die amerikanische und die australische Konservenindustrie außerordentlich schnell. Die erste Schiffsladung mit gefrorenem Hammelfleisch aus Neuseeland erreichte die englischen Märkte schon 1882. Mit der Eröffnung des Suezkanals 1869 wurde der Seeweg zwischen Europa und dem Fernen Osten beträchtlich kürzer. Zwischen 1876 und 1890 verdreifachte sich der Verkehr durch diesen Kanal. Überseeische Produkte, wie Tee aus Indien und Kaffee aus Brasilien, kamen in großen Mengen auf die Märkte, Argentinien wurde führend im Export von Fleisch. Von 1874 ab befriedigten die Vereinigten Staaten mehr als die Hälfte des gesamten Weizenbedarfs von Großbritannien. Die Folge dieser Einfuhren war eine schwere Landwirtschaftskrise in ganz Europa. In Großbritannien mußten bis 1881 einhunderttausend Landarbeiter ihren Beruf wechseln, eine Million Menschen waren ausgewandert. »Innerhalb von zwanzig Jahren wurde die ganze bäuerliche Kultur nahezu zerstört«, schrieb ein Kenner der Verhältnisse. Wie in England so wurden auch in Frankreich, wo in derselben Zeit außerdem noch die Reblaus die Winzer schädigte, die Grundbesitzer hart betroffen; ihr politischer Einfluß sank beträchtlich. In anderen Ländern, insbesondere in Deutschland, begegnete man der amerikanischen Konkurrenz mit Schutzzöllen; im Jahre 1879 trat der neue deutsche Zolltarif in Kraft. In Frankreich, wo die kleinen Bauern und Winzer den Sturm zu überstehen versuchten, indem sie vor allem Gemüse zur Versorgung der Städte zogen, wurde erst im Jahre 1892 unter dem Ministerpräsidenten Méline ein Zollgesetz eingeführt. Auch die Vereinigten Staaten selbst waren seit dem Bürgerkrieg zur Schutzzollpolitik übergegangen. Hinter den 1861 und 1864 errichteten Zollschranken entwickelte sich die amerikanische Industrie mit gewaltigem Elan. Der Wert der Industrieprodukte stieg von drei Milliarden Dollar im Jahre 1869 auf dreizehn Milliarden 1899, womit die Amerikaner nicht nur den Bedarf im eigenen Lande decken, sondern auch in andere Märkte eindringen konnten, vorzugsweise in den kanadischen, der bis dahin größtenteils von Europa beliefert worden war. Der Protektionismus lag sozusagen überall in der Luft, und die Depressionen der siebziger und achtziger Jahre gaben, indem sie das Freihandelsethos der früheren Generation zerstörten, der Politik eine neue Wendung. In Deutschland förderten die Schutzzolltarife von 1879 den politischen Einfluß des Junkertums und der aufkommenden Großindustriellen. Allgemeiner gesehen: die wachsende Abhängigkeit der industrialisierten europäischen Völker von der Einfuhr überseeischer Lebensmittel und Rohstoffe gab den Bestrebungen der Imperialisten erneut Auftrieb und machte die neo-merkantilistischen Lehren populär. Da in dieser industriellen Ära keine Nation sich auf die Dauer »autark« machen konnte, war – nach der Doktrin der Neomerkantilisten – jedes Industrieland genötigt, ein eigenes Kolonialreich zu entwickeln und dadurch, im Austausch von Fertigwaren gegen Nahrungsmittel und Rohstoffe, eine große autarke Einheit zu bilden, in der es sich gegebenenfalls durch Einfuhrzölle vor fremder Konkurrenz schützen konnte. Auf die Trugschlüsse dieser Wirtschaftslehre wurde häufig hingewiesen, doch psychologisch hat sie starken Eindruck gemacht, vor allem, als sich im letzten Jahrzehnt des Jahrhunderts die politischen Machtkämpfe, angefacht durch die neue Wirtschaftspolitik, verschärften. Beispielsweise wurde Rußland, das Getreide aus seinen südlichen Steppen exportierte, durch die 1885 und 1887 in Kraft gesetzten hohen deutschen Weizen- und Roggenzölle geschädigt, und diese Tatsache sowie Bismarcks unter dem Druck der deutschen Industriellen beschlossene Weigerung, russische Anleihen an der Berliner Börse aufzulegen, trugen mit zum Abschluß der französisch-russischen Entente von 1891 bei. Die Abriegelung von Absatzmärkten durch protektionistische Maßnahmen verschärfte zwangsläufig den Konkurrenzkampf zwischen den Industrieländern, erbitterte die Völker und intensivierte noch den Drang nach überseeischer Expansion. So wurde der Imperialismus durch Verschmelzung wirtschaftlicher mit politischen Motiven zu einer explosiven Kraft.

Doch einerlei, wie stark wirtschaftlicher Druck sich auswirkte – bei den Plänen der Imperialisten für neue Unternehmungen waren politische Erwägungen in erster Linie maßgebend. Die Triebkraft beim Vorrücken der Russen durch Mittelasien war weder das Verlangen nach Märkten, nach Rohstoffen noch nach Kapitalanlagen, sondern fast ausschließlich der politische Imperialismus. Anderseits konnten Kolonien ebensogut eine Belastung wie ein Gewinn werden. So hatte zum Beispiel der deutsche Steuerzahler nach 1890 für die Kolonien durchschnittlich etwa eine Milliarde Mark pro Jahr aufzubringen, was freilich sein Verlangen, sie zu behalten, nicht dämpfte. Natürlich waren nicht alle Regierenden in gleichem Maße vom Bazillus der imperialistischen Ideologie angesteckt. Eine Ausnahme war König Leopold von Belgien, der rein kaufmännisch kalkulierte und nach 1878 das »Geraufe« um Kolonien in Afrika begann, indem er das Kongobecken wie ein privater Unternehmer ausbeutete. Auch Bismarck war eine Ausnahme, denn er gab seine Proteste gegen den Erwerb von Kolonien erst 1882 unter dem Druck innenpolitischer Schwierigkeiten auf. In Großbritannien war Gladstone ziemlich gleichgültig, obwohl gerade Großbritannien, das bereits wichtige Positionen zu verteidigen hatte, durchaus einleuchtende strategische Gründe für die Sicherung seines Empire anführen konnte, angesichts der militärischen Macht, die einerseits von den Vereinigten Staaten in deren Bürgerkrieg, anderseits auf dem europäischen Kontinent durch die großen Kriege, aus denen das Deutsche Reich hervorging, demonstriert wurde. »Wenn wir behalten wollen, was wir besitzen, scheint es mir am allerwichtigsten«, schrieb Sir Robert Morier 1874, »daß wir den bei uns noch spürbaren Nationalismus und Imperialismus wieder wachrufen und aufs höchste stärken.« Für Großbritannien war Indien der Grundpfeiler des Empire und die Beherrschung der Verbindungswege dorthin der Kern der britischen Politik. Hatte schon die Absicht, den Mittelosten, Indiens westliches Vorfeld, zu schützen, die Briten zur Teilnahme am Krimkrieg (1853 bis 1856) veranlaßt, so verursachte auch Rußlands Vordringen in Mittelasien zwischen 1867 und 1873 und die dadurch mögliche Bedrohung der indischen Nordgrenze bedenkliche politische Spannungen, zuerst 1877/78 und noch einmal 1885. Die britische Politik in allen den Suezkanal betreffenden Fragen wurde fast ausschließlich durch den Besitz Indiens bestimmt und führte später zur Besetzung Ägyptens. Die Eröffnung dieses Kanals wurde für die Geschichte des modernen Indiens entscheidend, denn in den folgenden Jahren stieg das Volumen des indischen Handels mit Europa auf mehr als das Doppelte, von neunzig Millionen Pfund Sterling im Jahre 1875 auf zweihundert Millionen um die Jahrhundertwende. Und doch hatte England gegen den Kanalplan opponiert, weil es darin einen feindlichen Schachzug der Franzosen vermutete. Noch 1870 lehnte die britische Regierung den Erwerb des Aktienpakets ab, das der Khedive von Ägypten ihr anbot. Der 1875 durch

Disraeli vollzogene Ankauf dieser Aktien kennzeichnete eine drastische Wandlung der britischen Politik. Von Bismarck als der »richtige Schritt im richtigen Moment« gepriesen, war das der erste symbolische Akt des neuen Imperialismus; ein weiterer folgte am 1. Januar 1877, nämlich die Proklamierung der Königin Viktoria zur Kaiserin von Indien, eine von Disraeli empfohlene demonstrative Geste zur Bekundung der Entschlossenheit des Parlaments, das Indische Empire angesichts der wachsenden Macht des kaiserlichen Rußlands in Mittelasien zu halten. Noch bedeutungsvoller aber war, wie England durch seine Interessen am Suezkanal Schritt um Schritt tiefer in die Angelegenheiten Ägyptens verstrickt wurde, bis 1882 das Land unter britische Aufsicht kam. Und hierbei wiederum war es Disraeli, der die Komplimente Bismarcks und das Angebot des Khediven, England die Souveränität über Ägypten einzuräumen, ignorierte, während die Ironie der Geschichte es Gladstone, dem Gegner der neuen imperialistischen Politik, überließ, Maßnahmen zu treffen, die Ägypten, wenn auch nicht völkerrechtlich, so doch faktisch zu einem britischen Protektorat machten. Zweifellos liegt viel Wahres in der Behauptung, daß sich die britische Regierung im Lauf der Ereignisse nur zögernd mitziehen ließ. Zur Zeit des Krieges gegen die Aschanti (1874) trat das Dilemma, in dem sie sich befand, klar zutage, denn hier blieb nur die Wahl zwischen »vollständiger Annexion« und »restlosem Verzicht«. Immerhin ist die These, Großbritannien habe sein Empire »in einem Anfall von Geistesabwesenheit« errichtet, nicht ernst zu nehmen. Es ist doch wohl ein Unterschied zwischen den ersten zaghaften Schritten in der neuen Richtung während der zehn Jahre von 1875 an und dem wilden, überstürzten Wettkampf um Kolonien zwischen 1885 und dem Ausbruch des Burenkrieges 1899. Im Jahre 1885 waren schon alle Großmächte stark mit ihren imperialistischen Projekten beschäftigt. Im November 1884 hatte Bismarck zu einer Konferenz nach Berlin eingeladen, um das Problem »Kongobecken« zu lösen, das durch Leopolds II. Gründung der Association Internationale du Haut Congo ins Scheinwerferlicht gerückt worden war, und um die Bedingungen festzulegen, unter denen europäische Mächte zum Erwerb afrikanischer Gebiete berechtigt sein sollten. Diese Konferenz leitete eine neue Phase ein. Als die Großmächte nacheinander ihre Ansprüche erhoben – zuerst die Franzosen, dann (mit Unterstützung und stillschweigender Begünstigung durch England) die Portugiesen –, da begannen die übrigen, besessen von der Idee, eine »Parität« erreichen zu müssen, Anteile an der »Beute« zu fordern. Zuerst zögerten einige Regierungen vielleicht noch aus Besorgnis, die Kolonisationspläne könnten sich als übereilte Spekulationen erweisen und zur Verschwendung von Arbeitskraft und Geld führen, doch auch sie wurden von Forschern und Schwärmern – zum Beispiel Savorgnan de Brazza in Frankreich oder Karl Peters in Deutschland – und den hinter ihnen stehenden Interessentengruppen vorwärtsgedrängt, so daß bald keiner mehr von der Furcht, isoliert zu werden, loskam. England, sagte der konservative Premierminister Salisbury kurz vor Beginn des Burenkrieges, bereite sich vor, um ein Territorium zu kämpfen, das »keinen Machtzuwachs und keinen Gewinn bringt«. Immerhin gab er zu, daß der Schritt »notwendig« sei. Und als ein Jahr zuvor, also 1898, das britische Kabinett beschloß, China um die Verpachtung von Weihaiwei zu ersuchen, hatte Salisbury dazu bemerkt, es »wird nicht von Nutzen sein und uns nur Geld kosten, aber rein gefühlsmäßig werden wir es tun müssen«. Ein Musterbeispiel der imperialistischen Dialektik, in der seit 1885 alle Regierungen befangen waren. Anscheinend war weder Rückgang noch Stillstand möglich, sondern nur unerbittliches Vorstoßen, bis die europäischen Eroberer die ganze Welt einschließlich der von Nansen 1893 bis 1896 erforschten Polargebiete unter ihren Einfluß gebracht hatten.

Die Aufteilung Afrikas

So lagen die Verhältnisse, als man Afrika aufteilte, die Inseln Ozeaniens besetzte und es in der letzten Dekade des Jahrhunderts in Asien mit demselben Verfahren versuchte, durch das die Europäer sich zu Beherrschern von Afrika gemacht hatten. Obwohl Afrika viermal so groß ist wie Europa, wurde der ganze Kontinent, ausgenommen Äthiopien und Liberia, innerhalb von fünfzehn Jahren aufgestückelt. Als die Teilung vollendet war, hatten: Frankreich nahezu vier Millionen Quadratmeilen, England dreidreiviertel Millionen, die Deutschen neunhunderttausend, die Belgier auch annähernd neunhunderttausend, die Portugiesen achthunderttausend, die Italiener sechshundertfünfzigtausend und die Spanier einhunderttausend von den insgesamt elfeinhalb Millionen Quadratmeilen des Kontinents. Von Anfang an stürzte die Besetzung der afrikanischen Gebiete die Nationen in Konflikte. Deutschland, das die dürren Wüsten von Südwestafrika, ferner Kamerun und Togo 1884 und Deutsch-Ostafrika (das spätere Tanganjika) 1886 erworben hatte, rechnete durchaus mit der Möglichkeit, die portugiesischen Kolonien und das Kongogebiet absorbieren und einen geschlossenen Gürtel quer durch das Herzstück von Afrika bilden zu können. Die Franzosen, die Tunesien 1881 in ein Protektorat verwandelt hatten, beherrschten fast den ganzen Nordwesten Afrikas, von Algerien über die Sahara und den Sudan bis zu verschiedenen Plätzen an der Küste von Guinea. Da sie auch am Roten Meer Fuß gefaßt hatten, träumten ihre imperialistischen Pläneschmiede von einem französischen Landgürtel, der von Dakar (gegründet 1862) bis zum Golf von Aden reichte. In Großbritannien hingegen stellte man sich ein Afrika vor, das »britisch vom Kap bis Kairo« sein sollte, verbunden durch eine vom Norden nach Süden nur durch britisches Gebiet laufenden Eisenbahn. Bis 1868 war das Bild anders gewesen: England hatte sich damit begnügt, seine Position in der Kapkolonie zu halten und hatte durch die »Sand River Convention« von 1852 die Unabhängigkeit der Burenrepubliken Transvaal und Oranje Freistaat anerkannt. Doch die erste Entdeckung von Diamanten (1868/69) und später von Gold (1886) in Transvaal bewirkte in Südafrika eine wirtschaftliche Umwälzung und zog die Engländer stärker ins Land. Im Jahre 1871 wurden die Diamantenfelder, die zum Freistaat Oranje gehörten, von ihnen annektiert, und 1877 geschah dasselbe mit Transvaal. Aber infolge des Widerstands der Buren und Gladstones Abneigung gegen den Imperialismus wurde das Steuer wieder herumgeworfen und 1884 die Unabhängigkeit der Burenrepublik abermals anerkannt. Die Entdeckung von Gold auf dem Witwatersrand, nur zwei Jahre später, änderte erneut die Lage, und 1894 entschloß sich Cecil Rhodes, Premierminister der Kapkolonie, zu handeln. Im folgenden Jahr wurde ein Trupp von Freischärlern unter Führung von Rhodes Stellvertreter Dr. Jameson über die Grenze ins Transvaal geschickt, um eine Revolution zu entfachen. Dieser sogenannte Jameson-Raid mißlang, hatte jedoch eine Reihe von Zwischenfällen zur Folge, bis 1899 der Burenkrieg ausbrach. Mittlerweile hatte Rhodes, der sehr genau erkannte, was auf dem Spiel stand, den Blick schon weiter nach Norden gerichtet, auf das in Zentralafrika zwischen den deutschen und den portugiesischen Kolonien liegende Land der Mata-

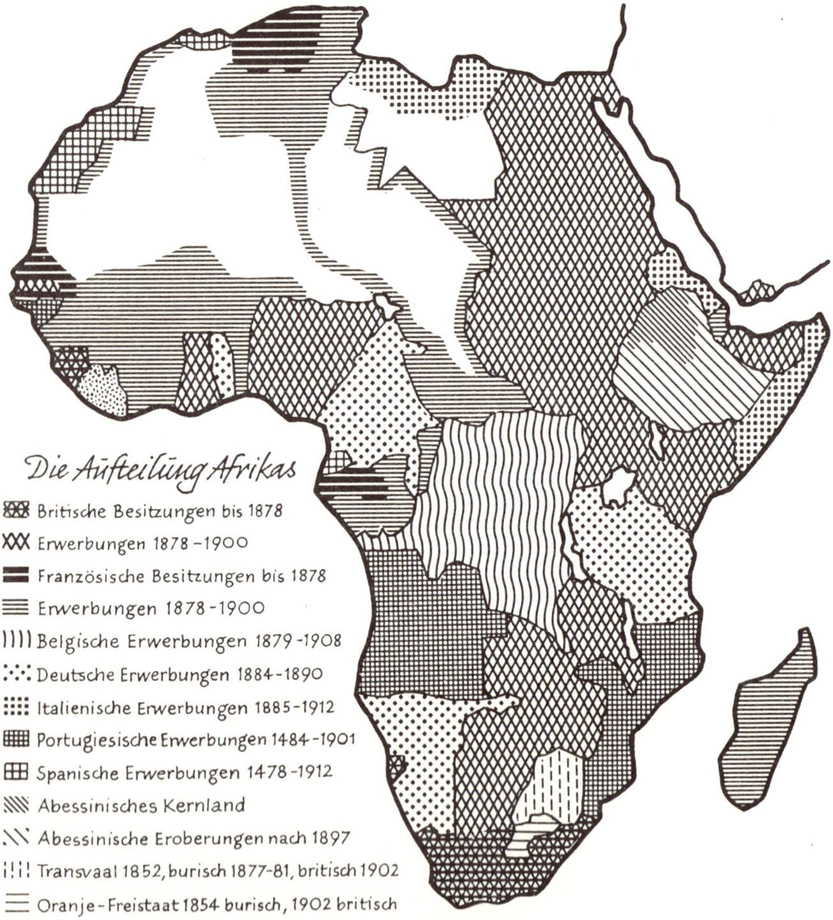

bele und der Maschonas. Ihm war klar, daß, wenn Südafrika jemals zu einem großen Reich vereinigt werden sollte, wie er es sich wünschte, England auch die Herrschaft über diese Gebiete erringen mußte, bevor sie von anderen Mächten annektiert wurden. Denn durch sie lief der Weg vom Kap nach Kairo. 1893 schlug Rhodes zu, die Macht der Matabele wurde gebrochen, und zwei Jahre später entstand das Gebiet Rhodesia mit der nach dem

Burenkommando bei Ladysmith, 1899

Paul Krüger

Otto von Bismarck
Photographie, 1894

britischen Premierminister benannten Hauptstadt Salisbury. Im Norden begann inzwischen Großbritannien, nachdem es von 1882 an in Ägypten die führende Rolle übernommen hatte, die alten ägyptischen Ansprüche auf den Sudan und das Obere Niltal zu unterstützen. Die Befriedung des Sudan mag vom britischen Gesichtspunkt aus notwendig gewesen sein für die Sicherheit Ägyptens und dessen Verfügung über das Wasser des Nils, von dem der Wohlstand des Landes abhing, doch sie öffnete auch den Weg nach Uganda, das 1894, und nach Britisch Ostafrika (Kenia), das 1895 zum britischen Protektorat gemacht wurde. Somit war eine Kette von Territorien unter britische Herrschaft genommen, die sich von Norden nach Süden durch den Kontinent erstreckte und die kolonialen Ambitionen Frankreichs durchkreuzte. Der Fehlschlag der ersten Expedition von Ägypten zum Sudan (1885) schob die Krise hinaus, und die folgenden Jahre nutzte Großbritannien, um diplomatische Vereinbarungen mit Deutschland, Italien und dem Kongo-Freistaat unter Dach zu bringen, durch die das ganze Obere Niltal bis zu den großen Seen als britische Interessensphäre anerkannt wurde. Nach diesen Vorbereitungen entsandte England 1898 ein neues Expeditionskorps unter Kitchener zur Rückeroberung in den Sudan. Kitchener schlug die Sudanesen bei Omdurman, drang weiter nach Süden vor und stieß auf eine französische Kolonne unter Oberst Marchand, die vom Tschad-See ostwärts vorgedrungen war und bei Faschoda die französische Flagge gehißt hatte. Diese Provokation war unklug von den Franzosen, denn Frankreich konnte sich, wie seine Regierung schnell erkannte, einen kriegerischen Konflikt nicht leisten. Für kurze Zeit schien jedoch durch den Zwischenfall von Faschoda ein Krieg zwischen Frankreich und England ernstlich zu drohen. Er zeigte auch, wie sehr die Rivalität der Großmächte in Afrika allgemein ihre Beziehungen zueinander verschlechterte und die internationalen Spannungen erhöhte. Immerhin war der Zwischenfall von Faschoda der letzte seiner Art. Nur dauernde französisch-deutsche Eintracht, mit der keinesfalls zu rechnen war, hätte die Ausdehnung der britischen Herrschaft in Frage stellen können. Nach 1898 war keine Macht in der Lage, Großbritannien in Afrika noch Widerstand entgegenzusetzen. Zur Zeit der Jameson Raid, 1895, hatte Deutschland für einen Augenblick als Beschützer der Buren posiert, doch sobald die Deutschen merkten, daß weder Frankreich noch Rußland bereit war, sie dabei zu unterstützen, änderten sie ihre Haltung und schlossen noch im gleichen Jahr ein Geheimabkommen mit der britischen Regierung. Demzufolge blieb Deutschland, als 1899 der Burenkrieg ausbrach, neutral. Inzwischen hatten sich jedenfalls die deutschen Ambitionen in andere Richtung gewandt. Im Jahre der Unterzeichnung des englisch-deutschen Geheimabkommens, also 1898, besuchte Kaiser Wilhelm II. Konstantinopel, und im nächsten Jahr wurde der Bau der Bagdadbahn durch einen feierlichen Akt eingeleitet. Hier, in Kleinasien, entdeckte Deutschland ein neues und mehr Gewinn versprechendes Feld für seine wirtschaftliche Expansion, ein Gebiet, in dem es auch seinen politischen Einfluß stärker geltend machen konnte. Und in weiter Ferne, in Ozeanien und Ostasien, winkten Gelegenheiten zum Aufbau eines Imperiums.

Die Rivalität der Großmächte in Asien und Ozeanien

Die große Frage in diesem letzten Jahrzehnt des 19. Jahrhunderts war: ob Asien mit seiner weit größeren Bevölkerung (die 1880 die Hälfte der gesamten Menschheit ausmachte) das Schicksal Afrikas erleiden sollte, das heißt: ob die fremden Mächte das gigantische, innerlich zerfallende Chinesische Reich besetzen und aufteilen würden. Schon 1850 hatte Seward, die Hauptfigur unter den amerikanischen Imperialisten des 19. Jahrhunderts, den Stillen Ozean als »Thronsitz eines Empire« bezeichnet, und ein halbes Jahrhundert später beschäftigte sich Brooks Adams mit der Chinafrage als dem »bedeutendsten Problem der Zukunft«. Dennoch brach sich die Erkenntnis, daß der Pazifik ein Schicksalsmeer sei, nur langsam Bahn. Das von James Cook 1773 entdeckte Australien zählte in der britischen Politik bis zur Mitte des vorigen Jahrhunderts kaum mit. Neuseeland wurde erst 1840 unter britische Herrschaft gebracht. Die chinesischen Kriege im ersten Teil des Jahrhunderts gingen um Handelsinteressen, nicht um Annexionen, doch von etwa 1874 an änderte sich die Einstellung zu China sehr schnell. Schon zur Zeit Napoleons III. hatten die Franzosen im Streben nach Erweiterung ihres Machtbereichs die drei östlichen Provinzen von Cochinchina annektiert. Von dieser Basis dehnten sie allmählich ihr Herrschaftsgebiet aus: 1863 machten sie Kambodscha zum Protektorat, annektierten 1867 die Westprovinzen von Cochinchina und ließen sich 1874 als Protektoratsmacht in Annam nieder. China sah sich 1885 gezwungen, die französischen Eroberungen anzuerkennen, und schon zwei Jahre später waren Cochinchina, Kambodscha, Annam und Tonking zu Französisch Indo-China zusammengefaßt, dem 1893 noch Laos als fünfte Provinz angegliedert wurde. Inzwischen hatte die Rivalität der Großmächte im pazifischen Raum schärfere Formen angenommen, und die möglichen Folgen der französischen Politik blieben den andern nicht verborgen, am wenigsten den Holländern und den Briten, die in jenem Gebiet schon seit langem aktiv gewesen waren. Holland erweiterte, um den anderen europäischen Mächten zuvorzukommen, sein Herrschaftsgebiet von Java über die anderen großen Inseln des Malaiischen Archipels – Sumatra, Borneo und Celebes – und verwandelte so die bis dahin lockere Kette seiner Handelsplätze in ein Empire. England, das sich, von Indien aus vordringend, in Burma schon früh eingeschaltet und 1874 in den Malaienstaaten die Regierung übernommen hatte, konnte nicht gleichgültig zusehen, wenn die Franzosen ihren Machtbereich quer durch die von Hongkong nach Singapore führenden Wege zogen, so wenig wie es die Intrigen dulden konnte, welche die französischen Behörden mit dem burmesischen König Thibaw von Tonking aus anzettelten. Die britische Antwort an Frankreich bestand in der Annexion von Burma 1886 und der Errichtung eines Protektorats über Nord-Borneo 1888. Um die Verteidigungsposten am Gürtel um Indien, die Beherrschung des Indischen Ozeans und der Seewege nach Australien zentrierte sich die Weltpolitik der Engländer, die das Auftreten rivalisierender Mächte im pazifischen Raum allein aus diesem strategischen Gesichtswinkel betrachteten. Als die Deutschen nach Samoa übergriffen und 1885 den größten Teil von Neu-Guinea sowie die Marshall-Inseln und einige der Salomonengruppe in Besitz nahmen, als ferner Frankreich auf den Neuen Hebriden intervenierte und 1886 Neu-Kaledonien besetzte, wurden diese Aktionen als Bedrohung der

Sicherheit Australiens und Neuseelands angesehen und bewirkten britische Gegenmaßnahmen. Zu dem Problem kam noch ein Novum, als man gegen Ende des Jahrhunderts in den Vereinigten Staaten für strategische Interessen im Pazifik hellhörig wurde und die Wichtigkeit der nordpazifischen Inseln als Außenposten für die Verteidigung der nordamerikanischen Westküste erkannte. Seit 1875 hatten die Vereinigten Staaten praktisch schon die Hawaii-Inseln unter Schutzherrschaft genommen, garantierten ihnen die Unabhängigkeit gegenüber dritten Mächten und richteten 1887 Pearl Harbour als amerikanische Flottenbasis ein. Als 1891 ihr Einfluß gefährdet war, ließen sie eine Rebellion zu ihren Gunsten spielen und machten die Inseln zur freien Republik, die alsbald selbst um Annexion durch die Vereinigten Staaten ersuchte. Das geschah 1898, in einem Schicksalsjahr der amerikanischen Außenpolitik, als die Vereinigten Staaten nach ihrem gegen Spanien um Kuba geführten Krieg Puerto Rico besetzten und im Pazifik Guam, die Marianen und die Philippinen übernahmen, während die Amerikaner im folgenden Jahr die Inseln der Samoagruppe, wo sie seit den siebziger Jahren einen Flottenstützpunkt hatten, mit England und Deutschland teilten. Die Ereignisse des Jahres 1898 verkündeten der Welt, daß die Vereinigten Staaten als imperiale Macht in Erscheinung getreten waren. Mit der Annexion Hawaiis und der Philippinen bezogen sie gleichsam frontale Positionen gegen die übrigen imperialistischen Mächte, die dabei waren, ihre Stellungen im pazifischen Raum zu festigen; klar wurde ihnen jetzt die Notwendigkeit, ihre Flotten in beiden großen Ozeanen zu stationieren und bei Panama einen Verbindungskanal zu bauen, um die Geschwader nach beiden Richtungen hin schneller verstärken zu können. »Wir grenzen an Rußland, an Japan und an China« hatte schon 1815 ein weitblickender amerikanischer Seeoffizier dem Präsidenten Madison vorgetragen – nach damaliger Auffassung eine reine Utopie, die jedoch 1898 zur Wirklichkeit geworden war. Doch an der ganzen chinesischen Küste und zwischen den Inseln im Pazifik trafen die Amerikaner auf die Flotten der Engländer, der Russen, der Franzosen, der Deutschen und der Japaner, also der Nationen, die erpicht darauf waren, das chinesische Festland in gleicher Weise aufzuteilen, wie Afrika in europäischen Besitz gebracht worden war. Sie beobachteten einander ständig mit unverhülltem Mißtrauen. »Die westlichen Mächte«, wurde 1898 in einem dem Kaiser von China vorgelegten Memorandum erklärt, »verachten uns und gehen mit uns um wie mit Barbaren. Nachdem die Aufteilung Afrikas beendet ist, reden sie von der Teilung Chinas. Ihre Zeitungen behandeln das Thema ganz offen, sogar mit genauen Teilungsplänen.«

Der Streit um China, der in dieser Feststellung angedeutet ist, bezeichnet den Höhepunkt des Imperialismus der Europäer. Die pazifischen Inseln hatten vorwiegend strategische Bedeutung, im übrigen (so sagte später ein deutscher Diplomat mit Bezug auf Samoa) seien sie kaum die Ausgaben für die um ihretwillen gesandten diplomatischen Depeschen wert. Mit China freilich sah es anders aus. Die Gebiete vor seinen Grenzen, die, obwohl sie nicht unmittelbar zu China gehörten, doch unter Lehnsherrschaft des Kaisers von China standen, waren bereits zur Beute der europäischen Eroberer geworden. Die Franzosen, die, wie wir sahen, 1883 Annam zum Protektorat machten, blieben für chinesische Proteste taub. Die Briten hatten 1886 Burma annektiert. Die Russen hatten, dem Lauf des Amur folgend, ihr sibirisches »Küstengebiet« schon eine Generation früher eingerichtet. Im Jahre 1860 hatte

Generalgouverneur Nikolaus Murawjew – ein Statthalter, dem der Ehrgeiz eines Wellesley und das diplomatische Geschick eines Dalhousie nachgesagt wurden – Wladiwostok gegründet. So waren diese drei Nationen in der Lage, in China ihre Wünsche durchzusetzen, und das zerfallende Chinesische Großreich (das »in schlimmerem Zustand war, als je ein leidlich großes Land mit natürlichen Hilfsquellen und eigener Kultur gewesen ist«) lag als lockende Beute vor ihnen. Die Franzosen reizte besonders die an Tonking grenzende chinesische Provinz Yünnan zum Eindringen. Die britischen Interessen, verankert in Hongkong und Shanghai, zielten auf das Yangtse-Becken. Rußland strebte nach der Herrschaft über die Manchurei und Korea, die gleichbedeutend gewesen wäre mit der Beherrschung Nord-Chinas und seiner Hauptstadt Peking. Als unbekannte Größe, die gänzlich unerwartet ins Spiel kam und alle Berechnungen umwarf, erschien das »verwestlichte« Japan, Rivale und Konkurrent im Streben nach bevorzugten Positionen auf dem chinesischen Festland. Fühlbar gemacht hatte sich Japans Gegenwart schon 1876, als es die zögernden Koreaner zum Bruch mit Peking zwang und sich selbst zum wirtschaftlichen Beherrscher Koreas aufwarf. Achtzehn Jahre später war Japan – vielleicht provoziert durch die russischen Versuche, in Korea Fuß zu fassen – entschlossen, eine Entscheidung zu erzwingen. Seit 1876 hatte es in Korea starke anti-japanische Strömungen gegeben, und 1882 sowie 1884 gewann die japanfeindliche Partei dort viele Stimmen. Und 1894 brachen wieder Unruhen aus, mit hauptsächlich gegen Japan gerichteten Parolen. Die Regierung in Seoul war der Situation nicht mehr gewachsen und bat China um Hilfe, das Truppen sandte. Die Japaner, nicht gewillt, die chinesische Schutzherrschaft über Korea anzuerkennen, schickten ebenfalls Truppen und erklärten, nach verschiedenen Überraschungsangriffen auf chinesische Transporte, am 1. August 1894 China offiziell den Krieg. Die kurzen, vernichtenden Feldzüge, die Japan nun führte, bewiesen der erstaunten Welt, daß es eine Macht war, die von den Nationen der europäischen Eroberer als gleichrangig anerkannt werden mußte. Zu Lande wie zur See wurden die Chinesen entscheidend geschlagen und sahen sich gezwungen, am 17. April 1895 den Friedensvertrag von Shimonoseki zu unterzeichnen, demzufolge sie die Unabhängigkeit Koreas anerkennen, Formosa, die Pescadore und die manchurische Halbinsel Liao-tung den Japanern definitiv abtreten und ihnen, neben einer großen Reparationszahlung, alle Privilegien einräumen mußten – auch die Rechte der Exterritorialität –, deren sich die europäischen Großmächte in China erfreuten. Mit dem Vertrag von Shimonoseki begann ein neuer Abschnitt der Politik im Fernen Osten. Vor allem konnten die europäischen Mächte nicht stillschweigend zusehen, wie die Japaner ihnen die Siegesfrüchte vor der Nase wegschnappten. England freilich hatte, da es mit Frankreich und Rußland verfeindet war, nicht viel dagegen, daß die Japaner einen Fuß aufs chinesische Festland setzten. Rußland jedoch, das 1891 mit dem Bau der Transsibirienbahn begann, machte vitale Interessen an dem eisfreien Hafen Port Arthur an der Spitze der Halbinsel Liao-tung geltend und war entschlossen, sich in der Manchurei und in Korea nicht durch die Japaner überrunden zu lassen, eben in dem Moment, da seine eigene Kraft für eine Expansion nach Fernost groß genug wurde. So kam es, daß nur sechs Tage nach Unterzeichnung des Vertrages von Shimonoseki Rußland, von Frankreich und Deutschland unterstützt, die Initiative ergriff und durch eine »Dreier-Intervention« Japan zwang, auf die

Halbinsel Liao-tung zu verzichten. Aber die europäischen Mächte bedienten sich, nachdem sie Japan zurückgedrängt hatten, eifrig der durch die japanischen Siege gebotenen Chancen, schnell vorzupreschen und sich auf eigene Faust gewisse Konzessionen zu sichern. China war ganz offensichtlich so schwach, daß es jede fremde Aggression hilflos dulden mußte, und tatsächlich war innerhalb von nur drei Jahren nach seinem Friedensvertrag mit Japan das Land gründlich in Sphären für politischen Einfluß und wirtschaftliche Aktivität fremder Nationen aufgeteilt. Rußland, zuerst auf dem Plan, verlor keine Zeit und präsentierte sofort seine Rechnung für die im Kampf gegen Japan geleistete Hilfe. Mittels eines im Mai 1896 geschlossenen Geheimvertrages preßten die Russen China das Recht zum Bau einer Bahnlinie durch die Manchurei ab, und da die von der russischen Regierung nachdrücklich gestützte Eisenbahngesellschaft das »absolute und alleinige Recht erworben hatte, ihre Ländereien selbst zu verwalten und ein eigenes Polizeikorps aufzustellen«, kam es im Effekt zu voller Herrschaft der Russen in der Manchurei. Rußlands Partner bei der Dreier-Intervention ließen auch nicht auf sich warten. Frankreich verkündete, daß es (wie der für seine treffenden Formulierungen bekannte Präsident der Handelskammer von Lyon es ausdrückte) jetzt »Nahtstellen verlöten« werde. Mit anderen Worten: es sollten, da Indochina schon in französischem Besitz war, jetzt die angrenzenden chinesischen Gebiete »angelötet« werden, und zwar durch eine von Tonking zum oberen Yangtse führende Eisenbahn. Im Jahre 1899 nahmen sich die Franzosen die Bucht von Kuangchouwan mit angrenzenden Gebieten als Flottenstützpunkt, doch das sollte erst der Anfang sein. Im Geist sahen die Franzosen sich schon im Besitz eines größeren Empire, als die Briten es in Indien hatten, denn sie planten, die Provinzen Kuangsi, Hunan, Kueichou und Szechuan, die über ein Viertel des Chinesischen Reiches mit einem Fünftel seiner Bevölkerung umfaßten, an Indochina zu »löten«. Deutschland, der dritte Partner bei jener Intervention, suchte sich einen Flottenstützpunkt, der sich »als Startbasis für die Einrichtung eines deutschen Kolonialgebiets« eignete. Als zwei Missionare von Banditen umgebracht wurden, trafen die Deutschen nach klassischem Vorbild »Vergeltungsmaßnahmen«, indem sie im November 1897 die Bucht von Kiaochou durch ein Kriegsschiffsgeschwader in Besitz nahmen und die Abtretung der Provinz Shantung forderten. Rußland war der Ansicht, daß »die Besetzung von Kiaochou durch die Deutschen eine günstige Gelegenheit bot, von einem der chinesischen Häfen Besitz zu ergreifen« und folgte im März 1898 mit der Besetzung von Port Arthur. Großbritannien machte mit der Besetzung von Weihaiwei sofort einen entsprechenden Gegenzug. Bis dahin waren die Engländer, als Hauptnutznießer am Chinahandel, für freie wirtschaftliche Konkurrenz in China aufgetreten, doch jetzt beschlossen sie, getrieben durch ihre europäischen Rivalen im Ringen um Territorien, in großem Stil vorzugehen, indem sie das ganze Flußbecken des Yangtse, mit über der Hälfte der Gesamtbevölkerung des Chinesischen Reichs, als ihre Interessensphäre beanspruchten. Nur Italien, das spät auf der Bühne erschien und durch die im Kampf gegen die Äthiopier 1896 erlittene Niederlage diskreditiert war, gelang es nicht, sich eine »Einflußsphäre« auszuschneiden. Als es die Samun-Bucht in der Provinz Chekiang als Flottenstützpunkt verlangte, war das Maß für die Chinesen voll, die nun erklärten, sie würden sich jeder weiteren Verletzung ihres Hoheitsgebiets mit Gewalt widersetzen. Der Ausschluß Italiens war indes nur ein geringer »Gewinn« für

China. Durch eine Serie von Pachtungen, Konzessionen, Sonderverträgen und Schadensersatzleistungen hatten die europäischen Mächte auf chinesischem Boden »ein System halbsouveräner Rechte mit kolonialem Charakter entwickelt. De facto waren die in China gepachteten Gebiete die Kolonien der betreffenden Mächte und bildeten, zusammen mit den ihnen angegliederten Eisenbahnzonen, Enklaven fremder Herrschaft, die Chinas Souveränität zerstörten. Die Besatzungsmächte besaßen die uneingeschränkten Rechte für eigene Verwaltung, eigene Polizeitruppen und Verteidigungsanlagen, und ihre Häfen wurden zu Militär- und Flottenstützpunkten ausgebaut, so daß sie von da aus entweder China niederhalten oder Krieg gegeneinander führen konnten.«

Überdies handelten die Okkupanten, obwohl ihnen die Gebiete nur in Pacht überlassen waren und nach 1895 keine ausländische Macht mehr ein Gebiet von China unter volle eigene Souveränität nahm, von der ersten Stunde an unter der Voraussetzung, daß die Besitzergreifung für die Dauer erfolgt und Chinas Rücknahmerecht nur Formsache sei. In China wurden, wie in Persien und der Türkei, der Regierung riesige Anleihen aufgedrängt, so daß bis 1914 die chinesische Nationalschuld, die 1895 weniger als sieben Millionen englische Pfund betragen hatte, auf hundertundfünf Millionen Pfund gestiegen war. Und die Gläubigerländer benutzten die Anleihen als Mittel zu politischer Lenkung und als Hebel zum Erpressen weiterer Konzessionen. Die Methoden der weißen Aggression in Asien waren zwar besser ausgeklügelt und weniger plump als die in Afrika angewendeten, doch die Motive der Imperialisten und ihre Absicht, sich Gebiete in Permanenz zu sichern, waren die gleichen. Als die 1894 durch Japan eröffnete Schlacht um die Konzessionen im Jahre 1899 beendet wurde, war China völlig entmachtet, und das schon wankende Manchureich schien dem Zusammenbruch nahe.

Die Rückwirkung des Kolonialismus auf Europa

Entgegen allen Erwartungen wurde das Jahr 1898 zu einem Wendepunkt. In China nahm sogar der kaiserliche Hof zur Kenntnis, wie verzweifelt die Situation war. Durch die Reformen des Kaisers im Jahre 1898 wurden viele antiquierte Einrichtungen und Mißbräuche abgeschafft, die China am wirksamen Widerstand gegen die Fremden gehindert hatten. Bedeutsamer war, auf lange Sicht, das Erwachen »patriotischer Gefühle im kleinen Mann«, das zum Boxeraufstand von 1900 führte (dem »blindwütenden Umsichschlagen eines über die Maßen gequälten Volkes«) und später die nationalistische Bewegung Kuomintang unter Sun Yat-sen inspirierte. Noch vor der Jahrhundertwende begann der Nationalismus in den ausgebeuteten Ländern, die auf eine eigene alte Kultur zurückgreifen konnten, zu erwachen. In Ägypten machte er, nach der ersten Manifestation 1882 unter dem jungen Khediven Abbas II., der 1892 die Regierung antrat, merkliche Fortschritte. In Indien bereitete der 1885 konstituierte Nationalkongreß den Weg für das nach 1905 schnell wachsende Nationalbewußtsein. Im Ottomanischen Reich hatte die auf dem Berliner Kongreß 1878 eingeleitete Zerteilung des Landes die Bewegung der patriotischen Jungtürken aktiviert, die 1908

Revolution machten. Eine spätere Generation hat richtig erkannt, daß mit dieser Reaktion bei den Opfern des Imperialismus die Strömung völlig umschlug, doch damals war es noch nicht möglich, das Ausmaß der Revolte gegen die Vorherrschaft der Westvölker, wie sie ein halbes Jahrhundert später mit welterschütternden Folgen zu vollem Ausbruch kommen sollte, vorauszusehen. Die unmittelbare Folge des Boxeraufstandes war eine noch härtere Knechtung des chinesischen Volkes, und die zehn Jahre zwischen der Unterdrückung dieses Aufstands und dem Sturz der Manchu-Dynastie 1911 wurden für die sich in China als Herrscher gebärdenden westlichen Nationen die gewinnreichsten. Was immer die Chinesen dagegen zu tun versuchten – sie waren nicht fähig, die Aggression der Europäer abzuwehren. Doch gegen Ende der neunziger Jahre hatten zwei andere Faktoren ein Nachlassen der Spannung bewirkt. Einer war das Erscheinen der Vereinigten Staaten auf dem Schauplatz, als sie, wie bereits erwähnt, 1898 die Philippinen besetzten, und zwar trotz aktivem Widerstand der Deutschen. Der neue Einsatz bei den Interessenkonflikten im Fernen Osten, den diese Annexion erkennen ließ, bedeutete, daß hinfort Amerika in Ostasien eine größere Rolle zu spielen gedachte. Die Vereinigten Staaten grenzten nicht, wie Frankreich und Rußland, mit eigenem Territorium an China und hatten keinen Flottenstützpunkt auf dem chinesischen Festland; sie konnten daher nicht erwarten, beim Balgen um Konzessionen mit den europäischen Großmächten gleichzuziehen. Deshalb gingen sie im eigenen Interesse zu der Politik über, die Großbritannien erst kürzlich aufgegeben hatte. Außenminister Hay verkündete in einem Rundschreiben vom September 1899 die Doktrin der »offenen Tür«. Zweifellos zielte diese Taktik in erster Linie auf die Sicherung amerikanischer Wirtschaftsinteressen in China, und zwar in den Gebieten, die immer schneller unter die Herrschaft anderer Großmächte gerieten, aber sie bedeutete auch, daß die Vereinigten Staaten sich weiteren Aufteilungen widersetzten, und damit war sie für die Erhaltung der Einheit des chinesischen Reiches von großem Gewicht. Noch nachdrücklicher sorgte für eine Änderung der Atmosphäre bei dem überhasteten Geraufe um Herrschaftsgebiete die Gefahr ernster Zusammenstöße zwischen den Großmächten. Schon 1893, als Frankreich die Zession von nahezu einem Drittel des Königreichs Siam verlangte und nur durch die Anwesenheit britischer Kriegsschiffe davon abgehalten wurde, wäre um ein Haar ein Krieg zwischen England und Frankreich ausgebrochen. Und 1898 hatte nur das Kreuzen eines britischen Kriegsschiffs zwischen den deutschen und amerikanischen Geschwadern in der Bucht von Manila die Beschießung der amerikanischen Schiffe durch die deutschen verhindert. Gegen Ende des Jahres 1898 wurde offenbar, daß die fortgesetzten Erpressungen und entsprechenden Gegenmaßnahmen auf Kosten Chinas die Grenze erreicht hatten, an der die rivalisierenden europäischen Großmächte zur Not noch den Frieden bewahren konnten. Überdies waren die drei Nationen, die sich 1895 Japan entgegengestellt und nachher die wilde Jagd auf Konzessionen begonnen hatten, nicht mehr einig. Da die Russen sich jetzt so auf Ostasien konzentrierten, geriet die russische Politik in Europa ins Hintertreffen, was wiederum Frankreich mißfiel, das andererseits nicht riskieren durfte, gleichzeitig mit England und Deutschland in Konflikt zu kommen. Zur Zeit der Faschodakrise hatte Rußland – begreiflicherweise, da es selbst an Afrika nicht interessiert war – seinem französischen Verbündeten wenig Beistand gegen die Engländer geleistet, und sobald die Krise um Faschoda überwunden war, begannen die französischen Staatsmänner, die Vorteile besserer Beziehungen zu England einzusehen. Die Deutschen hingegen, so eifrig sie auch die Russen in Asien zum Vorgehen anstachelten, in der Hoffnung, Rußland mit England zu entzweien und sich dadurch freie Hand in Europa zu verschaffen, waren immerhin vorsichtig darauf bedacht, sich an keine der beiden Parteien zu binden, weil sie glaubten, bei deren als unvermeidlich erwartetem Konflikt in die beneidenswerte Lage des lachenden Dritten zu kommen. Großbritannien jedoch betrachtete immer besorgter die Gefahren einer möglichen Isolierung und war daher bereit, mit jeder Großmacht zu paktieren, mit der es gemeinsam gegen Rußland auftreten konnte. Aber die britischen Versuche, die Beziehungen zu Deutschland zu verbessern, 1898 sowie 1899 und nochmals 1901, blieben erfolglos, und als Deutschland 1898 ein neues Flottenprogramm begann, änderte sich die Situation gründlich. Mittlerweile erfüllte das Wachsen des deutschen Wirtschaftspotentials in Kleinasien, gekennzeichnet durch das in Berlin konzipierte Projekt der Bagdadbahn und die von Kaiser Wilhelm II. 1898 in Damaskus gehaltene Rede, die Russen allmählich mit Sorge. So wurde gegen Schluß des Jahres 1898 die Weltpolitik gewissermaßen flüssiger, und entsprechende Rückwirkungen in Ostasien konnten nicht ausbleiben. Es wäre freilich eine Übertreibung, wollte man behaupten, der Schwerpunkt der Weltpolitik sei bereits vom Fernen Osten nach Europa zurückverlagert worden. Rußland vor allem trachtete weiter nach Verwirklichung seiner ehrgeizigen Pläne in Ostasien, bis es sie, nach der Niederlage im Krieg gegen Japan 1905, aufgeben mußte. Abgesehen davon klang aber das imperialistische Fieber allmählich ab, und ältere Streitfragen schoben sich wieder in den Vordergrund. Im letzten Dezennium des 19. Jahrhunderts hatte man in Europa die schwierigeren Probleme auf Eis gelegt, und die Politik der Großmächte war mit weitem Vorrang durch das Problem Ostasien bestimmt worden. Damit soll freilich nicht gesagt sein, daß die Frage des Erwerbs von Kolonien alle anderen Erwägungen der Staatsmänner in den Hintergrund schob. Imperialistische Machterweiterung war bei den europäischen Völkern ein beliebtes Thema, und es gab genug Begeisterte, die den Imperialismus in öffentlichen Reden und in den Zeitungen laut priesen. Was aber den einander mißtrauisch beobachtenden Staatsmännern Kopfschmerzen machte, war vielmehr – nach den Worten des deutschen Kanzlers Fürst Hohenlohe, 1895 – die Möglichkeit, daß Veränderungen im Kräftegleichgewicht der europäischen Mächte im Fernen Osten ihren gegenseitigen Status benachteiligen könnten. Keine europäische Großmacht war willens, im Interesse kolonialer Erwerbungen bewußt das Risiko eines Krieges gegen die andern einzugehen. Auch Rußland nicht. Abgesehen von Großbritannien, das als einzige wirkliche Seemacht eine Sonderstellung hatte, führte keine dieser Nationen ihren Kolonialbesitz unter der Rubrik »lebenswichtige Interessen«. So wertete vor allem Deutschland seine weit verstreuten Besitzungen, die sich der Entfernungen wegen nicht zu einem profitablen Kolonialreich verbinden ließen, hauptsächlich als diplomatische Druckmittel. Letzten Endes blieb daher die europäische Situation entscheidend. Jedes kleinste Ersuchen um eine Unterstützung in Asien oder Afrika wurde kühl abgewogen im Hinblick auf die Rückwirkungen, die es in Europa bringen konnte. Wenn wir die Periode von 1885 bis 1898 als das »imperialistische Zeitalter« beschreiben wollen, müssen wir diesen Vorbehalt mit in Rechnung stellen. Wie wir sahen, waren bei dem imperialistischen Treiben zweifellos mächtige wirtschaftliche und soziale Faktoren am Werk, doch bei den Berechnungen aller politisch Handelnden wurde der Vorrang Europas nie außer acht gelassen. Die lärmenden, verhetzten Volksmengen aller Nationen, hingerissen von den Möglichkeiten der technologischen Ära, und eine jüngere Generation verloren die Geduld mit der sich noch immer in engen Grenzen bewegenden Politik und zwangen ihre Staatsmänner, sich den neuen Konzepten der »Weltpolitik« zu beugen. Und von denen protestierte natürlich keiner gegen Kolonialbesitz – schon um nicht im Mutterland die Volksstimmung zu verderben – vorausgesetzt, daß man Kolonien billig erwerben konnte, ohne das Risiko, internationalen Konfliktstoff zu schaffen, und am liebsten durch mehrseitige Abmachungen zwischen den Großmächten, auf Kosten der Eingeborenen. Die Grenzen wurden jedoch hierbei bestimmt durch die europäische »balance of power«. Infolgedessen fand sich Großbritannien bald im Widerstreit mit den wachsenden Dominien Australien und Neuseeland, die sich ihrer Lage nach als rechtmäßige Beherrscher des pazifischen Raumes betrachteten. Als England weder 1885 noch 1886 etwas unternahm, um Deutschland und Frankreich an der Besetzung von Neu-Guinea und Neu-Kaledonien zu hindern, zogen Australien und Neuseeland verärgert den Schluß, man habe ihre Interessen den engen Belangen der britischen Politik in Europa geopfert. Und damit hatten sie von ihrem Standpunkt aus nicht ganz unrecht. Obgleich Europa in den letzten Dezennien des 19. Jahrhunderts die Welt eroberte, lag die Ära der Weltpolitik in dem Sinn, wie wir sie heute verstehen, noch in der Zukunft, und wenn auch die Menschen in den neunziger Jahren das Wort »Welt«politik schon oft hörten – vornehmlich, als es anläßlich des fünfundzwanzigsten Jahrestages des Zweiten Reiches Wilhelms II. zu seiner Parole machte –, so war es doch in jenem Stadium kaum mehr als ein Synonym für die Expansionsfreudigkeit der europäischen Großmächte. Erst als Japan und die Vereinigten Staaten sich zwischen 1895 und 1905 den Weg in die Reihe der Großmächte erzwangen, wurde der Wechsel spürbar, doch auch dann wurde das Wort erst langsam zum festen Begriff. Vorher hatte man die Welt in der Ferne gleichsam als ein Passivum betrachtet, das von Europa aktiviert werden müsse. »Fernöstliche Angelegenheiten werden in Europa entschieden«, sagte der russische General Dragomirow und tat damit hochmütig die lächerliche Auffassung ab, Japan könne für Rußland zu einer Gefahr werden. Dieses Gefühl der Europäer, der übrigen Menschheit turmhoch überlegen zu sein, war typisch für jene Epoche und auch nicht schwer zu erklären. Das einzige Land, das in der Technik mit Europa konkurrieren konnte, waren die Vereinigten Staaten, die sich während der Wiederaufbauzeit nach dem Bürgerkriege ganz isoliert hatten und für die Europäer weit außerhalb des Hauptstroms der Politik zu liegen schienen. Im übrigen hatte die Industrielle Revolution zwischen der Macht der europäischen und der außereuropäischen Länder einen enormen Unterschied geschaffen, während gleichzeitig die größten außereuropäischen Reiche zerfielen. Noch bis zur Zeit Napoleons hatte der Europäer orientalische Herrscher mit Respekt behandelt, doch nach der Industriellen Revolution war das nicht mehr der Fall. Für die Generation um 1900 war die Überlegenheit des Europäers ein Glaubensbekenntnis, und die Weltherrschaft der Europäer wurde als schicksalhaft vorbestimmter Höhepunkt von fünftausend Jahren Menschheitsgeschichte angesehen. Man hörte auch warnende Stimmen, aber nur wenige, und sie fanden kein Echo.

Rudyard Kipling, nach allgemeiner Meinung der Herold des britischen Imperialismus, feierte das Regierungsjubiläum der Königin Viktoria 1897 mit einem düsteren Warnruf an die »heidnischen Herzen«, die ihr Vertrauen auf »schmutzige Kanonenrohre und eiserne Scherben« setzten:

> Far-call'd our navies melt away –
> On dune and headland sinks the fire –
> Lo, all our pomp of yesterday
> Is one with Nineveh and Tyre.

In den Vereinigten Staaten vermochte man die Weltlage mit weniger Leidenschaft zu betrachten. Der Historiker Henry Adams schrieb bündig: »Europa ist erledigt, seine Karten sind ausgespielt. Ein neues Spiel beginnt...« Er lenkte die Aufmerksamkeit auf die Rollen Rußlands und Amerikas als der »zwei künftigen Machtzentren«. Und in Basel, im Herzen des alten Europa, sprach Jakob Burckhardt düster von den drohenden Krisen des zur Neige gehenden 19. Jahrhunderts und prophezeite, daß ganz Europa einer Epoche langdauernden Despotentums über müde gewordene Völker entgegentreibe. Und doch war auch für Burckhardt Europa der »Brennpunkt vielgestaltigen Lebens«, wo die »reichste Bildung ihren Ursprung hat«. In dieser Überzeugung von der Erhabenheit der Europäer war er, trotz seiner sonst pessimistischen Anschauungen, mit der Masse seiner Zeitgenossen einig. Anderer Meinung war er in seiner klaren Erkenntnis der Gefahren, die in Europa durch diese Hybris der Macht heraufbeschworen wurden, Gefahren, an denen der triumphale Vormarsch der Imperialisten viel Schuld trug. Für Burckhardt hing Europas Zukunft davon ab, daß es seine eigenen Probleme löste. In dieser Frage war er, im Gegensatz zur Majorität seiner Zeitgenossen, von tiefer Skepsis erfüllt. Heute können wir sehen, wie recht er mit seinen Befürchtungen gehabt hat. Am Ende des 19. Jahrhunderts sah es ganz so aus, als bekämen die Europäer bald die Macht über die ganze Welt in die Hände, doch es war nur eine kurzfristige, provisorische Herrschaft, weil die Fundamente in Europa nicht fest genug waren, um den schweren Oberbau zu tragen. Untereinander nicht einig und unfähig, die eigenen Probleme zu lösen, haben die europäischen Nationen bei ihrem Ringen um die Weltherrschaft ihre Kräfte überspannt und sich in ihren mörderischen Kämpfen, die im Krieg von 1914 bis 1918 den Gipfel erreichten, so geschwächt, daß sie die gewonnenen Positionen nicht zu halten vermochten. Die Atmosphäre ständig sich zuspitzender Konflikte vergiftete die ganze Periode zwischen 1898 und 1914. In den Jahren zwischen 1871 und 1898 dagegen hatten die sonstigen Spannungen nachgelassen, und diese Entspannung in Europa half den Großmächten, sich mit ihren Interessen weiter in die Welt vorzutasten. Man glaubte sogar allgemein, die Expansion über die Ozeane werde, indem sie die Nationen von den Streitfragen in ihrer Nähe ablenkte, zu einer friedlichen Evolution beitragen, doch dieser Optimismus sollte sich als trügerisch erweisen. Wie wir gesehen haben, schuf die Rivalität im Streben nach Kolonien neue Spannungen, und die sich daraus ergebenden Machtverschiebungen fanden ihr Echo in den politischen Streitigkeiten in Europa. Als Europa nach dem Sieg der Japaner über die Russen 1905 wieder zum Nervenzentrum der internationalen Politik wurde, geschah das in einer Atmosphäre, die sehr viel schlechter war als beim Beginn des Wettlaufs um Kolonien zwanzig Jahre vorher.

Das Ende des Gleichgewichts

Die Jahre nach 1871 waren eine Zeit der Entspannung in Europa. Der deutsche Entschluß, trotz Bismarcks Warnungen Elsaß-Lothringen zu annektieren, verursachte weit verbreitete Unruhe und veranlaßte Gladstone zu der Frage, ob dies nicht den Beginn einer neuen Serie europäischer Verwicklungen bedeute. Im allgemeinen aber war man geneigt, den deutsch-französischen Krieg als den letzten und entscheidenden Schritt in einem Prozeß anzusehen, durch den, beginnend mit der Französischen Revolution, die europäische Gesellschaft nach den Regeln des Nationalismus neu geformt wurde. Nach 1871 konnte keine der europäischen Großmächte ernsthaft behaupten, ihre nationalen Ambitionen seien unerfüllt. Nationalismus und revolutionäre Demokratie, die die vorhergehende Generation so sehr beunruhigt hatten, schienen sich erschöpft zu haben. Nach der Einigung Italiens 1861 und nach der Reorganisation Österreich-Ungarns auf der Grundlage des Ausgleichs von 1867 eröffnete die in Deutschland erreichte Einheit die Aussicht auf eine noch nicht dagewesene Stabilität der europäischen Politik. Jetzt, nachdem die größeren Streitfragen des frühen 19. Jahrhunderts nicht mehr vorhanden waren, hatte man guten Grund, an Stelle von Umwälzungen durch nationale Ansprüche eine Periode friedlicher Entwicklung zu erwarten. Diese Erwartung war nicht einmal ganz und gar trügerisch. Das Jahr 1871 leitete tatsächlich eine dauerhaftere Friedensperiode ein, als sie Europa in der neueren Geschichte erlebt hatte, eine Leistung, die zu verkleinern das 20. Jahrhundert keinen Grund hat; den europäischen Großmächten gelang es, mehr als vierzig Jahre lang den Krieg untereinander zu vermeiden. Aber von der Zeit nach 1871 als einer »Ära der Stabilität« zu sprechen, wie es namhafte Historiker getan haben, ist eine Übertreibung. Die Differenzen zwischen den Großmächten wurden übertüncht, aber keine beigelegt. Jahr um Jahr, besonders nach dem großen Einschnitt, den Bismarcks Rücktritt im Jahre 1890 bedeutete, wurde deutlich, daß das Erreichte ein Waffenstillstand, aber keine Befriedung war. Schon um 1888 wurde es zweifelhaft, ob Bismarcks komplizierte diplomatische Manöver noch länger geeignet waren, die Stabilität aufrechtzuerhalten, die er für die Sicherheit des neuen Deutschen Reiches als notwendig ansah. Zehn Jahre später war die Verschlechterung der internationalen Situation für jeden deutlich sichtbar. Nach 1898 war die Drohung eines allgemeinen Krieges immer gegenwärtig.

Gründe für diesen Stimmungswechsel gab es viele. Einen haben wir schon kennengelernt, es war die Art, wie koloniale Rivalitäten auf die europäische Politik einwirkten. Aber es gab noch andere, die ihre Wurzel auf europäischem Boden selbst hatten. Zunächst war es ein schwerer Irrtum zu glauben, der Nationalismus habe seine Macht als Ursache von Konflikten eingebüßt. In Wirklichkeit hatte sich der Geist des Nationalismus, nachdem er den Westen umgeformt hatte, nach Osteuropa verlagert. Nur war es 1871 schwer, sich einen Begriff davon zu machen, wie tief seine Wirkung in Osteuropa sein würde. Ganz allgemein nahm man noch immer an, die einzigen Nationen, die mitzählten, seien eben die »historischen« Völker, die aus dem Boden des karolingischen Reiches gewachsen waren, während die Ansprüche der slawischen Völker im Osten nur allzu bereitwillig beiseite geschoben wurden. Die vorhergehende Generation hatte den Ausbruch des polnischen Nationalismus im Jahre 1863 erlebt, und viele hatten mit ihm sympathisiert, aber nach der Unterdrückung des polnischen Aufstands neigte man dazu, ihn als phantastisch und romantisch abzutun, ebenso wie man den tschechischen Nationalismus als eine literarische und künstlerische Erscheinung abtat. Darüber hinaus nahm man allgemein an, die Rekonstruktion des österreich-ungarischen Reiches im Jahre 1867, die dem Konflikt zwischen Deutschen und Magyaren ein Ende setzte, habe eine kraftvolle, stabilisierende Macht in Osteuropa geschaffen. Aber diese Berechnung scheiterte an zwei Tatsachen. Zunächst war es die jäh anwachsende Unzufriedenheit unter den slawischen Völkern der Doppelmonarchie, besonders unter den Tschechen, hervorgerufen durch die deutsch-madjarische Vorherrschaft. Seit dem Jahr 1889, als die Jungtschechen die alten gemäßigten Führer in Böhmen beiseite schoben, wurden die inneren Zwistigkeiten ein Dauerzustand, und schon 1895 meinte der amerikanische Gesandte in Wien, nur der große persönliche Einfluß Franz Josephs halte Österreich-Ungarn noch zusammen. Zweitens rief der Entschluß der österreichischen Regierung, nachdem Österreich aus Deutschland und Italien hinausgedrängt war, eine aktive Politik in Südosteuropa zu verfolgen und sich auf dem Balkan zu entschädigen, nicht nur diplomatische Gegenmaßnahmen Rußlands hervor, sondern weckte auch starke nationalistische Reaktionen in den benachbarten slawischen Gebieten, besonders in Serbien. Dem wiedererwachten Nationalismus der Kroaten und Serben, der Bulgaren und Tschechen verlieh die noch unfertige, aber gefühlsmäßig mächtige panslawistische Bewegung Kraft, die sich nach dem Panslawistischen Kongreß von 1867 organisiert hatte. Der Panslawismus war voller Widersprüche und erwies sich für die zaristische Regierung in St. Petersburg oft genug als unbequem, aber er gab den nationalistischen Bewegungen in Osteuropa neuen Impetus, den Magyaren und Deutschen neue Sorgen. In Ungarn verfolgte Koloman Tisza, Premierminister von 1875 bis 1890, eine aktive Politik der »Magyarisierung«, so daß man den ungarischen Staat als die »Bastille des Nationalismus« bezeichnete. In Österreich löste der Panslawismus zusammen mit dem tschechischen Nationalismus eine Gegenbewegung aus, eine steigende Welle des Pangermanismus, vertreten durch Georg von Schönerer und die Deutschnationale Partei, die er 1885 begründete. Die Wesensverwandtschaft zwischen Schönerer und Hitler und die Verbindungen zwischen der Deutschnationalen Partei und der späteren NSDAP sind oft beschrieben worden. Im Augenblick standen sich jedenfalls Panslawismus und Pangermanismus in unversöhnlicher Feindschaft gegenüber, fachten die Flammen des rassischen Konflikts an und rührten aus dem Schlamm rassischer Leidenschaften und Animositäten Kräfte auf, welche die alten Heilmittel der Staatskunst und Diplomatie nicht zu bändigen vermochten. Vom Jahre 1885 an bestand tatsächlich eine Stimmung nationaler Hysterie, von der selbst Bismarck nicht ganz frei war. Seine Polenpolitik, beginnend mit dem Enteignungsgesetz von 1886, eröffnete eine neue Phase des militanten Nationalismus. Damit begann eine Periode des Zwangs und der Unterdrückung, deren Früchte Deutschland in den Jahren 1944 und 1945 ernten sollte. Dreißigtausend Polen – in jenen Tagen eine Zahl ohne Beispiel – wurden aus den deutschen Ostprovinzen vertrieben. Die polnische Sprache wurde als Amtssprache verboten, polnische Landbesitzer zwangsweise enteignet. Und obwohl nach Bismarcks Tod unter dem Druck des Ostmarkenvereins die antipolnische Politik noch verstärkt wurde, konnte sie ein stetiges Wachsen des polnischen Bevölkerungselements nicht verhindern, so daß schließlich die Schlüsselprovinz Pommerellen ihren polnischen Charakter und ihre polnische Mehrheit beibehielt. Als Ergebnis aber wuchs die Erbitterung, und ein neues Element der Macht und Gewalttätigkeit wurde in die Beziehungen der Völker untereinander gebracht. Auch dies war ein Zeichen dafür, daß der klassische Liberalismus im Schwinden begriffen war, daß liberale Grundsätze mißachtet wurden und daß eine Phase internationaler Anarchie anbrach, in der das Gesetz des Dschungels die Richtschnur des Handelns war.

Da der Nationalismus immer weniger gedämpft wurde und die Gegnerschaft von Slawen und Deutschen zunahm, drängten sich die Ereignisse in Osteuropa immer mehr auf die diplomatische Bühne. Seit dem Aufstand in der Herzegowina im Jahre 1875 herrschte in Osteuropa dauernde Spannung. Es ist nicht notwendig, hier die verwickelte diplomatische Geschichte der folgenden Jahre vom russisch-türkischen Krieg 1877 und dem Vertrag von San Stefano 1878 an bis zu den langwierigen bulgarischen Krisen der Jahre 1885 bis 1887 und dem Abschluß der französisch-russischen Allianz zu verfolgen. Wenn während dieser aufeinanderfolgenden Krisen der Friede bewahrt wurde, so nur dank besonderer Umstände, von denen niemand annehmen konnte, sie seien unbegrenzt wirksam. Der erste war die Haltung des neuen Deutschland unter Bismarcks Führung. Nach 1871 war Bismarck erzkonservativ, ängstlich darauf bedacht, die gewonnene Position zu halten. Nachdem er die deutsche Einheit zustande gebracht hatte, betrachtete er das Reich als einen Staat, der lange Friedenszeit brauche, um die innere Stabilität zu erlangen und der sich daher von politischen Abenteuern fernhalten müsse. Da er keine auswärtigen Ambitionen hatte, konnte er auf dem Berliner Kongreß im Jahre 1878 die Rolle des »ehrlichen Maklers« übernehmen. Wichtiger war, daß er Österreichs Ehrgeiz auf dem Balkan Einhalt gebot und sich um ein Gleichgewicht zwischen Österreich und Rußland bemühte. Nach allgemeiner Ansicht war dies das eigentliche Ziel des österreichisch-deutschen »Zweibundes« von 1879, des Dreikaiservertrages von 1881 und seiner Erneuerung im Jahre 1884 und schließlich des »Rückversicherungsvertrages« von 1887. In Bismarcks Augen sollte das Defensivbündnis von 1879 dazu dienen, den Status quo in Südosteuropa aufrechtzuhalten. Da Österreich nun für den Fall eines Angriffs mit deutscher Hilfe rechnen konnte und daher keinen Grund hatte, Rußland zu fürchten, konnte seine Balkanpolitik weniger ängstlich und herausfordernd sein. Als 1881 der Dreikaiservertrag unterzeichnet war, hatte Bismarck Grund zu der Hoffnung, man könne Österreich und Rußland versöhnen, indem man den Balkan in Interessensphären aufteile. Diese Ansicht wurde durch einen zweiten wichtigen Umstand in der internationalen Lage begünstigt, durch einen Richtungswechsel der russischen Politik. Nach den Ereignissen von 1877 und 1878, die klar bewiesen, daß Gewinne auf dem Balkan auf Kosten des Ottomanischen Reiches unerreichbar waren, wurde das Schwergewicht der russischen Politik nach Zentralasien und später nach dem Fernen Osten verlegt. In Südosteuropa befürchteten die russischen Staatsmänner überdies ein Wiederaufleben der »Krim-Koalition« zwischen England, Frankreich und Österreich, sie wünschten daher nur Stabilität, nicht zuletzt auch wegen der nach 1885 auftauchenden Schwierigkeit mit ihren Balkan-Schützlingen, besonders mit Bulgarien. Diese Neuorientierung der russischen Politik war zweifellos ein Hauptfaktor bei der Erhaltung des Friedens auf dem Balkan. Erst später wurde die Situation auf dem Balkan erneut kritisch, als Rußland, in Asien enttäuscht, sich wieder Europa zuwandte. Zu diesem Zeitpunkt allerdings hatte eine neue Kräfteverteilung stattgefunden. Diese neue Lage war es, die schließlich den ersten Weltkrieg vorbereiten half. Für die Generation nach 1871 gab es andererseits keine festen Bindungen, und Bismarcks Furcht vor einer französisch-russischen Allianz, wie sie später im Jahr 1894 Tatsache wurde, war bestimmt übertrieben. Zunächst war sich die neue französische Republik, so entschlossen Frankreich auch sein mochte, seinen Anspruch auf Elsaß-Lothringen aufrechtzuerhalten, der Gefahren der Provozierung bewußt und trachtete danach, nach Möglichkeit mit Deutschland zusammenzuarbeiten. Zweitens war die diplomatische Situation nach 1871 für den Abschluß fester Bündnisse viel zu sehr in Fluß. Für den Zeitraum beinahe einer Generation fehlte es nach 1871 an gemeinsamen Interessen dauerhafter Art. Selbst Österreich und Deutschland, obwohl nach 1879 verbündet, strebten nach verschiedenen Richtungen, Deutschland betrachtete das Bündnis als ein Mittel, die expansiven Ziele Österreichs auf dem Balkan zu unterbinden, während es Österreich als Deckung für seine Balkanpolitik ansah. An anderen Stellen war die Unordnung noch größer. England und Frankreich waren, wie wir gesehen haben, durch Rivalitäten in Afrika entzweit, England und Rußland durch die Krise in Zentralasien, die nach der Niederlage der Afghanen im Kampf gegen die Russen am 30. März 1885 ausbrach. Die Russen beargwöhnten ihrerseits Frankreich, weil sie vor allem eine Erneuerung der »Krim-Koalition« fürchteten, die zu ihrer Niederlage im Jahr 1856 geführt hatte. Folgerichtig klammerten sie sich an eine Verständigung mit Deutschland als das beste Mittel, Österreich zurückzuhalten und britischen Absichten auf dem Balkan zu begegnen. Überblickt man die diplomatischen Manöver dieser Zeit, so ist das österreichisch-deutsche Bündnis der einzige ruhende Punkt. Andererseits lag jede Kombination im Bereich des Möglichen, ausgenommen vielleicht diejenigen, die zwischen 1894 und 1907 heranreiften, also etwa Annäherung Englands an Deutschland gegen Frankreich, eine »kontinentale Liga« gegen England, eine Verständigung der »konservativen« Kräfte gegen die »liberalen«. Aber keine Macht war bereit, sich endgültig zu binden, weil die Grundlage eines gemeinsamen Interesses fehlte, und es war diese Tatsache mehr als irgendeine andere, sicherlich mehr als Bismarcks persönliches Geschick, welche den gefährdeten Frieden erhielt. Sogar die französisch-russische Allianz von 1892, die im Rückblick den Übergang von einer Phase in die andere darstellt, paßt in das Muster dieser Zeit. Ihre damalige Bedeutung war bei weitem nicht so groß, wie spätere Ereignisse ihr angehängt haben, denn sie war ebenso gegen England wie gegen Deutschland gerichtet. Rußland zögerte bis zuletzt, hoffte auf Vorschläge von Deutschland und war entschlossen, das Bündnis für Frankreich nicht als einen Vorwand für einen Revanchekrieg dienen zu lassen. Ebenso wollte Frankreich sich nicht durch Rußland in Streitigkeiten auf dem Balkan oder in Konstantinopel verwickeln lassen.

Aber diese Periode eines labilen Gleichgewichts konnte nicht ewig dauern, und so wirkten im letzten Jahrzehnt des Jahrhunderts nach Bismarcks Rücktritt im Jahre 1890 die Faktoren nicht mehr, die in den vorhergehenden zwanzig Jahren zum Frieden beigetragen hatten. Bismarck selbst sah sich nach 1887 vor zunehmenden Schwierigkeiten, das Gleichgewicht zwischen Rußland und Österreich aufrechtzuerhalten. Seine Manöver wurden (nach Wilhelms I. bekannten Ausspruch) immer mehr zu einem Jonglieren mit fünf Bällen. Die Grundschwierigkeit lag in der Tatsache, daß der »Zweibund« von 1879 trotz aller Vorsichtsmaßregeln Bismarcks Deutschland an Österreich band. Wenn die Erhaltung Österreichs für Deutschland wesentlich war, dann mußte Bismarck schließlich, wie die österreichischen Minister wohl wußten, zur Rettung von Österreich-Ungarn schreiten, wie aggressiv es sich auch benahm. Bismarcks Diplomatie nach 1879 war ein Kampf gegen diese unvermeidliche Tatsache. Als Nachhutgefecht war sie taktisch erfolgreich, aber sie verschleierte im Grunde nur die strategischen Unzulänglichkeiten. Der Dreibundvertrag von 1882, das serbisch-österreichische Bündnis von 1881, das Bündnis, das Bismarck 1883 mit Rumänien abschloß, sie alle zogen Deutschland weiter in Balkan- und Mittelmeer-Bereiche, wo es nach Bismarcks Worten keine Interessen hatte, die die Knochen eines pommerschen Grenadiers wert waren. Bedeutsamer war auf die Dauer die volkstümliche Begeisterung, mit der das österreichische Bündnis in Deutschland begrüßt wurde. »Zum ersten Male«, so sagte Bismarcks alter Gegner Bennigsen, »hat der Kanzler einen Akt der Außenpolitik vollzogen, dem alle Interessen, alle Parteien, ja ganz Deutschland freudig zustimmen.« Was Bismarck als ein diplomatisches Manöver ansah, war in deutschen Augen ein Pfand der Brüderschaft und deutschen Schicksals. Bismarcks Vorsicht in der Behandlung Österreichs wurde weder richtig eingeschätzt noch verstanden. In dem Maße, wie die panslawistischen und pangermanistischen Bewegungen an Stärke zunahmen, wurden die begrenzten Ziele der Kabinettpolitik diskreditiert, und bald wurden die Staatsmänner selbst von den neuen Strömungen beeinflußt. »Wir haben auf die öffentliche Meinung viel mehr Rücksicht zu nehmen als zu Fürst Bismarcks Zeiten«, schrieb Caprivi, der 1890 Bismarck als Kanzler folgte. Seine Feststellung kennzeichnet eine wichtige Veränderung in der Art und Behandlung auswärtiger Angelegenheiten. Rußland war unpopulär, Bismarcks Zurückhaltung wurde übelgenommen. Bismarck selbst war um 1890 ein Anachronismus, und die Deutschen waren ungeduldig, ein neues Kapitel aufzuschlagen. »Als Lebensziel«, so schrieb ein junger Mann, der Bismarck kurz nach seinem Rücktritt besuchte, »bot er uns jungen Deutschen die politische Existenz eines Rentners an, die Verteidigung und den Genuß dessen, was erreicht war.« Diese Kritik zeigt den Unterschied zwischen zwei Generationen, der Generation, welche die Gründung des Reiches als Erfüllung der deutschen Wünsche betrachtete, und der Generation, die darauf brannte, die Kraft und die 1870 sichtbar gewordene Energie zu erproben. Nach 1888 war es der neue Kaiser Wilhelm II. und nicht Bismarck, der das deutsche Fühlen repräsentierte, besonders die feindliche Einstellung gegen Rußland und die Verbundenheit mit dem deutschen Österreich. Wenn der neue Herrscher dem österreichischen Stabschef in Anwesenheit von Kaiser Franz Joseph sagte, Deutschland werde Österreich-Ungarn in jedem Konflikt gegen Rußland beistehen, so war dies die Verneinung der Bismarckschen Politik. Von dieser Feststellung bedeutete es nur noch einen Schritt bis zu Bismarcks Sturz 1890, zur Nichterneuerung des Rückversicherungsvertrages von 1887 und zur französisch-russischen Allianz von 1892.

Gerade weil die deutsche Politik zwischen 1871 und 1890 von dem Bestreben geleitet war, die Bildung feindlicher Blöcke, die den Status quo stören könnten, zu verhindern, beeinflußte ihre veränderte Haltung nach 1890 die internationale Atmosphäre entscheidend.

Deutschland war nach 1871 zur stärksten Kontinentalmacht aufgestiegen, aber da es in Bismarcks Augen eine »saturierte« Macht war, ohne Interessen, die einen Krieg gerechtfertigt hätten, hatte es sein Gewicht in die Waagschale des Friedens geworfen. Das änderte sich 1890. Deutschland wurde ruhelos, ehrgeizig und unvorsichtig, es wurde sich seiner Macht bewußt und begierig, seine Möglichkeiten auszunützen. So stürzte es sich, wie wir gesehen haben, in den Traum von der »Weltpolitik«, machte sich England zum Feind, und neben der Unterstützung Österreichs trieb es eigene Interessen im Nahen Osten voran, was unvermeidlich Rußlands Argwohn erregte. Seine Staatsmänner verließen sich darauf, daß die Zwistigkeiten unter den Mächten, die Unversöhnlichkeit Rußlands und Englands, Englands und Frankreichs und Englands und der Vereinigten Staaten ihnen freie Hand gäben und Deutschlands Schiedsrichterstellung in Europa automatisch garantierten. Das war eine gefährliche Fehlkalkulation. Nichts war weniger geeignet, die alten Differenzen zu bereinigen, als der Auftritt eines ehrgeizigen, vorwärtsdrängenden, unzufriedenen Deutschlands. Die deutsche Politik nach Bismarck wirkte als Katalysator innerhalb der internationalen Beziehungen. Noch bis 1898 schien es wahrscheinlich, daß es zu einem Konflikt zwischen England und Rußland oder zwischen England und Frankreich kommen würde; daher hätte England unter Joseph Chamberlains Einfluß ein Bündnis mit Deutschland begrüßt. Als sich dies als unerreichbar erwies, sahen sich die britischen Staatsmänner anderweitig um. Koloniale Rivalität und die neue Linie der deutschen Politik ließen England jetzt aus seiner »splendid isolation« heraustreten. Es bedurfte für die Bildung neuer Bindungen nur eines Richtungswechsels der russischen Politik von Asien nach Europa – er wurde, wie wir gesehen haben, nach dem Schlag, den der russisch-japanische Krieg Rußland versetzt hatte, vollzogen. Die Irrtümer der deutschen Politik unter Bismarcks Nachfolgern, die so entscheidend zu diesem Resultat beigetragen haben, sind von deutschen Historikern oft genug gegeißelt worden. Aber es war nicht nur eine Frage der politischen Fehlkalkulation. Die »Weltpolitik« Bülows, der im Jahre 1897 die Führung der auswärtigen Angelegenheiten übernahm, spiegelte die Stimmung des deutschen Volkes sehr genau wider, und wenn auch Bülow zu ihrer Durchführung ungeeignet gewesen sein mag, so war es der Stimmungswechsel nach Bismarcks Abgang, der draußen die Meinungen beunruhigte. Der Kaiser selbst beschrieb die Deutschen als »empfindlich, starrköpfig, sentimental und reizbar«, ausländische Beobachter fügten noch die Attribute »roh« und »unzuverlässig« hinzu. Anders als Frankreich, hatte Deutschland keine Hemmungen durch die frische Erinnerung an eine militärische Katastrophe, es war im Gegenteil zuversichtlich und ehrgeizig, und die vom Imperialismus eröffneten Horizonte bedeuteten einen neuen Anreiz. Nichts könne Deutschlands Interessen mehr zuwiderlaufen, warnte Bismarck im Jahre 1897, als sich auf mehr oder weniger gewagte und abenteuerliche Unternehmungen einzulassen allein aus dem Wunsch, überall die Hand im Spiel zu haben, der Eitelkeit der Nation zu schmeicheln oder den Ambitionen der Regierungen nachzugeben. Aber um 1897 wurde Bismarck längst nicht mehr beachtet. Auf diese Weise wurden Deutschland und deutsche Politik zum großen Fragezeichen. Bezeichnenderweise war es ein Amerikaner, der, Europa aus der Ferne betrachtend, die internationale Lage am Ende dieser Periode am treffendsten zusammenfaßte. Im Jahre 1897 schrieb Henry Adams:

Nach meiner Meinung liegt das Zentrum der Neuordnung, wenn eine Neuordnung kommen soll, in Deutschland, nicht in Rußland oder bei uns. Im Zeitraum der letzten Generation, seit 1865, ist Deutschland das große Störelement in der Welt gewesen, und ehe nicht seine expansive Kraft erschöpft sein wird, sehe ich die Möglichkeit weder eines politischen noch wirtschaftlichen Gleichgewichts.

Bilanz des Zeitalters

Zu Beginn des Jahres 1871, vor Beendigung des deutsch-französischen Krieges, analysierte Benjamin Disraeli die internationale Lage in einer düsteren Rede vor dem Unterhaus. Der Krieg, der da ausgefochten werde, so sagte er, sei kein gewöhnlicher Krieg. Alle Grundlinien auswärtiger Politik, wie sie die Staatsmänner noch vor sechs Monaten anerkannt hatten, existierten nicht mehr.

Es gibt keine diplomatische Tradition, die nicht hinweggefegt ist. Sie haben eine neue Welt vor sich, neue Einflüsse sind am Werk, neue unbekannte Dinge und Gefahren, mit denen man zu rechnen hat.

Diese Feststellung mag damals übertrieben erschienen sein, 1898 war es schwierig, ihre Wahrheit zu bestreiten. Weder die nach der deutschen Einigung erhoffte Stabilisierung hatte sich verwirklicht, noch waren die Differenzen der Großmächte gelöst: es hatte auch ein alarmierender Wechsel, viele würden sagen, eine alarmierende Verschlechterung der internationalen Atmosphäre stattgefunden. Unter dem Druck einer um sich greifenden Technik verschwand das Verständnis für eine gemeinsame europäische Zivilisation. Noch während des deutsch-französischen Krieges bemerkte der österreichische Außenminister Beust traurig zu dem ergrauten französischen Staatsmann Thiers: »Ich sehe Europa nicht mehr.« Von der Verantwortung hierfür kann insbesondere Bismarck nicht freigesprochen werden. Bismarck war es, der, vor einer europäischen Mißbilligung gewarnt, verächtlich antwortete: »Was ist Europa?« Seine jeden schlechten Gewissens bare Verabsolutierung nationaler Interessen gab den Ton für die Zukunft an. Der schlimmste Vorwurf gegen Bismarck, so hat man gesagt, ist der, daß es für ihn nichts außer Deutschland gab. Die Idee von einer Gemeinschaft der Nationen war ihm fremd. Dies ist ein Grund, weshalb moderne Forscher, welche die Anfänge der Tragödie Europas und seines Abstiegs zu klären versuchen, die Jahre von 1871 bis 1898 für die entscheidende Periode halten, in der die europäische Zivilisation ihren Gipfel erreichte und dann absank. Drei politische Faktoren spielten bei dieser entscheidenden Wendung ihre Rolle. Der erste war die Glorifizierung des Nationalstaats als endgültige Einheit des politischen Lebens, das Absinken eines beherrschenden Gefühls allgemein gültiger Menschlichkeit, das bis dahin die Ruchlosigkeit der internationalen Politik in Grenzen gehalten hatte. Der zweite war das Unvermögen Europas, seine internen Probleme zu lösen und Spannungen, die zu einem Krieg oder zu einer Revolution oder zu beiden führen konnten, aus der Welt zu schaffen; anstatt zu heilen, verfolgte man eine populäre nationalistische Politik und suchte jenseits der Grenzen Ventile für die Unzufriedenheit im Lande. Der dritte Faktor war die ungeheure koloniale und imperialistische Expansion, die die europäischen Konflikte und Rivalitäten in jeden Winkel des Erdballs trug und sie dabei verschärfte. Am Ende des 19. Jahrhunderts waren mit Ausnahme der antarktischen Eiswüsten alle »leeren« Landgebiete der Erde besetzt, jeder erreichbare Quadratkilometer unter Kontrolle gebracht. Als um 1890 die amerikanische »Grenze« verschwand, mit anderen Worten, als die letzten unkultivierten, aber bewohnbaren Gebiete auf dem amerikanischen Kontinent urbar gemacht und kultiviert waren, da war aus einer sich ausdehnenden Welt mit unbegrenzten Möglichkeiten für die Europäer eine schrumpfende Welt geworden. Es gab kein überschüssiges Land mehr, kein Ventil für Übervölkerung. Zu den alten Problemen, die durch Kolonisierung und Auswanderung gelöst worden waren, kamen andersgeartete, als die Neue Welt ihr eigenes Schicksal in die Hand nahm. Australier und Neuseeländer waren mit Vorgängen im pazifischen Raum beschäftigt und sahen die anglo-deutschen Beziehungen in einem ganz anderen Licht als die Staatsmänner in Westminster. Die Kanadier hatten wenig Interesse an der Mittelmeerpolitik Englands, während Japan die europäischen Rivalitäten ausnutzte, seine Stellung in Asien zu festigen. Die Vereinigten Staaten zogen ihren Nutzen aus dem südafrikanischen Krieg, aus Englands Faschoda-Konflikt mit Frankreich und der anglo-russischen Rivalität in Zentralasien und im Fernen Osten, um eine viel schärfere Monroe-Doktrin zu verkünden und ihren Machteinfluß über das Karibische Meer abzurunden. Als Deutschland im Jahre 1898 mit seinem neuen Schiffbauprogramm begann, glaubten viele auf beiden Seiten, es gehe darum, ob England oder Deutschland künftig das imperiale Übergewicht haben werde. Tatsächlich tat das keiner von beiden. Sie sahen kaum, was erst mit der Zeit sichtbar werden sollte, daß die nach Asien, Afrika und der Neuen Welt greifenden europäischen Mächte ihre Kräfte überspannt und Mächte beschworen hatten, die sie überschatten sollten. Der Niedergang Europas, der Aufstieg der außereuropäischen Machtblöcke lag, auch wenn es noch nicht deutlich zu sehen war, in der Weltsituation am Ende des 19. Jahrhunderts beschlossen.

Vielleicht wäre es anders gekommen, wenn die Europäer den Sinn für ihre Ziele und ihre Sendung nicht verloren hätten und wenn die Früchte des Imperialismus ihren Erwartungen entsprochen hätten. Was das erste anbelangt, so ist nichts befremdender als der Kontrast zwischen der kraftstrotzenden Gesundheit und Breite des für die europäische Gesellschaft um 1870 charakteristischen Lebensstils und der *malaise*, die das Kennzeichen des *fin du siècle* war. Als das 19. Jahrhundert endete, tauchte die Erkenntnis auf, daß die Wissenschaft keineswegs einen Fortschritt ohne Ende eröffne, sondern vielmehr das Menschliche in Frage stellte. Die Literatur dieser Zeit war voll von der kommenden Auflösung der bürgerlichen Welt. Vielleicht war es, teilweise wenigstens, wie eine Flucht vor den eigenen unlösbaren Problemen, daß Europa im letzten Viertel des 19. Jahrhunderts ein Ventil in kolonialen und imperialistischen Abenteuern suchte. Als es aber die Kontrolle über die Welt erreicht zu haben schien, verlor es das Vertrauen in seine Führungseigenschaft. Vorhergehende Generationen waren ehrlich von den moralischen und materiellen Wohltaten überzeugt gewesen, die die europäische Zivilisation den anderen Kontinenten bringen konnte, und es besteht kein Zweifel, daß etwa bei der Bekämpfung von Krankheiten greifbare Resultate erzielt wurden, deren sich die Europäer nicht zu schämen brauchten. Aber im letzten Jahrzehnt des 19. Jahrhunderts kam es anders. In dem Maße, wie das Vertrauen in die Stabilität der westlichen Zivilisation abnahm, wie der ererbte Optimismus sich in inneren Zweifel wandelte, wurde auch die Moral unsicher, was bald Rückwirkungen auf kolonialem Gebiet haben sollte. Die Last des Empire wurde nicht mehr wie eine ernste Pflicht getragen, sondern sie wurde von miteinander kämpfenden Rivalen begehrt und nur zu oft rücksichtslos ausgenutzt. Das Ergebnis war Aufbegehren gegen den weißen Imperialismus, dessen Anfänge wir schon erwähnt haben. So endete die vom triumphalen Vordringen der weißen Völker eingeleitete Periode mit den Anfängen einer Revolte, der die untereinander gespaltenen und in ihrem Selbstvertrauen unterminierten europäischen Völker moralisch nicht gewachsen waren. Der Engländer Wilfrid Scawen Blunt urteilte über die Errungenschaften der europäischen Zivilisation zwischen 1871 und 1898:

> Das alte Jahrhundert neigt sich dem Ende zu und läßt die Welt in einer netten Lage zurück. Das britische Empire spielt dabei die Rolle des Teufels wie kein Weltreich zuvor. Vielleicht werden wir seinen Sturz erleben. Alle Nationen Europas lassen auf Erden in China die Hölle los, massakrieren, plündern und schänden in den eroberten Städten ebenso abscheulich wie im Mittelalter. Der deutsche Kaiser gibt den Befehl zur Metzelei, und der Papst sieht zu und gibt seine Zustimmung. In Südafrika brennen unsere Truppen unter Kitcheners Befehl die Farmen nieder, und die Königin, die beiden Häuser des Parlaments und die versammelten Bischöfe danken öffentlich Gott und bewilligen das Geld für dieses Werk. Die Amerikaner geben jährlich fünfzig Millionen für das Abschlachten der Philippinos aus. Der König von Belgien hat sein ganzes Vermögen im Kongo investiert, wo er die Neger brutalisiert, damit sie seine Taschen füllen. Die Franzosen und Italiener spielen im Augenblick keine so hervorragende Rolle bei dieser Schlächterei, aber ihre Untätigkeit macht ihnen Kummer. Die ganze weiße Rasse schwelgt ganz offen in Gewalttätigkeit, als habe sie niemals den Anspruch erhoben, christlich zu sein. Gottes Fluch auf sie alle gleichermaßen!

Blunt schloß: »So endet das berühmte 19. Jahrhundert, in das hineingeboren zu sein wir so stolz waren.« Es war ein vernichtendes Urteil, aber viele Tatsachen erhärten es. Seit 1871 waren Reichtum, Bevölkerungszahl, Lebensstandard, Schulwesen und öffentliches Gesundheitswesen in einem nicht dagewesenen Tempo gewachsen, aber ebenso auch die Konkurrenz zwischen den Nationen, die Walter Bagehot 1873 als eines der »Gesetze« seiner Zeit bezeichnete. Die Probleme einer expansiven, imperialistischen, industriellen Gesellschaft waren nicht gelöst, die moralische Entwicklung hatte mit der Ausbreitung der Naturwissenschaften nicht Schritt gehalten. Nur fünfzehn Jahre nach unserem Zeitabschnitt wurde der europäische Kontinent in einen vernichtenden Kampf gestürzt, der seine Bevölkerung dezimierte, seine Wirtschaft erschüttert zurückließ und die Vorherrschaft der außereuropäischen Welt einleitete. Schon wuchs am Ende des 19. Jahrhunderts in Asien und in Afrika eine Generation heran mit dem Ziel, die europäische Hegemonie abzuschütteln, sich die Kriegswaffen, die technischen Fertigkeiten und die Regierungskünste anzueignen, die das ungeheure Vordringen Europas ermöglicht hatten. Sie strebten nach der Macht und den Vorrechten der Europäer, die nicht mehr imstande waren, sie zum Wohl der Menschheit anzuwenden.

UNIVERSALGESCHICHTE
IN STICHWORTEN

NAMEN- UND SACHREGISTER

QUELLENVERZEICHNIS
DER ABBILDUNGEN

UNIVERSALGESCHICHTE IN STICHWORTEN

1789

POLITIK Ausbruch der Französischen Revolution. Generalstände mit verdoppelter Abgeordnetenzahl des Dritten Standes treten in Versailles zusammen und erklären sich zur Nationalversammlung (17. 6.). Erstürmung der Bastille (14. 7.). Vertreter des Adels und des Klerus regen in der Nationalversammlung Aufhebung der Feudalrechte an: Ende des Feudalsystems in Frankreich (4. 8.). Erklärung der Menschen- und Bürgerrechte (26. 8.). Aufstand zwingt König und Nationalversammlung nach Paris (6. 10). Verfassung der USA tritt in Kraft, Kongreß (Senat und Repräsentantenhaus) hat gesetzgebende, der Präsident die ausführende Gewalt. *George Washington* (57) wird erster Präsident der USA und bleibt bis 1797 im Amt. Annam wird von China abhängig.

NATURWISSENSCHAFT *Antoine Lavoisier* (46) »Traité élémentaire de chimie«.

1790

POLITIK Frankreich verstaatlicht Kirchengüter und fordert Verfassungseid der Priester; schafft Adel ab. *Joseph II.* (48), römisch-deutscher Kaiser seit 1765, stirbt in Wien. *Leopold II.* (43) wird Römischer Kaiser Deutscher Nation, stirbt 1792. Rußland gewinnt den Krieg gegen Schweden (seit 1788) und erhält Teile Südfinnlands.

LITERATUR *Immanuel Kant* (66) »Kritik der Urteilskraft«. *Edmund Burke* (61) »Reflections on the French Revolution«. *Johann Wolfgang Goethe* (41) »Faust. Ein Fragment«.

WIRTSCHAFT In Frankreich werden Assignaten (ursprünglich Schatzanweisungen auf die verstaatlichten geistlichen Güter) durch willkürliche Vermehrung zu bloßem Papiergeld (mit Zwangskurs) und führen zur Inflation (1797 außer Kurs gesetzt).

TECHNIK Patentamt in den USA gegründet. Erstes Dampfkraft-Walzwerk in England.

1791

POLITIK In der Pillnitzer Deklaration (27. 8.) machen Preußen und Österreich Frankreich für Königsfamilie haftbar und drohen mit europäischem Eingreifen zugunsten der Monarchie. Frankreich wird konstitutionelle Monarchie (14. 9.). Zensuswahlrecht zugunsten des Bürgertums. Gesetzgebende Versammlung in Frankreich mit republikanischer Mehrheit (1. 10.). Polen gibt sich als erster Staat auf dem europäischen Festland eine moderne Verfassung (3. 5.), die jedoch durch russisches Eingreifen wieder aufgehoben wird: Begründung einer westlich-demokratischen Tradition in Polen. England gewährt französischen Siedlern in Kanada autonome Verwaltung.

LITERATUR *James Boswell* (51) »Das Leben S. Johnsons«. *Johann Gottlieb Herder* (47) »Ideen zur Philosophie der Geschichte der Menschheit«.

MUSIK *Wolfgang Amadeus Mozart* (35) »Die Zauberflöte«.

TECHNIK Sodafabrikation von *Nicolas Leblanc* (49) begründet chemische Großindustrie.

1792

POLITIK Frankreich erklärt den Krieg an Österreich, das von Preußen unterstützt wird (20. 4.). Erstürmung der Tuilerien (10. 8.), *Ludwig XVI.* wird gefangengesetzt. Justizminister *Danton* (33) läßt die »Septembermorde« an etwa 3000 Royalisten zu (2. bis 6. 9.). Frankreich wird Republik (21. 9.). Radikaler Nationalkonvent in Frankreich (21. 9.), besteht bis 1795. Frankreich besetzt Mainz (21. 10.) und Brüssel (6. 11.). Preußen ziehen sich nach der Kanonade bei Valmy (20. 9., *Goethe* als Augenzeuge) zurück. *Franz II.* (24) wird letzter Deutscher Kaiser. Ende des russisch-türkischen Krieges. Rußland erobert im Bündnis mit Österreich Küstenland des Schwarzen Meeres und gründet Odessa (1793). *Gustav III.* (46), König von Schweden (seit 1771), wird von adligen Verschwörern ermordet. Britische Versuche, in Tibet Einfluß zu gewinnen, schlagen fehl; Tibet schließt sich nach Einfall der Nepalesen streng ab.

SOZIALWESEN Einführung der Zivilehe in Frankreich.

NATURWISSENSCHAFT *Luigi Galvani* (55) »De viribus electricitatis«. Erste chemische Gesellschaft in Philadelphia (USA). *Alessandro Volta* (47) »Gedanken über tierische Elektrizität«.

1793

POLITIK Neunköpfiger »Wohlfahrtsausschuß« in Frankreich (6. 4.), an dessen Spitze zunächst *Danton* und dann *Robespierre* (35) tritt (24. 7.). Schreckensherrschaft in Frankreich. Hinrichtung *Ludwigs XVI.* (38) (21. 1.) und seiner Gemahlin *Marie Antoinette* (37) (16. 10.). Radikale »Bergpartei« stürzt Girondisten (2. 6.). Royalistische Gegenaufstände in Frankreich werden blutig niedergeschlagen. England, Holland,

Spanien, Neapel, Toskana, Venedig, Sardinien, Portugal und das Deutsche Reich treten in den Krieg gegen Frankreich ein (Erste Koalition). Zweite Teilung Polens zwischen Preußen und Rußland. Washington DC als Hauptstadt der USA gegründet und Grundstein zum Kapitol gelegt.

KUNST *Antonio Canova* (36) »Amor und Psyche« (Marmorgruppe).

1794

POLITIK *Maximilian Robespierre* (36) beseitigt alle Rivalen (*Danton* am 5.4. hingerichtet) und herrscht nahezu unumschränkt, erliegt jedoch am 28.7. dem Staatsstreich der »Thermidorianer«, Ende der Schreckensherrschaft. Preußen und Spanien beginnen Sonderverhandlungen mit Frankreich. Rußland schlägt Aufstand in Polen nieder.

KULTUR *Robespierre* (36) führt den antichristlichen »Kult des höchsten Wesens« ein.

LITERATUR *Johann Gottlieb Fichte* (32) beginnt seine Philosophie als »Wissenschaftslehre« zu begründen.

TECHNIK Gründung der »Ecole Polytechnique« in Paris.

1795

POLITIK Fünfköpfiges Direktorium und Klassenwahlrecht in Frankreich. Frankreich erobert Holland und macht es zur »Batavischen Republik«. England besetzt die holländischen Kolonien Ceylon und Kapstadt. Friede von Basel: Preußen tritt linkes Rheinufer an Frankreich ab. Dritte Teilung Polens; damit hat Rußland fast zwei Drittel des alten polnischen Territoriums gewonnen, Preußen und Österreich je etwa ein Sechstel. *Stanislaus II. August* (63), letzter König von Polen (seit 1764), dankt ab.

LITERATUR *Immanuel Kant* (71) »Zum ewigen Frieden«. *Thomas Paine* (58) »Das Zeitalter der Vernunft«. *Friedrich Schiller* (36) »Briefe über die ästhetische Erziehung des Menschen«.

MUSIK *Joseph Haydn* (63) komponierte seit 1791 zwölf Londoner Symphonien.

NATURWISSENSCHAFT Niger-Expedition von *Mungo Park* eröffnet Erforschung des Inneren Afrikas.

TECHNIK Metrisches Maßsystem in Frankreich.

1796

POLITIK Aufdeckung einer kommunistischen »Verschwörung der Gleichen« in Frankreich (10.5.) unter *François Babeuf* (36), der 1797 hingerichtet wird. *Erzherzog Karl von Österreich* (25) schlägt Franzosen aus Süddeutschland zurück (Amberg 3.9.). *Bonaparte* (27) führt erfolgreichen Feldzug in Italien. *Katharina II.* (die Große) von Rußland (67) stirbt in Zarskoje Selo. *Paul I.* (42) wird Zar, 1801 ermordet. Kadscharen-Dynastie in Persien, dauert bis 1925. Bei dem Tode des chinesischen Kaisers *Kao-tsung (Kien-lung)*, der seit 1736 regierte, hat die Manchu-Dynastie ihren Höhepunkt erreicht; größte Ausdehnung des chinesischen Reiches.

LITERATUR *Johann Wolfgang Goethe* (47) »Wilhelm Meisters Lehrjahre«. *Ludwig Tieck* (23) »William Lovell«.

NATURWISSENSCHAFT *Edward Jenner* (47) erfindet Pockenschutzimpfung. *Pierre Simon Laplace* (47) »Exposition du système du monde« (Kosmogonie).

1797

POLITIK *Napoleon Bonaparte* (28) gründet in Norditalien die Ligurische (6.6.) und die Cisalpinische (15.7.) Republik. Friede zu Campo Formio (17.10.) zwischen Frankreich und Österreich: Belgien und das linke Rheinufer an Frankreich (die geschädigten deutschen Fürsten sollen mit rechtsrheinischen Gebieten abgefunden werden), Venedig an Österreich, Anerkennung der französischen Vorherrschaft in der Lombardei. Beginn der Regierung *Friedrich Wilhelms III.* von Preußen (27) (bis 1840). *John Adams* (62) wird Präsident der USA, regiert bis 1801.

LITERATUR *Jean Paul* (34) »Siebenkäs«.

TECHNIK *Alois Senefelder* (26) erfindet Lithographie (Steindruck).

1798

POLITIK Franzosen besetzen Rom (11.2.), nehmen *Papst Pius VI.* (80) gefangen und gründen Tiberinische Republik. Nach den Kämpfen des Frühjahrs 1798 wird Bund der Eidgenossen in Helvetische Republik umgewandelt. *Bonaparte* (29) beginnt Expedition nach Ägypten (19.5.). *Horatio Nelson* (40) vernichtet französische Flotte bei Abukir (1.8.). England schlägt irischen Aufstand nieder.

LITERATUR *Friedrich Wilhelm Joseph Schelling* (23) »Von der Weltseele«.

MUSIK *Joseph Haydn* (66) »Die Schöpfung« (Oratorium).

SOZIALWISSENSCHAFT *Thomas Robert Malthus* (32) »Essay on the principle of population«.

1799

POLITIK Frankreich erobert Neapel und macht es zur parthenopäischen Republik (25.1.). Der zweite Koalitionskrieg (bis 1802) beginnt (1.3.): England, Rußland, Österreich, Neapel, Portugal, die Türkei und der Kirchenstaat gegen Frankreich. *Napoleon Bonaparte* (30) stürzt Direktorium (9.11.) und wird Erster Konsul, *Talleyrand* (45) sein Außenminister (bis 1807). Nach *Napoleons* Feldzug kommt Ägypten wieder unter die Hoheit des türkischen Sultans.

LITERATUR *Friedrich Schiller* (40) vollendet die »Wallenstein«-Trilogie. *Friedrich Schleiermacher* (31) »Über die Religion, Reden an die Gebildeten unter ihren Verächtern« (zunächst anonym).

MUSIK *Beethoven* (29) 1. Symphonie in C-Dur.

SOZIALWESEN Gewerkschaften in England verboten.

NATURWISSENSCHAFT *Benjamin Thompson* (46) gründet Laboratorium des »Royal Institution of Great Britain« für Chemie und Physik.

TECHNIK Erste Dampfmaschine in Berlin.

1800

POLITIK England erobert Malta. Vereinigtes Königreich Großbritannien und Irland gegründet (5.2.). Ostlouisiana kommt von Spanien an Frankreich (1.10.).

LITERATUR *Friedrich Wilhelm Joseph Schelling* (25) »System des transcendentalen Idealismus«.

NATURWISSENSCHAFT *Friedrich Wilhelm Herschel* (62) entdeckt Ultrarot. Galvanisches Element von *Alessandro Volta* (55).

TECHNIK *Eli Whitney* (35), nordamerikanischer Ingenieur, führt bei der Herstellung von Feuerwaffen Serienfabrikation und Austauschbau ein.

WIRTSCHAFT Gründung der Bank von Frankreich (13.2.).

1801

POLITIK Friede zu Lunéville (9.2.) beendet die französischen Revolutionskriege; Frankreich erhält linkes Rheinufer und die Vorherrschaft in Italien. *William Pitt d.J.* (42) tritt als englischer Premierminister (seit 1783) zurück (14.3.). Nach dem Bombardement Kopenhagens durch die Engländer (28.3.) Auflösung der Liga der Neutralen (Rußland, Schweden, Dänemark, Preußen). *Alexander I.* (24) wird Zar von Rußland, regiert bis 1825. Persien verliert Georgien an Rußland. *John Marshall* (46), oberster Bundesrichter der USA bis 1835, fällt in seiner Amtszeit bedeutende Entscheidungen zur Interpretation der Verfassung. *Thomas Jefferson* (58) wird Präsident der USA und bleibt bis 1809 im Amt.

KULTUR Frankreich schließt Konkordat: Keine Rückgabe der Kirchengüter, Diözesan- und Departementseinteilung gleich, Staat und Kirche wirken bei Ernennung von Bischöfen zusammen, Klerus muß Treueid auf Republik schwören und wird vom Staat bezahlt; Katholizismus bleibt Religion der »Mehrheit der Franzosen«; Gleichberechtigung der Protestanten.

LITERATUR *Johann Heinrich Pestalozzi* (55) »Wie Gertrud ihre Kinder lehrt«.

MUSIK *Joseph Haydn* (69) »Die Jahreszeiten« (Oratorium).

NATURWISSENSCHAFT *Johann Wilhelm Ritter* (25) entdeckt Ultraviolett. *Thomas Young* (28) führt das Interferenzprinzip für Lichtwellen ein.

TECHNIK *Oliver Evans* (46) konstruiert die erste Hochdruckdampfmaschine.

1802

POLITIK *Napoleon Bonaparte* (33) wird lebenslänglicher Konsul (2.8.). Friede zu Amiens zwischen Frankreich und England (25.3.): England verzichtet auf koloniale Eroberungen außer Ceylon, Frankreich auf Ägypten.

KULTUR *William Cobbett* (40) »Weekly Political Register« (Zeitschrift, erscheint bis 1835).

LITERATUR *François René Chateaubriand* (34): »Der Geist des Christentums«, »René«. *Georg Friedrich Grotefend* (27) begründet die Entzifferung der Keilschrift.

KUNST *Goya* (56) malt »Die nackte Maya« und »Die bekleidete Maya«.

SOZIALWESEN England beschränkt Kinderarbeit der »Kirchspiellehrlinge« (von den Armenverwaltungen gestellt) in der Baumwollindustrie gesetzlich auf zwölf Stunden.

NATURWISSENSCHAFT *Alexander von Humboldt* (33) besteigt den Chimborasso in Ecuador. *Humphrey Davy* (24) elektrolytische Versuche.

1803

POLITIK Reichsdeputations-Hauptschluß zu Regensburg säkularisiert die meisten deutschen geistlichen Fürstentümer, verringert Zahl der Reichsstädte auf sechs und schafft drei neue protestantische Kurfürstentümer Baden, Württemberg, Hessen-Kassel. Wiederbeginn der englisch-französischen Feindseligkeiten. England besetzt Delhi. USA kaufen Ostlouisiana und New Orleans von Frankreich.

1804

POLITIK *Bonaparte* (35) wird als *Napoleon I.* zum erblichen Kaiser der Franzosen gekrönt und vom Papst gesalbt (2.12.). *Pitt d.J.* (45) bildet in England sein zweites Kabinett, stirbt 1806.

KULTUR Französisches Zivilrecht im »Code civil« (»Code Napoléon«) geregelt.

MUSIK *Beethoven* (34) 3. Symphonie (»Eroica«).

NATURWISSENSCHAFT *Friedrich Sertürner* (21) entdeckt im Opium das Morphium.

1805

POLITIK *Napoleon* (36) wird König von Italien (18.3.). 3. Koalitionskrieg zwischen England, Rußland, Österreich, Schweden einerseits und Frankreich, Spanien andererseits. Admiral *Horatio Nelson* (47) fällt in der Seeschlacht von Trafalgar (21.10.), in der er die französisch-spanische Flotte entscheidend besiegt. In der Schlacht bei Austerlitz (2.12.) besiegt *Napoleon I.* (36) Österreich und Rußland. Preußen erhält Hannover, tritt dafür Ansbach, Cleve und Neuenburg ab. Im Frieden zu Preßburg (26.12.) verliert Österreich Venetien an das Königreich Italien, Tirol und Vorarlberg sowie andere Gebiete an Bayern, das Königreich wird; Bayern tritt Salzburg an Österreich ab; Österreich scheidet aus der Koalition aus.

TECHNIK *Joseph-Marie Jacquard* (53) erfindet Webmaschine für gemusterte Gewebe.

1806

POLITIK *Napoleon* (37) gründet Rheinbund, dem sich die meisten deutschen Fürsten anschließen. Mit der Niederlegung der Kaiserkrone durch *Franz II.* (38) erlischt das »Heilige Römische Reich Deutscher Nation«, das seit 962 bestanden hatte. *Napoleon I.* (37) besiegt das mit Rußland verbündete Preußen bei Jena und Auerstedt (14.10.); verhängt Blockade gegen England. Russisch-türkischer Krieg, bis 1812.

KULTUR *Albrecht Thaer* (54) gründet erste höhere landwirtschaftliche Lehranstalt in Möglin.

LITERATUR *Johann Wolfgang Goethe* (57) vollendet »Faust« I. Teil.

1807

POLITIK Friede zu Tilsit zwischen Frankreich sowie Preußen und Rußland: Preußen verliert Gebiete in Ost und West. Gründung des Großherzogtums Warschau unter französischem Einfluß. Königreich Westfalen unter Napoleons Bruder *Jerome* (23). Beginn der preußischen Reformen (Behördenreform, Städteordnung, Aufhebung der bäuerlichen Erbuntertänigkeit) unter dem Ministerium des *Freiherrn vom und zum Stein* (50), der 1808 auf französischen Druck wieder entlassen wird. Im Kampf gegen die Kontinentalsperre erobert England in Kopenhagen die dänische Flotte und besetzt Helgoland. Frankreich besetzt Portugal. Janitscharenaufstand in der Türkei, reformfreudiger Sultan *Selim III.* muß abdanken; *Mustafa IV.*, der 1808 als Reaktionär gestürzt wird.

LITERATUR *Georg Wilhelm Friedrich Hegel* (37) »Phänomenologie des Geistes«. *Claude Henri, Comte de Saint-Simon* (47) »Einführung in die wissenschaftlichen Arbeiten des 19. Jahrhunderts«.

NATURWISSENSCHAFT *Humphry Davy* (29) entdeckt die Elemente Natrium und Kalium.

SOZIALWESEN Verbot des Sklavenhandels in den britischen Kolonien.

TECHNIK Erstes Dampfschiff (20 PS) von *Robert Fulton* (42) fährt auf dem Hudson.

1808

POLITIK Begegnung zwischen *Napoleon* und *Alexander I.* auf dem Erfurter Fürstentag. Errichtung eines bonapartischen Königtums in Madrid (6.6.) (Bourbonen danken ab). Aufstand der Spanier gegen die Franzosen. Nach Sturz *Mustafas IV.* wird *Mahmud II.* türkischer Sultan.

KULTUR *F. A. Brockhaus* begründet sein Conversationslexikon.

LITERATUR *Achim von Arnim* (27) und *Clemens Brentano* (30) »Des Knaben Wunderhorn« vollendet. *Johann Gottlieb Fichte* (45) »Reden an die deutsche Nation«. *Friedrich Schlegel* (35) begründet Indologie mit dem Werk »Über die Sprache und Weisheit der Inder«. *Goethe* (59) trifft *Napoleon* (39) in Erfurt.

KUNST *Jacques-Louis David* (60) »Kaiserkrönung Napoleons.« *Jean Auguste Dominique Ingres* (28) »Die Badende«.

SOZIALWESEN USA verbieten Sklaveneinfuhr.

NATURWISSENSCHAFT *John Dalton* (42) begründet moderne Atomtheorie.

1809

POLITIK Vergebliche Erhebung Österreichs gegen *Napoleon*, der bei Aspern (22.5.) erste militärische Niederlage hinnehmen muß. Im Frieden von Schönbrunn (Wien) (14.10.) weitere Verkleinerung Österreichs. Tiroler Volksaufstand unter *Andreas Hofer* (42). *Klemens Fürst von Metternich* (36) österreichischer Außenminister bis 1848. Im Frieden von Fredrikshamn tritt Schweden Finnland an Rußland ab, welches das Land 1808 erobert hatte. *Gustav IV. Adolf* (31), König von Schweden seit 1792, zur Abdankung gezwungen. *Karl XIII.* (61) wird König, stirbt 1818. *James Madison* (58) Präsident der USA, regiert bis 1817.

LITERATUR *Johann Wolfgang Goethe* (60) »Die Wahlverwandtschaften«.

KUNST Gründung des Lukasbundes (»Nazarener«) durch *Overbeck* (21), *Pforr* (22) u.a.; siedelt 1810 nach Rom über.

NATURWISSENSCHAFT *Carl Friedrich Gauß* (32) »Theorie der Bewegung der Himmelskörper« (mathematische Astronomie). *Jean Monet de Lamarck* (65) begründet mit seiner »Philosophie zoologique« Abstammungslehre auf Grund Vererbung erworbener Eigenschaften.

KUNST *Goya* (63) »Die Erschießung spanischer Freiheitskämpfer«.

1810

POLITIK *Napoleon* (41), von *Josephine Beauharnais* geschieden, heiratet *Marie Luise* (19), Tochter Kaiser *Franz I.* von Österreich (42). Holland, Oldenburg, Ostfriesland, Hamburg, Bremen, Lübeck in das französische Kaiserreich einverleibt. *Karl August von Hardenberg* (60) wird preußischer Staatskanzler und setzt in den folgenden Jahren *Steins* Reformen fort (Steuerreform mit Verkündung der Gewerbefreiheit, Regulierung der bäuerlich-gutsherrlichen Verhältnisse, Judenemanzipation). König *Karl XIII.* (62) von Schweden adoptiert *Jean-Baptiste Bernadotte* (47), den Schwager von *Joseph Bonaparte*, als Kronprinzen. Mit der Unabhängigkeitserklärung Chiles beginnt das spanische Kolonialreich sich in Amerika aufzulösen; erste Junten in Caracas und Buenos Aires.

KULTUR *Wilhelm von Humboldt* (43) begründet als preußischer Kultusminister Berliner Universität und neuhumanistisches Gymnasium. Das neue französische Strafgesetzbuch tritt in Kraft (Code pénal).

LITERATUR *Heinrich von Kleist* (33) »Prinz Friedrich von Homburg«. *August Wilhelm Schlegel* (43) beendet ersten Abschnitt der Übersetzung Shakespeares (seit 1797 siebzehn Stücke), die restlichen Stücke werden in den Jahren 1825 bis 1833 von *Dorothea Tieck* und dem *Grafen Wolf von Baudissin* unter der Aufsicht von *Ludwig Tieck* übersetzt. *Germaine de Staël* (44) »Über Deutschland«.

TECHNIK *Friedrich Koenig* (36) erfindet Flachbuchdruck-Schnellpresse (1812: Zylinder-Schnelldruckpresse).

1811

POLITIK Der türkische General *Mehmed Ali* (42) macht sich zum Herrn Ägyptens, herrscht bis 1849. Columbien, Paraguay, Uruguay und Venezuela erklären ihre Unabhängigkeit.

KULTUR *Friedrich Ludwig Jahn* (33) eröffnet ersten Turnplatz in der Hasenheide, Berlin.

LITERATUR *Barthold Georg Niebuhr* (56) »Römische Geschichte bis 241 v. Chr.« in drei Bänden bis 1832.

KUNST *Caspar David Friedrich* (37) »Morgen im Riesengebirge«, »Greifswalder Hafen«. *Thomas Lawrence* (42) Porträt des Benjamin West.

TECHNIK *Friedrich Krupp* (24) gründet Gußstahlfabrik in Essen.

1812

POLITIK *Napoleon I.* (43) unternimmt Rußlandfeldzug; nach dem Brand Moskaus zieht sich das französische Heer zurück und wird durch Kälte und russische Überfälle dezimiert. »Konvention von Tauroggen« (30.12.): Preußischer General *Yorck* und russischer General *Diebitsch* vereinbaren Neutralität. Friede von Bukarest beendet russisch-türkischen Krieg: Rußland erhält Bessarabien. Die spanischen Cortes beschließen liberale Verfassung. Beginn des Krieges zwischen England und USA.

LITERATUR *George Byron* (24) »Junker Harolds Pilgerfahrt«.

NATURWISSENSCHAFT *Pierre Simon Laplace* (63) Mathematische Wahrscheinlichkeitstheorie.

1813

POLITIK Beginn der Befreiungskriege gegen *Napoleon*. Aufruf des Königs von Preußen »An mein Volk«. Bündnis Rußlands, Preußens, Englands, Österreichs. Wechselvolle Kämpfe. In der »Völkerschlacht bei Leipzig« (16. bis 19.10.) schlagen Preußen, Österreich und Rußland *Napoleon I.* (44) entscheidend. Auflösung des Rheinbundes. Die verbündeten Truppen unter *Schwarzenberg* (42) und *Blücher* (71) überschreiten den Rhein. Persien verliert restliche Besitzungen am Kaukasus an Rußland.

KULTUR Neues bayrisches Strafgesetzbuch, vom Code Pénal beeinflußt, hält aber unter dem Einfluß von *Anselm von Feuerbach* (38) am Prinzip der Abschreckung durch Androhung strenger Strafen fest (Strafe soll der Gefährlichkeit und Stärke des sinnlichen Triebes entsprechen).

LITERATUR *Jane Austen* (38) »Stolz und Vorurteil«.

SOZIALWESEN *Robert Owen* (42) »Eine neue Sicht der Gesellschaft«.

1814

POLITIK Im Pariser Frieden verliert Frankreich seine Eroberungen seit 1792. *Napoleon I.* (45) wird nach Elba verbannt. Wiener Kongreß versucht Europa neu zu ordnen. Rückkehr der Bourbonen nach Frankreich; *Ludwig XVIII.* (59), König von Frankreich, stirbt 1824. Französische Verfassung: Zweikammersystem, Klassenwahlrecht. Dänemark muß Norwegen an Schweden abtreten (Vertrag von Kiel, 14.1.). Friede zu Gent (24.12.) beendet Krieg zwischen Großbritannien und USA, Wiederherstellung des Status quo ante. Holland tritt südafrikanische Kapprovinz an England ab.

KULTUR *Justus Thibaut* (42) »Über die Notwendigkeit eines allgemeinen bürgerlichen Rechts für Deutschland«; Forderung nach bürgerlichem Gesetzbuch; gegen die in dieser Schrift zum Ausdruck kommende naturrechtliche Auffassung wendet sich *Friedrich Carl von Savigny* (35) »Vom Beruf unserer Zeit für Gesetzgebung und Rechtswissenschaft«, mit der die »Historische Rechtsschule« begründet wird.

LITERATUR *Adelbert von Chamisso* (33) »Peter Schlemihls wundersame Geschichte«. *E. Th. A. Hoffmann* (38): »Phantasiestücke in Callots Manier«. *Jacob* (29) und *Wilhelm Grimm* (28): »Kinder- und Hausmärchen« (seit 1812). *Claude Henry de Saint-Simon* (54): »Reorganisation der europäischen Gesellschaft« mit frühsozialistischer Kritik des Eigentums. *Walter Scott* (43) »Waverley«.

MUSIK *Ludwig van Beethoven* (44) »Fidelio« (Endfassung).

NATURWISSENSCHAFT *Joseph Fraunhofer* (27) entdeckt Absorptionslinien des Sonnenspektrums.

TECHNIK *George Stephenson* (33) baut erste brauchbare Lokomotive. Straßen-Gasbeleuchtung in London (1815 in Paris, 1826 in Berlin).

1815

POLITIK Überraschende Rückkehr *Napoleons* (46) nach Paris. Beginn eines neuen Koalitionskrieges. In der Schlacht von Waterloo wird *Napoleon* von *Wellington* (46) und *Blücher* (73) endgültig geschlagen, er wird nach St. Helena verbannt. Zweite Rückkehr der Bourbonen nach Paris. Wiener Kongreßakte;

Lombardei und Venetien an Österreich, das auch entscheidenden Einfluß in den anderen oberitalienischen Gebieten erhält; Wiederherstellung des Kirchenstaates; Preußen wird für den Großteil seiner polnischen Besitzungen durch die Rheinprovinz und die Hälfte von Sachsen entschädigt; es erhält im übrigen seine früheren Territorien zurück; Holland und Belgien zum Königreich der Niederlande vereinigt; »Ewige Neutralität« der Schweiz verbürgt; Wiederherstellung der alten Dynastien in Spanien, Portugal, Sardinien, Neapel; Malta, Helgoland, Ceylon, Kapland als britischer Besitz bestätigt; Schweden und Norwegen in Personalunion vereinigt; durch »Bundesakte« wird Deutscher Bund gegründet (fünfunddreißig Fürsten und vier freie Städte), Versammlung der Gesandten der Bundesstaaten bilden Bundestag in Frankfurt/Main. Großherzogtum Warschau wird als Königreich Polen mit Rußland in Personalunion vereinigt; Krakau wird Freistaat unter russischem, österreichischem und preußischem Schutz. Rußland, Österreich und Preußen bilden »Heilige Allianz«, der später fast alle europäischen Staaten beitreten; sie bestimmt die europäische Restauration bis 1848.

LITERATUR *Friedrich Carl von Savigny* (36) »Geschichte des Römischen Rechts im Mittelalter, Teil I«. *Friedrich Schlegel* (43) »Geschichte der alten und neueren Literatur« im katholischen Geist.

MUSIK *Franz Schubert* (18) vertont Gedichte von *Goethe* (66), darunter »Heiderösle in« und »Erlkönig«.

KUNST *Goya* (69) schafft um diese Zeit die Radierungsfolgen »Tauromaquia« (»Stierkampf«) und »Desastres de la guerra« (»Schrecken des Krieges«).

WIRTSCHAFT Großbritannien erläßt Getreideschutzzölle, die 1846 durch den Freihandel abgelöst werden.

NATURWISSENSCHAFT *Augustin Jean Fresnel* (27) vervollständigt Wellentheorie des Lichtes.

TECHNIK *Humphry Davy* (37) Grubensicherheitslampe.

1816

POLITIK Verfassung in Sachsen-Weimar, die erste in Deutschland. Argentinien erklärt seine Unabhängigkeit.

LITERATUR *Franz Bopp* (25) entdeckt Verwandtschaft der indogermanischen Sprachen. *Benjamin Constant de Rebècque* (49) »Adolphe«. *Karl von Haller* (48) »Restauration der Staatswissenschaft« (sechs Bände erscheinen bis 1834).

MUSIK *Gioacchino Rossini* (24) »Der Barbier von Sevilla«.

TECHNIK Erste deutsche Gasanstalt in Freiberg i. S. und erste Gasbeleuchtungsanlage in einer Berliner Firma.

1817

POLITIK Wartburgfest der deutschen Burschenschaften unter den Farben Schwarz-Rot-Gold zeigt Stärke der nationalen und liberalen Ideen in Deutschland. Serbischer Aufstand gegen türkische Herrschaft, seit 1815, erfolgreich. *James Monroe* (59) Präsident der USA, bis 1825. Mississippi 20. Bundesstaat der USA. Englisch-amerikanischer Vertrag über Begrenzung der Schiffseinheiten auf den nordamerikanischen Seen erleichtert englisch-amerikanische Annäherung.

KULTUR »Union« zwischen Lutheranern und Reformierten in Preußen.

LITERATUR *John Keats* (22) »Gedichte«. *Robert de Lamennais* (35) »Essay über die Gleichgültigkeit in Sachen der Religion«.

KUNST *John Constable* (41) Die Flatford-Mühle. *Johann Friedrich Overbeck* (28) Fresken im Casino Massimi in Rom.

SOZIALWESEN *David Ricardo* (45) »Über die Grundgesetze der Volkswirtschaft und Besteuerung«.

NATURWISSENSCHAFT *Georges von Cuvier* (48) »Das Tierreich«. *Carl Ritter* (38) »Die Erdkunde im Verhältnis zur Natur und Geschichte des Menschen«, zwei Bände bis 1818.

1818

POLITIK Vorzeitiger Abzug der Besatzungstruppen aus Frankreich, das gleichzeitig in den Rat der Großmächte aufgenommen wird. Bayern und Baden erhalten Verfassungen. *Karl XIV. Johann (Bernadotte)* (55) wird König von Schweden und Norwegen, stirbt 1844. *Alexander I.* kündigt bei Eröffnung des polnischen Reichstages liberale Reformen für ganz Rußland an.

LITERATUR *Giacomo Conte Leopardi* (20) »Gesänge«.

KUNST *Karl Friedrich Schinkel* (37) Neue Wache in Berlin (seit 1817).

WIRTSCHAFT *Karl Georg Maaßens* (49) Zollgesetz in Preußen bereitet einheitliches Wirtschaftsgebiet in Norddeutschland vor.

NATURWISSENSCHAFT Tabelle genauer Atomgewichte von *Jöns Jacob Frhr. von Berzelius* (39).

1819

POLITIK Ermordung *Kotzebues* (58) durch radikalen Burschenschafter gibt Stichwort zur »Demagogenverfolgung« in Deutschland; »Karlsbader Beschlüsse«, von *Friedrich Wilhelm III.* (49) und *Metternich* (46) eingeleitet, führen zur Zensur und Überwachung des öffentlichen Lebens durch Regierungen der Bundesstaaten. Arbeiterunruhen auf dem Petersfeld bei Manchester (»Peterloo«) führen zur Einschränkung der Presse- und Versammlungsfreiheit. USA kaufen Florida von Spanien. Von Venezuela aus befreit *Simon Bolivar* (36) bis 1827 Neugranada (Kolumbien), Ecuador, Peru, Bolivien.

LITERATUR *George Gordon Byron* (31) »Don Juan« begonnen. *Jacob Grimm* (34) »Deutsche Grammatik«. *Arthur Schopenhauer* (31) »Die Welt als Wille und Vorstellung«.

TECHNIK Dampf-Segel-Schiff »Savannah« überquert vorwiegend mit Dampfkraft den Atlantik.

1820

POLITIK Wiener Schlußakte gegen die Verfassungsversprechen von 1815, bestehende Verfassungen sollen bleiben. *Georg IV.* (58) wird König von Großbritannien und Hannover, stirbt 1830. Revolution in Spanien gegen Absolutismus König *Ferdinands VII.* (36). Mit der Erhebung in Neapel erster Ausbruch der italienischen revolutionären Bewegung (Geheimbund der Carbonari); wie auch die späteren Erhebungen in Italien von Österreich unterdrückt, das auf dem Kongreß von Troppau (27.10. bis 17.12.) zusammen mit Rußland und Preußen den Grundsatz der Intervention verkündete.

LITERATUR *Alphonse de Lamartine* (20) »Méditations poétiques«. *Aleksandr Puschkin* (21) »Ruslan und Ludmila«. *Walter Scott* (49) »Ivanhoe«. *Percy Bysshe Shelley* (28) »Der entfesselte Prometheus«.

KUNST *Bertel Thorwaldsen* (50) »Der Löwe von Luzern«.

NATURWISSENSCHAFT *André Ampère* (45) entdeckt Kraftwirkungen zwischen elektrischen Strömen. *Jean Biot* (46), *Hans Christian Örsted* (43) und *Félix Savart* (29) entdecken magnetische Wirkungen elektrischer Ströme.

1821

POLITIK Revolution in Portugal erzwingt Anerkennung der Verfassung durch den König. Griechischer Unabhängigkeitskampf gegen die Türkei beginnt, der 1829 erfolgreich endet. Peru und Mexiko erklären ihre Unabhängigkeit.

KULTUR Neues Schauspielhaus in Berlin von *Schinkel* (40) wird mit der Oper »Der Freischütz« von *Carl Maria von Weber* (35) eröffnet.

LITERATUR *Georg Wilhelm Friedrich Hegel* (51) »Grundlinien der Philosophie des Rechts«. *Joseph de Maistre* (68) »Abende in St. Petersburg«.

KUNST *Bertel Thorwaldsen* (53) beginnt Figurenschmuck für die Frauenkirche in Kopenhagen.

NATURWISSENSCHAFT *Michael Faraday* (30) entdeckt Grundprinzip des Elektromotors.

1822

POLITIK Verkündung der griechischen Unabhängigkeit und eines Verfassungsgesetzes in Epidauros (13.1.). Kongreß von Verona (20.10. bis 14.12.): England widersetzt sich dem von den Ostmächten aufrechterhaltenen Grundsatz der Intervention. Brasilien erklärt seine Unabhängigkeit von Portugal und wird konstitutionelles Kaiserreich (7.9.). Aus der Ansiedlung freigelassener Negersklaven beginnt sich Liberia zu entwickeln.

KULTUR Katholische Kirche hebt das seit 1616 bestehende Verbot kopernikanischer Schriften auf.

LITERATUR *George Byron* (34) »Cain«; nimmt 1823 am Freiheitskampf der Griechen teil.

MUSIK *Franz Schubert* (25) Symphonie Nr. 8 in h-Moll, die »Unvollendete«.

1823

POLITIK Berufung von Provinzialständen in Preußen an Stelle der 1815 versprochenen Verfassung. Frankreich hilft Revolution in Spanien niederschlagen und besetzt das Land bis 1828. *James Monroe* (65), Präsident der USA, bestreitet europäischen Ländern das Recht auf Einmischung in amerikanische Angelegenheiten (»Monroe-Doktrin«, 2.12.). Mexiko wird Republik.

LITERATUR *Fenimore Cooper* (34) beginnt seine »Lederstrumpferzählungen«. *Adolphe Thiers* (26) »Geschichte der Französischen Revolution«.

KUNST *Caspar David Friedrich* (49) Mondaufgang am Strande.

MUSIK *Beethoven* (53) 9. Symphonie in d-Moll mit Schlußchor »An die Freude«.

NATURWISSENSCHAFT *Michael Faraday* (32) gelingt erste Gasverflüssigung mit Chlor.

1824

POLITIK *Karl X.* (67) wird König von Frankreich; Vertreter des starren Royalismus, dankt 1830 ab. Die Russisch-Amerikanische Pelzkompanie, seit 1799 durch Charte der russischen Regierung alleinige Herrin Alaskas, regelt Grenzen durch Verträge mit den USA und Großbritannien (1824/25). Erster Krieg Großbritanniens gegen Burma, dauert bis 1826.

LITERATUR *Jean François Champollion* (34) »Grundriß des Systems der Hieroglyphen«. *Leopold Ranke* (29) »Zur Kritik neuerer Geschichtsschreiber« in »Geschichte der germanischen und romanischen Völker 1494 bis 1535«.

KUNST *Eugène Delacroix* (26) Massaker auf Chios.

SOZIALWESEN England hebt Gewerkschaftsverbot auf.

NATURWISSENSCHAFT *Sadi Carnot* (28) berechnet Wirkungsgrad von Wärmekraftmaschinen.

1825

POLITIK *Nikolaus I.* (29) wird Zar von Rußland, stirbt 1855. Dekabristenaufstand für eine russische Konstitution niedergeschlagen (26.12.). Bolivien erklärt sich von Spanien unabhängig. Großbritannien anerkennt Unabhängigkeit der südamerikanischen Staaten. *John Quincy Adams* (58) Präsident der USA.

LITERATUR *Franz Grillparzer* (32) »König Ottokars Glück und Ende«. *Alessandro Manzoni* (40) »Die Verlobten« in drei Bänden bis 1827. *Aleksandr Puschkin* (26) »Boris Godunow«.

MUSIK *Frédéric Chopin* (15): Rondeau in c-Moll op. 1.

TECHNIK Erste deutsche Technische Hochschule in Karlsruhe. Erste Eisenbahnlinie von Stockton nach Darlington (Nordengland) eröffnet.

1826

POLITIK Englisch-russische Verständigung in St Petersburg (4.4.) über die griechische Frage.

KULTUR Der Slowake *J. Herkel* prägt für die Verwandtschaft der slawischen Sprachen den Begriff »Panslawismus«, der bald ins Politische übertragen wird; der Zusammenschluß aller slawischen Völker in einem Staatsverband wird gefordert.

LITERATUR *Joseph von Eichendorff* (38) »Aus dem Leben eines Taugenichts«. *Friedrich Fröbel* (44) »Die Menschenerziehung«. *Wilhelm Hauff* (24) »Mitteilungen aus den Memoiren des Satans«, »Lichtenstein«. *Friedrich Hölderlin* (56) »Gedichte«.

MUSIK *Felix Mendelssohn-Bartholdy* (17) Ouvertüre zum »Sommernachtstraum«. *Carl-Maria von Weber* (40) »Oberon«.

NATURWISSENSCHAFT *Georg Simon Ohm* (37) entdeckt das Gesetz für den Widerstand metallischer Leiter. *Otto Unverdorben* (20) gewinnt Anilin aus Indigo. *Nikolai Lobatschewskij* (33) findet nichteuklidische Geometrie gleichzeitig mit und unabhängig von *Carl Friedrich Gauß* (49).

1827

POLITIK England, Frankreich und Rußland einigen sich im Vertrag von London über die Autonomie Griechenlands (6.7.). In der Seeschlacht bei Navarino siegt die englisch-französisch-russische Flotte über die ägyptisch-türkische, entscheidende Wende des griechischen Unabhängigkeitskrieges (20.10.).

LITERATUR *Guillaume Guizot* (40) »Geschichte der Zivilisation in Europa«. *Heinrich Heine* (30) »Buch der Lieder«. *Victor Hugo* (25) Vorwort zu »Cromwell« (romantisches Manifest).

MUSIK *Schubert* (30): »Die Winterreise«.

NATURWISSENSCHAFT *Karl Ernst von Baer* (35) entdeckt Säugetier-Ei. *Friedrich Wöhler* (27) entdeckt Aluminium in der Tonerde.

1828

POLITIK Zollvereine zwischen Preußen und Hessen-Darmstadt sowie Bayern und Württemberg. Mitteldeutscher Handelsverein mehrerer deutscher Staaten gegen Preußen. Russisch-türkischer Krieg, bis 1829, Rußland besetzt die Donaufürstentümer. Niederländer besetzen West-Neuguinea.

MUSIK *Daniel François Esprit Auber* (46) »Die Stumme von Portici«.

NATURWISSENSCHAFT *Friedrich Wöhler* (28) gelingt Synthese des Harnstoffes auf anorganischem Wege.

1829

POLITIK Russisch-türkischer Friede zu Adrianopel (14.9.): Griechenland von der Türkei unabhängig; Rußland erhält Donaudelta und gewinnt den persischen Anteil an Armenien. Durch Aufhebung der Testakte von 1673 werden Katholiken in Großbritannien zu politischen Ämtern zugelassen. *Andrew Jackson* (62) Präsident der USA bis 1837; er führt das »Beuteprinzip« der siegreichen Partei ein. Britische Kolonie Westaustralien gegründet.

KULTUR Abschaffung der Witwenverbrennung in Indien.

LITERATUR *Honoré de Balzac* (30) beginnt die Romanfolge »Menschliche Komödie« in über vierzig Bänden. *Johann Wolfgang Goethe* (80) vollendet »Wilhelm Meisters Wanderjahre«.

1830

POLITIK Londoner Protokoll: Rußland, England und Frankreich anerkennen Unabhängigkeit Griechenlands (3.2.). Juli-Revolution in Paris, König *Karl X.* (73) dankt ab, *Louis Philippe* (57), *Herzog von Orleans*, wird »Bürgerkönig«; Belebung der nationalen und liberalen Ideen in ganz Europa. Revolution in Brüssel, Belgien proklamiert seine Unabhängigkeit (4.10.). Zwölf Schweizer Kantone geben sich demokratische Verfassung. Polnische Revolution beginnt mit Aufstand in Warschau (29.11.). Frankreich beginnt Eroberung Algeriens, die 1847 abgeschlossen wird. Großkolumbien zerfällt in Venezuela, Neugranada (1861 wieder Kolumbien) und Ecuador.

KULTUR *Marie Joseph de La Fayette* (73) gründet »Verein der Menschenrechte«. *Joe Smith* (25) gründet die Mormonen-Sekte in New York.

LITERATUR *Honoré de Balzac* (31) »Gobseck«. *Stendhal* (48) »Rot und Schwarz«. *Aleksandr Puschkin* (31) »Eugen Onegin«. *Alfred Tennyson* (21) »Lyrische Gedichte«. *Henrik Wergeland* (22) begründet neuere norwegische Literatur mit »Die Schöpfung, der Mensch und der Messias«.

KUNST *Camille Corot* (34) Die Kathedrale von Chartres. *Eugène Delacroix* (32) »Die Freiheit auf der Barrikade«. *Karl Friedrich Schinkel* (49) Altes Museum Berlin (seit 1820).

MUSIK *Hector Berlioz* (27) »Symphonie phantastique«.

TECHNIK Eisenbahn Liverpool—Manchester mit Lokomotive von *George Stephenson* (49).

1831

POLITIK Belgien gibt sich eine liberale Verfassung, *Leopold I. von Sachsen-Coburg* (41) wird erster König der Belgier; die fünf Großmächte anerkennen in London belgische Unabhängigkeit und verbürgen seine Neutralität (26.7.). Niederschlagung der Revolution in Polen, das seine autonome Verwaltung verliert. Russifizierung. Revolutionäre Erhebungen in Italien von Österreich niedergeschlagen. Arbeiteraufstand in Lyon (20. bis 22. 11.). *Mehemed Ali* (62) von Ägypten beginnt Krieg gegen Türkei, erobert Syrien. Kaiser *Pedro I.* (33) von Brasilien dankt zugunsten seines Sohnes *Pedro II.* (6) ab, der bis 1840 unter Regentschaft steht.

LITERATUR *Victor Hugo* (29) »Notre-Dame von Paris«. *Franz Grillparzer* (40) »Des Meeres und der Liebe Wellen«.

KUNST *Honoré Daumier* (23) beginnt seine sozialkritischen, karikaturistischen Zeichnungen zu veröffentlichen.

NATURWISSENSCHAFT *Michael Faraday* (40) findet das elektromagnetische Induktionsgesetz.

1832

POLITIK Süddeutsche Demokraten feiern das »Hambacher Fest« (17.5.); Presse- und Versammlungsfreiheit wird darauf vom Bundestag aufgehoben. Kampf um die Wahlrechtsreform in Großbritannien endet mit einem Sieg der Reformer; ein Teil der Mittelklasse erhält das Wahlrecht. *Giuseppe Mazzini* (27) gründet demokratischen Geheimbund des »Jungen Italien«. *Otto I. von Wittelsbach* (17) wird König von Griechenland; wird 1862 durch einen Militäraufstand gestürzt.

KULTUR *Karl Baedeker* erwirbt Verlagsrechte der »Rheinreise von Mainz bis Cöln« und läßt weitere Reiseführer folgen.

LITERATUR *Johann Wolfgang von Goethe* (82) stirbt in Weimar, nachdem er »Faust« II. Teil (1831) und »Dichtung und Wahrheit« (1831) vollendet hatte.

1833

POLITIK Preußen gründet Deutschen Zollverein ohne Österreich, die meisten deutschen Länder schließen sich an. *Isabella II.* (3) Königin von Spanien, zunächst unter Regentschaft ihrer Mutter; sie wird 1868 gestürzt und verzichtet 1870 auf den Thron.

LITERATUR *Johann Gustav Droysen* (25) »Geschichte Alexanders des Großen«. *Jules Michelet* (35) »Geschichte von Frankreich« begonnen. *Silvio Pellico* (45) »Meine Gefängnisse«.

SOZIALWESEN Gewerbeaufsicht durch Fabrikinspektoren in England, Kinderarbeit eingeschränkt. Abschaffung der Sklaverei im britischen Reich.

WIRTSCHAFT *Friedrich List* (44) »Über ein sächsisches Eisenbahnsystem als Grundlage eines allgemeinen deutschen Eisenbahnsystems«.

TECHNIK Magnetischer Nadeltelegraph von *Carl Friedrich Gauß* (56) und *Wilhelm Weber* (29).

1834

POLITIK Der ausgewiesene *Giuseppe Mazzini* (29) gründet in Bern das »Junge Europa«. *Don Carlos* (46), Bruder des verstorbenen *Ferdinand VII.*, entfesselt Bürgerkrieg in Spanien um seine Thronfolge, muß 1839 verzichten. China schließt seine Häfen für den europäischen Handel.

LITERATUR *Leopold Ranke* (41) »Die römischen Päpste« (in drei Bänden bis 1836). *Adam Mickiewicz* (36) »Herr Thaddäus« (Versepos). *Ludolf Wienbarg* (32) »Ästhetische Feldzüge«, theoretische Begründung des »Jungen Deutschland«.

SOZIALWESEN *Robert Mohl* (35) »Die Polizeiwissenschaft nach den Grundsätzen des Rechtsstaats«.

NATURWISSENSCHAFT *Michael Faraday* (43) findet die Gesetze der Elektrolyse. *Ernst Heinrich Weber* (39) Psycho-physisches Grundgesetz (später Weber-Fechnersches Gesetz genannt).

TECHNIK *Moritz Hermann Jacobi* (33) baut Elektromotor (benutzt ihn 1838 zum Bootsantrieb). *Friedlieb Ferdinand Runge* (39) gewinnt Phenol und Anilin aus Steinkohlenteer und beginnt seine »Farbenchemie«.

1835

POLITIK *Ferdinand I.* (42) wird Kaiser von Österreich, geistesschwach, verzichtet 1848. Neue englische Städteordnung auf Grundlage der Selbstverwaltung. Texas fällt von Mexiko ab.

KULTUR *James Gordon Bennett* (40) gründet Massenzeitung »New York Herald«. *Charles Havas* (50) gründet seine Agentur in Paris. Das höhere Bildungswesen in Indien wird von England europäisiert.

LITERATUR Bundestag verbietet die Werke des »Jungen Deutschland«, wozu *Heinrich Heine* (38), *Karl Gutzkow* (24), *Heinrich Laube* (29), *Ludwig Börne* (49) und andere gehören. *Georg Büchner* (22) »Dantons Tod«. *Johann Friedrich Herbart* (59) »Umriß pädagogischer Vorlesungen«. *Giuseppe Mazzini* (30) »Glaube und Zukunft«. *David Friedrich Strauß* (27) »Das Leben Jesu, kritisch bearbeitet«, übt Kritik an den historischen Grundlagen des Christentums. *Alexis de Tocqueville* (30) »Von der Demokratie in Amerika«.

MUSIK *Gaetano Donizetti* (38) »Lucia di Lammermoor« (Oper).

NATURWISSENSCHAFT *Jöns Jacob Frhr. von Berzelius* (56) führt den Begriff der chemischen Katalyse ein.

TECHNIK Erste deutsche Eisenbahn zwischen Nürnberg und Fürth.

1836

POLITIK Gründung der britischen Kolonie Südaustralien.

LITERATUR *Charles Dickens* (24) »Die Pickwickier«. *Johann Peter Eckermann* (44) »Gespräche mit Goethe«.

MUSIK *Giacomo Meyerbeer* (45) »Die Hugenotten«.

TECHNIK *Nikolaus von Dreyse* (49) erfindet Hinterlader-Zündnadelgewehr. Bau der ersten Eisenbahnen in USA.

1837

POLITIK *Viktoria* (18) wird Königin von Großbritannien und Irland und regiert bis 1901; wegen verschiedenartigem Erbrecht Auflösung der Personalunion zwischen England und Hannover, wo *Ernst August, Herzog von Cumberland* (66), König wird und die Verfassung aufhebt; sieben Göttinger Professoren erheben dagegen Einspruch und werden vom König entlassen (14. 12.).

KULTUR *Friedrich Fröbel* (55) gründet ersten deutschen Kindergarten in Blankenburg/Thüringen.

LITERATUR *Thomas Carlyle* (42) »Die Französische Revolution«. *Alphonse de Lamartine* (47) »Der Fall eines Engels«.

MUSIK *Robert Schumann* (27) Davidsbündler Tänze.

TECHNIK *Samuel Morse* (46) Schreibtelegraph.

1838

POLITIK *Richard Cobden* (34) gründet in England die liberalistische »Anti-Corn-Law-League«. Beginn der englischen Chartistenbewegung: Forderung nach Wahlrechtsreform.

LITERATUR *Charles Dickens* (36) »Oliver Twist«. *Edgar Allan Poe* (29) »Arthur Gordon Pym«.

NATURWISSENSCHAFT *Friedrich Wilhelm Bessel* (54) mißt erste Fixstern-Entfernung.

TECHNIK Eisenbahn Berlin—Potsdam. *Louis J. M. Daguerre* (49) erfindet Photographie mit Entwicklungsprozeß.

1839

POLITIK Großmächte garantieren im Londoner Protokoll Unabhängigkeit und Neutralität Belgiens (19.4.). Luxemburg tritt größeren, wallonischen Teil an Belgien ab. Chartisten-Aufstand in England zur Durchsetzung des Arbeiterstimmrechtes unterdrückt. Großbritannien besetzt Aden. Großbritannien führt ersten Afghanenkrieg (bis 1842) ohne Erfolg. Nach der Vernichtung illegaler britischer Opiumlager in China beginnt Großbritannien den »Opiumkrieg«, um seine Handelsinteressen zu schützen. China unterliegt 1842. *Abdul-Medschid I.* wird Sultan der Türkei, regiert bis 1861; reformiert den Staat im Sinne europäischer Vorstellungen. Nach siebenjährigem Waffenstillstand beginnt *Mehemed Ali* (70) erneut den Krieg gegen die Türkei mit dem Ziel, Ägypten-Syrien unabhängig und zu erblichem Besitztum zu machen.

LITERATUR *Stendhal* (56) »Die Kartause von Parma«.

KUNST *Carl Spitzweg* (31) »Der arme Poet«. *William Turner* (64) »Die letzte Fahrt der Temeraire«.

SOZIALWESEN *Louis Blanc* (26) »Organisation der Arbeit«. Fabrikarbeitsverbot für Kinder unter neun Jahren in Preußen und Zehnstundentag für Jugendliche.

NATURWISSENSCHAFT *Theodor Schwann* (29) entdeckt die Zelle als Element des Tierkörpers.

TECHNIK *Charles Goodyear* (39) entdeckt die Vulkanisation des Kautschuks.

1840

POLITIK Nach einem zweiten Putschversuch wird Napoleons Neffe, *Louis Napoleon Bonaparte* (32), zu lebenslänglichem Gefängnis verurteilt; er entkommt 1846 nach England. *Napoleon I.* im Invalidendom, Paris, beigesetzt. Frankreich tritt im türkisch-ägyptischen Krieg für Ägypten ein, wird jedoch von den übrigen europäischen Großmächten einschließlich Preußen isoliert, die *Mehemed Ali* (71) zum Rückzug aus Syrien zwingen. Im Verlauf dieser »Orientalischen Krisis« Kriegsstimmung in Frankreich, deren Exponent *Adolphe Thiers* (43) jedoch nach der ägyptischen Niederlage vom Posten des Ministerpräsidenten zurücktreten muß. Nach Abdankung *Wilhelms I.* (68) wird *Wilhelm II.* (48) König der Niederlande, stirbt 1849. *Friedrich Wilhelm IV.* (45) wird König von Preußen, stirbt 1861. Königin *Viktoria* von Großbritannien (21) heiratet Prinz *Albert von Sachsen-Coburg-Gotha* (21), der starken politischen Einfluß auf sie gewinnt. Ober- und Unterkanada mit vorwiegend aus Frankreich stammender Bevölkerung unter einer Regierung vereinigt. Neue Expansion Englands in Indien: Rechtes Indusufer, Haiderabad und andere Gebiete kommen unter britische Herrschaft. Neuseeland wird britische Kronkolonie. Briten besetzen Hongkong.

LITERATUR *Michail Jurjewitsch Lermontow* (26) »Ein Held unserer Zeit«.

MUSIK *Frédéric Chopin* (30) Zwei Polonäsen, op. 40. *Richard Wagner* (27) »Rienzi«.

SOZIALWISSENSCHAFT *Pierre Joseph Proudhon* (31) »Was ist Eigentum?« mit der Antwort: Eigentum ist Diebstahl.

NATURWISSENSCHAFT *Carl Friedrich Gauß* (63) »Atlas des Erdmagnetismus«. *Justus Liebig* (37) »Die organische Chemie in ihrer Anwendung auf Agrikulturchemie und Physiologie«.

WIRTSCHAFT *Samuel Cunard* (53) gründet Cunard Steamship Company in Liverpool. England führt erste Briefmarken ein (Bayern 1849).

1841

POLITIK Im Londoner Meerengen-Vertrag wird allen nicht-türkischen Kriegsschiffen die Durchfahrt durch Bosporus und Dardanellen verboten.

LITERATUR *Ralph Waldo Emerson* (38) »Essays«. *Ludwig Feuerbach* (37) »Das Wesen des Christentums«.

MUSIK *Richard Wagner* (28) »Der fliegende Holländer« (aufgeführt 1843).

KUNST *Honoré Daumier* (33) Tragisch-klassische Physiognomien.

SOZIALWISSENSCHAFT *Friedrich List* (52) »Das nationale System der politischen Ökonomie«, empfiehlt »Erziehungszölle« zur Förderung der nationalen Produktion.

SOZIALWESEN Gesetz zur Einschränkung der Kinderarbeit in Frankreich.

1842

POLITIK Buren gründen nach dem »Großen Treck« (1835–38) den Freistaat Oranje. USA anerkennen Unabhängigkeit von Hawaii. Ende des Opiumkrieges: China tritt im Frieden zu Nanking Hongkong an Großbritannien ab und öffnet seine Häfen dem westlichen Handel.

LITERATUR *Auguste Comte* (44) begründet mit dem »Lehrgang der positiven Philosophie« (seit 1830 erschienen) den philosophischen Positivismus. *Nikolai Gogol* (33) »Die toten Seelen« erster Teil.

NATURWISSENSCHAFT *Julius Robert Mayer* (28) begründet mit seiner Schrift »Bemerkungen über die Kräfte der unbelebten Natur« den Energieerhaltungssatz.

1843

POLITIK Das 1838 von den Buren eroberte Natal wird zur britischen Kolonie erklärt. Englische liberale Wirtschaftszeitung »The Economist« gegründet.

LITERATUR *Sören Kierkegaard* (30) »Entweder — Oder«.

1844

POLITIK Aufstand der Weber in Schlesien. Erster englischer Konsumverein in Rochdale gegründet. Griechenland erhält Verfassung. Beginn der Regierung *Oskars I.* (45) von Schweden.

KULTUR *Nikolai Grundtvig* (61) gründet in Dänemark die erste Volkshochschule. *George Williams* gründet in London erste Young Men's Christian Association (YMCA) (wird 1855 zum Weltbund).

LITERATUR *Friedrich Hebbel* (31) »Maria Magdalena«. *Heinrich Heine* (47) »Deutschland, ein Wintermärchen«.

MUSIK *Giuseppe Verdi* (31) »Ernani«.

KUNST *William Turner* (69) »Regen, Dampf und Schnelligkeit«.

TECHNIK Erste Morse-Telegraphenlinie zwischen New York und Baltimore.

1845

POLITIK Neue Verfassung in Spanien (Stärkung des Monarchen). Gründung des »Sonderbundes« in der Schweiz (Katholische Schutzvereinigung zur Wahrung der Kantonssouveränität). Hungersnot in Irland. USA bieten Texas Eintritt in die Union an. *James K. Polk* (50) wird Präsident der USA. Briten werfen die Sikhs am oberen Indus bis 1849 nieder. Großbritannien zwingt Argentinien zur Abtretung der Falklandinseln.

KULTUR *Austen Henry Layard* (28) beginnt mit den Ausgrabungen von Kalach (Nimrud) und Ninive.

LITERATUR *Max Stirner* (eig. Kaspar Schmidt, 39) »Der Einzige und sein Eigentum« (Philosophie des Anarchismus).

KUNST *Gustave Courbet* (26) »Die Liebenden auf dem Lande«. *Adolph Menzel* (30) »Das Balkonzimmer«.

SOZIALWISSENSCHAFT *Friedrich Engels* (25) »Die Lage der arbeitenden Klassen in England«.

SOZIALWESEN Allgemeine Preußische Gewerbeordnung, gestattet Unterstützungskassen, verbietet aber Koalitionen.

NATURWISSENSCHAFT Der erste von fünf Bänden des »Kosmos« von *Alexander von Humboldt* (76) erscheint.

1846

POLITIK Freihandels-Partei in England erreicht Aufhebung der Kornzölle. Österreich annektiert Krakau. »Offener Brief« *Christians VIII.* von Dänemark (60) bedroht Sonderstellung Schleswig-Holsteins; nationale Erregung in Deutschland und Dänemark. Beginn des Pontifikats Papst *Pius' IX.* (54), stirbt 1878. Krieg zwischen USA und Mexiko bis 1848. Vertrag zwischen USA und Großbritannien über die Grenze im Nordosten (Oregon).

LITERATUR *Feodor Michailowitsch Dostojewskij* (25) »Der Doppelgänger«. *Alexander Petöfi* (23) »Der Strick des Henkers«. *Pierre Joseph Proudhon* (37) »Philosophie der Staatsökonomie oder Notwendigkeit des Elends«.

MUSIK *Hector Berlioz* (43) »Fausts Verdammnis«.

SOZIALWESEN *Adolf Kolping* (33) gründet in Elberfeld ersten deutschen katholischen Gesellenverein.

NATURWISSENSCHAFT *Johann Gottfried Galle* (34) entdeckt nach den Berechnungen von *Leverrier* (35) den Planeten Neptun. Erste Äthernarkose durch *William Morton* (27).

1847

POLITIK König von Preußen beruft den Vereinigten Landtag, hält aber an ständischer Gliederung und Ablehnung moderner Repräsentationsideen fest; nach Streit um Kredit-Bewilligungsrecht für Eisenbahnbau ergebnislose Vertagung. In der Schweiz wird Auflösung des Sonderbundes von der Bundesexekution durchgesetzt (Sonderbundskrieg). In Turin wird die Zeitung »Il Risorgimento« gegründet, die der nationalen Bewegung ihren Namen gibt. Algerier unter *Abd el-Kader* (39) müssen vor Frankreich kapitulieren. Gründung des Mormonenstaates am Großen Salzsee in Utah (USA). Konstituierung der »Freien und Unabhängigen Republik Liberia«.

LITERATUR *Honoré de Balzac* (47) »Le Cousin Pons«. *Alphonse de Lamartine* (57) »Geschichte der Girondisten«. *Karl Marx* (29) »Das Elend der Philosophie«.

SOZIALWESEN Gesetzlicher Zehn-Stunden-Tag für Kinder und Jugendliche in England.

MEDIZIN *Ignaz Semmelweis* (29) Entdeckung der Ursache des Kindbettfiebers. *James Y. Simpson* (36) verwendet bei einer Geburt erstmals Chloroform-Narkose.

NATURWISSENSCHAFT Erste Fahrt durch die Nordwest-Passage durch *Sir John Franklin* (61). *Hermann Helmholtz* (26) »Über die Erhaltung der Kraft« (Begründung des Energieerhaltungssatzes).

1848

POLITIK Februarrevolution in Paris, *Louis Philippe* (75) wird zur Abdankung gezwungen und die Republik ausgerufen (24.2.); die seit 1846 schwelende Wirtschaftskrise läßt revolutionäre Unruhen nicht enden, in schweren Kämpfen (23. bis 26.6.) behauptet Bürgertum die Macht, Verfassung mit allgemeinem Stimmrecht und parlamentarischer Regierung, Präsident wird Haupt der Exekutive (Wahl durch Volksabstimmung), *Louis Napoleon* (40) wird zum ersten Präsidenten gewählt (10.12.). Märzrevolution in Deutschland und Österreich: *Metternich* (75) flieht nach Großbritannien. *Friedrich Wilhelm IV.* (53) beruft preußische Nationalversammlung und stellt sich an die Spitze der gesamten Nation; *Ludwig I.* (62) von Bayern dankt zugunsten seines Sohnes *Maximilian II.* (37) ab; Sieg liberaler Ideen in den deutschen Klein- und Mittelstaaten; deutsche Nationalversammlung in der Frankfurter Paulskirche arbeitet Verfassung aus, Erzherzog *Johann* (66) von Österreich zum Reichsverweser gewählt. Pfingstaufstand der radikalen Tschechen in Prag wird von Österreich niedergeschlagen; Preußen schlägt polnische Erhebung in Posen nieder; Ungarn löst sich aus dem österreichischen Gesamtstaatsverband (10.4.), seine slawische Bevölkerung unter Führung der Kroaten versucht die politische Gleichberechtigung gegen den madjarischen Führungsanspruch mit Gewalt durchzusetzen; die revolutionären Erhebungen in Italien führen zunächst zur Vertreibung der Österreicher, *Karl Albert von Savoyen-Sardinien* (50) will Italien befreien und einigen, aber schon im Sommer entscheidende Erfolge des österreichischen Oberbefehlshabers Feldmarschall *Radetzky* (82). *Friedrich VII.* (40) wird König von Dänemark und verkündet die Einverleibung Schleswigs. Krieg mit Preußen, das, besonders unter dem Druck Rußlands, im Waffenstillstand von Malmö zur Zurückziehung seiner erfolgreichen Truppen gezwungen wird; Nationalversammlung in Frankfurt lehnt diesen Waffenstillstand zunächst ab, muß ihm aber nach vergeblichen Versuchen zur Bildung eines neuen Reichsministeriums doch zustimmen. Die beiden deutschen Großmächte Österreich und Preußen schlagen radikale Erhebungen im Westen und Südwesten Deutschlands nieder. General *von Wrangel* (64) rückt ohne Widerstand in Berlin ein. König löst preußische Nationalversammlung auf und oktroyiert eine Verfassung. Oktoberaufstand in Wien durch kaiserliche Truppen niedergeschlagen, Verlegung des österreichischen Reichstags nach Kremsier (Mähren), der Aufhebung der bäuerlichen Erbuntertänigkeit beschließt (bleibendes Ergebnis der Revolution in Österreich). Fürst *Felix Schwarzenberg* (48) übernimmt Leitung der österreichischen Politik, *Ferdinand I.* (55) dankt zugunsten seines Neffen *Franz Joseph I.* (18) ab. Siehe auch Spezialzeittafel S. 486f. Neue bundesstaatliche Verfassung für die Schweiz. Vertrag von Guadalupe-Hidalgo beendet Krieg zwischen USA und Mexiko: Texas, New Mexico und Kalifornien werden in die Staaten einverleibt. Goldfunde in Kalifornien rufen Masseneinwanderung hervor (Gold-rush).

KULTUR In Mainz findet der erste deutsche Katholikentag statt.

LITERATUR *Massimo d'Azeglio* (50) »Trauer um die Lombardei«. *Emily Brontë* (30) »Sturmhöhen«. *Alexander Dumas* (Sohn) (24) »Die Kameliendame«. *Thomas Macaulay* (48) beginnt »Englische Geschichte seit James II.« in fünf Bänden. *William M. Thackeray* (37) »Jahrmarkt der Eitelkeit«.

SOZIALWISSENSCHAFT *Karl Marx* (30) und *Friedrich Engels* (28) »Kommunistisches Manifest«. *John Stuart Mill* (42) »Prinzipien der Politischen Ökonomie«.

SOZIALWESEN Gesellenkongreß in Frankfurt, Arbeiterkongreß in Berlin (seine Zentralorganisation wird 1854 durch Bundesbeschluß aufgehoben).

1849

POLITIK Niederwerfung der revolutionären Bewegungen im Gebiet der habsburgischen Monarchie, die jedoch in Ungarn nur mit Hilfe russischer Truppen gelingt; Auflösung des österreichischen Reichstages und Oktroyierung einer Verfassung. Wiederherstellung der alten Zustände in Italien, wobei die Franzosen die römische Republik im Kampf gegen *Garibaldi* (42) beseitigen; *Karl Albert* (51) dankt ab zugunsten seines Sohnes *Viktor Emanuel II.* (29). In Frankfurt wird die Reichsverfassung vollendet. *Friedrich Wilhelm IV.* (54), König von Preußen, lehnt die von der Nationalversammlung angebotene Kaiserkrone ab. Allmähliche Auflösung der Nationalversammlung, Erzherzog *Johann* (67) legt Würde des Reichsverwesers nieder, Niederschlagung von Aufständen in Dresden, Rastatt und Karlsruhe durch preußische und Bundestruppen, Ende der Revolution. *Wilhelm III.* (32) wird König der Niederlande, stirbt 1890. *Zachary Taylor* (65) wird Präsident der USA.

KULTUR In Wittenberg erster deutscher evangelischer Kirchentag. *Israel Beer Josaphat* (33) gründet Nachrichten-Agentur (später Reuter).

SOZIALWESEN Wegen einer seit 1845 dauernden Hungersnot steigt Auswanderung aus Irland an.

NATURWISSENSCHAFT Erste Wetterkarten auf Grund telegraphischer Meldungen des gleichen Tages in England (tägliche Wettervorhersage ab 1861).

TECHNIK *Joseph Francis* (35) erfindet Radial-Wasserturbine.

WIRTSCHAFT Aufhebung der Navigationsakte in Großbritannien.

1850

POLITIK Erfurter Parlament soll preußische Unionspläne (deutsche Einigung unter Ausschluß Österreichs) verwirklichen (Verfassungsberatungen), aber baldige Auflösung der Union; Wiedereröffnung des Frankfurter Bundestages; Kriegsgefahr zwischen Preußen und Österreich wegen drohenden Eingreifens der Bundesorgane in einen hessischen Verfassungsstreit durch den Vertrag von Olmütz beseitigt: Preußen verzichtet auf Unionspläne. Im Frieden von Berlin zwischen Preußen und Dänemark verzichtet Preußen auf die Unterstützung Schleswig-Holsteins, das allein weiterkämpft, aber von Dänen und Exekutionstruppen des Deutschen Bundes zur Unterwerfung gezwungen wird. Die österreichische Verfassung für Ungarn außer Kraft gesetzt. Aufstand der Taiping-Bewegung in China, verwüstet bis 1864 große Teile des Landes.

LITERATUR *Charles Dickens* (38) »David Copperfield«. *Ralph Emerson* (47) »Essays über führende Geister«.

SOZIALWESEN Gesetzlicher Zehn-Stunden-Tag in englischen Textilfabriken für Frauen und Jugendliche führt wegen Arbeitsorganisation zum allgemeinen Zehn-Stunden-Tag in dieser Industrie; Ausdehnung auf die anderen Gewerbe unter Kämpfen in den nächsten dreißig Jahren. Erstes Volksbüchereigesetz in England. Erste »Volksbibliotheken« in Berlin. *Hermann Schulze-Delitzsch* (42) gründet ersten Vorschußverein, in der weiteren Entwicklung entstehen die Kreditgenossenschaften.

NATURWISSENSCHAFT Zweiter Hauptsatz der Wärmelehre (»Unordnung nimmt zu«) von *Rudolf Clausius* (28) und *William Thomson* (26). *Léon Foucault* (31) weist Erdumdrehung an der Drehung der Schwingungsrichtung eines Pendels nach. *Hermann Helmholtz* (29) erfindet Augenspiegel und mißt Geschwindigkeit eines Nervenreizes.

1851

POLITIK *Louis Napoleons* (43) Staatsstreich (2.12.); er wird durch Volksabstimmung zum Präsidenten auf zehn Jahre gewählt (21.12.).

KULTUR In London findet erste Weltausstellung tatt; Kristallpalast zeigt neuartige Glasarchitektur. Spanien schließt Konkordat mit dem Papst, ausschließliche Geltung des Katholizismus in Spanien bestätigt.

LITERATUR *Juan Donoso Cortés* (42) »Essay über Katholizismus, Liberalismus und Sozialismus«. *Friedrich Hebbel* (38) »Agnes Bernauer«. *Heinrich Heine* (54) »Romanzero«. *Herman Melville* (32) »Moby Dick«. *Richard Wagner* (38) »Oper und Drama« (Theorie des Musikdramas).

1852

POLITIK *Louis Napoleon* (44) durch Senatsbeschluß und erneute Volksabstimmung Kaiser der Franzosen *(Napoleon III.)*. Aufhebung der österreichischen Verfassung. *Camillo Cavour* (42) wird Minister in Sardinien-Piemont, in der Folge führt seine Politik als Ministerpräsident die Einheit Italiens herbei. England erobert Unterburma.

LITERATUR *Harriet Beecher-Stowe* (40) »Onkel Toms Hütte«. *Jakob Grimm* (67) »Deutsches Wörterbuch, Teil I«. *Rudolf Jhering* (34) »Geist des Römischen Rechts« begonnen.

SOZIALWISSENSCHAFT *Auguste Comte* (54) »System der positiven Politik«.

1853

POLITIK Beginn des »Krimkrieges«: Rußland besetzt nach Ablehnung seines Planes zur Aufteilung der Türkei durch Großbritannien die Donaufürstentümer; nach dem Scheitern einer Vermittlungsaktion der Großmächte türkische Kriegserklärung an Rußland. Kommodore *Matthew C. Perry* (59) besucht mit einer US-Flotte Uraga in Japan; in den folgenden Jahren japanische Handelsverträge mit den USA und europäischen Staaten. (Siehe Spezialzeittafel S. 631.) Mexiko verkauft Südteil von Arizona an die USA.

KULTUR Kaiser *Napoleon III.* (45) beruft *Georges Eugène Haußmann* (44) als Präfekten, der das moderne Paris gestaltet. *Alexander Herzens* (41) »Glocke« (liberal-sozialistische Zeitschrift) beginnt in London zu erscheinen.

1854

POLITIK Frankreich und Großbritannien treten auf türkischer Seite in den Krimkrieg ein; Beginn der Belagerung von Sewastopol; Österreich erzwingt von den Russen die Räumung der Donaufürstentümer, ohne in den Krieg einzutreten. Republikanische Partei der USA in Wisconsin gegründet; vertritt Programm gegen Sklaverei und für Hochschutzzölle.

LITERATUR *Gottfried Keller* (35) »Der grüne Heinrich«. *Theodor Mommsen* (37) beginnt seine »Römische Geschichte«.

SOZIALWESEN Deutscher Bundestag verbietet alle Arbeitervereine (dieses Verbot wird 1868 aufgehoben).

NATURWISSENSCHAFT *Bernhard Riemann* (28) entwickelt nichteuklidische Geometrie.

TECHNIK Eröffnung der ersten Eisenbahn über die Alpen (Semmering). Erste Eisenbahn in Indien.

1855

POLITIK Sardinien-Piemont tritt in den Krimkrieg gegen Rußland ein; der Fall von Sewastopol. *Alexander II.* (37) wird Zar von Rußland.

KULTUR Weltausstellung in Paris; erstes Warenhaus in Paris.

LITERATUR *Ludwig Büchner* (31) »Kraft und Stoff« vertritt Materialismus in der Philosophie. *Gustav Freytag* (39) »Soll und Haben«. *Arthur von Gobineau* (39) »Versuch über die Ungleichheit der Rassen« (seit 1853). *Anthony Froude* (37) »Geschichte Englands vom Sturz Wolseys bis zur Niederlage der spanischen Armada«. *Walt Whitman* (36) »Leaves of grass«.

NATURWISSENSCHAFT *David Livingstone* (42) entdeckt auf seiner Afrika-Durchquerung 1854 bis 1856 die Victoriafälle.

TECHNIK *Henry Bessemer* (42) erfindet die »Bessemer-Birne«, mit der Massenherstellung von Gußstahl möglich wird.

1856

POLITIK Pariser Frieden beendet den »Krimkrieg«: südliches Bessarabien kommt an die Türkei, Schwarzes Meer wird neutralisiert (Kriegsschiffe und Anlage von Waffenplätzen verboten), Donauschiffahrt wird für frei erklärt. Internationale Seerechtsdeklaration verbietet Kaperei und garantiert Privateigentum im Seekrieg. Buren-Freistaat Transvaal gegründet, wird 1884 Südafrikanische Republik.

LITERATUR *Ferdinand Kürnberger* (31) »Der Amerikamüde«. *Wilhelm Raabe* (25) »Die Chronik der Sperlingsgasse«. *Alexis de Tocqueville* (51) »Das Ancien régime und die Revolution«.

NATURWISSENSCHAFT *Johann Carl Fuhlrott* (52) findet erstes Skelett eines »Neandertalers«. *William Henry Perkin* (18) entdeckt ersten künstlichen Teerfarbstoff Mauvein.

1857

POLITIK *Wilhelm von Preußen* (60) übernimmt Stellvertretung (1858 Regentschaft) für den geistig erkrankten *Friedrich Wilhelm IV.* (62). Preußen verzichtet auf das Hoheitsrecht über Neuenburg (Neuchâtel). England und Frankreich beginnen Krieg gegen China (»Lorchakrieg«). Ottawa wird Hauptstadt von Kanada.

KULTUR Universitäten in Calcutta, Bombay und Madras gegründet.

LITERATUR *Charles Baudelaire* (36) »Die Blumen des Bösen«. *Björnstjerne Björnson* (25) »Synnöve Solbakken«. *Gustave Flaubert* (36) »Madame Bovary«. *Adalbert Stifter* (52) »Nachsommer«.

NATURWISSENSCHAFT Entwicklung der kinetischen (molekularen) Gastheorie durch *Rudolf Clausius* (35), *August Karl Krönig* (35) und *William Thomson* (33). *August Kekulé* (28) entdeckt Vierwertigkeit des Kohlenstoffs. *Louis Pasteur* (35) erkennt die Beteiligung von Mikroorganismen an der Gärung.

1858

POLITIK Konferenz der Großmächte in Paris beschließt Gründung eines Fürstentums Rumänien. Nach Niederschlagung eines Aufstandes in Indien geht Herrschaft von der Ostindien Kompanie auf Großbritannien über, Einsetzung eines Vize-Königs. Friede von Tientsin: China muß den Europäern mehrere Häfen öffnen und ihre Gesandten zulassen. Amurprovinz wird russisch.

KULTUR Judenemanzipation in England beendet.

LITERATUR *Iwan A. Gontscharow* (46) »Oblomow«.

MUSIK *Jacques Offenbach* (39) »Orpheus in der Unterwelt«.

NATURWISSENSCHAFT *Julius Plücker* (57) entdeckt die Kathodenstrahlen. *Rudolf Virchow* (37) begründet die Zellularpathologie.

1859

POLITIK Krieg Sardinien-Piemonts und des mit ihm verbündeten Frankreich gegen Österreich; im Frieden von Zürich (10.11.) muß Österreich die Lombardei an Frankreich abtreten, das sie Sardinien-Piemont übergibt; revolutionäre Erhebungen in den mittelitalienischen Staaten. Frankreich erobert Saigon in Indochina.

KULTUR Inquisition wird in Italien beseitigt.

LITERATUR *George Meredith* (31) »Die Feuerprobe des Richard Feverel«. *John Stuart Mill* (53) »Über die Freiheit«.

MUSIK *Charles Gounod* (41) »Faust« (Margarethe).

KUNST *Jean Auguste Dominique Ingres* (79) »Türkisches Bad«. *Edouard Manet* (27) »Der Absinthtrinker«.

SOZIALWISSENSCHAFT *Karl Marx* (41) »Zur Kritik der politischen Ökonomie«.

NATURWISSENSCHAFT Chemische Spektralanalyse durch *Robert Bunsen* (48) und *Gustav Robert Kirchhoff* (35). *Charles Darwin* (50) »Über die Entstehung der Arten durch natürliche Auslese«.

WIRTSCHAFT Erdölgewinnung beginnt in USA (Pennsylvanien) und Rußland (Kaukasus).

1860

POLITIK Volksabstimmung in Mittelitalien für Anschluß an Sardinien-Piemont. *Giuseppe Garibaldi* (53) landet auf Sizilien und in Neapel (»Zug der Tausend«); Volksabstimmungen in Süditalien für Anschluß an Sardinien-Piemont. *Abraham Lincoln* (51), Kandidat der Republikaner, wird zum Präsidenten der USA gewählt. Republikanische Partei vorwiegend bis 1912 an der Macht. China ratifiziert nicht den Vertrag von Tientsin (1858), Einmarsch britischer und französischer Truppen in Peking (Zerstörung des kaiserlichen Sommerpalastes) erzwingt Erneuerung des Vertrages. Rußland gründet Wladiwostok.

LITERATUR *Jacob Burckhardt* (42) »Die Kultur der Renaissance in Italien«. *Aleksandr N. Ostrowskij* (37) »Das Gewitter«.

NATURWISSENSCHAFT *Gustav Theodor Fechner* (59) »Elemente der Psychophysik«. Erster internationaler Chemiker-Kongreß in Karlsruhe.

WIRTSCHAFT Handelsvertrag zwischen Großbritannien und Frankreich (»Cobdenvertrag«), Abbau der Schutzzölle und Einführung der Meistbegünstigungsklausel.

1861

POLITIK *Viktor Emanuel II.* (41) von Sardinien-Piemont wird König des bis auf Rom und Venetien vereinigten Italiens. *Wilhelm I.* (64) wird König von Preußen. *Benito Juarez* (55), Präsident von Mexiko, läßt Zinszahlungen an das Ausland einstellen; spanisch-britisch-französische Expedition soll Forderungen durchsetzen. Zar *Alexander II.* (43) hebt Leibeigenschaft in Rußland auf. Elf Südstaaten treten aus den USA aus und bilden Konföderation unter *Jefferson Davis* (53); Ausbruch des »Krieges zwischen den Staaten« (Sezessionskrieg).

LITERATUR *Hans Christian Andersen* (56) vollendet seine Märchensammlungen. *Johann Jakob Bachofen* (46): »Das Mutterrecht«.

NATURWISSENSCHAFT Entdeckung des Archäopteryx (Urvogel) im Solnhofer Schiefer.

TECHNIK *Ernest Solvay* (22) gibt sein Verfahren bekannt, Soda aus Ammoniak herzustellen. *Johann Philipp Reis* (27) erfindet den Fernsprecher.

1862

POLITIK Verfassungsstreit zwischen dem König von Preußen und liberalem Landtag wegen der Heeresreform; *Otto von Bismarck* (47) wird preußischer Ministerpräsident und Außenminister, will Heeresreform auch gegen den Willen des Landtages durchsetzen. *Otto I.* (47) von Griechenland durch Militärputsch abgesetzt. *Abraham Lincoln* (53) erklärt die Sklaverei in den Südstaaten der USA für aufgehoben.

LITERATUR *Victor Hugo* (60) »Die Elenden«. *Iwan S. Turgenew* (44): »Väter und Söhne«.

NATURWISSENSCHAFT *Léon Foucault* (43) mißt Lichtgeschwindigkeit mit Drehspiegeln im Laboratorium. *Hermann Helmholtz* (41) »Die Lehre von den Tonempfindungen als physiologische Grundlage für die Theorie der Musik«.

1863

POLITIK Rußland schlägt Polenaufstand unter demonstrativem Wohlwollen Preußens (»Alvenslebensche Konvention« zur gegenseitigen Unterstützung) nieder. Der König von Preußen meidet unter *Bismarcks* Einfluß den Fürstentag in Frankfurt am Main, der auf österreichische Initiative Reform des Deutschen Bundes beraten sollte. *Ferdinand Lassalle* (38) gründet in Leipzig »Allgemeinen Deutschen Arbeiterverein«; er trennt sich von *Karl Marx* (45). *Friedrich VII.* (55) von Dänemark vereinigt kurz vor seinem Tode Schleswig mit Dänemark; Beginn der Regierung *Christians IX.* (45).

KULTUR Auf Anregung von *Henry Dunant* (35) wird das »Rote Kreuz« gegründet.

LITERATUR *Ernest Renan* (40) »Das Leben Jesu«.

1864

POLITIK Österreich und Preußen fordern ultimativ die Wiederherstellung des alten Zustandes in Schleswig-Holstein und beginnen nach Ablehnung ihrer Forderungen Krieg gegen Dänemark, in dem dieses unterliegt und Schleswig-Holstein und Lauenburg an Österreich und Preußen abtreten muß (gemeinsame Verwaltung). Französisch-italienischer Vertrag über französische Besetzung Roms. *Karl Marx* (46) gründet in London »Internationale Arbeiterassoziation« und wird ihr erster Vorsitzender (Erste Internationale). *Alexander II.* (46) führt in Rußland Justiz- und Verwaltungsreform durch (Semstwo-Organisation bringt Kreis- und Gouvernements-Selbstverwaltung). Franzosen intervenieren in Mexiko. Österreichischer Erzherzog *Maximilian* (32) wird Kaiser von Mexiko. Der seit 1850 China belastende Aufstand der Taiping-Sekte wird unter schweren Opfern niedergeschlagen.

KULTUR Yosemite-Tal in Kalifornien wird erstes großes Naturschutzgebiet (3100 Quadratkilometer) der Erde. Päpstliche Enzyklika »Syllabus errorum« gegen Pantheismus, Naturalismus, Rationalismus, Liberalismus. Genfer Konvention (Rotes Kreuz) auf Anregung des Arztes *Henry Dunant* (36) zur Verbesserung des Loses von Kranken und Verwundeten im Kriege.

LITERATUR *Cesare Lombroso* (28) »Genie und Irrsinn«. *John Henry Newman* (63) »Apologie seines Lebens«. *Numa Denis Fustel de Coulanges* (34) »Die Stadt der Antike«.

SOZIALWISSENSCHAFT *Wilhelm Emanuel von Ketteler* (53) »Die Arbeiterfrage und das Christentum«.

TECHNIK *Pierre Martin* (40) erzeugt zusammen mit seinem Vater *Emile* (70) Stahl im Regenerativofen von *Friedrich Siemens* (38) »S-M-Stahl«.

1865

POLITIK Vertrag von Gastein: Die gemeinsamen Rechte Österreichs und Preußens werden in Schleswig von Preußen, in Holstein von Österreich ausgeübt, Lauenburg kommt gegen Geldentschädigung an Preußen. Beginn der Regierung *Leopolds II.* (30) von Belgien (bis 1909). Nordstaaten gewinnen den

Bürgerkrieg in den USA. Präsident *Abraham Lincoln* (56) ermordet; *Andrew Johnson* (57) neuer Präsident der USA bis 1869. Krieg zwischen Spanien und Peru, mit dem sich im nächsten Jahr Chile, Ecuador und Bolivien verbünden (dauert bis 1866). Krieg Paraguays gegen Brasilien, Argentinien und Uruguay, dauert bis 1870. Türkenreich des *Ja'kub Beg* (45) in Turkestan; wird 1872 ermordet. Französisch-Westafrika entsteht (wird 1904 Generalgouvernement).

SOZIALWESEN *Luise Otto-Peters* (46) gründet »Allgemeinen deutschen Frauenverein« (Beginn der Frauenbewegung in Deutschland).

NATURWISSENSCHAFT *August Kekulé* (36) erkennt Ringgestalt des Benzolmoleküls. *Joseph Loschmidt* (44) berechnet erstmals die Zahl der Moleküle in einem Kubikzentimeter eines Gases. *James Clerk Maxwell* (34) schließt auf die Existenz elektromagnetischer Wellen mit Lichtgeschwindigkeit. *Gregor Mendel* (43) begründet mit seinem »Versuche über Pflanzenhybriden« quantitative Vererbungslehre. *Gerhard Rohlfs* (34) durchquert Nordafrika bis 1867; *Georg Schweinfurth* (29) bereist das Nilgebiet (1864–66).

1866

POLITIK Ausgelöst durch Unstimmigkeiten über die Verwaltung Schleswig-Holsteins und eine Bundesreform kommt es zum Krieg zwischen Österreich und dem Deutschen Bund einerseits und Preußen und Italien andererseits, in dem Österreich unterliegt; im Frieden zu Prag erhält Preußen Schleswig-Holstein, Hannover, Kurhessen, Nassau, Frankfurt/Main, Venedig kommt zu Italien, Ende des 1815 gegründeten Deutschen Bundes. Preußen gründet Norddeutschen Bund einschließlich Sachsen und Nordhessen. Verfassungsreform in Norwegen – Schweden führt Zweikammersystem ein. *Carol I.* (27) zum Fürsten von Rumänien gewählt, wird 1881 König, stirbt 1914. Erstes Attentat auf Zar *Alexander II.* (48).

LITERATUR *Henrik Ibsen* (38) »Brand«. *Friedrich Albert Lange* (38) »Geschichte des Materialismus«. Gründung der antiromantischen französischen Literaturzeitschrift »Le Parnasse contemporain« um *Leconte de Lisle* (48). *Algernon Charles Swinburne* (29) »Lieder und Balladen«. *Paul Verlaine* (22) »Saturnische Gedichte«.

KUNST *Gustave Doré* (34) Illustrationen zur Bibel.

TECHNIK Erstes transatlantisches Kabel wird in Betrieb genommen.

1867

POLITIK Norddeutscher Bund erhält Verfassung (Grundlage der deutschen Reichsverfassung von 1871) mit einem Reichstag, der aus allgemeinen, gleichen, direkten und geheimen Wahlen hervorgegangen ist; *Otto von Bismarck* (52) wird Kanzler des Norddeutschen Bundes. Österreichisch-ungarischer Ausgleich: Ungarn erhält eigenen Reichstag, gemeinsam bleiben Außenpolitik und Heer; ein Zoll- und Handelsbündnis zwischen beiden Teilen soll alle zehn Jahre erneuert werden; in beiden Teilen der Doppelmonarchie schwierige Nationalitätenprobleme. Londoner Vertrag: Luxemburg wird neutral, preußische Besatzung zieht ab, Versuch *Napoleons III.* (59), es käuflich zu erwerben, scheitert. Zweite Wahlrechtsreform in Großbritannien: Inhaber städtischer Wohnungen, und damit die Industriearbeiterschaft, erhalten Wahlrecht. Russisches Generalgouvernement Turkestan errichtet. USA kaufen Alaska von Rußland. Kanadische Föderation vollendet. *Maximilian* (35), Erzherzog von Österreich, Kaiser von Mexiko seit 1864, wird nach Abzug der französischen Truppen von dem ehemaligen Präsidenten *Benito Juarez* (61) gefangengenommen und erschossen; Mexiko wird wieder Republik, *Juarez* Präsident.

LITERATUR *Henrik Ibsen* (39) »Peer Gynt«.

KUNST *Claude Monet* (27) »Frauen im Garten«. *Auguste Renoir* (26) »Der Maler Bazille«.

MUSIK *Johann Strauß* (42) »An der schönen blauen Donau«.

SOZIALWISSENSCHAFT *Karl Marx* (49) »Das Kapital«, erster Band.

NATURWISSENSCHAFT *Joseph Lister* (40) begründet antiseptische Wundbehandlung.

TECHNIK *José Monier* (44) erfindet Eisenbeton. *Alfred Nobel* (34) erfindet das Dynamit. Schreibmaschine von *Christopher Latham Sholes* (48), wird in den nächsten Jahren vervollkommnet. *Werner Siemens* (51) erfindet selbsterregende Dynamomaschine.

WIRTSCHAFT Entdeckung von Diamantenfeldern im Oranje-Freistaat.

1868

POLITIK *William Gladstone* (59) wird nach liberalem Wahlsieg bis 1874 britischer Ministerpräsident; er beseitigt in den folgenden Jahren Vorzugsstellung der anglikanischen Kirche in Irland, führt Schulpflicht ein und Heeresreform durch. Britischer Trade Union Congress (Gewerkschaftsunion) gegründet. Revolution in Spanien, *Isabella II.* (38) flieht nach Frankreich und wird abgesetzt. Nach Rücktritt des letzten Shôguns (1867) neue Regierung in Tôkyô (Yedo) mit Kaiser *Meiji* (16) an der Spitze, politisch kontrolliert von den Daimyos der westlichen Provinzen.

LITERATUR *Charles De Coster* (41) »Uilenspiegel«.

MUSIK *Johannes Brahms* (35) »Ein deutsches Requiem«.

NATURWISSENSCHAFT *Ernst Haeckel* (34) »Natürliche Schöpfungsgeschichte« mit dem »Biogenetischen Grundgesetz«. Prähistorischer CrôMagnon-Mensch in Frankreich gefunden. *Ferdinand v. Richthofen* (35) beginnt seine Forschungsreise nach China (bis 1872).

1869

POLITIK *August Bebel* (29) und *Wilhelm Liebknecht* (43) gründen in Eisenach Sozialdemokratische Arbeiterpartei. *Napoleon III.* (61) vollzieht Übergang zum

»Empire libéral«, da trotz vorheriger innerpolitischer Zugeständnisse die Wahlen nur schwache Mehrheit für Regierung ergeben hatten. *Ulysses S. Grant* (47) Präsident der USA bis 1877.

Literatur *Leo Tolstoij* (41) »Krieg und Frieden« vollendet.

Naturwissenschaft *Johann Wilhelm Hittorf* (45) untersucht Kathodenstrahlen, entdeckt unter anderem ihre Ablenkbarkeit. *Dimitrij Mendelejew* (35) und *Lothar Meyer* (39) finden unabhängig voneinander das Periodische System der chemischen Elemente.

Technik *Ferdinand Lesseps* (64) vollendet Suezkanal (im Bau seit 1859). Eröffnung der ersten Pazifik-Eisenbahn; verbindet die Ost- und Westküste der USA miteinander.

1870

Politik Streit um die Kandidatur eines Hohenzollern für den spanischen Thron führt zu ernster Krise; Abweisung der französischen Forderung nach preußischer Dauergarantie für Verzicht auf Hohenzollern-kandidatur für spanischen Thron durch *Wilhelm* (73) von Preußen wird von *Bismarck* (55) in verkürzter und verschärfender Form der Weltöffentlichkeit mitgeteilt (»Emser Depesche«) (13.7.), so daß Frankreich an Preußen den Krieg erklärt (19.7.), in dessen Verlauf *Napoleon III.* (63), Kaiser der Franzosen seit 1852, in preußische Kriegsgefangenschaft gerät; Belagerung von Paris; Frankreich wird zur Republik erklärt. Rom nach Abzug der französischen Besatzung von italienischen Truppen besetzt und zur Hauptstadt Italiens ausgerufen (20.9.), Auflösung des Kirchenstaates.

Kultur Dogma von der Unfehlbarkeit des Papstes »ex cathedra« auf dem Vatikanischen Konzil verkündet. *Heinrich Schliemann* (48) beginnt Ausgrabung Trojas.

Literatur *Ignaz von Döllinger* (71) »Der Papst und das Konzil«.

Naturwissenschaft *Louis Pasteur* (48) »Die Krankheiten der Seidenraupe«.

1871

Politik In Versailles wird das Deutsche Reich gegründet (18.1.), *Wilhelm von Preußen* (74) wird Deutscher Kaiser, *Otto von Bismarck* (56) Reichskanzler, Verfassung entspricht im wesentlichen der des Norddeutschen Bundes von 1867. *Adolphe Thiers* (74) wird von der französischen Nationalversammlung an die Spitze der Regierung gestellt (ab 31.8. Präsident), Aufstand der Pariser Kommune wird blutig unterdrückt; im Frieden von Frankfurt (10.5.) tritt Frankreich Elsaß-Lothringen an das Deutsche Reich ab und verpflichtet sich zur Zahlung einer Kriegsentschädigung von 5 Milliarden Francs. In der Londoner Konferenz (13.3.) wird die Neutralisierung des Schwarzen Meeres aufgehoben.

Literatur *Feodor Michailowitsch Dostojewskij* (50) »Die Dämonen«. *Emile Zola* (31) beginnt seinen Romankreis »Les Rougon Macquart«, bis 1893 zwanzig Bände.

Musik *Giuseppe Verdi* (58) »Aida«.

Naturwissenschaft *Charles Darwin* (62) »Die Abstammung des Menschen«. *Henry Morton Stanley* (30) findet *David Livingstone* (58) in Ostafrika; im nächsten Jahr erscheint sein Buch »Wie ich Livingstone fand«.

Technik *Richard Leach Maddox* (55) erfindet die photographische Trockenplatte mit Bromsilber.

1872

Politik Frankreich führt allgemeine Wehrpflicht ein. *Johannes IV.* (40) wird Kaiser von Abessinien, fällt 1889.

Literatur *Wilhelm Busch* (40) »Die fromme Helene«.

Kunst *Max Liebermann* (25) »Die Gänserupferinnen«.

Sozialwesen *Gustav Schmoller* (34) gründet »Verein für Socialpolitik«.

Naturwissenschaft »Challenger«-Tiefsee-Expedition beginnt, dauert bis 1876. *Ernst Abbe* (32) beginnt Verbesserungen des Mikroskops auf wissenschaftlicher Grundlage.

1873

Politik *Patrice Maurice MacMahon* (65) wird zweiter Präsident Frankreichs, bis 1879. Deutschland, Österreich und Rußland schließen »Dreikaiserbündnis«. Allgemeine Wehrpflicht in Japan.

Kultur Mit den »Maigesetzen« (über Vorbildung und Anstellung der Geistlichkeit) verschärft sich Auseinandersetzung zwischen Staat und katholischer Kirche in Preußen und Deutschland (»Kulturkampf«).

Literatur *Jean-Arthur Rimbaud* (19) »Ein Aufenthalt in der Hölle«.

Kunst *Paul Cézanne* (34) »Strohhut«.

Sozialwissenschaft *Herbert Spencer* (53) »Das Studium der Soziologie«.

Naturwissenschaft *James Clerk Maxwell* (42) vollendet seine Theorie des Elektromagnetismus in Form weniger Grundgleichungen.

Wirtschaft Konjunktur der Gründerjahre in Deutschland endet mit einer Krise.

1874

Politik *Benjamin Disraeli* (70) wird nach konservativem Wahlsieg britischer Ministerpräsident und regiert bis 1880. Allgemeine Wehrpflicht in Rußland. Verfassungsreform in der Schweiz führt plebiszitäres Referendum ein. Annam und Tonking französisches Protektorat.

Kultur Impfgesetz für das Deutsche Reich regelt Pockenschutzimpfung. Weltpostverein gegründet (schließt 1878 Weltpostvertrag ab).

KUNST Erste gemeinsame Ausstellung von *Monet* (34), *Degas* (40), *Renoir* (33), *Pissaro* (44), *Cézanne* (35), *Sisley* (35) und anderen, darunter Monets Bild »Impression, soleil levant« (daher »Impressionisten«).

MUSIK *Anton Bruckner* (50) 4. Sinfonie in Es-Dur (aufgeführt 1883).

SOZIALWESEN Gesetz über die obligatorische Zivilehe für Preußen (1875 im ganzen Deutschen Reich).

1875

POLITIK »Krieg-in-Sicht«-Krise zwischen Deutschland und Frankreich. Lassalleaner und Marxisten vereinigen sich zur »Sozialistischen Arbeiterpartei Deutschlands« in Gotha. Großbritannien erwirbt Mehrheit der Suezkanal-Aktien. Nach langen Jahren der Unruhe ist die Monarchie in Spanien wieder hergestellt, *Alfons XII.* (18), Sohn *Isabellas II.*, regiert bis 1885. Vertrag von Petersburg: Rußland besetzt Sachalin, Japan die Kurilen. USA schließen Handelsvertrag mit Hawaii und erwerben Stützpunkt Pearl Harbour. Ägyptisch-abessinischer Krieg, den Abessinien 1879 siegreich beendet.

MUSIK *Johannes Brahms* (42) Sinfonie Nr. 1 in c-Moll. *Peter Tschaikowskij* (35) Klavierkonzert Nr. 1 in b-Moll.

NATURWISSENSCHAFT *Oskar Hertwig* (36) beobachtet Befruchtung am Seeigelei. Internationale Meterkonvention in Paris unterzeichnet.

1876

POLITIK Nach der Ermordung von *Abdul Asis* (46), Sultan seit 1861, wird *Abdul Hamid II.* (34) türkischer Sultan, regiert bis 1909; Aufstand in Bulgarien; Serbien und Montenegro führen Krieg gegen die Türkei. In der Geheimkonvention von Reichstadt sagt Österreich-Ungarn Rußland für den Fall eines russisch-türkischen Krieges Neutralität zu gegen russische Zustimmung zur Besetzung Bosniens und der Herzegowina.

LITERATUR *Conrad Ferdinand Meyer* (51) »Georg Jenatsch« (seit 1882 Jürg Jenatsch). *Leo Tolstoj* (48) »Anna Karenina«.

SOZIALWISSENSCHAFT *Adolph Wagner* (41) »Grundlegung der Politischen Ökonomie«.

TECHNIK *Carl Linde* (34) konstruiert Ammoniak-Kältemaschine mit Kompression. *Nikolaus Otto* (44) erfindet Viertakt-Verbrennungsmotor. *Alexander Graham Bell* (29) konstruiert technisch brauchbares Telefon.

1877

POLITIK *Königin Viktoria* (58) von Großbritannien wird zur Kaiserin von Indien ausgerufen. Russisch-türkischer Krieg. Russen dringen bis kurz vor Konstantinopel vor; Serbien greift unter Bruch des im Vorjahr geschlossenen Waffenstillstandes erneut die Türkei an. Großbritannien annektiert burischen Freistaat Transvaal. Abzug der letzten Bundestruppen aus den Südstaaten der USA. *Porfirio Diaz* (47) Präsident von Mexiko bis 1911 (außer 1881–83).

TECHNIK *Thomas Alva Edison* (30) erfindet Walzen-Phonograph.

1878

POLITIK Russisch-türkischer Friede von San Stefano (3.3.): Balkanstaaten werden von der Türkei unabhängig, Rußland erhält Gebiete in Armenien und die Dobrudscha. Gefahr eines Krieges zwischen Rußland und Großbritannien sowie Österreich-Ungarn auf dem Berliner Kongreß (15.6.–14.7.) unter Vorsitz von *Bismarck* (63) beseitigt: Bosnien und Herzegowina werden unter österreichische Verwaltung gestellt, Balkanstaaten bleiben unabhängig (nur Bulgarien wird der Pforte tributpflichtig und verkleinert), Rumänien erhält die Dobrudscha, tritt aber Südstreifen Bessarabiens wieder an Rußland ab. Türkei tritt Cypern an Großbritannien ab. Zwei Attentatsversuche auf den Kaiser nimmt *Bismarck* (63) zum Anlaß, durch das »Sozialistengesetz« die deutsche Arbeiterbewegung zu unterdrücken. Hofprediger *Adolf Stoecker* (43) und *Adolph Wagner* (43) gründen antisozialdemokratische »Christlich-soziale Arbeiterpartei« mit antisemitischen Tendenzen. *Leo XIII.* (68) wird Papst, stirbt 1903. *Umberto I.* (34) wird König von Italien, regiert bis 1900.

LITERATUR *Friedrich Nietzsche* (34) »Menschliches, Allzumenschliches«. *Charles S. Peirce* (39) »Wie unsere Gedanken klargemacht werden können«; in diesem Aufsatz wird erstmalig der Ausdruck »Pragmatismus« gebraucht.

SOZIALWESEN *William Booth* (49) gründet in London Heilsarmee und wird ihr erster General.

NATURWISSENSCHAFT *Louis Pasteur* (56) »Die Mikroben«. *Adolf v. Baeyer* (43) gelingt Indigo-Synthese.

1879

POLITIK Russische Verstimmung über Ergebnisse des Berliner Kongresses führt zu deutsch-russischer Entfremdung, Abschluß des geheimen Zweibundes zwischen Deutschland und Österreich-Ungarn. Nach dem zweiten Krieg um Afghanistan setzt sich der britische Einfluß gegenüber dem russischen immer mehr durch. »Salpeterkrieg« Chiles gegen Bolivien und Peru; Chile siegt 1884.

KULTUR Reichsgericht in Leipzig errichtet; erster Präsident wird der Nationalliberale *Eduard von Simson* (69). Ende des »Kulturkampfes« in Deutschland, in den nächsten Jahren Abbau der Kampfmaßnahmen.

LITERATUR *Heinrich von Treitschke* (45) »Deutsche Geschichte im 19. Jahrhundert«.

NATURWISSENSCHAFT *Adolf Erik Nordenskiöld* (47) gelingt Nordostpassage längs Sibirien.

TECHNIK *Thomas Alva Edison* (32) konstruiert technisch brauchbare Kohlenfaden-Glühlampe. *Werner von Siemens* (63) Erste elektrische Eisenbahn in Berlin.

WIRTSCHAFT Neuer deutscher Zolltarif begründet aktive Schutzzollpolitik.

1880

POLITIK *William Gladstone* (71) zum zweiten Male britischer Ministerpräsident, bis 1885. Konferenz von Madrid regelt Schutzrechte der europäischen Mächte in Marokko. Sprachenverordnung für Böhmen und Mähren verschärft nationale Zwistigkeiten in Österreich-Ungarn. Erhebung der Buren beginnt (16. 10.).

LITERATUR *Feodor Dostojewskij* (59) »Die Brüder Karamasow«. *Jens Peter Jacobsen* (33) »Niels Lyhne«. *Guy de Maupassant* (30) »Schmalzkugel«.

KUNST *Edgar Degas* (46) »Tänzerin mit Blumenstrauß«.

1881

POLITIK Geheimer Neutralitätsvertrag zwischen Deutschland, Österreich und Rußland für drei Jahre (18.6.) (Erneuerung des »Dreikaiserbündnisses«). Zar *Alexander II.* (63) von Anarchisten ermordet, Beginn der Regierung *Alexanders III.* (36); russische Geheimpolizei Ochrana gegründet; Judenpogrome in Rußland. Rumänien wird Königreich, *Carol I.* (bis 1914). Frankreich nimmt Tunis in Besitz. Italien beginnt Eritrea zu erobern, das 1890 italienische Kolonie wird. Transvaal erlangt nach britischer Niederlage am Majubaberg bedingte Unabhängigkeit unter Souveränität der britischen Krone.

SOZIALWESEN American Federation of Labour (USA-Gewerkschaft) gegründet.

TECHNIK Erster Ortsfernsprechverkehr in Deutschland.

1882

POLITIK Geheimer Verteidigungsvertrag zwischen Deutschland, Österreich-Ungarn und Italien (Dreibund). Serbien wird Königreich. Großbritannien besetzt Ägypten und drängt den französischen Einfluß dort immer weiter zurück, was in den folgenden Jahren Anlaß zu dauernden Verstimmungen zwischen den beiden Mächten gibt.

KUNST *Edouard Manet* (50) »Die Bar in der Folies-Bergère«.

MUSIK *Richard Wagner* (69) »Parsifal«.

NATURWISSENSCHAFT *Robert Koch* (39) entdeckt den Tuberkelbazillus.

TECHNIK *Thomas Alva Edison* (35) gründet in New York erstes öffentliches Elektrizitätswerk. Eisenbahnverkehr über den St. Gotthard (Tunnel) eröffnet.

1883

POLITIK Verteidigungsbündnis zwischen Rumänien und Österreich-Ungarn, dem sich auch Deutschland anschließt (30. 10.). »Zivildienstreform« durch *Carl Schurz* (54) löst Beutesystem der Parteien ab und setzt Prüfungen und Ausbildung für das Bundespersonal der USA fest. *Georgij W. Plechanow* (26) gründet mit anderen in Genf russisch-marxistischen »Bund zur Befreiung der Arbeit«. Madagaskar kommt unter französisches Protektorat.

LITERATUR *Wilhelm Dilthey* (50) »Einleitung in die Geisteswissenschaften«. *Robert Louis Stevenson* (33) »Die Schatzinsel«.

SOZIALWESEN Evolutionär-sozialistische »Fabian Society« wird in England gegründet. Gesetz über Krankenversicherung in Deutschland.

NATURWISSENSCHAFT *Georg Cantor* (38) gibt die Grundlagen der mathematischen Mengenlehre. *Robert Koch* (40) entdeckt den Cholera-Erreger.

TECHNIK *Carl Gustaf de Laval* (38) erfindet Dampfturbine. *Hiram Stevens Maxim* (43) Maschinengewehr.

1884

POLITIK Verlängerung des »Dreikaiserbündnisses« zwischen Deutschland, Österreich, Rußland um weitere 3 Jahre. Trotz des Sozialistengesetzes steigen die sozialdemokratischen Sitze im deutschen Reichstag von zwölf (1881) auf vierundzwanzig. Gründung deutscher Kolonien in Südwestafrika, Kamerun, Togo, Ostafrika, Neuguinea, dem Bismarck-Archipel und den Marschallinseln (1884/85). Im chinesisch-französischen Vertrag von Tientsin (11.5.) verzichtet China auf alle Rechte in Tonking und Annam.

LITERATUR *Gabriele d'Annunzio* (21) »Jungfräuliche Erde«.

KUNST *Auguste Rodin* (44) beginnt »Die Bürger von Calais« (in Calais 1895 aufgestellt).

SOZIALWESEN Unfall-Pflichtversicherung in Deutschland.

NATURWISSENSCHAFT *Ludwig Knorr* (25) Antipyrin.

TECHNIK Setzmaschine von *Ottmar Mergenthaler* (30).

1885

POLITIK Rußland beginnt Russifizierung von Livland, Estland und Kurland. Ostrumelien, seit 1878 von der Türkei abhängige autonome Provinz, wird gegen den Willen Rußlands von Bulgarien angegliedert. Serbien beginnt Krieg gegen Bulgarien. Bildung einer belgischen Arbeiterpartei. Kongo-Konferenz in Berlin anerkennt unabhängigen Kongostaat unter König *Leopold II.* (50) (Kongo-Akte). Indischer Nationalkongreß in Bombay von indischen Intellektuellen gegründet. Nach neuem Krieg zwischen China und Frankreich zweiter Friede von Tientsin (9.6.): Annam (seit 1883 unter französischer Schutzherrschaft) und Tonking kommen an Frankreich.

LITERATUR *Mark Twain* (49) »Huckleberry Finn«.

KUNST *Auguste Renoir* (44) »Badende«.

NATURWISSENSCHAFT *Ernst v. Bergmann* (49) bildet Asepsis aus.

TECHNIK Dreirädriger Kraftwagen von *Carl Benz* (41) und Kraftrad von *Gottlieb Daimler* (51). *St.-Hilaire de Chardonnet* (46) erfindet die Kunstseide. *Reinhard Mannesmann* (29) und seine Brüder entwickeln das Walzen nahtloser Röhren. *Carl Auer von Welsbach* (27) erfindet Gasglühstrumpf. Canadian Pacific Railway von Halifax nach Vancouver vollendet.

1886

POLITIK *William Gladstone* (77) wird mit Ablehnung der Home Rule Bill für Irland durch das Unterhaus gestürzt, konservatives Ministerium unter *Lord Salisbury* (56) bis 1892. *Georges Boulanger* (49) wird Kriegsminister in Frankreich, kann aber seine national-revanchistischen Absichten nicht durchsetzen. *Alfons XIII.*, nachgeborener Sohn *Alfons' XII.*, wird mit seiner Geburt König von Spanien und bleibt es bis zur Ausrufung der Republik 1931 (Regentschaft seiner Mutter *Maria Christina* bis 1902). Durch Österreich-Ungarn vermittelter Friede zwischen Serbien und Bulgarien stellt Status quo ante wieder her. *Alexander von Bulgarien* (29) muß nach Staatsstreich der russisch gesinnten Partei zurücktreten. Im dritten Burmakrieg wird Oberburma Britisch-Indien einverleibt. Britisch-königliche Niger-Kompanie erhält Hoheitsrechte (seit 1900 britische Kronkolonie Nigeria).

LITERATUR *Friedrich Nietzsche* (42) »Jenseits von Gut und Böse«.

TECHNIK *Paul Louis Héroult* (23) findet elektrolytische Aluminiumgewinnung.

1887

POLITIK *Sadi Carnot* (50) wird Präsident Frankreichs; 1894 durch italienischen Anarchisten ermordet. Der französische Kriegsminister *Georges Boulanger* (50) wird entlassen; begeht 1891 Selbstmord. Wegen russisch-österreichischer Spannungen ist »Dreikaiserbündnis« nicht zu verlängern, daher geheimer »Rückversicherungsvertrag« zwischen Deutschland und Rußland (18.6.), der wohlwollende Neutralität beider Partner im Falle eines Angriffs von dritter Seite auf den anderen vorsieht; geheimes Zusatzprotokoll sichert Rußland freie Hand in der Meerengenfrage zu. Im Widerspruch zum Sinn dieses Protokolls unterstützt Bismarck das Zustandekommen des Orient-Dreibundes Österreich, England und Italien, der den Besitzstand der Türkei gegen etwaigen russischen Angriff garantiert. Erneuerung des Dreibundes zwischen Deutschland, Italien und Österreich-Ungarn; Italien und Österreich-Ungarn sichern sich hierbei gegenseitige Kompensationen zu für den Fall von Gebietsgewinnen auf dem Balkan oder den türkischen Inseln. *Ferdinand I.* von Sachsen-Koburg (26) wird gegen den Willen Rußlands Fürst von Bulgarien, dankt 1918 ab. Erste britische Reichskonferenz in London. Generalgouvernement Französisch-Indochina gegründet. Britisch-Ostafrika entsteht in den folgenden Jahren in Kenia und Uganda. Johannesburg gegründet.

KULTUR *André Antoine* (29) gründet das »Théatre Libre« in Paris.

1888

POLITIK Nach dem Tode von *Wilhelm I.* (90) und *Friedrich III.* (56) wird *Wilhelm II.* (29) König von Preußen und Deutscher Kaiser.

LITERATUR *August Strindberg* (39) »Fräulein Julie«, »Die Inselbauern«.

MUSIK *Edvard Grieg* (45) Peer-Gynt-Suite Nr. 1.

KUNST *Vincent van Gogh* (35) beginnt in Arles seine Hauptwerke zu malen (»Sonnenblumen«, »L'Arlésienne«.

SOZIALWESEN Aufhebung der Sklaverei in Brasilien (letzter Staat in Amerika).

NATURWISSENSCHAFT *Wilhelm Hallwachs* (29) entdeckt lichtelektrischen Effekt, die Grundlage der Photozelle. *Heinrich Hertz* (31) erzeugt und untersucht elektromagnetische Wellen im UKW-Bereich. *Fridtjof Nansen* (27) durchquert Südgrönland mit Schlitten und Skiern. Rollfilm-Photoapparat von *George Eastman* (34).

1889

POLITIK Gründung der sozialdemokratischen »Zweiten Internationale« in Paris, die erste hatte sich 1876 aufgelöst. Großer Streik an der Ruhr. Londoner Dockarbeiterstreik. *Alexander I.* (13) wird König von Serbien; wird 1903 ermordet. Nach einem Aufstand gegen die Aufhebung der Sklaverei wird Brasilien Republik. *Menelik*, König von Schoa (45), wird Negus von Abessinien; er muß im Vertrag von Utschiali Abessinien unter italienisches Protektorat stellen. Britisch-Südafrikanische Gesellschaft unter *Cecil Rhodes* (36) gründet Rhodesia. Unter dem Einfluß von *Hirobumi Ito* (48), zwischen 1885 und 1901 mehrmals japanischer Ministerpräsident, wird Japan konstitutionelle Monarchie.

LITERATUR *Henri Bergson* (30) »Versuch über die unmittelbaren Gegebenheiten des Bewußtseins«, ins Deutsche übersetzt unter dem Titel »Zeit und Freiheit«. *Adolf Harnack* (38) »Lehrbuch der Dogmengeschichte«, erschien seit 1886.

MUSIK *Gustav Mahler* (29) Sinfonie Nr. 1. *Richard Strauss* (25) »Don Juan« (sinfonische Dichtung).

SOZIALWESEN *George Bernard Shaw* (33) »Fabian Essays«.

TECHNIK *Hermann Hollerith* (29) erfindet Lochkartenmaschine.

WIRTSCHAFT Pariser Weltausstellung mit Eiffelturm.

1890

POLITIK *Wilhelm II.* (31) entläßt *Otto von Bismarck* (75), der 28 Jahre lang preußischer Ministerpräsident und Außenminister war. General *Leo von Caprivi* (59) wird deutscher Reichskanzler und preußischer Ministerpräsident; bleibt bis 1894 im Amt; erneuert nicht den Rücksicherungsvertrag mit Rußland. Sozialistengesetz wird nicht erneuert, die »Sozialistische Arbeiterpartei« wird in »Sozialdemokratische Partei Deutschlands« umbenannt. Führender Kopf bleibt *August Bebel* (50). Deutschland erhält von Großbritannien Helgoland im Tausch gegen Sansibar. *Wilhelmina* (10) wird Königin der Niederlande (bis 1898 unter Regentschaft); wegen unterschiedlicher Erbfolgegesetze Aufhebung der Personalunion mit Luxemburg. Erste internationale Maifeiern. Armenischer Aufstand, wird von der Türkei bis 1897 niedergeworfen. USA gehen zur Hochschutzzoll-Politik über.

LITERATUR *Knut Hamsun* (31) »Hunger«. *Henrik Ibsen* (62) »Hedda Gabler«. »Freie Volksbühne« in Berlin gegründet.

NATURWISSENSCHAFT *Oskar Hertwig* (41) und andere erkennen den Zellkern und seine Chromosomen als Träger der Vererbung.

1891

POLITIK Französischer Flottenbesuch in Kronstadt unterstreicht beginnende französisch-russische Annäherung. *Bertha von Suttner* (48) gründet Österreichische Gesellschaft der Friedensfreunde und wird Vizepräsidentin des neugegründeten »Internationalen Friedensbüros« in Bern.

LITERATUR *André Gide* (22) »Die Tagebücher André Walters«. *Thomas Hardy* (51) »Tess of the d'Urbervilles«. *Selma Lagerlöf* (33) »Gösta Berling«. *Frank Wedekind* (27) »Frühlingserwachen«. *Oscar Wilde* (35) »Das Bildnis des Dorian Gray«.

KUNST *Paul Gauguin* (43) »Die Frauen von Tahiti«.

SOZIALWESEN *Ernst Abbe* (51) überträgt sein ganzes Vermögen den von ihm 1889 in eine Stiftung umgewandelten Zeiss-Werken. Päpstliche Enzyklika »Rerum novarum« fordert entgegen den Losungen des Sozialismus Lösung der Arbeiterfrage im Geiste des Christentums (berufsständische Ordnung).

NATURWISSENSCHAFT *Eugène Dubois* (33) findet auf Java erste Reste des Pithecanthropus erectus. *Gottlob Frege* (43) »Funktion und Begriff«, grundlegender Beitrag zur mathematischen Logik. *Michail Dolivo-Dobrowolski* (29) realisiert erste Fernleitung elektrischer Energie.

1892

POLITIK Russisch-französische Militärkonvention, die 1899 erweitert wird, sichert Hilfe gegen Angriff einer der Dreibundmächte zu. Panamaskandal: französische Abgeordnete werden der passiven Bestechung beschuldigt; der wechselvolle Prozeß endet 1893 mit Freispruch.

LITERATUR *Gerhart Hauptmann* (30) »Die Weber«. *Maxim Gorki* (24) »Makar Tschudra«.

KUNST *Henri de Toulouse-Lautrec* (28) »Jane Avril vor dem Moulin Rouge«.

NATURWISSENSCHAFT *Carl Ludwig Schleich* (33) erfindet Lokalanästhesie.

1893

POLITIK Seit 1890 erweiterte Frankreich seinen Kolonialbesitz um Nigergebiet, Sahara, Tahitiinseln, Oberguinea, Teile von Siam. Baubeginn der transsibirischen Eisenbahn zwischen Ural und Stillem Ozean, vollendet 1904; Amurbahn 1917.

MUSIK *Jan Sibelius* (28): Karelia. *Anton Dvořak* (52): Sinfonie Nr. 5 in e-Moll (Aus der Neuen Welt). *Peter Tschaikowskij* (53): 6. Sinfonie in h-Moll, »Pathétique«. *Giuseppe Verdi* (80) »Falstaff«.

NATURWISSENSCHAFT *Emil von Behring* (39) entdeckt Serum gegen Diphtherie. *Fridtjof Nansen* (32) beginnt seine Nordpolarexpedition auf der »Fram«, die bis 1896 dauert.

TECHNIK *Rudolf Diesel* (35) beginnt seinen Schwerölmotor mit Kompressionszündung zu konstruieren.

1894

POLITIK Der jüdische Offizier *Alfred Dreyfus* (36) wegen angeblichen Landesverrats in Frankreich zur Deportation verurteilt. Er wird 1906 voll rehabilitiert. *Nikolaus II.* (26) wird (letzter) Zar von Rußland. *Chlodwig Fürst zu Hohenlohe* (75) wird deutscher Reichskanzler und preußischer Ministerpräsident; im Amt bis 1900. Beginn des japanisch-chinesischen Krieges.

LITERATUR *Rudyard Kipling* (29) »Das Dschungelbuch«. *George Bernard Shaw* (38) »Frau Warrens Gewerbe«.

NATURWISSENSCHAFT *Sven Hedin* (29) beginnt seine erste Expedition nach Zentralasien.

1895

POLITIK Rußland schließt die Eroberung Westturkestans ab, die es 1853 begann. *Tomáš Garrigue Masaryk* (45) »Die tschechische Frage«. Chinesisch-japanischer Friede von Schimonoseki (17.4.): China tritt Formosa (T'ai-wan) und die Pescadores-Inseln an Japan ab, zahlt 300 Millionen Yen Kriegsentschädigung und anerkennt Unabhängigkeit Koreas; größere Erwerbungen Japans werden durch Intervention der europäischen Großmächte verhindert. Italiener marschieren in Abessinien ein.

KULTUR Erste Filmvorführungen der *Gebrüder Lumière* in Paris und der *Gebrüder Skladanowsky* in Berlin. *Alfred Nobel* (62) gründet Stiftung für die Nobelpreise, die ab 1901 jährlich verliehen werden.

LITERATUR *Theodor Fontane* (76) »Effi Briest«.

KUNST *Käthe Kollwitz* (28) »Der Weberaufstand« (Radierungen). *Edvard Munch* (32) »Die tote Mutter«.

Sozialwissenschaft Gründung der »London School of Economics and Political Science« durch *Sidney Webb* (36).

Naturwissenschaft *Sigmund Freud* (39) begründet mit *Josef Breuer* (53) mit den »Studien über Hysterie« die Psychoanalyse. *Carl Linde* (53) gelingt Luftverflüssigung. *Wilhelm Röntgen* (50) entdeckt die nach ihm benannten durchdringenden Strahlen. Nord-Ostsee-Kanal eröffnet.

1896

Politik Glückwunschtelegramm *Wilhelms II.* (37) an den Präsidenten der Südafrikanischen Republik, *Paulus Kruger* (71), aus Anlaß der Zurückweisung eines Angriffs englischer Freischärler (»Kruger-Depesche«) ruft in Großbritannien nachhaltige Verstimmung hervor. Madagaskar wird französische Kolonie. Niederlage der Italiener im Krieg gegen Abessinien bei Adua, im Frieden von Addis Abeba verzichtet Italien auf Schutzherrschaft über Abessinien, behält aber Küstenstreifen um Massaua. Geheimvertrag Rußland–China gegen Japan. China genehmigt Bau der sibirischen Eisenbahn durch Manchurei.

Kultur *Theodor Herzl* (36) »Der Judenstaat«, gibt Anstoß zum Zionismus. Politisch-satirische Wochenschrift »Simplizissimus« in München gegründet. Erste Olympische Spiele der Neuzeit in Athen.

Literatur *Henryk Sienkiewicz* (50) »Quo vadis?« *Anton P. Tschechow* (36): »Die Möwe«.

Musik *Giacomo Puccini* (38) »La Bohème«.

Sozialwesen *Friedrich Naumann* (36) gründet »Nationalsozialen Verein« für »soziales Kaisertum«.

Naturwissenschaft *Henri A. Becquerel* (44) entdeckt radioaktive Strahlung des Urans. *Christiaan Eijkman* (38) entdeckt Beri-Beri-Schutzstoff (später Vitamin B genannt) im Reis (Ausgangspunkt der gesamten Vitaminforschung).

Technik *Otto Lilienthal* (48) stürzt bei seinen Segelgleitflügen (seit 1891) tödlich ab.

1897

Politik Nach Niederschlagung eines Aufstandes auf Kreta durch die Türken: griechisch-türkischer Krieg; griechische Niederlage, dennoch muß die Türkei auf Intervention der Großmächte Kreta Verwaltungsautonomie zugestehen. Rußland und Österreich-Ungarn einigen sich in Petersburg über Erhaltung des Status quo auf dem Balkan. *William McKinley* (54) wird Präsident der USA; ermordet 1901. USA annektieren Hawaii-Inseln.

Kultur In Basel findet der erste Zionistenkongreß statt.

Kunst *Paul Cézanne* (58) »See von Annecy«.

Naturwissenschaft *Eduard Buchner* (37) entdeckt im Hefeextrakt Zymase als Gärungsferment. *Joseph John Thomson* (41) und *Wilhelm Wien* (33) bestätigen durch Entdeckung des freien Elektrons die Theorie von der atomistischen Struktur der Elektrizität sowie die negative Ladung der Kanalstrahlen.

Technik *Guglielmo Marconi* (23) gelingt erste drahtlose Fernübertragung von Signalen.

1898

Politik Briten unter *Horatio Herbert Kitchener* (48) schlagen Mahdisten (Anhänger des »Mahdi« *Muhammed Achmed*, seit 1881 Herren über große Teile des Sudans) bei Omdurman und sichern Besitz des Sudans gegen Ansprüche der Franzosen, deren Expedition unter *Jean-Baptiste Marchand* (35) in Faschoda zum Rückzug gezwungen wird. Italienischer Anarchist ermordet in Genf Kaiserin *Elisabeth von Österreich* (61). *Alfred von Tirpitz* (49), seit 1897 Staatssekretär im Reichsmarineamt, will Ausbau der deutschen Hochseeflotte; sein erstes Flottengesetz wird vom deutschen Reichstag angenommen. Sozialdemokratische Partei Rußlands gegründet, erster Parteitag in Minsk. Rußland anerkennt Vorrang der japanischen Interessen im Kondominium (seit 1896) Korea. Aufstände auf Kuba geben Anlaß zum spanisch-amerikanischen Krieg; im Frieden von Paris tritt Spanien die Philippinen und Puerto Rico an die USA ab, Kuba wird unabhängige Republik, die jedoch der Union gewisse Aufsichtsrechte einräumen muß. Eingeleitet durch die deutsche Besetzung von Kiaochou wird China zur langfristigen Verpachtung (99 Jahre) dieses Gebietes an Deutschland, von Port Arthur, Dairen (Dalny) an Rußland, von Weihai-wei an Großbritannien und Kuangchouwan an Frankreich gezwungen; Wettlauf um die erwartete Aufteilung von China beginnt mit Sicherung von Eisenbahnbau- und Bergwerkskonzessionen. Reformversuche des Kaisers *Tsai-t'ien (Kuang-sü)* (27) enden durch Staatsstreich der Reaktion unter Führung der Kaiserinwitwe *Ts'e-hi* (63), die den Kaiser internieren läßt.

Kultur *Robert Koldewey* (43) beginnt die Ausgrabung von Babylon (dauert bis 1917).

Literatur *Leo Tolstoj* (70) »Auferstehung«.

Naturwissenschaft *Marie Curie-Sklodowska* (31) entdeckt das radioaktive Element Radium im Uran.

Technik *Karl Ferdinand Braun* (48) konstruiert Kathodenstrahl-Leuchtschirm-Röhre.

1899

Politik Wachsender Widerstand gegen Russifizierungspolitik in Finnland. Britisch-französische Einigung über den Sudan. Erste Haager Friedenskonferenz, Konventionen über Beilegung internationaler Streitigkeiten (Bildung des Haager Schiedsgerichtshofes) und Humanisierung des Krieges (auf weiteren Konferenzen ergänzt). Streit zwischen Großbritannien und der Südafrikanischen Republik um das

Wahlrecht der zugewanderten Siedler (Ausländer) in der Republik; Truppenansammlungen beiderseits der Grenze; Beginn des Burenkrieges (Krugers Ultimatum an Großbritannien fordert Zurückziehung der britischen Truppen von der Grenze, wird von Großbritannien abgelehnt), den Großbritannien 1902 siegreich beendet. Deutschland erwirbt von Spanien die Karolinen-, Marianen- und Palau-Inseln, teilt sich mit den USA die Samoainseln.

LITERATUR *Ernst Haeckel* (65) »Die Welträtsel«, auf monistisch-materialistischer Grundlage.

SOZIALWESEN *John Ruskin* (80) gründet Arbeiterhochschule in Cambridge.

NATURWISSENSCHAFT *David Hilbert* (37) beweist in seinen »Grundlagen der Geometrie« Unabhängigkeit und Widerspruchsfreiheit ihrer Axiome.

1900

POLITIK Britische Gewerkschaften und andere Gruppen der Arbeiterbewegung gründen Arbeiterpartei, die sich ab 1906 Labour Party nennt. *Bernhard von Bülow* (51) wird deutscher Reichskanzler bis 1909. Durch das zweite Flottengesetz soll das Deutsche Reich zweitstärkste Seemacht werden. Ermordung *Umbertos II.* von Italien (56), Beginn der Regierung *Viktor Emanuels III.* (31), regiert bis 1946. Europäische Großmächte werfen antieuropäischen Aufstand des »Boxer«-Geheimbundes in China nieder. *Sun Yat-Sen* (34) gründet revolutionäre chinesische Partei.

KULTUR Bürgerliches Gesetzbuch (BGB) in Deutschland in Kraft.

LITERATUR *Ellen Key* (51) »Das Jahrhundert des Kindes«. *Thomas Mann* (25) »Buddenbrooks«.

NATURWISSENSCHAFT *Max Planck* (42) begründet die Quantenphysik der Atome durch Entdeckung des elementaren Wirkungsquantums. Moderne Genetik beginnt mit der Erkenntnis der Bedeutung der Erbgesetze von *Mendel.*

TECHNIK *Carl Auer von Welsbach* (42) erfindet Metallfadenglühlampe mit Osmium-Draht. *Ferdinand von Zeppelin* (62) unternimmt ersten Flug mit starrem Luftschiff.

NAMEN- UND SACHREGISTER

A

Aachener Kongreß (30. 9.–21. 11. 1818) 185, 392, 676, 680
Abbas II., ägyptischer Khedive 726
Abbe, Ernst Carl, Physiker 251, 271, 273, 759, 763
Abd-el-Kader, arabischer Emir 753
Abdul Asis, türkischer Sultan 760
Abdul Hamid II., türkischer Sultan 760
Abdul-Medschid I., türkischer Sultan 752
Aberdeen, George Hamilton-Gordon, 4. Earl of, englischer Staatsmann 459
Abessinien 661, 665f., 668, 719, 760, 762ff.
Abessinier 653, 665
Abessinische Kirche 666
Abolitionisten, Gegner der Sklaverei 507, 509, 511
Absolutes Maßsystem 276
Absolutismus 287ff., 586, 601
Abukir (ägyptische Mittelmeerküste), Seeschlacht bei (1. 8. 1798) 112, 744
Abu Yazid, König von Daura 662
Académie Française (1635) 240, 447
Achtundvierziger in Amerika 518
Acton, John Emeric Edward Dalberg-Acton, Lord, englischer Historiker 478, 538, 545
Adam, Albrecht, Zeichner *Abb. 173*
Adamaua, Landschaft in Nordkamerun 660f., 664
Adams, Brooks, nordamerikanischer Historiker 712, 722
Adams, Henry, nordamerikanischer Historiker 730
Adams, John, Rechtsanwalt, Staatsmann, Präsident der Vereinigten Staaten von Amerika 44ff., 744
Adams, John Quincy, Rechtsanwalt, Präsident der Vereinigten Staaten von Amerika 376, 403ff., 408, 412, 415, 418, 426, 437, 749
Addington, Henry, Viscount Sidmouth, englischer Staatsmann 386
Addis Abeba, Hauptstadt von Abessinien 661
–, Friede von (1896) 764
Addison, Thomas, englischer Mediziner 269
Adel, gesellschaftlicher Einfluß 298, 315, 578f., 587, 589f., 597, 609, 612f.
Aden, Golf von 719, 752
Adrianopel, Friede von (14. 9. 1829) 396, 594
Adua, Schlacht bei (1. 3. 1896) 764
Ägypten 112, 124f., 144, 328, 396f., **449**f., 549, 659, 661, 663, 717f., 720f., 726, 745f., 750, 752, 761
Ägyptisch-Abessinischer Krieg (1875–79) 760
Ägyptische Expedition Napoleons (1798) 112, 744
Äschylos, griechischer Dichter 265
Äthiopien siehe Abessinien
Afghanistan 144, 328, 595, 752, 760
Afrika 328, **649–670**, 719ff., Kartenskizze S. 720
–, Kultur 653ff.
–, Bevölkerung 283f.
–, Erforschung (1795) 744
Agadez, Ort im Westsudan 660
Agrarreform, preußische (1807) 308f., 323f.
Agrikulturchemie 285, 752
Ahmed el Dehebi, Sultan von Marokko 660
Aksakow, Iwan Sergejewitsch, russischer Publizist 600
Aksum, heilige Stadt der Abessinier 661, 666
Aktie, Aktiengesellschaft 332f., 709, *Abb. 325*
Alabama, Staat der USA 512
Alarcón, Pedro Antonio de, spanischer Dichter 355
Alaska 181, 403, 413, 585, 595, 749, 758
Albert, Prinz zu Sachsen-Coburg-Gotha, Gemahl der Königin Viktoria von England 452, 752
Alexander I., Prinz von Battenberg, Fürst von Bulgarien 762
Alexander I. Pawlowitsch, Zar von Rußland 123, 126, 129f., 131, 133, 144f., 163ff., **168**ff., 173f., 182, **184**ff., 188, 190, 217, 374, 376, **393**ff., 397, 401, 437, 588, **590**ff., 594, 745f., 748, *Abb. 181, 592, 601*
Alexander II. Nikolajewitsch, Zar von Rußland 533, 539, 559, 562, 588, 594f., **602–609**, 756ff., 761, *Abb. 601*
Alexander III. Alexandrowitsch, Zar von Rußland 587f., 595, **609–613**, 761
Alexander I. Obrenović, König von Serbien 762
Alexandrien, ägyptische Hafenstadt 669
Alexis, Willibald, eigentlich Wilhelm Häring, Schriftsteller 354
Alfons XII., König von Spanien 760
Alfons XIII., König von Spanien 762
Algerien 376, 449, 662, 712, 719, 750, 753
Algier 125, 662, 668
Alldeutscher Verband (gegründet 1891) 710
Allgemeine Elektricitätsgesellschaft (AEG) 275, 707
Allgemeiner Deutscher Arbeiterverein (1863) 757
Allgemeiner Deutscher Frauenverein (gegründet 1865) 758
Allgemeiner Postverein (9. 10. 1874) 690
Allgemeiner Telegraphenverein (17. 5. 1865) 691
Alma (Krim) Schlacht an der (20. 9. 1854), *Abb. 532*
Almoraviden, islamische Glaubenssekte 658, 661, 668
Altenstein, Karl Freiherr von Stein zum, preußischer Minister 131, 154, 156
Alvenslebensche Konvention 757
Amadeo, Herzog von Aosta, König von Spanien 572
Amerika, Bevölkerung 283f.
–, politische Entwicklung **367** bis **582**
American Federation of Labour (AFoL), Gewerkschaft 761
Amerikanischer Bürgerkrieg (Sezessionskrieg) 371, **506–526**, 560, 580, 705, 757
Amerikanische Revolution **29** bis **58**, 281, 292, 377f.
Amerikanisches System, politisches Programm in den USA 409f., 412, 424, 426, 429
Amhara, Landschaft in Abessinien 661, 666

Amiens (französisches Departement Somme), Friede von (25.3.1802) 116, 118, 121, 124, 745
Ampère, André Marie, französischer Physiker und Mathematiker 249, 251, 266, 749
Amurbahn 763
Amurgebiet 328, 723, 756
Anarchismus 753
Andersen, Hans Christian, dänischer Dichter 354, 757
Andrews, Thomas, englischer Physiker und Chemiker 268
Anerbenrecht 308
Angestelltenschaft 333
Angola 661, 665
Angoulême, Louis Antoine de Bourbon, Duc d' 401
Ångström, Anders Jonas, schwedischer Astronom und Physiker 253, 260
An mein Volk, Aufruf König Friedrich Wilhelms III. (17. 3. 1813) 174, 747
Annam, Land in Hinterindien 722f., 743, 759, 761
Annunzio, Gabriele d', italienischer Dichter und Politiker 343, 355
Ansbach 745
Anschütz, Gerhard, Jurist 136
Anti Corn Law League, 1838 gegründete Vereinigung gegen die Kornzölle 294, 452, 455, 752
Antietam, Nebenfluß des Potomac, 16./17. 9. 1862, Schlacht im Sezessionskrieg 516, 518
Antillen 653
—, französisch, Besetzung durch England (1794) 112
Antoine, André, französischer Bühnenleiter und Schauspieler 762
Appomattox Court House, Dorf im Staat Virginia, Kapitulation der Konföderierten (9.4.1865) 516
Araber 668f.
Arabien 662, 668
Arabischer Einfluß auf Westsudan 658f.
Arago, Dominique François, französischer Physiker 250, 252, 266
Araktschejew, Aleksej Andrejewitsch Graf, russischer General 588, 591, 594
Arbeiterassoziation, Internationale 304, 757
Arbeiterbewegung in Deutschland **312–316**, 760
— in Frankreich, *Abb. 301*
Arbeiterhochschule 765
Arbeiterklasse 295, 465
Arbeiterkongreß 754
Arbeitervereine 313, 755
Arbeitslosigkeit 304
Arbeitszeit, Beschränkung in England 292, 295, 304, 310, 453, 745, 753, 755
Argelander, Friedrich Wilhelm August, Astronom 268
Argentinien 324, 403, 715f., 747, 753, 758
Ariosto, Lodovico, italienischer Humanist 205, 216
Aristoteles, griechischer Philosoph 16, 264, 358, 675
Arizona, Staat der USA 519, 755
Arkansas, Staat der USA 512
Arkwright, Sir Richard, englischer Erfinder 292
Armand-Dumaresq, Charles Edouard, französischer Maler, *Abb. 688*
Armenien 750, 760, 763
Arndt, Ernst Moritz, Dichter und Schriftsteller 152
Arnim, Elisabeth von, genannt Bettina, Gattin Achim von Arnims, geb. Brentano, Schriftstellerin 217f.
—, »Gespräche mit Dämonen« (1852) 218
Arnim, Ludwig Joachim von, genannt Achim, Dichter 203, 208f., 215ff., 220, 222, 229
—, »Des Knaben Wunderhorn« (mit Brentano 1805–08) 209, 216, 746
—, »Armut, Reichtum, Schuld und Buße der Gräfin Dolores« (1810) 208, 354
—, »Die Kronenwächter« (1817/54) 208
Arnold, Johann C., Maler, *Abb. 209*
Arrhenius, Svante, schwedischer Physiker und Chemiker 270
Artois, Graf von, siehe Karl X.
Aschanti, Volksstamm an der Goldküste Westafrikas 656, 661, 664, 718
Asien 585f., 610, 719, 722–726
—, Bevölkerung 282f.
Askia, Volksstamm am Senegal 655, 659
Askia Daud, Fürst des Sonrheireiches 660
Aspdin, Joseph, englischer Maurermeister 267
Aspern, Schlacht bei (21./22. 5. 1809) 164, 746, *Abb. 165*
Assemblée nationale siehe Nationalversammlung
— — constituante siehe Nationalversammlung, Verfassunggebende
— — législative siehe Nationalversammlung, Gesetzgebende
Assignaten 82, 108, 743
Asylrecht 681
Atheismus 196, 223, 468, 470, 551
Atlanta, Hauptstadt von Georgia 516
Atlas, Gebirge in Afrika 651
Atomtheorie 243, 248, 255ff., 262
Auber, Daniel François Esprit, französischer Komponist 230
—, »Die Stumme von Portici« (1828) 230, 750
Auberteuil, Hilliard d', französischer Schriftsteller 41, 49
Auer, Carl, Freiherr von Welsbach, Chemiker 271, 762, 765
Auerstedt (Thüringen), Schlacht bei (14. 10. 1806) 130, 147, 746
Auslandsinvestitionen 329
Außenhandel 286f.
Außenherrscher (»Herren der Peripherie«), Gruppe mächtiger Daimyo 619ff., 623ff.
Austen, Jane, englische Schriftstellerin 354
—, »Pride and prejudice« (1813) 747
Austerlitz (Südmähren), Dreikaiserschlacht (2. 12. 1805) 126ff., 594, 745, *Abb. 121*
Australien 282f., 552, 722f., 738, 750f.
Austroslawismus 493, 500
Autarkie, wirtschaftliche 288, 290
Auwers, Arthur von, Astronom 270
Avignon, Sitz der Päpste (1309–77) 544
Avogadro di Quaregna e Ceretto, Amadeo Graf, italienischer Physiker 251, 255f., 261, 266
Azeglio, Massimo Tapparelli, Marchese d', italienischer Staatsmann, Schriftsteller und Maler 477, 541, 754

B

Babeuf, François Noël, französischer Kommunist 85, 109, 744
Babylon, Ausgrabungen 764
Bach, Johann Sebastian, Komponist 205, 210, 216, 220
Bachofen, Johann Jakob, Rechtshistoriker 352
—, »Das Mutterrecht« (1861) 757
Bacler d'Albe, Louis Albert, französischer Maler, *Abb. 121*
Baden, Großherzogtum 128, 137, 178, 471, 486, 500, 748
Badener Artikel (20.1.1834 in Baden/Schweiz) 475
Baedeker, Karl, Verleger 751
Baer, Karl Ernst von, Naturforscher 267, 750
Baeyer, Adolf von, Chemiker 262, 270, 760
Bagdadbahn 721, 728
Bagehot, Walter, englischer nationalökonomischer und politischer Schriftsteller 739
Bailén, Schlacht bei (22. 7. 1808) 144
Bailly, Jean Sylvain, Astronom 70
Bakel, Ort am Senegal 660
Bakunin, Michail Aleksandrowitsch, russischer Revolutionär und Anarchist 588, 594, 595, 606

Balance of power siehe Europäisches Gleichgewicht
Balfour, Arthur James Earl of, englischer Staatsmann 550
Balkan 144f., 328, 610, 732f.
Ballhausschwur 68, 93, *Abb. 68*
Balmer, Johann Jakob, schweizerischer Mathematiker 254, 270
Balzac, Honoré de, französischer Schriftsteller 229, 341ff., 348, 351, 354, 356f., 360f., **362**ff., 364, 447, 750, *Abb. 344*
—, »Sarrasine« (1831) 364
—, »Louis Lambert« (1832) 362, 364
—, »Eugénie Grandet« (1833) 362
—, »Le père Goriot« (1834) 362
—, »César Birotteau« (1837) 362
—, »La cousine Bette« (1846) 362, 753
—, »Le cousin Pons« (1847) 362
Bambara, ehemaliges Negerreich im Westsudan **659**f., 662ff.
Bandiagara, Ort im Westsudan 659f.
Bankakte (Peelsakte), englisches Bankgesetz (19.7.1844) 453
Bank von England (gegründet 1694) 297
— von Frankreich (gegründet 13.2. 1800) 745
— der Vereinigten Staaten (B.U.S., 1816) 429ff.
Bankenkrach in der Wall Street, New York (1857), *Abb. 300*
Barbé-Marbois, François, Marquis de, französischer Politiker 41
Bardenpoesie 204
Barras, Paul François Jean Nicolas Vicomte de, französischer Politiker 85, *Abb. 101*
Bartenstein, preußisch-russischer Vertrag von (23.6.1807) 131
Barth, Heinrich, Afrikareisender 663
Basel (Schweiz), Friede von (5.4. 1795) 97, 110, 744
Basile, Giovanni Battista, Graf von Towne, italienischer Dichter 216
—, »Pentamerone« (1674) 216
Bastille, Sturm auf die 71, 290, 743, *Abb. 69*
Batavische Republik 111f., 121, 124, 744
Baudelaire, Charles, französischer Dichter 356
—, »Les fleurs du mal« (1857) 756
Baudissin, Graf Wolf von, Freund Ludwig Tiecks 747
Bauer, Friedrich Andreas, Mechaniker 267
Baumwolle 284f., 320
Bautzen (Sachsen), Schlacht bei (20./21.5.1813) 177
Bayern, Königreich 128, 137f., 164, 166, 178, 183, 186, 308f., 471, 544f., 573, 746, 748
Baylen, siehe Bailén
Bazaine, François Achille, französischer Marschall 573
Beaconsfield, Earl of, siehe Disraeli
Beauharnais, Josephine, geborene Tascher de la Pagerie, erste Gemahlin Napoleons I. 166, 746, *Abb. 101, 120*
Bebel, August, sozialdemokratischer Parteiführer 757f., 763
Becquerel, Henri, französischer Physiker 245, 270, 764
Beecher-Stowe, Harriet, amerikanische Schriftstellerin 354, 507
—, »Onkel Toms Hütte« (1852) 507, 755
Beethoven, Ludwig van, Komponist 203, 219f., 224, 232
—, 1. Symphonie in C-Dur (1799) 744
—, 3. Symphonie in Es-Dur »Eroica« (1809) 224, 745
—, »Fidelio« (1814) 747
—, 9. Symphonie in d-Moll (1823) 749
Befreiungsbund, liberaler, in Rußland 595
Befreiungskriege (1813—1815) **174—185**, 747, *Abb. 181*
Behring, Emil von, Mediziner 763
Belgien 47, 111, 127, 144, 179, 329, 440ff., 711, 717, 719, 750f., 761
—, Brabanter Revolution (1789) 47
Belgische Neutralität (26.7.1831 und 19.4.1839) 442
— Revolution (25.8.1830) 440ff., 750
— Unabhängigkeit (15.11.1831) 442, 750
Belinskij, Wissarion Grigorjewitsch, russischer Kritiker 594, 599
Bell, Alexander Graham, englischer Physiologe 271, 273, 760
Bellini, Vincenzo, italienischer Opernkomponist 230
—, »Puritani« (1835) 230
—, »I Capuleti e Montecchi« (Romeo und Julie 1830) 230
Benin, Königreich am Niger 660, **664**
Benckendorf, Aleksandr Christoforowitsch Graf, russischer General und Staatsmann 588, 593
Bennett, James Gordon, amerikanischer Publizist 751
Bennigsen, Rudolf von, nationalliberaler Parteiführer 735
Bensa, Alexander von, Maler, *Abb. 561*
Bentham, Jeremy, englischer Jurist und Philosoph 454
Benz, Carl Friedrich, Ingenieur 324, 762
Benzolring 262, 758
Béranger, Pierre Jean de, französischer Dichter 416
Béraud, Jean, französischer Maler, *Abb. 301, 353*
Berber, nordafrikanische Volksstämme 654, 658, 661f., 668
Berg, Großherzogtum 136, 138
Bergmann, Ernst von, Chirurg 271, 761
Bergpartei (Montagnards), radikalste Gruppe im Nationalkonvent 99, 101, 104, 743
Bergson, Henri, französischer Philosoph 762
—, »Essais sur les données immédiates de la conscience« (1889, deutsch: »Zeit und Freiheit«) 762
Berlin 564f., 709, 745
—, Aufstand in (18.—19.3.1848) 486, 490f.
—, Friede von (1850) 755
—, Gründung der Universität (1810) 159, 747
Berliner Generalakte über den Kongo (26.2.1885) 690
— Kongreß (13. 6.—13. 7. 1878) 530, 576, 595, 606, 726, 733, 760
Berlioz, Hector, französischer Komponist 203, 230f.
—, »Symphonie phantastique« (1829) 230, 750
—, »Les Troyens« (1863) 231
—, »Harold en Italie« (1834) 230
—, »Romeo et Juliette« (1839) 230
—, »Fausts Verdammnis« (1846) 230, 753
Bernadotte, Jean Baptiste Jules, Fürst von Pontecorvo, als Karl XIV. König von Schweden 180, 746, 748
Berner Abkommen über den Eisenbahnverkehr (1890, 1906, 1907) 690
Konvention (Urheberrechtsschutz) vom 9.9.1886 693
Berry, Charles Ferdinand de Bourbon, Duc de 382
Berryer, Pierre Antoine, französischer Politiker, *Abb. 225*
Berthier, Louis Alexandre, Prince de Neufchâtel, Duc de Valengin, Prince de Wagram, Marschall von Frankreich 131, 134
Berthollet, Claude Louis Graf von, Chemiker 291
Bertram, Johann Baptist, Kunstgelehrter 213
Berzelius, Jöns Jacob Freiherr von, Chemiker 251, 260f., 263, 266, 748, 751
Beschwerdehefte (Cahiers de doléance) 65f., 68, 74, 82
Bessarabien 592, 747, 756, 760
Bessel, Friedrich Wilhelm, Astronom 266, 268, 752
Bessemer, Sir Henry, englischer Ingenieur 269, 321, 756
Beust, Friedrich Ferdinand Graf von, sächsischer und österreichischer Staatsmann 737

Beutesystem, Neubesetzung der politischen Beamten in den USA bei einem Wechsel in der Regierung 427, 750, 761
Bevölkerung der Welt 283f.
— von Deutschland 311f.
Beyme, Karl Friedrich von, preußischer Staatsmann 148, 163
Biddle, Nicolas, Leiter der B.U.S. 430, 432
Bill of Rights von Virginia **50**, 53
Biogenetisches Grundgesetz 758
Biot, Jean Baptiste, französischer Physiker 249, 266, 749
Bismarck, Otto Fürst von, Staatsmann 89, 110, 148, 314, **324**ff., 371, 437, **491**, 494, 502, 527, **557**ff., 561 ff., 567, **571**ff., 579, 581, 595, 644, 708, 715, 717f., **731–737**, 757ff., *Abb. 721*
Bismarck-Archipel, deutsche Kolonie 761
Björnson, Björnstjerne, norwegischer Dichter 756
Black Codes 523
Black, Joseph, Chemiker 260
Blake, William, englischer Maler, Kupferstecher und Dichter 199, 203
Blanc, Jean Joseph Louis, französischer Sozialpolitiker 356, 465f., 471, 484, 487, 752
Blanqui, Jérôme Adolphe, französischer Nationalökonom 465
Blanqui, Louis Auguste, französischer Kommunist 306
Bleichröder, Samuel, Bankier 710
Bloy, Léon, französischer Schriftsteller 355
Blücher von Wahlstatt, Gebhard Leberecht Fürst 747
Blum, Robert, Politiker 486
Blunt, Wilfrid Scawen, englischer Politiker 739
Bodmer, Johann Jacob, schweizerischer Dichter und Schriftsteller 199f., 202f., 209
—, »Discoursen der Mahlern« (1721) 199
Böhme, Jakob, deutscher Mystiker 214
Böhmen, Land der österreichisch-ungarischen Monarchie 479f., 482, **493**f., 562f., 732, 761
Börne, Ludwig, Schriftsteller 751
Böttger, Rudolf Christian, Chemiker 269
Bogoda, Prinz, Fürst von Kano 662
Bohr, Niels, dänischer Physiker 248, 254
Boilly, Louis Léopold, französischer Maler und Graphiker *Abb. 92*
Boisserée, Melchior, Kunstgelehrter 213, 215, 217, 221
—, Sulpice, Kunstgelehrter 203, 213, 215, 217, 221, 228
Bolivar, Simon, südamerikanischer Freiheitskämpfer 399f., 412, 437, 748
Bolivien 403, 748f., 758, 760
Bolschewiki, politische Partei in Rußland (1903) 595
Boltzmann, Ludwig, Physiker 254, 268, 270
Bolyai, Johann von, ungarischer Mathematiker 266
Bombay, Gründung der Universität (1857) 756
Bonald, Louis Gabriel Ambroise, Vicomte de, französischer Staatstheoretiker und Philosoph 348, 364, 383
Bonaparte, Elisa Maria Anna, Schwester Napoleons, Gemahlin von Felice Pasquale Bacciocchi, Fürst von Lucca und Piombino, Herzogin von Massa-Carrara und Großherzogin von Toscana 129
—, Hortense, geborene Beauharnais, Gemahlin Louis Bonapartes, Königs von Holland 446, 489
—, Jérôme, Bruder Napoleons, König von Westfalen 135, 137, 156, 527, 746
—, Joseph, Bruder Napoleons, König von Neapel und Spanien 129, 142, 145, 399, 746
—, Karoline Annunciata, Schwester Napoleons, Gemahlin von Joachim Murat, König von Neapel 129
—, Louis, Bruder Napoleons, König von Holland 135, 167
—, Lucien, Bruder von Napoleon, Prinz, Fürst von Canino und Musiquano 113f.
—, Mathilde, Tochter von Napoleons Bruder Jérôme, Gemahlin von Anatol Fürst Demidow 527
—, Napoleon II., König von Rom, Herzog von Reichstadt 166, 180
—, Napoleon (auch Jérôme), genannt Plon-Plon, Sohn von Napoleons Bruder Jérôme 527
Bonapartismus 379, 416, 446
Bonn, Gründung der Universität (1818) 159
Booth, William, Gründer der Heilsarmee 760
Bopp, Franz, Begründer der vergleichenden Grammatik der indogermanischen Sprachen 748
Bordeaux, Nationalversammlung der 3. französischen Republik (13.2.1871) 574f.
Borneo, große Sundainsel 722
Bornu, ehemaliges Negerreich im Westsudan **660**ff.
Borsig, A., Lokomotiv- und Maschinenfabrik Berlin (gegründet 1836) *Abb. 293*
Bosnien 144, 760
Bosporus, Meerenge 688, 752
Bossuet, Jacques Bénigne, französischer katholischer Theologe und Historiker 61
Boston, Republik 35
Boswell, James, englischer Schriftsteller 743
Botticelli, Sandro, eigentlich Alessandro Filipepi, italienischer Maler 233
Boulanger, Georges, französischer General und Politiker 708, 762
Bourbonen, Dynastie in Frankreich, Spanien, Neapel und Parma 129, 183, 185, 299, 747
Bourdon, L.G., Angestellter im französischen Auswärtigen Amt 41
Boxeraufstand in China (1900) 726f., 765
Boyen, Leopold Hermann Ludwig von, preußischer General 163
Boyle, Robert, Physiker und Chemiker 289
Bozo, Negerstamm im Westsudan 660, 663
Brabanter Revolution (1789) 47
Braconnot, Henri, französischer Chemiker 267
Bragg, Sir William Henry (Vater), englischer Physiker 256
—, William Lawrence (Sohn), englischer Physiker 256
Brahms, Johannes, Komponist 220, 758, 760
Brandes, Ernst 47
Branntweinhandel, Haager Abkommen über (16.11.1887) 692
—, Brüsseler Antisklavereiakte (2.7.1890) 692
—, Brüsseler Verträge (8.6.1899, 3.11.1906) 692
—, Abkommen von Saint Germain (10.9.1919) 692
Brasilien 405f., 653, 749, 751, 758
Braun, Karl Ferdinand, Physiker 252, 764
Bravais, Auguste, französischer Physiker 256, 269
Brazza, Pierre Graf Savorgnan de, französischer Afrikaforscher und Kolonisator 718
Bremen 746
Brentano, Clemens, Dichter 203, 208f., 215f., 218, 222, 229
—, »Godwi oder das versteinerte Bildnis der Mutter« (1801) 208, 354
—, »Des Knaben Wunderhorn« (mit v. Arnim, 1805–08) 209, 216, 746
—, »Die Gründung Prags« (1814) 218
—, »Aus der Chronica eines fahrenden Schülers« (1818) 208

Breslau, Gründung der Universität (1811) 159
Bretonischer Klub 72
Breuer, Josef, österreichischer Nervenarzt 764
Bright, John, englischer Politiker 518
Brindisi 123
Brissot, Jacques Pierre, genannt de Warville, französischer Politiker 49, 52, 83, 85, 86ff., 88f., 99, 106
British Association for the advancement of science 239
Britisch-Kolumbien, südwestliche Provinz von Kanada 458
British-Nordamerika-Akt von 1867 552
Brockhaus, Friedrich Arnold, Begründer des Conversationslexikons 746
Brontë, Anne, Deckname Acton Bell, englische Schriftstellerin 342
–, Charlotte, Deckname Currer Bell, englische Romanschriftstellerin 342, 354
–, Emily Jane, Deckname Ellis Bell, englische Romanschriftstellerin 342, 754
Brown, John, Vorkämpfer der Negerbefreiung in den USA 505, 509, 511
–, Robert, englischer Botaniker 256, 266f.
Bruckner, Anton, Komponist 760
Brüsseler Antisklavereiakte (2.7.1890) 692
Konvention über Schiffszusammenstöße (23.9.1910) 688
Brumaire, Staatsstreich vom 18. (9.11.1799), Sturz des Direktoriums 113ff., 116
Brunner, Sir John Tomlinson 710
Bruno, Girodano, eigentlich Filippo, italienischer Philosoph 242
Bryan, William Jennings, nordamerikanischer Staatsmann 679, 694
Bryce of Dechmont, James Viscount, englischer Staatsmann 411
Buch, Christian Leopold, Freiherr von Gelmersdorf, Schöneberg usw., Geologe und Paläontologe 264f., 267
Buchanan, James, Präsident der Vereinigten Staaten 508, 512, 524, 526
Buchara (Usbekistan) 595
Buchner, Eduard, Chemiker 271, 764
Buchser, Frank, schweizerischer Maler *Abb. 493*
Buddhismus in Japan 618, 640
Büchner, Georg, Dichter 349
–, »Dantons Tod« (1835) 751
Büchner, Ludwig, Schriftsteller 756
Bülow, Bernhard Fürst von, deutscher Staatsmann 736, 765
Bündnisvertrag vom 3.1.1815 zwischen England, Österreich und Frankreich gegen Rußland und Preußen 184f., 377
Buenos Aires, Hauptstadt von Argentinien 709, 746
Bürger, Gottfried August, Dichter 201, 203, 205, 226
–, »Lenore« (1773) 205
Bürgerkrieg, amerikanischer (1861 bis 1865) **506–526**
Bürgerliches Gesetzbuch (BGB) 119, 765
Bürgerkönigtum, siehe Frankreich
Bürgerkrieg, japanischer (1866) 629, 631
Bürokratie 287ff., 298, 303, 305, 308, 315, 329f., 333
Bürokratisierung der Wirtschaft 333, 335f.
Buffon, Georges Louis Leclerc Comte de, französischer Naturforscher 263f.
–, »Histoire de la Terre« (1778) 264
Bukarest, Friede von (28.5.1812) 594, 747
Bulgarien 610, 732f., 760ff.
Bulwer, Edward George Earl Bulwer-Lytton, Lord Lytton of Knebworth, englischer Romanschriftsteller 354
–, Henry Lytton Earle, Lord Dalling and, englischer Diplomat und Schriftsteller 705
Bundesexekution gegen Dänemark 560
Bundeskanzler des Norddeutschen Bundes 564
Bund zur Befreiung der Arbeit 761
Bunsen, Robert Wilhelm, Chemiker 251, 254, 259f., 262, 268f., 273, 756
Burckhardt, Jakob, Kultur- und Kunsthistoriker 20, 352, 545, 730, 757
Buren, Martin van, Präsident der Vereinigten Staaten von Amerika 424, 432, 434, 462, *Abb. 433*
Buren, niederländische Kolonisten in Südafrika 665, 670, 753, 756, 761
Burenkrieg (1899-1902) 718, 720f., 738, 765, *Abb. 720*
Burenrepublik 719
Burke, Edmund, englischer Schriftsteller und Staatsmann 380f., 386, 418, 421, 548, 743
Burma, Staat in Hinterindien 722f., 749, 755, 762
Burne-Jones, Sir Edward, englischer Maler 233
Burney, Charles, englischer Musikhistoriker 210
Burschenschaft, Deutsche, Studentenvereinigung 388, 748
Burton, Robert, englischer Schriftsteller
–, »Anatomy of Melancholy« (1621) 349
B.U.S., Bank der Vereinigten Staaten (1816) 429ff.
Busch, Wilhelm, Zeichner und Dichter 759
–, »Die fromme Helene« (1872) 759
Buschmänner, kleinwüchsiges Eingeborenenvolk in Südafrika 653
Business Community, politische Partei der USA 433
Byron, George Gordon Noel, Lord, englischer Dichter 55, 203, 225, 232, 349, 395, 747
–, »Childe Harold« (1812) 225
–, »Manfred« (1817) 225, 232
–, »Don Juan« (1819–1824) 748
–, »Cain« (1822) 749

C

Cafferty, James, amerikanischer Maler *Abb. 300*
Cahiers de doléance 65f., 68, 74, 82
Caillaux, Joseph, französischer Staatsmann 300
Cailletet, Louis Paul, französischer Physiker und Ingenieur 270
Calcutta, Hauptstadt Westbengalens 709
–, Gründung der Universität (1857) 756
Calderon de la Barca, Pedro, spanischer Dichter 216
Calhoun, John Caldwell, nordamerikanischer Staatsmann 410, 424f., 428f., 437, 461, 463, 506, 525
Calonne, Charles Alexandre de, französischer Staatsmann 63, 85
Cambacérès, Jean Jacques Régis de, Duc de Parme, Jurist und Staatsmann 115
Campe, Joachim Heinrich, Jugendschriftsteller und Sprachforscher 35
Campo Formio (italienische Provinz Udine), Friede von (17.10.1797) 111, 121ff., 128, 744
Canadian Pacific Railway 715, 762
Canning, George, englischer Staatsmann 386, 395, 397, 403, 405, 418ff., 426, 437, 441, 548
Cantor, Georg, Mathematiker 761
Canova, Antonio, italienischer Bildhauer 744
Caprera (Ziegeninsel, bei Sardinien), Wohnsitz Garibaldis 543
Caprivi, Leo Graf von, deutscher General und Staatsmann 735, 762

Caracas, Hauptstadt von Venezuela 746
Carbonari (ital. »Köhler«), italienische geheime politische Gesellschaft 391, 535, 538, 749
Carlos, Don, Maria Isidoro de Borbón, Infant von Spanien 751
Carlyle, Thomas, englischer Schriftsteller 354, 548, 576
—, »The French Revolution« (1837) 752
Carnegie, Andrew, amerikanischer Industrieller 525
Carnot, Lazare Nicolas Marguerite, französischer General und Staatsmann 85, 104, 120
—, Nicolas Léonard Sadi, französischer Physiker 256, 266, 749
—, Sadi, Präsident der französischen Republik 762
Carolina, siehe North und South Carolina
Carolsfeld, siehe Schnorr von Carolsfeld
Carpet Bagger, in den USA nach dem Sezessionskrieg Bezeichnung für die Ämterjäger aus den Südstaaten 524
Carrière ouverte aux talents, La (»Freie Bahn dem Tüchtigen«) 378
Carstens, Asmus Jacob, Maler und Zeichner 206
Cartwright, Edmund, englischer Geistlicher 292
Casablanca-Streitfall (1909) 679
Castlereagh, Robert Stewart Viscount, Marquess of Londonderry 128, 131, 179, 181ff., 373f., 376, 386, 392, 402, 437
Caulaincourt, Armand Augustin Louis, Marquis de, Duc de Vicence, französischer Staatsmann 131, 140f., 170ff., 179f.
Cavaignac, Eugène, französischer General und Staatsmann 485, 487ff.
Cavendish, Henry, englischer Chemiker 243, 258
Cavour, Camillo Graf Benso di, italienischer Staatsmann 186, 437, 502, 505, 532, 534ff., 563, 755, *Abb. 533*
Cecil, Lord David, Professor für englische Literatur 451
Celebes, große Sundainsel 722
Centimeter-Gramm-Sekunden-(CGS-) System 276
Cervantes Saavedra, Miguel, spanischer Dichter 216
Ceylon 124, 179, 182, 744f., 748
Cézanne, Paul, französischer Maler 760, 764
Challenger-Expedition 759
Chamberlain, Houston Stewart, englischer Schriftsteller 712
—, Joseph (Joe), englischer Staatsmann 712f., 715, 736
Chambord, Henri Charles Ferdinand Marie Dieudonné d'Artois, Duc de Bordeaux, Comte de 575
Chamisso, Adelbert von, eigentlich Louis Charles Adelaide de, Dichter 354
—, »Peter Schlemihls wundersame Geschichte« (1814) 747
Champollion, Jean François, Entzifferer der Hieroglyphen 749
Chaptal, Jean Antoine, Graf von Chanteloup, französischer Chemiker und Minister 291
Chardonnet, Hilaire Comte Bernigaud de, französischer Chemiker und Physiker 271, 762
Charkow, Gründung der Universität (1804) 594
Charleston (South Carolina) 513
Charpentier, Johann G. F., Geologe 269
Chartismus, erste große proletarische Bewegung sozialistischen Charakters in England (genannt nach der People's Charte von 1838) 294, 423, 455, 465, 471, 581, 752
Chateaubriand, François René, Vicomte de, französischer Schriftsteller und Staatsmann 203, **223**ff., 230, 340f., 343, 345, 349, 354, 382, 401f.
—, »Atala« (1801) 223, *Abb. 224*
—, »Le Génie du Christianisme« (1802) 223f., 745
—, »René« (1802) 746
—, »Les Martyrs« (1809) 224
—, »Les Aventures du dernier des Abencerrages« (1826) 230
—, »Vie de Rancé« (1844) 225
—, »Mémoires d'outre-tombe« (1849/50) 345
Chatham, siehe Pitt d. Ä., William, Earl of
Châtillon sur Seine, Kongreß von (15. 2.—19. 3. 1814) 179
Chattanooga (Tennessee), Schlacht bei (24./25. 11. 1863) 516
Chatterton, Thomas, englischer Dichter 201
Chaumont-en-Bassigny, Bündnisvertrag von (1. 3. 1814) 179, 181, 377
Chekiang, chinesische Provinz 725
Cherubini, Luigi, italienischer Komponist 230
—, »Medea« (1797) 230
—, »Der Wasserträger« (1800) 230
—, »Anacreon« (1803) 230
Cheta (Hethiter), Muwatallis König von, Bündnis- u. Auslieferungsvertrag mit Ramses II. 1272 v. Chr. 674
Chikago 709
Chile 400, 403, 746, 758, 760
China 376, 504, 585, 595, 610, 620, 623, 646f., 678, 706, 718, **722** bis **727**, 743, 751ff., 756, 761, 763ff.
—, Boxeraufstand in (1900) 595
—, Taipingaufstand (1850—66) 755
Chinesisch-japanischer Krieg (1894/95) 618, 647
Chiwa (Usbekistan) 595, 706
Chladni, Ernst Florens Friedrich, Physiker 243, 259, *Abb. 244*
Cholera 692
Chomjakow, Aleksej Stepanowitsch, russischer Schriftsteller 594, 600
Chopin, Frédéric, Pianist und Komponist 203, 230, 750, 752
Chôshû, Feudalherrschaft auf Honshu 628f., 631, 633ff., 641f.
Christen, bürgerliche Gleichberechtigung in der Türkei (1856) 53
Christentum in Japan 618, 640
— in Abessinien 666
— in Afrika 668f.
Christian VIII, König von Dänemark 753
Christian IX., König von Dänemark 757
Christlich-Deutsche Tischgesellschaft 215
Christlich-soziale Arbeiterpartei 760
Cicero, Marcus Tullius, römischer Anwalt, Redner und Schriftsteller 418
Cincinnati, amerikanische Offiziersorganisation 44f.
Cisalpinische Republik (Lombardei) 111, 744
Clapeyron, Benoit Pierre Emile, französischer Ingenieur 268
Clausewitz, Karl von, preußischer General 120
Clausius, Rudolf Julius Emanuel, Physiker 247, 251, 255, 257, 268, 755, 756
Clavière, Etienne, französischer Finanzmann und Politiker 49
Clay, Henry, nordamerikanischer Staatsmann 409f., 426, 429, 463, 525
Clemenceau, Georges, französischer Staatsmann 20, 520
Cleve, Herzogtum 745
Cleve, Per Teodor, schwedischer Chemiker 270
Cleveland, Stephen Grover, Jurist, Präsident der Vereinigten Staaten von Amerika 524
Cobbet, William, englischer Publizist, Herausgeber von »Weekly Political Register« (1802—35) 385, 745
Cobden, Richard, englischer Wirtschaftspolitiker 452ff., 518, 752
Cobdenvertrag, englisch-französischer Handelsvertrag 757
Cochinchina 722

Code civil, französisches Zivilgesetzbuch, genannt Code Napoléon (21. 3. 1804) 117ff., 138, 381, 745
– pénal, französisches Strafgesetzbuch (1810) 747
Colorado, Staat der USA 519
Columbien, Land in Südamerika 746
Combination-Act (1799–1824), Koalitionsverbot in England 294, 304, 386f., 745
Comité de sûreté, siehe Sicherheitsausschuß
– du salut public, siehe Wohlfahrtsausschuß
Comte, Auguste, französischer Philosoph 465
–, »Cours de philosophie positive« (1842) 753
–, »Le Système de politique positive« (1852–54) 755
Condorcet, Antoine Marquis de, französischer Mathematiker, Politiker und philosophischer Schriftsteller 36, 46, 49, 52, 54, 87, 91
Conrad, Joseph, eigentlich Teodor Joseph Conrad Korczeniowski, englischer Schriftsteller 343, 355
Conseil international de santé in Bukarest (1881) 692
Constable, John, englischer Maler 748
Constant de Rebecque, Benjamin, französischer Politiker und Schriftsteller 340, 354, 748
Constitution civile du clergé 83f., 87, 89, 93
– française, siehe Verfassung, französische
Convention national, siehe Nationalkonvent
Cook, James, englischer Seefahrer 722
Cooper, James Fenimore, amerikanischer Schriftsteller 342, 354, 749
Copernicus, Nicolaus, Astronom 241f., 749
–, »Commentariolus« (1507/41) 241
–, »De revolutionibus orbium coelestium« (1543) 241
Cordato, Mavro, griechischer Rebellenführer 395

Cornelius Balbus, römischer Legat 669
–, Peter Ritter von, Historienmaler und Gründer einer Malerschule 217f., 228
Corot, Camille, französischer Maler 750
Corps législatif (die »Dreihundert Stummen«) der Konsularregierung 108, 115, 118
Correns, Carl Erich, Botaniker 271f.
Cortes, spanische Ständeversammlung 398
Cortés, Juan Donoso, spanischer Schriftsteller 755
Coster, Charles de, belgischer Schriftsteller 355
–, »Uilenspiegel« (1868) 758
Coulomb, Charles Augustin de, französischer Physiker und Ingenieur 243
Couper, Archibald S., englischer Chemiker 262, 268
Courbet, Gustave, französischer Maler 753
Courtois, Bernard, französischer Chemiker 266
Creuzer, Georg Friedrich, klassischer Philologe und Archäologe 215
Crèvecœur, Hector Saint-John de, franz. Agronom 38f., 44, 49
Crispi, Francesco, italienischer Staatsmann 542f.
Croce, Benedetto, italienischer Philosoph und Historiker 17, 19, 21, 377
Crô Magnon-Mensch 758
Crompton, Samuel, englischer Techniker 292
Cromwell, Oliver, englischer Staatsmann 420
Cunard, Sir Samuel, englischer Reeder 752
Curie, Marie, geb. Sklodowska, Chemikerin und Physikerin 270, 764
–, Pierre, französischer Physiker 270
Curtatone (italienische Provinz Mantua), Schlacht bei (29. 5. 1848) 487
Custozza (italienische Provinz Verona), Schlacht bei (25.6.1848) 487, 495
Cuvier, Georges Léopold Chrétien Frédéric Dagobert Baron, französischer Naturforscher 251, 265, 267, 748
Cypern 760

D

Dänemark 123f., 130, 170, 486, 496f., 560, 747, 753f., 757
Daguerre, Louis Jacque Mandé, französischer Maler 267, 752
Dahome, Landschaft in Nordwestafrika 655f., 661, 664
Daimler, Gottlieb, Ingenieur 271, 324, 762
Daimyô, japanische Territorialfürsten 619ff., 625ff., 630ff., 632
Dairen (Ta lien wan, russisch Dalnij), Hafenstadt am Gelben Meer 595, 764
Dakar, Hafenstadt der Kolonie Senegal 719
Dalberg, Karl Theodor Reichsfreiherr von, letzter Kurfürst von Mainz, Erzkanzler des Deutschen Reiches, Fürstprimas des Rheinbundes 128, 136
Dalhousie of the Punjab, James Andrew Broun-Ramsay 10. Earl und Marquess, angloindischer Staatsmann 724
Dalmatien 111, 128, 186, 545
Dalnij siehe Dairen
Dalton, John, englischer Chemiker und Physiker 243, 251, 255, 260f., 266, 746
–, »A new system of chemical Philosophy« (1808) 255, 260
Damaskus, Hauptstadt von Syrien 728
Dampfmaschine 245, 289, 292, 302
Dampfschiff 746, 749
Danilewskij, Grigorij Petrowitsch, russischer Schriftsteller 594f., 600
Dante, Alighieri, italienischer Dichter, 216, 224, 345
Danton, Georges, französischer Revolutionär 85, 91, **94ff.**, 103, 439, 743, *Abb. 93*
Danzig 186
Dardanellen 688, 752
Darfur, Sultanat im Sudan 661, 663
Darwin, Charles Robert, englischer Naturforscher 251, 263, 265, 267, 269, 271f., 712
–, »On the origin of species by means of natural selection« (1859) 756
–, »The descent of man and on selection in relation to sex« (1871) 759
Daudet, Alphonse, französischer Romanschriftsteller 355
Daumier, Honoré, französischer Maler und Bildhauer 751f., *Abb. 600*
Daura, Stadt im Westsudan 660ff.
Daurama, Herrscherin von Daura 662
David, Jacques Louis, französischer Maler 69, 86, 746, *Abb. 68, 120*

Davis, Jefferson, nordamerikanischer Offizier und Politiker 459, 463, 509, 757
Davout, Louis Nicolas, Duc d'Auerstedt, prince d'Eckmühl, französischer Marschall 145
Davy, Sir Humphry, englischer Chemiker 239f., 253, 260, 266f., 745f., 748
Debucourt, Louis Philibert, französischer Maler und Graphiker *Abb. 77*
Degas, Edgar, französischer Maler und Graphiker 760f.
Degenfeld-Schonburg, August Graf, österreichischer Feldzeugmeister *Abb. 561*
Deismus 196

Dekabristen, Aufstand in St. Petersburg (26. 12. 1825) 592ff., 749
Delacroix, Eugène, französischer Maler, 203, 227f., 436, 749, 750, *Abb. 225*
–, Jacques Vinzent, französischer Jurist und Publizist *Abb. 93*
Delaware, Staat der USA 409
Delbrück, Hans, Historiker und Politiker 712
Delhi 552, 745
Demagogenverfolgung 748
Demarçay, Eugène, französischer Chemiker 262
Demokraten, politische Partei in USA 425f., 428, 430, **433**ff., 462f., 506, 509, 511f., 523f.
Demokratie 369, 372, 378f., 388, 423ff., 434, 503f., 517, 546f, 551f., 554, 557, 565, 579
Descartes, René, französischer Philosoph und Mathematiker 244
Deslandres, Henry, französischer Astrophysiker 270
Desmoulins, Lucie Simplice Camille Benoist, französischer Publizist und Politiker 85, *Abb. 93*
Deutsch-dänischer Krieg (1848 bis 1850) 486, 496
Deutsche Bundesakte vom 8. 6. 1815 187ff,. 748
– Kolonialgesellschaft (gegründet 1887) 710
– Revolution (1848/49) 486, 490f., 497, *Abb.* 312
Deutscher Befreiungskrieg (1813/1814) 174–185, 747, *Abb. 181*
– Bund 184, 187ff., 493, 496, 499, 501f., 559ff., 748, 757f.
– Bundestag 189, 491f., 748, 751, 755
– Flottenverein (gegründet 1898) 710
– Zollverein (1. 5. 1834) 310
Deutsches Reich, Proklamierung in Versailles (18. 1. 1871) 564, 573, 759
Deutsch-französischer Krieg (1870/1871) 572ff., 731, 737
Deutschland 123, 125, 128, 134, 136, 168, 184, 187ff., 301, **307** bis **316**, **322–329**, 333ff., 374f., 379, 387ff., 471ff., 482ff., **486**, 490ff., 497ff., 502ff., 546, 550, **554–578**, 580, 645, 677, 679, 689, 707ff., 711, 714ff., 715, 719, 721ff., **727**ff., 731, **733**ff., 737f., 754, 760ff., 764f.
Deutschnationale Partei, politische Partei in Österreich 732
Deutsch-niederländischer Vertrag (Leuchtturm auf Borkum, 16. 10. 1896) 688
Deutsch-Ostafrika (Taganjika) 719
Deutsch-rumänisches Bündnis (1883) 735
Devoto, Bernard, Historiker 460
Dialektik 468
Diaz, Porfirio, Präsident von Mexiko 760
Dickens, Charles, englischer Romanschriftsteller 342f., 348, 351, 354f., 357, 360, 423
–, »Pickwick Papers« (1836/37) 359, 751
–, »Oliver Twist« (1837/38) 752
–, »David Copperfield« (1848/50) 357f., 755
–, »Bleak House« (1852/53) 357
–, »Our mutual friend« (1864/65) 357
Diebitsch-Sabalkanski, Hans Karl Friedrich Anton Graf von, russischer Feldmarschall 172, 747
Diesel, Rudolf, Maschineningenieur 271, 763
Differentialrechnung 243
Dilthey, Wilhelm, Philosoph 761
Dikoa, Ort am Tschadsee 660
Diktatur des Proletariats 305
Dilger, Michael, Maler, *Abb. 292*
Dilke, Sir Charles, englischer Politiker und Schriftsteller 713f.
Dingueray, Ort im Westsudan 660f.
Diola, Negerstamm im Sudan 663
Direktorium von fünf Mitgliedern des Nationalkonvents (1795) 108ff., 113f., 744
Disraeli, Benjamin, Earl of Beaconsfield, englischer Staatsmann 354, 384f., 426, 437, **453**ff., 548ff., 712, 715, 718, 737, 759, *Abb. 713*
–, »Sybil or the two nations« (1845) 454
Dissenter, englische 40, 48
Djenne, alte Handelsstadt am Niger 659ff.
Djuder Pascha, spanischer Abenteurer 660f.
Dobrudscha, Landschaft am Donaudelta 760
Döbereiner, Johann Wolfgang, Chemiker 267
Döllinger, Ignaz von, katholischer Theologe und Historiker 759
Dogon, Negervolk im Westsudan 659f.
Dohm, Christian Wilhelm von, Diplomat und Schriftsteller 36
Dohrn, Anton, Zoologe 270
Dolivo-Dobrowolski, Michael, Elektro-Ingenieur 763
Dollo, Louis, belgischer Paläontologe 265
Donaudelta 750
Donaufürstentümer unter Garantie der Großmächte 533
Donaukommission, Europäische (30. 3. 1856) 690
Donizetti, Gaetano, italienischer Opernkomponist 230
–, »Anna Bolena« (1831) 230
–, »Lucrezia Borgia« (1835) 230
–, »Lucia di Lammermoor« (1835) 751
Doolittle, Amos, amerikanischer Kupferstecher, *Abb. 32*
Doppler, Christian, Physiker und Mathematiker 243, 268
Doré, Gustave, französischer Illustrator, Maler und Bildhauer 758
Dostojewskij, Feodor Michailowitsch, russischer Schriftsteller 342f., 348f., 352, 354f., 360, 365, 436, 588, 594, 598f., 753
–, »Schuld und Sühne« (1867) 347, 595
–, »Idiot« (1868) 353, 365
–, »Die Dämonen« (1871) 348, 595, 759
–, »Die Brüder Karamasow« (1880) 356, 365, 761
Douglas, Stephen Arnold, amerikanischer Politiker 507ff.
Dove, Heinrich Wilhelm, Physiker und Meteorologe 267
Drago, Luis M., argentinischer Staatsmann 697
Dragomirow, Michail Iwanowitsch, russischer General 729
Drago-Porter Konvention (1907) 697
Dred-Scott-Sache 508
Dreibund (Deutschland, Österreich-Ungarn, Italien, 20. 5. 1882) 735, 761ff.
Dreifelderwirtschaft 308
Drei-Kaiser-Abkommen (1873 bis 1876) 595, 759
Drei-Kaiser-Vertrag (1881 und 1884) 733, 761f.
Drei-Klassen-Wahlrecht in Preußen (30. 5. 1849) 486, 498
Dresden, Aufstand in (3.–8. 5. 1849) 486, 500, 754
Dreser, H., Chemiker 263, 271
Dreyfus, Alfred, französischer Offizier 763
Dreyse, Johann Nikolaus, Erfinder des Zündnadelgewehrs 751
Dritte Abteilung, Geheimpolizei in Rußland 593f., 597f.
Dritte Stand, Der (Le Tiers État) 64ff., 84, 91, 465
Droste zu Vischering, Klemens August Freiherr von, Erzbischof von Köln 472
Droysen, Johann Gustav, Historiker, Politiker und Philologe 151, 506, 751
Dublin 553
Dubois, Marie Eugène François Thomas, niederländischer Gelehrter 271, 763
Ducos, Pierre Roger Comte, französischer Politiker 115
Dühring, Karl Eugen, Philosoph und Nationalökonom 709
Dürer, Albrecht, Maler, Kupferstecher, Radierer, Zeichner 217
Dulong, Pierre Louis, französischer Physiker und Chemiker 266

Duma, Gorodskaja, Stadtverordnetenversammlung 605
Dumas (Vater), Alexandre, französischer Schriftsteller 228f., 342, 354, 359
—, »Les trois mousquetaires« (1844) 229
Dumas (Sohn), Alexandre, französischer Schriftsteller 354
—, »La dame aux camélias« (1848) 754
Dunant, Jean Henry, Genfer Schriftsteller und Philanthrop 697, 757
Dunlop, John Boyd, schottischer Arzt 271
Dupont de l'Etang, Pierre Antoine Comte, französischer General 144
Du-Pont de Nemours, Pierre Samuel, französischer Nationalökonom 49, 52
Durante, Francesco, italienischer Komponist 216
Dutton, Clarence Eduard, amerikanischer Geologe 271
Duvivier, Pierre Simon Benjamin, französischer Kupferstecher, *Abb. 56*
Dvořák, Anton, tschechischer Komponist 763
Dynamomaschine 758

E

Eastman, George, amerikanischer Phototechniker und Industrieller 762
Ebert, Hermann, Geologe 259
Eça de Queiróz, José Maria, portugiesischer Schriftsteller 355
Eckermann, Johann Peter, Schriftsteller 221, 350
—, »Gespräche mit Goethe in den letzten Jahren seines Lebens 1823-32« (1836) 751
École Polytechnique, Ausbildungsanstalt für Offiziere (1794) in Paris 120, 239, 744
Economist, The, englische liberale Wirtschaftszeitung (gegründet 1843) 753
Ecuador 748, 750, 758
Edda 201f.
Edison, Thomas Alva, amerikanischer Elektrotechniker 251, 271, 273f., 707, 760f., *Abb. 273*
Église constitutionelle siehe Kirchenverfassung
Eichendorff, Joseph Freiherr von, Dichter 203, 208, 215f., 222, 225
—, »Aus dem Leben eines Taugenichts« (1826) 750
Eigentum, Union zum Schutz des gewerblichen (Pariser Vertrag vom 20.3.1883) 693
Eijkman, Christiaan, niederländischer Hygieniker 271, 764
Einkommensteuer, Einführung in England (1842) 453
Einstein, Albert, Physiker 245, 255
Einwanderung in die Vereinigten Staaten von Amerika 456, 503, 506, 525, *Abb. 332*
Eisenbahn in Canada 715, 761
— in Deutschland 309, 311, 317, 326, 751f.
— in England 297
— in Frankreich 300, 302f.
— in Indien 755
— in Österreich 755
— in der Schweiz 761
— in den USA 519, 759
Eisenbahnnetz der Welt 316
Eisenbahntransporte, Union für internationale (Berner Konvention vom 14.10.1890) 693
Eisenindustrie 284, 291f., 302, 310f., 322, 325f., 331, 334, *Abb. 293*
Elba, Insel im Mittelmeer 123, 125, 180, 185, 747
Eldon, John Scott Earl of, englischer Jurist und Staatsmann 386
Elektrizität, Entwicklung der 248ff.
Elektrolyse 248, 250, 257, 323
Elektromagnetische Theorie des Lichts 244f., 253f.
Elektromagnetismus 250
Elektrotechnik 297, 321
Elfenbeinküste (Westafrika), *Abb. 664*
Eliot, George, eigentlich Mary Ann Evans, englische Romanschriftstellerin 342, 355
Elisabeth, Prinzessin von Bayern, Gemahlin Kaiser Franz Josephs I. 764, *Abb. 504b*
Elsaß-Lothringen 325, 574, 576, 731, 734, 759
Elßler, Fanny, Ballettänzerin 424
Elster, Julius, Physiker 270
Emanationstheorie des Lichts 252
Emerson, Ralph Waldo, amerikanischer Philosoph und Dichter 752, 755
Emigranten, französische 87ff., 92f., 102, 107, 118
Emmerich (Emerick), Anna Katharina, stigmatisierte Nonne von Dülmen 218
Empire, Le Grand (Napoleon) **128**ff., 133
Emser Depesche (13. 7. 1870) 572, 759
Energie, Gesetz von der Erhaltung der 244ff., 262, 273, 753f.,
Engels, Friedrich, sozialistischer Schriftsteller 293, 305, 446, 464, 469, 473, 493, 502, 754
—, »Die Lage der arbeitenden Klassen in England« (1845) 753
Enghien, Louis Antoine Henri de Bourbon, Herzog von 127, 224
England 63, 97f., 101ff., 110, 112, 122ff., 129ff., 133f., 140f., 143f., 155, 163f., 167ff., 174, 177ff., 181ff., 196ff., 231ff., 285, 287, **289–300**, 302ff., 307, 318ff., 322f., 329, 373, 380, 384ff., 392, 395ff., 400ff., 405ff., 412ff., **419–423**, 441f., 448, **451–455**, 471, 496, 501, 504f., 517, 533f., 537, 542f., **546–554**, 559f., 570, 576, 579ff., 591, 602, 620, 623f., 630, 632, 665, 670, 678, 707f., 710f., 713f., 716ff., 720f., 722f., 725, 727ff., 733f., 736, 738, 743, 746, 749ff., 751, 753, 755f., 759ff., 763f.
—, Romantik in **196–198**, 231 bis 234
Englisch-amerikanischer Krieg (1812–15) 168f., 182, 376, 406ff., 747
Englisch-amerikanischer Vertrag über die Schiffahrt auf den großen Seen (4.3.1817) 412f.
— über die Grenze von Oregon (15.6.1848) 459
Englische Revolution (1642–1649) 439
Englischer Garten 197, 221
Entente, französisch-russische (1891) 717
Enzyklika »Rerum novarum« des Papstes Leo XIII. (1891) 763
— »Syllabus errorum« des Papstes Pius IX. (1864) 544f., 757
Eötvös, Roland Baron von, ungarischer Physiker 255
Epidauros (Griechenland) 749
Erbteilung des Bauernlandes 308
Erbuntertänigkeit in Österreich 754
Erdöl 284, 756
Erfurt, Konvention zwischen Napoleon und Alexander I. (12.10.1808) 145, 594, 746
Erfurter Parlament (20. 3. 1850) 755
Eritrea, Landschaft am Roten Meer 761
Ernst August, Herzog von Cumberland und König von Hannover 752
Estland, Russifizierung 761
Erwin von Steinbach, Dombaumeister in Straßburg 200
Eschenburg, Johann Joachim, Literarhistoriker 199
Etô, Shimpei, Samurai 628, 631, 633, 635, 642f.
Eugenie Marie de Montijo de Guzman, Comtesse de Teba, Kaiserin der Franzosen 527, 573
Europa, Bevölkerung 283f.
—, politische Entwicklung **367** bis **397**, **435–450**, **471–481**, **526** bis **582**, *Abb. 296, 376*
Europäer, »Überlegenheit« der 729

Europäische Revolution (1848/49) **480–503**
Europäisches Gleichgewicht (Balance of power) 103, 120, 124, 166, 174, 179ff., 186f., 189f., 373, 375f., 392, 403, 610, 675, **703–712**, 728f., **731–737**
Europapolitik Napoleons 133ff., 178, 180
Europa und die Französische Revolution **89–95**
Evangelischer Kirchentag, erster 754
Evans, Olivier, amerikanischer Mechaniker 267, 745
Everett, Edward, nordamerikanischer Staatsmann 394
Exekutivrat der Nationalversammlung 94
Exterritorialität 681f.

F

Faber du Faur, Wilhelm von, General und Maler, *Abb. 593*
Fabian Society 761
Fabricius, Johannes, Astronom 241
Fabrik, kapitalistische 298f.
Factory Act, Verbot der Arbeit von Kindern unter 9 Jahren (1833) 422
Falklandinseln 753
Faraday, Michael, englischer Physiker und Chemiker 239, 241, 244, 250ff., 257, 262, 266, 268, 271, 273f., 749, 751
Farimake, Ort im Sudan 659
Faschoda, Handelsort im Sudan 721, 727, 738, 764
Februarrevolution, französische (22.–24.2.1848) 481f., 484f., 487ff., 754
Fechner, Gustav Theodor, Physiker und Philosoph 757
Federow, Jewgraph Stepanowitsch von, russischer Geologe 256, 271
Ferdinand I. Prinz von Sachsen-Coburg, König von Bulgarien 762
Ferdinand I., Kaiser von Österreich 486, 498, 751, 754
Ferdinand IV., König von Neapel, als König beider Sizilien F. I. 390ff.
Ferdinand VII., König von Spanien 398, 400f., 749, 751
Fernsehröhre 252
Fersen, Hans Axel Graf von, schwedischer Offizier 39
Fesch, Joseph, Onkel Napoleons, Kardinal und Erzbischof von Lyon 128
Feudalismus 287ff., 307, 309, 312
– in Afrika 653
–, Aufhebung in Frankreich 72ff., 89, 102, 743
–, Aufhebung in Japan (1871) 705
Feuerbach, Ludwig, Philosoph 752
–, »Das Wesen des Christentums« (1841) 752
–, Paul Johann Anselm Ritter von, Strafrechtler 747
Fichte, Johann Gottlieb, Philosoph 159, 211, 744
–, »Reden an die deutsche Nation« (1808) 746
Finnland 166, 170, 592, 594, 746, 764
Finsen, Niels Ryberg, dänischer Mediziner 271
Fiume 166
Fizeau, Armand Hippolyte Louis, französischer Physiker 252, 268
Flaxman, John, englischer Zeichner und Bildhauer 199
Flaubert, Gustave, französischer Schriftsteller 229, 341ff., 349, 353ff., 364, 527
–, »Madame Bovary« (1857) 756
–, »Bouvard et Pécuchet« (1881) 364
Flemming, Walter, Naturwissenschaftler 271
Flood, Henry, englischer Politiker 47
Florenz 544
Florida, Staat der USA 403, 407, 512, 748
Flottengesetz, deutsches 764f.
Föderalisten, politische Partei der USA 408, 424, 433, 439
Föderationsfest der Kommunen auf dem Marsfeld 77, 82
Fogazzaro, Antonio, italienischer Schriftsteller 355, 365
Fohr, Carl Philipp, Maler 231
Fontainebleau, Abdankung Napoleons (6.4.1814) 178, 180
Fontane, Theodor, Dichter und Schriftsteller 342f., 355, 360
–, »Effie Briest« (1895) 763
Ford, Henry, amerikanischer Industrieller 322
Forel, François Alphonse, schweizerischer Naturforscher 271
Formosa (T'ai-wan) 627, 646, 724, 763
Forster, Georg, Naturforscher 103
–, William Edward, englischer Staatsmann 713
Fortschrittspartei, Deutsche (1861) 555, 557f., 565
Foscolo, Ugo, eigentlich Niccolò, italienischer Dichter und Literarhistoriker 354
Foucault, Léon, französischer Physiker 252, 268, 755, 757
Fouché, Joseph, Duc d'Otrante, französischer Polizeiminister 85, 131
Fouqué, Friedrich Heinrich Karl Freiherr de la Motte-, Dichter 219
Fouquier-Tinville, Antoine Quentin, öffentlicher Ankläger beim Revolutionsgericht in Paris 85
Fourier, Charles, französischer Sozialist 356, 465, 470
–, Jean Baptiste Joseph Baron, französischer Mathematiker 266
Fox, Charles James, englischer Staatsmann 420
Fragonard, Alexandre Evariste, französischer Maler, *Abb. 252*
France, Anatole, eigentlich Jacques Anatole Thibaut, französischer Dichter 343, 355
Francis, Joseph, englischer Ingenieur 269, 755
Frankfurt am Main 178, 189
–, Aufstand in (18.9.1848) 486, 497
–, Großherzogtum 138, 563, 758
–, Nationalversammlung 486, 492ff., 497, 499, 754, 759
Frankfurter Friede (10. 5. 1871) 530, 574, 678, 759
– Fürstentag (1863) 559, 757
Frankland, Edward, englischer Chemiker 261
Franklin, Benjamin, amerikanischer Staatsmann 33, 39, 43ff.
–, Sir John, englischer Seeoffizier und Nordpolfahrer 754
Frankreich **59–191**, 290f., **299** bis **307**, 319f., 322ff., 327ff., 375, 381ff., 392, 396, 401ff., 405, 407, **435–451**, 474f., 481f., 484f., **487**ff., 494f., 497, 499, 503ff., **526–533**, 536f., 538f., 541, 543, 559f., 566f., **570–576**, 578, 591, 602, 610, 624, 630, 674, 678f., 685, 707f., 710f., 713f., 715f., 718f., 721f., 724f., 727, 729, 733, 738, 743ff., 747, 749, 752, 756, 759, 761ff.
–, Erste Republik (1792–95) 93ff.
–, Direktorium (1795–99) 108ff., 744
–, Konsulat (1799–1804) 115ff., 744
–, Erstes Kaiserreich (1804–14, 1815) 118ff., 745
–, Restauration (1815–30) 181ff., 749
–, Bürgerkönigtum (1830–48) 300, 304, 435, 439f., 444f., 447, 471
–, Zweite Republik (1848–52) 487f., 490
–, Zweites Kaiserreich (1852–70) 300, 302f., 490, 504, **526–533**, 580
–, Dritte Republik (seit 1871) 568
Franz II., deutscher Kaiser, als Kaiser von Österreich Franz I. 92, 122, 127f., 136, 164, 166, 175ff., 187, 217, 390, 743, 746, *Abb. 181*
Franz I., König von Frankreich 682, 685
Franz II., König beider Sizilien 535, 542, 579
Franz de Vitoria, spanischer Dominikaner 675

Franz Joseph I., Kaiser von Österreich 486, 498, 500f., 505, 538f., 556, 559, 570, 579, 732, 735, 754, *Abb. 504b*
Französisch-englischer Handelsvertrag (1786) 290
— — (1860) 319f.
Französische Revolution 32f., **59** bis **115**, 281, 292, 377f., 439, 465, 543, 589f., 676f., 734, 743

Französischer Park 197
Französisch-preußischer Vertrag (5.3.1812) 170
Französisch-russische Allianz (17.8. 1892) 733, 763
Französisch-russischer Krieg von 1812 171f.
Französisch-Westafrika 757
Frauenarbeit in England 453
Frauenbewegung 758
Frauen, Gleichberechtigung der 371
Fraunhofer, Joseph von, Physiker und Astronom 240, 251, 253, 258ff., 266f., 272f., 747, *Abb. 272*
Fredrikshamn, Friede von (17. 9. 1809) 746
Frege, Gottlob, Mathematiker 763
Freie Erde, Free Soilers, Partei des Expräsidenten van Buren 462
Freie Volksbühne 763
Freihandelssystem, wirtschaftspolitisches System 297, 302, 316ff., 326f., 452, 454f., 748
Freiheit der Meere 683
Freiheit, Gleichheit, Brüderlichkeit (Liberté, Égalité, Fraternité) 74
Fresnel, Augustin Jean, französischer Physiker 251f., 266, 273
Freud, Sigmund, Nervenarzt 764
Freytag, Gustav, Dichter und Schriftsteller 354f.
—, »Soll und Haben« (1855) 756
Friedland (Ostpreußen), Schlacht bei (14.6.1807) 130, 594
Friedrich, Caspar David, Maler 203, 211, 214f., 747, 749
Friedrich VI., König von Dänemark 189
Friedrich VII., König von Dänemark 496, 754, 757
Friedrich II., der Große, König von Preußen 39f., 89, 147ff., 199, 520f.
Friedrich III., König von Preußen und deutscher Kaiser 762
Friedrich August II., Kurfürst von Sachsen, als August III. König von Polen 90
Friedrich August III., Kurfürst von Sachsen, als König Friedrich August I. 186
Friedrich Wilhelm (der Große Kurfürst), Kurfürst von Brandenburg 40
Friedrich Wilhelm II., König von Preußen 90
Friedrich Wilhelm III., König von Preußen 122, 130, 131, 148ff., 154ff., 161, 164, 170, 173f., 184, 217, 472, 744, 747f.
Friedrich Wilhelm IV., König von Preußen 218, 473f., 486, 492, 498f., 535, 554, 556f., 752ff., 754, 756
Fries, Ernst, Maler 231
Fröbel, Friedrich, Pädagoge 750, 752
Fronablösung 307f.
Froude, James Anthony, englischer Historiker 756,
Fructidor, Staatsstreich am 18. (4.9.1797) 109
Fuchs, Johann Nepomuk von, Mineraloge und Chemiker 260
Füßli, Johann Heinrich, schweizerischer Maler und Schriftsteller 199f., 203, 205, *Abb. 197*
Fuhlrott, Johann Karl, Naturforscher 756
Fukuzawa, Yukichi, Erzieher und Journalist 633, 641
Fulbe, afrikanischer Volksstamm 653, 659f., **662**ff.
Fulton, Robert, amerikanischer Ingenieur 267, 746
Funkentelegraphie, Berliner Abkommen (3.11.1906) 691
—, Londoner Abkommen (5. 7. 1912) 691
—, Washingtoner Weltfunkvertrag (25.11.1907) 691
Fustel de Coulanges, Numa Denis, französischer Historiker 757
Futa Dschalon, Bergland in Guinea 660f., 664

G

Gaeta, Festung im Königreich Neapel 541f.
Gagern, Heinrich Freiherr von, Staatsmann 486
Gaj, Ljudevit, kroatischer Schriftsteller und Politiker 479
Galilei, Galileo, italienischer Naturforscher 241ff., 259
Galizien, Land der österreichisch-ungarischen Monarchie 479, 494
Galla, hamitisches Volk in Südabessinien 661, 666
Galle, Johann Gottfried, Astronom 258, 268, 753
Galsworthy, John, englischer Schriftsteller und Dramatiker 355
Galvani, Luigi, italienischer Mediziner und Naturforscher 244, 248, 743
Gambetta, Léon, französischer Staatsmann 573
Gana, altafrikanisches Reich (4. bis 11. Jahrh. n. Chr.) 654, 658, 660, 668
Gao, Ort am Senegal 655, 659ff., 669
Garibaldi, Giuseppe, italienischer Freiheitskämpfer 437, 478, 487, **495**, 505, 536, **541**ff., 545, 576, 754, 756, *Abb. 493*
Garnier, Etienne Barthélemy, französischer Maler *Abb. 172*
Gasbeleuchtung, erste 747, 748
Gastein, Vertrag zwischen Österreich und Preußen über Schleswig-Holstein (14. 8. 1865) 757
Gastheorie, kinetische 256
Gauguin, Paul, französischer Maler 763
Gauß, Carl Friedrich, Mathematiker und Astronom 251, 266f., 274, 276, 746, 750ff.
Gautier, Theophile, französischer Dichter und Kunstkritiker *Abb. 344*
Gay-Lussac, Louis Joseph, französischer Physiker und Chemiker 266
Gegenreformation 195
Geheimpolizei (Dritte Abteilung), russische 593f., 597f.
— (Ochrana 1881) 761
Geibel, Emanuel, Dichter 712
Geißler, Heinrich, Glasbläser und Mechaniker 250
Geitel, Hans Friedrich, Physiker 270
Gellert, Christian Fürchtegott, Dichter 198
Generalstände (États généraux) 53, 61, 63, 65ff., 69, 82, 743
Genfer Konvention zur Verbesserung des Loses der Verwundeten und Kranken im Felde (22. 8. 1864) 678, 757, *Abb. 688*
—, Zusatzabkommen (6.7.1906) 678
—, Übertragung auf den Seekrieg (18.10.1907) 678
Gent (Ostflandern), Friede von (24.12.1814) 182, 377, 406, 747
Gentz, Friedrich von, Publizist und österreichischer Staatsmann 215, 395, 405
Genua, Republik 186
Geographie 263
Geologie 263ff.
Georg III., König von England und Hannover 122, 189, 414, 419
Georg IV., König von England und Hannover 419, 749
Georgia, Staat der USA 456, 512, 515
Georgien, siehe Grusinien
Gérard, Etienne Maurice Comte, französischer Marschall 481
Gérard, François, französischer Maler *Abb. 440*

Gerhardt, Charles, französischer Chemiker 261
Géricault, Théodore, französischer Maler 228
Germanos, Erzbischof von Patras 394
Gerning, Johann Isaac Freiherr von, Diplomat und Schriftsteller 37
Gerstenberg, Heinrich Wilhelm von, Schriftsteller 202
—, »Gedicht eines Skalden« (1766) 202
Gesandtschaftsrecht 680ff.
Gesellenkongreß in Frankfurt a. M. 754
Gesellschaft Deutscher Naturforscher und Ärzte (1822) 239
Geßner, Salomon, Dichter, Maler und Radierer 198
Gesundheitsamt in Paris (Abkommen vom 9.12.1907) 693
Gesundheitsrat in Konstantinopel, Oberster 692
—, Internationaler, in Bukarest (1881) 692
Getreide 285, 324
Gettysburg (Pennsylvanien), Schlacht im Sezessionskrieg (1.-3.7.1863) 516
Gewerbeaufsicht in England (1833) 296, 751
Gewerbefreiheit in Frankreich (1791) 291
— in Deutschland 309
Gewerbeordnung, Allgemeine Preußische (1845) 753
Gewerkschaftsbewegung in Deutschland 312—316, 336, 711, 754
— in England 295, 386f., 711, 745, 749
— in Frankreich 304, 306, 711
— in den Vereinigten Staaten 711
Ghana, Goldküstenstaat 658
Gibbs, Josiah Willard, amerikanischer Physiker 270
Gibraltar 124
Gide, André, französischer Schriftsteller 348, 763
Gilbert, Grove Karl, nordamerikanischer Geologe 259
Gilbert, William, englischer Arzt und Naturforscher 242
—, »De Magnete« (1600) 242
Gillray, James, englischer Karikaturist *Abb. 101*
Gioberti, Vicenzo, italienischer Schriftsteller und Staatsmann 477ff., 534
Girodet-Trioson, Anne Louis, französischer Maler *Abb. 224*
Girondisten, Partei der gemäßigten Republikaner im Nationalkonvent, genannt nach dem französischen Departement Gironde 86f., 89, 91, 93ff., 99ff., 105f., 743
Gladstone, William Ewart, englischer Staatsmann 415, 426, 437, 453, 517, 534, 548ff., 553f., 579, 711f., 715, 717ff., 731, 758, 761f., *Abb. 713*
Gleichberechtigung der Frauen 371
Glidden, Carlos, amerikanischer Techniker 269
Gluck, Christoph Willibald Ritter von, Komponist 203f, 219
Gneisenau, August Wilhelm Antonius Neidhart Graf von, preußischer Feldmarschall 131, 146, 164
Gobineau, Joseph Arthur Graf, französischer Schriftsteller und Diplomat 712
—, »Essai sur l'inégalité des races humaines« (1853—55) 756
Godscham, Hochgebirgslandschaft in Abessinien 661, 666
Goebel, Heinrich, Uhrmacher und Optiker 269, 275
Göhring, Martin, Historiker 74
Görres, Johannes Joseph von, Publizist 138, 215
Goethe, Johann Wolfgang, Dichter 34, 57, 97, 120, 145, 198, 200, 203, 205ff., 211ff., 217, 219ff., 224, 226, 237, 244, 248, 253, 263, 347, 746
—, »Götz von Berlichingen« (1773) 200, 226
—, »Götter, Helden und Wieland« (1774) 206
—, »Die Leiden des jungen Werther (1774) 43, 198, 201, 226, 342, 354
—, »Iphigenie« (1779) 224
—, »Egmont« (1787) 226
—, »Wilhelm Meisters theatralische Sendung« (wiedergefundene Urfassung 1911) 207
—, »Faust. Ein Fragment« (1790) 743
—, »Wilhelm Meisters Lehrjahre« (1795/96) 208, 354, 363, 744
—, »Die natürliche Tochter« (1802) 343
—, »Faust«, Erster Teil (1808) 217, 220, 227, 232, 746
—, »Die Wahlverwandtschaften« (1809) 343, 354, 746
—, »Wilhelm Meisters Wanderjahre« (1821) 208, 354, 363, 750
—, »Dichtung und Wahrheit« (1831) 751
—, »Faust«, Zweiter Teil (1832) 220, 395, 751
Göttinger Dichterbund »Hain« 204f.
— Sieben (14.12.1837) 752
Gogh, Vincent van, holländischer Maler 762
Gogol, Nikolai Wassiljewitsch, russischer Dichter 342, 346, 360, 588, 594, 596, 599
—, »Der Revisor« (1836) 594, 596
—, »Die toten Seelen« (1842) 594, 596, 753
Goito (italienische Provinz Mantua) Schlacht bei (8.4.1848) 487
Goldküste am Golf von Guinea 664
Gold-rush in Kalifornien 457, 461f., 754, *Abb. 324*
Goldstein, Eugen, Physiker 270
Golizyn, Aleksandr Nikolajewitsch Fürst, russischer Staatsmann 591
Goltz, August Friedrich Ferdinand Graf von der, preußischer Staatsmann 73
Goncourt, Edmond de, französischer Schriftsteller 355, 505
Goncourt, Jules de, französischer Schriftsteller 355, 505
Gondwana, Urkontinent 651
Gontscharow, Iwan Aleksandrowitsch, russischer Schriftsteller 342f., 354f.
—, »Oblomow« (1858) 346f., 595, 756
Goodyear, Charles, amerikanischer Chemiker 752
Gorkij, Maksim, eigentlich Aleksej Maksimowitsch Peschkow, russischer Schriftsteller 595, 763
Gotô, Shôjirô, Samurai 629, 635, 642ff.
Gotthelf, Jeremias, eigentlich Albert Bitzius, Dichter und Schriftsteller 342, 352, 354
Gounod, Charles, französischer Komponist 756
—, »Faust« (»Margarethe«) (1859) 756
Goya y Lucientes, Francisco Josè de, spanischer Maler 745f., 748
Grabbe, Christian Dietrich. Dichter 228
Grant, Ullyses Simpson, General, Präsident der Vereinigten Staaten von Amerika 459, 516, 520f., 526, 705, 715, 759
Gravitationsgesetz 242f., 258
Gray, Thomas, englischer Dichter 201f.
Great Mutiny, Rebellion der indischen Armee 552
Grégoire, Henri, Bischof von Blois 676
Grétry, André Ernest Modeste, französischer Komponist 230
—, »Richard Löwenherz« (1784) 230
—, »Blaubart« (1789) 230
—, »Wilhelm Tell« (1791) 230
Grey, Charles 2. Earl of, englischer Staatsmann **420**, 426, 435, 451
Griechenland 380, **393**ff., 677, 750f., 753

Griechischer Unabhängigkeitskrieg (1821–29) 394ff., 749f.
Griechisch-türkischer Krieg (1897) 764
Grieg, Edvard Hagerup, norwegischer Komponist 762
Gries, Johann Diederich, Übersetzer 216
Grillparzer, Franz, Dichter 352
–, »König Ottokars Glück und Ende« (1825) 749
–, »Des Meeres und der Liebe Wellen« (1831) 751
Grimm, Jacob, Philologe 217
–, »Deutsche Grammatik« (1819) 748
Grimm, Wilhelm, Philologe 217
–, »Deutsches Wörterbuch« (mit Jakob Grimm ab 1852) 755
–, »Kinder- und Hausmärchen« (mit Jakob Grimm 1812–14) 217, 747
Griot, Hofminnesänger an sudanesischen Fürstenhöfen 655, 658
Gros, Antoine Jean, Baron, französischer Maler 339
Großbritannien und Irland, Vereinigtes Königreich (gegründet 5.2.1800) 744
Großgörschen (südwestlich von Leipzig), Schlacht bei (2.5.1813) 177
Großkolumbien 750
Grotefend, Georg Friedrich, entziffert die Keilschrift 745
Grotius, Hugo, eigentlich Huig de Groot, niederländischer Jurist und Staatsmann 675, 697
Gründerjahre (1871–73) 759
Grundtvig, Nikolai Frederik Severin, dänischer Theologe, Historiker und Dichter 753
Grusinien (Georgien), 1801 von Rußland annektiert 594, 745
Guadalupe Hidalgo, Friede von (2. 2. 1898) 459, 754
Guam, größte der Marianeninseln 723
Guinea, westafrikanisches Küstenland 654, 662, 669f., 719, 763, *Abb. 657*
Guizot, François Pierre Guillaume, französischer Historiker und Staatsmann 439, 444, **450**f., 474f., 568, 750
Guldberg, Cato Maximilian, norwegischer Naturforscher 268
Gustav III., König von Schweden 743
Gustav IV. Adolf, König von Schweden 746
Gutzkow, Karl Ferdinand, Dichter und Schriftsteller 354, 751
Guys, Constantin, französischer Maler und Graphiker *Abb. 492*

H

Haag, Erste Friedenskonferenz im (1899) 595, 678, 694f., 764
–, Zweite Friedenskonferenz im (1907) 678, 697f.
Haager Abkommen über Landneutralität (1907) 701
– Landkriegsordnung 697f.
– Opiumabkommen (23. 2. 1912) 692
– Schiedshof (Cour permanente d'arbitrage, gegründet 1899) 679, 695f., 764, *Abb. 689*
Habeas-Corpus-Akte (1679–1818), englisches Freiheitsgesetz 385
– von Lincoln außer Kraft gesetzt 520
Habsburger Monarchie 483, 492ff., 563, 570f., 577f.
Haeckel, Ernst, Naturforscher 237, 269, 758, 765
Händel, Georg Friedrich, Komponist 210, 216, 220
Hagen, Friedrich Heinrich von der, Germanist 216
Hahnemann, Friedrich Christian Samuel, Arzt und Begründer der Homöopathie 267
Haiderabad 752
»Hain« siehe Göttinger Dichterbund
Haïti, Unabhängigkeit (um 1790) 35
Hall, James, amerikanischer Geologe und Paläontologe 267
Haller, Albrecht von, schweizerischer Anatom, Physiologe, Botaniker, Arzt und Dichter 197
–, Karl Ludwig von, politischer Schriftsteller und Staatsrechtslehrer 748
Hallwachs, Wilhelm, Physiker 270, 762
Halske, Johann Georg, Mechaniker 269, 274
Hamann, Johann Georg, Philosoph und Schriftsteller 201
Hambacher Fest (17. 5. 1832) 751
Hamburg 471, 746, *Abb. 625*
Hamilton, Alexander, nordamerikanischer Staatsmann 408, 426, 433, 525
Hamsun, eigentlich Knut Pedersen, norwegischer Schriftsteller 355, 763
Hancock, Thomas, Erfinder des Kunstleders 267
Handels- und Gewerbekammern 334
Hannover, Kurfürstentum 123, 129
–, seit 1814 Königreich 189, 471, 563, 566, 576, 745, 751, 758
Hanriot, François, französischer Revolutionär 85
Hansestädte 178
Hardenberg, Friedrich Freiherr von, siehe Novalis
–, Karl August Fürst von, preußischer Staatsmann 129ff., 131, 147ff., **154**ff., 160ff., 166, 170, 173, 184, 189, 308, 746
–, Rigaer Denkschrift (1807) 154, 159
Hardy, Thomas, englischer Schriftsteller 763
Hargreaves, James, englischer Zimmermann und Weber 292
Harnack, Adolf von, evangelischer Theologe 762
–, »Lehrbuch der Dogmengeschichte« (1886–89) 762
Harris, Townsend, amerikanischer Generalkonsul 624, 626, 631, 633
Harrison, William Henry, Präsident der Vereinigten Staaten von Amerika 433f., *Abb. 433*
Hartmann, Nicolai, Philosoph 350
–, Wilhelm, sozialistischer Politiker 313
Haüy, René Just, französischer Mineraloge 256
Hauff, Wilhelm, Schriftsteller 750
Hauptmann, Gerhart, Dichter 365
–, »Die Weber« (1892) 763
–, »Der Narr in Christo Emanuel Quint« (1910) 365
Haussa, mohammedanisches Volk im mittleren Sudan 658ff., **662**
Haußmann, George Eugène Baron, französischer Staatsbeamter 755
Havas, Charles, Gründer der Havas-Agentur 751
Hawaii 182, 764
Hawaii-Inseln (Sandwich-Inseln) 723, 753, 760
Hawthorne, Nathaniel, amerikanischer Schriftsteller 343, 354, 355
Hay, John, nordamerikanischer Staatsmann 689, 715, 727
Haydn, Franz Joseph, Komponist 196, 209, 219, 744
–, »Die Schöpfung« (Oratorium) (1798) 744
–, »Die Jahreszeiten« (Oratorium) (1801) 745
Hayes, Rutherford Birchard, Jurist, Präsident der Vereinigten Staaten von Amerika 524
Hay-Pauncefote-Vertrag über den Panamakanal (18.11.1901) 689
Hazard, Paul, Literarhistoriker 61
Hebbel, Friedrich, Dichter 230
–, »Maria Magdalena« (1844) 753
–, »Agnes Bernauer« (1851) 755
Hébert, Jacques René, französischer Journalist und Politiker 85

Hebriden, Neue, Inselgruppe in Melanesien 722
Hecker, Friedrich, Revolutionär von 1848 486
Hedin, Sven Aders, schwedischer Asienforscher 763
Heeresreform Alexanders II. 595
— von Roon 556f.
Hegel, Georg Friedrich Wilhelm, Philosoph 57f., 138, 238, 341, 436, **466ff.**, 504, 606
—, »Phänomenologie des Geistes« (1807) 746
—, »Grundlinien der Philosophie des Rechts« (1821) 749
Heilige Allianz, Bündnis zwischen Rußland, Österreich und Preußen, 1815 in Paris geschlossen 217f., 374, 376, 393, 400f., 403, 412, 484, 594, 676f., 748
Heiliges Römisches Reich Deutscher Nation (962—1806) 128f., 136, 676, 746
Heilsarmee, gegründet 1878 760
Heine, Heinrich, ursprünglich Harry, Dichter 229f., 349, 444, 447, 470, 751, 755
—, »Buch der Lieder« (1827) 750
—, »Deutschland, ein Wintermärchen« (1844) 753
Heinrich III., König von Frankreich 62
Helgoland 746, 748, 763
Hellenismus 202
Helmholtz, Hermann Ludwig Ferdinand von, Physiologe und Physiker 237f., 240, 246f., 251, 257, 268ff., 271, 277, 754f., 757
Helmolt, Hans F., Historiker 26
Helvetische Republik (Schweiz) 111f., 121, 744
Herbart, Johann Friedrich, Philosoph und Pädagoge 751
Herder, Johann Gottfried, Dichter und Philosoph 198, 200ff., 218
—, »Stimme der Völker in Liedern« (1807) 202
—, »Journal meiner Reise von 1760« 202
—, »Ideen zur Philosophie der Geschichte der Menschheit« (1791) 743
Herero, südwestafrikanisches Bantuvolk 661
Herkel, J., slowakischer Schriftsteller 750
Herodot, ältester griechischer Historiker 669
Héroult, Paul Louis, französischer Chemiker 762
Herschel, Friedrich Wilhelm, Astronom 243f., 251, 253, 258, 266, 745, *Abb. 245*
Hertwig, Oskar, Anatom 270, 760, 763
Hertz, Heinrich Rudolph, Physiker 237f., 251, 253, 270, 274, 762
Herzegowina, Landschaft der Balkanhalbinsel 733, 760
Herzen, Aleksander Iwanowitsch (Deckname Iskander), russischer Schriftsteller und Publizist 594, 599f., 666, 755
Herzl, Theodor, Schriftsteller 764
Heß, Hermann Heinrich, Chemiker 262, 268
—, Peter, Maler, *Abb. 393*
Hessen-Darmstadt, Großherzogtum 138, 471
Hessen-Kassel (Kurhessen) 563, 758
Hessen-Nassau, Großherzogtum 138
Heuss, Theodor, deutscher Bundespräsident (1949—59), Publizist 240
Hidschas (Hedschas), Küstenlandschaft Westarabiens 657
Hilbert, David, Mathematiker 765
Hintze, Otto, Historiker 150
—, Shigemasa, japanischer Holzschneider *Abb. 632*
—, Utagawa, japanischer Holzschneider *Abb. 624*
Hitler, Adolf, »Führer« und Reichskanzler 732
Hittorf, Johann Wilhelm, Physiker 250, 268, 759
Hizen, japanische Feudalprovinz auf Kyûshû, 628, 631, 634f.
—, Aufstand in (1874) 642
Hobson, J. A., englischer Sozialist 713
Hoche, Lazare, französischer General 109
Hoechle, Johann Nepomuk, österreichischer Maler *Abb. 165*
Höhn, Reinhard, Jurist 120
Hölderlin, Friedrich, Dichter 221f., 750
—, »Hyperion oder der Eremit in Griechenland« (1797—99) 221f.
Hofer, Andreas, Tiroler Freiheitskämpfer 746
Hoff, Jacobus Hendricus van't, Physikochemiker 270
Hoffmann, E. T. A. (Ernst Theodor Amadeus, eigentlich E. T. Wilhelm), Komponist, Maler und Schriftsteller 203, 211, 219f., 222, 229, 231, 342, 354, 747
—, »Der goldene Topf« (1812) 219
—, »Don Juan« (1814) 219
—, »Johannes Kreislers musikalische Leiden« (1814) 219
—, »Undine« (1815) 219f.
—, »Serapionsbrüder« (1819 bis 1821) 219
Hofstadter, Richard, Historiker 463
Hohenlinden (Oberbayern), Schlacht bei (3.12.1800) 122
Hohenlohe-Schillingsfürst, Chlodwig Fürst zu, Staatsmann 25, 728, 763
Hohenstaufen, schwäbisches Fürstengeschlecht 674
Hokkaidô, nördlichste Insel Japans 644
Holland (siehe auch Niederlande) 32, 121, 133, 135, 167, 179, 307, 319, 620, 624, 628, 630, 670, 722, 744, 747
Hollerith, Hermann, Ingenieur 762
Holstein, Herzogtum 189
Homer, griechischer Dichter 199, 205, 221, 224
Home Rule, Ziel der irischen Revolution 553
Home Rule Bill 762
Homestad Act von 1862 519
Hongkong 623, 722, 724, 752f.
Honshu (Hondo), japanische Hauptinsel 628
Hottentotten, Völkerfamilie in Südafrika 653, 661
Houdetot, Elisabeth Françoise Sophie de la Live de Bellegarde Gräfin d', Freundin von J. J. Rousseau 38ff.
Houel, Jean Pierre, französischer Zeichner *Abb. 69*
Houston, Sam, Präsident der Texaner 458
Howard, Edward, englischer Chemiker 259
Huber, Ernst Rudolf, Jurist 148, 162
Hughes, David Edward, englischer Erfinder 269
Hugo, Victor Marie, französischer Dichter 203, **228ff.**, 342ff., 354f., 416, 509, 751, 757, *Abb. 353*
—, »Cromwell« (1827) 228, 230
—, »Hernani« (1830) 228
Humboldt, Heinrich Alexander Freiherr von, Naturforscher 238ff., 251, 263, 267, 745
—, »Kosmos« (1845) 239, 753
—, Karl Wilhelm Freiherr von, Gelehrter und Staatsmann 131, 150f., 162f., 177, 188ff., 239, 269, 689, 747
Hunan, chinesische Provinz 725
Hunkjar Iskelessi, russisch-türkischer Vertrag von (Juli 1833) 448, 594
Hurd, Richard, englischer Geistlicher und Schriftsteller 201
Hutton, James, schottischer Geologe 260, 264f.
—, »Theory of the Earth« (1785) 264
Huygens, Christian, holländischer Physiker und Mathematiker 252

I

Iberische Halbinsel siehe Spanien
Ibn Batuta, arabischer Afrikareisender 658f., 662
Ibrahim Pascha, ägyptischer Feldherr und Vizekönig 396, 448
Ibsen, Henrik, norwegischer Dichter 758, 763
–, »Peer Gynt« (1867) 758
Idaho, Staat der USA 458, 519
Idealismus, deutscher 599
Ii, Naosuke, japanischer Staatsmann 624, 626ff., 631, 633
Illinois, Staat der USA 459, 515
Illyrien 134, 186
Illyrismus 479
Immermann, Karl, Dichter 354
Imperial Chemical Industries Ltd. 710
Imperialismus **327–331**, 549f., 553, 706, 709, **712–719**, 723, 736ff.
Impressionismus 760
Indemnitätsvorlage vom 3.9.1866 565
Index librorum prohibitorum 241
Indien 144, 376, 448, 552, 664, 668f., 717f., 726, 751f., 756, 760, 762
–, Nationalkongreß in Bombay 761
Indochina, französische Kolonie 328, 722, 724, 756, 762
Indonesien 376, 668
Industrialisierung in Deutschland 309ff., 331
Industrielle Revolution 285, 287, 312, 321, 385, 706, 729, *Abb. 296*
Ingres, Jean Auguste Dominique, französischer Maler 746, 756
Inquisition, Ende der, in Spanien (1834) 400
– in Italien (1859) 756
Internationale, Erste (26. 9. 1864) 304, 306, 575, 757, *Abb. 712*
–, Zweite (Juli 1889) 762
Internationales Friedensbüro in Bern 763
Intervention, Grundsatz paneuropäischer 369, 392, 749
Irland 422, 456, 548f., 552f., 745, 753f., 762
Isabella II., Königin von Spanien 571, 751, 758, 760
Iselin, Isaac, schweizerischer philosophischer Schriftsteller 37
Iskra, revolutionäre marxistische Zeitschrift in Rußland 595
Istrien 111, 128, 166
Islam in Afrika 666ff.
Itagaki, Taisuke, Samurai 629, 633, 635, 642ff.
Italien 123, 127f., 129, 133ff, 136, 183, 186f., 319f., 374, 379, 387, 390ff., 401, 474, **476ff.**, 482ff., **487**, 490, **494f.**, 503f., 532, **534–546**, 553ff., 561f., 566, 568, 574, 576, 578, 666, 677, 711, 714f., 719, 721, 725, 731, 745, 750, 754f., 757ff., 761ff., 764
Italienische Nationalgesellschaft (Società nazionale italiana) 534
Italienischer Feldzug Napoleons (1796) 110, 122, 744
Itô, Hirobumi, Samurai 628, 633, 635, 644, 647
Itúrbide, Agustín de, Kaiser von Mexiko 402
Iwakura, Tomimi, Prinz, japanischer Staatsmann 628, 631, 633ff.
Iwakura-Mission (1871–73) 631, 634f., 640

J

Jackson, Andrew, Jurist, Präsident der Vereinigten Staaten von Amerika 371, 413f., **426ff.**, **433ff.**, 437, 462, 511, 524f., 750
–, Charles, nordamerikanischer Arzt und Geologe 269
Jacobi, Moritz Hermann von, Ingenieur und Physiker 267, 751
Jacobsen, Jens Peter, dänischer Dichter 343, 355, 761
Jacquand, Claude, französischer Maler *Abb. 480*
Jacquard, Joseph Marie, französischer Mechaniker 267, 291, 746
Jahn, Friedrich Ludwig, »Turnvater« 747
Jakobiner, Klub von Abgeordneten des Dritten Standes 72, **84**, 86, 88f., 93, 95, 99ff., 104, 106f., 108f., 113
Ja'kub Beg, eigentlich Ja'kub Mohammedbek Badaulet, Beherrscher von Kaschgar 757
James, Henry, nordamerikanischer Schriftsteller 342f., 355
Jameson, Sir Leander Starr, südafrikanischer Staatsmann 719ff.
Japan 376, 504, 578, **615–647**, 678, 705f., 723ff., 728ff., 738, 755, 758, 760, 763f., *Abb. 632f.*, *640*
Japanisch-chinesischer Krieg (1894 bis 1895) 763
Java, große Sundainsel 722
Jay, John, nordamerikanischer Jurist und Staatsmann 695
Jay treaty (19. 11. 1894) 695
Jean Paul, eigentlich Jean Paul Friedrich Richter, Dichter 197, 221, 229, 342f., 354
–, »Siebenkäs« (1797) 744
–, »Dr. Katzenbergers Badereise« (1809) 358
Jeans, Sir James, englischer Astronom und Physiker 254
Jefferson, Thomas, Rechtsanwalt, Staatsmann, Präsident der Vereinigten Staaten von Nordamerika 33, 37, 44, 53f., 74, **125**, 168, 403, 408, **425f.**, 428, 430, 435, 508, 511, 514f., 517ff., 524, 745, *Abb. 33*
Jemappes (belgische Provinz Hennegau), Schlacht bei (6.11.1793) 98
Jemen, Landschaft Südwestarabiens 657, 666
Jena, Schlacht bei (14. 10. 1806) 130, 147, 746
Jenner, Edward, englischer Landarzt 744
Jesuiten, Orden der Gesellschaft Jesu (gegründet 15.8.1534) 475
Jhering, Rudolf von, Jurist 755
Johann von Österreich, Erzherzog, Feldmarschall und Reichsverweser 486, 495, 754
Johann II., König von Portugal 659
Johannesburg, Stadt in Südafrika 661, 762
Johanniter-Orden 124
Johnson, Andrew, Präsident der Vereinigten Staaten von Amerika 521ff., 526, 575, 758
Jôi, politische Bewegung in Japan 620f., 623
Josaphat, Israel Beer (ab 1871 Paul Julius Freiherr von Reuter) 754
Joseph II., römisch-deutscher Kaiser und Kaiser von Österreich 89, 148, 166, 743
Joule, James Prescott, englischer Physiker 268
Juarez, Benito, Präsident von Mexiko 757f.
Juden, Gleichberechtigung in England (1858) 551, 756
–, Gleichberechtigung in Frankreich (28. 9. 1791) 80
–, Gleichberechtigung in Preußen (1812) 161, 746
Judenpogrome (1881/82) 595, 761
Jugendstil 233
Julirevolution, Pariser (27.–29. 7. 1830) 229, 435f., 750
Junges Deutschland, literarische Bewegung 751
Junges Europa (1834) 751
Junges Italien, Geheimbund (1832) 751
Jung-Hegelianer, linker Flügel der Hegelschen Schule 468
Juniaufstand in Paris (23. 6. bis 26. 6. 1848) 485, 487f.
Junot, Andoche, Duc d'Abrantès, französischer General 144
Jus Publicum Europaeum 376
Juste-milieu, politisches Schlagwort in Frankreich nach 1930 435, 444

K

Kadscharen-Dynastie in Persien 744
Kaehler, Siegfried A., Historiker 190

Kärnten, österreichische Provinz 111, 166
Kagoshima (Hauptstadt von Satsuma), Bombardierung von (1863) 631
Kairo, 658, 661, 719
Kaiser-Wilhelm-Kanal 689
Kalifornien, Staat der USA 182, 456ff., 585, 754
Kaliindustrie 322
Kalisch, russisch-preußisches Bündnis (28.2.1813) 174, 177, 181
—, Aufruf Alexanders I. vom 25.3.1813 188
Kambodscha, Staat in Hinterindien 722
Kamerun, deutsche Kolonie 719, 761
Kammermusik 210
Kanada 168, 407f., 412f., **552**, 715, 738, 743, 752, 756, 758
Kanagawa, Handelsvertrag zwischen Japan und den Vereinigten Staaten (31. 3. 1854) 624, 626, 631
Kanalschiffahrt 318f.
Kanalstrahlen 257
Kanäle, maritime 688f.
Kankan, Ort in Guinea 662
— Mussa, Fürst des Mandingreichs 658f.
Kano, Ort im Westsudan 660f.
Kansas, Staat der USA 507f.
Kansas-Nebraska-Akt (30.5.1854) 507
Kant, Immanuel, Philosoph 148, 160, 259, 267, 466, 483, 743
—, »Kritik der Urteilskraft« (1790) 743
—, »Zum ewigen Frieden« (1795) 744
Kao-tsung (Kien-lung), chinesischer Kaiser 744
Kap der Guten Hoffnung (Kapstadt) 112, 182, 669f., 719, 744, 747
Kapitalanlage im Ausland 329
Kapitalismus 292, 294ff., 488, 525, 595, 708ff.
Kap Spartel, Abkommen über den Leuchtturm am (31.5.1865) 688
Karg, J. P., Kupferstecher, *Abb. 181*
Karl I., König von England 62, 101
Karl IX., König von Frankreich 62
Karl X., Graf von Artois, König von Frankreich 71, 90, 413, 436ff., 440, 481, 749f., *Abb. 440*
Karl, Erzherzog von Österreich, Reichsfeldmarschall 164, 744
Karl (Carol) I., Prinz von Hohenzollern-Sigmaringen, ab 1866 Fürst, ab 1881 König von Rumänien 533, 572, 758, 761
Karl Albert, König von Sardinien 478, 487, 494f., 754
Karl XII., König von Schweden 169
Karl XIII., König von Schweden 746
Karl XIV. Johann (Bernadotte), König von Schweden 748
Karl IV., König von Spanien 142f.
Karl der Kühne, Graf von Charolais, Herzog von Burgund 699
Karl Friedrich, Markgraf, Kurfürst und Großherzog von Baden 215
Karl Theodor, Kurfürst von Pfalz-Bayern 240
Karl Wilhelm Ferdinand, Herzog von Braunschweig 94
Karlsbader Beschlüsse (1819) 163, 218, 388f., 748
Karlsruhe, Aufstand in (1849) 754
Karolinen-Inseln, deutsche Kolonie 765
Kartelle 325f., 334, 710
Karthum, Stadt am Nil 661, 663
Kasan, Gründung der Universität (1804) 594
Katalyse 263
Katharina II., die Große (Sophie Auguste von Anhalt), russische Zarin 47, 90, 590, 594, 744
Kathodenstrahlen 250, 257
Katholikenemanzipation, politische, in England (1829) 419, 422, 551, 750
Katholikentag, erster deutscher 754
Katholizismus 196, 599, 745
Kaunitz, Wenzel Anton Graf von, Reichsfürst von Kaunitz-Rittberg, österreichischer Staatsmann 92, 166
Kayser, Heinrich Gustav Johannes, Physiker 254
Keats, John, englischer Dichter 203, 232, 345, 748
—, »Endymion« (1818) 232
—, »Hyperion« (1820) 232
Kekulè von Stradonitz, August, Chemiker 251, 262, 268, 756, 758
Keller, Gottfried, Dichter 342f., 354f., 359, 365
—, »Der grüne Heinrich« (Urfassung 1854/55, endgültige Fassung 1879/80) 351, 755
Kemp, van der, Mennonitenprediger 44
Kenia, Land in Ostafrika 721, 762
Kent, James, amerikanischer Jurist 433
Kentucky, Staat der USA 512
Kepler, Johannes, Astronom 237, 241ff., 247, 276
—, »Prodromus continens Mysterium cosmographicum« (1596) 241, 258
—, »Astronomia nova« (1609) 241
Kerenskij, Aleksandr Feodorowitsch, russischer Staatsmann 25
Ketteler, Wilhelm Emmanuel Freiherr von, katholischer Theologe und Sozialpolitiker 757
Key, Ellen, schwedische Schriftstellerin 765
Kiaochou, Bucht am Gelben Meer 725, 764
Kido, Kôin, Samurai 628, 633, 635, 637, 643f.
Kiel, Friede von (14.1.1814) 747
Kierkegaard, Soren Aabye, dänischer Philosoph 353
—, »Entweder — Oder« (1843) 753
Kiew, Gründung der Universität (1834) 594
Kinderarbeit in England 422, 453, 745, 752, 754
— in Preußen 310, 752
— in Frankreich 752
Kinkel, Gottfried, Dichter und Kunsthistoriker 218
Kipling, Sir Rudyard, englischer Schriftsteller 355, 730
—, »Jungle book« (1894) 763
Kirchenstaat 440f., 542, 546, 677, 748, 759
—, Revolution im (1831) 440f.
Kirchenverfassung (Église constitutionelle), Streit um die 82ff., 87f., 96f., 129
Kirche und Staat, Konflikt zwischen 545
—, Trennung von 305
Kirchhoff, Gustav Robert, Physiker 251, 254, 259, 262, 268, 756
Kirejewskij, Iwan Wassiljewitsch, russischer Schriftsteller 600
Kitchener of Khartoum, Horatio Herbert Lord, britischer Feldmarschall 715, 721, 764
Klassengegensatz 483f.
Klassizismus 207, 231
Kleingewerbe 309
Kleist, Heinrich von, Dichter 203, 215, 226, 354, *Abb. 208*
—, »Berliner Abendblätter« (1.10.1810) 215
—, »Prinz Friedrich von Homburg« (1810) 747
Klemens Wenzeslaus, Kurfürst und Erzbischof von Trier 88
Klopstock, Friedrich Gottlieb, Dichter 198, 200, 202ff., 224
—, »Hermannschlacht« (1769) 204
Klubs verschiedener politischer Richtungen in Frankreich 65, 72, 76, 84
Kneipp, Sebastian, Pfarrer und Heilkundiger 269
Knight, Thomas Andrew, englischer Botaniker 267
Knoblauch, Karl Hermann, Physiker 253
Knorr, Ludwig, Chemiker 263, 271, 761
Koalitionskrieg, erster (1792 bis 1797) 91f., 97f., 101ff., 110f., 743
—, zweiter (1799—1802) 121ff., 744
—, dritter (1805) 126f., 745
Koalitionsverbot 294, 304, 386f.

Koch, Robert, Arzt und Bakteriologe 251, 271, 344, 761
Kölner Kirchenstreit (1837–42) 472
König, Friedrich, Erfinder der Schnellpresse 267, 747
Königgrätz oder Sadova, Schlacht bei (3. 7. 1866) 562, 567, *Abb. 561*
Körner, Karl Theodor, Dichter 215
Köster, H. M. G., Herausgeber der Monatsschrift »Neuste Staatsbegebenheiten« 42
Kohlechemie 322
Kohlenwirtschaft 284, 292, 310f., 322, 331
Kokand (Usbekistan) 706
Koks 292, 322
Kolbe, Hermann, Chemiker 262, 268
Koldewey, Robert, Archäologe 764
Kollwitz, Käthe, geb. Schmidt, Malerin und Graphikerin 763
Koloko (Die Glocke), Wochenblatt Herzens 600
Kolonialismus 726–730
Kolping, Adolf, Gründer der katholischen Gesellenvereine 753
Kolumbien 403, 748, 750
Kômei, Kaiser von Japan 629, 631
Kommunen, revolutionäre Räte in Frankreich 71 f., 76f., 81, 94, 96f. *Abb. 709, 712*
Kommunismus 470, 488, 502, 582
Kommunistisches Manifest (1847/1848) 293, 469, 754
Kompromiß zwischen den Nord- und Südstaaten in der Sklavenfrage (1850) 463, 506
Konföderierte Staaten von Amerika 512, 513ff., 523, 525, 757
Konfuzianismus in Japan 618, 620, 639
Kongo, Berliner Generalakte über den (26. 2. 1885) 690, 718, 761
Kongo, Fluß in Afrika 661
Kongobecken, belgische Kolonie 717ff., 721
Kongoreich 662, 664
Konkordat, französisches, von 1801 118, 129, 745
–, österreichisches (1855–70) 571
–, spanisches (1851) 755
Konservatismus 380
Konservative, politische Partei in England 422, 452, 549, 551
–, politische Partei in Preußen 559
Konstantin Pawlowitsch, Großfürst von Rußland 184, 594
Konstantinopel 132ff., 144
–, Abkommen über den Suezkanal (29. 10. 1888) 689
Konstitutionalismus 381, 480
Konsulargerichtsbarkeit 682
Konsularverfassung von 1799 113ff.
Konsumverein, erster englischer 753
Kontinentalsperre, Dekrete von Berlin (1804) und Mailand (1807) 126, 133, 138ff., 151, 167f., 170, 293, 296f., 302, 307, 746
Kontinentalsystem (Système continental) 132–141, 146f., 165, 167, 169, 184
Konvention, preußisch-russische, vom Juli 1806 129
Konzern (Trust) 311, 315, 332, 706, 710f.
Kopenhagen, Seeschlacht vor (2. 9. 1801) 124, 745
–, Bombardierung durch die Engländer (2.–5. 9. 1807) 746
Kopernikus, siehe Copernicus
Korea 595, 610, 631, 635, 643, 646f., 724, 763f.
–, japanisch-chinesische Konvention über (1885) 647
Kornzölle, Aufhebung in England 1849 453ff., 753
Korsika 545
Kosaken 589
Kossuth, Ludwig von, Führer der ungarischen Unabhängigkeitsbewegung 56, 486, 500f.
Kotzebue, August von, Schriftsteller 388, 748
Kowalewskij, Woldemar, russischer Paläontologe 265, 270
Krain, Landschaft in Slowenien 166
Krakau 166, 480, 748, 753
Krankenversicherung 761
Kremsier, österreichischer Reichstag (1848) 754
Kreta, Aufstand auf (1897) 764
Krieg Frankreichs gegen Preußen und Rußland (1806–07) 130f.
– Napoleons in Spanien und Portugal (1808–1814) 141ff.
– Österreichs gegen Frankreich (1809) 146
– Österreichs und Preußens gegen Dänemark (1864) 560f.
– Sardiniens und Frankreichs gegen Österreich (1859) 536ff., 756
Kriegszustand zwischen England und Preußen an der Seite Frankreichs (11. 6. 1806) 129
Krieg zwischen den Vereinigten Staaten und Mexiko (1846–48) 459
Krimkrieg (1853–56) 530f., 560, 601f., 717, 755f., *Abb. 532*
Kroatien, Königreich, seit 1814 Nebenland der ungarischen Krone 166, 186, 479, 494, 563, 570
Kroatischer Nationalismus 479, 732, 754
Krönig, Robert, Physiker 255, 268, 756
Krönlein, Rudolf Ulrich, schweizerischer Chirurg 271
Kronstadt, Seefestung bei St. Petersburg 763
Kruger, Paulus, genannt Oom Paul, südafrikanischer Staatsmann 764f., *Abb. 720*
Kruger-Depesche 764
Krupp
–, Friedrich, Industrieller 709, 747
Kuangchouwan, Bucht am südchinesischen Meer 725, 764
Kuangsi, chinesische Provinz 725
Kuangsü (»Ruhmvolle Folge«), Devise des Kaisers Teh-tsung (Tai-t'ien) 764
Kuba, Insel der Großen Antillen 723, 764
Kueichou, chinesische Provinz 725
Kürnberger, Ferdinand, Schriftsteller 55, 756
Kütschück-Kainardsche (Dobrudscha), türkisch-russischer Friede (21. 7. 1774) 393
Kuka, Hauptstadt des Bornureichs 660f., 663
Kulak, russischer Großbauer 612
Kulikoro am Niger, Schlacht bei 658, 660
Kult des Höchsten Wesens 744, *Abb. 85*
Kulturkampf in Preußen 759f.
Kumbi Sale, Hauptstadt von Gana 658
Kundt, August, Physiker 270
Kuniteru, Ichivusai, japanischer Holzschneider *Abb. 633*
Kunstauffassung, klassische und romantische 211
Kunstdünger 285, 321f.
Kuomintang, chinesische nationale Partei 726
Kurhessen (Hessen-Kassel) 563, 758
Kurilen, Inselgruppe nördlich von Japan 595, 646, 760
Kurland, Bauernbefreiung (1817) 594
–, Russifizierung (1885) 761
Kuroda, Kiyotaka 644
Kutusow, Golenischtschew-Kutusow, Michail Ilarionowitsch, Fürst Smolenskij, russischer Feldmarschall 345, 374
Kyôto 619f., 625f., 628ff., 635
Kyûshû, drittgrößte der Hauptinseln Japans 627, 635f.

L

Labour Party (gegründet 1900) 765
Lacretelle, Pierre Louis de, französischer Jurist und Publizist 36, 38
La Fayette Marie Joseph Motier, Marquis de, französischer und nordamerikanischer Freiheitskämpfer 40, 44, 53, 63, 74, 76, 85, 93, 383, 438, 750, *Abb. 56*

Lafitte, Jacques, französischer Finanzmann und Politiker 415, 438
Lagerlöf, Selma, schwedische Dichterin 355
—, »Gösta Berling« (1891) 763
Laibacher Kongreß (26. 1.—12. 5. 1821) beschloß österreichische Intervention in Neapel, Sizilien und Piemont 392, 394, 594
Lally-Tollendal, Trophine Gerard, Marquis de, französischer Politiker 53
Lamarck, Jean Baptiste Pierre Antoine de Monet, chevalier de, französischer Naturforscher 251, 267, 746
Lamartine, Alphonse Marie Louis de Prat de, französischer Dichter 86, 227, 362, 484f., 489, 749, 752, 754
Lamennais, Hugues Félicité Robert de, französischer Schriftsteller 748
Lami, Louis Eugène, französischer Maler *Abb. 225, 228, 504c*
Lamprecht, Karl, Historiker 335
Landesdeputiertenversammlung, preußische 161
Landflucht 291
Landolt, Hans, schweizerischer Chemiker 255
Landwirtschaft 285, 289ff., 299ff., 307, 311f., 324, 326
Landwirtschaftliche Erzeugung 285, 304
Lange, Friedrich Albert, Philosoph und Sozialwissenschaftler 758
Langen, Eugen, Ingenieur 269, 275
Langnamverein 334
Lansdowne, Henry Pethy-Fitzmaurice, 3. Marquis of, englischer Staatsmann 420
Laos, Staat in Hinterindien 722
La Parnasse contemporain, antiromantische französische Zeitschrift, gegründet 1866 758
Laplace, Pierre Simon Marquis de, französischer Astronom 295, 744, 747
La Plata (Argentinien) 403
Larmor, Sir Joseph, englischer Physiker und Mathematiker 253
La Rochefoucauld-Liancourt, François Alexandre Frédéric duc de, französischer Philanthrop und Schriftsteller 40, 47
Lassalle, Ferdinand, Politiker 313, 563, 757
Lateinamerika 398ff.
Laube, Heinrich, Schriftsteller und Theaterleiter 751
Laue, Max von, Physiker 256
Lauenburg, Herzogtum 189, 757
Laurent, Auguste, französischer Chemiker 261, 268
Lausanne, Friedenskonferenz (22. 11. 1922—4. 2. 1923; 23. 4.—24. 7. 1923) 682
Laval, Carl Gustaf Patrik de, schwedischer Ingenieur 271, 761
Lavater, Johann Kaspar, Schriftsteller 200
Lavoisier, Antoine Laurent, französischer Chemiker 255, 260
—, »Traité élémentaire de chimie« (1789) 743
Lawrence, Sir Thomas, englischer Maler 747
Lawrow, Petr Lawrowitsch, russischer Philosoph und Sozialist 595, 606
Layard, Sir Austen Henry, englischer Archäologe und Diplomat 753
Leblanc, Nicolas, französischer Chemiker 743
Lebrun, Charles François, Herzog von Piacenza, französischer Staatsmann 115
Le Chapelier, Isaac René Guy, französischer Revolutionär 304
Leconte de Lisle, Charles Marie, französischer Dichter 758
Ledru-Pollin, Alexandre Auguste, französischer Politiker 465, 484
Lee, Robert Edmund, nordamerikanischer General 459, 505, 516f.
Lefèbvre, Georges, Historiker 115
Legitimität, Prinzip der 183, 185
Leibeigenschaft, Aufhebung der, in Preußen (9. 10. 1807) 157f., 308f., *Abb. 160*
— in Österreich (7. 9. 1848) 496
— in Rußland (3. 3. 1861) 595ff., 602ff., 706, 757, *Abb. 608*
Leibniz, Gottfried Wilhelm, Philosoph, Mathematiker, Physiker, Jurist, Historiker, Schriftsteller 243, 248
Leipzig, Völkerschlacht bei (16. bis 19. 10. 1813) 177f., 594, 747
Lemaître, Antoine Louis Prosper, genannt Frédérick, französischer Schauspieler *Abb. 344*
Lenard, Philipp, Physiker 257f., 270
Lenau, Nikolaus (Niembsch von Strehlenau), Dichter 55
Lenin, eigentlich Uljanow, Wladimir Iljitsch, Begründer des Sowjetregimes in Rußland 427, 535, 588, 595
Leo XIII. (Gioacchino Pecci) 760
Leo, Leonardo, italienischer Komponist 216
Leonardo da Vinci, italienischer Maler, Bildhauer, Baumeister, Techniker, Naturforscher 242
Leopardi, Giacomo Graf, italienischer Dichter 748
Leopold III., Friedrich Franz, Fürst von Anhalt-Dessau 198f.
Leopold, Großherzog von Baden 486
Leopold I., Prinz von Sachsen-Coburg, seit 1831 König der Belgier 442, 452, 750
Leopold II., König der Belgier 717f., 757, 761
Leopold I., Großherzog von Toskana, als Leopold II. römisch-deutscher Kaiser und Kaiser von Österreich 33, 47, 90f.
Leopold II., Großherzog von Toskana, römisch-deutscher Kaiser und Kaiser von Österreich 478, 743
Leopold von Hohenzollern-Sigmaringen, spanischer Thronkandidat 571f.
Lermontow, Michail Jurjewitsch, russischer Dichter 354, 599, 752
Leskow, Nikolai Semenowitsch, russischer Schriftsteller 342, 355
Lesseps, Ferdinand Vicomte de, Erbauer des Suezkanals 759
Lessing, Gotthold Ephraim, Dichter und Schriftsteller 198, 344
Lesueur, Jean François, französischer Komponist 230
—, »Ossian ou les Bardes" (1804) 230
Leuchtgas 292, 332
Levée en masse, Aufgebot der französischen männlichen Bevölkerung zum Kriegsdienst (23. 8. 1793) 104, 120
Leverrier, Urbain Jean Joseph, französischer Astronom 258, 268, 753
Liao tung, mandschurische Halbinsel 724f.
Liberale, politische Partei in England 419, 455, 547ff., 550, 553
—, politische Partei in Preußen 559, 561, 564f., 577
— Partei (Jiyû-to) in Japan 644f.
Liberalismus 313, 326, 335, 378, 391, 393, 402, 417, 474f., 478, 492ff., 503, 554, 556f., 605f., 613, 733
— in Japan 642ff.
Liberia, Staat in Westafrika 678, 719, 749, 753
Licht, Das Wesen des 244, 252ff.
Lichtenberg, Georg Christoph, Physiker und Schriftsteller 344
Liebermann, Max, Maler und Graphiker 759
Liebig, Justus von, Chemiker 238ff., 246, 251, 261, 266, 268, 752, *Abb. 253*
—, »Chemische Briefe« (1844) 239
Liebknecht, Wilhelm, sozialdemokratischer Politiker und Schriftsteller 758
Liga der Neutralen 123, 745
Ligne, Charles Joseph Fürst von 183
Ligurien 127
Ligurische Republik 744
Lilienthal, Otto, Ingenieur und Flugtechniker 764
Limburg, Herzogtum 189

Lincoln, Abraham, Präsident der Vereinigten Staaten 435, 437, 459, 505, 508, **510–518**, 520ff., 525f., 543, 558, 756f., *Abb. 520*
Linde, Carl von, Ingenieur 247, 271, 760, 763
Linksrheinisches Gebiet 110f., 122f., 125, 182, 185f., 743, 745
Linné, Carl von, schwedischer Naturforscher 265
List, Friedrich, Volkswirt 471, 709, 751f.
Lister, Joseph Baron, englischer Chirurg 269, 273, 284, 758
Liszt, Franz von, Klaviervirtuose und Komponist 203, 230
Literatur und Kunst, Union zum Schutz von Werken der (Berner Konvention vom 9. 9. 1886) 693
Liverpool, Robert Jenkinson, Earl of, englischer Staatsmann 385f., 419
Livingstone, David, englischer Forschungsreisender 269, 714f., 756, 759
Livland, Bauernbefreiung (1819) 594
–, Russifizierung (1885) 761
Lobatschewskij, Nicolai Iwanowitsch, russischer Mathematiker 266, 750
Lochkartenmaschine (Hollerith-System) 762
Locke, John, englischer Philosoph 34, 46
Locofocos, Arbeiterpartei im Staate New York um 1837 432
Lodi (italienische Provinz Mailand) Schlacht bei (10. 5. 1796) 111
Löschenkohl, Hieronymus, Verleger und Illustrator, *Abb. 84*
Lohngesetz, das eherne 469
Lombardei 111, 186, 390, 476f., 487, 494, 534, 536ff., 545, 744, 747, 756
Lombroso, Cesare, italienischer Mediziner und Anthropologe 757
London 709
Londoner Konferenz, Aufhebung der Neutralität des Schwarzen Meeres (13. 3. 1871) 759
– Meerenge-Vertrag (13. 7. 1841) 752
– Protokoll, Unabhängigkeit Griechenlands (3. 2. 1830) 750
– Protokoll, Unabhängigkeit Belgiens (19. 6. 1839) 442, 752
– Schiffsicherheitsvertrag (20. 1. 1914) 688
– Seekriegsrechtsdeklaration (1909) 678, 698
– Vertrag über die Autonomie Griechenlands (26. 7. 1827) 396, 750
Londoner Vertrag der Quadrupelallianz mit Mehemed Ali (15. 7. 1840) 450
London School of Economics and Political Science, gegründet 1895 763
Lorchakrieg Englands und Frankreichs gegen China (1857 bis 1860) 756
Lorentz, Hendrik Antoon, holländischer Physiker 251, 253, 257, 270
Loris-Melikow, Michail Tarielowitsch Graf, russischer General und Staatsmann 609
Lortzing, Albert, Komponist 220
Loschmidt, Josef, Physiker 255, 262, 268, 757
Louise, Herzogin von Orléans, Königin der Belgier, Gemahlin Leopolds I. 452
Louisiana, spanische Kolonie am Mississippi 123, 125, 744f.
–, Staat der USA 408, 410, 412, 522
Louis Philippe I., Herzog von Orléans, König der Franzosen, genannt Bürgerkönig 225, 300, 396, 416, 435, **438–451**, 462, 470f., 474, 481f., 485, 487, 489, 527ff., 750, 754, *Abb. 481*
Luba-Reich, ehemaliges Negerreich 661
Lublin 166
Ludwig I., Karl August, König von Bayern 218, 394, 486, 754
Ludwig II., König von Bayern 363
Ludwig XIII., König von Frankreich 62
Ludwig XVI., König von Frankreich 39, 61ff., 67, 69ff., 73, 76, 79f., 84f., 87f., 90f., 93f., **100**ff., 223, 381, 437, 570, 743
Ludwig XVIII., König von Frankreich 179, 183, **381**ff., 402, 413, 415, 436f., 447
Lübeck 746
Luise Auguste Amalie Wilhelmine, Königin von Preußen, Gemahlin Friedrich Wilhelms III. 130f., 217
Lukács, Georg von, ungarischer Literarhistoriker 348, 350
–, »Die Theorie des Romans« (1920) 348
Lukasbund 215f., 233, 746
Lumière, Auguste Marie Louis Nicolas, französischer Phototechniker 271, 763
–, Louis Jean, französischer Chemiker und Phototechniker 271
Lummer, Otto, Physiker 254
Lunda-Reich, ehemaliges Negerreich 661
Lunéville (französisches Departement Meurthe-et-Morelle), Friede von (9. 2. 1801) 122f., 127f., 134, 213, 744
Luther, Martin, Reformator 201
Lutheraner, Lutherische Kirche 748
Luxemburg, Großherzogtum 186, 189, 442, 568, 701, 752, 758, 762
Lyell, Sir Charles, Geologe 265
–, »Principles of Geology« (1830 bis 1833) 265, 267
Lyon, Aufstände von 1831 und 1834 445, 750

M

Maaßen, Karl Georg, preußischer Staatsmann 748
Mably, Gabriel Bonnot de, französischer Schriftsteller 49, 52
Macaulay of Rothley, Thomas Babington Lord, englischer Politiker und Historiker 552, 754
Mach, Ernst, Physiker und Philosoph 238
Machiavelli, Niccolò, italienischer Staatsmann und Historiker 538
Machy, Pierre Antoine de, französischer Maler, *Abb. 85*
MacMahon, Patrice Maurice Marquis de, Herzog von Magenta, französischer Marschall und Präsident der französischen Republik 575, 708, 759
Macpherson, James, schottischer Schriftsteller 201, 203
–, »Fragments of ancient Poetry« (1760) 201
–, »Fingal« (1762) 201
–, »Temora« (1763) 201
Madagaskar 761, 763
Maddox, Richard Leach, englischer Arzt 271, 759
Madison, James, Präsident der Vereinigten Staaten von Amerika 403, 723, 746
Madras, Gründung der Universität (1857) 756
Madrid, Königtum 746
–, Vertrag über Schutzrechte in Marokko (3. 7. 1880) 760
Mädchenhandel, Abkommen über Maßnahmen gegen den 693
Mähren, österreichische Provinz 760
Märzrevolution in Deutschland (1848) 486, 490f., 497, 754, *Abb. 484*
Maestlin, Michael, Astronom 247
Magenta, Schlacht bei (4. 6. 1859) 538
Magendie, François, französischer Physiologe 267
Maghreb (Klein-Afrika: Marokko, Algerien, Tunesien) 651, 658f.
Magie, magische Kulte in Afrika 652f.
Magnus, Heinrich Gustav, Physiker und Chemiker 239

Magyarischer Nationalismus 479, 732
Mahdi, eigentlich Muhamed Achmed, religiöser Revolutionär im Sudan 764
Mahdistenaufstand (1885–95) 764
Mahler, Gustav, österreichischer Komponist und Dirigent 762
Mahmud II., türkischer Sultan 396, 448, 746
Maigesetze über Vorbildung und Anstellung der Geistlichkeit in Preußen 759
Maine, Staat der USA 410
Mainz 186
Maistre, Joseph Marie, Comte de, französischer Philosoph 364, 380, 749
Majubaberg, Schlacht am (27. 2. 1881) 761
Malaienstaaten 722
Malaiischer Archipel 722
Malaya (Malakka, Malaische Halbinsel) 715
Malireich, altafrikanisches Königreich 658f.
Mallet, Paul Henri, schweizerischer Historiker 202
Malmö, Waffenstillstand im Deutsch-Dänischen Krieg (26.8. 1848) 497, 754
Malta (Insel im Mittelmeer) 124f., 134, 744, 747
Malthus, Thomas Robert, englischer Nationalökonom 282, 744
Malus, Etienne Louis, französischer Physiker und Ingenieur 252, 266
Manchu, chinesische Dynastie 726f., 744
Manchurei, Landschaft in Ostasien 595, 610, 724f., 764
Mancini, Pasquale Stanislao, italienischer Staatsmann 677
Mandingo (Mande), Sudannegerstamm in Nordwestafrika 654, 659f.
Manding-Reich (Malireich), altafrikanisches Reich 658f.
Manessesche Handschrift 199
Manet, Edouard, französischer Maler und Graphiker 756, 761, *Abb. 709*
Manifest Destiny 371, **456–464**
Manila, Hauptstadt der Philippinen 727
Manin, Daniele, italienischer Freiheitskämpfer 487
Mann, Thomas, Schriftsteller 355, 363
–, »Buddenbrooks« (1900) 765
–, »Der Zauberberg« (1924) 363
Mannesmann, Max, Industrieller 271
–, Reinhard, Industrieller 271, 761
Mannheimer Rheinschiffahrtsakte (17. 10. 1868) 690
Mantua-Verona-Peschiera-Legnago, Festungsviereck, Quadrilater 494, 539
Manzoni, Alessandro, italienischer Dichter 203, 221, 354, 477, 535
–, »Inni sacri« (Heilige Hymnen 1812) 221
–, »I promessi sposi« (Die Verlobten 1825/26) 221, 749
Marat, Jean Paul, französischer Politiker 85, *Abb. 92*
Marchand, Jean Baptiste, französischer Offizier und Forschungsreisender 721, 764
Marconi, Guglielmo, Radiotechniker 271, 274, 323, 764
Marengo (Oberitalien), Schlacht bei (14. 6. 1800) 122
Marianen, Inselgruppe im Pazifik 723, 764
Maria Theresia, Deutsche Kaiserin, Königin von Böhmen und Ungarn, Erzherzogin von Österreich 166
Marie Antoinette, Tochter Kaiser Franz' I., Gemahlin Ludwigs XVI. 39, 43, 76, 85, 90, 101, 743
Marie Christina, Gemahlin Alfons' XII. 762
Marie Louise, älteste Tochter Kaiser Franz' II., zweite Gemahlin Napoleons 166, 175, 176, 180, 186, 746, *Abb. 172*
Marignano, Schlacht bei (13./14. 9. 1515) 699
Marinekonferenz von Washington, Internationale 688
Marken, Landschaft in Mittelitalien, Teil des Kirchenstaats 542f.
Mark Twain, eigentlich Samuel Langhorne Clemens, amerikanischer Schriftsteller 355
Marlitt, E., eigentlich Eugenie John, Schriftstellerin 355
–, »Das Geheimnis der alten Mamsell« (1867) 359
Marmont, Auguste Frédéric Louis Viesse de, Duc de Raguse, französischer Marschall 437
Marokko 376, 658ff., 661, 668, 760
Marrakesch, südliche Hauptstadt von Marokko 661, 668
Marsala, Hafenstadt an der Westküste Siziliens 541
Marschallinseln, deutsche Kolonie (siehe auch Marshallinseln) 761
Marschner, Heinrich, Komponist 220
Marseillaise 91
Marshall, John, nordamerikanischer Jurist und Staatsmann 411, 745
Marshallinseln, Gruppe von Atollen im Pazifik 722
Martin, Pierre, französischer Ingenieur 321, 757
Martineau, Harriet, englische Schriftstellerin 56
Marx, Karl Heinrich, Begründer des materialistischen Sozialismus (Marxismus) 293, 294ff., 305, 347, 369, 437, 446f., 464ff., **468**ff., 473f., 482ff., 488, 490, 492f., 502, 505, 518, 539, 575, 580f., 595, 606, 754, 757
–, »Die Klassenkämpfe in Frankreich« (1870/71) 502
–, »Revolution und Konterrevolution in Deutschland« (1851/52) 502
–, »Das Elend der Philosophie« (1847) 752
–, »Das kommunistische Manifest« (1848) 293, 469, 754
–, »Der 18. Brumaire des Louis Bonaparte« (1852) 502
–, »Zur Kritik der politischen Ökonomie« (1859) 756
–, »Das Kapital« I (1867) 295, 758
Marxismus 57f., 468, 488
Maryland, Staat der USA 409, 460, 516
Masaryk, Tomáš Garrigue, tschechischer Soziologe und Staatsmann 763
–, »Die tschechische Frage« (1895) 763
Maschona, Kaffernstamm 720
Mason-Dixon-Linie, Grenze zwischen Nord- und Südstaaten der USA 409
Massachusetts, Staat der USA 407, 460
Massaua, Stadt am Roten Meer 764
Massenbach, Christian Freiherr von und zu, preußischer Offizier und Schriftsteller 98
Maße und Gewichte, Union für (Pariser Vertrag vom 20. 5. 1875) 693
Massina, ehemaliges Fulbereich 660f., 664
Maßsystem, absolutes 276
–, metrisches 276, 744
Matabele, Kaffernstamm 720
Mathy, Karl, badischer Staatsmann 486
Matsukata, Masayoshi, japanischer Finanzminister 637f.
Maupassant, Henri René Albert Guy de, französischer Schriftsteller 341, 343, 355, 357, 760
Maupeou, René Nicolas de, französischer Kanzler 62, 83, 85
Maxim, Sir Hiram, angloamerikanischer Ingenieur 761
Maximilian, Erzherzog von Österreich, Kaiser von Mexiko (1864 bis 1867) 568, 757f.
Maximilian I., Joseph, König von Bayern 137
Maximilian II., Joseph, König von Bayern 486, 754

Maxwell, James Clerk, englischer Physiker 244f., 251ff., 257, 268, 270, 758f.
Mayer, Julius Robert von, Arzt und Physiker 238, 245ff., 251, 256, 262, 268, 753, *Abb. 272*
Mazzini, Giuseppe, geistiger Führer des italienischen Risorgimento 370, 437, 475, **477**f., 534f., 538, 545, 751
McKinley, William, Präsident der USA 764
Mecklenburg, Großherzogtum 138, 308
Meerengenfrage 594, 688f., 752
Mehemed (Mohammed) Ali, Pascha von Ägypten 396f., 448ff., 747, 750, 752
Meiji (Mutsuhito), Kaiser von Japan 629ff., 634ff., 643, 758, *Abb. 632*
Meiji-Ära **629–647**
Mekka 659, 662, 668
Melbourne, William Lamb, Viscount, englischer Staatsmann 420f., 423, 452f.
Méline, Félix Jules, französischer Politiker 716
Melloni, Macedonio, italienischer Physiker 253, 266
Melville, Herman, nordamerikanischer Schriftsteller 342f, 354
—, »Moby Dick« (1851) 755
Mencken, Anastasius Ludwig, preußischer Staatsbeamter 148
Mendel, Gregor Johann, Begründer der Vererbungsforschung 251, 269, 272, 758, 765
Mendelejew, Dimitrij Iwanowitsch, russischer Chemiker 251, 262, 268, 271, 277, 758
Mendelssohn-Bartholdy, Felix, Komponist 203, 220, 230, 750
—, »Paulus« (1836) 220, 230
—, »Elias« (1846) 220
Menelik II., König von Schoa, Kaiser (Negus) von Abessinien 762
Menschen und des Bürgers, Erklärung der Rechte des (Déclaration des droits de l'homme et de citoyen) **51**, 53, 66, **73**f., 80, 83, 743
Menschenrechte, Verein der 750
Menschewiki, politische Partei in Rußland (1903) 595
Menzel, Adolph von, Maler und Graphiker 753 *Abb. 484*
Meredith, George, englischer Dichter 756
Mereschkowskij, Dimitrij Sergejewitsch, russischer Schriftsteller 365
Mergenthaler, Ottmar, Uhrmacher 271, 761
Mérimée, Prosper, französischer Dichter 227, 342, 354
Mering, Joseph Freiherr von, Mediziner 271
Merkantilismus 287ff., 295, 297f., 302, 398
Messina 541
Meteorologie 264
Metternich, Klemens Wenzel Lothar, Fürst von, österreichischer Staatsmann 91, 126, 128, **131**, 132f., 145, 164, 166, 170, **174**ff., 179, 181, 183, **185–191**, 372, 374, **389**ff., 394f., 401, 439f., 447, 449, **471–475**, 478ff., 486, 491, 494, 543, 594, 746, 748, 754, *Abb. 504a*
Mexiko (Vizekönigtum Neuspanien) 399, 402f., 457, **459**f., 506, 568, 749, 751, 753ff., 757f., 760
Meyer, Conrad Ferdinand, Dichter 760
—, »Jürg Jenatsch« (1876) 760
—, Julius Lothar, Chemiker 268, 758
Meyerbeer, Giacomo, eigentlich Jakob Liebmann Beer, Komponist 230
—, »Robert der Teufel« (1831) 230
—, »Die Hugenotten« (1836) 230, 751
Michelet, Jules, französischer Geschichtsschreiber 751
Michell, John, Erfinder der Drehwaage (1784) 243
Michelson, Albert Abraham, amerikanischer Physiker 270, 277
Michigan, Staat der USA 515
Mickiewicz, Adam Bernard, polnischer Dichter 751
Midlands (Mittelengland), englisches Industriegebiet 709
Militärverfassung 287ff., 303
Mill, John Stuart, englischer Philosoph und Volkswirtschaftler 754
—, »Principles of political economy« (1848) 754
—, »On Liberty« (1859) 756
Millais, Sir John Everett, englischer Maler 233
Miller, Johann Martin, Dichter 205
—, »Siegwart, eine Klostergeschichte« (1776) 205
—, Oskar von, Ingenieur 275
Millikan, Robert Andrew, amerikanischer Physiker 257
Milton, John, englischer Dichter 200, 224
Mineralogie 263ff.
Minkowski, Oskar, Mediziner 271
Minsk, Hauptstadt von Weißrußland 764
Mirabeau, Honoré Gabriel de Riqueti, Comte de, französischer Staatsmann 44ff., 49, 64, 67ff., 70, **75–80**, **85**, 87, 90f.
Miranda, Francisco de, venezolanischer Freiheitskämpfer 33
Mississippi, Staat der USA 512
Missouri, Staat der USA 410, 458, 507, 512
Missourikompromiß (2. 3. 1820) 410, 461f., 507f., 512
Mito, japanische Feudalprovinz auf Honshu 622, 627
Mittelamerika, Bevölkerung 283
Mjassojedow, Grigori Grigorjewitsch, russischer Maler *Abb. 608*
Modena, Herzogtum 479, 534, 536, 539
Modern, historisch und gesellschaftlich 31ff.
Mörike, Eduard, Dichter 354
Mogul-Reich 552
Mohl, Hugo von, Botaniker 269
—, Robert von, Staatsrechtslehrer und Politiker 751
Moissan, Henri, französischer Chemiker 270
Moldau, Landschaft in Rumänien 533
Molière, Jean Baptiste Poquelin, genannt Molière, französischer Dichter 359
Moltke, Helmuth Graf, preußischer Generalfeldmarschall 505, 562, *Abb. 561*
Mombasa, Hafenstadt in Ostafrika 661, 668
Mommsen, Theodor, Historiker 755
—, »Römische Geschichte« (1854 bis 1856) 755
Monarchie, konstitutionelle 381
Mond, Ludwig, Chemiker und Industrieller 710
Monet, Claude, französischer Maler 758f.,
Monier, José, französischer Gärtner, Erfinder des Eisenbetons 269, 758
Monomatapa-Reich 661, 664f.
Monopolrechte 290
Monroe, James, Jurist, Präsident der Vereinigten Staaten von Amerika 403f., 408, 677, 748f.
Monroe-Doktrin (2. 12. 1823) 403ff., 412, 738, 749
Monsiau, Nicola André, französischer Maler *Abb. 57*
Montalembert, Charles Forbes, Comte de, französischer Politiker und Schriftsteller 476
Montana, Staat der USA 458, 519
Mont-Cenis-Tunnel 715
Montenegro 760
Montesquieu, Charles de Secondat, Baron de la Brède et de, französischer Schriftsteller 48, 80, 90
Montgelas, Maximilian Joseph Graf von, bayerischer Minister 131, 137f., 160
Montmorin de Saint Hérem, Armand Marc, Comte de, französischer Staatsmann 70

Morellet, André, französischer Philosoph und Schriftsteller 49
Morgan, John Pierpont, amerikanischer Finanzmann 525, 710
Morier, Sir Robert, englischer Diplomat 717
Moritz, Carl Philipp, Schriftsteller 206
—, »Anton Reiser« (1785—90) 206
Morley, Edward Williams, nordamerikanischer Physiker 270
Mormonen, Kirche Jesu Christi der Heiligen der letzten Tage (gegründet 1830) 457, 750, 753
Morny, Charles Auguste Louis Joseph Duc de, französischer Politiker 528
Morris, William, englischer Dichter, Drucker und Sozialist 203, 233f.
Morse, Samuel Finley Breese, amerikanischer Maler 268, 274, 752
Morton William Thomas Green, amerikanischer Zahnarzt 753
Mosambik, Hafenstadt in Ostafrika 661
Moskau 599, 709, *Abb. 593*
—, Brand von (15.—20. 9. 1812) 171, 594
Mossi (Moschi), Negerstamm im Sudan 659f., 662
Motley, John Lothrop, nordamerikanischer Historiker und Staatsmann 505, 539, 564
Mounier, Jean Joseph, französischer Politiker 53f.
Mozart, Wolfgang Amadeus, Komponist 203, 209, 219f., 232
—, »Die Zauberflöte« 743
Müller, Adam Heinrich, Ritter von Nittersdorf, Staats- und Gesellschaftskritiker und Publizist 215
— (Myller), Christoph Heinrich, schweizerischer Schriftsteller 199
—, Friedrich, genannt Maler Müller, Maler und Dichter 201
—, Johann Heinrich, Physiker 254, 268
Münster, Westfälischer Friede mit Frankreich (1648) 675
Mulatten, Europäer-Neger-Mischlinge 665
Munch, Edvard, norwegischer Maler und Graphiker 763
Municipal Corporations Act, Selbstverwaltung der Stadtgemeinden in England (1835) 422
Murat, Joachim, Marschall von Frankreich, König von Neapel 114, 134, 136, 391
Murawjew-Amurskij, Nikolai Nikolajewitsch Graf, Gouverneur von Ostsibirien 724
Musik in der Romantik 229ff.
Musset, Louis Charles Alfred de, französischer Dichter 203, 227, 229, 349, 354, *Abb. 225*
—, »Andrea del Sarto« (1833) 229
—, »Lorenzaccio« (1834) 229
Mussolini, Benito, Gründer und Führer des Faschismus 545
Mustafa IV., türkischer Sultan 746
Mutsuhito (Meiji Tenno), Kaiser von Japan 629ff., 634ff., 643, 758, *Abb. 632*
Mystik 466

N

Nachtigal, Gustav, Afrikareisender 663
Nagasaki 620, 623, 627f., *Abb. 624*
Nanking, Friede zu (Opiumkrieg 29. 8. 1842) 753
Nansen, Fridtjof, norwegischer Nordpolforscher und Zoologe 271, 719, 762f.
Naosuke, siehe Ii Naosuke
Napoleon I. Bonaparte, 59, 63, 83, 85, 91, 100, 104, 109ff., 112f., **115**ff., **120—148**, 151f., 155f., **163—181**, 183, 185, 191, 198, 223ff., 227, 230, 240, 299f., 372f., 375ff., 389, 392, 401, 437, 443, 446ff., 467, 537, 590f., 594, 744ff., 747, 752, *Abb. 101, 172, 252, 592*
—, Krieg gegen Rußland (1812) 171f., 747, *Abb. 173*
Napoleon III. Bonaparte, Charles Louis, Kaiser der Franzosen 300, 302, 437, 446, 475, 487, 489f., 499, **501**f., 505, 517f., 526ff., 535ff., 544, 551, 554, 562, 566ff., **570—576**, 579ff., 705, 715, 722, 752, 754f., 758f., *Abb. 492, 560*
Narodnaja Wolja (Volkswille), russische politische Partei (1870) 595, 608
Narodniki, Vertreter einer literarischen und politischen Richtung in Rußland 595
Nassau, Herzogtum 563, 758
Natal, Land in Südafrika 665, 753, *Abb. 720*
Nation, The Birth of a, erster Film, der den Sezessionskrieg behandelte 525
National Bureau of Standards, Washington (1901) 277
Nationalgarde (Garde nationale) 71f., 76, 80
Nationalismus 314, 369, 388, 479f., 483, 493, 502, 504, 512, 545f., 552, 554, 558, 566f., 573, 576, 578, 581f., 597, 610, 714, 717, 726, 731ff.
Nationalkonvent (Convention nationale) 94ff., 99ff., 103ff., 107f., 743
Nationalkonvent, Ausschüsse des 100, 104ff.
Nationalliberale, deutsche politische Partei (1866) 565
Nationalökonomie, moderne 748
National Physical Laboratory, Teddington (England 1902) 277
Nationalsozialer Verein, gegründet 1896 764
Nationalsozialistische deutsche Arbeiterpartei (NSDAP) 732
Nationalstaaten 580ff., 676
Nationalverein, Deutscher (1859), in Coburg 555, 561
Nationalversammlung (Assemblée nationale) 68ff., 88, 91, 93f., 96f., 743, *Abb. 100*
—, Gesetzgebende (Assemblée nationale législative) 84, 86, 94, 743
—, Verfassunggebende (Assemblée nationale constituante) 70, 72, 76, 83, 86
— der 3. französischen Republik in Bordeaux (13. 2. 1871) 574f.
— in der Paulskirche 486, 492ff., 497, 499, 754, 759
—, preußische, in Berlin 486, 495f., 498, 754
Nationalwerkstätten (Ateliers nationaux 25. 2.—21. 6. 1848) 304, 485, 487
Naturphilosophie 238, 250
Naturschutz 757
Naturwissenschaft im 19. Jahrhundert 196, **235—277**
Naumann, Friedrich, evangelischer Theologe und Sozialpolitiker 764
Navarino (Pylos), Seeschlacht bei (20. 10. 1827) 594, 750
Navigations-Akte (1651 erlassen, 1825 gemildert, 1849 endgültig aufgehoben) 319, 387, 754
Nazarener, Nazarenertum 214, 216, 231, 746
Neandertaler (Homo neandertalensis) 756
Neapel, Königreich 123f., 129f., 136, 390ff., 401, 479, 487, 494, 536, 542f., 546, 550, 744, 747f., 756
Nebraska, Staat der USA 507
Necho II., Pharao der 26. Dynastie 667
Necker, Jacques, französischer Staatsmann **68**, 71, 85
Nelson, Horatio, Viscount, englischer Admiral 112, 744f.
Neoguelfismus 477f.
Nernst, Walther Hermann, Physiker und Chemiker 270
Neuenburg (Neuchâtel) 745, 756
Neugranada (Kolumbien) 403, 748
Neuguinea, Insel nördlich von Australien 722, 750, 761
Neukaledonien, Insel im südlichen Melanesien 722

Neuseeland 722f., 738, 752
Neuspanien, siehe Mexiko
Neutralitätsrecht 698ff.
Nevada, Staat der USA 519
Newman, John Henry, englischer Kardinal 550
—, »Apologia pro vita sua, being a history of his religious opinions« (1864) 757
New Mexiko, Staat der USA 456, 459, 463, 754
New Orleans 744
Newton, Sir Isaac, englischer Physiker, Mathematiker und Astronom 242ff., 253, 258f.
—, »Philosophiae naturalis principia mathematica« (1687) 242
—, »Optics or a Treatise of the reflections, refractions, inflections and colours of light« (1704) 242
New York, Staat der USA 407
—, Stadt 709
New York Herald, amerikanische Tageszeitung, gegr. 1835 751
Nibelungenlied 199, 216, 221
Nicolaier, Arthur, Mediziner 271
Nicolson, Harold, Diplomat und Historiker 173
Niebuhr, Barthold Georg, Historiker und Staatsmann 187, 436, 747
Niederlande (vgl. auch Holland) 103, 107, 111f., 126f., 130, 179, 182f., 186, 320, 329, 375, 711, 747, 750, 762
Niederlande, Erhebung der Patrioten (1786) 32, 63
Niepce, Joseph Nicéphore, einer der Erfinder der Photographie 267
Nietzsche, Friedrich Wilhelm, Philosoph 200, 229, 232, 348, 363, 715, 760
—, »Jenseits von Gut und Böse« (1886) 762
Niger, Strom in Westafrika 658, 660ff., 664, 669, 763
Nigerien, am Golf von Guinea 652, 654, 660f., 664, 668f., 762
Nihilismus 314, 606
Nikolajewsk, Stadt an der Wolga 706
Nikolaus I., Pawlowitsch, Zar von Rußland 396, 417, 437, **441**ff., 450, 473, 478, 480, 484, 492, 500f., 527, **592—602**, 749, *Abb. 600*
Nikolaus II., Aleksandrowitsch, Kaiser von Rußland 587f., 613, 763
Nikolsburg, Vorfriede vom 26. 7. 1866 562, *Abb. 561*
Nil, Fluß in Nordostafrika 654, 661, 668
Ninive, Ausgrabungen 753
Nizza 537, 541
Njassasee in Ostafrika 661
Noailles, Louis Marie Vicomte de, französischer General und Politiker 72
Nobel, Alfred, Chemiker und Industrieller 269, 758, 763
Nodier, Charles, französischer Schriftsteller 229
Nordamerika, Bevölkerung 283
Norddeutsche Konföderation 122
Norddeutscher Bund (18. 8. 1866) 563f., 566f., 573, 758f.
— Bundeskanzler 564, 758
— Bundesrat 564
Nordenskiöld, Adolf Erik Freiherr, schwedischer Polarfahrer 760
Nordostseekanal (Kaiser-Wilhelm-Kanal) 689, 763
North Carolina, Staat der USA 456, 512, 522
Norwegen 170, 319f., 375, 677, 711, 747, 758
Notabelnversammlung (Assemblées des notables) 63f.
Novalis, eigentlich Freiherr Friedrich von Hardenberg, Dichter 202f., 208, 212ff., 217, 223ff., 229, 248, 262
—, »Heinrich von Ofterdingen« (1802) 208, 212f.
—, »Die Christenheit oder Europa« (1799) 213
Novara, Schlacht bei (23. 3. 1849) 487, 495

O

Ochrana, russische Geheimpolizei (1881) 761
O'Connell, Daniel, irischer Politiker 422
Örsted, Hans Christian, dänischer Physiker 249, 251, 749
Österreich 89, 97ff., 107, 110ff., 122f., 125, 127f., 130, 134, 144ff., 155, 163ff., 170, 172ff., 179, **181—189**, 320, 371, 374f., 387, 389ff., 395f., 401f., 441f., 448f., 471f., 475, 479f., 483f., **486**, 490f., 493ff., 497ff., 505, 530ff., 534, **536**ff., 542f., 545f., 554ff., **559**ff., 564ff., 570f., 573, 575f., 578, 594, 600, 677, 713, **731—736**, 743, 745ff., 750, 753ff., 758ff., 762, 764
Österreichischer Aufruf an die bayerischen Soldaten zum Abfall von Napoleon (1809) *Abb. 164*
Österreichisches Ultimatum an Napoleon (7. 8. 1813) 177
Österreichische Gesellschaft der Friedensfreunde (1891) 763
Österreichisch-russische Konvention vom 30. 1. 1813 172
Österreichisch-ungarischer Ausgleich (1867) 758
Offenbach, Jacques, Komponist 203, 231, 527
—, »Orpheus in der Unterwelt« (1858) 756
—, »Hoffmanns Erzählungen« (1880) 231
Offene Tür, 1899 aufgestellte politische Doktrin 727
Ohm, Georg Simon, Physiker 250f., 266, 750
Ohnet, Georges, französischer Schriftsteller 359
Ôkubo, Toshimichi, Samurai 627, 633, 635, 637, 643f.
Ôkuma, Shigenobu, Samurai 628, 633, 644f.
Oldenburg, Großherzogtum 168, 746
Oligarchie (Adelsherrschaft) 384
Olivier, Ferdinand von, Maler 215f.
—, Friedrich von, Maler 215f.
Ollivier, Emile, französischer Staatsmann 569
Olmützer Punktation (29. 11. 1850) 501, 755
Olympische Spiele 764
Omar, El Hadj, »Kalif des Sudan« 661f.
Omdurman, Schlacht bei (2. 9. 1898) 721, 764
Ômura, Masujiro, Samurai aus Chôshû 633f.
Opiumabkommen, Haager (23. 2. 1912) 692
Opiumkrieg zwischen England und China (1840/41) 623, 751f.
Oranje, Fluß in Südafrika 661
—, Freistaat 719
Oranje- und Transvaalstaaten 670, 719, 753, 756, 758
Oregon, Staat der USA 456, 458f., 753
— Trail 458
Orientalische Frage 397, 752
Orientdreibund (12. 12. 1887) 762
Orléans, Herzogtitel mehrerer Seitenzweige des französischen Königshauses, Konfiskation des Vermögens (1852) 529
Orléans, Philipp Herzog von, genannt Philipp Egalité 49
Orsini, Felice, italienischer Verschwörer 505, 509, 536
Orthodoxe Kirche 586, 588
Osaka, Stadt auf der japanischen Insel Hondo 709
Oskar I., König von Schweden 753
Osmanisches Reich siehe Türkei
Osnabrück, Westfälischer Friede mit Schweden (1648) 675
Ossian, Held des südirischen ossianischen Sagenkreises 201ff.
Ostafrika **664—669**, 761
Ostfriesland 746
Ostindien-Kompanie 552, 756
Ostrowskij, Aleksandr Nikolajewitsch, russischer Dramatiker 756

Ostrumelien, südbulgarische Landschaft 761
Ostwald, Wilhelm, Chemiker, Physiker, Philosoph 237
Otranto, Stadt in Apulien 123
Ottawa 756
Otto I. von Wittelsbach, Prinz von Bayern, König von Griechenland 396, 751, 757, *Abb. 393*
Otto, Nikolaus, Techniker 269, 271, 275, 760
Otto-Peters, Luise, Vorkämpferin der Frauenbewegung und Schriftstellerin 757
Ottomanisches Reich siehe Türkei
Overbeck, Johann Friedrich, Maler 215f., 233, 746, 748
Owen, Robert, englischer Sozialist 465f., 468, 470, 747
Ozeanien 722

P

Paine, Thomas, englisch-amerikanischer Schriftsteller 32
—, »Das Zeitalter der Vernunft« (»The age of reason« 1795) 744
Palacký, František, tschechischer Historiker und Politiker 493
Paläobiologie 265
Paläobotanik 265
Paläontologie 265
Paläozoologie 265
Palau-Inseln, deutsche Kolonie 764
Palermo, Aufstand in (12. 1. 1848) 487
—, Eroberung durch Garibaldi (25. 5. 1860) 541
Palestrina, Giovanni Pierluigi da, italienischer Kirchenkomponist 216
— (italienische Provinz Rom), Schlacht bei (9. 5. 1849) 487
Palmerston, Henry John Temple Viscount, englischer Staatsmann 418, 420f., 426, 437, 441f., **448**ff., 452f., 455, 475, 501, 517, 547f., 553
Panama, panamerikanischer Kongreß von 1826 412
Panamakanal, Hay-Pauncefote-Vertrag (18. 11. 1901) 689, 723
Panamaskandal 763
Paneuropäischer Interventionismus 369
Pangermanismus 712, 732, 735
Panslawismus 480, 600, 712, 749
Panslawistischer Kongreß (1867) in Moskau 732
Pantheonklub 109
Papsttum 84, 110, 118, 129, 380f., 390, 477ff., 529, 535, 540, 542, 544f.
Paraguay, Land in Südamerika 747
Paris, Aufstand von 1834 445
Paris, Belagerung (19. 9. 1870 bis 28. 1. 1871) 573, 759
—, Erster Friede von (30. 5. 1814) 180f., 185, 188, 676, 747
—, Zweiter Friede von (20. 11. 1815) 185, 676
—, Dritter Friede von (30. 3. 1856) 532f., 536, 594, 678, 690, 756
—, Friede von (spanisch-amerikanischer Krieg 10. 12. 1898) 764
—, Juniaufstand (24.–26. 6. 1848) *Abb. 485*
Pariser Abkommen über Maßnahmen gegen den Mädchenhandel (18. 5. 1904 und 4. 5. 1910) 693
— Kommune (26. 3.–28. 5. 1871) 305f., 447, 574ff., 581, 711, 759, *Abb. 705, 712*
— Luftrechtabkommen (1919) 686
— Seerechtsdeklaration (16. 4. 1856) 678
Park, Mungo, schottischer Afrikareisender 744
Parlamentarismus 488, 535
— im Bürgerkönigtum 445
Parlamente, Gerichtshöfe in Frankreich 62, 64
Parlamentsreform in England 420f., 550f., 553
Parma, Herzogtum 180, 186, 479, 534
Parnell, Charles Stewart, irischer Parteiführer 553
Partei der Reformer (Partie national) 65
Parteikonventionen, vierjährliche nationale, in den USA 434
Parthenopäische Republik (Neapel) 744
Paschen, Friedrich, Physiker 254
Pasternak, Leonid, russischer Maler *Abb. 345*
Pasteur, Louis, französischer Chemiker, Biologe und Mediziner 251, 269, 271, 344, 756, 759f,
Patentamt, 1790 in USA gegründet 743
Patentrecht, englisches (1624) 289
Paul I. (Pawel Petrowitsch), Zar von Rußland 112, 122f., 587f., 590, 594, 744
Paul, Jean, siehe Jean Paul
Paula-Gruithuisen, Franz von 259
Pauncefote of Preston, Julian Lord 689
Pavia, Schlacht bei (24. 9. 1525) 699
Pax Britannica 370
Pazifismus 549
Pearl Harbour, Hafen auf der Hawaii-Insel Oahu 723, 760
Pecqueur, Constantin, französischer Sozialist 465
Pedro I., Dom d'Alcantara, Herzog von Braganza, Kaiser von Brasilien 405, 750
Pedro II., Kaiser von Brasilien 750
Peel, Sir Robert, englischer Staatsmann 387, 415, 422, 426, **452**ff., 459, 547
Peirce, Charles Sanders, amerikanischer Philosoph 760
Peking 724, 756
Pellico, Silvio, italienischer Dichter 477
—, »Le mie prigioni« (»Meine Gefängnisse«, 1832) 751
Penck, Albrecht, Geograph 271
Pennsylvania, Staat der USA 409, 516
Pentarchie 372ff., 676f.
Percy, Thomas, englischer Dichter und Volkskundler 201, 203, 205
—, »Reliques of ancient English Poetry« (1765) 201
Peréz Galdós, Benito, spanischer Schriftsteller 355
Périer, Casimir, französischer Bankier und Staatsmann 416, 438, 443
Periodisches System der Elemente 262, 758
Perkin, William Henry, englischer Chemiker 756
Perpetuum mobile 246
Perry, Matthew Calbraith, amerikanischer Seefahrer 623ff., 631, 633, 755
Persien 144, 328, 610, 668, 678, 744f., 747
Persigny, Jean Gilbert Victor Fialin, Duc de, französischer Politiker 528f.
Peru 403, 748f., 757, 760
Pescadores (Fischerinseln) in der Formosastraße 724, 763
Pestalozzi, Johann Heinrich, Pädagoge 745
Peter I. (der Große) Aleksejewitsch, Zar von Rußland 588f.
Peterloo, Massaker auf dem Sankt-Peter-Feld bei Manchester (16. 8. 1819) 386, 748, *Abb. 392*
Peters, Karl, Kolonisator 718
Petersburg, Sankt 592, 599, 609, 709, 764
—, Gründung der Universität (1819) 594
—, Vertrag von (1875) 760
Petersburger Konvention über die Verwendung von Sprengstoffen im Kriege (1868) 678
— Telegraphenvertrag (10./22. 7. 1875) 691
Petit, Alexis Thérèse, französischer Physiker 266
Petöfi, Alexander (Sándor), ungarischer Dichter 753
Petraschewskij-Kreis 594
Pettenkofer, Max von, Hygieniker 251, 271
Petzval, Joseph, österreichischer Optiker 269
Pfalz 186
Pforr, Franz, Maler 215f., 33, 746

Philadelphia 709
Philipp, Herzog von Orléans, genannt Philipp Egalité 49, 74, 83, 85, 416, 439
Philippeaux, Pierre, französischer Politiker *Abb. 92*
Philippinen, Inselgruppe des Malaiischen Archipels 723, 727, 764
Phlogistontheorie (1703) 243
Phöbus, Zeitschrift, gegründet 1808 von Heinrich von Kleist und Adam Müller *Abb. 208*
Phönizier, antikes Seefahrervolk 667
Photographie 752
Physikalisch-Technische Reichsanstalt Berlin (1888) 277
Physiokratismus 61
Pichegru, Charles, französischer General 109
Pictet, Raoul Pierre, schweizerischer Physiker 270
Piemont 125, 127, 390, 532, 534, 536ff., 542, 554, 568
Pierce, Franklin, Jurist, Präsident der Vereinigten Staaten von Amerika 526
Pilat, Joseph von, Diplomat, Privatsekretär Metternichs 215
Pillnitzer Deklaration 90, 743, *Abb. 84*
Piombino, Fürstentum 123
Pissarro, Camille, französischer Maler und Graphiker 759
Pithecanthropus erectus 763
Pitt der Ältere, William, Earl of Chatham, englischer Staatsmann 418, 515
Pitt der Jüngere, William, englischer Staatsmann 48, 90, **101**ff., 126f., 131, 419, 453, 520, 548, 745
Pius VI., Papst (Giovanni Angelo Braschi) 84, 110, 744
Pius VII., Papst (Barnaba Chiaramonti) 118, 129, 390, 506, *Abb. 120*
Pius IX. (Graf Mastai-Ferretti) 478, 487, 494f., 529, 535, 540f., 544f., 562, 574, 753
Planck, Max Karl Erwin Ludwig, Physiker 245, 251, 254, 270, 765
Plancksches Wirkungsquantum 254
Planté, Gaston, französischer Physiker 269
Platon, griechischer Philosoph 364
Playfair, John, englischer Geologe 264, 267
Plechanow, Georgij Walentinowitsch, Gründer der russischen Sozialdemokratie 588, 595, 614, 761
Plombières, Napoleon III. und Cavour verabreden Angriffskrieg gegen Österreich 536ff.
Plücker, Julius, Mathematiker und Physiker 250, 756
Pobedonoszew, Konstantin Petrowitsch, russischer Jurist und Staatsmann 588, 609
Pockenimpfung in der Schweiz (1806) 267
– in Deutschland (1874) 759
Poe, Edgar Allan, amerikanischer Dichter 342, 354, 752
Poggendorff, Johann Christoff, Physiker, Herausgeber der Annalen der Physik 249
Poitiers, Schlacht bei (17.10.732) 668
Polen 89f., 98, 102, 107, 131, 166, 170, 172, 174, 181, 183f., 186, 379f., 483, 492f., 533, 576, 594, 600, 608, 731ff., 743f., 747
–, Aufstand in (1793/94) 743
–, Aufstand in (22.1.1863–2.3.1864) 559, 595, 732, 757
–, Enteignungsgesetz (1886) 732
–, Revolution in (29.11.1830) 440ff., 593f., 750
–, Teilungen, *Kartenskizze 99*
Polk, James Knox, Präsident der Vereinigten Staaten von Amerika 434, **458**f., 461, 524, 753
Pollender, Aloys, Arzt 269
Polnische Verfassung vom 27.11.1815 443, 591, 594
Polonismus 479
Pommerellen, Landschaft an der Ostsee 733
Pope, Alexander, englischer Dichter 231
Port Arthur 595, 724f., 764
Porta San Pancrazio (Rom), Schlacht an der (30.4.1849) 487
Porter, nordamerikanischer Staatsmann 697
Portugal 124, 141ff., 184, 320, 375, 405, 664, 718f., 744, 746f., 749
Porzellanmanufaktur 288
Posen, Großherzogtum, seit 1815 preußische Provinz 186, 493, 754
Positivismus 237, 753
Postverkehr 318, *Abb. 333*
Poussin, Nicolas, französischer Maler 228
Prag, Friede von (23.8.1866) 758
–, Tschechischer Aufstand in (11.–17.6.1848) 486, 493, 754
Prager Friedenskonferenz (Juli/August 1813) 177
Pragmatismus 760
Pre Raphaelite Brotherhood (Präraffaelitische Brüderschaft) 232
Presbyterianer, irische 40
Presse, Gelbe 579
Preßburg, Friede von (26.12.1805) 128
Preußen 89, 97, 99, 107, 110, 122f., 127f., 129f., 134, 137, 144, **146–164**, 170, **172–177**, 179, **181–189**, 308ff., 319, 323, 371, 375, 380, 392, 441f., 449f., 471ff., **486**, 491ff., 495ff., 504f., 532f., 537, 539, **554–577**, 578, 594, 645, 743, 745ff., 749ff., 754f., 758
Preußisch-italienische Allianz (April 1866) 562
Preußisch-österreichischer und österreichisch-italienischer Krieg (15.6.–26.7.1866) 561f., 758, *Abb. 561*
Price, Richard, englischer Geistlicher und Philosoph 37
Prießnitz, Vincenz, Begründer der neuen Kaltwasserkur 267
Priester Johannes, sagenhafter Priesterkönig des Morgenlandes 666
Priestley, Joseph, englischer Theologe, Philosoph und Naturforscher 44, 240
Pringsheim, Ernst, Physiker 254
Proletarisierung 292, 304
Protestantismus 196, 745
Proudhon, Pierre Joseph, französischer Sozialist 120, 306, 465f., 469f.
–, »Qu'est-ce que la propriété?« (1840) 752
–, »Système des contradictions économique au Philosophie de la misère« (1846) 753
Proust, Joseph Louis, französischer Chemiker 260
–, Marcel, französischer Schriftsteller 363
Prout, William, engl. Physiker 255
Prudhon, Pierre Paul, französischer Maler 339
Psychoanalyse 763
Puccini, Giacomo, italienischer Komponist 764
–, »La Bohème« (1896) 764
Puerto Rico, Insel der Großen Antillen 723, 764
Pugatschew, Jemeljan Iwanowitsch, Führer eines russischen Volksaufstandes 47
Pullman, George Mortimer, nordamerikanischer Industrieller 271
Puschkin, Aleksandr Sergejewitsch, russischer Dichter 343, 354, 594, 599, 748
–, »Eugen Onegin« (1825–31, 1833) 594, 750
–, »Boris Godunow« (1825) 749
Putjatin, russischer Admiral 623
Pygmäen, afrikanische Zwergstämme 653, 661
Pyrenäenhalbinsel siehe Spanien

Q

Quadrilateral, Festungsviereck Mantua – Verona – Peschiera – Legnano 494, 539
Quadrupelallianz 183ff., 676
Quantentheorie 245, 252, 254, 765
Quintupel-Vertrag (20.12.1841) 693

R

Raabe, Wilhelm, Dichter 354f.,
–, »Die Chronik der Sperlingsgasse« (1856) 756

Rabeh, Herrscher im mittleren Sudan 660, 663
Rabl, Carl, Anatom 271
Racine, Jean Baptiste, französischer Dramatiker 224, 226f.
–, »Iphigénie« (1674) 224
Radetzky von Radetz, Josef Graf, österreichischer Feldmarschall 487, 494f., 754
Radioaktivität 245, 265
Radischtschew, Aleksandr Nikolajewitsch, russischer Schriftsteller 32, 47
Raffael, eigentlich Raffaelo Santi, italienischer Maler 216
Ramsay, Sir William, englischer Chemiker 259, 262, 270
Ramses II., König von Ägypten, 19. Dynastie 674
Rancé, Armand Jean le Bouthillier de, Stifter der Trappisten 341
Ranke, Leopold von, Historiker 62, 133, 154, 712, 749, 751
Rankine, William John Macquorn, schottischer Ingenieur 245
Rasputin, Grigorij Jefimowitsch, russischer Mönch und Abenteurer 595
Rastatt, Aufstand in (11. 5. bis 23. 7. 1849) 754
Rastatter Kongreß (9. 12. 1797 bis 23. 4. 1799) 111
Rat der Alten 108, 113f.
Rat der Fünfhundert (Conseil des cinq-cents) 108, 113f.
Rathenau, Emil, Industrieller 275
Rauschgifte, Bekämpfung 692
Rayleigh, John William Strutt Lord, englischer Physiker 254, 262, 270
Raynal, Guillaume Thomas François, Abbé, französischer Philosoph und Historiker 35
Rechtsrheinisches Gebiet 123, 186
Reformation 195
Reformbill von 1832 Wahlrechtsreform in England 420f., 751
– von 1867/68 550f.
– von 1884/85 550, 711
Reformierte Kirche 748
Reformpartei (Kaishintô) in Japan 644f.
Reform-Verein, Deutscher (Okt. 1862) 561
Reichenbach, Konvention von (27. 7. 1790) 89
Reichsdeputationshauptschluß 125, 134, 177, 213, 745
Reichsgericht in Leipzig, gegründet 1879 760
Reichstadt, Geheimabkommen von (8. 7. 1876) 760
Reichstag, konstituierender des Norddeutschen Bundes (17. 4. 1867) 563
– in Wien, verfassunggebender (22. 7. 1848) 486, 495f., 754
Reis, Johann, Lehrer und Physiker 269, 274, 757
Reitzenstein, Sigismund von, badischer Staatsmann 131, 137
Relativitätstheorie 245
Renan, Ernest, französischer Religionsforscher und Schriftsteller 757
–, »Vie de Jésus« (1863) 757
Renoir, Pierre Auguste, französischer Maler 758f., 761
Repin, Ilja Jefimowitsch, russischer Maler *Abb. 609*
Republikaner (Nachfolger der Whigs), politische Partei in den USA 508, 510ff., 522f., 755
–, politische Partei der USA, später »Demokraten« 408, 424f.
Ressel, Josef, Erfinder der Schiffsschraube 267
Restauration der europäischen Staatenwelt **181–191**
Reuter, Fritz, Schriftsteller 355
–, Nachrichten-Agentur 754
Reutern, russischer Finanzminister 595
Revolution, amerikanische **29–58**, 281, 292, 377f.
–, deutsche **481** ff.
–, europäische (1848/49) **480–503**
–, französische 32f., **59–115**, 281, 292, 300, 377f., 439, 465, 543, 589f., 676f., 734, *Abb. 77, 92*
–, industrielle 285, 287, **291** ff., 296, 298f., 385, 706, 729, *Abb. 296*
Reynolds, Sir Joshua, englischer Maler und Schriftsteller 199
Rhein 87, 103, 110f., 122f., 125ff., 182, 185f.
Rheinbund (Confédération du Rhin) 128, 130, 133f., 136ff., 147f., 177f., 187f., 745, 747
Rheinischer Konvent 103
Rheinische Zeitung, Köln (1842/43) 474
Rheinland 308
Rheinprovinz 472, 747
Rheinschiffahrtsakte, Mannheimer (17. 10. 1868) 690
Rhode Island, Staat der USA 424, 460
Rhodes, Cecil, englisch-südafrikanischer Wirtschaftsführer und Staatsmann 713, 715, 719f., 762
Rhodesia, englische Kolonie 720, 762
Ricardo, David, englischer Volkswirtschaftler 748
Richelieu, Armand Jean du Plessis Duc de, Kardinal und französischer Staatsmann 383
Richmond (Virginia), Hauptstadt der Konföderierten, am 3. 4. 1863 vom Unionsheer erobert 516
Richter, Jean Paul Friedrich, siehe Jean Paul
–, Ludwig Adrian, Maler und Zeichner 222
Richthofen, Ferdinand Freiherr von, Geograph 758
Ried, Vertrag von, zwischen Österreich und Bayern (8. 10. 1813) 178
Riemann, Bernhard, Mathematiker 755
Rimbaud, Jean-Arthur, französischer Dichter 759
Rio de Janeiro, Hauptstadt von Brasilien 709 *Abb. 505*
Risorgimento, Einheitsbewegung Italiens (1815–70) 477, 542, 753
Risshisha (Selbsthilfevereine), politische Gruppen in Japan 643
Ritter, Carl, Geograph 267, 748
–, Gerhard, Historiker 157
–, Johann Wilhelm, Physiker 243f., 248, 250, 253, 260, 266, 745, *Abb. 245*
Rivarol, Antoine, Comte de Rivaroli genannt, französischer Schriftsteller 92
Robertson, William, schottischer Historiker 35
Robespierre, Maximilien de, französischer Revolutionär 20, 83ff., 88f., 91, 93f., 96, 99, 103, **105** ff., 121, 379, 423, 743
–, »Kult des höchsten Wesens« 743 *Abb. 76*
Rockefeller, John Davison, amerikanischer Industrieller 525, 707, 710, 715
Rodin, Auguste, französischer Bildhauer 342
–, »Die Bürger von Calais« (1884 bis 1895) 761
Römer, Olaf, dänischer Astronom 252
Römische Republik (Tiberinische Republik 1798) 111
– (9. 2.–3. 6. 1849) 494f.
Röntgen, Wilhelm Conrad, Physiker 245, 251, 270, 763
Roggen, Produktion 285
Rohlfs, Gerhard, Afrikareisender 663, 758
Rohrzucker, Produktion 285
Roland de la Platière, Jean Marie, französischer Politiker 35, 83, 85
–, Jeanne Manon Phlipon, genannt Madame Roland 39f., 43
Rom 536, 540, 543ff., 574, 673f., 744, 757, 759
Roman, neuer Name für epische Dichtung 207ff., **337–366**
Romagna, Landschaft in Oberitalien 539f.
Romanow, russisches Herrscherhaus 609, 613
Romantik 42, 193–234, 466, 677, *Abb. 208*
– in England 196–198, 231–234
– in Frankreich 222–225
– in Musik und Oper 219, 229
Rônin, herrenloser Samurai in Japan 622

Roon, Albrecht Graf von, preußischer Generalfeldmarschall und Kriegsminister 556
Roscoe, Sir Henry Enfield, englischer Chemiker 268
Rosenberg, Charles, nordamerikanischer Maler *Abb. 300*
Ross, Sir John, englischer Polarforscher 267
Rosse, William Parsons Earl of, Astronom 268
Rossetti, Gabriel Charles, genannt Dante Gabriel, englischer Maler und Dichter 203, 233, 477
Rossi, Pellegrino Graf, italienisch-französischer Jurist und Staatsmann 487
Rossini, Gioacchino Antonio, italienischer Komponist 203, 230, 477
—, »Il Barbiere di Siviglia« (1816) 748
—, »Otello« (1816) 230
—, »La Cenerentola« (Das Aschenbrödel 1817) 230
—, »Guillaume Tell« (1829) 230
—, »Stabat Mater« (1832) 230
Rotes Kreuz, Internationales Komitee vom, 1863 gegründet 757
—, Genfer Konvention vom 22. 8. 1864 *Abb. 688*
Rotes Meer 668
Rothschild, James Baron de, französischer Bankier 415, 438, 482
Rotten boroughs, Bezeichnung für verfallene Orte in England, die vor der Parlamentsreform von 1832 das Recht zur Entsendung eines Parlamentsmitgliedes hatten 420f., 450
Rottmann, Karl, Maler 203, 231
Rousseau, Jean Jacques, französischer Schriftsteller 21, 38f., 41, 46, 99, 102, 104f., 200, 204, 223, 227
Roux, Wilhelm, Anatom 271
Rowland, Henry Augustus, amerikanischer Physiker 254, 270
Royal Institution of Great Britain (1799) 239
Royalismus 65, 70, 109, 557
Royalisten 93, 101, 113
Royal Society of London (1663) 240, 248
Rubens, Peter Paul, niederländischer Maler 228
Rubner, Max, Mediziner 271
Rudolph, Paul, Mathematiker 271
Rübenzucker, Produktion 285
Rückversicherungsvertrag, deutsch-russischer (18. 6. 1887) 677, 733, 735, 762
Rüstungsausgaben 322, 327
Rütimeyer, Ludwig, schweizerischer Naturforscher 265, 269
Ruhrgebiet 311, 709
Rumänien 394, 396, 479, 533, 570, 756, 760f.
Rumford, Sir Benjamin Thompson, Graf von, Staatsmann und Physiker 239f., 246, 256, 744
Runge, Carl, Mathematiker 254
—, Friedlieb Ferdinand, Chemiker 751
—, Philipp Otto, Maler 203, 211, 214
Ruskin, John, englischer Kunstkritiker und Sozialreformer 233, 764
Russell, John Lord, englischer Staatsmann **420**, 426, 451, 455, 517, 542, 548
Russisch-bulgarische Krise (1886) 595
Russisch-chinesischer Vertrag (3.6. 1896) 595
Russische Amerikakompanie 181
— Truppenparade in Mannheim (27. 6. 1815) *Abb. 181*
Russisch-japanischer Korea-Vertrag (9. 6. 1896) 595
— Krieg (1904/1905) 728, 736
Russisch-chinesisches Bündnis (3. 6. 1896) 764
Russisch-französische Militärkonvention 763
Russisch-persischer Krieg (1826 bis 1828) 594
Russisch-schwedischer Krieg (1788 bis 1792) 743
— (1808/9) 594
Russisch-türkischer Krieg (1787 bis 1792) 743
— (1806—12) 170, 594, 745, 747
— (1828/29) 396, 594, 750
— (1877/78) 595, 608, 733, 760
Rußland 89, 97ff., 104, 107, 110, 112, 122f., 125ff., 129ff., 134, 140, 144, 155, 161, 163, 166, 169ff., 174ff., 179, **181—186**, 320, 323, 325, 328, 373ff., 392, 395ff., 401ff., 412, 440ff., 448ff., 483f., 492, 496, 504ff., 530ff., 537, 559f., 566, 570, 576, 581, **583—614**, 620, 623f., 631, 646, 678, 706ff., 714, 716, 718, 723ff., 727f., 730, 732ff., 737, 743, 745ff., 749, 754f., 757, 759ff., 762ff.
—, Gebietserweiterungen von 1772 bis 1905, Kartenskizze 607
Ryukyu-Inseln, Inselgruppe südlich der japanischen Hauptinseln 627, 646, 677

S

Saba, antike Landschaft in Südarabien 666
Sachalin, Insel an der ostasiatischen Küste 595, 644, 706, 760
Sachsen, Königreich 130, 138, 174, 182, 184, 309, 471, 747
Sachsen-Weimar-Eisenach, Großherzogtum 748
Sadova oder Königgrätz, Schlacht (3. 7. 1866) 562, 567
Säkularisierung des bürgerlichen Lebens 117, 547f., 551, 743
— der Klöster 83, 96
Saga, Hauptstadt der Provinz Hizen 628, 631
Sagnac, Philippe, Historiker 65
Sahara 651, 654, 658, 660ff., 664, 667, 669, 719, 763
Sahel, Landschaft am Senegal 658ff.
Saigo, Takamori, Samurai 627, 636f., 642
Saigon in Indochina 756
Saint Dominique (östliche Hälfte von Haiti) 125
Saint-Just, Antoine de, französischer Revolutionär 85, 94, 105, 107
Saint-Lambert, Jean François Marquis de, französischer Schriftsteller 38
Saint-Mémin, Fevret de *Abb. 33*
Saint-Simon, Claude Henry de Rouvroy Comte de, Begründer der Soziologie 465f., 470, 489, 746f.
Sakamoto Ryuma, Samurai 629
Salisbury, Robert Arthur Talbot Gascoyne-Cecil Marquess of, englischer Staatsmann 715, 718, 761
—, Hauptstadt von Rhodesia 721
Salomo, König der Juden 666
Salomon-Inseln, Gruppe im Pazifik 722
Saloniki 134
Salpeterkrieg (1879—1884) 760
Salzburg 166, 745
Sama, Dorf bei Segu am Niger 663
Samarin, Jurij Feodorowitsch, russischer politischer Schriftsteller 600
Samarkand (Usbekistan) 595, 706
Sambesi, Fluß in Südafrika 661, 664
Samoa-Inseln, deutsche Kolonie 722f., 764
Samori-Reich (vgl. Touré) 660, 662
Samurai, Kriegerstand in Japan 617, 620ff., 632ff., 642
Sanankoro, Ort in Guinea 660, 662
Sand, George, eigentlich Amantine Lucile Aurore Baronin Dudevant, geb. Dupin, französische Schriftstellerin 342, 354
—, Karl Ludwig, Theologiestudent, ermordete am 23. 3. 1819 Kotzebue 388
Sandeau, Jules, französischer Schriftsteller 362
Sand River Convention (1852) 719
San Francisco 182, *Abb. 521*
Sanitätsabkommen von Paris (27. 5. 1853) 692
Sanitätsrat in Ägypten 692
Sanjô, Sanetomi, Samurai 628

Sankt-Gotthard-Tunnel 715
Sankt Helena (englische Insel im Atlantischen Ozean) 115, 122, 185, 191, 747
San Martín, José de, argentinischer Freiheitskämpfer 399f.
Sansibar, Insel an der afrikanischen Ostküste 661, 669, 762
San Stefano, Friede von (3.3.1878) 595, 733, 760
Sarakole, afrikanischer Volksstamm 658f., 660, 662
Sardinien, Königreich 130, 390, 478, 487, 532, 747, 755
Satsuma, japanische Feudalprovinz auf Kyûshû 627, 629, 631, 634ff., 641
—, Aufstand in (1877) 642
Saudiarabien 657
Saussure, Horace Bénédict de, schweizerischer Naturforscher 264
Savart, Félix, französischer Physiker 266, 749
Savigny, Friedrich Carl von, Jurist 159, 747
—, »Geschichte des Römischen Rechts im Mittelalter, Teil I« (1815) 748
Savoyen 98, 534, 536, 541, 545, 568
Schamil, kaukasischer Freiheitskämpfer 594
Scharnhorst, Gerhard Johann David von, preußischer General 131, 148, 157, 170, 177
Scheele, Karl Wilhelm, schwedischer Chemiker deutscher Abstammung 244, 260
Scheiner, Christoph, Mathematiker und Astronom 241f.
—, »Rosa ursina« (1630) 242
Schell, Francis, nordamerikanischer Maler *Abb. 433*
Schelling, Friedrich Wilhelm Joseph von, Philosoph 744
—, »Von der Weltseele« (1798) 744
—, »System des transzendentalen Idealismus« (1800) 744
Schiedsgerichtsbarkeit, moderne 695f.
Schiffahrt 317ff.
Schiffsicherheitsabkommen von London (20. 1. 1914) 688
Schill, Ferdinand von, preußischer Major 164
Schiller, Johann Christoph Friedrich von, Dichter 207, 211, 219, 221, 226, 350, 358, 744
—, (mit Goethe) »Horen« (1795 bis 1797) 211
— —, »Xenien« (1797) 211
—, »Das Lied von der Glocke« (1799) 226
—, »Wallenstein«-Trilogie (1799) 744
Schimper, Karl Friedrich, Botaniker 267
Schinkel, Karl Friedrich, Baumeister und Maler 750
—, Neue Wache in Berlin (1817/18) 748
Schiras, Stadt in Persien 668
Schlegel, August Wilhelm von, Dichter und Philologe, 199, 202f., 208, **211**ff., 216, 222, 225f., 746
—, Dorothea von, geb. Mendelssohn, Frau von Friedrich Schlegel 208
—, »Florentin« (1801) 208
—, Friedrich von, Philosoph, Historiker und Dichter 203, 208, **211**ff., 215f., 222, 226, 746, 748
Schleich, Karl Ludwig, Mediziner und Schriftsteller 271, 763
Schleiden, Mathias Jacob, Naturforscher 269
Schleiermacher, Friedrich Ernst Daniel, Theologe und Philosoph 159
—, »Über die Religion, Reden an die Gebildeten unter ihren Verächtern« 744
Schlesien 310, 474, 753
Schleswig-Holstein, Herzogtümer 308, 486, 496, 560, 562, 576, 753ff., 757f.
Schliemann, Heinrich, Altertumsforscher 759
Schlözer, August Ludwig von, Geschichtsforscher, Statistiker und Publizist 90
Schlotheim, Ernst Friedrich von, Botaniker 265
Schmidt, Gerhard Carl, Physiker 270
Schmohl, J. C., Auswanderer 42
Schmoller, Gustav von, Volkswirtschaftler und Historiker 759
Schnabel, Franz, Historiker 120
Schnorr von Carolsfeld, Julius, Maler 216, 218
Schoa, Landschaft in Abessinien 661, 666
Schön, Heinrich Theodor, preußischer Staatsmann 156
Schönbein, Christian Friedrich, Chemiker 269
Schönerer, Georg Ritter von, österreichischer Politiker 732
Schoenflies, Artur Moritz, Physiker 256, 271
Schopenhauer, Arthur, Philosoph 211, 218, 225, 362
—, »Die Welt als Wille und Vorstellung« (1819) 748
Schott, Friedrich Otto, Chemiker und Glastechniker 271ff.
Schottland 712
Schubert, Franz Peter (Seraph), Komponist 203, 220, 748
—, Symphonie Nr. 8 in h-moll »Unvollendete« (1822) 749
—, »Die Winterreise« (1827) 750
Schulze-Delitzsch, Hermann, Sozialreformer 755
Schumann, Robert, Komponist 203, 220
—, »Davidsbündlertänze« (1837) 220, 751
—, »Kreisleriana« (1838) 220
Schurz, Carl, deutschamerikanischer Staatsmann 505, 761
Schwann, Theodor, Naturforscher 251, 267, 269, 752
Schwarzenberg, Felix Fürst zu, österreichischer Staatsmann 498ff., 534, 754
—, Karl Philipp Fürst zu, Herzog von Krumau, österreichischer Feldmarschall 172, 177, 747
Schwarzwälder Glasbläserei (um 1820) *Abb. 292*
Schweden 125, 130, 166, 170, 177, 184, 319f., 677, 743, 745ff., 753, 758
Schweigger, Johann Salomo Christoph, Physiker und Chemiker 249
Schweinfurth, Georg, Afrikareisender 663, 758
Schweitzer, Johann Baptist von, sozialistischer Politiker 313
Schweiz 111f., 121, 133, 319, 329, **474**ff., 556, 677, **699**ff., 711, 750, 753, 759
—, Neutralitäts-Deklaration (20.3./27.5.1815) 700, 747
—, Sonderbund der sieben katholischen Kantone (11. 12. 1845) 475f.
Schweizer Bundesverfassung (12. 9. 1848) 476, 754
Schwerindustrie 309, 326ff., 334
Schwind, Moritz von, Maler und Zeichner 222
Scott, Sir Walter, schottischer Dichter und Schriftsteller 203, 229, 232, 342f., 354, 365, 747
—, »Ivanhoe« (1820) 749
Sebastiani, Horace Graf, französischer Marschall und Diplomat 481
Sedan, Schlacht bei (1.9.1870) 572f., 705
Seeber, Ludwig August, Physiker 256, 267
Seehandelsmonopol, englisches 295
Seeley, Sir John Robert, englischer Historiker 713f.
Seerechtsdeklaration von Paris (16. 4. 1856) 678, 756
Seekriegsrechtdeklaration von London (1909) 678, 698
Segu, Ort am oberen Niger 659f., 662ff.
Ségur d'Aguesseau, Louis Philippe, Graf von, französischer Dichter, Staatsmann und Historiker 39
Selbstbestimmungsrecht der Nationen 397
Selim III., türkischer Sultan 746

Semlja i Wolja (Land und Freiheit), politische Gruppe in Rußland 595
Semmelweis, Ignaz Philipp, Arzt 269, 284, 344, 753
Semstwo, Kreis- und Gouvernements-Selbstverwaltung in Rußland 595, 605, 609, 613, 757
Senat der Konsularregierung 116
Senefelder, Alois, Erfinder der Lithographie 744
Senegal, Strom in Nordwestafrika 654, 658ff., 664, 668
Seoul, Hauptstadt von Korea 724
Septembermorde (1792) 743
Serbien 144, 380, 394, 533, 748, 760f., 762
Serbischer Nationalismus 732
Serbisch-österreichisches Bündnis (1881) 735
Sertürner, Friedrich Wilhelm Adam, Apotheker 745
Seward, William Henry, nordamerikanischer Staatsmann 463, 510, 722
Sewastopol (Sebastopol), Eroberung im Krimkrieg (10. 9. 1855) 532, 594, 755
Sezessions-Krieg in den Vereinigten Staaten (1861–65) 371, **506–526**, 560, 580, 705, 757
Shakespeare, William, englischer Dichter 199ff., 205, 216, 227, 231, 359
Shanghai, Hafenstadt in China 724
Shantung, chinesische Provinz 725
Shaw, George Bernard, englisch-irischer Schriftsteller 355, 762f.
–, Joshua, nordamerikanischer Maler *Abb. 432*
Shawk, Abel, Erfinder der Dampffeuerspritze 267
Shelley, Percy Bysshe, englischer Dichter 203, 232
–, »Prometheus unbound« (1820) 232, 749
Sherman, William Tecumseh, nordamerikanischer General 516
Shikoku, kleinste der Hauptinseln Japans 628
Shimazu, japanische Familie 627
Shimoda, japanisch-russischer Vertrag von (1855) 624, 631
Shimonoseki, Beschießung ausländischer Kriegsschiffe (25. 6. 1863) 628, 631
–, Friede von (17. 4. 1895) 724, 763, *Abb. 641*
Shintô-Kult, ursprüngliche Religion der Japaner 618, 639f.
Shôgun, erblicher Kronfeldherr, Besitzer der Regierungsgewalt in Japan 619, 623, 758
Shôgunat 617, 619f., 623, 625f., 632ff., 637
Sholes, Christopher Latham, amerikanischer Buchdrucker 269, 758
Siam (Thailand), Königreich in Hinterindien 678, 727, 763
Sibelius, Jan, finnischer Komponist 763
Sibirien 595, 610
Sicherheitsausschuß (Comité de sûreté) 100, 107
Sidmouth, Henry Addington Viscount, englischer Staatsmann 386
Sidney, Algernon, englischer Politiker 46
Siebener Konkordat, Kantone Bern, Luzern, Solothurn, Sankt Gallen, Aargau und Thurgau (März 1832) 475
Siemens, Friedrich, Industrieller 269, 321, 757
Siemens & Halske AG, Berlin (gegründet 1847) 274
Siemens, Werner von, Ingenieur 251, 269, 271, 273f., 277, 707, 715, 758, 760
Sienkiewicz, Henryk, polnischer Schriftsteller 355
–, »Quo vadis« (1896) 764
Sieyès, Abbé (Emanuel Joseph Comte S.), französischer Staatsmann 64, 68, 70, 85, 113ff.
Sikh (Sikhs), indische Religionsgenossenschaft 753
Simbabwe, Ruinenstadt in Südrhodesien 661, 665
Simonin, Erfinder der Stearinkerze 267
Simplizissimus, satirische Zeitschrift, gegründet 1896 764
Simpson, Sir James Young, Gynäkologe 269, 753
Simson, Eduard von, Jurist und Politiker 760
Singapore 722
Singer, Isaac Merrit, Mechaniker 269
Sisley, Alfred, französischer Maler und Graphiker 759
Sismondi, Jean Charles Leonard Simonde de, schweizerischer Volkswirtschaftler, Historiker und Literarhistoriker 469f.
Sisse Tunkara, Königsdynastie von Gana 658
Six Acts (1819), Einschränkung der Presse und Versammlungsfreiheit in England 388
Sizilien 134, 391, 487, 541ff., 756
Skladanowsky, Max, Filmtechniker 763
Sklavenhandel in Afrika 657, 663, 668, 693, 746
–, Quintupelvertrag (20. 12. 1841) 693
–, Kongoakte (26. 2. 1885) 690, 693
–, Brüsseler Antisklavereiakte (2. 7. 1890) 692f.
Sklavenfrage in den USA 371, 409f., 429, 456ff., 461ff., *506* bis *526*
Sklavenfrage, Proklamation der Sklavenbefreiung für den 1. 1. 1863 durch Lincoln (22. 9. 1862) 518, 746, 757
– in Südamerika 762
Sklaverei, Verbot im britischen Weltreich (1833) 422, 751
–, Verbot durch den Konvent in Frankreich (1794), *Abb. 57*
Slawismus 479, 493, 500
Slawophile, nationalistische Richtung in Rußland 599, 600f., 604, 613f.
Slowaken 479, 570
Slowenen 479
Smend, Rudolf, schweizerischer Staatsrechtler 74
Smith, Adam, englischer Moralphilosoph und Volkswirtschaftler 291, 709
–, »Reichtum der Nationen« (1776) 291
–, Joseph, Stifter der Mormonen 457, 750
–, William, Geologe und Wasserbauingenieur 264, 267
Société des amis de la constitution (Zentralausschuß der Klubs) 76, 85
Soemmerring, Samuel Thomas von, Anatom und Naturforscher 267, 273
Sohncke, Leonard, Physiker 271
Sokoto, ehemaliges Fulbereich im Westsudan 660f.
Solferino, Schlacht bei (24. 6. 1859) 538f., 697
Solvay, Ernest, belgischer Chemiker 269, 757
Sommerfeld, Arnold, Physiker 254
Sonnenspektrum 244, 254
Sonni Ali (Ali der Große), Fürst des Sonrhaireiches 659
Sonnô, »Ehret den Kaiser« 621, 623
Sonnô-Jôi-Bewegung 625, 627ff., 642
Sonrhai (Songhai), Negervolk am mittleren Niger 658f.
Sonrhaireich 659f.
Sorel, Georges, französischer Syndikalist 306
Sosso-Staat (Westafrika) 658, 660
Soufflot, Jacques Germain, französischer Baumeister 228
Soulé, Samuel W., amerikanischer Buchdrucker 269
Soult, Nicolas Jean, Herzog von Dalmatien, französischer Marschall 179, 481
South Carolina, Staat der USA 407, 424f., 428f., 456, 512f., 515
Sozialdemokraten, politische Partei in Deutschland 314f., 326, 558, 577, 581, 708, 711
–, politische Partei in Rußland 595, 764
Sozialdemokratische Arbeiterpartei (1869) 758, 762

Sozialdemokratische Partei Deutschlands (1890) 762
Sozialismus 307, 369, 446, 464ff., 581, 599, 606, 763
Sozialistische Arbeiterpartei Deutschlands (1875) 759
Sozialistengesetz (21. 10. 1878) 326, 760f.
Sozialrevolutionäre, politische Partei in Rußland 595
Sozialversicherung in Deutschland, Staatliche 314, 326
Spanien 123, 133f., **141**ff., 145f., 177, 179, 182, 184, 319, 375, 379, 392f., 398ff., 405f., 474, 506, 578, 711, 719, 723, 744, 747ff., 751, 753, 757, 760, 764
—, Militärrevolution (18. 9. 1868) 571f.
Spanisch-amerikanischer Krieg (1898) 525, 764
Spektralanalyse 253f., 259
Spencer, Herbert, englischer Philosoph 759
—, »The study of sociology« (1873) 759
Spengler, Oswald, Geschichtsphilosoph 14, 17
Speranskij, Michail Michailowitsch Graf, russischer Staatsmann 587f., 591, 594, 596
Spirituosenhandel, siehe Branntweinhandel
Spitzweg, Carl, Maler
—, »Der arme Poet« (1839) 752
Splendid isolation 736
Squatter Sovereignty (Volkssouveränität am Ort selbst) 508, 511
Srbik, Heinrich Ritter von, Historiker 187
Staatenlose Gebiete 685
Staatsrat der Konsularregierung 116
Staatsstreich vom 9. Thermidor (28. 7. 1794) 108, 743
— vom 18. Fructidor (4. 9. 1797) 109
— vom 18. Brumaire (9./10. 11. 1799) 113ff., 116
Stadion, Johann Philipp Karl Graf von, österreichischer Staatsmann 131, 164, 166
Staël-Holstein, Anna Louise Germaine, Baronin von, französische Schriftstellerin 34, 203, **224**ff., 229, 354
—, »De l'Allemagne« (1810) 225ff., 746
Ständiger Schiedshof (Cour permanente d'arbitrage) im Haag 695f., *Abb. 689*
Stahl 321ff.
Stahl, Georg Ernst, Arzt und Chemiker 243
Stalin, Jossif Wissarionowitsch, eigentlich Soso Dschugaschwili, sowjetrussischer Staatsmann 588, 595
Standard Oil Company (1870 gegründet) 707, 710
Stanislaus II. August (Stanisław Poniatowski), König von Polen 33, 744
Stanley, Sir Henry Morton, eigentlich John Rowlands, englischer Afrikareisender 714, 759
Stapfer, Albert, Übersetzer von Goethes Faust ins Französische 227
Starkstromtechnik 323
Steffens, Henrik, Philosoph, Naturforscher und Dichter 36
Stein, Heinrich Friedrich Karl, Reichsfreiherr vom und zum, preußischer Staatsmann 131, 147ff., **152**f., 157ff., 161, 164, 166, 171, 173, 188f., 308, 746
—, Nassauer Denkschrift (6. 1807) 153
—, Lorenz von, Rechtslehrer, Nationalökonom und Soziologe 106
Steinheil, Carl August von, Optiker 267, 274
Steinkohle, Weltförderung 284
Stendhal, eigentlich Marie Henri Beyle, französischer Schriftsteller 227, 229, 341–344, 351, 354, 356f., 363
—, »Le Rouge et le Noir« (1830) 365, 750
—, »La Chartreuse de Parme« (1839) 345, 752
Stephan, Heinrich von, Generalpostmeister 690
Stephens, Alexander, Vizepräsident der Konföderierten Staaten 515
Stephenson, George, englischer Ingenieur 267, 747, 750
Stern, Otto, Physiker 256
Sterne Lawrence, englischer Schriftsteller 198
Stevenson, Robert Louis, englischer Schriftsteller 343, 355
—, »Treasure island« (1883) 761
Stevin, Simon, holländischer Physiker 242
Stickstoffindustrie 323
Stieler, Adolf, Kartograph 267
Stifter, Adalbert, Dichter und Maler 342f., **353**ff.
—, »Nachsommer« (1857) 756, *Abb. 352*
—, »Witiko« (1865) 352
Stirner, Max, eigentlich Kaspar Schmidt, Philosoph 753
—, »Der Einzige und sein Eigentum« (1845) 753
Stoecker, Adolf, evangelischer Geistlicher und Politiker 760
Stolberg, Christian Graf zu, Dichter 204
—, Friedrich Leopold Graf zu, Dichter 204f.
Stolypin, Petr Aleksandrowitsch, russischer Staatsmann 604
Stolz, Alban, katholischer Theologe und Volksschriftsteller 346
Stoney, George Johnstone, englischer Physiker 257
Strafgesetzbuch in Bayern (1813) 747
— in Frankreich, siehe Code pénale
Straßburg 574
Strasburger, Eduard, Botaniker 270
Strauss, David Friedrich, theologischer und philosophischer Schriftsteller 751
Strauß, Johann (Sohn), österreichischer Komponist 578, 758
Strauss, Richard, Komponist 762
—, »Don Juan« (1889) 762
Streitigkeiten, Abkommen über friedliche Erledigung von (Haag 1899) 694f.
Strindberg, August, schwedischer Dichter 355
—, »Fräulein Julie« (1888) 762
Struensee, Karl August von, preußischer Minister 149
Struve, Wilhelm von, Astronom 268
Sturm- und Drangperiode 220f.
Suaheli, Bantunegerstamm der ostafrikanischen Küste 668
Suarez, Francisco, spanischer katholischer Theologe und Philosoph 675
Sudan, Großlandschaft im nördlichen Afrika 654f., 658ff., 664, 719, 721, 764
Sudanstaaten 625
Sue, Eugène, eigentlich Marie Joseph, französischer Schriftsteller 354, 359
Südafrika 328, 670, 720, 758
Südafrikanische Republik 756, 763f.
Südamerika **399–406**
Südamerika, Bevölkerung 283
Süddeutscher Bund 563
Südwestafrika, deutsche Kolonie 719, 761
Suez, Hafenstadt am Roten Meer 448
Suezkanal 549, 692, 716ff., 758f.
—, Abkommen von Konstantinopel (28. 10. 1888) 689
Suleiman, Fürst des Mandingreichs 658
Suleiman II. der Große, türkischer Sultan 682
Sumatra, große Sundainsel 722
Sumter, Fort, 14. 4. 1861 von den Konföderierten erobert, Beginn des Sezessionskrieges 513
Sundiato, Negerfürst 658
Sun Yat-sen, chinesischer Parteiführer 726, 765
Suttner, Bertha von, Schriftstellerin 763
Svarez, eigentlich Schwarz, Karl Gottlieb, preußischer Jurist 148f.

Swinburne, Algernon Charles, englischer Dichter 233, 758
Symphonik 210, 230
Syndikat 334
Synthese der Naturstoffe 262
Syrien 112, 144, 448ff., 750, 752
Syrte, Große und kleine, Buchten der nordafrikanischen Küste 667
Szechuan, chinesische Provinz 725

T

Tacitus, Cornelius, römischer Geschichtsschreiber 204, 226
—, »Germania« (98 n. Chr.) 204
Tahitiinseln 763
Taiping-Bewegung in China (1850 bis 1866) 755, 757
Talbot, William Henry Fox, englischer Physiker und Chemiker 269
Talienwan (Dairen), Hafenstadt am Gelben Meer 595
Talleyrand-Périgord, Charles Maurice de, Prinz von T., Fürst von Benevent, französischer Diplomat 67, 77, 85, 113, 128f., 131, 142, 145, 164, 179, **183**ff., 372, 438, 441f., 447, 449
Tallien, Thérèse, berühmte Modeschönheit *Abb. 101*
Talma, François Joseph, französischer Schauspieler 227, 342
Taney, Roger Brooke, oberster Bundesrichter der USA 506, 508, 525
Tanganjika-See, Ostafrika 661
Tanofre, ägyptischer Priester 264
Tarnopol 166
Taschkent (Usbekistan) 595, 706
Tassiliberge, Sahara 667
Tasso, Torquato, italienischer Dichter 216, 224
Tauroggen, Neutralitätskonvention von (30. 12. 1812) 172, 747
Taylor, Zachary, General und Präsident der Vereinigten Staaten von Amerika 462, 754
Teghazza, Ort in der Sahara 660f.
Telegraph, elektrischer 245, 273, 318, 323, 752f.
Telegraphenverein, Allgemeiner 691, 693
Telephon 318, 323, 757, 760f.
Tennessee, Staat der USA 512, 521f.
Tennyson of Aldworth and Farringford, Alfred Lord, englischer Dichter 522, 750
Test Act, Ausschluß dissentierender Protestanten von der Bekleidung öffentlicher Ämter in England 419
Teutomanen 379
Texas, Staat der USA 456ff., 512, 751, 753f.
Thackeray, William Makepeace, englischer Schriftsteller 342f., 351, 354f., 364
—, »Vanity fair« (1847/48) 364, 754
Thaer, Albrecht Daniel, Begründer der Landbauwissenschaft 746
Theater, Das romantische 227ff.
Theophrastos, eigentlich Tyrtamos, griechischer Philosoph 264
Thermidor, Sturz der Schreckensherrschaft am 9. (28. 7. 1794) 108, 743
Thermochemie 262
Thermodynamik 247, 257
Thibaudet, Albert, französischer Literarhistoriker 341
Thibaut, Anton Friedrich Justus, Jurist 747
Thibaw, letzter König von Burma 722
Thiers, Adolphe, französischer Staatsmann und Geschichtsschreiber 340, 437ff., 447ff., 530, 568, 737, 749, 752, 759
—, Präsident der 3. französischen Republik (31. 8. 1871) 575, *Abb. 441*
Thomas, Sidney Gilchrist, englischer Metallurg 271, 321
Thomasmehl 322
Thompson, Sir Benjamin, siehe Rumford
Thomson, James, englischer Dichter 196
Thomson, Sir Joseph John, englischer Physiker 245, 257, 270, 764
Thomson, Sir William (Lord Kelvin of Largs), englischer Physiker 247, 755f.
Thorn 186
Thorwaldsen, Bertel, dänischer Bildhauer 749
Thugut, Johannes Amadeus Franz de Paula, Freiherr von, österreichischer Staatsmann 111, 122, 131
Tiberinische Republik (Rom) 744
Tibet 743
Tidjania, mohammedanische Bruderschaft 661
Tieck, Dorothea, Tochter von Ludwig Tieck 746
—, Johann Ludwig, Dichter 198, 203, 208, 210, 212ff., 216, 222, 225f., 746
—, »William Lovell« (1796) 744
—, »Herzensergießungen eines kunstliebenden Klosterbruders« (mit Wackenroder, 1797) 209, 212
—, »Franz Sternbalds Wanderungen« (1798) 208, 210, 212, 214, 226
—, »Leben und Tod der heiligen Genoveva« (1799) 213
Tientsin, Friede von (27. 6. 1858) 756
Tientsin, Vertrag von (11. 5./9. 6. 1885) 761
Tigre, Landschaft in Abessinien 661, 666
Tilsit (Ostpreußen), Friede von (7.—9. 7. 1807) 121, 130ff., 161, 163, 372, 594, 746, *Abb. 592*
Timbuktu, Stadt im Westsudan 658ff., 662
Times, The, führende englische Tageszeitung (gegründet 1847) 420, 476, 527, 579
Tirol 128, 164, 186, 545, 745f.
Tirpitz, Alfred von, Admiral und Staatsmann 764
Tischbein, Johann Heinrich Wilhelm, Maler 206
Tisza, Kalman (Koloman) von, ungarischer Staatsmann 732
Tkatschow, P. N , russischer Publizist 595, 606
Tocqueville, Alexis Charles Henri Maurice Clérel, Comte de, französischer Politiker und Publizist 34, 44, 55, 61, 116, 418, 424, 426, 437, 439f., 444f., 506, 578ff.
—, »La Démocratie en Amérique« (1835/40) 424, 578, 751
—, »L'Ancien régime et la Révolution« (1856) 756
Togo, deutsche Kolonie 719, 761
Tokugawa, japanische Shôgun-Dynastie 619f., 622ff., 628ff., 633, 635
—, Iemochi, japanischer Shôgun 626, 629
—, Iesada, japanischer Shôgun 626, 631
—, Nariaki, japanischer Daimyô 622f., 625ff., 629, 633
—, Yoshinobu, japanischer Shôgun 626, 629, 631
Tôkyô (Yedo) 619, 622ff., 626, 630f., 709, 758, *Abb. 624, 632*
Tolstoj, Aleksej Konstantinowitsch, Graf, russischer Schriftsteller 355
Tolstoj, Lew (Leo) Nikolajewitsch Graf, russischer Dichter 342f., 348, 355, 365, 588, 594f., 599, 613
—, »Krieg und Frieden« (1864 bis 1869) 345, 595, 758, *Abb. 345*
—, »Anna Karenina« (1873—76) 760
—, »Auferstehung« (1898) 365, 595, 764
Tommaseo, eigentlich Tommasich, Niccolò, italienischer Politiker, Schriftsteller und Dichter 487
Tomsk, Gründung der Universität (1888) 595
Tonking, Land in Hinterindien 722, 725, 759, 761
Tories, alte politische Partei in England, später die Konservativen 384f., 418ff., 422, 454f., 547f.

Tosa, Feudalprovinz auf Shikoku 628f., 631, 634f., 642ff.
Toskana 390, 479, 487, 534, 538ff.
Toulouse (Südfrankreich), Schlacht bei (10. 4. 1814) 179
Toulouse-Lautrec, Henri de, französischer Maler 763
Touré, Samori, König von Sanankoro 662
—, Sekou, Präsident der Republik Guinea 662
Toussaint l'Ouverture, François Dominique, Negerführer von Haïti, genannt der »schwarze Napoleon« 35
Toynbee, Arnold Joseph, englischer Historiker 17
Trade-Union, englische Gewerkschaft 387, 518
Trafalgar (Kap der Südküste Spaniens), Seeschlacht bei (21. 10. 1805) 126ff., 133, 745
Transsibirische Eisenbahn 706, 724, 763f.
Transvaal, Land in Südafrika 665, 719, 755, 760f.
Treitschke, Heinrich von, Historiker und politischer Schriftsteller 162, 712, 760
—, »Deutsche Geschichte im 19. Jahrhundert« (1879—94) 760
Trentino, italienisches Sprachgebiet in Südtirol 543, 545
Trevithick, Richard, englischer Ingenieur 267
Tribunat der Konsularregierung 115
Triest 166, 494
Trinidad (spanisch), Besetzung durch England (1797) 112, 124
Tripolis 449, 662
Trollope, Frances, geb. Milton, englische Schriftstellerin 102
Troppau (Österreichisch-Schlesien), Fürstenkongreß (20. 10. bis 30. 12. 1820) 392, 397, 594, 748
Trust siehe Konzern
Tsai-t'ien (Teh-tsung), chinesischer Kaiser 764
Tschaadajew, Petr Jakowlewitsch, russischer Schriftsteller 588, 594, 599
Tschadsee 660ff., 668, 721, *Abb. 665*
Tschaikowskij, Peter Iljitsch, russischer Komponist 760, 763
—, Klavierkonzert Nr. 1 b-Moll (1875) 760
Tschaka, Zuluhäuptling 665
Tschechischer Nationalismus 479f., 493, 732
Tschechow, Anton Pawlowitsch, russischer Schriftsteller 613, 764
Tschermak, Erich, Edler von Seysenegg, Botaniker 271f.
Tschernyschewskij, Nikolai Gawrilowitsch, russischer Schriftsteller 583, 595, 606
Ts'e-hi, chinesische Kaiserin 764
Tuareg, nomadisierender Berberstamm der Westsahara 659, 661f.
Tuberkelbazillus, 1882 entdeckt 761
Türkei 89, 112, 124f., **129**ff., 144, 170, 375f., **393**ff., 449, 532f., 550, 678, 682, 688f., 726, 749f., 752, 755f., 760, 762, 764
—, Janitscharenaufstand (1807) 746
Tuilerien, Erstürmung der 94, 743
Tukulör, Tekrur, Volksstamm im Westsudan 660f.
Tunesien, Königreich 654, 661
—, französische Kolonie 719, 761
Tunis 449, 661
Ture, Mohamed, Fürst des Sonrhaireiches 659
Turgenew, Iwan Sergejewitsch, russischer Schriftsteller 343, **353** bis **356**, 360, 588, 594, 599, 606
—, »Väter und Söhne« (1862) 348, 595, 606, 757
Turgot, Anne Robert Jacques, Baron de l'Aulne, französischer Staatsmann 49, 52, 61f., 85
Turin, Hauptstadt von Piemont 543f., 753
Turkestan, russisches Generalgouvernement 757f., 763
Turner, Joseph Mallord William, englischer Maler und Radierer 203, 231, 752f.
Tyndall, John, englischer Physiker 239

U

Uganda, Land in Ostafrika 654, 661, 721, 762
Ukraine 595, 611
Uljanow, Aleksandr Iljitsch, russischer Revolutionär, Bruder Lenins 595
Umberto I., König von Italien 760
Umberto II., König von Italien 765
Umbrien, Landschaft in Mittelitalien 542f.
Unabhängigkeitserklärung der Vereinigten Staaten 32, 62
Unabhängigkeitskrieg 370
Undulationstheorie des Lichts 252
Unfallversicherung in Deutschland 761
Unfehlbarkeitsdogma (Infallibilität, 18. 7. 1870) 545, 759
Ungarn, Königreich 479f., 482f., 486, 494, 498, 500f., 563, 570f., 578, 601, 754f.
Union, evangelische 748
— Pacific Railway Company 519, 758
Unionspartei, politische Partei in den USA 511f.
Unverdorben, Otto, Chemiker 750
Uraga, Hafen an der Bucht von Tôkyô 755
Ural, Gebirge in Rußland 611
Uruguay, Land in Südamerika 746, 757
Utah, Staat der USA 457, 463, 705, 753
Utschiali, Vertrag von (1889) 762
Uwarow, Aleksej Sergejewitsch Graf, russischer Altertumsforscher 588, 594, 597f., 600

V

Valéry, Paul, französischer Dichter 344
Valmy (französisches Departement Marne), Kanonade von (20. 9. 1792) 97f., 743
Vanderbilt, Cornelius, amerikanischer Finanzmann 525
Vasco da Gama, portugiesischer Seefahrer 664
Veit, Johannes, Maler 215
—, Philipp, Maler 215
Vendée, Royalistische Erhebung in der (1793—96) 109
Venedig, Aufstand in (22. 3. 1848) 487
Venetien 111, 128, 186, 390, 476f., 534, 536, 539, 545, 562, 566, 669, 744f., 747, 758
Venezuela, Land in Südamerika 746, 750
Verarbeitende Industrie 323
Verbrennungsmotoren 324
Verdi, Giuseppe, italienischer Komponist 477, 576, 753, 763
—, »Aida« (1871) 759
Verein deutscher Eisenbahnverwaltungen (11. 12. 1846) 690
— für Socialpolitik, gegründet 1872 759
— zur Wahrung der gemeinsamen Interessen der eisenschaffenden Industrie in Rheinland und Westfalen (»Langnamverein« 1873) 334
Vereinigter Landtag (11. 4.—26. 6. 1847) 474, 491, 753
Vereinigte Staaten von Amerika (USA) 168f., 182, 284, 320, 322ff., 329ff., 333, 336, 371f., 376f., 400, **403—413**, **423—435**, **456—464**, 504f., **506—526**, 552, 580, 623f., 631, 653, 678, 706ff., 710f., 714ff., 723, 727, 729f., 736, 738, 752f., 754, 758, 760, 762f., *Abb. 32, 432, 704, 712 innen*
—, Verfassung 46, 425, 743, *Abb. 32*
—, —, 13. Amendment, Sklavenbefreiung (18. 12. 1865) 518

Vereinigte Staaten von Amerika (USA), Verfassung, 14. Amendment, gleiche Bürgerrechte (28. 7. 1868) 523
—, —, 15. Amendment, gleiches Wahlrecht (30. 3. 1870) 523
Vererbungsgesetze 272, 758
Verfassung, französische (Constitution Française) von 1791 80f., *Abb. 76*
—, — von 1793 100, 105f.
—, — von 1795 (Direktorialverfassung) 108
—, — von 1799 (Konsularverfassung) 115f.
—, — von 1814 747
—, — von 1830 (Bürgerkönigtum) 438
—, — von 1848 (zweite Republik) 487, 754
—, japanische (1889) 642ff.
—, österreichische (4. 3. 1849) 486, 499, 754
—, preußische (30. 5. 1849) 498, 754
— von Sachsen-Weimar (erste in Deutschland, 1816) 748
Verga, Giovanni, italienischer Schriftsteller 343, 355
Verlaine, Paul, französischer Dichter 758
Vermont, Staat der USA 460
Verne, Jules, französischer Schriftsteller 355
Verona, Kongreß von (20. 10. bis 14. 12. 1822) 401, 403, 594, 749
Versailles, Friede von (28. 6. 1919) 689, 700
—, Proklamierung des Deutschen Reiches (18. 1. 1871) 573, 705
Verteidigungsbündnis zwischen Rumänien, Österreich-Ungarn und Deutschland (30. 10. 1883) 761
Vicenza, Schlacht bei (10. 6. 1848) 487
Victor-Perrin, Claude, eigentlich Claude Victor Perrin, Duc de Belluno, französischer Marschall 415
Vierter Stand 465
Vigny, Alfred Comte de, französischer Dichter 227, 354
Viktor Emanuel II., König von Sardinien, seit 1861 König von Italien 437, 487, 495, 532, 535, 539, 542, 757, *Abb. 533*
Viktor Emanuel III., König von Italien 765
Viktoria, Königin von Großbritannien und Irland 414, 423, 437, 441, **451—454**, 505, 527, **546** bis **554**, 715, 718, 730, 751f., 760, *Abb. 504c*
Viktorianisches Zeitalter **546—554**
Viktoria-See, Ostafrika 661
Villafranca di Verona, Waffenstillstand und Vorfriede (11. 7. 1859) 539, 555
Viollet-le-Duc, Eugène Emmanuel, französischer Baumeister und Kunstgelehrter 228
Virchow, Rudolf, Pathologe 251, 269, 756
Virgil, Publius Virgilius Maro, römischer Dichter 350
Virginia, Staat der USA 456, 508, 512, 515
Vitaminforschung 764
Vitoria (Nordspanien), Schlacht bei (21. 6. 1813) 177
Vivian, Andrew, englischer Ingenieur 267
Völkerbund (Societés des Nations, League of nations, 1920) 701
Völkerrecht, Begriff und Entwicklung **673—701**
Vogel, Eduard, Afrikareisender 663
Volksbildung 753
Volksbüchereiwesen 755
Volkspoesie 201f.
Volkssouveränität am Ort selbst (Squatter Sovereignty) 508, 511
—, Grundsatz, daß die staatliche Macht vom Volke ausgeht 677
Volney, Constantin François de Chasseboeuf Graf 676
Volta, Alessandro Graf, italienischer Physiker 244, 248f., 251, 266, 743, 745, *Abb. 252*
—, Fluß im Westsudan 660ff.
Voltaire, eigentlich François Marie Arouet, französischer Schriftsteller 15, 61, 145, 478
—, »Mort de César« (1731) 145
Vorarlberg 128, 745
Vordermann, Arzt 271
Vorpommern 186, 308
Voß, Johann Heinrich, Dichter 204f.
Vries, Hugo de, Botaniker, Physiologe und Entwicklungstheoretiker 271f.

W

Waage, Peter, norwegischer Naturforscher 268
Wackenroder, Wilhelm Heinrich, Dichter 198, 203, **209ff.**, 213, 216, 221, 223f., 233
—, »Herzensergießungen eines kunstliebenden Klosterbruders« (mit Tieck 1797) 209, 212, *Abb. 208*
Wadai, Staat im mittleren Sudan 661, 663
Wärmeäquivalent, mechanisches 246
Wagadugu, Ort im Westsudan 660, 662
Wagner, Adolph, Volkswirtschaftler 760
—, »Grundlegung der politischen Ökonomie« (1876) 760
Wagner, Richard, Komponist 203, 230ff., 363, 527, 755
—, »Rienzi« (1840/42) 752
—, »Der Fliegende Holländer« (1841/43) 752
—, »Tannhäuser« (1845) 230
—, »Lohengrin« (1847/50) 230
—, »Der Ring des Nibelungen« (1853/69/76) 230f.
—, »Tristan und Isolde« (1859/65) 230
—, »Parsifal« (1882) 230, 761
Wagram, Schlacht bei (5./6. 7. 1809) 146, 165
Wahlrecht, allgemeines 294, 300, 305, 711f.
— in England 294, 420f., 550f., 711, 751, 758
Walachei, Landschaft in Rumänien 533
Walewski, Alexandre Graf, natürlicher Sohn Napoleons I. und der polnischen Gräfin Maria Walewska, französischer Staatsmann 532, 536f.
Wallace, Alfred Russel, englischer Zoologe 271
—, Lewis, nordamerikanischer Schriftsteller 355
—, »Ben Hur, a tale of the Christ« (1880) 355
Wallis, Georg Augustus, schottischer Maler 231
Walpole, Horace, Earl of Orford, Kunstsammler und Schriftsteller 197f., 203, *Abb. 196*
Warschau, Bombardierung von (1831) 443
—, Gründung der Universität (1817) 594f., 746
—, Großfürstentum 145, 151, 166, 186, 592, 747
Wartburgfest der Deutschen Burschenschaft (1817) 748
Washington, George, Präsident der Vereinigten Staaten von Amerika 44, 408, 439, 743
— DC (gegründet 1793) 743
—, Internationale Marinekonferenz 688
—, Staat der USA 458
Waterloo (Belgien), Schlacht bei (18. 6. 1815) 185, 436, 747, *Abb. 180*
Watt, James, schottischer Erfinder (1786) 244f., 292
Webb, Sidney, seit 1929 Lord Passfield of Passfield Corner, englischer Volkswirtschaftler und Sozialpolitiker 763
Weber, Carl Maria Freiherr von, Komponist 203, 205, 220
—, »Freischütz« (1821) 220, 749
—, »Oberon« (1826) 205, 220, 750
—, Ernst Heinrich, Anatom und Physiologe 751

Weber, Max, Soziologe und Volkswirtschaftler 26, 370
–, Wilhelm Eduard, Physiker 266 ff., 274, 276, 751
Weberaufstand in Schlesien (1844) 310, 474, 753
Webster, Daniel, nordamerikanischer Staatsmann 394, 429, 458, 460, 463
Wedekind, Frank, Dichter 763
Wehrpflicht, allgemeine, in Japan 759
– in Preußen 158
– in Rußland 595, 759
– im Sezessionskrieg 515
Weihaiwei, Hafenstadt der chinesischen Provinz Schantung 718, 764
Weizen 285, 324 ff.
Wellesley, Richard, Earl of Mornington, Marquess of, englischer Staatsmann 724
Wellington, Sir Arthur Wellesley, Herzog von, Fürst von Waterloo, englischer Feldherr und Staatsmann 131, 144, 177, 179, 386, 395 f., 401, 403, 414, 419, 747
Wells, Herbert George, englischer Schriftsteller 15, 355
Weltausstellung, London (1851) 755, *Abb. 504c*
–, Paris (1855) 755
–, Paris (1867) 529
–, Paris (1889) 762
Welthandel 286
Weltkrieg, erster 581
–, zweiter 678
Weltpostverein (L'Union postale universelle, 1. 7. 1878) 690 f., 693, 759
Weltverkehr 316 ff.
Weltwirtschaft 316 ff.
Wergeland, Henrik, norwegischer Dichter 750
Werner, Abraham Gottlob, Mineraloge und Geologe 264
–, Zacharias, Dichter 226
Westfälischer Friede (24. 10. 1648) 675
Westfalen, Königreich 130, 136 ff., 746
Westvirginia, Staat der USA 512
Whigs, alte politische Partei in England 384 f., 419 f., 452, 455, 547 f.
–, politische Partei in den USA (seit 1828) 433 ff., 462, 506, 508
Whitman, Walt, nordamerikanischer Dichter 456, 462, 522, 756
–, »Leaves of grass« (1855) 756
Whitney, Eli, nordamerikanischer Ingenieur 320, 745
Wieacker, Franz, Rechtshistoriker 117
Wiechert, J. Emil, Geophysiker 257
Wieland, Christoph Martin, Dichter 199, 204 f., 226
–, »Oberon« (1780) 199, 205
Wien 709
–, Aufstand in (13.–15. 3. und 15. 5. 1848) 486, 491
–, Friede von (14. 10. 1809) 166, 372, 746
–, Oktoberrevolution (6.–31. 10. 1848) 486, 497
–, österreichischer Reichstag (22. 7. 1848) 486, 495 f., 499, 754
Wien, Wilhelm, Physiker 245, 254, 257, 270, 764
Wienbarg, Ludolf, Deckname Ludolf Vineta, Schriftsteller 751
Wiener Kongreß (November 1814 bis Juni 1815) 161, **181–191**, 372 f., 377, 390, 443, 594, 676 f., 689, 693, 747 f., *Abb. 188*
–, Kongreßakte (9. 6. 1815) 185 ff., 676 f., 680, 689, 747 f., *Abb. 189*
Wiener Reglement (19. 3. 1815) 680
Wilde, Oscar Fingall O'Flahertie Wills, englischer Schriftsteller 355
–, »The picture of Dorian Gray« (1891) 353, 763
Wilhelm, Prinz von Preußen, ab 1858 Prinzregent, ab 1861 als Wilhelm I. König von Preußen und 1871 deutscher Kaiser 145, 437, 505, 539, 557, 559, 563 ff., **572** ff., 576, 735, 752, 756 f., 759, 762
Wilhelm II., deutscher Kaiser und König von Preußen 708, 715, 721, 728 f., 735 f., 752, 762 f.
Wilhelm IV., König von Großbritannien und Irland und König von Hannover 419, 423, 451
Wilhelm I., König der Niederlande, Großherzog von Luxemburg und Prinz von Oranien-Nassau 189, 442
Wilhelm III., König der Niederlande 754
Wilhelm I., König von Württemberg 409
Wilhelmina, Königin der Niederlande 762
Wilkie, David, englischer Maler *Abb. 180*
Willkomm, Ernst Adolf, Schriftsteller 55
Williams, George, Gründer der YMCA 753
Wilmot, David, nordamerikanischer Politiker 461 f.
Wilmot Proviso, Gesetz gegen die Sklaverei (8. 8. 1846) 461
Wilson, Thomas Woodrow, Präsident der USA 520
Winckelmann, Johann Joachim, Archäologe 198, 202, 205 ff.
Windisch-Graetz, Alfred Fürst zu, österreichischer Feldmarschall 486, 493
Wirtschaft **279–336**
–, gewerbliche 288, 290 f.
Wirtschaftsbürokratie 333, 335 f.
Wirtschaftskrise in Deutschland (1873) 313, 759
– in England (1836/37) 319
Wirtschaftspolitik Napoleons 138 ff., 167 ff.
Witte, Sergej Juljewitsch Graf, russischer Staatsmann 588, 595, 609 ff., 614
Witwatersrand, Höhenzug in Transvaal 719
Witwenverbrennung, Abschaffung der (1829) 750
Wladiwostok 595, 706, 724, 756
Wohlfahrtsausschuß (Comité du salut public) 100, 104 f., 106, 378, 743
Wolf, Friedrich August, Philologe 159
Wöhler, Friedrich, Chemiker 239 f., 251, 261, 263, 266, 269, 275, 750
Wolga, russischer Fluß *Abb. 609*
Wollaston, William Hyde, englischer Chemiker und Physiker 253, 266
Wood, Thomas Waterman, nordamerikanischer Maler *Abb. 333*
Wrangel, Ferdinand Petrowitsch Baron von, russischer Admiral 267
Wrangel, Friedrich Heinrich Ernst Graf von, preußischer Generalfeldmarschall 486, 754
Wuchergesetz, Aufhebung (1789) 290
Württemberg, Königreich 128, 178, 471, 486, 499
Würzburg, Großherzogtum 138, 186

Y

Yamagata, Aritomo, Samurai 628, 633 f.
Yangtse, Hauptstrom Chinas 724 f.
Yatenga, Negerstaat im Westsudan 659 f.
Yedo (Tôkyô) 619, 622 ff., 626, 630 f., 709, 758, *Abb. 524, 632*
–, japanisch-amerikanischer Handelsvertrag (29. 7. 1858) 624
Yokohama 631
Yorck von Wartenburg, Hans David Ludwig Graf, preußischer General 172, 747
Yoruba, Negerreich am Niger 660, *Abb. 656*
Yoshida, Shôin, Samurai 628, 633
Young, Brigham, Präsident der Mormonen 457
–, Edward, englischer Dichter 201, 203
–, »Nachtgedanken« (1742–45) 201
–, »Conceptions on Original Composition« (1759) 201

Young Men's Christian Association, gegründet 1844 (YMCA) 753
Young, Thomas, englischer Naturwissenschaftler 252, 266, 273, 745
Ypsilanti, Alexandros d.J., griechischer Freiheitskämpfer 394
Yünan, chinesische Provinz 724

Z

Zeeman, Pieter, holländischer Physiker 253, 257, 270
Zehnstundenbill, Beschränkung der Arbeitszeit in England (1847) 453
Zeiss, Carl, Feinmechaniker 273, *Abb. 272*
Zeller, Johann Conrad, Maler *Abb. 332*
Zement 292
Zentralamerikanischer Gerichtshof 695
Zentralausschuß der Klubs (Société des amis de la constitution) 76, 85
Zentralverband deutscher Industrieller (1875) 334
Zentrum, politische Partei in Deutschland 326, 577
Zeppelin, Ferdinand Graf von 765
Zionismus 764
Zittel, Karl Alfred von, Paläontologe und Geologe 263
Zivildienstreform in den USA 761
Zivilehe, obligatorische in Preußen 759
Zivilkonstitution des Klerus (Constitution civile du clergé) 83f., 87, 89, 93
Zivilprozeß, Abkommen über den (17. 7. 1905) 692
Zivilrecht im 19. Jahrhundert *Kartenskizze 119*
Zola, Emile, französischer Schriftsteller 229, 343, 346, 355ff., **362**ff., 526, 759
—, »Les Rougon Macquart«, Romanzyklus (1871—93) 759
—, »Le ventre de Paris« (1873) 362
Zola, Emile, französischer Schriftsteller »Nana« (1880) 363
—, »Germinal« (1885) 362
—, »La bête humaine« (1890) 363
—, »La débâcle« (1892) 362
Zoll 297, 299, 302, 307, 310, **319**ff., **324—327**, 334, 748, 752f., 756, 760, 762
Zollkrieg Deutschland—Rußland (1891—94) 595
Zolltarife, Internationale Union zum Zweck der Veröffentlichung der (Brüsseler Übereinkunft vom 3. 7. 1890) 693
Zollverein, Deutscher (1828—34) 310, 319f., 324, 471f., 567, 750f.
Zulu, Kaffernstamm in Südafrika 665
Zulu-Reich 661, 665
Zürich, Friede von (10. 11. 1859) 756
Zweibund, österreichisch-deutscher (16./17. 10. 1879) 733, 760
Zweikindersystem 301

QUELLENVERZEICHNIS DER ABBILDUNGEN

Originale liehen uns: Archiv der Berliner Bank, Berlin (325) – Hans Marcus, Buch- und Kunstantiquariat, Düsseldorf (101) – Ehem. Staatl. Museen, Ostasiatische Abt., Berlin-Dahlem (632) – Albert Strauss, Ostasiatische Kunst, Berlin (624, 633) – Die Fotos der übrigen Bilder stammen von: Archiv f. Kunst und Geschichte, Berlin (601) – Archives Photographiques, Paris (56, 120, 172, 480) – Averys, Brighton (196) – Bibliothèque Nationale, Paris (600) – Bildarchiv d. Österr. Nationalbibliothek, Wien (188, 189, 352, 504, 504 innen, 532, 533, 561, 713 o.) – Conzett & Huber, Zürich (332) – Deutsche Fotothek, Dresden (293 u.) – Deutsches Museum, München (245, 273) – Editions Clairefontaine et La Guilde du Livre, Lausanne, nach Les Hommes de la Danse (657, 664, 665) – Ingenieur Frank, Wien (165, 505) – John R. Freeman & Co., London, Copyright reserved (505 innen) – Roger Guyard, Paris (93, 100, 481) – Gabriele Hauck, Frankfurt a. M. (208) – Historisches Bildarchiv Handke, Bad Berneck i. Fi. (301, 441, 688, 712 o., 713 u., 720, 721) – Ralph Kleinhempel, Hamburg (484) – Le Bel's Studio, Canajoharie/N. Y. (333) – Willy Müller, Gottlieben/Thurgau (560) – Photo Bulloz, Paris (57, 68, 69, 77, 224, 225, 252, 344, 353, 440, 485, 712 u.) – Photographie Giraudon, Paris (121) – Photoglob Wehrli AG., Zürich (592) – Propyläen-Archiv (253) – Photo Kleindienst, Berlin (625) – J. Th. Piek, den Haag (689) – Hans Reger, München (164) – Shell Photographic Unit, London (708 c) – H. Weber, Freiburg i. Br. (292) – Frank Willet, Manchester (656) – Paul Zierow, Heidelberg (208) – Alle anderen Fotos verdanken wir den in den Bildunterschriften genannten Museen und Archiven.